투자자산운용사

이것만 공부하면 80점 합격

빈출 패턴 1회

gosinet
(주)고시넷

투자자산운용사

여기서 다 나온다!
고시넷 1트 합격이 당연한 이유

김경진 교수

- 고시넷 투자자산운용사, 금융투자분석사, 은행FP 대표강사
- 서울대학교 경영학과 경영학 석사, 재무관리 전공
- Texas Tech University, Master of Economics
- Washington University in St.Louis MBA
- 재무위험관리사, CFA 특강 교수

투운사 인강
바로가기

PREFACE
정오표 및 학습 질의 안내

 정오표 확인 방법

고시넷은 오류 없는 책을 만들기 위해 최선을 다합니다. 그러나 편집 과정에서 미처 잡지 못한 실수가 뒤늦게 나오는 경우가 있습니다. 고시넷은 이런 잘못을 바로잡기 위해 정오표를 실시간으로 제공합니다. 감사하는 마음으로 끝까지 책임을 다하겠습니다.

고시넷 홈페이지 접속 > 고시넷 출판-커뮤니티 > 정오표

www.gosinet.co.kr

 모바일폰에서 QR코드로 실시간 정오표를 확인할 수 있습니다.

 학습 질의 안내

학습과 교재선택 관련 문의를 받습니다. 적절한 교재선택에 관한 조언이나 고시넷 교재 학습 중 의문 사항은 아래 주소로 메일을 주시면 성실히 답변드리겠습니다.

이메일주소 qna@gosinet.co.kr

GUIDE 투자자산운용사

이공팔의 효과적인 학습방법

투자자산운용사 자격시험은 각 과목별 40점 이상, 총점 70점 이상을 획득하면 합격할 수 있다. 합격 점수가 높을수록 성취감은 크지만, 취업·가사·직장 업무와 병행하며 시험을 준비하는 수험생에게는 학습 시간이 제한되는 경우가 많다. 본 교재는 이러한 바쁜 수험생을 위해 가장 효율적이고 효과적인 학습 방식으로 시험 준비가 가능하도록 구성하였다.

본 교재의 특징

1. 문제 구성

2024~2025년 사이의 기출문제 복원을 바탕으로 약 650문제를 일부 변형하여 수록하였다. 난이도는 실제 시험과 유사하거나 다소 어렵게 구성하였다.

2. 빈출 주제 중심 학습

시험에 가장 빈번하게 출제되는 핵심 이론을 효과적으로 학습할 수 있도록 빈출 주제를 선정하였다.
- 빈출주제 4개 표시 : 10회 시험 중 약 4~5회 이상 출제
- 빈출주제 3개 표시 : 10회 시험 중 약 3회 이상 출제

3. 계산문제 대비

매 시험당 약 10~15문제가 출제되는 계산문제에 대비하여, 복원 문제를 기반으로 계산 패턴을 정리·수록하였다.

4. O/X 문제 수록

말문제 대비를 위해 각 주제별 O/X문제를 함께 수록하였다. 지문은 복원 문제의 정답 보기를 중심으로 변형하거나 그대로 반영하여, 정답률을 높이고자 하였다.

5. 최신 경향 반영

최신 기출 모의고사 3회분과 '최근 시험 다시보기' 1회분을 수록하여 신유형을 포함한 최신 출제 경향을 반영하였다.

본 교재 활용방법

1. 빈출주제 200제 선학습

가장 먼저 빈출주제 200제를 학습한다. 이때 각 회차별로 순서대로 공부하기보다, 주제별로 묶어서 학습하는 것이 효과적이다. 예를 들어 세법 관련 문제를 학습할 경우, 빈출주제 1회의 1~7번, 2회의 1~7번을 연속적으로 학습한다. 각 회차의 빈출주제는 중복되지 않도록 구성하였으므로, 이를 통해 시험의 핵심 주제를 폭넓게 학습할 수 있다.

2. 모의고사 풀이

빈출주제 학습이 끝나면 최신 기출유형 모의고사 1~3회분을 풀어본다. 이는 빈출주제에서 다루지 못한 내용이나 변형 문제를 점검하고 응용력을 높이기 위함이다.

3. 계산문제 집중 대비

계산문제에 취약한 수험생은 계산 패턴 문제만 집중적으로 학습하는 것도 좋다. 수록된 계산문제 패턴만 숙지해도 전체 계산문제의 약[1] 80% 이상 정답이 가능하다고 저자는 판단한다.

4. 최근 시험 다시보기

학습이 어느 정도 완료되면 '최근 시험 다시보기'를 통해 자신의 점수를 점검한다.

5. 반복 학습

수록된 문제와 O/X문제를 시험 전까지 반복 학습한다. 100점을 목표로 하기보다, 아는 문제를 확실히 맞힌다는 전략으로 접근한다.

6. 오답노트 작성

학습 중 틀린 문제는 반드시 오답노트를 작성하여 반복 확인하면 학습 효과가 극대화된다.

---

[1] 실제시험에서 계산문제 정답률은 수험생의 학습정도에 따라 그 편차가 발생할 수 있다.

이것만 공부하면 80점 — 세제 및 절세전략 7문항

01 빈출패턴 1 조세의 분류 출제빈도 ★★★★

다음 중 국세가 아닌 것은?

① 부가가치세 ② 취득세
③ 상속세 ④ 농어촌특별세

취득세는 지방세로 분류되어 국세가 아니다.
※ 일반적으로 국세는 지방세에 비해서 세수 규모가 큰 조세들이 많다.

정답 ②

더 알아보기

- 조세는 국가 혹은 지방자치단체가 재정수요에 충당하기 위해서 필요한 재원을 조달할 목적으로 법률에 규정된 과세요건을 충족한 자로부터 특정한 개별적 보상없이 강제적으로 부과 및 징수하는 금전 급부의 개념이다.
- 국세는 중앙정부가 부과하고 징수하는 세금이며, 지방세는 지방자치단체가 부과하고 징수하는 세금이다. 취득세는 지방세이고 나머지는 국세이다.

조세의 분류

- 출처 : 금융투자협회 기본교재 1권(2025년) p3 '우리나라 조세체계'

기출 유형

다음 중 지방세가 아닌 것은?

① 취득세 ② 레저세
③ 증여세 ④ 자동차세

[해설] 증여세는 국세이다.

[정답] ③

기출 변형

다음 중 간접세에 해당하지 않는 것은?

① 부가가치세 ② 인지세
③ 증권거래세 ④ 담배소비세

[해설] 담배소비세는 지방세의 시군세의 보통세로 분류된다.

[정답] ④

02 빈출패턴 2 기간과 기한　　출제빈도 ★★★★

국세기본법에 대한 설명으로 잘못된 것은?

① 서류를 송달받을 자가 정보통신망을 이용한 서류송달을 신청하는 경우 전자송달이 가능하다.
② 송달장소가 분명하지 아니한 경우에는 서류의 주요 내용을 공고한 날부터 14일이 경과하면 서류가 송달된 것으로 본다.
③ 세법에서 규정한 납부기한이 근로자의 날에 해당하면 그 전날을 납부기한으로 한다.
④ 우편으로 서류를 제출하는 경우에는 통신날짜 도장이 찍힌 날에 신고된 것으로 본다.

납부기한이 근로자의 날에 해당하면 그 다음날을 납부기한으로 한다.

정답 ③

더 알아보기

기간과 기한

1. 기간 : 어느 시점에서 어느 시점까지의 계속된 시간을 의미한다.
2. 기한 : 법률행위의 효력 발생·소멸·채무의 이행 등을 위하여 정한 일정 시점을 의미한다.
3. 세법의 기간 계산은 원칙적으로 민법의 일반 원칙을 따르나 기한에 대한 특례가 존재한다.
    - 세법에서 정한 기한이 공휴일, 토요일, 근로자의 날이면 그 다음날을 기한으로 한다.
    - 우편으로 서류를 제출하는 경우는 통신날짜 도장이 찍힌 날에 신고된 것으로 본다.
    - 국세정보통신망이 장애로 가동이 정지된 경우 그 장애가 복구되어 신고 혹은 납부할 수 있게 된 날의 다음날을 기한으로 한다.

서류의 송달

1. 교부송달 : 당해 행정기관의 소속 공무원이 송달할 장소에서 송달받아야 할 자에게 서류를 교부하는 것
2. 우편송달 : 서류의 송달을 우편으로 할 때에는 등기우편으로 해야 한다.
3. 전자송달 : 정보통신망을 이용한 송달은 서류의 송달을 받아야 할 자가 신청한 경우에 한한다.
4. 공시송달 : 아래의 경우에는 서류의 주요 내용을 공고한 날부터 14일이 경과하면 서류가 송달된 것으로 본다.
    - 송달 장소가 국외에 있고 송달이 곤란한 경우
    - 송달 장소가 분명하지 않는 경우
    - 등기송달 혹은 2회 이상 교부송달하였으나 수취인 부재로 확인되어 납부기한 내에 송달이 곤란한 경우

기출 유형

국세기본법에 대한 다음 설명 중 올바르지 않은 것은

① 세법에 규정하는 기한이 공휴일·토요일 이거나 '근로자의 날 제정에 관한 법률'에 따른 근로자의 날에 해당하는 때에는 그 다음날을 기한으로 한다.
② 서류의 송달을 받아야 할 자가 신청한 경우에는 정보통신망을 이용한 송달을 할 수 있다.
③ 공시송달을 할 경우 서류의 주요 내용을 공고한 날부터 10일이 경과함으로써 서류가 송달된 것으로 본다.
④ 서류의 송달을 우편으로 할 때에는 등기우편으로 하여야 한다.

[해설] 공시송달을 할 경우에는 서류의 주요 내용을 공고한 날부터 14일이 경과함으로써 서류가 송달된 것으로 본다.

[정답] ③

03 빈출패턴 3 납부의무의 소멸

출제빈도 ★★★★

국세기본법상 납부의무의 소멸에 대한 설명으로 잘못된 것은?

① 납부고지, 독촉 또는 교부청구, 압류의 경우에는 이미 경과한 소멸시효 기간의 효력이 중단된다.
② 국세징수권은 국가가 권리를 행사할 수 있는 때부터 5년간 행사하지 않으면 소멸시효가 완성되어 납세의무도 소멸한다. 단 5억 원 이상의 국세 채권의 소멸시효는 10년이다.
③ 국세부과제척기간은 국가가 납세의무자에게 국세를 부과할 수 있는 법정기간으로 그 기간이 끝난 후에는 국세부과권의 소멸로 인하여 납세의무도 소멸한다.
④ 부정행위로 상속·증여세를 포탈한 경우에는 상속인이 명의이전 없이 재산가액 50억 원 초과분을 취득하는 경우 국세부과제척기간은 15년이다.

부정행위로 상속·증여세를 포탈한 경우로서 상속인이 명의이전 없이 재산가액 50억 원 초과분을 취득하는 경우는 이를 안 날부터 1년이 국세부과제척기간이다.

정답 ④

더 알아보기

 국세징수권의 소멸시효

국세징수권은 국가가 권리를 행사할 수 있는 때부터 5년(5억 원 이상의 국세채권은 10년)간 행사하지 않으면 소멸시효가 완성하고 납세의무도 소멸한다. 단, 납부고지, 독촉, 또는 교부청구, 압류의 경우에는 이미 경과한 시효기간의 효력이 중단된다.

 국세부과제척기간

내용	일반조세	상속·증여세
사기 등 부정하게 국세를 포탈 또는 환급받는 경우	10년	15년
법정신고기한까지 과세표준 신고서를 제출하지 않은 경우	7년(역외거래의 경우 10년)	
역외거래가 수반된 부정행위	15년	
법정신고기한까지 상속·증여세 과세표준 신고서를 제출하였으나 허위, 누락신고한 경우	해당사항 없음.	
부정행위로 상속·증여세를 포탈한 경우로서 상속인이 명의이전 없이 재산가액 50억 원 초과분을 취득하는 경우	해당사항 없음.	안 날로부터 1년
기타	5년	10년

※ 출처 : 금융투자협회 기본교재 1권(2025년) p7

기출 유형

국세의 납부의무가 소멸되는 것이 아닌 것은?

① 국세부과의 제척기간이 만료된 때
② 납부고지, 독촉을 한 때
③ 국세가 충당된 때
④ 국세징수권의 소멸시효가 완성된 때

[해설] 납부고지, 독촉 혹은 교부청구, 압류의 경우에는 이미 경과한 시효기간의 효력이 중단되는 것이며 납부의무가 소멸되는 것은 아니다.

[정답] ②

보충 플러스+

국세징수권의 소멸시효
국세징수권은 국가가 권리를 행사할 수 있는 때부터 5년(5억 원 이상의 국세채권은 10년)간 행사하지 않으면 소멸시효가 완성하고 납세의무도 소멸한다. 단, 납부고지, 독촉, 또는 교부청구, 압류의 경우에는 이미 경과한 시효기간의 효력이 중단된다.

04 빈출패턴 4 심사와 심판   출제빈도 ★★★★

국세부과 등에 대해서 이의가 있을 경우 다음 보기에 들어갈 말로 올바른 것은?

> 심사청구는 ( )에 제기하는 불복으로, 처분청의 처분을 안 날로부터 ( ) 이내에 제기할 수 있다. 심사청구, 심판청구절차는 취소소송의 전제 요건이 되어 본 절차를 거치지 아니하고는 취소소송을 제기할 수 없다.

① 국세청, 60일　　　　　　　② 국세청, 90일
③ 감사원, 60일　　　　　　　④ 조세심판원, 90일

심사청구는 국세청 혹은 감사원에 그 처분을 안 날로부터 90일 이내에 제기해야 한다.

정답 ②

더 알아보기

 심사와 심판

1. 내용 : 국세기본법 또는 세법에 따른 처분으로 위법 또는 부당한 처분을 받거나 필요한 처분을 받지 못해서 권리 또는 이익을 침해당한 경우 사법적 구제에 앞서 행정청 자체에 대한 시정요구를 하는 것이며, 이의신청, 심사청구, 심판청구 제도가 있다.
2. 이의신청, 심사청구, 심판청구는 처분청의 처분을 안 날로부터 90일 이내에 제기해야 한다. 심판청구·심판청구절차는 취소소송의 전제 요건이 되기 때문에 해당 절차를 거치지 않고는 취소소송을 제기할 수 없다.
   - 이의신청 : 처분청에 재고를 요구하는 것(청구인의 선택에 따라 생략할 수 있음)
   - 심사청구 : 국세청 또는 감사원에 요구(취소소송의 전제조건)
   - 심판청구 : 조세심판원에 제기하는 불복(취소소송의 전제조건)

기출 유형

심사와 심판에 대한 설명으로 올바른 것의 개수는?

- 이의신청은 처분청에 재고를 요구하는 것이며, 처분청의 처분을 안 날부터 90일 이내에 제기해야 한다.
- 심사청구는 국세청 또는 조세심판원에 제기하는 불복으로 취소소송의 전제 요건이 되어 본 절차를 거치지 아니하고는 취소소송을 제기할 수 없다.
- 심사청구와 심판청구는 처분청의 처분을 안 날부터 90일 이내에 제기해야 한다.

① 0개 ② 1개
③ 2개 ④ 3개

[해설] 이의신청, 심사청구, 심판청구는 모두 처분청의 처분을 안 날부터 90일 이내에 제기해야 한다. 심사청구는 국세청 또는 감사원에 제기하는 불복이며, 심판청구는 조세심판원에 제기하는 불복이다.

[정답] ③

05 빈출패턴 5 이자 및 배당소득 귀속연도   출제빈도 ★★★★

세법상 배당의 수입 귀속시기로 올바르지 않은 것은?

① 무기명주식의 경우 배당을 수령한 날
② 잉여금의 자본전입의 경우 자본전입을 결의한 날
③ 해산할 경우는 잔여재산 가액이 확정된 날
④ 분할 또는 분할합병의 경우는 분할 또는 분할합병이 주주총회에서 승인된 날

분할 혹은 분할합병을 한 경우에는 분할등기일 혹은 분할합병등기일에 배당소득을 인식한다.

정답 ④

더 알아보기

배당소득의 귀속연도

배당소득	수입의 귀속시기
이익배당	■ 잉여금 처분에 의한 배당 : 잉여금 처분 결의일 ■ 무기명주식의 이익이나 배당 : 실제 지급을 받은 날
의제배당	■ 감자 등의 경우 : 감자결의일, 퇴사 혹은 탈퇴일 ■ 해산의 경우 : 잔여재산가액의 확정일 ■ 합병의 경우 : 합병등기일 ■ 분할 또는 분할합병의 경우 : 분할등기 또는 분할합병등기일 ■ 잉여금의 자본전입 : 자본전입 결의일
인정배당	당해 법인의 당해 사업연도의 결산 확정일
집합투자기구로부터의 이익	■ 집합투자기구로부터의 이익을 지급 받은 날 ■ 원본 전입 특약이 있는 경우 그 특약에 의한 원본 전입일
출자 공동사업자의 배당	해당 공동사업자의 총수입금액과 필요경비가 확정된 날이 속하는 과세기간 종료일
기타 수익분배의 성격이 있는 배당 혹은 분배금	그 금액을 지급 받은 날
파생결합상품 배당소득	지급을 받은 날
파생결합증권 또는 파생결합사채로부터의 이익	그 이익을 지급 받은 날 단, 원본에 전입하는 뜻의 특약에 있는 분배금은 그 특약에 따라 원본에 전입되는 날

※ 출처 : 금융투자협회 기본교재 1권(2025년) p29

빈출패턴 6 금융소득 과세방법

출제빈도 ★★★★

종합소득세 신고대상인 사람은? (단, 모든 소득은 원천징수를 하여 징수하였다)

> 가. 보험차익이 2,000만 원이 있는 사람
> 나. 이자소득 1,000만 원, 배당소득이 1,500만 원이 있는 사람
> 다. 근로소득이 8,000만 원, 이자소득이 1,000만 원 있는 사람
> 라. 비영업대금이익 1,000만 원이 있는 사람

① 가
② 나
③ 다
④ 라

금융소득이 2,000만 원을 초과하면 종합소득세 신고대상이다.

정답 ②

더 알아보기

무조건 분리과세되는 소득

소득범위	원천징수세율
직장공제회 초과반환금	기본세율
비실명거래로 인한 이자와 배당소득	45% 혹은 90%
법원에 납부한 경매보증 및 경락대금에서 발생한 이자소득	14%
1거주자로 보는 단체의 이자소득·배당소득	14%
조세특례제한법상의 분리과세소득 개인종합자산관리계좌(ISA)의 비과세 한도 초과 이자·배당소득	9%

※ 만기 10년 이상이고 보유기간이 3년 이상인 채권은 이자소득의 30%만 원천징수하고 종합과세대상에서 제외된다. 단, 이자를 받을 때 분리과세를 받겠다고 금융기관 창구직원에게 신청해야 하며, 그렇지 않으면 일반 원천징수세율로 원천징수되고 종합과세 대상이 된다.

※ 비실명거래로 인한 이자·배당소득 중 금융기관을 통해 지급하는 소득 : 90%, 그렇지 않은 비실명거래로 인한 소득의 경우 45%

※ 출처 : 금융투자협회 기본교재 1권(2025년) p30

종합과세원칙

- **조건부 종합과세** : 무조건 분리과세되는 소득을 제외한 이자와 배당소득의 합계금액이 2천만 원 이하인 경우 종합과세하지 않으나, 이자와 배당소득의 합계액이 2천만 원을 초과하면 과세표준에 합산하여 종합과세한다(14% 세율로 원천징수한다. 다만 비영업대금의 이익은 25% 세율로 원천징수한다).
- **무조건 종합과세** : 무조건 분리과세되는 소득을 제외한 이자와 배당소득이 2천만 원 이하라도 국외에서 지급받는 이자와 배당소득 중 원천징수 대상이 아닌 것은 종합과세한다.

기출 유형

종합소득세에 합산되지 않고 항상 분리과세하는 것이 아닌 것은?

① 직장공제회 초과반환금
② 법원에 경매보증금으로 제공한 경매보증금의 이자수익
③ 파생결합증권으로부터의 이익
④ 비실명거래로 인한 이자소득

[해설] 대통령령으로 정하는 파생결합증권, 장내파생상품 중 주가지수 관련 파생상품과 해외시장에서 거래되는 장내파생상품, 주가지수 관련 장외파생상품, 주식 관련 차액결제거래 등에서 발생하는 소득은 양도소득으로 본다. 단, 파생결합상품 중에서 일부는 이자소득으로 과세되기도 한다. 파생결합증권으로부터 이익이 발생하더라도 그 금액이 2천만 원 이하인 경우에는 종합소득에 합산되지 않을 수도 있고, 대통령령으로 정하는 파생결합증권의 경우에는 양도소득으로 분류되어 종합소득세에 합산되지 않을 수도 있다.

[정답] ③

07 빈출패턴 7 증권거래세   출제빈도 ★★★★

증권거래세 납부의무에 대한 설명으로 올바르지 않은 것은?

① 코넥스에서 거래되는 주식을 매매할 때에는 증권거래세를 납부하지 않아도 된다.
② 뉴욕증권거래소에 상장된 주식을 매매할 경우에는 증권거래세를 납부하지 않는다.
③ 자본시장법에 따른 주권 매출일 경우에는 증권거래세를 납부하지 않아도 된다.
④ 주권을 목적물로 하는 소비대차의 경우 증권거래세를 납부하지 않는다.

코넥스에서 거래되는 주식도 증권거래세를 납부해야 한다. 해외 증시에서 증권거래를 하면 해당 국가의 관련 세금 등에 대한 납부의무가 있으면 납부를 하지만, 국내 증권거래세는 납부하지 않는다.

정답 ①

더 알아보기

1 증권거래세 과세 대상 주권
- 상법 또는 특별법에 따라 설립된 법인의 주권
- 외국법인이 발행한 주권으로 자본시장법에 의한 거래소의 유가증권시장이나 코스닥시장, 코넥스시장에 상장된 것

2 증권거래세 부과되지 않는 증권
- 외국 증권시장에 상장된 주권의 양도(뉴욕증권거래소, 전미증권협회중개시장, 동경증권거래소, 런던증권거래소, 도이치증권거래소, 기타 자본시장법에 따른 외국거래소)
- 자본시장법에 따라 채무인수한 거래소가 주권을 양도하는 경우

3 증권거래세 비과세 양도
- 국가 또는 지방자치단체가 주권 등을 양도하는 경우(단, 국가재정법에 따른 기금이 주권을 양도하는 경우 및 우정사업 총괄기관이 주권을 양도하는 경우는 제외한다)
- 자본시장법 제119조에 따라 주권을 매출하는 경우(발행매출)
- 주권을 목적물로 하는 소비대차의 경우

4 증권거래세 과세표준
- 원칙 : 주권의 양도가액
- 특수관계자에게 시가액보다 낮은 가액으로 양도한 것이 인정되는 경우 : 시가액
- 비거주자 또는 외국법인이 국외 특수관계자에게 정상 가격보다 낮은 가액으로 양도한 것으로 인정되는 경우 : 국제조세조정에 관한 법률상의 정상가격

■ 양도가액이 확인되지 않는 장외거래 : 아래의 가액으로 결정함

구분	평가방법
상장주권	거래소가 공표하는 양도일의 매매거래 기준가격
금융투자협회를 통한 장외시장주권	금융투자협회가 공표하는 양도일의 매매거래 기준가격
기타주권	소득세법 시행령 제165조에 따라 계산한 가액

기출 유형

다음의 보기를 보고 증권거래세 납부의무자에 대한 설명으로 올바른 것은?

> 한국에 거주하는 A는 국내에 지점이나 영업소가 없는 비거주자에게 국내 주식을 양수받았다. A는 주식을 양수받고 국내에 자신의 계좌가 있는 증권사에 보관하였다. 증권사는 이를 다시 한국예탁결제원에 보관하였다.

① 거주자인 A가 증권거래세를 납부한다.
② 금융투자업자인 증권사가 납부한다.
③ 한국예탁결제원이 납부한다.
④ 비거주자가 납부한다.

[해설] 국내 사업장을 가지고 있지 않는 비거주자가 주권 등을 금융투자업자를 통하지 않고 양도하는 경우에는 당해 주권양수인이 증권거래세의 납세의무를 갖는다.

[정답] ①

보충 플러스+

증권거래세 납세의무자
① 장내 또는 금융투자협회를 통한 장외거래에서 양도되는 주권을 계좌 간 대체로 매매결제하는 경우에는 해당 대체결제를 하는 회사(예탁결제원)
② ①을 제외한 경우 금융투자업자를 통하여 주권 등을 양도하는 경우에는 해당 금융투자업자
③ ①, ②를 제외한 경우 주권 등을 양도하는 경우에는 당해 양도자, 만약 국내 사업장을 갖고 있지 않는 비거주자(외국법인 포함)가 주권 등을 금융투자업자를 통하지 않고 양도하는 경우에는 당해 주권의 양수인
※ 출처 : 금융투자협회 기본교재 1권(2025년) p44

기출 변형

증권거래세에 대한 설명으로 올바른 것은 총 몇 개인가?

- 뉴욕증권거래소에 상장된 주식을 양도할 경우 증권거래세가 부과되지 않는다.
- 외국인 투자자가 국내 증권시장에서 상장된 주식을 양도할 경우 증권거래세가 부과되지 않는다.
- 코넥스시장에서 거래하는 주식에 대해서는 증권거래세가 부과된다.
- 주권을 목적물로 하는 소비대차의 경우 증권거래세가 부과되지 않는다.

① 1개
② 2개
③ 3개
④ 4개

[해설] 해외증권거래소에서 주식을 양도할 경우 증권거래세를 부과하지 않는다.
- 외국인 투자자라 할지라도 국내에서 주식을 양도하면 증권거래세를 납부해야 한다.
- 코넥스시장에서 거래하는 주식의 양도에 대해서 증권거래세가 부과된다.
- 주권을 목적물로 하는 소비대차는 비과세 양도로 분류되어 증권거래세를 부과하지 않는다.

[정답] ③

금융상품 8문항

08 빈출패턴 8 예금상품 출제빈도 ★★

요구불예금에 대한 설명으로 올바르지 않은 것은?

① 예금주의 환급청구가 있으면 언제든지 조건 없이 지급해야 하는 금융상품으로 통화성예금이라고도 한다.
② 인출이 자유롭지만 저축성예금에 비해 이율이 낮다.
③ 요구불예금으로는 보통예금, 당좌예금, 가계당좌예금이 있다.
④ 목돈을 예치하고 수익을 받는 거치식 혹은 적립식의 방식 중 선택할 수 있다.

거치식, 적립식은 예금상품으로 요구불예금의 방식이 아니다. 요구불예금은 환급청구가 있으면 바로 지급해야 하는 예금이다.

정답 ④

더 알아보기

예금상품 유형별 분류

1. **요구불예금** : 예금주의 환급청구가 있으면 언제든지 조건없이 지급해야 하는 예금으로 통화성예금이라고도 한다.
   - 인출이 자유로우나 상대적으로 이율이 낮다. 보통예금, 당좌예금, 가계당좌예금이 있다.

2. **저축성예금** : 예금주가 일정한 기간 동안 돈을 회수하지 않을 것을 약속하고 일정 금액을 은행에 예치하고, 은행은 이에 대해 이자를 지급하는 예금이다.
   - 거치식과 적립식으로 구분되며, 거치식은 일정금액을 일정기간 동안 예치하고 약정이 지난 후 원금과 이자를 지급받으며, 적립식은 약정기간 동안 일정금액을 불입하며, 약정기간이 끝난 후 불입한 금액과 이자를 인출한다.
   - 정기예금, 정기적금, <u>상호부금(일정기간동안 부금을 납부하면 일정 금액을 대출받을 수 있는 권리가 발생한다)</u>, MMDA(시장금리부 수시 입출금식예금, 시장실세금리가 적용되고 입출금이 자유로운 단기금융상품)

3. **주택청약종합저축** : 청약예금, 청약부금, 청약저축이 있으며, 현재 신규가입은 주택청약종합저축(예금자보호법으로 보호되지 않으나, 주택도시기금 조성 재원으로 정부가 관리하여 다른 측면에서 원금이 보장된다)으로만 가입할 수 있다.

기출 유형

예금상품에 대한 설명으로 잘못된 것의 개수는?

- 비과세종합저축은 만 20세 이상의 거주자만 가입가능하다
- 요구불예금은 예금주의 요청이 있으면 즉시 지급해야 한다.
- ELD는 원칙적으로 예금자 보호가 되지 않는다.

① 0개 ② 1개
③ 2개 ④ 3개

[해설] 비과세종합저축은 65세 이상인 자, 장애인, 독립유공자와 유족 또는 가족, 상이자, 기초생활수급자, 5.18민주화운동부상자, 고엽제 후유증 환자가 가입할 수 있다. 1인당 5,000만 원이 불입한도이다. ELD는 예금자 보호가 되는 상품이며, 원칙적으로 원금보장이 되나, 만기 이전에 해지할 경우 원금보장이 되지 않을 수도 있다.
주가지수연동 정기예금상품 : 주가지수의 성과에 따라 수익률이 달라진다.

구분	ELS	ELD	ELF
발행주체	증권사	은행	자산운용사
투자형태	증권매입	예금가입	펀드 매입
예금자보호	없음	보호됨	없음

※ 2025년부터 예금자 보호금액은 1억 원으로 상향되었으나 아직 실행은 되지 않고 있다. 협회기본교재에는 5,000만 원으로 기재되어 있다.
※ 출처 : 금융투자협회 기본교재 1권(2025년) p123

[정답] ③

09 빈출패턴 9 생명보험상품 특징 출제빈도 ★★★

다음 설명 중 잘못된 것의 총갯수는?

- 생명보험의 순보험료는 예정위험률, 예정이율, 예정사업비율을 고려하여 계산된다.
- 양로보험은 생사혼합보험으로 피보험자가 일정기간 동안 사망하거나 중도 또는 만기 생존 시 보험금이 지급된다.
- 선박이나 항공기로 운송되는 물품이 운송 도중 발생한 사고로 인해 멸실 또는 손상되는 경우 화주의 손실을 보상하는 보험은 선박보험이다.
- 피보험자가 일정기간 생존 시 보험금을 지급하는 보험은 손해보험이다.

① 1개   ② 2개
③ 3개   ④ 4개

생명보험의 보험료는 순보험료(예정위험률과 예정이율을 고려하여 결정됨)+부가보험료(예정사업비율을 고려하여 결정됨)로 구성된다. 화주의 손실을 보상하는 보험은 적하보험이다. 선박보험은 해운업자 등의 선박의 손해를 보상하는 보험이다. 피보험자가 일정기간 생존 시 보험금을 지급하는 보험은 생존보험이다. 생존보험은 생명보험으로 분류된다.

정답 ③

더 알아보기

생명보험의 구성원리

1 대수의 법칙
2 수지상등의 원칙 : 보험가입자가 납입하는 총보험료는 보험회사가 지급하는 보험금 및 경비의 총액이 같도록 정하는 원칙이다. 생명보험상품의 가격에는 목표이윤이 존재하지 않는다.
3 사망률과 생명표 : 연령별 생사 잔존상태를 나타낸 표가 생명표이며, 이는 국민생명표와 경험생명표가 있으며, 국내 보험회사는 경험생명표를 사용하고 있다.

생명보험의 가격체계 : 보험료는 순보험료와 부가보험료의 합으로 구성되어 있다.

1 순보험료(예정위험률, 예정이율) : 위험보험료와 저축보험료로 구성
2 부가보험료(예정사업비율) : 신계약비, 유지비, 수금비등으로 구성

피보험자 수에 따른 보험의 분류

1. 단생보험 : 특정한 1인을 피보험자로 하는 보험
2. 연생보험 : 2인 이상을 피보험자로 하는 보험
3. 단체취급보험 : 개인보험과 단체보험의 중간수준의 보험으로, 국내에서는 5인 이상의 일괄 가입 시 보험료를 일부 할인해 주고 있다.
4. 단체보험 : 수십 명 이상의 다수의 사람을 1매의 보험증권으로 하는 보험으로 보험계약 체결의 편의성, 보험료 일괄납입 등의 사무편의로 인해 동일한 보장의 개인보험보다 예정사업비가 낮아서, 보험료가 저렴하다.

보험사고에 따른 생명보험 분류

1. 사망보험 : 피보험자가 사망 또는 제1급 장해 시 약정한 보험금이 지급되는 보험
2. 사망보험을 보장하는 기간에 따라 정기보험과 종신보험으로 구분
   - 정기보험 : 1년, 5년, 10년, 20년 등 일정한 기간 동안 보장
   - 종신보험 : 피보험자가 사망할 때까지 종신토록 보장
3. 생존보험 : 피보험자가 일정 기간 생존 시 보험금을 지급하는 보험으로 일정 기간 도달 전 사망 시에는 사망자의 몫은 모두 생존자의 몫으로 귀속되기 때문에 사망자에게는 아무런 보장이 없다. 즉, 생존자는 사망자가 불입한 보험료 지분을 획득하게 된다.
4. 양로보험(생사혼합보험) : 피보험자가 일정기간 동안 사망하거나 중도 또는 만기 생존 시 보험금이 지급되는 보험으로 정기보험과 생존보험이 결합된 것이다.

기출 유형

피보험자가 사망할 때까지 보장하는 보험은 어느 것인가?

① 종신보험　　　　　　　　　　② 생존보험
③ 양로보험　　　　　　　　　　④ 정기보험

[해설] 종신보험에 대한 설명이다.

[정답] ①

10

빈출패턴 10 특수한 집합투자기구 출제빈도 ★★★★

다음 〈보기〉에서 설명하는 집합투자기구의 형태는 무엇인가?

> 같은 집합투자기구에서 판매보수의 차이로 인하여 기준가격이 다르거나, 판매수수료가 다른 여러 종류의 집합투자증권을 발행하는 집합투자기구

① 종류형 ② 모자형
③ 엄브렐라형 ④ 전환형

종류형 집합투자기구에 대한 설명이다.

정답 ①

더 알아보기

 특수한 형태의 집합투자기구

종류형 집합투자기구	같은 집합투자기구에서 판매보수의 차이로 인하여 기준가격이 다르거나 판매수수료가 다른 여러 종류의 집합투자증권을 행하는 집합투자기구이다.
전환형 집합투자기구	복수의 집합투자기구 간에 각 집합투자기구의 투자자가 소유하고 있는 집합투자증권을 다른 집합투자기구의 집합투자증권으로 전환할 수 있는 권리를 투자자에게 부여한 집합투자증권이다.
모자형 집합투자기구	동일한 집합투자업자의 투자기구를 모집합투자기구와 자집합투자기구로 나누어서 운영하는 것으로 자집합투자기구는 모집합투자기구에만 투자할 수 있다. 모집합투자기구와 자집합투자기구의 운용은 동일한 집합투자업자가 운용해야 한다.
엄브렐라형 집합투자기구	펀드상품의 유형 중의 하나로, 다수 펀드 간에 전환이 가능한 구조를 가진 상품이다.

빈출패턴 11 집합투자기구 관계회사 출제빈도 ★★★

다음 빈칸에 들어갈 용어로 가장 적절한 것은?

( )는 기준가격 산정이 적정한지를 확인해야 하며, 이를 확인할 때 투자신탁의 집합투자업자 또는 투자회사등이 산정한 기준가격과 ( )가 산정한 기준가격의 편차가 1,000분의 3 이내인 경우에는 적정하게 산정된 것으로 본다.

① 신탁업자
② 집합투자기구평가회사
③ 채권평가회사
④ 일반사무관리회사

신탁업자의 업무이다.

정답 ①

더 알아보기

 집합투자기구 관계회사

신탁업자	집합투자재산을 선량한 관리자의 주의로써 보관·관리하며 투자자의 이익을 보호하며, 신탁업자의 업무제한은 다음과 같다. • 해당 집합투자기구 또는 그 집합투자재산을 운용하는 집합투자업자의 계열회사여서는 안 된다. • 집합투자재산을 자신의 고유재산, 다른 집합투자재산 또는 제3자로부터 보관을 위탁받은 재산과 구분하여 관리해야 한다. • 집합투자재산 중 증권, 원화표시 양도성예금증서, 어음, 그 밖에 증권과 유사하고 집중 예탁과 계좌간 대체에 적합한 것으로서 예탁결제원이 따로 정하는 것을 자신의 고유재산과 구분하여 집합투자기구별로 예탁결제원에 예탁해야 한다. • 집합투자재산을 운용하는 집합투자업자가 자산의 취득·처분 등의 운용지시를 하는 경우 이를 각각의 집합투자기구별로 이행해야 한다.
일반사무관리회사	투자회사의 위탁을 받아 투자회사 주식의 발행 및 명의개서, 투자회사재산의 계산, 법령 또는 정관에 의한 통지 및 공고, 이사회 및 주주총회의 소집·개최·의사록 작성 등에 관한 업무
집합투자기구 평가회사	집합투자기구를 평가하고 이를 투자자에게 제공하는 업무를 영위하는 자
채권평가회사	집합투자재산에 속하는 채권 등 자산의 가격을 평가하고 이를 집합투자기구에게 제공하는 업무를 영위하는 자

12 빈출패턴 12 ELS 출제빈도 ★★★★

다음에 설명하는 ELS는 어느 것인가?

> 투자기간 중에 사전에 정해둔 주가 수준에 도달하면 확정된 수익으로 조기상환되며, 그 외의 경우에는 만기 시 주가에 따라 수익이 정해지는 구조이다. 투자기간 중 기초자산이 한번이라도 사전에 일정주가 이상 초과상승하는 경우 만기 시 주가지수와 상관없이 최종수익률은 리베이트 수익률로 확정된다.

① Knock-out형 ② Bull Spread형
③ Digital형 ④ Step-down형

Knock-out형에 대한 설명이다.

정답 ①

더 알아보기

ELS개요
주가지수 및 특정 주식의 움직임에 연계하여 사전에 정해진 조건에 따라 조기 및 만기 상환수익률이 결정되는 만기가 있는 증권이며, 파생상품의 성격이 있으나 파생결합증권으로 분류하기 때문에 <u>투자매매업과 장외파생상품 겸영인가를 취득한 증권회사만이 발행할 수 있다.</u>

ELS의 수익구조
1. Knock-out형 : 투자기간 중 사전에 정한 주가 수준에 도달하면 확정된 수익으로 조기상환되고, 그 외의 경우에는 만기 시 주가에 따라 수익이 정해지는 구조이다. <u>투자기간 중 기초자산이 한번이라도 일정주가 이상 초과상승하는 경우 만기 시 주가지수와 관계없이 일정한 리베이트만을 지급한다.</u>
2. Bull Spread형 : 만기 시점의 주가 수준에 비례하여 손익을 얻되, 최대 수익 및 손실이 일정 수준으로 제한되는 구조이다.
3. Digital형 : 사전에 수익률은 두 가지로 설정한다. 만기 시 주가가 일정 수준을 넘어가면 사전에 정해진 수익을 지급하고, 그렇지 않더라도 사전에 정한 다른 수익을 지급한다.
4. Step-down형 : 기초자산 가격이 하락하여 Knock-in이 발생하지 않는 경우 주기적으로 주가가 일정 수준 이상인 경우 특정 약정수익률로 자동으로 조기상환되는 구조

기출 유형

ELS에 대한 설명으로 올바르지 않은 것은?

① ELS는 증권사와 자산운용사가 발행한다.
② 조기상환제도가 존재한다.
③ Knock-out이 있는 ELS는 기초자산의 주가가 Knock-out 베리어를 터치하면 미리 정한 리베이트만을 지급한다.
④ 자본시장법상 증권으로 분류된다.

[해설] ELS는 장외파생상품 겸영업무 인가를 취득한 증권사가 발행한다. 반면에 ELF는 운용사에서 만들고 판매사에서 모집하는 주가연계상품이다. 원금초과손실이 없기 때문에 자본시장법상 증권으로 분류된다.

[정답] ①

13 빈출패턴 13 자산유동화증권　　출제빈도 ★★★★

자산유동화증권(ABS, Asset backed Security)에 대한 설명으로 틀린 것은?

① 자산의 보유자보다 더 높은 신용등급으로 채권을 발행할 수 있다.
② 자산유동화증권의 대상이 되는 자산은 양도하지 않고 자산보유자가 관리한다.
③ Pass through 방식은 자산보유자의 자산에서 해당 유동화자산이 제외되기 때문에 유동화자산과 관련된 모든 위험을 투자자에게 전가하는 효과가 발생한다.
④ Pay through 방식은 유동화자산집합에서 발생하는 현금흐름을 이용하여 증권화하고, 그 현금흐름을 기초로 상환우선순위가 다른 채권을 발행하는 방식이다.

자산보유자는 유동화대상 자산을 별도의 유동화법인에 양도하고, 자산관리회사는 해당 자산을 관리한다.

정답 ②

더 알아보기

 자산유동화기본구조

자산유동화증권의 특징

1. 자산보유자의 신용도와 분리되어 자산 자체의 신용도로 발행하는 증권
2. 자산유동화증권의 신용도는 기초자산의 신용도와 신용보강 등에 의해서 결정됨
3. 자산유동화증권은 투자자의 선호에 부합하여 증권을 설계하기 때문에 일반적으로 다계층증권이 발행됨
4. 자산유동화증권은 다양한 구조와 신용보강 등을 통해 일반적으로 자산보유자보다 높은 신용도를 지닌 증권으로 발행 가능

현금 수취방식에 따른 자산유동화증권 종류

1. 지분이전증권(Pass-Through Securities) : 유동화자산을 유동화중개기관에 매각하고, 유동화중개기관은 이를 집합화하여 신탁을 설정한 후 이 신탁에 대해서 지분권을 나타내는 일종의 주식형태로 발행하는 증권. 자산이 매각되는 형태이기 때문에 자산보유자의 자산에서 해당 유동화자산이 제외되며, 유동화자산과 관련된 모든 위험을 투자자에게 전가시키는 효과가 있다.
2. 원리금이체증권(Pay-Through Securities) : 유동화자산집합에서 발생되는 현금흐름을 이용하여 증권화하고 그 현금흐름을 균등하게 배분하는 단일 증권으로 상환우선순위가 다른 채권을 발행하는 방식이다.

기초자산에 따른 유동화증권

1. 자산의 집합이 가능하고, 자산의 특성상 동질성이 있는 자산이 주로 유동화된다.
2. 매매가 가능하고 자산보유자의 파산 시 파산재단에서 분리될 수 있는 자산이 유동화된다.
3. 자산의 현금흐름에 대한 예측이 가능하고 자산의 신용도에 대한 분석이 가능한 자산이 유동화된다.
4. 기초자산의 유형 : 주택저당채권, 자동차할부금융, 대출채권, 신용카드 채권, 리스채권, 기업대출, 기업매출채권, PF대출채권, 미래현금흐름, 부실대출, 임대료, <u>무형자산 등이 기초자산으로 가능하다.</u>

기출 유형

자산유동화증권(ABS, Asset Backed Security)에 대한 설명으로 틀린 것은?

① 자산유동화 대상이 되는 자산들의 동질성이 높을 때 유동화되기가 수월하다.
② 자산의 보유자보다 더 높은 신용등급으로 발행할 수 있다.
③ 자산유동화증권의 대상이 되는 자산은 자산보유자가 관리한다.
④ 무형자산을 기초로 발행할 수 있다.

[해설] 유동화 대상이 되는 자산은 유동화회사(SPC)가 보유한다.

[정답] ③

14 빈출패턴 14 주택저당증권

출제빈도 ★★★★

주택저당증권(MBS)에 대한 설명으로 가장 올바른 것은?

① 담보로 저당채권과 저당권이 있다.
② 통상 단기로 발행한다.
③ 별도의 신용보강을 할 경우 국채보다 높은 신용등급으로 발행한다.
④ 조기상환이 발생해도 투자자의 수익률에 영향을 주지 않는다.

주택저당증권은 저당채권과 저당권을 담보로 하여 채권을 발행한다. 국채는 무위험채권이기 때문에 신용보강을 하더라도 MBS는 국채보다 높은 신용등급을 받기 어렵다.

정답 ①

더 알아보기

주택저당증권(MBS)의 특성

- 주택저당대출 만기와 대응하므로 통상 장기로 발행한다.
- 이자율 하락시 조기상환에 의해 수익이 변동할 수 있다.
- 대상자산인 주택저당대출의 형식에 따라 다양한 상품구성이 가능하다.
- 별도의 신용보강을 통해 회사채보다 높은 신용등급의 채권이 발행가능하다.
- 원리금균등상환 고정금리부 대출의 경우 매월 상환액 중 초기에는 이자비중이 높으나 시간이 흐르면 원금 상환비중이 증가한다.

기출 유형

주택저당증권(MBS)에 대한 설명으로 올바른 것은 몇 개인가?

- 저당대출 소유권 매각을 통해 주택저당증권을 발행할 수 있다.
- 조기상환에 의해 수익이 변동될 수 있다.
- 주택저당대출 만기와 대응하여 통상 단기로 발행한다.

① 0개 ② 1개
③ 2개 ④ 3개

[해설] MBS는 통상 장기로 발행된다.

[정답] ③

15 빈출패턴 15 퇴직연금

출제빈도 ★★★★

퇴직연금상품에 대한 설명으로 잘못된 것은?

① 확정급여형의 경우 퇴직연금의 운용은 사용자가 담당한다.
② 확정급여형의 경우 그 초과 운용수익은 근로자에게 귀속된다.
③ 확정기여형과 확정급여형은 개인형 퇴직연금계좌에 추가로 납입할 수 있다.
④ 근로자 입장에서 확정급여형을 선택하면 퇴직연금 수급권이 보장된다.

확정급여형의 운용손익은 사용자에게 귀속되고, 확정기여형의 운용손익은 근로자에게 귀속된다.

정답 ②

더 알아보기

확정급여형과 확정기여형 비교

구분	확정급여형(DB형)	확정기여형(DC형)
개요	근로자가 수령할 퇴직금 수준이 사전에 확정되어 있는 제도	기업이 부담할 부담금 수준이 사전에 확정되어 있는 제도
적립금 운용주체	사용자(퇴직연금 운용과 관련한 모든 수익과 손실은 사용자에게 귀속됨)	근로자(퇴직연금 운용과 관련한 모든 수익과 손실이 근로자에게 귀속됨)
추가납입여부	개인형 IRP를 통해 가능	제도 내에서 혹은 개인형 IRP를 통해서 가능
연금계리	필요	불필요
비고	임금상승률이 높은 기업에 유리 장기근속을 유도할 수 있음. 경영이 안정적이고 영속적인 기업 유리	재무구조 변동이 큰 기업 근로자들이 재테크 관심이 높은 기업

※ 출처 : 금융투자협회 기본교재 1권(2025년) p329

개인형 퇴직연금제도(IRP)

1 근로자가 이직시 퇴직연금제도에서 수령한 퇴직금 등에 대해서 과세를 유예받으면서 계속 적립·운용한 후 은퇴 시 노후자금으로 활용할 수 있는 제도

2 상시근로자 10인 미만을 사용하는 특례 사업장에서 근로자대표 동의를 얻어 가입자의 개인퇴직계좌를 설정하는 기업형 IRP도 있음.

기출 유형

개인형 퇴직연금제도(IRP)에 대한 설명으로 올바르지 않은 것은?

① 확정기여형은 기업이 부담할 부담금 수준이 사전에 확정되어 있는 제도이다.
② 확정급여형은 IRP를 통해 추가납입이 연간 1,800만 원 한도에서 가능하다.
③ 확정기여형은 IRP를 통해 추가납입이 불가능하다.
④ 상시근로자 10인 미만을 사용하는 특례 사업장에서 근로자대표 동의를 얻어 가입자의 개인퇴직계좌를 설정하는 기업형 IRP도 있다.

[해설] 확정기여형도 IRP를 통해 연간 1,800만 원 한도에서 추가납입이 가능하다.

[정답] ③

기출 변형

다음 중 IRP(개인형퇴직연금제도)에 대해서 틀린 것은?

① 확정급여형에 가입한 사람은 추가납입할 수 없음.
② 확정기여형에 가입한 근로자는 IRP를 통해 추가납입한 것도 본인이 운용함.
③ 근로자 10명 이상인 경우 가입할 수 있음.
④ IRP자산은 사모펀드에 투자할 수 없음.

[해설] 확정급여형이라도 IRP를 통해서 추가납입할 수 있다. 퇴직연금은 근로자의 노후 생활을 위한 자금이기 때문에 안전하게 운용되어야 한다. IRP는 사모펀드에 투자할 수 없다.

[정답] ①

빈출패턴 16 부동산 물권

출제빈도 ★★★★

다음 중 제한물권이 아닌 것은?

① 지역권　　　　　　　② 전세권
③ 소유권　　　　　　　④ 지상권

소유권은 부동산의 소유를 나타내기 때문에 제한물권이 아니다.

정답 ③

더 알아보기

부동산의 권리 분류

부동산의 권리는 점유권과 본권으로 구분된다. 본권안에 소유권과 제한물권이 있으며, 제한물권에는 용익물권과 담보물권이 있다.

부동산 권리			
점유권	본권		
	소유권	제한물권	
		용익물권	담보물권
		지상권, 지역권, 전세권	유치권, 질권, 저당권

1. 소유권 : 법률 범위 안에서 부동산을 자유롭게 사용·수익·처분할 수 있는 권리이나 미채굴 광물은 토지 소유권의 효력이 미치지 않는다.

2. 제한물권 : 일정한 목적을 위하여 타인의 물건을 부분적·일시적으로 지배하는 물권으로 등기능력이 있는 권리이다.

3. 용익물권
   - 지상권 : 타인의 토지 위에 건물, 기타의 공작물이나 수목등을 소유하기 위하여 그 토지를 사용할 수 있는 물권
   - 지역권 : 타인의 토지를 자기 토지의 편익에 이용하는 물권으로 요역지(편익을 받는 토지)와 승역지(편익을 제공·승낙하는 토지) 등이 있다.
   - 전세권 : 전세금을 지급하고 타인에게 부동산을 점유하여 그 용도에 맞게 사용·수익하는 물권

4 담보물권
- 유치권 : 타인의 물건이나 유가증권을 점유한 자가 그 물건이나 유가증권에 관하여 생긴 채권이 변제기에 있는 경우 그 채권을 변제받을 때까지 그 물건이나 유가증권을 유치할 수 있는 물권으로 점유로써 공시가 되기 때문에 등기가 필요 없다.
- 저당권 : 채무자 또는 제3자가 채권의 담보로 제공한 부동산을 담보제공자의 사용, 수익에 맡겨 두면서 채무의 변제가 없는 경우에 그 부동산의 가격으로부터 다른 채권자보다 우선하여 변제받을 수 있는 권리이다. 저당권은 반드시 등기·등록에 의하여 공시되어야 한다.

기출 유형

다음 중 제한물권이 아닌 것은?

① 전세권   ② 점유권
③ 질권   ④ 유치권

[해설] 점유권은 제한물권이 아니다. 제한물권에는 지상권, 지역권, 전세권, 유치권, 질권, 저당권이 있다. 질권은 일반적으로 동산에 대한 권리이다. 협회기본교재에서 질권도 제한물권의 한 종류로 도식화하여 제공되었다. 협회시험의 채점기준은 협회 기본교재이기 때문에 보기에 질권이 나오더라도 이를 제한물권의 하나로 보고 접근할 필요가 있다.

[정답] ②

17 빈출패턴 17 부동산투자 분석

출제빈도 ★★★★

부동산투자 분석에 대한 설명으로 틀린 것은?

① 순소득승수는 총투자액을 순운용소득으로 나누어서 계산한다.
② 투자이율은 순운용소득을 총투자액으로 나누어서 계산한다.
③ 수익성지수는 부동산 투자로부터 얻어지게 될 장래의 현금흐름의 현재가치를 최초의 부동산 투자액으로 나누어서 계산한다.
④ 부채상환비율은 대출잔고에서 부동산의 가격을 나누어서 계산한다.

부채상환비율=순운용소득/부채상환액, 대출비율=대출잔고/부동산의 가격이다.

정답 ④

더 알아보기

부동산투자 분석관련 주요 용어

1. **대출비율(Loan-to-value ratio)** : 부동산 투자금액 중에 대출로 자금을 조달한 비율을 의미한다. 대출비율이 클수록 채무불이행 위험이 증가한다. 부동산에 대한 원리금 상환능력을 적정하게 추정하지 못하는 단점이 있다.

> 대출비율=대출잔고/부동산의 가격

2. **부채상환비율(Debt-service coverage ratio)** : 부동산 투자대출에 대한 원리금 상환 능력을 측정하기 위한 보조적인 비율이다. 이 비율이 높을수록 부채 상환의 안정성이 높다고 볼 수 있다.

> 부채상환비율=순운용소득/부채상환액

부동산 투자타당성 분석

1. **순소득승수** : 순운용소득에 대한 총투자액의 배수로, 자본회수기간으로도 이용한다.

> 순소득승수=총투자액/순운용소득

2. **투자이율** : 총투자액에 대한 순운용소득의 비율로 순소득승수의 역수이다.

> 투자이율=순운용소득/총투자액

3 자기자본수익률 : 자기자본투자액에 대한 세전 현금흐름비율

> 자기자본수익률＝납세 전 현금흐름/자기자본투자액

기출 유형

부동산 투자와 관련한 설명으로 올바르지 않은 것은?

① 부채 4억 원, 순운용소득 2억 원이면 부채상환비율은 2이다.
② 부동산 투자회사는 원칙적으로 자기자본의 2배까지 차입 가능하다.
③ 포트폴리오에 투자안의 수를 증가시킬수록 총위험이 일정수준까지는 감소한다.
④ 부동산 투자회사는 자본시장법 제390조 제1항에 따른 상장규정의 상장요건을 갖추게 된 때에는 지체 없이 같은 법 제8조의2 제4항 제1호에 따른 주식시장에 주식을 상장하여 해당 주식이 증권시장에서 거래되도록 해야 한다.

해설 부채상환비율＝순운용소득/부채상환액＝2억 원/4억 원＝0.5

정답 ①

18

빈출패턴 18 용도지역　　　출제빈도 ★★★★

인구와 산업이 밀집되어 있거나 밀집이 예상되어 당해 지역에 대하여 체계적인 개발·정비·관리·보전 등이 필요한 지역은 어느 것인가?

① 농림지역
② 자연환경보전지역
③ 도시지역
④ 관리지역

도시지역에 대한 설명이다. 국토 이용계획에 따라 전국의 토지를 대상으로 특정한 용도지역으로 구분한다. 다만, 용도지역은 중복되지 않도록 지정하며, 순차적으로 지정해도 되므로 용도지역으로 지정이 되지 않는 토지가 있을 수 있다.

정답 ③

더 알아보기

용도지역과 그 내용

용도지역	내용
도시지역	인구와 산업이 밀집되어 있거나 밀집이 예상되어 해당 지역에 대하여 체계적인 개발·정비·보전 등이 필요한 지역 세부적으로 주거지역, 상업지역, 공업지역, 녹지지역으로 구분한다.
관리지역	도시지역의 인구와 산업을 수용하기 위하여 도시지역에 준하여 체계적으로 관리하거나 농림업의 진흥, 자연환경, 산림의 보전을 위하여 농림지역 혹은 자연환경보전지역에 준하는 관리가 필요한 지역
농림지역	도시지역에 속하지 않는 농지법에 의한 농업진흥지역 또는 산지관리법에 의한 보전산지 등으로 농림업의 진흥과 산림의 보전을 위하여 필요한 지역
자연환경보전지역	자연환경, 수자원, 해안, 생태계, 상수원 및 문화재의 보전과 수산자원의 보호·육성 등을 위하여 필요한 지역

※ 출처 : 금융투자협회 기본교재 1권(2025년) p389

기출 유형

부동산의 용도지역의 분류에 해당하지 않는 것은?

① 도시지역   ② 농림지역
③ 수산지역   ④ 자연환경보전지역

해설 토지는 도시지역, 관리지역, 농림지역, 자연환경보전지역의 4가지로 분류한다.

정답 ③

기출 변형

용적률이 가장 높은 지역은 어디인가?

① 상업지역   ② 녹지지역
③ 공업지역   ④ 주거지역

해설 상업지역의 용적률이 가장 높다. 부동산의 최유효이용이라는 측면에서 상업지역의 속성을 감안하여 상업지역의 용적률이 가장 높다. 용적률은 건물의 높이로 생각하면 이해하기 수월하다. 상업지역(빌딩)>주거지역(아파트)>공업지역(공장)>녹지지역(공원)

- 국토의 계획 및 이용에 관한 법률에 따른 도시지역 내 용적률

지역	용적률
주거지역	500% 이하
상업지역	1,500% 이하
공업지역	400% 이하
녹지지역	100% 이하

정답 ①

19 빈출패턴 19 개발사업방식 유형

출제빈도 ★★★★

다음에서 설명하는 부동산 개발방식으로 가장 올바른 것은?

> 개발업자가 지주로부터 특정 토지에 대한 이용권을 설정받아 그 토지를 개발하고 건축물을 건설하여 그 건축물을 제3자에게 양도 또는 임대하거나 개발업자가 직접 이용하여 지주에게 임차료를 지불하고, 계약기간이 종료되면 토지를 원래 지주에게 반환하고 건물에 대해서는 일정한 금액으로 지주에게 양도하는 개발방식

① 차지개발방식   ② 토지신탁방식   ③ 사업수탁방식   ④ 등가교환방식

차지개발방식에 대한 설명이다.

정답 ①

더 알아보기

 개발사업방식의 유형

1. **자체사업(지주자력개발)** : 도급방식으로 토지 제공, 개발비 제공은 모두 사업자가 담당한다.
2. **지주공동사업** : 토지소유자와 개발자가 공동으로 사업하는 방식
   - **등가교환방식** : 토지소유자와 개발업자가 공동으로 건물 등을 건설하여, 지주가 토지의 일부 또는 전부를 개발업자에게 제공하고 개발업자는 토지를 개발하고 건축물을 건설하여 토지평가액과 건설비를 기준으로 양자가 토지와 건축물을 공유 혹은 구분소유하는 방식
   - **합동개발방식(분양형)** : 지주는 토지를 제공하고, 개발업자는 건축비등 기타 개발비를 부담한 후 사업을 통해 발생한 수익을 각 주체가 부담한 금액으로 환산한 투자비율에 따라 수익을 배분하는 방식
   - **사업수탁방식(임대형)** : 개발업자가 사업의 기획부터 운영관리까지 일체의 업무를 수탁받아 건물을 완공한 후 건물을 일괄 임대받아 사업을 시작하고, 토지소유자는 약속된 임대수익을 얻는 방식
   - **토지신탁방식** : 부동산 신탁회사에 보유 토지를 위탁하고 이를 개발하여 수익을 얻는 방식으로 토지소유자는 신탁배당으로 개발수입을 얻는다.
   - **차지개발방식** : 개발자가 토지소유자에게 토지를 임대받아 개발사업을 하고, 임대기간동안에는 일정금액의 토지사용료를 지급하고, 임대기간이 종료되면 개발업자는 원래 토지소유자에게 토지를 반환하고, 건물에 대해서는 일정한 금액으로 토지소유자에게 양도하는 방식
3. **투자형 부동산 개발사업** : 시설임차조건부 개발분양방식, 시설지분 개발분양방식, 주주모집방식

20 빈출패턴 20 저당제도와 담보신탁제도

출제빈도 ★★★★

PF(Project Financing)의 안정성 확보 수단으로서 부동산담보신탁과 저당제도의 비교로 틀린 것은?

① 담보신탁제도에서는 신탁회사가 직접 공매를 한다.
② 담보신탁제도에서는 담보물은 신탁회사가 직접 관리한다.
③ 담보신탁제도는 신탁보수 비용이 발생하여 저당권보다 더 많은 비용이 발생한다.
④ 담보신탁제도는 후순위권리설정을 배제할 수 있어서 저당권보다 담보가치 유지에 유리하다.

저당제도를 사용할 경우 신탁보다 상대적으로 더 많은 비용이 발생한다.

정답 ③

더 알아보기

저당제도와 담보신탁제도 비교

- PF사업시 물적 담보 확보 수단으로는 저당권과 담보신탁이 있음.
- 담보신탁은 담보물을 신탁회사가 관리하는 것으로 저당권과 비교하여 목적물 관리의 안전성, 효율성, 채권실행의 편리성 등의 장점이 있음.

구분	저당제도	담보신탁제도
담보설정방식	근저당권 설정	신탁설정(신탁등기)
담보물관리	채권기관에서 관리	신탁회사가 관리
비용	상대적으로 높음	상대적으로 낮음
채권실행방법	법원경매	신탁회사 직접 공매
채권실행비용 및 소요기간	상대적으로 비용과 시간이 많이 소요	적은 비용과 단시간 내 처리 가능
환가금액	상대적으로 저가처분	상대적으로 고가처분
후순위권리설정	후순위권리설정 배제 불가	후순위권리설정 배제 가능

※ 출처 : 금융투자협회 기본교재 1권(2025년) p444

이것만 공부하면 80점 | 대안투자운용 5문항

21 빈출패턴 21 PEF 규제

출제빈도 ★★★

PEF 운영에 대한 설명으로 틀린 것은?

① 무한책임사원이 펀드를 설립하고 운용한다.
② 무한책임사원은 자신의 투자금액을 초과해서 손실이 발생할 수 있다.
③ 원칙적으로 유한책임사원에 대한 정보를 공개하지 않는다.
④ 타 PEF에 자신이 투자한 회사를 매각하는 것은 금지되어 있다.

PEF는 다른 PEF에 자신이 투자한 회사를 매각하여 투자금을 회수할 수 있다.

정답 ④

더 알아보기

PEF사원

1. PEF는 1인 이상의 무한책임사원과 1인 이상의 유한책임사원으로 구성되며, 사원의 총수는 100인 이하이어야 한다.
2. PEF는 상법상 합자회사의 형태를 따른다.
3. PEF 등기·등록사항에 유한책임사원의 내역을 제외하고 있으며, 무한책임사원은 PEF의 실질적인 운용자로서 대외적인 책임을 지기 때문에 등기·등록의 대상이다.

PEF 무한책임사원의 상법상 합자회사 규정에 대한 특례

1. 일반 회사도 PEF의 무한책임사원이 될 수 있다.
2. 무한책임사원은 노무 또는 신용을 출자할 수 없고, 반드시 금전 또는 시장성 있는 유가증권으로 출자해야 한다.
3. 무한책임사원의 경업금지 의무를 배제한다.
4. PEF운용자인 무한책임사원의 임의적 퇴사권을 인정하지 않는다.

22 빈출패턴 22 글로벌 매크로 전략

출제빈도 ★★★

글로벌 매크로펀드에 대한 설명으로 잘못된 것은?

① 레버리지, 공매도, 파생상품 등 다양한 투자수단을 사용한다.
② 시장분석은 Bottom-up 방식을 사용하여 불균형적인 경제가 균형으로 회귀한다고 가정한다.
③ 채권, 국채, 원자재 등에 대한 투자를 선호한다.
④ 방향성 투자전략 중의 하나이다.

글로벌 매크로펀드는 Top-Down 방식을 사용하여 투자한다.

정답 ②

더 알아보기

글로벌 매크로 전략

- 거시경제 분석을 바탕으로 특정 국가나 시장에 제한되지 않고 전세계를 대상으로 자본을 운용하는 헤지펀드 투자전략(공매도, 레버리지, 파생상품등 사용). 헤지펀드 투자전략 중 가장 광범위한 자산에 다양한 투자수단을 사용하여 제약 없이 투자한다.
- 투자결정 시 경제상황에 대한 분석방법으로 전형적인 Top-Down 방식을 사용한다.
- 거시경제측면에서 불균형 상태를 찾고 이러한 불균형이 균형으로 회귀한다는 가정하에 관련된 금융변수를 찾아 방향성을 갖고 투자하는 전략이다.
- 유동성이 풍부한 외환, 국채, 원자재 등에 대한 투자를 선호한다.

23 빈출패턴 23 합병차익거래 전략   출제빈도 ★★★

합병차익거래 관련하여 잘못된 것은?

① 합병차익거래는 event risk에서 발생하는 수익을 획득하고자 하는 거래이다.
② 합병차익거래를 하기 위해서는 event risk 외에 다른 리스크는 모두 헤지가 되어야 한다.
③ Cash Merger는 피인수회사의 주식을 사거나, 피인수회사의 주식 가격을 기초자산으로 하는 옵션에 투자하는 전략이다.
④ 일반적으로 합병차익거래를 하기 위해서는 피인수기업의 주식을 매도하고 인수기업의 주식을 매수하는 포지션을 취한다.

일반적으로 합병차익거래에서는 피인수기업의 주식을 매수하고, 인수기업의 주식을 매도하는 포지션을 취한다. 이는 피인수 기업의 주식이 M&A를 통해 얻게 될 이익에 비해 가격이 낮게 거래되는 경향을 갖기 때문이다. 이는 합병이 성사되지 않을 위험을 가지고 있기 때문에 발생하는 현상이다.

정답 ④

더 알아보기

합병차익거래

1. 발표된 M&A, 공개매수, 자본의 재구성, 분사 등과 관련된 주식을 사고파는 이벤트형 차익거래전략으로 합병차익거래의 투자목표는 인수·합병이 완료되면 발생할 수 있는 주식가치의 변화에서 이익을 창출하는 것이다.
2. 합병이 성사되지 않을 가능성이 높기 때문에 일반적으로 피인수 기업의 주가는 낮게 거래되어 있어서 <u>피인수(피인수 합병기업)기업의 주식을 매수하고, 인수기업의 주식을 매도하는 포지션을 취한다.</u>
3. 합병차익거래는 발표되지 않은 추측정보에 투자하지 않는다. 발표되지 않은 추측정보에 투자하는 것은 매우 위험한 투자이기 때문이다.

24 빈출패턴 24 CLN-CDO

출제빈도 ★★

CLN-CDO에 대한 설명으로 틀린 것은?

① CLN은 일반채권에 CDS를 결합한 상품이다.
② CLN은 자산을 안전한곳에 투자하고, 투자자에게 원리금을 상환받는다.
③ CDO의 Equity 트랜치가 Senior에 비해서 기대 수익도 높고 위험도 높다.
④ 일반적으로 신용등급이 높은 담보자산에 투자한다.

CLN은 자산을 안전한 곳에 투자한다기보다는 기초자산의 신용위험을 투자자에게 전가하는 구조이다. 투자자가 기초자산의 신용위험을 부담하고, 그 대가로 수익을 기대할 수 있다. 투자자는 CLN 투자로 원리금을 상환받는 구조이다.

정답 ②

더 알아보기

CLN-CDO 개요

- 전통적인 CDO의 장점은 유지하면서, 차주 혹은 기업의 동의를 받아야만 대출을 이전시킬 수 있는 단점을 극복한 거래가 CLN-CDO이다.
- SPV로 자산을 넘길 때 자산을 직접 넘기지 않고, 이전시키고자 하는 신용위험을 바탕으로 CLN을 발행하여 SPV에 넘기는 거래를 한다.
- 비용측면에서 내부적으로 CLN을 만들기 위해 CDS거래를 해야 하기 때문에 CDS를 이용한 헤지비용과 트랜치를 통해서 조달되는 금리를 비교해야 하며 이러한 비용이 발행자 입장에서 유리하지 않을 수도 있다.
- 원래의 자산 보유은행이 대출이나 계약을 보유하고 있기 때문에 대차대조표효과를 얻기 어렵다. 즉, 자산이 대차대조표에 잔존한다.

25 빈출패턴 25 CDO 투자   출제빈도 ★★★★

CDO(Collateralized Debt Obligation)의 트랜치에 대한 설명으로 틀린 것은?

① Equity 트랜치 투자자의 수익은 초기에 한번에 받으며, 높은 레버리지 노출을 가지고 있다.
② Mezzanine 트랜치는 두 번째 손실을 입는 트랜치로 Senior 트랜치와 Equity 트랜치의 중간에 위치한다.
③ Senior 트랜치는 높은 신용등급의 트랜치로 잘 분산된 포트폴리오에 대한 투자와 구조적인 신용보강을 가지고 있으나 'mark-to-market' 위험이 있다
④ Super Senior 트랜치는 높은 등급의 신용위험과 전통적인 재보험 위험은 낮은 상관관계를 가지고 있어, 재보험사에게 Super Senior 트랜치 투자는 높은 신용등급을 가지고 기존 자산의 보유 위험을 헤지할 수 있는 분산투자의 도구이며, 잔여이익을 수령한다.

잔여이익을 수령하는 것은 Equity 트랜치이다.

정답 ④

더 알아보기

CDO 투자

1. **Equity 트랜치** : 잘 분산된 신용 포트폴리오에 대해 높은 레버리지 노출을 가지고 있다. Equity 트랜치 투자자의 수익은 초기에 한번에 받으며(up-front 방식), 만기에 남아 있는 담보자산의 원금을 받는다.
2. **Mezzanine 트랜치** : 두 번째 손실을 입는 트렌다. Senior 트랜치와 Equity 트랜치의 중간에 위치한다.
3. **Senior 트랜치** : 높은 신용등급의 트랜치로 분산된 포트폴리오에 대한 투자와 구조적인 신용보강을 가지고 있다. 일반적으로 Senior 트랜치에서 실제 현금 손실이 발생하기는 어렵지만 mark-to-market 위험이 있다.
4. **Super Senior 트랜치** : Senior 트랜치에 추가적인 손실이 발생하는 경우를 가정한다. Super Senior 트랜치는 딜러 혹은 원자산 보유 은행 혹은 제3의 투자자에 의해서 투자된다. 일반적으로 신용평가기관에서는 Super Senior 트랜치에 대한 신용평가를 하지 않기 때문에 투자자 입장에서는 신용평가사의 신용등급 없이 투자하게 된다.

기출 유형

다음 중 CDO에 대한 설명으로 잘못된 것은?

① 메자닌(Mezzanine) 트랜치는 잔여재산에 대한 청구권이 있다.
② Equity 트랜치는 up-front만 처음에 수령한다.
③ Senior 트랜치는 mark-to-market 위험이 존재한다.
④ Senior 트랜치는 비슷한 신용등급의 채권에 비해 높은 수익을 얻을 수 있다.

[해설] 메자닌 트랜치는 잔여재산에 대한 청구권이 없다. Equity 트랜치가 잔여재산에 대한 청구권을 갖는다.

[정답] ①

기출 변형

다음 중 CDO 투자와 관련하여 가장 올바른 것은?

① Equity 트랜치 투자자는 초기에 up-front 방식으로 수익을 한번 받는다.
② Mezzanine 트랜치 투자자는 잔여이익에 대해서 추가적인 권리를 갖는다.
③ Senior 트랜치의 일반적인 수익은 실제 부도확률보다 높게 추정되기 때문에 실제는 더 낮은 수익률을 얻게 된다.
④ Super Senior 트랜치는 신용평가를 받았기 때문에 신용등급에 맞는 투자수익을 얻는다.

[해설] 메자닌 트랜치는 잔여이익에 대한 추가청구권이 없다. Senior 트랜치는 실제부도확률보다 높게 추정되는 시장 spread를 근거로 하기 때문에 더 높은 추가 수익을 올릴 수 있다. Super Senior 트랜치는 신용평가기관에서 신용평가를 하지 않기 때문에 투자자는 신용등급을 모른 채 투자하게 된다.

[정답] ①

해외증권 투자 5문항

26 빈출패턴 26 분산투자효과 출제빈도 ★★★★

국제분산투자와 관련한 설명 중 올바른 것은 몇 개인가?

> • 국제분산투자를 할 경우, 국내분산투자로 낮출 수 없는 체계적 위험을 낮출 수 있다.
> • 국가 간 상관계수가 높으면 국제분산투자효과는 낮아진다.
> • 국제시장 간의 동조화로 인해 국제분산투자효과가 증가한다.

① 0개 ② 1개
③ 2개 ④ 3개

국제분산투자를 할 경우 효율적 투자선이 확대된다. 즉 동일한 위험하에 기대수익률을 높일 수 있고, 동일한 기대수익률이면 예상되는 위험을 줄일 수 있다. 국내에서 제거하지 못하는 체계적 위험을 낮출 수 있다. 예를 들어 한국은행의 기준금리변동은 국내 투자자에게는 체계적 위험으로 이해될 수 있으나 국제투자자에게는 한국에서만 발생된 현상으로 비체계적 위험으로 인식될 수 있다. 국가 간의 자산수익률의 상관관계가 높으면 국제분산투자효과는 낮아진다. 국제시장 간의 동조화는 전세계 시장이 하나의 단일화된 시장으로 향하는 것을 의미하며, 이는 곧 국가 간의 자산의 수익률의 상관관계가 높아지는 것을 의미한다.

정답 ③

더 알아보기

국제분산투자

- 국가 간 자산의 수익률의 <u>상관관계가 낮을수록 국제분산투자효과는 증가한다.</u>
- 국제분산투자로 인해 국내에서 투자했을 경우 부담하는 체계적 위험보다 더 <u>낮은 체계적 위험</u>을 부담한다.
- 국제분산투자는 효율적 투자선을 좌상향으로 확대시켜 투자자의 기대효용을 높여준다.
- 정보통신의 발달, 국가간 투자에 대한 장벽제거 등으로 인해 국가 간 동조화가 더 많이 진행되고 있어 국제분산투자효과를 약화시킬 수 있다.

※ 출처 : 금융투자협회 기본교재 1권(2025년) p127

27 빈출패턴 27 MSCI지수

출제빈도 ★★★★

국제지수에 대한 설명으로 틀린 것은?

① FTSE 100은 런던증시에 상장된 100개의 기업으로 구성된 지수이다.
② MSCI지수는 주가와 각 국가의 환율을 반영하여 지수가 구성된다.
③ MSCI지수에는 정부가 보유하는 것과 같은 지분의 가치도 포함하여 지수가 산출된다.
④ 한국은 MSCI 선진국 지수에 포함되어 있지 않다.

MSCI지수에서는 정부가 보유하여 유통되지 않는 주식의 시가총액을 제외하고 지수를 구성한다. 국제주식투자에 주로 사용되는 지수로는 MSCI지수와 FTSE지수가 있다.

정답 ③

더 알아보기

MSCI지수

1. 주로 미국계 투자자들이 벤치마크로 많이 사용한다.
2. 시가총액 방식이 아닌 <u>유동주식 방식으로 계산</u>한다. 즉 시장에서 유통되지 않는 주식은 제외하여 지수를 계산한다.

	선진시장(MSCI World Index)	신흥시장(MSCI EM)
구성 국가	23개국	24개국(한국 포함)

3. 한국시장은 신흥시장에 속해 있으며 주가등락과 환율변동에 따라 <u>국가별 편입비중도 매일 바뀐다.</u> 주가가 상승하더라도 원화가치가 하락하면 지수는 하락할 수 있다. <u>달러로 환산한 주가지수</u>로 이해할 수 있다.
4. 외국인 투자자의 매매를 제한하는 경우 지수에 반영비율이 줄어든다. MSCI지수에 특정국가의 비중이 높아지면 그만큼 외국인 투자가 확대될 가능성이 커진다.
5. 한국지수는 MSCI지수를 제외하고 다우존스지수, S&P지수, FTSE지수에는 모두 선진지수로 편입되어 있다.

FTSE지수

1. 주로 유럽계 투자자의 벤치마크 역할을 한다.
2. 전세계 49개 국가를 선진국시장, 준선진국시장, 신흥시장으로 분류하고 있다.
3. FTSE 100 : 런던증권거래소에 상장된 100개의 우량주식으로 구성된 지수

해외증권 투자 **49**

WGBI(World Government Bond Index)
1. FTSE 러셀이 관리하는 주요 23개국의 국채로 구성한 투자지수
2. 세계 주요 기관투자자들이 추종하는 투자지표의 역할
3. 진입조건은 최소 발행잔액 미화 500억 달러 이상, 신용등급(S&P기준 A−이상), 시장접근성, 진입장벽제거 등의 조건이 충족되어야 함.
4. 우리나라는 2부 리그 격인 세계투자등급채권지수에 포함되어 있음.

※ 2025년 우리나라는 WGBI에 편입 예정이나 2025년 협회 기본교재 기준으로는 아직 WGBI 편입으로 분류되어 있지 않다. 시험은 협회 기본교재 중심으로 채점되고 출제되기 때문에 WGBI에 편입이 안된 기준으로 학습이 필요하다.

기출 유형

국제주가지수에 대한 설명으로 올바르지 않은 것은?

① 한국은 MSCI World Index에 포함되어 있다.
② FTSE 100은 런던거래소에 상장된 주요한 100개의 종목으로 구성되어 있다.
③ MSCI 신흥국 지수는 환율의 변동에 따라 지수의 변동이 가능하다.
④ MSCI지수는 유동주식방식을 채택하여 주가지수를 산출하고 있다.

[해설] MSCI지수는 MSCI World Index(선진국시장)와 MSCI EM(Emerging market index)로 구분되어 있고 우리나라는 MSCI EM지수에 포함되어 있다. 즉 한국시장은 신흥시장지수에 포함되어 있다.

[정답] ①

기출 변형

국제지수에 대한 설명으로 틀린 것은?

① MSCI는 가격가중방식으로 작성한 지수이다.
② MSCI지수는 달러 기준으로 작성한 지수이다.
③ FTSE 100은 런던거래소에서 거래되는 우량한 종목 100종목을 기반으로 작성한 지수이다.
④ MSCI 편입비중은 각 국가의 주가와 환율의 변동에 따라 달라진다.

[해설] MSCI는 유동주식방식으로 작성한 지수이다.

[정답] ①

28 빈출패턴 28 환위험 헤징전략

출제빈도 ★★★★

미국투자자 입장에서 달러화와 음의 상관관계를 보이는 주식을 매수 혹은 매도함으로써 할 수 있는 환위험 헤지방법은 무엇인가?

① 최소분산헤지 ② 베이시스헤지
③ 내재적 헤지   ④ 스택헤지

내재적 헤지에 대한 설명이다. 최소분산헤지는 현물을 헤지하기 위한 선물계약수를 계산할 때 사용하는 헤지이다. 베이시스헤지는 현물과 선물의 가격차이를 헤지하는 방법이고, 스택헤지는 시점이 다른 현금흐름을 현재기준으로 모두 헤지하는 방법이다.

정답 ③

더 알아보기

환위험 헤지전략

1. **파생상품을 이용한 헤지** : 선물환, 통화선물, 통화옵션등의 수단을 이용할 수 있다.
   - 주요통화 이외에는 파생상품 시장의 유동성이 적다.
   - 투자하고자 하는 현물자산을 기초자산으로 하는 파생상품에 투자할 수 있다.
2. **롤링헤지** : 만기가 짧은 경우 만기를 연장해 가며 지속적으로 헤지를 하는 방법
3. **통화구성의 분산** : 다양한 통화에 투자하여 통화위험을 줄이는 방법
4. **내재적 헤지** : 외국 주식시장과 개별 주식들에 대해 미 달러화의 가치 변화에 대한 민감도를 분석하고 미 달러화 가치 변동에 따라 매입과 매도를 실행하여 내재적 헤지를 할 수 있다. 내재적 헤지는 미 달러화의 하락기에는 불리하다. 환위험을 헤지하지 않는 것도 하나의 방법이며, 환율 변동위험을 수익의 원천으로 보고 이를 적극적으로 투자에 이용하기도 한다.
5. **기타 방법**
   - 포트폴리오내의 모든 현금 혹은 현금자산은 자국통화(달러)로 보유한다.
   - 미 달러화에 연동된 환율 제도를 갖고 있는 국가에 대한 투자를 한다.

기출 유형

국제투자시 환위험 헤지전략에 대한 설명으로 올바른 것의 개수는?

> - 다양한 통화를 가진 국가에 분산투자한다.
> - 투자대상 국가의 통화와 주식간의 상관관계를 이용한 헤지는 베이시스 헤지이다.
> - 내재적 헤지를 하면 상대적으로 많은 비용이 발생한다.
> - 통화파생상품 중에 선물환을 이용한 헤지가 가장 큰 비중을 차지한다.

① 1개   ② 2개
③ 3개   ④ 4개

[해설]
- 다양한 통화를 가진 국가에 분산투자한다.
- 투자대상 국가의 통화와 주식간의 상관관계를 이용한 투자는 베이시스헤지가 아니라 내재적 헤지이다.
- 내재적 헤지를 하면 상대적으로 적은 비용이 발생한다.
- 통화파생상품 중에 선물환을 이용한 헤지가 가장 큰 비중을 차지한다.

[정답] ②

기출 변형

다음 보기에 설명하는 내용으로 올바른 것은?

> 달러화 자산에 투자할 경우 자산의 수익률과 환율의 변동과의 상관관계가 낮아서 발생하는 위험감소효과는 무엇인가?

① 최소분산헤지   ② 내재적 헤지
③ 교차헤지   ④ 베타헤지

[해설] 내재적 헤지에 대한 설명이다. 최소분산헤지는 선물과 현물로 구성된 포트폴리오의 분산을 최소화하는 헤지비율이고, 교차헤지는 기초자산과 다른 자산을 이용하여 헤지하는 것을 의미하며, 베타헤지는 주식시장의 베타를 낮추거나 0으로 만드는 헤지를 의미한다.

[정답] ②

29 빈출패턴 29 해외주식발행

출제빈도 ★★★★

해외주식발행에 대한 설명으로 올바르지 않은 것은?

① 미국에 DR을 발행하기 위해서는 미국증권거래위원회(SEC)에 신고해야 한다.
② EDR은 미국과 미국 이외의 거래소에 동시에 상장한 주식예탁증서이다.
③ DR의 형태로 상장하면 거래소의 통화로 주식을 거래할 수 있다.
④ 원주 상장도 가능하다.

EDR은 미국 외 거래소에 외국주식이 상장할 때 발행하는 주식예탁증서이다. ②에 해당하는 것은 GDR이다.

 ②

더 알아보기

 해외증시 상장제도

1 국내거래소와 해외거래소에 둘다 상장되어 있는 것을 복수상장이라고 한다.
2 원주상장 : 해외거래소에 상장할 때 본국에서 거래되는 주식으로 상장하는 것이며, 상장국가의 통화와 본국의 통화가 다르기 때문에 별도의 시장에서 거래된다.
3 DR상장 : 해외거래소에 상장할 때 예탁증서의 형태로 상장하는 것으로 DR형태로 상장된 주식이 상장된 국가의 은행에 예탁되고, 예탁된 주식을 바탕으로 현지 거래소에서 현지국의 통화로 거래된다.
   - ADR : 외국주식이 미국의 증권으로 등록되고 미국 증시에 상장되어 거래되는 형태
   - Sponsored DR : 미국에 상장하려는 기업이 발행 및 상장관련 비용을 부담하는 경우
   - Unsponsored DR : 미국의 증권회사가 발행관련 비용을 부담하며 DR을 상장하는 경우
   - EDR : 미국 외 거래소에 외국증권이 상장될 때 발행하는 주식예탁증서
   - GDR : 달러표시 해외 DR발행이 미국과 미국 이외의 거래소에서 동시에 이루어지는 것

30 빈출패턴 30 유로채 발행 출제빈도 ★★★★

국제채권에 대한 설명으로 틀린 것은 몇 개인가?

- 딤섬본드는 중국 본토에서 외국인이 위안화로 발행하는 채권이다.
- 유로채는 일반적으로 무기명식으로 발행된다.
- 양키본드는 유로채이다.

① 0개 ② 1개 ③ 2개 ④ 3개

딤섬본드는 홍콩에서 외국인이 위안화로 발행하는 채권으로 유로채이다. 판다본드는 중국본토에서 외국인이 위안화로 발행하는 외국채이다. 양키본드는 미국에서 외국인이 미국 달러화로 발행하는 외국채이다.
간단하게 유로채와 외국채를 구분하는 방법은 유로채는 발행국의 통화와 발행대상 채권의 통화가 서로 다른 채권이며, 외국채는 발행국의 통화와 발행대상 채권의 통화가 서로 같은 채권이다.

정답 ③

더 알아보기

1. **유로채** : 발행국가에서 발행국 외의 통화로 발행한 채권을 말한다. 현실에서는 유로본드(유로채)발행국은 증권발행과 관련된 감독이나 규제가 없는 역외 금융시장이기 때문에 발행국의 규제 대신 관련 업자들 간의 자율적 규제가 있다. 이를 규제하는 자율규제기관으로 AIBD(Association of International Bond Dealer)가 있다.

2. **유로채 발행방법**
   - 보우트딜 : 협상에 의한 거래라고도 하고, 증권회사가 인수업무를 따내기 위해 발행총액에 대한 비용을 제시하고 발행되는 채권을 모두 매입 후 이를 재판매하는 방법이다.
   - 기준이 되는 수익률 : 유로채의 기준이 되는 수익률(벤치마크)은 일반적으로 미국국채 수익률이다.
   - 회색시장(grey market) : 유로채 인수단이 형성되면 실제 발행되지 않은 증권의 판매가 시작되며 이를 회색시장이라고 한다. 회색시장을 통해서 발행에 대한 시장의 반응을 알아 볼 수 있다.

3. **딤섬본드** : 홍콩에서 발행하는 위안화 표시채권이다. 대체로 신용등급이 높은 회사채가 발행되며, 만기가 2~3년 정도의 단기채가 많아서 매매차익보다는 만기보유 전략이 선호된다.

4. **외국채** : 발행국에서 발행국의 통화로 외국기업이 발행하는 채권이며, 발행국의 규제에 맞춰 발행해야 한다.
   - 판다본드(외국채) : 중국 본토에서 외국기업이 위안화로 발행하는 채권이다.
   - 대표적인 외국채는 양키본드(미국), 사무라이본드(일본), 아리랑본드(한국), 불독본드(영국)등이 있다.

기출 유형

유로채에 대한 설명으로 올바르지 않은 것은?

① 유로채는 무기명식으로 발행되며 대체로 이자는 1년에 한 번만 지급한다.
② 유로채발행시장의 자율규제기구는 AIBD이다.
③ 딤섬본드는 홍콩에서 위안화 외의 통화로 발행되는 채권으로 유로채이다.
④ 판다본드는 중국 본토에서 위안화로 외국인에 의해 발행되는 채권이다.

[해설] 딤섬본드는 홍콩에서 위안화로 발행되는 유로채이다.

[정답] ③

기출 변형

유로채에 대한 설명으로 가장 올바르지 않은 것은?

① 외국채는 역외채권, 유로채는 역내채권으로 분류할 수 있다.
② 양키본드는 외국채이다.
③ 유로채는 보우트딜을 통해서 인수단과 발행자가 발행비용을 협상하여 발행한다.
④ 유로채는 발행 전에 판매가 되는 회색시장이 존재하고, 발행과 관련하여 규제가 적은 국가에서 주로 발행된다.

[해설] 외국채는 해당 국가에서 외국인에 의해 발행되기 때문에 역내채권이며 유로채는 해당국가의 밖에서 해당 국가의 통화로 발행되기 때문에 역외채권이라고도 불린다.

[정답] ①

투자분석기법 12문항

31 빈출패턴 31 중심위치와 산포경향   출제빈도 ★★★★

다음 중 산포 경향을 나타내는 것이 아닌 것은?

① 분산   ② 평균편차
③ 최빈값   ④ 범위

최빈값은 중심경향을 나타내는 지표이다. 나머지는 산포경향을 나타낸다.

정답 ③

더 알아보기

1. 모집단 : 통계의 전체 대상이 되는 집단, 표본집단 : 통계의 전체 대상의 일부 집단
2. 중심위치 : 자료의 중심이 어디 있는지 나타내는 지표로 산술평균, 최빈값, 중앙값 등이 있음.
   - 산술평균
   $$\mu = \frac{1}{N}(X_1 + X_2 + \cdots + X_N) = \frac{1}{N}\sum_{i=1}^{N} X_i$$
   - 최빈값 : 전체 데이터 중에 관찰 빈도가 가장 높은 값
   - 중앙값 : 모든 데이터를 크기 순서로 나열했을 때 가장 중앙에 위치한 값
3. 산포경향 : 데이터가 중심을 기준으로 흩어져 있는 정도는 나타내는 지표, 범위, 평균편차, 분산과 표준편차가 있음.
   - 범위 : 최댓값−최솟값
   - 평균편차 : 데이터가 평균에서 떨어져 있는 거리
   - 분산 : 평균과 데이터의 제곱의 평균, 표준편차 : 분산의 제곱근
   - 모집단의 분산과 표준편차(데이터의 총 숫자인 N으로 나눠줌)

   · 분산 : $\sigma^2 = \frac{\Sigma(X_i - \mu)^2}{N}$ · 표준편차 : $\sigma = \sqrt{\frac{\Sigma(X_i - \mu)^2}{N}}$

   - 표본집단의 분산과 표준편차(데이터의 총 숫자인 N에서 1을 차감한 숫자로 나눠줌)

   · 표본 분산 : $S^2 = \frac{\Sigma(X_i - \overline{X})^2}{n-1}$ · 표본 표준편차 : $S = \sqrt{\frac{\Sigma(X_i - \overline{X})^2}{n-1}}$

32 빈출패턴 32 배당의 항상성장모형(Gordon 모형) 출제빈도 ★★★★

A 기업은 작년에 1주당 4,000원의 당기순이익(EPS$_0$)이 발생했다. 유보율은 40%이며, 주주의 자기자본에 대한 기회비용은 20%이다. 자기자본의 투자수익률(ROE)은 10%이다. 유보율과 자기자본의 투자수익률이 미래에도 지속적으로 발생할 것으로 예상될 경우 A 기업의 1주당 적정 주가와 가장 가까운 값은 얼마인가?

① 15,000원
② 15,600원
③ 20,000원
④ 25,000원

$$P_0 = \frac{d_1}{k-g} = \frac{EPS_0(1+g)(1-b)}{k-g} = \frac{4{,}000원(1+4\%)(1-40\%)}{20\%-4\%} = 15{,}600원$$

단, $g = b \times ROE = 40\% \times 10\% = 4\%$

정답 ②

더 알아보기

 배당평가모형 : 주주에 귀속되는 현금흐름이므로 주주의 자본비용으로 할인한다.

1 일반모형

$$P_0 = \frac{D_1}{(1+k_e)^1} + \frac{D_2}{(1+k_e)^2} + \cdots + \frac{D_\infty}{(1+k_e)^\infty}$$
$$= \sum_{t=1}^{\infty} \frac{D_t}{(1+k_e)^t}$$

2 무성장모형 : 매년 지급받는 배당금이 동일하다.

$$P_0 = \frac{d_1}{k_e} \rightarrow PER = \frac{1}{k_e}(자본비용의 역수),\ EPS_1 = d_1$$

3 항상성장모형(Gordon 모형) : 매년 배당금이 일정한 율(g)로 영구적으로 성장하는 것을 가정한다.

- $P_0 = \dfrac{d_1}{k_e - g}$, $g = b \times ROE$
- $k_e = \dfrac{d_1}{P_0} + g$ (배당수익률+배당의 성장률)

4 초기고속성장모형 : 고속성장기의 배당의 현재가치합과 안정성장기의 배당의 현재가치합으로 주가를 평가한다.

※ 성장기회의 가치=성장이 반영된 항상성장모형으로 계산한 주가-무성장하는 경우 주가

투자분석기법

기출 유형

A 기업은 내년에 1주당 2,000원을 배당(d_1)을 할 계획이다. 현재 1주당 주가는 16,000원이다. A 기업의 유보율은 40%이며 자기자본의 투자수익률(ROE)은 10%로 예상된다. A 기업 주주의 자본비용과 가장 가까운 값은 얼마인가?

① 12.5%
② 16.5%
③ 20.5%
④ 22.5%

[해설] $k = \dfrac{d_1}{P_0} + g = \dfrac{2,000원}{16,000원} + 40\% \times 10\% = 12.5\% + 4\% = 16.5\%$

$g = b \times ROE = 40\% \times 10\% = 4\%$

[정답] ②

33 빈출패턴 33 자기자본이익률(ROE)과 총자산이익률(ROA) 출제빈도 ★★★★

A 기업의 ROE가 ROA의 5배이며, 총자산은 300억 원이다. A 기업의 부채금액은 얼마인가?

① 60억 원
② 120억 원
③ 200억 원
④ 240억 원

ROE=ROA×(1+부채비율) → 5ROA=ROA×(1+부채비율) → 5=1+부채비율 → 부채비율=4, 부채비율=부채/자기자본이므로 자기자본을 1이라고 하면 부채는 4이다. 총자산=부채+자기자본이므로 부채는 총자산의 4/5만큼 차지하고 있다. 총자산×4/5=300억 원×4/5=240억 원이다.

정답 ④

더 알아보기

- $\text{ROE} = \dfrac{\text{당기순이익}}{\text{자기자본}} = \dfrac{\text{당기순이익}}{\text{매출액}} \times \dfrac{\text{매출액}}{\text{총자산}} \times \dfrac{\text{총자산}}{\text{자기자본}}$

  $= \text{수익성} \times \text{효율성} \times \text{레버리지}$

- $\text{ROA} = \dfrac{\text{당기순이익}}{\text{총자산}} = \dfrac{\text{당기순이익}}{\text{매출액}} \times \dfrac{\text{매출액}}{\text{총자산}}$

- $\text{ROE} = \text{ROA} \times \dfrac{\text{총자산}}{\text{자기자본}} = \text{ROA} \times (1+\text{부채비율})$

기출 유형

매출액 순이익률이 30%이며, 총자산회전율이 0.3일 때 ROA는 얼마인가?

① 5%
② 9%
③ 10%
④ 12%

[해설] $\text{ROA} = \dfrac{\text{당기순이익}}{\text{매출액}} \times \dfrac{\text{매출액}}{\text{총자산}} = 30\% \times 0.3 = 9\%$

정답 ②

34 빈출패턴 34 레버리지 분석

출제빈도 ★★★★

레버리지에 대한 설명으로 올바르지 않은 것은?

① 결합레버리지도는 영업레버리지도와 재무레버리지도의 곱으로 계산할 수 있다.
② 영업이익의 변동률을 판매량 변동률로 나눈 값은 영업레버리지도이다.
③ 영업이익의 변화율을 1주당순이익의 변화율로 나눈 값은 재무레버리지도이다.
④ 영업이익이 동일하더라도 타인자본을 많이 사용하면 재무레버리지도는 증가한다.

재무레버리지도는 1주당순이익 변화율/영업이익 변화율이다. ③은 재무레버리지도의 수식을 반대로 설명하고 있다.

정답 ③

더 알아보기

레버리지

기업이 사용하는 고정비로 인해서 매출액 변화율보다 영업이익의 변화율 혹은 1주당 순이익의 변화율이 확대되는 것을 의미한다.

영업레버리지 : $\dfrac{\dfrac{\triangle EBIT}{EBIT}}{\dfrac{\triangle Q}{Q}}$

1 기업의 고정영업비로 인해 발생하는 고정비 효과이기 때문에 고정비를 부담하지 않는 기업의 영업레버리지도(DOL)는 1이다.

$$영업레버리지 = \dfrac{공헌이익}{영업이익} = \dfrac{공헌이익}{공헌이익 - 고정비}$$

2 매출액 계산시 판매가격 P가 고정되어 있고 물량만 증가한 것을 가정하여 영업레버리지도를 산출할 수 있다. 판매량 변화율과 매출액 변화율은 같은 의미를 가진다.

재무레버리지 : $\dfrac{\dfrac{\triangle EPS}{EPS}}{\dfrac{\triangle EBIT}{EBIT}}$

1 기업의 이자비용으로 인해 발생하는 고정비 효과이기 때문에 이자비용을 부담하지 않는 기업의 재무레버리지도는 1이다.

$$\text{재무레버리지도(DFL)} = \frac{\text{영업이익}}{\text{영업이익}-\text{이자비용}} = \frac{\text{영업이익}}{\text{세전이익}}$$

2 타인자본의존도가 높은 기업일수록 재무레버리지도의 값은 증가하며, 재무레버리지는 주주가 부담하는 위험이므로 재무레버리지가 증가하면 주주의 자본비용도 같이 증가한다.

 결합레버리지 : $\dfrac{\dfrac{\triangle EPS}{EPS}}{\dfrac{\triangle Q}{Q}}$

$$\text{결합레버리지도(DCL)} = \text{영업레버리지도(DOL)} \times \text{재무레버리지도(DFL)}$$

1 고정영업비, 이자비용이 존재하지 않으면 결합레버리지도는 1이다.
2 영업고정비도 높고 타인자본 의존도도 높다면 결합레버리지도 높다.

기출 유형

다음 중 결합레버리지에 대한 설명으로 틀린 것은?

① 모든 것이 동일할 경우 타인자본을 많이 사용하면 결합레버리지도는 증가한다.
② 결합레버리지도는 영업레버리지도×재무레버리지도로 계산할 수 있다.
③ 결합레버리지도는 EPS 변화율을 매출액 변화율로 나눈 값이다.
④ 모든 것이 동일할 경우 타인자본을 많이 사용하면 결합레버리지도는 1로 수렴한다.

[해설] 타인자본 사용이 증가하면 결합레버리지도는 1보다 큰 상태에서 증가한다. 판매량의 변화율과 매출액의 변화율은 같은 개념이다. 레버리지도를 계산할 때 일반적으로 가격이 고정되어 있다고 가정한다.

[정답] ④

기출 변형

레버리지에 대한 설명으로 올바르지 않은 것은?

① 영업이익의 변화율을 판매량의 변화율로 나눈 값은 영업레버리지도이다.
② 1주당 이익의 변화율을 영업이익의 변화율로 나눈 값은 재무레버리지도이다.
③ 영업이익이 증가할수록 재무레버리지도의 값도 증가한다.
④ 결합레버리지도는 영업레버리지도와 재무레버리지도의 곱이다.

[해설] 재무레버리지도=영업이익/(영업이익−이자비용), 이자비용이 고정비이다. 만약 영업이익이 무한대의 값이면 분모의 값도 무한대의 값이기 때문에 영업이익이 증가할수록 재무레버리지도는 1로 수렴한다.

[정답] ③

기출 변형

다음 중 결합레버리지도가 가장 큰 것은 어느 것인가? (단, 기업의 이익은 일정하다)

	영업고정비	재무고정비		영업고정비	재무고정비
①	200	100	②	150	150
③	300	50	④	200	200

[해설] 총고정비가 가장 클 때 결합레버리지도가 가장 큰 값을 갖는다.

[정답] ④

기출 변형

다음 정보를 이용하여 재무레버리지도를 계산하면?

- 영업이익 150억 원
- 이자비용 25억 원
- 법인세 20억 원
- 당기순이익 80억 원

① 1.0 ② 1.2 ③ 1.4 ④ 1.6

[해설] 재무레버리지도=영업이익/세전이익=영업이익/(영업이익−이자비용)=150억 원/(150억 원−25억 원)=1.2

[정답] ②

35 빈출패턴 35 PER(주가이익비율)

출제빈도 ★★★★

A 기업의 배당성향은 30%이고, 자기자본수익률(ROE)은 10%이고 자기자본비용이 10%일 때 A 기업의 PER는 얼마인가? (단, PER는 현재주가와 내년도의 1주당 순이익을 대응시킨다)

① 5배
② 10배
③ 12배
④ 15배

$PER = \dfrac{1-b}{k-g}$, $b = 1 - 0.3 = 0.7$, $g = b \times ROE = 0.7 \times 10\% = 7\%$, $PER = \dfrac{0.3}{10\% - 7\%} = 10$배

정답 ②

더 알아보기

- 1주당 순이익 대비 현재 주가를 나타내며, PER가 비교대상 기업에 비해 높을수록 주가는 고평가, 반대로 비교대상 기업에 비해 낮을수록 저평가되었다고 본다.

$$PER = \frac{P_0}{EPS_1}$$

$$\frac{P_0}{EPS_1} = \frac{1-b}{k-g}, \ g = b \times ROE$$

- 성장률 g와 양의 관계, 자본비용과는 음의 관계가 있다.
- ROE>k일 경우 배당을 증가시키면 주가는 하락하고, ROE<k일 경우 배당을 증가시키면 주가는 상승한다.

PER 사용 시 주의사항

1. 주가는 현재의 주가를 사용하는 것이 적절하다.
2. EPS를 계산할 때 전환증권등이 전환된 것을 고려한 희석주식수를 기준으로 계산할 수 있다.
3. 기업 간 회계처리가 다를 경우 기업 간 직접비교에 무리가 있다.
4. PER는 경기에 민감하게 반응한다.

PEGR = PER/연평균 EPS 성장률

특정기업의 PER를 해당 기업의 EPS의 성상률로 나눈 수치이며, PEGR이 낮다면 해당 기업은 이익의 성장성에 비해 PER가 낮으므로, 향후 이익의 성장성이 주가에 반영된다면 주가 상승으로 이어질 수 있을 것으로 해석할 수 있다.

기출 유형

A 기업의 자기자본이익률(ROE)이 5%, 배당성향이 40%이다. A 기업 주주의 기회비용이 10%일 때, PER의 이론값은 얼마인가? (단, 'PER=현재주가/1기간 후의 1주당 순이익'으로 정의한다)

① 5.7
② 6.7
③ 7.7
④ 8.7

[해설] $PER=\dfrac{1-b}{k-g}$ 공식을 이용한다. $1-b$=배당성향, $g=b \times ROE=60\% \times 5\%=3\%$, 그러므로 $PER=\dfrac{0.4}{10\%-3\%}=5.7$

[정답] ①

36

빈출패턴 36 토빈의 Q 출제빈도 ★★★★

토빈의 Q에 대한 설명으로 올바른 것은?

① 자산의 대체원가를 자본의 시장가치로 나눈 값이다.
② 자산의 대체원가는 장부가로 측정한다.
③ 토빈의 Q비율이 낮을수록 적대적 M&A의 대상이 되는 경향이 있다.
④ PBR의 역수가 토빈의 Q이다.

토빈의 Q가 낮다는 것은 자본의 시장가격이 낮다는 것이며, 이는 경영자가 경영을 제대로 하지 못한 것을 의미할 수 있기 때문에 저평가되어 있어 적대적 M&A의 대상이 될 수 있다.

정답 ③

알아보기

$$\text{토빈의 Q} = \frac{\text{자본의 시장가치}}{\text{자산의 대체원가}}$$

- Q비율이 1보다 크면 경영자가 경영을 잘 해서 투자수익성이 높은 것을 의미한다.
- Q비율이 1보다 낮으면 경영자가 경영을 잘 못해서 기업이 저평가된 것으로 인식되어 적대적 M&A의 대상이 될 수 있다.
- 자산의 대체원가를 측정하기 어려운 단점이 있다(대체원가는 현재가치에 기반을 둔다).
- 모든 자산을 현재시점의 가치로 계산하기 때문에 PBR의 문제점인 시간성의 차이를 극복한 지표로 평가받는다.

빈출패턴 37 EV/EBITDA

출제빈도 ★★★★

증자를 고려하는 A 기업이 있다. 다음 정보를 이용하여 공모 후 A 기업의 1주당 주가는 얼마인지 계산하시오. (단, 발행주식수와 유통주식수는 동일하다)

- EBITDA : 60억 원
- 채권자가치 : 400억 원
- 비교기업 EV/EBITDA : 20
- 발행주식수 : 200만주

① 2만 원
② 4만 원
③ 6만 원
④ 8만 원

EV=주주의 시가총액+(차입금−현금)=주주의 시가총액+채권자가치(순채권자가치)
- EBITDA=60억 원
- 채권자가치=400억 원

① A기업의 EV=EBITDA×비교대상기업의 배수=60억 원×20배=1,200억 원
② 주주가치=EV−채권자가치=1,200억 원−400억 원=800억 원
③ 1주당 주가 = $\dfrac{\text{주주가치}}{\text{총발행주식수}} = \dfrac{800억\ 원}{2{,}000{,}000주} = 40{,}000원$

정답 ②

더 알아보기

- EV(Enterprise Value)=주주가치+순채권자가치
　　　　　　　　　　=주식의 시가총액+이자지급성부채−현금 및 유가증권
　　　　　　　　　　=주식의 시가총액+순부채
- EBITDA=영업이익+감가상각비

가치평가방법
1. 비교대상회사의 EV/EBITDA 배수를 계산하고, 이를 통해 평가하려는 기업의 EBITDA에 곱한다.
2. 평가하려는 기업의 EV를 계산한 후 순차입금을 차감하면 예상시가총액이 도출되고, 이를 총발행주식수로 나누면 1주당 가치를 추정한다.

장점 및 한계점

1. 당기순이익을 기준으로 하는 PER의 한계점을 보완한다.
2. 기업자본구조를 고려한 평가방법이라는 점에서 유용성이 있다.
3. 추정방법이 단순하다.
4. 분석기준이 널리 알려져 있어 비교 가능성이 높아 공시정보로의 유용성도 높다.
5. 분석시점에 따라 시가총액이 다르기 때문에 IPO 등의 기업을 평가할 때는 추정시점의 시가와 실제 상장 시의 시가변동을 고려해야 한다.

기출 유형

PER의 한계점을 보완하며, 기업의 자본구조를 고려한 가치평가방법은 다음 중 어느 것인가?

① EVA
② EV/EBITDA
③ PBR
④ 토빈의 Q

[해설] 당기순이익이 음수인 경우에도 사용할 수 있고 기업간 자본구조가 다른 것을 고려하여 평가한 방법은 EV/EBITDA방법이다.

[정답] ②

38 빈출패턴 38 기술적 분석   출제빈도 ★★★★

다음 중 기술적 분석에 대한 설명으로 틀린 것은?

① 주가는 수요와 공급으로만 결정된다고 가정한다.
② 주가의 과거 패턴이 존재하고 이를 분석하여 미래 주가를 예측한다.
③ 주가가 변동하는 근본원인을 분석한다.
④ 주식시장의 투자자의 심리를 반영하여 이를 분석한다.

기술적 분석의 한계점은 왜 주가가 변동하는지 그 근본원인을 알 수 없다는 것에 있다.

정답 ③

더 알아보기

- 주가의 예측이 가능하다고 믿는 것 : 기술적 분석, 기본적 분석
- 기술적 분석 : 시장에서 주가는 가치가 아닌 가격으로 거래되기 때문에 <u>가격의 흐름을 잘 파악하면 미래 주가를 예측할 수 있어, 초과수익을 얻을 수 있다.</u>
- 기본적 분석 : 주가는 본질가치로 접근할 것이기 때문에 주가가 본질가치보다 낮으면 주식 매수를 통해 초과수익을 얻을 수 있다.
- 주가 예측이 불가능하다고 믿는 것 : 랜덤워크 이론(위험대비 초과수익을 얻을 수 없다)

기술적 분석 가정

1. 증권의 가격은 수요와 공급에 의해서만 결정된다.
2. 주가의 추세는 상당기간 동안 움직이는 경향이 있다.
3. 추세의 변화는 수요와 공급의 변동에 의해 발생한다.
4. 수요, 공급의 변동은 그 발생원인과 관계없이 도표에 의해 나타내며, 주가 모형은 반복하는 경향이 있다.

장점 및 한계점

1. 계량화하기 어려운 <u>심리적 요인을</u> 반영하기 때문에 기본적 분석의 평가의 한계점을 보완해준다.
2. 기본적 분석은 매매시점 포착이 어려우나 기술적 분석은 주가의 변화 혹은 변화의 방향을 알 수도 있다.
3. 과거의 주가 패턴과 모양이 미래에는 나타나지 않을 수도 있다.
4. 주가 변화의 시초가 되는 시발점이 해석에 따라 다를 수 있다.
5. <u>시장이 변화하는 근본원인을 알 수 없다.</u>

39

빈출패턴 39 그랜빌의 주가 이동평균선 출제빈도 ★★★

그랜빌의 주가·이동평균선에 따른 주식 매입신호가 아닌 것은?

① 주가가 상승하고 있는 이동평균선을 상향 돌파한 후 다시 급등하는 경우
② 이동평균선이 하락한 뒤에 보합이나 상승 국면으로 진입한 상황에서 주가가 이러한 이동평균선을 상향 돌파하는 경우
③ 이동평균선이 상승하고 있을 때 주가가 일시적으로 이동평균선의 아래로 하락하는 경우
④ 주가가 하락하고 있는 이동평균선을 하향 돌파한 후 급락하는 경우

이동평균선 쪽으로 자율 반락 가능성이 있으므로 매도신호이다. ④의 경우 단기 급락이므로 이동평균선까지 반등 가능성이 크므로 단기차익을 위한 매입신호이다.

정답 ①

더 알아보기

매입신호
- 이동평균선이 하락한 뒤에 보합이나 상승 국면으로 진입한 상황에서 주가가 이동평균선을 상향 돌파하는 경우
- 이동평균선이 상승하고 있을 때 주가가 일시적으로 이동평균선 아래로 하락하는 경우
- 주가가 이동평균선 위에서 빠르게 하락하다가 이동평균선 부근에서 지지를 받고 재차 상승하는 경우
- 주가가 하락하고 있는 이동평균선을 하향 돌파한 후 급락 시는 이동평균선까지 반등 가능성이 크므로 단기차익을 위한 매입신호

매도신호
- 이동평균선이 상승한 후 평행 또는 하락 국면에서 주가가 이동평균선을 하향 돌파하는 경우
- 이동평균선이 하락하고 있을 때 주가가 일시적으로 이동평균선 위로 상승하는 경우
- 주가가 이동평균선 아래에서 상승세를 보이다가 이동평균선을 상향 돌파하지 못하고 하락하는 경우
- 주가가 상승하고 있는 이동평균선을 상향 돌파한 후 단기 급등 시, 이동평균선 쪽으로 자율 반락 가능성이 있으므로 매도신호이다.

※ 출처 : 금융투자협회 기본교재 2권(2025년) p322 ~ 323

40 빈출패턴 40 패턴분석   출제빈도 ★★★

다음 주가 패턴 중 지속형이 아닌 것은?

① 쐐기형   ② 깃발형
③ 패넌트형   ④ 역 헤드앤드 숄더형

쐐기형, 깃발형, 페넌트형은 주가가 지속되는 패턴이며, 역 헤드앤드 숄더는 주가 반전형 패턴이다.

정답 ④

더 알아보기

 반전형 패턴 상승 → 하락, 하락 → 상승으로 바뀌는 패턴이다.

- 헤드앤드 숄더 : 주가가 상승추세에서 하락추세로 전환이 예상된다.
- 역 헤드앤드 숄더 : 주가가 하락추세에서 상승추세로 전환이 예상된다.
- 이중 천장형 : 주가 상승추세에서 하락추세로 전환 시 자주 발생한다.
- 이중 바닥형 : 주가 하락추세에서 상승추세로 전환이 예상된다.
- 선형 : 장기간 보합권을 유지하며 횡보 후 주가 상승이 예상된다.
- 원형 바닥형 : 주가 횡보 후 상승이 예상된다.
- 원형 천장형 : 주가 상승추세가 하락추세로 전환이 예상된다.

지속형 패턴

- 횡보하는 주가가 지속되는 패턴
- 삼각형, 깃발형, 패넌트형, 쐐기형, 직사각형, 다이아몬드형(확대형과 대칭 삼각형이 합쳐진 모양)

기타

- 확대형 : 좁은 등락폭으로 움직이는 주가의 등락폭이 확대되는 형태이며, 주가의 예측이 어렵다.

기출 유형

주가패턴에 대한 설명으로 잘못된 것은?

① 이중 천장형 패턴은 주가 하락을 예상하는 패턴이다.
② 다이아몬드 패턴은 확대형과 대칭삼각형이 합쳐진 모양이다.
③ 주가의 변동폭이 점점 증가하는 패턴은 확대형이다.
④ 원형 바닥형 패턴은 주가 하락을 예상한다.

[해설] 원형 바닥형 패턴은 바닥을 다지고 주가가 상승하는 패턴이다.

[정답] ④

빈출패턴 41 산업구조변화에 대한 경제이론

출제빈도 ★★★★

산업구조변화에 대한 설명으로 잘못된 것은?

① 내생적 성장이론에 따르면 자체적으로 생산한 기술이나 경쟁력이 중요하다.
② 제품수명주기이론에 따르면 신제품을 만들어 내는 것이 중요하다.
③ 헥셔올린이론에 따르면 노동집약적인 국가는 자본집약적 산업이 발달한다.
④ 리카르도에 의하면 노동에 비교우위가 있는 국가는 노동에 집중하고 자본에 비교우위가 있는 국가는 자본에 집중한다.

헥셔올린이론에 따르면 노동집약적인 국가는 노동에 대한 상대적 우위가 존재하여 노동집약적인 산업이 발달하고, 자본집약적인 국가는 자본의 상대적 우위가 존재하여 자본집약적인 산업이 발달한다.

정답 ③

더 알아보기

산업간 성장률 격차

1. 수요측면 : 수요의 규모와 소득의 탄력성 차이로 산업 간 성장속도가 다르다.
2. 공급측면 : 신기술 혹은 신제품의 개발, 생산공정상의 혁신으로 인해 가격하락과 신규 수요를 창출할 수 있어 산업의 혁신역량, 공급능력으로 산업 간 성장속도가 다르게 나타난다.

산업구조 변화에 대한 경제이론

1. 리카르도 비교우위론 : 각 국가 간 비교우위가 다르기 때문에 비교우위가 있는 산업에 집중하여 서로 교역을 하기 때문에 각 국가별 산업구조가 다르다.
2. 헥셔올린모형 : 노동과 자본의 상대적인 부존량이 다르기 때문에 노동이 상대적으로 풍부한 국가는 노동집약적인 산업에서 비교우위가 발생하고, 자본이 풍부한 국가는 자본집약적인 산업에서 비교우위가 발생한다.
3. 제품수명주기이론 : 기술혁신 혹은 신제품 개발은 특정 국가의 공급능력 변화에 있어 중요하다.
4. 내생적 성장이론 : 경제성장은 인적자본 등 요소의 내생적 축적에 의해서 이루어지고 있기 때문에 어떤 투입요소가 있는지보다 어떤 투입요소를 창출해 내는 것이 경제성장에 더 중요하다. 요소의 부존량은 시간에 따라 어떤 요소를 창출했는지에 따라 변한다.
5. 경쟁우위론 : 국가 간의 경쟁력의 결정은 요소의 창출, 개량, 전문화의 속도, 산업구조가 결정한다.

42 빈출패턴 42 라이프사이클 분석   출제빈도 ★★★

다음 보기의 설명은 제품수명주기 단계의 어디인가?

> • 매출성장률이 산업평균보다 낮아짐.
> • 제품이나 서비스의 다각화를 하게 됨.
> • 적자가 발생하는 기업이 생김.

① 도입기 ② 성장기
③ 성숙기 ④ 쇠퇴기

쇠퇴기에는 수요 감소 등으로 매출액 증가율이 시장평균보다 낮거나 감소하게 되며, 이익률은 더욱 하락하고, 적자기업이 다수 발생하게 된다. 많은 기업들은 해당 산업에서 철수하거나 업종 다각화를 실시한다.

정답 ④

더 알아보기

 라이프사이클

산업도 생명체와 유사하게 생성, 성장, 쇠퇴, 소멸한다는 것을 산업분석에 응용한 것이다.

도입기	제품이 처음 시장에 도입되는 단계 ① 신제품이 수요를 일으키기까지 상당한 시간이 소요된다. ② 매출증가율은 낮으며, 이익은 적자를 시현하거나 낮은 것이 보통이다. ③ 적자를 견디지 못하는 기업들은 시장에서 이탈하기도 하며, 사업 성공여부가 불투명하여 우수한 판매능력이 필요한 시기이다.
성장기	매출액과 이익이 급격히 증가하는 단계 ① 매출액이 급격히 증가하며, 시장경쟁이 약하여 이익의 증가가 매출액의 증가보다 빨라 수익성이 높아진다. ② 성장기 후반에는 경쟁이 격화되어 이익이 증가하더라도 이익률은 정점에 도달한 이후 하락하게 된다.
성숙기	산업 내 기업들이 안정적인 시장점유율을 유지하면서 매출이 완만하게 증가하는 단계 ① 이익률은 경쟁으로 다소 하락하며, 기업 간 경영능력에 따라 영업실적의 차이가 크게 나타난다. ② 원가절감 혹은 생산관리로 이익의 하락 추세를 방어하려고 한다. ③ 제품수명주기 연장을 위해 노력하기 때문에 신제품 개발에 대한 연구개발비 지출이 증가한다.
쇠퇴기	수요감소 등으로 매출액증가율이 시장 평균보다 낮거나 감소하게 되는 시기 ① 이익률이 하락하여 적자기업이 다수 발생한다. ② 기업들은 산업 내에서 철수하거나 다각화를 실시하며, 이 시기의 산업을 사양산업이라고 부른다.

※ 출처 : 금융투자협회 기본교재 2권(2025년) p402 ~ 403

유용성과 한계점

① 특정 산업의 발전방향에 대해 유용한 분석틀 제공
② 쇠퇴기 이후 신제품의 개발로 다시 성장기가 올 수도 있기 때문에 유망산업을 선정하는 데에는 유용하나 적정 주가 평가에서는 한계점이 있다.

기출 유형

다음 보기에 해당하는 것은 제품수명주기의 어느 단계인가?

- 안정적인 시장점유율을 갖고 있으나 기업 간 영업실적에 차이가 크게 발생한다.
- 원가절감 등으로 이익 하락추세를 방어하려고 한다.
- 제품수명주기 연장을 위해 투자한다.

① 도입기 ② 성장기
③ 성숙기 ④ 쇠퇴기

[해설] 성숙기에 대한 설명이다.

[정답] ③

이것만 공부하면 80점 | 리스크관리 8문항

43 빈출패턴 43 재무위험의 종류 출제빈도 ★★★★

인간오류, 통제오류, 부적절한 내부 시스템으로 발생하는 손실가능성을 지칭하는 것은 무엇인가?

① 운영위험
② 부도위험
③ 시장위험
④ 신용위험

운영위험에 대한 설명이다. 부도위험은 부도가 발생해서 예상치 못한 손실이 발생할 위험이다.

정답 ①

더 알아보기

재무위험의 종류

시장위험	시장 가격의 변동으로 발생하는 위험으로 주식위험, 이자율위험, 환위험, 상품가격위험 등이 있다.
신용위험	거래상대방이 약속한 금액을 지불하지 못해서 발생하는 손실에 대한 위험
유동성위험	포지션을 마감하는 데에서 발생하는 위험으로, 기업이 보유하고 있는 자산을 매각할 경우, 매입자가 없어서 불리한 조건으로 자산을 매각한다면 이는 유동성위험에 노출되어 있다고 본다.
운영위험	부적절한 내부시스템, 관리 실패, 잘못된 통제, 사기, 인간의 오류 등으로 인해 발생하는 손실에 대한 위험
법적위험	계약을 집행하지 못해서 발생하는 손실에 대한 위험

※ 출처 : 금융투자협회 기본교재 2권(2025년) p428 ~ 429

기출 유형

다음 중 시장위험이 아닌 것은?

① 이자율위험
② 주가변동위험
③ 운영위험
④ 환율위험

[해설] 운영위험은 시장위험이 아니나. 시장위험은 시장 가격의 변동으로 발생하는 위험으로 주식위험, 이자율위험, 환위험, 상품가격위험등이 있다.

정답 ③

기출 변형

기업이 직면한 재무위험으로 올바른 것의 개수는?

- 금리가 변동하는 위험
- 원자재 가격이 변동하는 위험
- 신용위험

① 0개　　　　　　　　　② 1개
③ 2개　　　　　　　　　④ 3개

[해설] 재무위험은 시장위험, 신용위험, 유동성위험, 운영위험, 법적위험을 포함하며, 이는 금융시장에서 손실 가능성과 관련되어 있는 위험이다.

[정답] ④

기출 변형

자산을 매도하려고 하는데, 시장에서 매입자를 찾지 못해서 불리한 조건으로 자산을 매각할 때 노출되는 위험은 무엇인가?

① 시장위험　　　　　　② 유동성위험
③ 운영위험　　　　　　④ 법적위험

[해설] 유동성위험에 대한 설명이다.

[정답] ②

빈출패턴 44 VaR(Value at Risk)의 개념

출제빈도 ★★★★

VaR에 대한 설명 중 다음 괄호에 순서대로 들어갈 내용으로 가장 올바른 것은?

> 신뢰구간 99%에서 1일간의 VaR가 10억 원인 것은, 앞으로 하루 동안 (　　)의 확률로 최대손실이 (　　)을 초과하는 것을 말한다.

① 5%, 10억 원
② 5%, 90억 원
③ 1%, 10억 원
④ 1%, 90억 원

하루 동안 최대손실 10억 원이 발생할 확률이 1%라는 의미이다.

정답 ③

더 알아보기

VaR의 정의

시장이 불리한 방향으로 움직일 경우 보유한 포트폴리오에서 일정기간 동안에 발생하는 최대 손실 가능액을 주어진 신뢰구간하에서 통계적 방법을 이용하여 추정한 수치이며, 이는 리스크에 대한 구체적인 수치를 말한다.

예 어떤 회사가 포트폴리오를 보유함으로써 향후 1일 동안에 10억 원을 초과하여 손실을 보게 될 확률이 5%인 것의 의미는 신뢰구간 95%에서 1일 동안 최대손실이 10억 원이라는 의미이다.

※ 출처 : 금융투자협회 기본교재 1권(2025년) p436

기출 유형

다음 빈칸에 순서대로 들어갈 말로 가장 적절한 것은?

> 95% 신뢰수준에서 1일 VaR가 5억 원이라는 것은 앞으로 1일 동안 (   )의 확률로 발생가능한 손실은 (   )이라는 의미이다.

① 5%, 최소 5억 원 이상
② 5%, 최대 5억 원 이내
③ 95%, 평균 5억 원
④ 95%, 최소 5억 원 이상

[해설] 95% 신뢰수준에서 최대 발생손실이 1일 동안 5억 원이며, 이는 5%의 확률로 1일 동안 발생할 수 있는 최소 손실이 5억 원 이상이라는 의미이다.

[정답] ①

45

빈출패턴 45 델타 - 노말 방법 출제빈도 ★★★★

델타-노말 방법으로 VaR를 계산할 경우 가장 올바르지 않은 것은?

① 부분가치평가방법이기 때문에 완전한 가치평가 모형을 필요로 하지 않는다.
② 옵션과 같은 비선형을 보이는 상품이 포트폴리오에 포함되어 있을 때 계산결과의 신뢰성이 낮아질 수 있다.
③ 위험요인이 정규분포를 한다고 가정한다.
④ 몬테카를로 시뮬레이션의 VaR와 같은 값을 갖는다.

델타-노말방법으로 계산한 VaR와 몬테카를로 시뮬레이션으로 계산한 VaR의 값은 다르다.
④번 보기의 암묵적인 전제조건은 같은 대상의 VaR를 측정할 경우를 의미한다. 같은 대상의 VaR를 측정할 경우 델타-노말 방법으로 측정한 값과 몬테카를로 시뮬레이션으로 측정한 값이 다르다는 의미이다. 협회시험에서는 이처럼 무언가를 생략하고 출제되는 문제들도 있다.

정답 ④

더 알아보기

델타 - 노말 분석법

포트폴리오에 영향을 미치는 리스크 요인을 결정한 후 각 리스크 요인의 변동성과 리스크 요인 간의 상관관계를 추정하고, 이를 통해 델타를 이용하여 가치변동을 추정한다. 직관적으로 이해하면, 이는 포트폴리오에 영향을 미치는 중요한 변수가 변동할 때 포트폴리오의 가치변동을 추정하는 방법이다.

특징

1. 포트폴리오의 주요한 리스크 요인에 대한 민감도 분석이다.
2. 가치평가모형을 요구하지 않기 때문에 상대적으로 쉽게 계산할 수 있다. 부분가치평가법이라고도 불린다.
3. 옵션과 같은 비선형 상품이 포트폴리오에 포함되어 있을 경우 추정오차가 커진다.
4. 비선형 상품이 포함되어있을 경우 델타 외에 감마까지 고려하여 시장리스크를 측정할 수 있다.
5. 델타리스크를 제외한 다른 종류의 리스크를 고려하지 않는다.

빈출패턴 46 델타 - 노말방식에 따른 옵션의 VaR계산   출제빈도 ★★★★

주가지수 옵션가격이 20Point이고 KOSPI 200이 200Point이다. 주가지수 1일 수익률의 표준편차가 3%, 옵션델타값이 0.6일 때 95% 신뢰도 수준에서 주가지수 옵션의 1일 VaR는 얼마인가? (단, Z값은 1.65이다)

① 0.59Point
② 1.25Point
③ 2.48Point
④ 5.94Point

VaR=코스피 200 지수×주가지수 1일 수익률의 표준편차×신뢰구간의 Z값×Delta=200×3%×1.65×0.6=5.94Point. 주가지수 옵션가격이 주어지더라도 옵션 VaR를 델타-노말 방식으로 계산할 때는 기초자산인 코스피 200의 가격을 사용해야 한다.

정답 ④

더 알아보기

옵션의 VaR(델타 - 노말방식)

$$VaR = S \times \sigma\left(\frac{\Delta S}{S}\right) \times Z \times \text{Delta(옵션델타)}$$

- S : 기초자산가격
- $\sigma(\frac{\Delta S}{S})$: 기초자산가격의 변화율에 대한 표준편차
- Z : 표준정규분포의 값(신뢰구간계산시 필요)
- Delta(옵션델타) : 기초자산가격 변동시 옵션가격 변동정도

기출 유형

델타-노말 방법으로 옵션의 VaR를 계산할 때 필요한 정보는 무엇인가?

① 기초자산가격
② 옵션의 행사가격
③ 무위험이자율
④ 옵션만기

[해설] 기초자산가격이 필요하다. 델타노말은 기초자산가격이 변동할 때 옵션의 가치가 변동하는 정도이기 때문이다. 옵션의 VaR를 델타-노말방식으로 계산할 때 필요한 정보는 기초자산의 가격, 기초자산가격의 변동성, Z값, 옵션델타값이다.

[정답] ①

기출 변형

옵션의 VaR를 델타-노말 방식으로 계산할 때 가장 필요 없는 데이터는 어느 것인가?

① 무위험이자율
② 기초자산 가격변동의 표준편차
③ 기초자산의 가격
④ 옵션델타

[해설] 무위험이자율이다. 옵션 VaR를 계산할 때 무위험이자율에 대한 자료는 요구하지 않는다.

[정답] ①

기출 변형

KOSPI 200 주가지수 옵션이 현재 350Point이며, 옵션 델타는 0.6이다. 옵션의 가격변동의 표준편차가 2.5%일 때 델타-노말 방법으로 계산한 신뢰구간 99%의 VaR와 가장 가까운 값은? (단, 신뢰구간은 99%이며, Z값은 2.33이다)

① 10.3Point
② 11.2Point
③ 12.2Point
④ 13.5Point

[해설] VaR = 코스피 200 지수 × 주가지수 1일 수익률 표준편차 × 신뢰구간의 Z값 × Delta
= 350 × 2.5% × 2.33 × 0.6 = 12.22Point

[정답] ③

47 빈출패턴 47 역사적 시뮬레이션 출제빈도 ★★★★

VaR에 대한 설명으로 올바른 것은 총 몇 개인가?

- 역사적 시뮬레이션으로 계산한 값과 델타-노말방법으로 계산한 값은 다르다.
- 측정기간이 다르면 VaR의 값도 달라진다.
- 역사적 시뮬레이션을 이용하여 VaR 측정 시 과거에 발생하지 못한 상황이 발생하면 측정치의 오차가 커진다.

① 0개 ② 1개
③ 2개 ④ 3개

역사적 시뮬레이션은 완전가치평가모형을 사용하여 VaR를 계산했기 때문에 델타-노말의 부분가치법으로 계산한 것과 차이가 발생한다. VaR는 측정기간이 다르면 그 값도 다르다. 역사적 시뮬레이션은 과거의 사건을 기반으로 VaR를 계산했기 때문에 과거에 발생하지 않은 상황이 발생한 경우 추정치의 값의 편차가 커진다.

정답 ④

더 알아보기

역사적 시뮬레이션 방법

1. 개념 : 과거 일정기간 동안의 위험요인의 변동을 향후에 나타날 변동으로 가정하여 현재 보유하고 있는 포트폴리오의 포지션의 가치 변동을 측정하고 그 분포를 통해 VaR를 계산한다.
2. 전체 포트폴리오의 가치를 평가하는 가치평가 모델이 필요해서 완전가치평가방법이라고도 부른다.
3. 과거 데이터를 이용하기 때문에 상대적으로 쉽게 VaR를 추정할 수 있다.
4. 과거 데이터를 이용하기 때문에 분산, 공분산 등과 같은 모수에 대한 추정, 수익률의 확률분포에 대한 가정을 하지 않아도 된다.
5. 완전가치평가를 하기 때문에 옵션과 같은 비선형 상품이 포트폴리오에 포함되어 있어도 VaR를 계산할 수 있다.
6. 한 개의 표본구간만 사용되기 때문에 변동성이 증가하면 측정치가 부정확해진다.
7. 가치평가 모델의 유용성이 표본 길이의 의존도가 높다.
8. 과거 자료가 존재하지 않거나 과거 자료의 길이가 짧으면 추정이 어렵거나 추정의 정확도가 낮아진다.

기출 유형

VaR에 대한 설명으로 가장 올바르지 않은 것은?

① 역사적 시뮬레이션으로 계산한 VaR와 델타-노말 방식으로 계산한 VaR값은 동일하다.
② 역사적 시뮬레이션은 리스크 요인이 정규분포를 한다는 가정을 하지 않는다.
③ 역사적 시뮬레이션을 통해 VaR를 계산할 때는 가치평가모델이 필요하다.
④ 과거 기간이 짧을수록 역사적 시뮬레이션에 의해서 계산한 VaR의 신뢰성은 낮아질 수 있다.

[해설] 역사적 시뮬레이션으로 계산한 VaR와 델타-노말 방법으로 계산한 VaR의 값은 다르다.

[정답] ①

48 빈출패턴 48 부도모형 출제빈도 ★★★

A 은행이 보유하고 있는 자산 중에 부도에 노출된 금액이 50억 원이다. 부도확률은 10%이고, 부도시 회수율은 40%이다. 부도율은 베르누이 분포를 따른다고 할 때, 부도로 인한 기대손실은 얼마인가?

① 3.0억 원
② 5.0억 원
③ 7.5억 원
④ 10억 원

부도로 인한 기대손실=부도에 노출된 자산×부도확률×부도시 손실률=50억 원×10%×(1−40%)=3억 원

정답 ①

알아보기

 부도모형(Default Mode)

- 개념 : 부도가 발생한 경우에만 신용손실이 발생한 것으로 간주하여 리스크를 측정하는 모형

> 부도로 인한 예상손실(EL, Expected Loss)=EAD×부도율×LGD

- 신용위험에 노출된 금액(EAD, Exposure At Default)
- 부도율(부도가능성)
- 부도시 손실률(LGD, Loss Given Default)
  부도시 손실률은 「전체금액−부도시 손실률=부도후 회수가능액」으로 표현이 가능하다.

빈출패턴 49 신용손실 분포

출제빈도 ★★★★

신용손실분포에 대한 설명으로 올바른 것의 총갯수는?

- 일반적인 정규분포보다 꼬리가 두꺼운 분포를 한다.
- 과거의 신용위험분포를 통해 확률분포를 추정할 수 있다.
- 평균과 분산 같은 모수를 통해서 분포를 정확히 추정할 수 있다.

① 0개
② 1개
③ 2개
④ 3개

신용손실분포는 비대칭성이 강하고 꼬리가 두껍기 때문에 정규분포를 이루지 않아서 평균과 분산의 모수를 통해서 신용손실분포를 정확하게 추정할 수 없다.

정답 ③

더 알아보기

 신용리스크

신용손실분포로부터 예상외 손실로 정의한다. 예상된 손실은 위험이라고 하지 않는다. 예상된 손실은 대손충당금 등으로 대비하고 있어 위험보다는 비용으로 인식한다. 신용리스크는 손실의 불확실성에 의해 결정되고 이는 신용손실분포에 의해 결정되는 것과 같은 의미이다.

 신용손실분포 특징

- 시장수익률에 비하여 <u>비대칭성이 매우 강하여 한쪽으로 두꺼우면서도 긴 꼬리를 가진 분포를 한다.</u>
- 정규분포와 비교하여 한쪽으로 치우친 특성을 갖고 있다.
- <u>꼬리가 두꺼운(fat-tail) 특성을 갖고</u> 있다.
- 평균과 분산을 이용하여 <u>모수적 방법으로 신용리스크를 측정하는 것은 바람직하지 않다.</u>

〈신용손실분포〉

기대손실 — 신용위험 — 평균 — 기대하지 못한 손실 — 두꺼운 꼬리

기출 유형

KMV의 신용리스크와 관련된 설명으로 가장 올바르지 않은 것은?

① 부도모형(Default mode)은 채무불이행만을 손실로 추정하지만 MTM Mode는 채무불이행뿐만 아니라 신용등급의 변화에 의한 손실까지 신용위험으로 본다.
② CreditMetrics 모형의 입력변수로는 신용위험에 노출된 자산규모, 부도율, 상관계수가 있다.
③ KMV모형은 블랙-숄즈의 옵션가격결정 모형을 이용하여 자산가치를 평가하고 이론적 EDF를 계산할 수 있다.
④ 미래 신용변화에 따라 예상되는 손실은 신용리스크이며 금융기관은 자기자본으로 이러한 위험에 대비한다.

[해설] 예상되는 손실은 리스크가 아니다. 예상되는 손실은 대손충당금으로 대비하고, 예상치 못한 손실(신용리스크)은 자기자본으로 대비한다.

[정답] ④

빈출패턴 50 부도모형

출제빈도 ★★★★

부도모형(Default Mode)을 사용하여 부도위험을 계산할 때 가장 필요없는 데이터는 어느 것인가?

① 신용노출 금액
② 신용등급
③ 부도가능성
④ 부도후 회수가능금액

부도모형을 통해서 부도위험을 계산할 때 신용등급자료는 사용하지 않는다.

정답 ②

더 알아보기

부도모형(Default Mode)
부도가 발생한 경우에만 신용손실이 발생한 것으로 간주하여 리스크를 추정하는 모형

신용손실을 추정할 때 필요한 자료
- 신용위험에 노출된 금액(EAD, Exposure At Default)
- 부도율(부도가능성)
- 부도시 손실률(LGD, Loss Given Default), 이는 전체금액 − 부도 시 손실률 = 부도 후 회수가능액으로 표현이 가능하다.
- 부도로 인한 예상손실(EL, Expected Loss) = EAD × 부도율 × LGD
- 부도시 예상손실의 변동성

$$\sigma_{EL} = \sqrt{p(1-p)} \times EAD \times LGD$$

단, p는 부도가 발생할 확률, 1−p는 부도가 발생하지 않을 확률

※ 부도는 발생 혹은 발생하지 않는 확률(이항모형)이기 때문에 베르누이 분포를 하고 있다.

기출유형

A 은행은 부도에 노출된 자산금액이 100억 원이다. 부도율은 10%이며, 부도 시 손실률은 40%이다. 부도 시 예상손실의 표준편차와 가장 가까운 값은? (단, 부도율은 베르누이 분포를 갖는다)

① 5억 원   ② 7억 원
③ 12억 원   ④ 15억 원

[해설] $\sigma_{EL} = \sqrt{p(1-p)} \times EAD \times LGD$
$= \sqrt{10\%(1-10\%)} \times 100억\ 원 \times 40\% = 12억\ 원$

[정답] ③

직무윤리 5문항

51

빈출패턴 51 6대 판매원칙   출제빈도 ★★★

금융소비자 보호법상 일반투자자와 전문투자자 모두에게 공통으로 적용되는 원칙은 무엇인가?

① 설명의무   ② 적합성
③ 부당권유금지   ④ 적정성

부당권유금지는 모든 투자자에게 공통으로 적용되는 원칙이다.

정답 ③

 더 알아보기

 금융소비자 보호 주요 원칙

적합성 원칙	고객에게 투자를 권유하기 전에 가장 먼저, 고객이 투자권유를 원하는지 그렇지 않은지 파악한 후, 해당 고객이 일반금융소비자인지 전문금융소비자인지 확인해야 한다. 일반금융소비자의 경우 면담 등을 통해서 금융소비자의 투자성향을 확인해야 한다. <u>고객의 투자성향에 적합하지 않은 금융상품을 권유하지 않아야 한다.</u>
적정성 원칙	금융투자업자의 금융상품 계약체결의 권유가 없더라도 금융소비자가 계약체결을 원할 경우 금융소비자와 면담 등을 통해 해당 금융상품이 계약체결을 원하는 금융소비자에게 적합하지 않다면 그 사실을 알리고 금융소비자로부터 해당 사실을 알렸다는 내용을 확인받고 판매해야 한다.
설명의무	금융상품의 중요한 사실을 금융소비자에게 설명하고 이에 대한 확인을 받아야 한다.
불공정영업행위 금지	금융투자업자의 우월적 지위를 이용하여 금융상품 계약 체결에 있어 금융소비자에게 불리한 행위를 요구하면 안 된다.
부당권유행위 금지	금융소비자에게 금융상품의 계약 체결 혹은 권유 시에는 그에 대한 합리적 근거를 제공하고, 중요 사실에 대해서 정확하게 표시하고, <u>투자성과보장에 관한 표현을 하면 안되며, 요청하지 않은 투자권유를 하지 않아야 한다.</u>

※ 주의사항 : 부당권유행위 금지는 일반투자자와 전문투자자 모두에게 적용되는 원칙이다.

52 빈출패턴 52 부당권유행위   출제빈도 ★★★

금융투자업자가 금융소비자보호법상 할 수 있는 것은 무엇인가?

① 금융상품의 가치에 중대한 영향을 미치는 사항을 미리 알고 있으므로 계약체결 전에는 이를 알리지 않고 계약체결 후에 이를 알린다.
② 투자성 상품의 계약체결 권유를 위해 고객의 요청이 없어도 고객에게 전화로 투자권유한다.
③ 타 금융투자회사의 금융상품과 비교를 명확한 근거 없이 하며 자사의 금융상품이 더 우수하다고 알린다.
④ 금융투자상품에 대한 계약의 체결권유를 받은 금융소비자가 이를 거절하였으나, 1개월 후에 동일한 금융상품을 해당 투자자에게 권유한다.

투자성 상품의 경우 계약의 체결권유를 받은 금융소비자가 이를 거부하는 취지의 의사표시를 하였는데도 계약의 체결을 계속 권유하면 안 된다. 그러나 예외적으로 투자성 상품에 대한 계약 체결권유를 받은 금융소비자가 이를 거부하는 취지의 의사를 표시한 후 1개월이 지난 경우에는 해당 상품을 재권유할 수 있다.

정답 ④

더 알아보기

부당권유행위 유형

1. 불확실한 사항에 대하여 단정적 판단을 제공하거나 확실하다고 오인하게 할 소지가 있는 내용을 알리는 행위
2. 금융상품의 내용을 사실과 다르게 알리는 행위
3. 금융상품의 가치에 중대한 영향을 미치는 사항을 미리 알고 있으면서 금융소비자에게 알리지 아니하는 행위
4. 금융상품 내용의 일부에 대하여 비교대상 및 기준을 밝히지 아니하거나 객관적인 근거 없이 다른 금융상품과 비교하여 해당 금융상품이 우수하거나 유리하다고 알리는 행위

투자성상품 관련 부당권유행위

1. 투자성상품의 경우 금융소비자에게 계약의 체결권유를 해줄 것을 요청받지 않은 경우에는 방문, 전화 등 실시간 대화의 방법을 이용하여 투자권유를 할 수 없다.
2. 예외적으로 금융소비자 보호 및 건전한 거래질서를 해칠 우려가 없는 행위로 투자권유 전에 금융소비자의 개인정보 취득경로, 권유하려는 금융상품의 종류·내용 등을 금융소비자에게 미리 안내하고, 해당 금융소비자가 투자권유를 받을 의사를 표시한 경우에는 다음의 상품을 제외하고 투자권유 할 수 있다.

- 일반금융소비자 : 장내파생상품, 장외파생상품, 사모펀드, 고난도금융투자상품, 고난도투자일임계약, 고난도금전신탁계약
- 전문금융소비자 : 장외파생상품

기출 유형

금융투자회사의 직원이 수행하는 고객과의 영업활동에 대한 설명으로 잘못된 것은?

① 고객이 요청하지 않았음에도 불구하고 전화통화와 같은 실시간 통화의 방법으로 투자성 상품의 계약체결을 권유하는 것은 금지되어 있다.
② 각 회사는 판매임직원 등을 대상으로 금융소비자에게 제공되는 '개별상품'별 교육을 실시해야 한다.
③ 금융상품 판매직원의 전문성과 숙련도가 낮은 직원 혹은 불완전판매 관련 민원이 많이 발생하는 직원은 금융상품의 판매를 제한할 수 있다.
④ 투자성과에 대한 표시를 할 때는 원금에 대한 보장인지, 원금을 포함한 기대수익률까지 보장하는지 명확히 표시해야 한다.

[해설] 투자성과에 대한 약속을 할 수 없다.

[정답] ④

53 빈출패턴 53 이사회

출제빈도 ★★★★

금융소비자보호 내부통제체계에 대한 설명으로 잘못된 것은?

① 이사회는 금융소비자보호에 관한 내부통제체계의 구축 및 운영에 대한 기본방침을 정한다.
② 금융소비자보호 내부통제위원회 의장은 준법감시인이 맡는다.
③ 금융소비자보호 총괄기관은 금융소비자보호에 관한 경영방향을 수립한다.
④ 금융소비자보호 총괄책임자(COO)의 업무는 위험관리 규정을 개정하거나 수정하는 업무가 아니다.

금융소비자보호 내부통제위원회 의장은 대표이사가 맡는다.

정답 ②

더 알아보기

금융소비자보호 내부통제체계

1. **이사회**: 금융소비자보호에 관한 내부통제체계의 구축 및 운영에 관한 기본방침을 정한다. 내부통제에 영향을 미치는 경영전략 및 정책을 승인하고 금융소비자보호의 내부통제와 관련된 주요사항을 심의·의결한다.
   - 경영전략에 부합하는 위험관리 기본방침 수립
   - 금융투자업자가 부담 가능한 위험 수준의 결정
   - 적정투자한도 또는 손실허용한도 승인
   - 위험관리지침의 제정 및 개정에 관한 사항을 심의·의결

2. **대표이사**: 이사회가 정한 내부통제체계의 구축 및 운영에 관한 기본방침에 따라 금융소비자보호와 관련한 내부통제체계를 구축·운영한다. 내부통제체계가 적절히 구축·운영되도록 내부통제환경을 조성하고, 관련 법규의 변경, 영업환경 변화 등 금융소비자보호 내부통제체계의 유효성이 유지될 수 있도록 관리한다.
   - 준법감시인과 금융소비자보호 총괄책임자의 업무 분장 및 조정
   - 대표이사는 내부통제와 관련한 일부업무를 금융소비자보호 총괄책임자에게 위임할 수 있으며, 위임하는 경우, 금융소비자보호 총괄책임자는 매년 1회 이상 위임업무의 이행사항을 금융소비자보호 내부통제위원회(위원회가 없는 경우 대표이사)에 보고해야 한다.

금융소비자보호 내부통제위원회

1. 의장 : 대표이사 (※ 오답으로 준법감시인이 의장이라는 지문이 자주 출제됨)
2. 회의개최 : 매 반기(6개월)마다 1회 이상 의무적으로 개최, 개최결과를 이사회에 보고하고, 최소 5년 이상 관련기록을 유지해야 한다.

금융소비자보호 총괄기관

소비자보호와 영업부서 업무 간의 이해상충 방지 및 회사의 소비자보호 업무역량 제고를 위하여 금융상품 개발·판매 업무로부터 독립하여 업무를 수행해야 하며, 대표이사 직속기관으로 두어야 한다.

1. 금융소비자보호에 관한 경영방향 수립
2. 임직원의 성과보상체계에 대한 금융소비자보호 측면에서 평가
3. 금융상품의 개발, 변경, 판매 중단 및 관련 약관의 제·개정 등을 포함하여 판매촉진, 영업점 성과평가 기준 마련 등에 대한 사전 협의
4. 금융소비자보호 내부통제위원회의 운영

금융소비자보호 총괄책임자(COO, Chief Consumer Officer)

금융소비자보호 업무를 총괄하는 임원이며, 대표이사 직속으로 준법감시인에 준하는 독립적 지위를 보장받고, 적법한 직무수행과 관련하여 부당한 인사상 불이익을 받지 않는다.

기출 유형

금융소비자보호 총괄책임자(COO)의 업무에 해당하지 않는 것은?

① 금융투자회사의 위험관리에 관한 규정의 제정 및 개정
② 상품설명서, 금융상품 계약서류 등 사전 심의
③ 금융상품 각 단계별 소비자보호 체계에 관한 관리, 감독 및 검토
④ 민원발생과 연계한 관련부서, 직원 평가 기준의 수립 및 평가 총괄

[해설] 금융소비자보호 총괄책임자는 금융투자회사의 위험관리 통제업무를 하지 않는다. 해당 업무는 위험관리책임자의 업무이다.

[정답] ①

54 빈출패턴 54 준법감시인

출제빈도 ★★★★

다음 중 준법감시인에 대한 설명으로 올바른 것은?

① 준법감시인을 해임하기 위해서는 이사 과반수의 의결이 필요하다.
② 준법감시인은 대표이사와 이사회의 지휘를 받아 업무를 한다.
③ 준법감시인의 성과보수는 기업의 재무성과와 연동하여 지급할 수 있다.
④ 준법감시인을 임명하면 한국금융투자협회에 보고해야 한다.

준법감시인을 해임하기 위해서는 이사의 2/3 이상의 찬성이 필요하며 준법감시인의 성과보수는 재무성과와 연동하여 지급할 수 없으며, 준법감시인 임면사항은 금융위원회 보고사항이다.

정답 ②

더 알아보기

준법감시인

1. 준법감시인은 이사회 및 대표이사의 지휘를 받아 금융투자회사 전반의 내부통제 업무를 수행한다. 준법감시인을 임면하기 위해서는 <u>이사회 의결(과반수 찬성)</u>이 필요하며 해임하기 위해서는 이사 총수의 3분의 2 이상의 찬성으로 의결해야 한다.
2. 통상 <u>임원급 이상</u>으로 준법감시인 선임을 요구하고 있다.
3. 임기 : <u>2년 이상</u>
4. 준법감시인 임면일로부터 <u>7영업일 이내에 금융위원회에 보고</u>해야 한다(※ 오답으로 금융투자협회에 보고해야 한다는 내용이 자주 출제됨).
5. 준법감시인의 성과는 회사의 <u>재무적 경영성과와 연동하지 않고 별도의 보수지급 및 평가기준을 마련</u>하고 운영해야 한다.

권한 및 의무, 위임

1. 내부통제기준 준수 여부 등에 대한 정기 또는 수시 점검
2. 업무전반에 대한 접근 및 임직원에 대한 각종 자료나 정보의 제출 요구권
3. 임직원의 위법, 부당행위 등과 관련하여 이사회, 대표이사, 감사에 대한 보고 및 시정요구
4. 이사회, 감사위원회, 기타 주요 회의에 대한 참석 및 의견진술
5. <u>준법감시 업무의 전문성 제고를 위한 연수프로그램의 이수</u>
6. 준법감시업무를 담당하는 임직원에게 위임의 범위와 책임의 한계 등을 명확히 구분하여 위임할 수 있다.

빈출패턴 55 임직원 대외활동

출제빈도 ★★★★

임직원의 대외활동과 관련하여 가장 올바른 것은?

① 금융투자회사의 임직원은 외부강연, 연설, 교육, 기고 등의 활동을 할 수 없다.
② 임직원 본인이 업무시간에 만든 자료는 별도의 허가 없이 자신의 홍보를 위해 사용한다.
③ 인터넷 게시판이나 웹사이트에 금융투자상품에 대한 분석이나 권유와 관련된 내용을 별도의 허가 없이 게시한다.
④ 회사의 공식의견이 아닌 자신의 의견을 표현할 경우 사견임을 명백히 표현한 후 말해야 한다.

회사의 공식의견이 아닌 경우 사견임을 명백히 표현한 후 자신의 의견을 말해야 한다.

정답 ④

더 알아보기

대외활동 전 사전승인
금융투자업 종사자가 대외활동을 하기 위해서는 해당 활동의 성격, 목적, 기대효과 등에 따라 소속 부점장, 준법감시인 혹은 대표이사의 사전승인을 받아야 한다. 부득이한 경우에는 사후에 즉시 보고해야 한다.

임직원이 외부강연이나 기고 등을 할 때 주의사항
1 회사의 공식의견이 아닌 경우 사견임을 명백히 표현해야 한다.
2 대외활동으로 인하여 회사의 주된 업무 수행에 지장을 주어서는 아니 된다.
3 대외활동으로 인하여 금전적인 보상을 받게 되는 경우 회사에 신고하여야 한다.
4 불확실한 사항을 단정적으로 표현하거나 다른 금융투자회사를 비방하여서는 아니 된다.

주요 금지사항
1 회사가 승인하지 않은 중요자료나 홍보물 등을 배포하거나 사용하는 행위
2 불확실한 사항을 단정적으로 표현하는 행위 또는 오해를 유발할 수 있는 주장이나 예측이 담긴 내용을 제공하는 행위

자본시장법 11문항

56 빈출패턴 56 금융투자업 인가와 등록   출제빈도 ★★★

다음 중 인가대상 금융투자업은 어느 것인가?

① 투자일임업 ② 신탁업
③ 투자자문업 ④ 일반사모집합투자업

인가대상 금융투자업은 투자중개업, 투자매매업, 집합투자업, 신탁업이고, 등록대상 금융투자업은 투자자문업, 투자일임업, 온라인소액투자중개업, 일반사모집합투자업이다.

인가와 등록을 구분할 때 규모가 큰 경우 대체로 인가대상이며, 규모가 작은 경우 대체로 등록대상이다. 규모가 클 경우 그러한 사업이 잘못되면 경제 등에 피해가 크기 때문에 인가를 하고, 그렇지 않은 경우는 등록으로 한다고 생각하면 혼동되지 않는다.

정답 ②

더 알아보기

인가대상 금융투자업

투자매매업	누구의 명의로 하든지 자기의 계산으로 금융투자상품을 매도·매수, 증권의 발행, 인수 등을 업으로 하는 것
투자중개업	누구의 명의로 하든지 타인의 계산으로 금융투자상품을 매도·매수, 증권의 발행, 인수 등을 업으로 하는 것
신탁업	신탁법에 의한 신탁을 영업으로 하는 업
집합투자업	2인 이상의 투자자로부터 모은 금전 등을 투자자 등으로부터 일상적인 운용지시를 받지 아니하면서 자산을 취득·처분, 그 밖의 방법으로 운용하고 그 결과를 투자자에게 배분하여 귀속시키는 업

등록대상 금융투자업

투자자문업	금융투자상품의 가치 또는 투자판단에 관하여 자문을 하는 업
투자일임업	투자자로부터 금융투자상품에 대한 투자판단의 전부 또는 일부를 일임 받아 투자자별로 구분하여 자산을 취득·처분 그 밖의 방법으로 운용하는 업
온라인소액투자중개업	투자중개업 중 온라인상에서 누구의 명의로 하든지 타인의 계산으로 일정한 자가 발행하는 채무증권, 지분증권의 모집 또는 사무에 관한 중개를 영업으로 하는 업
일반사모집합투자업	집합투자업 중 일반사모집합투자기구를 통한 집합투자를 영업으로 하는 업

빈출패턴 57 투자성 상품

출제빈도 ★★★

기초자산의 가격, 이자율, 지표, 단위 또는 이를 기초로 하는 지수 등의 변동과 연계하여 정해진 방법에 따라 지급금액 또는 회수금액이 결정되는 권리가 표시된 증권은 무엇인가?

① 수익증권
② 파생결합증권
③ 옵션 및 선물
④ 채무증권

파생결합증권에 대한 설명이다. 최대손실이 투자원금까지이면 증권, 투자원금보다 더 큰 손실이 발생할 수 있으면 파생상품으로 분류한다.

정답 ②

더 알아보기

※ 출처 : 금융투자협회 기본교재 3권(2025년) p160

58 빈출패턴 58 투자설명서

출제빈도 ★★

투자설명서에 대한 내용으로 가장 올바르지 않은 것은?

① 원칙적으로 투자설명서에는 증권신고서에 기재된 내용과 다른 내용을 표시하거나 그 기재사항을 누락할 수 없다.
② 예비투자설명서는 증권신고서가 수리된 후 신고의 효력이 발생하지 않는 것이다.
③ 투자자가 투자설명서 수령에 대한 거절의사를 표시해도 투자설명서를 제공해야 한다.
④ 전문투자자에게는 투자설명서를 제공하지 않아도 된다.

투자설명서를 받기를 거부한다는 의사를 서면, 전화, 전신 등의 방법으로 거부한 경우 투자설명서 교부의무가 없어진다.

정답 ③

더 알아보기

투자설명서

원칙적으로 투자설명서에는 <u>증권신고서에 기재된 내용과 다른 내용을 표시하거나 그 기재사항을 누락할 수 없다</u>. 단, 기업경영 등 비밀유지, 군사기밀, 발행인의 기업비밀 등에 해당하는 것은 금융위의 확인을 받아 그 기재를 생략할 수 있다.

1. 예비투자설명서 : 신고 후 효력발생 전 투자설명서
2. 투자설명서 : 신고 후 효력발생이 된 투자설명서
3. 간이투자설명서 : 증권신고서가 수리(접수)된 후 투자설명서의 중요한 내용만 요약 발췌한 것, 집합투자증권의 경우 간이투자설명서만을 사용할 수도 있다.

교부의무

1. 누구든지 증권신고의 효력이 발생한 증권을 취득하고자 하는 자에게 투자설명서를 미리 교부하지 않으면 그 증권을 취득하거나 매도할 수 없다.
2. 교부면제자
   - 전문투자자 등 일정한 전문가
   - 투자설명서 받기를 거부한다는 의사를 서면, 전화, 전신 등 금융위가 정하여 고시하는 방법으로 표시한 자
   - 이미 취득한 것과 같은 집합투자증권을 계속하여 취득하려는 자. 단, 직전에 교부한 투자설명서의 내용과 같은 경우만 해당된다.

빈출패턴 59 집합투자재산평가

출제빈도 ★★★★

다음 빈칸에 들어갈 단어가 순서대로 올바르게 되어 있는 것은?

> 집합투자재산을 평가할 때는 원칙적으로 (   )(으)로 평가하고, 예외적인 경우 (   )(으)로 평가할 수 있다.

① 시가, 공정가액
② 시가, 장부가액
③ 공정가액, 장부가액
④ 공정가액, 시가

원칙은 시가로 평가하고, 시가평가가 어려운 경우에는 공정가액으로 평가한다.

정답 ①

더 알아보기

집합투자재산평가

 신뢰할 만한 시가가 있는 경우 시가로 평가함.
② 신뢰할 만한 시가가 없는 경우 공정가액으로 평가함.
③ 집합투자재산평가위원회가 채권평가회사, 회계법인, 신용평가업자, 감정평가법인, 인수업 영위 투자매매업자 등이 제공한 가격 등을 고려하여 평가함.
④ 신탁업자는 집합투자업자의 집합투자재산에 대한 평가가 공정하게 이루어졌는지 확인해야 함.

기출 유형

집합투자업자가 계산한 기준가격의 적정성을 판단하는 곳은 어디인가?

① 일반사무관리회사
② 집합투자기구평가회사
③ 투자매매중개업자
④ 신탁업자

[해설] 신탁업자가 기준가격의 적정성을 판단한다.

정답 ④

빈출패턴 60 집합투자업자의 수시공시사항

출제빈도 ★★★

집합투자업자의 수시공시사항에 해당하지 않는 것은?

① 집합투자자총회 결의사항
② 집합투자재산의 운용인력 변경
③ 환매연기사유 발생
④ 집합투자광고

집합투자광고는 수시공시사항에 해당하지 않는다.

정답 ④

더 알아보기

집합투자업자의 수시공시사항

1. 집합투자규약의 변경
2. 집합투자기구의 해지 또는 청산
3. 투자정책의 중대한 변경(투자대상자산의 변경, 투자비율의 조정, 주요 투자전략의 변경 등 중요한 투자정책이 변경될 경우 등)
4. 배당 또는 이익금 분배 : 배당금 지급 결정, 배당금액, 배당 기준일, 배당 지급일 등 배당에 관한 사항
5. 집합투자기구의 합병
6. 운용상의 중요한 변경 : 집합투자기구의 운용 전략이나 방식, 주요 운용인력의 변경, 운용자산의 중요한 변동 등이 있을 경우
7. 투자위험의 중대한 변화 : 투자대상자산의 가격 변동, 시장 환경의 급격한 변화 등으로 인해 투자위험이 크게 변화하는 경우
8. 수익자총회 개최 및 결의사항 : 수익자총회가 개최될 경우, 총회의 일정, 장소, 안건, 결의된 사항 등
9. 기타 투자자에게 중대한 영향을 미치는 사항 : 주요 법적 분쟁, 규제 당국의 조사, 대규모 손실 발생, 주요 계약의 해지 또는 체결 등 투자자에게 중대한 영향을 미치는 사항이 발생한 경우

61 빈출패턴 61 불공정 거래행위   출제빈도 ★★

투자중개업자가 투자자로부터 금융투자상품의 매매 주문을 받지 않고 임의로 금융투자상품을 매매하는 것은 무엇인가?

① 통정매매
② 가장매매
③ 일임매매
④ 임의매매

임의매매에 대한 설명이다.

정답 ④

더 알아보기

임의매매	투자자나 그 대리인으로부터 금융투자상품의 매매의 청약 또는 주문을 받지 않고는 예탁받은 재산으로 금융투자상품의 매매를 하는 것
통정매매	자기가 매도하는 것과 같은 시기에 그와 같은 가격 또는 약정 수치로 타인이 그 증권 또는 장내파생상품을 매수할 것을 사전에 그 자와 서로 짠 후에 매도 혹은 매수하는 행위
가장매매	증권 또는 장내파생상품의 매매를 함에 있어서 그 권리의 이전을 목적으로 하지 않고 거짓으로 꾸민 매매를 하는 행위
일임매매	투자자로부터 금융투자상품에 대한 투자판단의 전부 또는 일부를 일임 받아 투자자별로 구분하여 금융상품의 취득·처분, 그 밖의 방법으로 운용하는 행위
선행매매	금융투자상품의 가격에 중대한 영향을 미칠 수 있는 매수 또는 매도의 청약이나 주문을 받거나 받게 될 가능성이 큰 경우 고객의 주문을 체결하기 전에 자기의 계산으로 매수 또는 매도하거나 제3자에게 매수 또는 매도를 권유하는 행위

빈출패턴 62 금융기관 검사

출제빈도 ★★★

금융기관 제재에 대한 설명으로 올바르지 않은 것은?

① 금융감독원은 제재심의위원회를 설치 운영해야 한다.
② 행정제재 시 제재대상자에게 미리 알려줘야 한다.
③ 제재에 대한 이의신청은 한 번만 가능하다.
④ 제재조치를 받은 후 해당 금융기관의 장은 별도의 조치를 취하지 않는다.

해당 금융기관의 장은 제재조치를 받은 경우 금감원장이 정하는 바에 따라 이사회 앞 보고 또는 주주총회 부의 등 필요한 절차를 취해야 한다.

정답 ④

더 알아보기

제재절차

1 심의회의 설치
- 금감원장은 제재에 관한 사항을 심의하기 위하여 제재심의위원회를 설치·운영해야 한다.
- 검사결과 적출된 지적사항에 대해서는 심사·조정 또는 심의회의 심의를 거쳐 금융위에 제재를 건의하거나 금감원장이 조치한다.

2 사전통지 및 의견진술
금감원장이 제재조치를 하는 때에는 위규행위 사실, 관련법규, 제재 예정내용 등을 제재대상자에게 구체적으로 사전 통지하고 상당한 기간을 정하여 구술 또는 서면에 의한 의견진술 기회를 주어야 한다.

3 불복절차
금감원장은 제재에 관하여 이의신청, 행정심판, 행정소송의 제기, 기타 불복할 수 있는 권리에 관한 사항을 제재대상자에게 알려줘야 한다.

4 이의신청
- 제재를 받은 금융기관 또는 임직원은 당해 제재처분 등이 위법 혹은 부당하다고 인정하는 경우 금융위 또는 금감원장에게 이의를 신청할 수 있다.
- 이의신청 처리결과에 대해서는 다시 이의를 신청할 수 없다.

5 제재내용의 이사회 등 보고
금융기관의 장은 제재조치를 받은 경우 금감원장이 정하는 바에 따라 이사회 앞 보고 또는 주주총회 부의 등 필요한 절차를 취해야 한다.

63 빈출패턴 63 자본시장제재 출제빈도 ★★★★

금융위원회가 자본시장조사 업무규정에 따라 조사 결과에 대한 제재에 해당하는 것은 총 몇 개인가?

- 과태료 부과
- 증권발행제한
- 6개월 이내의 업무정지
- 벌금 부과

① 0개 ② 1개
③ 2개 ④ 3개

벌금은 사법적 판단이기 때문에 부과할 수 없다.

정답 ④

더 알아보기

조사결과 조치

1. 형사벌칙 대상 행위 : 형사벌칙의 대상이 되는 행위에 대해서는 관계자를 고발 또는 수사기관에 통보해야 한다. 벌금부과는 형사벌칙이라서 금융위가 할 수 없다.
2. 과태료 부과
3. 과징금 부과
4. 1년 이내의 범위에서 증권의 발행제한, 임원에 대한 해임권고, 인가·등록 취소 등
5. 6개월 이내의 업무의 전부 또는 일부의 정지

64 빈출패턴 64 공개매수   출제빈도 ★★★

공개매수를 할 경우 특수관계자가 될 수 있는 사람은 총 몇 명인가?

- 공개매수 의무자의 주요 주주
- 공개매수 의무자 계열사의 직원
- 인허가권을 갖고 있는 자

① 0명 ② 1명
③ 2명 ④ 3명

공개매수 의무자의 계열사 직원은 특수관계자로 보지 않는다.

정답 ③

더 알아보기

공개매수

1. 공개매수 의무 : 주식 등을 6개월 동안 증권시장 밖에서 10인 이상의 자로부터 매수 등을 하고자 하는 자는 그 매수 등을 한 후에 본인과 그 특별관계자가 보유하게 되는 주식 등의 수의 합계가 그 주식 등의 총수의 <u>100분의 5 이상이 되는 경우에는 공개매수를 해야 한다.</u>
2. 적용대상 증권 : 주권상장발행법인이 발행한 주권, 신주인수권이 표시된 것, 전환사채권 등

공개매수 의무자의 특수관계인

1. 본인이 개인인 경우 : 주요 친척
2. 본인이 법인이나 단체인 경우 : 임원, 계열회사 및 그 임원
3. 공동보유자는 본인과 합의나 계약 등에 따라 주식 등을 공동으로 취득하거나 처분하기로 협의한 자

기출 유형

주식공개매수와 관련하여 가장 올바르지 않은 것은?

① 공개매수에 해당하는 주식을 보유한 투자자는 장내시장에서 주식공개매수에 응한다.
② 공개매수자는 공개매수서를 제출하고, 그 사본을 공개매수할 주식 등의 발행인에 송부해야 한다.
③ 공개매수 대상 주식의 발행인은 공개매수에 관한 의견표명을 할 수 있다.
④ 공개매수 기간은 공개매수신고서의 제출일로부터 20일 이상 60일 이내이어야 한다.

[해설] 공개매수는 불특정 다수인에 대하여 의결권 있는 주식 등의 매수의 청약을 하거나 매도의 청약을 권유하고 증권시장 및 다자간매매체결회사 밖에서 그 주식 등을 매수하는 것이다.

[정답] ①

기출 변형

공개매수 철회에 대한 설명으로 잘못된 것은?

① 원칙적으로 공개매수 공고일 이후에는 공개매수를 철회할 수 없으나 대항공개매수가 있거나, 공개매수자가 사망하게 되면 공개매수를 즉시 철회해야 한다.
② 공개매수자가 발행한 어음 또는 수표가 부도가 되면 공개매수를 철회할 수 있다.
③ 공개매수 철회를 하기 위해서는 철회신고서를 금융위와 거래소에 제출하고, 해당 내용을 공고해야 한다.
④ 공개매수에 응모한 주주는 공개매수 기간 동안에는 아무런 이유 없이도 공개매수 응모를 철회할 수 있으며, 철회에 따른 불이익을 받지 않는다.

[해설] 원칙적으로 공개매수 공고일 이후에는 공개매수를 철회할 수 없지만, 사망과 같은 사유가 아니라 경쟁매수자가 나타날 경우에 공개매수를 철회할 수도 있다. 즉, 항상 무조건 철회하는 것은 아니다.

[정답] ①

65 빈출패턴 65 집합투자기구 차입과 대출 ★★★★ 출제빈도

공모집합투자기구의 차입과 대출에 대한 설명으로 잘못된 것은?

① 집합투자기구의 계산으로 금전 차입은 대량 환매청구 발생, 대량 매수청구 발생 시 예외적으로 가능하다.
② 집합투자기구의 재산으로 해당 집합투자기구 외의 자를 위한 채무보증, 담보제공은 원칙적으로 할 수 있다.
③ 부동산 집합투자기구가 아닌 집합투자기구가 부동산을 구입할 경우 그 구입금액의 70%까지 차입할 수 있다.
④ 부동산 투자를 영위하는 집합투자기구는 다른 부동산 집합투자기구에 총자산에서 총부채를 차감한 값의 100분의 200만큼 차입할 수 있다.

집합투자기구의 재산으로 해당 집합투자기구 외의 자를 위한 채무보증, 담보제공은 원칙적으로 할 수 없다.

정답 ②

더 알아보기

 금전 차입과 대여 등의 제한

1. 집합투자업자는 집합투자재산을 운용함에 있어서 집합투자기구의 계산으로 금전을 차입하지 못한다.
2. 예외 : 대량 환매청구 발생, 대량 매수청구 발생
   - 차입한도는 차입 당시 순자산총액의 100분의 10을 초과할 수 없다.
3. 집합투자업자는 집합투자재산을 운용함에 있어서 집합투자재산으로 금전을 대여해서는 안 된다. 단, 금융기관에 대한 30일 이내의 단기대출은 예외
4. 집합투자재산으로 해당 집합투자기구 외의 자를 위한 채무보증, 담보제공 금지

 특례

차입 특례	■ 금전차입 특례 : 집합투자재산으로 부동산을 취득하는 경우에는 예외적으로 차입 허용 ■ 차입 상대방 : 은행, 보험회사, 기금, 다른 부동산 집합투자기구 등 ■ 차입한도 : 부동산 집합투자기구는 순자산의 200%, 기타 집합투자기구는 부동산 가액의 70% ■ 차입금 사용용도 : 부동산에 운용하는 방법으로 사용해야 함. 단, 불가피한 사유 발생 시 일시적으로 현금성 자산에 투자 가능
대여 특례	■ 금전대여 특례 : 부동산 개발사업을 영위하는 법인에 대해 예외적으로 대여 가능 ■ 대여 상대방 : 부동산 개발사업법인, 부동산 신탁업자, 부동산 투자회사 또는 다른 집합투자기구 ■ 대여한도 : 집합투자기구 순자산총액의 100% ■ 대여방법 : 부동산 담보권 설정, 시공사 지급보증 등 대여금 회수를 위한 적절한 수단 확보 필요

빈출패턴 66 수익자총회

출제빈도 ★★★★

수익자총회와 관련한 내용으로 가장 올바른 것은?

① 수익자총회 소집권자는 원칙적으로 신탁업자가 해야 한다.
② 수익자총회에서는 자본시장법 또는 신탁계약에서 정한 사항에 한해 의결할 수 있다.
③ 수익자총회 소집 시 7일 전에 서면으로 통지하여야 한다.
④ 보유주식이 100분의 3 이상인 수익자는 수익자 총회를 소집할 수 있다.

수익자총회는 원칙적으로 투자신탁을 설정한 집합투자업자가 소집하고, 예외적으로 신탁업자 혹은 발행된 수익증권 총좌수의 100분의 5 이상을 소유한 수익자가 소집한다. 수익자총회 소집 시 2주 전에 통지해야 한다.

 ②

더 알아보기

수익자총회 결의사항 및 소집권자

1. 투자신탁에 전체 수익자로 구성된 수익자총회를 두며, 총회는 <u>자본시장법 또는 신탁계약에서 정한 사항에 대해서만 결의 가능하다.</u>
2. 수익자총회 소집권자(원칙) : 투자신탁을 설정한 집합투자업자가 원칙적으로 소집하나, 예외적으로 <u>신탁업자 혹은 발행된 수익증권의 총좌수의 100분의 5 이상을 소유한 수익자도 소집할 수 있다.</u>
3. 수익자총회 집합요구가 있으면, 집합투자업자는 1개월 이내에 수익자총회를 소집해야 한다. 단, 집합투자업자가 정당한 사유 없이 수익자총회를 소집하기 위한 절차를 거치지 않는 경우 그 신탁업자 또는 발행된 수익증권 총좌수의 100분의 5 이상을 소유한 수익자는 금융위의 승인을 받아 수익자총회 개최 가능하다.
4. 수익자총회 소집통지는 총회일 2주 전에 각 수익자에게 서면 또는 전자문서로 통지를 발송해야 한다.

빈출패턴 67 재산상 이익의 예외

출제빈도 ★★★★

다음 중 재산상 이익으로 보는 것은 어느 것인가?

① 금융투자상품에 대한 가치분석, 매매정보 또는 주문의 집행 등을 위하여 자체적으로 개발한 소프트웨어 및 해당 소프트웨어의 활용에 불가피한 컴퓨터 등 전산기기
② 금융투자회사가 자체적으로 작성한 조사분석자료
③ 경제적 가치가 5만 원 이하의 물품, 식사, 신유형 상품권, 거래실적에 연동되어 거래상대방에게 차별 없이 지급되는 포인트 및 마일리지
④ 20만 원 이하의 경조비 및 조화, 화환

경제적 가치 기준은 3만 원이다. 3만 원을 초과하기 때문에 재산상 이익으로 본다.

※ 주의사항 : 2025년 2월에 협회규정이 경제적 가치 기준 5만 원으로 인상되었으나, 2025년 협회 기본서에서는 해당 내용의 변경이 없다. 협회시험의 채점기준은 해당 해에 발간된 협회 기본서 기준이기 때문에 2026년 기본서 발간 전에는 경제적 가치 기준을 3만 원으로 보고 정답을 고르는 것이 타당하다.

정답 ③

더 알아보기

재산상 이익으로 보지 않는 범위

1. 금융투자상품에 대한 가치분석, 매매정보 또는 주문의 집행 등을 위해 <u>자체적으로 개발한 소프트웨어 및 해당 소프트웨어의 활용에 불가피한 컴퓨터 등 전산기기</u>
2. 금융투자회사가 자체적으로 작성한 조사분석자료
3. 경제적 가치가 3만 원 이하의 물품, 식사, 신유형 상품권(물품 제공형 신유형 상품권을 의미), 거래실적에 연동되어 거래상대방에게 차별 없이 지급되는 포인트 및 마일리지
4. <u>20만 원 이내의 경조비 및 조화, 화환</u>
5. 국내에서 불특정 다수를 대상으로 하여 개최되는 세미나 또는 설명회로 1인당 재산상 이익의 제공금액을 산정하기 곤란한 경우 그 비용. 이 경우 대표이사 또는 준법감시인은 그 비용의 적정성 등을 사전에 확인해야 함.

68 빈출패턴 68 집합투자업 광고

출제빈도 ★★★★

투자성상품 광고를 할 때 언급하면 안되는 것은 무엇인가?

① 수익률을 보장할 경우 원금을 보장하는 것인지 기대수익률을 보장하는지 명확히 해야 한다.
② 금융상품 판매업자의 명칭과 금융상품의 내용을 표시해야 한다.
③ 투자에 따른 위험을 공지해야 한다.
④ 과거의 실적을 표시하는 경우 투자광고 시점 및 미래에는 이와 다를 수 있다는 내용을 표시하고, 최소비용을 표기하는 경우 그 최대비용, 최대수익을 표기하는 경우 그 최소수익을 표시해야 한다.

투자성 상품에 원금을 보장할 수 있는 내용을 표시할 수 없다.

정답 ①

더 알아보기

집합투자광고 시 의무표시 사항

1. 금융상품 계약체결 전 금융상품 설명서 및 약관을 읽어볼 것을 권유하는 내용
2. 금융상품 판매업자 등의 명칭, 금융상품의 내용
3. 투자에 따른 위험
4. 일반금융소비자는 금융회사로부터 설명을 받을 수 있는 권리가 있다는 사실
5. 법령 및 내부통제기준에 따른 광고 관련 절차의 준수에 관한 사항
6. 환매수수료 및 환매신청 후 환매금액의 수령이 가능한 구체적인 시기
7. 증권거래비용이 발생할 수 있다는 사실과 투자자가 직·간접적으로 부담하게 되는 각종 보수 및 수수료
8. 광고의 유효기간이 있는 경우 해당 유효기간, 통계수치나 도표 등을 이용하는 경우 해당 자료의 출처 등
9. 수수료 부과기준 및 절차, 손실이 발생할 수 있는 상황 및 그에 따른 손실 추정액, 과거의 실적을 표시하는 경우 투자광고 시점 및 미래에는 이와 다를 수 있다는 내용, 최소비용을 표기하는 경우 그 최대비용, 최대수익을 표기하는 경우 그 최소수익 등

기출 유형

집합투자기구의 투자광고에 반드시 표시해야 하는 항목은 총 몇 개인가?

- 수수료와 운용보수
- 손실보전에 대한 사항
- 환매청구시 지급기일

① 0개　　　　　　　　② 1개
③ 2개　　　　　　　　④ 3개

[해설] 손실보전에 대한 사항은 약속할 수 없으므로 투자광고에 표시할 수 없다.

[정답] ③

69 빈출패턴 69 투자광고

출제빈도 ★★★★

금융상품광고 시 투자위험고지에 대한 규정으로 잘못된 것은?

① 인터넷 배너광고를 할 경우 투자위험에 대해서 고지하지 않아도 된다.
② 10분 이상 음성이나 글자로 광고하면 위험고지에 대해서 최소 2번은 고지해야 한다.
③ 바탕색과 구별되는 다른 색상으로 선명하게 표시해야 한다.
④ 신문 전면에 광고할 경우 A4용지 기준으로 10포인트 이상의 활자체로 표시해야 한다.

인터넷 배너광고를 통해 투자광고를 하더라도 위험고지내용이 3초 이상 보일 수 있도록 해야 한다. 다만, 파생상품, 그 밖에 투자위험성이 큰 거래에 관한 내용을 포함하는 경우에는 해당 위험고지내용이 5초 이상 보일 수 있도록 해야 한다.

정답 ①

더 알아보기

투자광고 시 위험고지 방법

1. 바탕색과 구별되는 색상으로 선명하게 표시할 것
2. A4용지 기준 9포인트 이상의 활자체로 투자자가 쉽게 알아볼 수 있도록 표시할 것. 다만, 신문에 전면으로 게재하는 광고물의 경우 10포인트 이상의 활자체로 표시해야 함.
   ※ 신문은 그 용지가 크기 때문에 글씨크기를 10포인트 이상으로 해야 눈에 잘 보인다.
3. 영상매체를 이용한 투자광고의 경우 1회당 투자광고 시간의 3분의 1 이상의 시간동안 투자자가 쉽게 알아볼 수 있도록 충분한 면적에 걸쳐 해당 위험고지내용을 표시하거나, 1회 이상(단 10분 이상의 광고물은 2회 이상) 소비자가 명확하게 인식할 수 있는 속도의 음성과 자막으로 설명할 것
4. 인터넷 배너를 이용한 투자광고의 경우 위험고지내용이 3초 이상 보일 수 있도록 할 것, 단 파생상품, 그 밖에 투자위험성이 큰 거래에 관한 내용을 포함하는 경우에는 해당 위험고지내용이 5초 이상 보일 수 있도록 해야 함.

이것만 공부하면 80점 | 주식투자운용 6문항

빈출패턴 70 효율적 시장가설

출제빈도 ★★★★

효율적 시장가설에 대한 설명으로 올바른 것은 총 몇 개인가?

- 준강형의 효율적 시장가설이 성립하면 어떠한 정보를 이용하더라도 수익을 얻을 수 없다.
- 효율적 시장가설이 성립하면 적극적 자산운용 방법의 유용성이 낮아진다.
- 약형의 효율적 시장가설이 성립하면 기술적 분석을 통해서 수익을 얻을 수 없다.

① 0개
② 1개
③ 2개
④ 3개

준강형의 효율적 시장가설이 성립하더라도 내부자정보를 이용하여 매매하면 수익(위험대비 초과수익률)을 얻을 수 있다.

※ 주의사항 : 효율적 시장 관련 이익, 수익, 초과수익의 용어가 실제 시험문제에서는 혼용되어서 사용된다. 엄밀한 의미에서 수익과 초과수익은 다른 개념이다. 초과수익은 해당 자산이 갖는 위험에 상응하는 수익보다 더 높은 수익을 의미한다. 효율적 시장가설이 성립하면 초과수익을 얻을 수 없다. 그러나 시험에서는 초과수익의 동의어로 수익이라는 용어를 사용한다. 맞는 것 혹은 틀린 것 개수를 고를 때 문맥에 따라 초과수익과 수익을 구분하여 접근해야 한다. 그러나 수험생이 이를 구분하기는 쉽지 않다. 과거 시험의 양상을 보고 판단했을 때, 효율적 시장가설과 관련된 문제는 수익과 초과수익을 동의어로 접근하는 경우가 일반적이었다. 즉 같은 지문 내에 초과수익이라는 용어가 등장하지 않으면 초과수익을 수익과 동의어로 접근하여 문제를 해결하는 것을 추천한다.

정답 ③

더 알아보기

1. 효율적 시장가설 : 시장이 정보에 대해서 효율적인 정도를 3가지 형태로 구분하였다.
2. 효율적 시장가설은 액티브 운용을 반대하는 논거로 사용되곤 한다.
    - 약형의 효율적 시장가설 : 과거의 모든 정보는 이미 주가에 반영되어 있어 기술적 분석, 과거의 정보를 통해 주식을 매매하더라도 위험대비 초과수익을 얻을 수 없다.
    - 준강형의 효율적 시장가설 : 과거와 현재의 정보가 이미 주가에 반영되어 있어 공개된 정보를 이용하여 주식을 매매하더라도 위험대비 초과수익을 얻을 수 없다.
    - 강형의 효율적 시장가설 : 내부자정보를 포함한 모든 정보가 주가에 반영되어 있어 어떠한 정보를 이용하여 주식을 매매하더라도 위험대비 초과수익을 얻을 수 없다.

71 빈출패턴 71 자산집단의 기대수익률 추정　　출제빈도 ★★★★

기대수익률을 추정할 때 해당 주식에 반영된 위험을 분석하여 적정수익률을 추정하는 방법은?

① 추세분석　　　　　　　　② 시나리오분석
③ 펀더멘탈분석　　　　　　④ 시장공통예측시 사용

펀더멘탈분석에 대한 설명이다.

정답 ③

알아보기

자산집단의 기대수익률 추정방법

1. 추세분석법 : 과거의 장기간 수익률을 분석하여 미래 수익률로 사용하는 방법
2. 시나리오분석법 : 여러 가지 경제변수 간의 상관성을 고려하여 시뮬레이션을 함으로써 수익률 추정의 합리성을 높이는 방법
3. 근본적 분석방법(펀더멘탈분석) : 과거 자료를 바탕으로 하되, 미래에 발생 상황에 대한 기대치를 추가하여 수익률을 예측하는 방법으로 회귀분석, CAPM, APT등의 방법이 있으며, 주로 과거 시계열 자료를 이용하여 <u>자산집단별 위험을 반영하여 기대수익률을 산정한다</u>(위험인자를 분석하여 반영).
4. 시장공통예측치 사용방법 : 시장참여자들 간에 공통적으로 가지고 있는 미래 수익률에 대한 추정치를 사용하는 방법이다.
5. 기타 : 경기순환 접근방법, 시장 타이밍 방법, 전문가의 주관적인 방법 등

기출 유형

기대수익률 추정방법에 해당하지 않는 것은?

① 추세분석　　　　　　　　② 시나리오분석
③ GARCH　　　　　　　　④ 시장공통예측시

[해설] GARCH는 금융시계열 데이터의 변동성(위험)을 추정하는 모형이다.

정답 ③

빈출패턴 72 효율적 투자선

출제빈도 ★★★★

다음 빈칸에 들어갈 단어의 순서로 올바른 것은?

> 전략적 자산배분에 있어 평균-분산기준에 의해 도출된 포트폴리오 집합을 (　　　)라고 하며, 이러한 자산들의 집합을 수익률과 위험의 공간에서 연속적으로 연결한 선을 (　　　)이라고 한다.

① 효율적 포트폴리오, 효율적 투자선
② 최적포트폴리오, 퍼지투자기회선
③ 효율적 포트폴리오, 최적포트폴리오
④ 효율적 투자선, 최적포트폴리오

평균-분산 지배원리에 의해 다른 자산에 지배당하지 않는 자산의 집합을 효율적 포트폴리오라고 하며, 이들을 연결한 선을 효율적 투자선(효율적투자기회선)이라고 한다.

정답 ①

더 알아보기

- **효율적 포트폴리오** : 평균-분산 지배원리에 의해 지배당하지 않는 효율적인 자산의 집합
- **효율적 투자선(효율적투자기회선)** : 효율적 포트폴리오를 수익률과 위험의 공간에서 연결한 선
- **평균-분산 지배원리** : 투자대상 자산을 선택할 때 수익률(평균)이 동일하면 위험이 낮은 자산을 선택하고, 위험(분산)이 동일하면 수익률이 높은 자산을 선택하는 자산선택의 기본원리
- **최적포트폴리오** : 효율적 투자선과 투자자의 효용(무차별곡선)이 만나는 점에서 선택되는 자산, 투자자의 위험에 대한 태도가 반영되어 있는 최적포트폴리오이다.
- **퍼지 투자기회선** : 위험과 수익률의 추정에 있어 현실적으로 발생할 수 있는 오차를 고려하여 만든 투자기회선이며, 진정한 효율적 포트폴리오는 이 영역 내에 존재하게 된다.

73

빈출패턴 73 전술적 자산배분 개요 출제빈도 ★★★

전술적 자산배분에 대한 설명으로 올바르지 않은 것은?

① 평균반전을 전제로 하는 자산운용전략이다.
② 시장이 효율적이라는 전제를 한다.
③ 역투자 전략이다.
④ 저평가된 자산을 매입하고, 고평가된 자산을 매도하는 전략이다.

전술적 자산배분은 증권시장이 비효율적인 것을 전제로 수행하는 전략이다.

정답 ②

더 알아보기

전술적 자산배분

1. 전략적 자산 배분시점에 수립한 각종 가정들이 단기적으로 변화할 때 자산의 상대가치 변화가 발생하고 이를 통해 투자이득을 얻기 위한 전략
2. 자산시장이 평균반전과정을 따른다고 가정한다. 즉 단기적으로는 내재가치에서 벗어나지만 장기적으로는 내재가치로 돌아오는 것을 전제로 한다. 이는 전술적 자산배분전략이 본질적으로 역투자전략이라는 것을 의미한다. 저평가된 자산을 매수하고, 고평가된 자산을 매도하여 투자성과를 높이는 전략이다.
3. 증권시장이 비효율적이라는 것을 전제로 한다.
4. 증권시장의 과잉반응을 활용하는 전략이다.
5. 펀드매니저는 사전에 정해둔 허용범위 내에서 자산배분을 실행할 수 있다.

가치평가모형

1. 전술적 자산배분은 가치평가에서 출발한다.
2. 기본적 분석방법 : 주식의 경우 이익할인, 배당할인, 현금흐름할인 모형 등 다양한 모형이 존재한다. 채권은 기간구조를 이용한 현금흐름할인 모형이 가장 표준적으로 사용된다.
3. 요인모형방식 : CAPM, APT, 다변량 회귀분석 등을 사용한다.

기출 유형

전술적 자산배분전략에 대한 설명으로 올바르지 않은 것은?

① 내재가치보다 고평가된 자산은 매수한다.
② 반전효과를 이용한 전략이다.
③ 증권시장의 상황에 따라 펀드매니저의 판단이 개입된다.
④ 자산에 대한 가치평가 모형이 필요하다.

[해설] 내재가치보다 고평가된 자산은 매도하고, 내재가치보다 저평가된 자산은 매수하는 전략이 전술적 자산배분전략이다.

[정답] ①

기출 변형

전술적 자산배분전략에 대한 설명으로 틀린 것은?

① 내재가치와 시장가치를 비교하여 매매를 하는 전략이다. 즉, 고평가 된 자산은 매도하고, 저평가된 자산을 매수한다.
② 펀드매니저가 자산배분 변경에 개입할 여지가 거의 없다.
③ 가치평가모형이 필요하다.
④ 시장이 비효율적임을 가정하여 매매를 하는 전략이다.

[해설] 펀드매니저의 판단에 의해서 허용된 범위 내에서 자산배분을 한다.

[정답] ②

74 빈출패턴 74 인덱스펀드 구성방법 출제빈도 ★★★

인덱스펀드 구성방법 중 최적화법에 대한 설명으로 잘못된 것은?

① 잔차위험을 당초 허용수준보다 낮게 만든다.
② 주가지수와 동일하게 모든 주식을 다 담는 방식이며 추적오차가 최소화되며, 거래비용 등으로 인해 벤치마크에 비해 수익률이 낮아질 수 있다.
③ 표본추출법이나 완전복제법과 비교하여 적은 종목을 이용하여 펀드를 만들 수도 있다.
④ 과거의 상황이 달라지면 추적오차가 과거와 달라질 수 있다.

②번은 완전복제법에 대한 설명이다.

정답 ②

더 알아보기

인덱스펀드 구성방법

1. 완전복제법 : 벤치마크를 구성하는 모든 종목을 벤치마크의 구성비율대로 매입하여 보유하는 것으로 가장 단순하고 직접적인 방법으로 벤치마크를 거의 완벽하게 추종할 수 있음.
2. 표본추출법 : 벤치마크에 포함된 대형주는 모두 포함하고 중소형주들은 펀드의 성격이 벤치마크와 유사하게 되도록 일부의 종목만을 포함하는 방식
3. 최적화법 : 포트폴리오 모형을 이용하여 주어진 벤치마크에 대비한 잔차위험이 허용수준 이하인 포트폴리오를 만드는 방식

최적화법의 장점과 단점

1. 장점 : 완전복제법이나 표본추출법에 비해 적은 종목이면서도 예상되는 잔차가 충분히 낮은 인덱스펀드를 만들 수 있음.
2. 단점 : 모형에 사용된 가격 정보가 과거 자료이며, 사용된 모형이 주식의 속성을 정확하게 반영하지 못하여 미래 시장이 과거와 매우 다르면 실제로 실현된 잔차는 인덱스펀드를 구성할 때 추정된 잔차와 상당히 다를 수도 있음.

기출 유형

대기업 등은 모두 포함시키고, 중소기업은 투자성격과 부합하는 일부만 편입시키는 주식운용방법에 해당하는 것은?

① 최적화법
② 표본추출법
③ 완전복제법
④ 계량분석방법

[해설] 표본추출법에 대한 설명이다. 계량분석방법은 준액티브운용의 한 방법이다.

[정답] ②

75

빈출패턴 75 성장투자 스타일 출제빈도 ★★★★

성장투자 스타일에 대한 설명으로 올바르지 않은 것은?

① 성장률이 높은 기업에 대해 시장 PER보다 높은 가격을 지불한다.
② 매출증가율이 시장보다 높은 기업에 투자하는 경향이 있다.
③ 이익의 탄력성에 투자하는 방식은 장기간 동안 성장성이 나타난 것을 의미하여 높은 PER를 갖는다.
④ EPS증가율이 예상대로 실현되지 않을 위험에 노출되어 있다.

성장투자 스타일은 지속적인 성장성에 투자하는 방식과 이익의 탄력성에 투자하는 방식으로 분류할 수 있다. 지속적인 성장성에 투자하는 방식은 장기간 동안 성장성이 나타난 것을 의미하여 높은 PER를 갖는다. 이익의 탄력성에 투자하는 방식은 단기간 동안 높은 이익을 나타낸 기업에 투자하는 것이다. 이는 높은 성장 잠재력을 갖고 있으나 이에 대한 지속성이 떨어진다.

정답 ③

더 알아보기

 성장투자 스타일

1. 기업의 수익성에 관심이 높으며, 기업의 주당순이익이 미래에 증가하고 PER가 낮아지지 않는다면 주가는 최소한 주당순이익 증가율만큼 상승할 것을 가정한다.
2. 성장률이 높은 기업에 대해 시장 PER보다 높은 가격을 지불한다.
3. 성장률이 높은 산업에 투자하는 경향을 갖는다.
4. 매출증가율이 시장보다 높은 기업, 고PER, 고PBR
5. EPS증가율이 예상대로 실현되지 않을 위험이 있으므로 기업의 이익이 예상을 상회했는지 혹은 하회했는지 중요하다.
6. 지속적인 성장성에 투자하는 방식 : 장기간동안 성장성이 나타난 것을 의미하며 높은 PER를 갖는다.
7. 이익의 탄력성에 투자하는 방식 : 단기간동안 높은 이익을 나타내는 것이며, 높은 성장 잠재력을 갖고 있지만 지속성이 떨어진다. 상대강도지표와 같은 주가 탄력성을 이용하여 단기적인 투자에 활용하기도 한다.

채권투자운용 6문항

76 빈출패턴 76 채권발행주체에 따른 분류 출제빈도 ★★★

채권에 대한 다음 설명 중 틀린 것은?

① 복리채는 만기 이전에는 현금유입이 발생하지 않는다.
② 통화안정증권은 할인채의 형태로 발행한다.
③ 복리채와 할인채는 재투자위험이 없으며, 이표채는 재투자위험이 있다.
④ 국가, 지방정부, 상법상의 유한회사는 채권을 발행할 수 있다.

채권(사채)을 발행할 수 있는 주체는 중앙정부(국가), 지방정부, 특별법에 의해 설립된 회사, 상법상의 주식회사만 발행할 수 있다. 유한회사는 채권을 발행할 수 없다.

정답 ④

더 알아보기

 발행주체에 따른 채권 분류

국채	■ 정부가 발행하는 채권으로 정부가 채권의 원금과 이자를 지급함. ■ 발행잔고가 제일 많고 유통시장에서 거래량도 대규모인 특징이 있음. 대표적으로 국고채, 국민주택채권, 재정증권, 외국환평형기금채권이 있음.
지방채	지방자치단체가 발행하는 채권, 대표적으로 지하철공채, 지역개발공채가 있음.
특수채	특별법에 의해 설립된 기관이 발행하는 채권으로 대표적으로 한국전력공사채권, 기술개발금융채권, 토지개발채권, 예금보험공사채권, 통화안정증권, 산업금융채권 등이 있음.
회사채	상법상 주식회사가 발행하며, 금융기관이 발행하는 회사채는 금융회사채라고 하고 일반회사가 발행하는 회사채는 일반회사채 혹은 비금융회사채라고 한다.

빈출패턴 77 주택저당채권(MBS)

출제빈도 ★★★★

다음은 주택저당채권(MBS)에 대한 설명이다. 올바른 것의 총 개수는 몇 개인가?

- 투자자는 조기상환위험이 있다.
- 채무불이행 위험은 투자자가 부담한다.
- 원리금균등상환 고정금리부 주택저당채권은 월상환금액 중 시간이 갈수록 이자 비중은 감소하고 원금 비중은 증가한다.

① 0개　　　　　　　　　　② 1개
③ 2개　　　　　　　　　　④ 3개

모든 설명이 주택저당채권에 대한 올바른 설명이다.

정답 ④

더 알아보기

 주택저당채권(MBS, Mortgage Backed Securities)

1. 주택을 담보로 대출한 채권을 기반으로 채무증서(사채)를 발행한 채권이다.
2. 주택담보대출이 장기이므로 일반적으로 MBS도 장기로 발행된다.
3. 주택이 담보로 제공되어 있고 별도의 신용보완이 이루어지기 때문에 일반 회사채보다 일반적으로 높은 신용등급으로 발행한다.
4. 조기상환이 가능하기 때문에 투자자 입장에서 현금흐름의 변동이 발생할 수 있다.
5. 금리가 하락하면 조기상환이 발생하기 때문에 MBS의 가격이 일정 수준 이상으로 상승하지 못한다.
6. 고정금리로 균등하게 원리금을 상환하는 경우 초기에 상환하는 금액에서는 이자비중이 높고, 시간이 흐르면서 원금비중이 증가한다.

78 빈출패턴 78 채권가격결정 출제빈도 ★★★★

액면가 10,000원, 만기 2년인 할인채를 만기수익률 10%로 매도하였다. 매도시점의 잔존만기는 91일이다. 1년을 365일로 계산할 경우 이 채권의 매도가격과 가장 가까운 것은?

① 9,511원 ② 9,757원
③ 9,857원 ④ 9,900원

$$\frac{10{,}000원}{1+10\% \times \dfrac{91일}{365일}} = 9{,}757원$$

정답 ②

더 알아보기

채권가치평가

[1] **할인채 가치** : 만기에 얻게 될 금액을 현재시점으로 할인한 가치

$$P = \frac{FV}{(1+r)^n \left(1+r \times \dfrac{d}{365}\right)}$$

만기상환금액 : FV, 만기수익률(시장이자율) : r, 만기까지 n년과 d일이 남은 경우

[예제] 액면가 10,000원, 만기 2년, 잔존만기 180일, 1년을 365일로 가정, 만기수익률 4%로 매매함. 원리금지급방법 : 이자선지급, 만기에 원금상환

[풀이] 이자를 선지급하였으므로 만기에는 원금만 수령한다(할인채).

매매가격 : $\dfrac{10{,}000원}{1+4\% \times \dfrac{180일}{365일}} = 9{,}807원$

[2] **이표채의 가치** : 미래에 발생하는 모든 현금흐름의 현재가치

$$P_0 = \frac{C}{(1+r)} + \frac{C}{(1+r)^2} + \cdots + \frac{C+FV}{(1+r)^n}$$

C : 기간별 액면이자, FV : 액면가액, r : 만기수익률(시장이자율)

[예제] 만기 3년, 이자는 매 6개월 후급, 액면이자율 4%, 액면가 10,000원, 잔존만기 1년, 만기수익률 6%로 매매할 경우 매매가격은 얼마인가?

[풀이] 앞으로 수령할 현금흐름은 6개월 후 200원(10,000원×4%×$\frac{1}{2}$)과 1년 후(만기) 10,200원(원금과 6개월분의 이자포함)이다. 현금흐름이 발생하는 기간을 1기간으로 가정하면 6개월이 1기간이기 때문에 할인율(만기수익률)은 3%($\frac{6\%}{2}$)를 적용한다.

매매가격 = $\frac{200원}{1+3\%} + \frac{10,200원}{(1+3\%)^2}$ = 194원 + 9,614원 = 9,808원

3 복리채의 가치

[예제] 액면가 10,000원, 만기 3년이며, 액면이자율은 3%이다. 액면이자율로 연단위 복리를 지급하며, 만기에 원금과 이자를 일시상환하는 복리채이다. 잔존만기가 2년이 남았으며, 만기수익률 5%로 매매한다.

[풀이] 복리채이며, 1년에 한 번 복리로 재투자된다. 복리이자율은 액면이자율이며, 만기에 모든 현금흐름이 일시상환되기 때문에 만기에 유입되는 현금흐름을 계산한다.
만기 유입현금흐름 = 10,000원 × $(1+3\%)^3$ = 10,927원
잔존만기가 2년이고 만기수익률이 5%이므로 5%로 2년간 할인한다.
매매가격 = $\frac{10,927원}{(1+5\%)^2}$ = 9,911원

기출 유형

통화안정증권은 액면가 10,000원, 만기 3년으로 발행했고, 발행 시 표면이자율은 4%이고 이자는 선지급방식이고 원금은 만기에 상환한다. 잔존만기 91일에 만기수익률 5%에 이 채권을 구매하였다. 1년을 365일로 계산할 경우 이 채권의 적정매매가격은 얼마인가? (관행적 평가)

① 9,544원
② 9,877원
③ 10,000원
④ 10,214원

[해설] 만기에 원금만 지급한다. $\frac{10,000원}{1+5\% \times \frac{91일}{365일}}$ = 9,877원

통화안정증권은 액면이자를 지급하지 않는 할인채로 발행된다. 그러나 관행적인 표현으로 발행 시 가격(만기수익률)을 표면이자율로 표현하는 경우가 있다. 실제 협회 문제에서도 이러한 것들을 반영하여 출제된다. 통화안정증권은 액면이자를 지급하지 않기 때문에 통화안정증권에 관한 문제 중 액면(표면)이자가 나오는 계산문제인 경우 이를 만기수익률 혹은 시장이자율로 보고 적정한 채권가격을 계산해야 한다.

[정답] ②

빈출패턴 79 볼록성과 듀레이션

출제빈도 ★★★★

다음은 맥콜레이 듀레이션에 대한 설명이다. 올바른 것은 총 몇 개인가?

- 이표채의 듀레이션은 액면이자율과 반대 방향으로 움직인다.
- 만기수익률 10%인 영구채 듀레이션은 11년이다.
- 복리채 듀레이션은 잔존만기와 동일하다.
- 할인채의 듀레이션은 잔존만기와 동일하다.

① 1개 ② 2개
③ 3개 ④ 4개

복리채는 원금과 이자를 만기에 지급하기 때문에 복리채 듀레이션은 잔존만기와 동일하고, 할인채는 만기에 원금만 지급하기 때문에 잔존만기와 듀레이션이 동일하다.

영구채 듀레이션 $= \dfrac{1 + 만기수익률}{만기수익률} = \dfrac{1 + 10\%}{10\%} = 11년$

정답 ④

더 알아보기

맥콜레이 듀레이션(혹은 듀레이션) 특징 [D = F(만기(+), 표면이자율(−), 만기수익률(−)]

1. 할인채는 만기에 액면가만을 지급하기 때문에 만기가 곧 듀레이션이다.
2. 복리채는 액면이자를 복리로 재투자하여 만기에 원금과 이자를 지급하기 때문에 만기가 곧 듀레이션이다.
3. 이표채는 만기 이전에 액면이자를 지급하기 때문에 이표채의 듀레이션은 만기보다 짧다.
4. 영구채의 듀레이션 $= \dfrac{1 + 만기수익률}{만기수익률}$
5. 일반적으로 만기가 길수록 듀레이션은 길어진다.

볼록성

1. 이자율변동에 대한 채권가격 변동을 올바르게 측정하기 위해서는 채권의 볼록성을 고려하여 가치를 계산해야 한다. 듀레이션을 변동시키는 여러 요인과의 관계는 볼록성에도 동일한 방향으로 적용된다.

$$\frac{dP}{P} = \underbrace{-D_m \times dR}_{\text{① 수정듀레이션 변동}} + \underbrace{\frac{1}{2} \times C \times (dR)^2}_{\text{② 볼록성 고려한 값}}$$

2. 볼록성의 특징
   - 채권수익률이 하락할수록 볼록성은 커진다.
   - 동일한 수익률과 만기에서 표면이자율이 낮을수록 볼록성은 커진다.
   - 모든 것이 동일할 때 볼록성이 큰 채권은 볼록성이 작은 채권보다 더 높은 가치를 갖는다.
   - 수의상환사채는 이자율이 하락하면 볼록성이 음인 구간이 존재한다.
   - 수의상환청구사채는 이자율이 상승하면 볼록성이 일반사채보다 커지는 구간이 존재한다.

3. 듀레이션과 볼록성

채권의 실제가격은 곡선으로 움직인다. 듀레이션으로 측정한 채권가격 추정치는 현재 이자율에서 채권가격 곡선에 접하는 직선으로 추정된다. 그러므로 듀레이션으로 채권가격을 추정할 때는 항상 실제 채권가격보다 낮게 추정한다. 이러한 차이는 채권가격이 원점에 대해서 볼록한 형태이기 때문이다. 이를 보완해서 이자율 변화에 대한 채권가격 변동의 추정을 높이는 방법이 채권가격 형태의 볼록성을 고려한 방법이다. 듀레이션으로 측정한 채권가격에 볼록성의 값을 더하면 추정한 채권가격은 실제 채권가격과 거의 같게 추정할 수 있다.

80 빈출패턴 80 이자율 기간구조이론 　　출제빈도 ★★★★

다음은 서로 다른 만기를 가진 할인채에 대한 정보이다. 불편기대이론이 성립한다는 가정하에 1년 후부터 1년간($_1f_2$)의 선도이자율에 가장 가까운 것은?

만기	액면가격	시장가격
1년	10,000원	9,400원
2년	10,000원	8,700원

① 7.01% ② 7.45%
③ 8.05% ④ 8.57%

1년 현물이자율 $= \dfrac{10{,}000}{9{,}400} - 1 = 6.38\%$, 2년 현물이자율 $= \sqrt{\dfrac{10{,}000}{8{,}700}} - 1 = 7.21\%$

→ $(1 + {_0S_2})^2 = (1 + {_0S_1})(1 + {_1f_2})$ → ${_1f_2} = \dfrac{(1 + {_0S_2})^2}{1 + {_0S_1}} - 1$

→ ${_1f_2} = \dfrac{(1 + 7.21\%)^2}{1 + 6.38\%} - 1$ ∴ ${_1f_2} = 8.05\%$

약식으로 계산하면 $\dfrac{{_0S_1} + {_1f_2}}{2} = {_0S_2}$

${_1f_2} = 2 \cdot {_0S_2} - {_0S_1} = 2 \times (7.21\%) - 6.38\% = 8.04\%$

정답 ③

더 알아보기

- 현물이자율 : 현재부터 미래의 특정 시점까지의 연평균이자율
- 선도이자율 : 미래의 특정 시점에서 미래의 특정 시점까지의 연평균기대이자율
- 만기수익률(YTM) : 채권을 구입하고 만기까지 보유하고, 채권보유로 인해 만기 이전에 수령하는 이자를 만기수익률로 재투자한다고 가정할 경우 기대되는 연평균투자수익률

이자율 기간구조 이론

불편기대이론	■ 피셔에 의해 제기되어 러츠에 의해 개발된 이론 ■ 현재 기대하는 미래 특정기간의 이자율이 선도이자율(내재선도이자율)과 같다. ■ 장기채권에 투자하는 것의 기대수익률과 동일한 기간 동안 단기채권에 투자하는 기대수익률이 같다. ■ 장기채권수익률은 단기채권수익률의 기하평균과 같다. ■ <u>단기채권과 장기채권의 완전 대체관계가 성립한다.</u> ■ <u>위험중립형 투자자를 가정한다.</u>
유동성 선호이론 (유동성프리미엄이론)	■ 선도이자율은 현재 기대하는 이자율과 기간에 대한 유동성 프리미엄의 합이다. ■ 힉스에 의해 제시된 이론으로 유동성 선호이론 혹은 기대위험회피이론이라고도 한다. ■ <u>유동성프리미엄은 기간이 길수록 증가하나 그 증가폭은 체감한다.</u> ■ 우상향하는 수익률 곡선과 수익률 곡선의 평행이동을 잘 설명한다. ■ <u>장기채권과 단기채권 간에는 불완전 대체관계가 존재한다.</u> ■ <u>위험회피형 투자자를 가정한다.</u>
시장분할이론	■ 컬버슨에 의해 제시된 이론으로 만기에 따라 채권이 여러 개의 시장으로 분할되어 있다. ■ <u>각 시장 간에는 대체관계가 존재하지 않고, 각 시장의 수요와 공급에 의해서 이자율이 결정된다.</u> ■ 장기채권과 단기채권 간에는 <u>대체관계가 존재하지 않는다.</u>
선호영역가설	■ 투자자는 만기별로 자신이 선호하는 만기가 존재하는 시장이 있으며, 자신이 선호하지 않는 만기영역에서 충분한 보상이 주어지면 투자자는 자신이 선호하지 않는 만기영역에 투자할 수 있다. ■ 서로 다른 만기의 채권은 <u>불완전 대체관계가 있다.</u>

1 불편기대이론에 따른 선도이자율과 기대이자율

$$(1+{}_0S_t)^t = (1+{}_0S_1)(1+{}_1f_2)(1+{}_2f_3) \cdots (1+{}_{t-1}f_t)$$
$$= (1+{}_0S_1)[1+E({}_1R_2)] \ [1+E({}_2R_3)] \cdots [1+E({}_{t-1}R_t)]$$

2 유동성 선호이론에 따른 선도이자율과 기대이자율

$$(1+{}_0S_t)^t = (1+{}_0S_1)(1+{}_1f_2)(1+{}_2f_3) \cdots (1+{}_{t-1}f_t)$$
$$= (1+{}_0S_1)(1+E({}_1R_2)+{}_1L_2)(1+E({}_2R_3)+{}_2L_3) \cdots (1+E({}_{t-1}R_t)+{}_{t-1}L_t)$$

$${}_{t-1}L_t : t-1 \text{에서 } t \text{기간 동안의 유동성 프리미엄}$$

3 편중기대이론

불편기대이론과 유동성 프리미엄 이론을 결합한 이론이다. 낙타형 수익률곡선을 잘 설명하고 있다.

빈출패턴 81 적극적 채권운용전략

출제빈도 ★★★★

다음은 채권운용전략에 대한 설명이다. 가장 올바르지 않은 것은?

① 수익률 곡선이 우상향하는 상태에서 만기가 감소하여 만기수익률이 다소 하락할 때 수익이 발생하는 것은 숄더효과 때문이다.
② 단기채와 장기채에 비해 중기채의 수익률이 많이 하락될 때 유용한 전략은 불릿형 전략이다.
③ 채권별 투자금액을 각 잔존만기마다 동일하게 투자하는 전략은 사다리형 만기전략이다.
④ 시장이 효율적이라면 채권교체전략은 초과수익을 얻을 수 있는 효과적인 투자전략으로 보기 어렵다.

롤링효과에 대한 설명이다. 만기 감소에 따라 금리가 급격히 하락하는 구간에서 채권가격이 급상승하는 것이 숄더효과이다. 중기채의 수익률하락은 중기채의 가격 상승이므로 불릿형 전략을 취하면 채권포트폴리오의 가치가 상승한다. 채권교체전략은 적극적 채권운용전략의 하나로 시장이 비효율적인 것을 전제로 한다.

정답 ①

더 알아보기

 적극적 채권운용전략

1. 시장이 비효율적이라는 가정하여 미래 금리 등을 예측하여 위험보다 더 높은 기대수익률을 얻으려는 채권운용전략이다.
2. 금리예측전략 : 금리가 변동될 것을 예측하여 이에 대응하여 장·단기 채권의 교체를 통해 포트폴리오 수익률을 높이려는 전략
   - 금리 하락이 예상될 경우 : 장기채를 매수하고, 단기채를 매도한다. 금리 하락시 채권의 가치가 높아지며, 듀레이션이 클수록 채권가치가 높아져서 장기채권의 투자비중을 높이고 단기채권의 투자비중을 줄이는 방법이다. 모든 것이 동일할 경우 액면이자율이 낮은 채권의 듀레이션이 크기 때문에 액면이자율이 낮은 채권을 매입한다.
   - 금리 상승이 예상될 경우 : 현금보유비중을 높이거나 단기채의 비중을 높이고, 장기채의 비중을 낮춘다. 금리가 상승하면 채권의 가치가 하락하므로 듀레이션이 작은 채권은 상대적으로 그 가치하락이 낮고, 듀레이션이 작은 채권으로 포트폴리오를 구성하여 이자율 변동에 따른 채권가치 하락으로 발생하는 손실을 최소화하는 방법이다. 모든 것이 동일할 경우 액면이자율이 높은 채권의 듀레이션이 작기 때문에 액면이자율이 높은 채권을 매입한다.
3. 채권교체전략 : 동종채권교체, 이종채권교체
   - 저평가된 채권을 매입하고 고평가된 채권을 매도하여 수익을 얻는 전략이다.
   - 신용등급이 상승될 것으로 예상되는 채권을 매입하고, 신용등급이 하락할 것으로 예상되는 채권을 매도한다.

4. 스프레드 운용전략 : 채권 간의 스프레드가 확대되거나 축소되는 것을 예상하여 채권을 매매하는 전략이다.
5. 수익률 곡선타기 전략 : 수익률 곡선이 우상향인 상태에서 만기가 감소하면서 만기수익률이 하락하여 채권가치가 상승하는 것을 이용하는 매매전략이다. 단, 우상향하는 수익률 곡선의 형태에 변화가 없다는 것을 전제해야 한다.
   - 롤링효과 : 만기가 감소하면서 수익률이 하락하면 채권을 매도하여 시세차익을 얻고, 매도한 금액으로 다시 채권을 매입하는 방법이다.
   - 숄더효과 : 특정 만기에서는 만기 감소로 인한 수익률이 급격히 하락하는 구간이 있으며 이를 이용하여 시세차익을 얻는 매매방법이다.

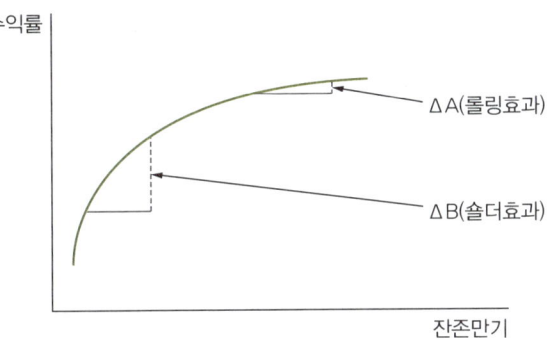

6. 수익률 곡선전략
   - 바벨(Barbell)형 채권운용 : 단기채권과 장기채권만을 보유하는 전략이다. 단기채와 장기채에 비해서 중기채의 수익률이 더 오르거나 덜 하락할 것으로 예상될 때 사용한다.
   - 불릿(Bullet)형 채권운용 : 중기채 중심으로 채권을 보유하는 전략이다. 단기채와 장기채에 비해 수익률이 상대적으로 덜 오르거나 덜 하락할 것으로 예상될 때 사용한다.

기출유형

두 채권이 있으며, 현재 두 채권 간에는 가격차이가 존재한다. 미래에는 이 가격차이가 좁혀질 것으로 기대하고 투자하는 채권투자전략은 무엇인가?

① 바벨형 ② 스프레드
③ 사다리형 ④ 롤링효과

[해설] 스프레드전략은 고평가된 것을 매도하고, 저평가된 것을 매입하여 두 채권의 가격이 다시 좁혀지게 되면, 고평가된 것은 가격이 하락, 저평가된 것은 가격이 상승하여 투자자가 이익이 발생한다.

[정답] ②

이것만 공부하면 80점 — 파생상품전략 6문항

82 빈출패턴 82 선물시장 상황   출제빈도 ★★★★

선물의 시장가격이 현물의 시장가격보다 높은 시장 상황을 나타내는 용어로 알맞은 것은?

① 백워데이션, 정상시장
② 백워데이션, 역조시장
③ 콘탱고, 역조시장
④ 콘탱고, 정상시장

콘탱고, 정상시장은 동의어로 선물가격>현물가격일 때 사용하는 용어이다.

정답 ④

더 알아보기

베이시스
- 선물과 현물의 가격차이(혹은 현물과 선물의 가격차이)
- 만기에 현물과 선물의 가격이 일치하는 만기일 수렴현상이 발생한다(만기에 베이시스는 0이다).

선물가격과 현물가격에 따른 시장용어

- 선물가격 > 현물가격 → 콘탱고 시장 혹은 정상시장
- 선물가격 < 현물가격 → 백워데이션 시장 혹은 역조시장

83 빈출패턴 83 균형선물환율

출제빈도 ★★★★

선물환율의 내재가치에 가장 가까운 것은?

- 현물 환율 1,000원/$, 선물만기는 6개월
- 미국 내 1년 만기 무위험이자율 4%
- 한국 내 1년 만기 무위험이자율 8%

① 1,000원/$ ② 1,020원/$ ③ 1,040원/$ ④ 1,050원/$

F = 현물 × [(1 + 국내이자율 − 해외이자율) × 만기/365] = 1,000원/$[(1+(8%−4%)$\frac{1}{2}$)] = 1,020원/$

정답 ②

더 알아보기

 이자율 평가모형

$$F_0 = S_0 [\frac{1+R_D}{1+R_F}]^T = S_0 [1+(R_D - R_F) \times \frac{T}{365일}]$$

R_D : 국내이자율, R_F : 해외이자율, T : 선물만기

기출 유형

현재 원달러 환율은 1,300원이다. 미국의 국내이자율은 3%, 한국의 국내이자율은 2%이다. 이자율평가모형(Interest Rate Parity)이 성립할 경우 1년 후 예상되는 원달러 환율은 얼마인가?

① 1,287원 ② 1,312원 ③ 1,347원 ④ 1,350원

[해설] F = 현물 × [(1 + 국내이자율 − 해외이자율) × 만기/365] = 1,300원/$ × [1+(2%−3%)$\frac{365일}{365일}$] = 1,287원/$

정답 ①

84 빈출패턴 84 선물매매(근월물과 원월물)   출제빈도 ★★★★

현재 KOSPI200 지수선물의 9월물 가격은 250pt이고 12월물 가격은 254pt이다. 두 선물의 스프레드가 줄어들 것으로 예상한다. 수익을 얻기 위한 거래전략은 무엇인가?

① 9월물 매도, 12월물 매수
② 9월물 매수, 12월물 매도
③ 9월물 매도, 12월물 매도
④ 9월물 매수, 12월물 매수

스프레드는 한 개는 매수, 다른 한 개는 매도 포지션을 동시에 갖고 있는 것을 의미한다. 현재 스프레드는 4pt(12월물 −9월물)이다. 스프레드가 줄어든다는 것은 9월물의 가격이 상승하고, 12월물의 가격이 하락한다는 의미이다. 그러므로 가격이 상승할 것은 매입하고, 가격이 하락할 것은 매도해야 한다. 가격이 상승하는 9월물은 매수하고 가격이 하락할 것으로 예상되는 12월물은 매도해야 한다.

정답 ②

더 알아보기

스프레드 변동에 따른 매매

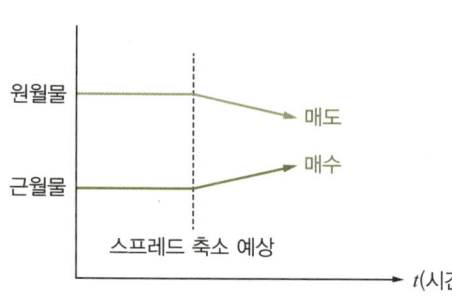

- 스프레드(가격차이)가 확대된다는 의미는 두 가격차이가 현재보다 더 커진다는 의미이다. 즉, 원월물은 더 상승하고, 근월물은 더 하락한다는 의미이다. 수익을 얻기 위해서는 가격 상승이 예상되는 것을 매수하고, 가격 하락이 예상되는 것을 매도하면 된다. 그러므로 원월물을 매입하고, 근월물을 매도한다.
- 스프레드가 축소된다는 것은 두 가격 차이가 현재보다 좁아진다는 의미이다. 즉, 원월물은 더 하락하고, 근월물은 더 상승한다는 의미이다. 수익을 얻기 위해서는 가격 하락이 예상되는 원월물을 매도하고, 가격 상승이 예상되는 근월물을 매수한다.
- ※ 난이도 조절목적으로 자주 출제되는 문제이며, 대다수의 수험생이 이해 없이 암기로 접근하지만, 일단 개념을 이해하면 어떠한 변형된 형태가 출제돼도 해결할 수 있으므로, 최대한 이해하는 방향으로 학습하기를 권장한다.

빈출패턴 85 스트래들(Straddle)   출제빈도 ★★★★

주가지수를 기초자산으로 하는 행사가격이 100인 콜옵션과 풋옵션을 동시에 각각 1개씩 매수하였다. 콜옵션 프리미엄은 3, 풋옵션 프리미엄은 1이다. 수익이 발생하는 주가지수의 최대 가격범위로 가장 올바른 것은? (단, 주가지수가격을 P라고 한다)

① 96<P<104
② 99<P<101
③ 101<P<104
④ P<96, P>104

두 옵션을 동시에 매수하였기 때문에 이는 스트래들 매수포지션이다. 스트래들을 구축하기 위해 총 4원의 비용이 발생했으므로 주가지수가 96보다 낮거나, 104보다 클 때 수익이 발생한다(콜 1개 매입 3, 풋 1개 매입 1).

정답 ④

더 알아보기

스트래들

 스트래들 매수포지션 : 행사가격이 같은 콜옵션 1개를 매입하고 풋옵션 1개를 매입한 포지션, 기초자산의 가격 변동 방향성은 모르나, 그 변동이 큰 폭으로 발생할 때 투자이익이 발생함.

 스트래들 매도포지션 : 행사가격이 같은 콜옵션 1개를 매도하고 풋옵션 1개를 매도한 포지션, 기초자산의 가격 변동 방향성은 모르나, 그 변동이 작을 때 투자이익이 발생함.

〈스트래들 매수포지션〉

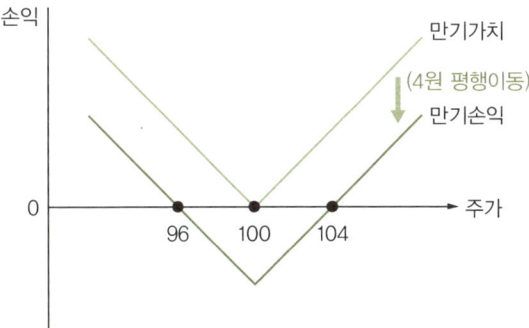

이러한 문제를 접근하기 위해서는 옵션프리미엄을 고려하지 않은 만기가치의 그래프를 먼저 그려야 한다. 스트래들 매수이므로 행사가격 100을 중심으로 좌우가 대칭이다. 스트래들 매수를 만들기 위해서는 콜옵션 1개, 풋옵션 1개를 매입해야 한다. 옵션을 매입하는 것은 옵션투자와 같으며 옵션프리미엄을 지급해야 한다. 콜옵션 1개 프리미엄은 3, 풋옵션 1개 프리미엄은 1이다. 총 4의 자금이 소요된다.

만기가치 그래프에서 4만큼 아래로 평행이동 시키면 손익이 0과 접하는 부분이 96과 104가 된다. 만약 스트래들 매도포지션을 구축하면 스트래들 매수포지션을 180도로 반대로 놓고 그림을 그리면 된다. 만약 해당 문제가 스트래들 매도포지션이면 이익이 발생하는 주가지수 범위는 96<P<104가 된다.

기출 유형

투자자는 주식을 기초자산으로 하는 콜옵션은 1개에 5원, 풋옵션은 1개에 3원짜리로 스트래들 매도 포지션을 구축하였다. 행사가격이 100원이면, 이 투자자가 이익이 발생하는 최대 주가범위는 얼마인가? (단, P는 주가이다)

① P<97원, P>105원
② 95원<P<103원
③ 97원<P<105원
④ 92원<P<108원

[해설] 스트래들 매도포지션을 구축하였으므로 풋옵션 1개, 콜옵션 1개를 매도하였다. 매도로 인해 총 8원의 수입이 발생하였으므로 주가가 92원에서 108원 사이에서 움직이면 이 투자자는 이익을 얻을 수 있다. 스트래들 매도이므로 동일한 행사가격의 콜옵션과 풋옵션을 발행하여 옵션프리미엄을 수령하였다. 총 수령한 옵션프리미엄은 8원이다. 행사가격이 100원이므로 100원을 기준으로 최대 8원 주가하락, 최대 8원 주가상승시 스트래들 매도포지션을 보유한 사람에게 이익이 발생한다. 반면에 스트래들 매수포지션은 매도포지션과 반대이기 때문에 주가가 행사가격 대비 8원 초과하여 하락하거나, 8원 초과하여 상승해야 이익이 발생한다.

① 1단계(만기 가치 그리기)

② 2단계(만기 손익 그리기)

옵션을 발행했으므로 총 옵션프리미엄 8원의 수입이 생긴다. 1단계에서 그린 그림을 8원만큼 위로 평행이동시킨다.

[정답] ④

86 빈출패턴 86 옵션의 시간가치와 내재가치 출제빈도 ★★★★

주가지수를 기초자산으로 하는 콜옵션의 행사가격이 200이고, 옵션프리미엄은 10이다. 현재 주가지수가 207이면, 이 콜옵션의 내재가치와 시간가치는 각각 얼마인가?

① 내재가치 7, 시간가치 3
② 내재가치 3, 시간가치 7
③ 내재가치 5, 시간가치 5
④ 내재가치 4, 시간가치 6

옵션가치=내재가치+시간가치이다. 내재가치는 Max[(기초자산가격-행사가격, 0)]이므로 Max[(207-200, 0)]=7이다. 옵션프리미엄이 10이므로 내재가치는 7이고 시간가치는 3이다.

정답 ①

더 알아보기

옵션의 가치

[1] 내재가치 : 지금 당장 옵션을 행사하면 얻게 되는 가치로 옵션은 권리이기 때문에 내재가치는 음수가 될 수 없다.
- 콜옵션 내재가치=$Max(S_0-X, 0)$
- 풋옵션 내재가치=$Max(X-S_0, 0)$

[2] 시간가치 : 옵션은 만기가 존재하기 때문에 만기까지 옵션 보유자에게 유리하게 기초자산가격이 움직이는 것에 대한 가치이다. 등가격에서 옵션의 시간가치는 가장 크다.
- 콜옵션 시간가치 : 항상 0보다 크다.
- 풋옵션 시간가치 : 일반적으로 0보다 크다. 예외적으로 깊은 내가격에서 음수가 될 수 있다.
- ※ 협회 기본서에서 콜옵션, 풋옵션 모두 시간가치를 양수로 단순하게 가정한다(배당을 지급하지 않는 주식을 기초자산으로 하는 유로피언 옵션을 가정한다).

콜옵션 가치

콜옵션 가치 그래프를 보면 콜옵션의 전체가치는 내재가치와 시간가치로 구성되어 있다.
- 등가격 : 주가(기초자산가격)=옵션의 행사가격, 이 경우 옵션의 내재가치는 0이며, 옵션의 모든 가치는 시간가치로만 구성되어 있다.
- 외가격 : 주가<옵션의 행사가격, 옵션의 내재가치는 0이다.
- 내가격 : 주가>옵션의 행사가격, 옵션의 가치는 내재가치와 시간가치로 구성되어 있다.

기출 유형

옵션 만기는 1달 후이다. 콜옵션 프리미엄이 8이다. 기초자산의 가격과 행사가격이 같다. 이 옵션의 시간가치는 얼마인가?

① 5
② 6
③ 7
④ 8

[해설] 기초자산과 행사가격이 같으므로 이 옵션은 등가격 상태이다. 등가격인 경우 내재가치는 0이기 때문에 옵션의 가치는 모두 시간가치로만 구성되어 있다. 그러므로 옵션의 시간가치는 8이다.

[정답] ④

87

빈출패턴 87 옵션투자전략   출제빈도 ★★

다음 보기를 설명하는 것은 무엇인가?

> 모든 것이 동일한 두 개의 옵션에서 만기가 긴 옵션을 매수하고, 만기가 짧은 옵션을 매도하는 포지션을 구축하였다.

① 수평스프레드
② 콜-불 스프레드
③ 풋-불 스프레드
④ 스트랭글

수평스프레드에 대한 설명이다.

정답 ①

더 알아보기

수평스프레드

모든 것이 동일하나 만기만 서로 다른 옵션을 이용해 하나는 매수, 다른 하나는 매도 포지션을 취한 것으로 두 옵션의 시간가치에 따른 차익을 얻고자 하는 투자방법이다.

콜 - 불 스프레드

콜옵션으로 만든 옵션 포지션으로 기초자산 가격이 상승할 때 이익이 발생하는 포지션이다. 낮은 행사가격의 콜옵션을 매입하고 높은 행사가격의 콜옵션을 매도하여 구성한다. 행사가격이 낮은 콜옵션이 행사가격이 높은 콜옵션보다 비싸기 때문에 포지션 구축시 현금유출이 발생한다.

풋 - 불 스프레드

행사가격이 낮은 풋옵션을 매입하고, 행사가격이 높은 풋옵션을 발행한다. 주가가 상승할 경우 이익이 발생하는 포지션이다. 행사가격이 높은 풋옵션이 행사가격이 낮은 풋옵션보다 비싸기 때문에 포지션 구축시 현금유입이 발생한다.

스트랭글

스트래들을 매입하기 위해서는 높은 비용이 발생하여, 이를 줄이기 위해서 행사가격이 높은 콜옵션을 매입하고 행사가격이 낮은 풋옵션을 매입한 포지션이다. 주가의 변동이 큰 폭으로 발생할 때 이익이 발생한다. 스트래들, 스트랭글은 모두 기초자산의 가치의 변동성이 클 때 이익이 발생하여, 변동성에 투자한 것이라고 표현하기도 한다.

기출 유형

기초자산가격이 하락할 경우에만 수익이 발생하는 포지션은?

① 콜옵션 매수 ② 풋옵션 매수
③ 콜-불 스프레드 매수 ④ 스트래들 매수

해설 풋옵션을 매수하면 Max(X-S, 0)이므로 기초자산가격 S가 하락하면 수익이 발생한다. 스트래들의 경우 기초자산가격이 하락하거나 상승할 때 모두 수익이 발생할 수 있다. 스트래들은 동일한 행사가격의 콜옵션 1개와 풋옵션 1개를 각각 매수한 포지션이고, 기초자산 가격이 큰 폭으로 하락하거나 큰 폭으로 상승하면 수익이 발생한다. 문제에 가장 적합한 것은 풋옵션 매수포지션이다.

정답 ②

투자운용결과분석 4문항

88 빈출패턴 88 펀드의 회계처리   출제빈도 ★★★★

펀드의 회계처리에 대한 설명으로 잘못된 것은?

① 발생주의 회계를 사용한다.
② 집합투자재산을 평가할 때 시가가 존재하면 시가에 따라 평가한다.
③ 거래체결이 되더라도 원칙적으로 결제되는 날을 기준으로 평가한다.
④ 수익-비용 대응 원칙에 따라 비용을 인식한다.

펀드의 회계처리는 체결일 기준으로 회계처리한다. 주문 → 체결 → 결제

정답 ③

더 알아보기

펀드 회계처리 원칙

공정가치 평가	■ 투자대상 유가증권은 시장가격을 적용하여 평가한다. ■ 단, 평가일 기준 신뢰할 만한 시장가격이 없는 경우 이론가격이나 평가위원회가 평가하는 적정가격으로 평가할 수 있다. ■ 집합투자재산을 시가에 따라 평가하되, 평가일 현재 신뢰할 만한 시가가 없는 경우에는 공정가액으로 평가한다.
발생주의 회계	■ 손익에 영향을 주는 거래가 발생하면 현금의 수입이나 지출과 관계없이 그 발생시점에 손익을 인식한다. ■ 실현주의 : 손익발생 시점을 정확하게 인식하기 어려우면 이익창출활동과 관련한 결정적 사건 또는 거래가 발생할 때 수익을 인식한다. ■ 비용인식 : 수익비용 대응의 원칙에 따라 인식한다.
체결일 기준 회계처리	■ 거래의 이행이 확실시 되는 경우에는 체결이 확정된 날에 손익을 반영하여 인식한다. ※ 주의사항 : 결제일 기준은 아니다.

89 빈출패턴 89 투자수익률

출제빈도 ★★★★

다음 보기에서 설명하는 수익률은 어느 것인가?

> • 현금유입의 현재가치와 현금유출의 현재가치를 일치시켜주는 수익률이다.
> • 투자자 입장에서 투자의 성과를 나타내는 수익률이다.

① 내부수익률 ② 산술평균수익률
③ 기하평균수익률 ④ 보유기간수익률

내부수익률에 대한 설명이다. 내부수익률은 채권의 만기수익률과 동일한 개념으로 같이 알아두면 좋다.
내부수익률은 금액가중수익률, 투자자 관점의 수익률과 동의어이다.

정답 ①

더 알아보기

산술평균수익률	■ 기간별 단일기간 수익률을 모두 합한 후 이를 기간수로 나눈 값 ■ 기간별 투자금액의 크기를 고려하지 않고 단일기간 수익률을 평균하여 계산한 값 ■ 수익률이 복리로 증가하는 것을 반영하지 못함.
기하평균수익률 (1원에 대한 수익률)	■ 투자 중간에 발생한 수익이 복리로 재투자 되는 것을 반영한다. ■ 최초 투자 이후 중도 투자금액이나 회수금액을 반영하지 못하여, 펀드매니저가 투자금액의 회수 등에 대한 재량권이 없는 경우 펀드매니저의 투자성과 계산에 적합한 수익률이다. ■ 과거 일정기간의 투자수익률 계산에는 적합하나 미래 기대수익률 계산에는 적합하지 않다. ■ 기간가중수익률이라고도 한다.
내부수익률 (총금액에 대한 수익률)	■ 서로 상이한 시점에서 발생하는 현금흐름의 크기와 화폐의 시간가치를 고려한 평균 투자수익률 ■ 현금유입액과 유출액의 현재가치를 일치시켜주는 할인율 혹은 수익률 ■ 금액가중수익률이라고도 하며, 투자자의 투자성과 평가에 적절한 수익률(투자자 관점 수익률)
보유기간 수익률	■ 투자 후 투자가 종료될 때까지 투자자 입장에서 보유기간 동안 발생한 수익률

기출 유형

원금 100만 원이 있는 투자자는 1년 동안 145%의 투자수익률을 얻었으며, 투자원금과 투자수익 모두를 다시 1년 동안 재투자했으며 그 결과 −20%의 수익률이 발생했다. 이 투자자의 2년 동안 기하평균수익률은 얼마인가?

① 25%
② 40%
③ 65%
④ 100%

해설 $[(1+145\%)\times(1-20\%)]^{\frac{1}{2}}-1=40\%$

T=0기의 투자금액 : 100만 원, 1년 투자 후 금액 : 100만 원×(1+145%)=245만 원

T=1기의 투자금액 : 145만 원, 1년 후 투자 후 금액 : 245만 원×(1−20%)=196만 원

투자금액 100만 원이 투자가 끝난 시점에 196만 원이 되었으므로 $(196/100)^{\frac{1}{2}}-1=40\%$

정답 ②

- 기하평균수익률 계산방법
  ① 투자금액으로 계산하는 방법(단, 투자 이후 펀드에 추가투자하지 않은 것을 가정함)

  $$\text{기하평균수익률} = \left(\frac{I_n}{I_0}\right)^{\frac{1}{n}} - 1$$

  초기투자금액 : I_0, 마지막기간 펀드금액 : I_n, 총투자기간 n

  ② 기간수익률로 계산하는 방법(1원을 기준으로 계산함)

  $$\text{기하평균수익률} = \left[(1+R_0)(1+R_1)\cdots(1+R_n)\right]^{\frac{1}{n}} - 1$$

90 빈출패턴 90 기준지표

출제빈도 ★★★★

다음 보기 중 벤치마크의 바람직한 속성은 총 몇 개인가?

- 기간에 따라 수익률을 계산할 수 있어야 한다.
- 투자가능한 자산이어야 한다.
- 누구나 그 벤치마크의 구성요소에 대해서 알 수 있어야 한다.

① 0개 ② 1개
③ 2개 ④ 3개

모든 보기가 벤치마크(기준지표)가 갖고 있어야 할 속성이다.

정답 ④

더 알아보기

 기준지표(벤치마크)의 바람직한 속성

속성	내용
명확성	기준지표를 구성하는 종목과 비중을 정확하게 표시해야 하고, 원칙이 있는 객관적인 방법으로 구성해야 한다.
투자가능성	실행 가능한 투자대안이 되어야 한다. 즉, 기준지표 구성 종목에 투자해서 보유할 수 있어야 한다.
측정가능성	일반에게 공개된 정보이어야 하며, 원하는 기간마다 기준지표의 수익률을 계산할 수 있어야 한다.
적합성	펀드매니저의 운용스타일이나 성향에 적합해야 한다.
투자의견 반영	펀드매니저가 기준지표를 구성하는 종목에 대한 투자지식과 의견을 가져야 한다.
사전적으로 결정	펀드의 평가 혹은 운용이 되기 전에 사전에 미리 정해져야 한다.

■ 기준지표 : 펀드 운용시 운용의 목표와 기준을 정하여 펀드운용이 효율적이었는지 판단하는 지표
※ 출처 : 금융투자협회 기본교재 4권(2025년) p451

기준지표 종류

종류	내용
시장지수	■ 모든 대상 종목을 포함한다. ■ 자산운용에 별다른 제약조건이 없는 경우 적합 예 종합주가지수, 종합채권지수 등
섹터/스타일지수	■ 자산 유형 중 특정한 분야나 특정한 성격을 갖는 대상만을 포함 ■ 특정 분야에 집중해서 투자하는 경우 적합 예 중소형주, 가치주, 성장주, 국공채 등
합성지수	■ 2개 이상의 시장지수나 섹터지수를 합성하여 별도로 계산 ■ 복수의 자산 유형에 투자하는 경우에 적합 예 혼합형 펀드를 위한 벤치마크
정상포트폴리오	■ 일반적인 상황에서 구성하는 포트폴리오 ■ 채권의 벤치마크로 많이 활용 예 KOBI120, KOBI30 등
맞춤포트폴리오	■ 특정 펀드의 성과운용을 위한 포트폴리오 ■ 일반성이 적은 펀드를 평가하는 목적 예 보험형, 펀드평가형 등

※ 출처 : 금융투자협회 기본교재 4권(2025년) p453

기출유형

기준지표에 대한 설명 중 올바른 것은 총 몇 개인가?

- 포트폴리오 운영 전에 결정되어야 한다.
- 측정하기 원하는 기간마다 기준지표의 수익률을 계산할 수 있어야 한다.
- 기준지표에 편입된 종목과 해당 종목의 구성비율이 미리 공개되어야 한다.

① 0개　　　　　　　　　　② 1개
③ 2개　　　　　　　　　　④ 3개

[해설] 모두 기준지표가 가져야 할 특성이다.

[정답] ④

빈출패턴 91 RAROC 출제빈도 ★★★

다음 중 RAROC가 가장 큰 것은? 투자금액은 동일하다고 가정한다.

	투자수익률	VaR		투자수익률	VaR
①	6%	4억 원	②	8%	5억 원
③	9%	5억 원	④	12%	6억 원

RAROC(위험조정수익률)=투자수익/VaR, 투자금액을 기준으로 계산할 수 있고, 초과투자수익률을 기준으로 계산할 수 있다. 문제에서 투자금액이 동일하고, 무위험자산에 대한 정보가 주어지지 않았으므로 투자수익률을 기준으로 RAROC를 계산하여 정답에 접근하면 된다.

투자수익률	VaR	RAROC
6%	4억 원	6/4=1.5
8%	5억 원	8/5=1.6
9%	5억 원	9/5=1.8
12%	6억 원	12/6=2.0

정답 ④

더 알아보기

소티노 비율(Sortino Ratio)

$$\text{소티노 비율} = \frac{R_P - MAR}{DD}$$

R_P : 펀드의 평균수익률, MAR : 최소 수용가능 수익률, DD = 하락편차

1. 최소 수용가능 수익률(MAR : Minimum Acceptance Return)을 초과하는 수익률을 하락위험으로 나눈 비율이다.
2. 나쁜 변동성의 비율만을 측정한 것으로 해석할 수 있다.
3. 샤프비율을 변형한 지표이며, 수익률이 최소 수용가능 수익률보다 높은 수익률이기 때문에 샤프비율보다 더 나은 방법으로 위험을 평가한다.

RAROC(Risk-Adjusted Return On Capital)

$$RAROC = \frac{R_P - R_f}{VaR}$$

R_P : 펀드의 평균수익률, R_f : 무위험수익률, VaR : 최대 손실액

거시경제 4문항

92 빈출패턴 92 피구효과 출제빈도 ★★★★

다음 보기에서 설명하는 것은 무엇인가?

> 경기가 극심한 불황을 겪으면 물가가 하락하여 자산의 가치가 증가하여 소비도 증가하는 현상

① 유동성함정 ② 피구효과
③ 구축효과   ④ 깁슨의 역설

피구효과에 대한 설명이다.

정답 ②

더 알아보기

구축효과	정부지출의 증가는 시장의 자금 수요를 증가시켜 시장이자율이 상승하고 이로 인해 민간투자가 증가하여 정부지출금액보다 적은 수준의 국민소득이 증가하는 효과이며, 케인즈학파는 구축효과가 사실상 없다고 주장하며, 고전학파는 완전구축효과가 존재하여 재정정책의 무용성을 주장한다.
유동성함정	경기가 극심한 불경기일 때 시장이자율이 임계이자율보다 낮아서, 모든 사람은 채권보유를 하지 않고 현금보유를 하려는 상황이며, 이자율이 추가로 하락하지 않는 상황. 정부지출을 증가시켜도 추가적인 이자율이 상승하지 않아 구축효과가 발생하지 않는다. 통화정책의 효과가 없는 상황이다.
피구효과 (실질잔액효과)	경기불황이 심해지면 물가가 하락하여 경제주체들이 보유한 화폐의 실질가치가 증가하고 이로 인해 부의 증가가 발생하고, 이는 소비 및 총수요가 추가로 발생하여 정부의 개입 없이 경기불황 탈출이 가능하다고 주장한다. 그러나 피셔 등은 물가하락은 실질부채의 증가를 가져올 수 있고 경제주체의 소비가 위축되어 그 결과 경기불황이 가속화 될 수도 있다고 주장하였다(부채-디플레이션 이론).
리카르도 불변정리	항상소득에 의해서만 항상 소비가 의존하기 때문에 일시적 세금감소는 항상소득에 영향을 줄 수 없어 소비에 변동이 없다. 소비에 영향을 주기 위해서는 영구적 세금감소가 필요하다. 일시적인 세금감소를 통한 정부의 확대재정정책은 총수요에 영향을 주지 못한다.
정책무용성 정리	합리적 기대학파에 따르면 예상된 화폐증가는 물가만을 상승시키고 국민소득에 영향을 줄 수 없다.
깁슨의 역설	고전학파는 금리수준과 물가와는 관계가 없다고 하였으나, 관찰에 따르면 명목금리가 높을 때 물가도 높았고, 명목금리가 낮을 때 물가도 낮았다. 고전학파의 기존 믿음과 관찰된 현상이 다름을 설명하려는 것이다.

93 빈출패턴 93 실업률 출제빈도 ★★★

다음 중 고용에 대한 설명으로 올바르지 않은 것은?

> A. 만 15세 이상 모든 사람은 생산활동가능인구에 속한다.
> B. 경제활동참가율은 생산활동가능인구에 대한 취업자의 비율이다.
> C. 구직단념자, 주부, 학생은 비경제활동인구이다.

① A, B
② A, C
③ B, C
④ A, B, C

군인과 재소자를 제외한 만 15세 이상 인구가 생산활동가능인구이다.

$$경제활동참가율 = \frac{경제활동인구}{생산활동가능인구} \times 100$$

정답 ①

더 알아보기

 실업률 계산

> 경제활동인구 = 취업자 + 실업자
> $$경제활동참가율 = \frac{경제활동인구(취업자+실업자)}{생산활동가능인구} \times 100$$
> $$실업률 = \frac{실업자}{경제활동인구} \times 100$$

- 생산활동가능인구 : 군인과 재소자를 제외한 만 15세 이상의 인구
- 경제활동인구 : 생산활동가능인구 중에 일할 수 있는 능력과 취업의사를 동시에 갖춘 사람
- 비경제활동인구 : 생산활동가능인구 중 경제활동인구에 포함되지 않은 사람이며, 일할 능력은 있으나 일하고자 하는 의사가 없는 사람, 예를 들어 가정주부, 학생, 연로자, 심신장애자, 구직단념자 등이 있음.

기출 유형

다음 정보를 이용하여 경제활동참가율과 실업률을 계산하면?

> 한 경제에 취업자가 15명, 실업자가 5명이 있으며, 비경제활동인구가 5명이 있다. 단, 모든 인구는 만 15세 이상이다.

	경제활동참가율	실업률
①	20%	10%
②	40%	20%
③	60%	25%
④	80%	25%

[해설]
- 경제활동인구 = 실업자 + 취업자 = 20명
- 경제활동참가율 = $\dfrac{경제활동인구}{생산활동가능인구} = \dfrac{20명}{25명} = 80\%$
- 실업률 = $\dfrac{실업자}{경제활동인구} = \dfrac{5명}{20명} = 25\%$

[정답] ④

빈출패턴 94 경기종합지수

출제빈도 ★★★★

다음 중 경기선행지수에 해당하는 것은?

① 실질수입액
② 장단기 금리차
③ 광공업생산지수
④ 생산자재고지수

실질수입액은 경기동행지수, 광공업생산지수는 경기동행지수, 장단기 금리차는 경기선행지수, 생산자재고지수는 경기후행지수이다.

※ 암기하는 Tip

경기선행지수는 미래에 대한 전망 혹은 기대, 투자와 관련된 것을 측정하는 지표로 구성되어 있다. 예를 들어 주가지수는 주식의 가격수준을 나타내며, 이는 시장참가자들의 미래 전망이 반영되어 있다. 경기 동행지수는 현재의 소비와 관련된 지표들로 주로 구성되어 있다. 경기 후행지수는 경제 활동의 결과물로 나타나는 지표로 구성되어 있다. 예를 들어 지금 경기가 좋을 때 소비자들의 해외 제품에 대한 수입 주문이 증가한다. 그러나 수입은 거리가 멀고 통관 등을 해야 하기 때문에 막상 수입된 시점은 주문시점과 비교하여 한참 뒤이다. 그러므로 소비재 수입액은 경기가 어느 정도 지난 후에 알 수 있어서 후행지표이다.

정답 ②

더 알아보기

 경기종합지수(CI)

경기 선행 종합지수	경기 동행 종합지수	경기 후행 종합지수
재고순환지표 경제심리지수 기계류내수출하지수 건설수주액(실질) 수출입물가비율 코스피 장단기 금리차	비농림어업취업자수 광공업생산지수 서비스업생산지수 소매판매액지수 내수출하지수 건설기성액(실질) 수입액(실질)	취업자수 생산자제품재고지수 소비자물가지수변화율(서비스) 소비재수입액(실질) CP유통수익률

※ 출처 : 금융투자협회 기본교재 5권(2025년) p62~63

 경기종합지수 특징

1. 경기에 민감한 대응성을 보이는 대표계열을 선정하여 이들의 움직임을 지수형태로 나타낸 것으로 경기 국면 파악 및 경기 수준 측정에 이용하기 위한 경기종합지표이다.
2. 각 지표의 전월 대비 변화율을 산출하여, 전월 대비 증가율이 (+)인 경우에는 경기상승, (-)인 경우에는 경기하강을 나타낸다.

③ 증감률의 크기 변화는 경기변동의 진폭을 반영하기 때문에 경기 국면의 변화와 변화속도도 동시에 분석이 가능하다.
④ 경기 국면과의 상관관계에 따라 선행, 동행, 후행의 경기종합지수를 작성한다.
⑤ 경기의 장기적인 성장추세와 경기 국면 변화에 따른 움직임을 동시에 포함하고 있다.

기출 유형

다음 중 경기선행지표는?

① 재고순환지표 ② 광공업생산지수
③ 실질수입액 ④ CP유통수익률

[해설] 재고순환지표는 경기선행지표이다. CP유통수익률(경기후행지표), 실질수입액(경기동행지표), 광공업생산지수(경기동행지표)

[정답] ①

빈출패턴 95 기업경기실사지수

경기지표에 대한 설명으로 올바르지 않은 것은?

① BSI(기업경기실사지수)는 100을 중심으로 경기변동의 방향을 알 수 있다.
② 소비자태도지수(CSI)는 경기수축기에 있어서 기업경기실사지수(BSI)보다 선행하는 경향이 있다.
③ 경기종합지수(CI)가 전월대비 상승하면 경기가 좋아진 것으로 해석할 수 있다.
④ BSI(기업경기실사지수)가 전월대비 큰 폭으로 감소하면 경기하락 속도가 가파르다고 판단한다.

BSI지수는 경기변동의 전환 혹은 방향에 대해서 알 수 있으나, 경기변동의 폭이나 속도에 대해서 알 수는 없다.

정답 ④

더 알아보기

기업경기실사지수(BSI, Business Survey Index)

$$BSI = (X - Y) + 100 = \frac{증가를\ 예상한\ 업체수 - 감소를\ 예상한\ 업체수}{100} + 100$$

X(증가를 예상한 업체수의 비율), Y(감소를 예상한 업체수의 비율)

- BSI가 100 이상이면 확장국면, 100 이하이면 수축국면으로 판단함.
- 기업의 활동 및 경기동향 등에 대한 기업가의 판단, 전망 및 이에 대비한 계획을 설문서를 통해 조사분석하여 전반적인 경기동향을 파악하는 방법
- 단기 경기예측수단임.
- 경기지표 및 계량경제 모델에 의한 경기분석과 예측을 보완하는 수단으로 활용됨.
- 경기 변화방향을 조사하며, 전기를 기준으로 증가, 동일, 감소 등의 변화방향을 조사함.

※ 주의사항 : 경기변동의 폭이나 속도는 알 수 없다. 반면에 경기종합지수(CI)는 경기변동의 폭과 속도도 알 수 있다.

소비자태도지수(CSI, Consumer Sentiment Index)

미래 경기에 대한 소비자의 예상이며, 경기수축기에 있어 기업실사지수보다 일정기간 선행하는 경향이 있어 경기 국면 변화 예측에 유용함. CSI가 100 이상이면 확장국면, 100 이하이면 수축국면으로 판단함.

분산투자기법 5문항

96 빈출패턴 96 포트폴리오 기대수익률   출제빈도 ★★★★

두 자산 A와 B에 각각 50%씩 투자한 펀드가 있다. 다음 상황에서 이 펀드의 기대수익률은 얼마인가?

미래상황	확률	A 자산		B 자산	
		미래상황	기대수익률	미래상황	기대수익률
불황	30%	불황	2.5%	불황	7.5%
보통	50%	정상	7.5%	정상	2.5%
호황	20%	호황	12.5%	호황	-2.5%

① 3% ② 5%
③ 7% ④ 10%

A 자산 기대수익률＝30%×2.5%＋50%×7.5%＋20%×12.5%＝7%
B 자산 기대수익률＝30%×7.5%＋50%×2.5%＋20%×-2.5%＝3%
두 자산에 50%씩 투자했으므로 포트폴리오 기대수익률＝50%×7%＋50%×3%＝5%

정답 ②

더 알아보기

 포트폴리오 기대수익률

$$E(R_p) = w_1 E(R_1) + w_2 E(R_2),\ w_1 + w_2 = 1$$

- 각 자산의 기대수익률은 각 자산의 투자비율로 가중평균한다.
- 각 자산의 기대수익률은 미래 경기에 대한 확률로 가중평균한다.

빈출패턴 97 지배원리

출제빈도 ★★★

다음 괄호에 들어갈 말로 올바른 것은?

> 수익률이 동일한 두 자산이 있다면 위험이 더 낮은 자산을 선택하고, 위험이 동일한 두 자산이 있다면 수익률이 더 높은 자산을 선택하는 자산선택방법은 (   )이다.

① 지배원리
② 지배구조
③ 분산효과
④ 상관관계

지배원리에 대한 설명이다.

[정답] ①

더 알아보기

 지배원리

1. 평균(수익률)과 분산(위험)이라는 두 변수를 통해 효율적인 자산을 선택하는 방법
2. 동일한 수익률을 갖는 자산이 있으면 분산(혹은 표준편차)이 더 낮은 자산을 선택하고, 동일한 분산을 갖는 자산이 있으면 수익률이 더 높은 자산을 선택하는 방법이다.
3. 지배원리에 의해 선택된 자산을 효율적인 자산이라고 한다.

기출유형

다음 자산 중 지배원리에 의해 지배당하지 않는 자산은 어느 것인가?

① 기대수익률 10% 표준편차 10%
② 기대수익률 10% 표준편차 5%
③ 기대수익률 5% 표준편차 10%
④ 기대수익률 5% 표준편차 5%

[해설] 지배원리에 의하면 동일한 수익률일 경우 위험(분산 혹은 표준편차)이 낮은 자산이 그렇지 않은 자산을 지배하고, 동일한 위험(분산 혹은 표준편차)을 갖는 자산 중에서는 기대수익률이 가장 높은 자산이 그렇지 않은 자산을 지배한다.

[정답] ②

98 빈출패턴 98 최소분산포트폴리오 출제빈도 ★★★★

다음 정보를 이용하여 최소분산포트폴리오를 구성할 때 B자산의 투자비율을 계산하시오.

	표준편차	상관계수
A 자산	0.3	0
B 자산	0.4	

① 24% ② 34%
③ 36% ④ 64%

A 자산 투자비율 = $\dfrac{0.4^2}{0.3^2+0.4^2} = \dfrac{0.16}{0.09+0.16} = 64\%$

B 자산 투자비율 = 1 − A 자산 투자비율 = 1 − 64% = 36%

정답 ③

더 알아보기

최소분산포트폴리오(두 자산으로 구성되어 있다고 가정함)

두 자산으로 구성된 자산 중에 위험이 가장 작은 포트폴리오를 의미한다.

$$\omega_1 = \dfrac{\sigma_2^2 - \sigma_{12}}{\sigma_1^2 + \sigma_2^2 - 2\sigma_{12}}$$

$\sigma_{12} = \sigma_1 \times \sigma_2 \times \rho_{12}$

기출 유형

다음 정보를 이용하여 최소분산포트폴리오를 구성할 때 A의 투자비율을 올바르게 계산한 것은?

	표준편차	상관계수
A 자산	0.3	−1.0
B 자산	0.2	

① 40%
② 50%
③ 60%
④ 70%

[해설] A 자산에 40%를 투자하면 최소분산포트폴리오를 구성할 수 있다.

$$w_A = \frac{\sigma_B^2 - \sigma_{AB}}{\sigma_A^2 + \sigma_B^2 - 2\sigma_{AB}} = \frac{\sigma_B^2 - \sigma_A \cdot \sigma_B \cdot \rho_{AB}}{\sigma_A^2 + \sigma_B^2 - 2\sigma_A \cdot \sigma_B \cdot \rho_{AB}}$$

$$= \frac{(0.3)^2 - 0.3 \times 0.2 \times (-1)}{(0.3)^2 + (0.2)^2 - 2 \times 0.3 \times 0.2 \times (-1)} = \frac{0.15}{0.25} = 0.6$$

[정답] ③

분산투자기법

99 빈출패턴 99 CAPM 가정

출제빈도 ★★★★

다음 중 CAPM 가정에 해당하지 않는 것은?

① 투자기간이 1기간이며 투자기간 이후의 현금흐름은 고려하지 않는다.
② 평균-분산 지배원리에 의해 투자대상 자산을 선택한다.
③ 무위험이자율로 제약없이 차입과 대출을 할 수 있다.
④ 투자자들은 미래의 자산의 기대수익률과 위험에 대해서 서로 다른 기대를 한다.

CAPM에서 투자자는 자산의 미래 기대수익률과 위험에 대해서 동질적 기대를 한다고 가정한다.

정답 ④

더 알아보기

 CAPM 가정

1. 투자자는 평균-분산 기준에 의해 투자의사결정을 한다.
2. 모든 투자자는 1기간(단일기간)만을 가정하여 투자의사결정을 한다(재투자수익률을 0으로 가정하는 것과 같은 의미, 투자기간 이후의 수익에 대해서 고려하지 않는 것과 같은 의미이다).
3. 완전경쟁시장을 가정하여 세금, 거래비용, 정보비대칭이 없으며 모든 투자자는 가격순응자를 가정한다.
4. 무위험자산이 존재하여, 무위험이자율로 제약없이 차입과 대출이 가능할 것으로 가정한다.
5. 자본시장은 수요와 공급이 일치하는 균형을 가정한다.
6. 모든 투자자는 미래의 위험과 수익률에 대해서 동일한 기대를 한다고 가정한다.

빈출패턴 100 포트폴리오 리밸런싱 출제빈도 ★★★

다음 보기의 설명에 해당하는 용어는 무엇인가?

> 포트폴리오 운영과정에서 시간이 흐름에 따라 당초의 투자비율이 변경되어 이를 원래의 투자비율로 환원하는 것

① 업그레이딩
② 리밸런싱
③ 변동성 보상비율
④ 평가비율

당초 설정한 포트폴리오의 투자비율로 환원하는 것을 포트폴리오 리밸런싱이라고 한다.

정답 ②

더 알아보기

포트폴리오 업그레이딩	새로운 상황이 전개될 때 위험에 비해 상대적으로 높은 기대수익률을 얻고자 하거나, 기대수익과 비교하여 상대적으로 낮은 위험을 부담하도록 포트폴리오의 구성을 변경하는 것
포트폴리오 리밸런싱	투자 상황에 대한 변화가 발생했을 경우 포트폴리오가 갖는 원래의 특성을 그대로 유지하고자 하는 것. 즉 원래의 포트폴리오 투자구성비율대로 변경하는 것
변동성 보상비율(RVAR)	포트폴리오 초과수익률(포트폴리오 수익률-무위험수익률)을 포트폴리오의 표준편차(총위험)로 나눈 값으로 포트폴리오의 운용성과를 나타내는 지표이다.
평가비율	포트폴리오 초과수익률을 포트폴리오의 잔차위험으로 나눈 것으로, 비체계적위험 부담에 대한 보상을 측정하는 지표이다.

Memo

미래를 창조하기에 꿈만큼 좋은 것은 없다.
오늘의 유토피아가 내일 현실이 될 수 있다.
There is nothing like dream to create the future.
Utopia today, flesh and blood tomorrow.
빅토르 위고 Victor Hugo

Memo

미래를 창조하기에 꿈만큼 좋은 것은 없다.
오늘의 유토피아가 내일 현실이 될 수 있다.
There is nothing like dream to create the future.
Utopia today, flesh and blood tomorrow.
빅토르 위고 Victor Hugo

Memo

미래를 창조하기에 꿈만큼 좋은 것은 없다.
오늘의 유토피아가 내일 현실이 될 수 있다.
There is nothing like dream to create the future.
Utopia today, flesh and blood tomorrow.
빅토르 위고 Victor Hugo

투자자산운용사

이것만 공부하면 80점 합격

빈출 패턴 2회

세제 및 절세전략 7문항

01 빈출패턴 1 납세의무의 승계와 제2차 납세의무자

출제빈도 ★★★

제2차 납세의무자에 대한 설명으로 잘못된 것은?

① 잔여재산을 분배받은 자 혹은 청산인은 해산법인의 국세 등에 대해서 제2차 납세의무를 진다.
② 법인의 재산으로 국세를 충당하고 부족한 금액은 납세의무 성립일 현재의 무한책임사원이 진다.
③ 법인의 무한책임사원이 자신의 재산으로 국세를 충당한 후에도 그 금액이 부족한 경우, 무한책임사원의 출자지분 매각이 어려울 경우에는 당해 법인이 제2차 납세의무를 진다.
④ 양도·양수한 사업과 관련하여 양도일 이전에 양도인의 납세의무가 확정된 사업에 대한 국세는 사업 양도인이 제2차 납세의무를 진다.

양도·양수한 사업과 관련하여 사업 양수인이 제2차 납세의무를 가진다.

정답 ④

더 알아보기

 제2차 납세의무자

1. 납세의무자의 재산을 처분하여 체납세액을 납부해도 그 금액에 미달하는 경우 이를 납부할 의무를 갖는 것을 제2차 납세의무라고 한다.

청산인 등	청산인 또는 잔여재산을 분배받은 자는 그 해산법인의 국세 등에 대하여 제2차 납세의무를 진다.
출자자	법인(증권시장에 주권이 상장된 법인 제외)의 재산으로 국세 등을 충당하고 부족한 금액은 납세의무 성립일 현재의 무한책임사원과 과점주주가 제2차 납세의무를 진다.
법인	국세의 납부기간 만료일 현재 법인의 무한책임사원과 과점주주가 당사자의 재산으로 국세 등을 충당한 후에도 부족한 금액은 무한책임사원과 과점주주의 소유주식 또는 출자지분의 매각이 어려운 경우 당해 법인이 제2차 납세의무를 진다.
사업 양수인	양도·양수한 사업과 관련하여 양도일 이전에 양도인의 납세의무가 확정된 그 사업에 관한 국세 등은 사업 양수인이 제2차 납세의무를 진다.

※ 출처 : 금융투자협회 기본교재 1권(2025년) p8

빈출패턴 2 수정신고, 경정청구 및 기한 후 신고 　출제빈도 ★★★★

다음 보기의 내용에 대한 것으로 올바른 것은?

> 과세표준신고서를 법정신고기한까지 제출한 자가 과세표준 및 세액을 미달하게 신고하거나, 결손금 또는 환급세액을 과다하게 신고한 경우 관할 세무서장이 각 세법에 따라 당해 국세의 과세표준과 세액을 결정 또는 경정하여 통지하기 전에 청구할 수 있는 신고서

① 경정청구　　　　　　　　　　② 수정신고
③ 기한 후 신고　　　　　　　　④ 심사청구

수정신고에 대한 내용이다.

정답 ②

더 알아보기

수정신고	■ 과세표준신고서를 법정신고 기한까지 제출한 자 ■ 과세표준 및 세액을 미달하게 신고하거나, 결손금 또는 환급세액을 과다하게 신고한 경우 혹은, 원천징수 의무자가 연말정산 과정에서 근로소득만 있는 자의 소득 누락이나 세무조정 과정에서의 누락 등 불완전한 신고를 한 때 ■ 관할 세무서장이 각 세법에 따라 당해 국세의 과세표준과 세액을 결정 또는 경정하여 통지하기 전이며, 국세부과의 제척기간이 끝나기 전까지 과세표준수정신고서를 제출할 수 있다. ■ 과세표준수정신고서를 법정신고기한 경과 후 2년 이내에 제출하는 경우에는 그 경과기간에 따라 최초의 과소신고로 인하여 부과할 가산세를 일부 경감한다.
경정청구	■ 과세표준신고서를 법정신고기한까지 제출한 자 ■ 과세표준 및 세액을 과다하게 신고하거나 결손금 또는 환급세액을 과소 신고한 때 ■ 최초 신고 및 수정 신고한 국세의 과세표준 및 세액의 결정 또는 경정을 법정신고기한이 지난 후 5년 이내에 관할 세무서장에게 청구할 수 있다.
기한 후 신고	■ 법정신고기한까지 과세표준신고서를 제출하지 않은 자 ■ 관할세무서장이 신고하지 않은 과세표준과 세액을 결정하여 통지하기 전까지 기한후과세표준신고서를 제출할 수 있음. ■ 납부해야 할 세액과 가산세를 신고와 함께 납부해야 함. ■ 과세표준신고서를 법정신고기한이 지난 후 6개월 이내에 기한 후 신고를 한 경우에는 그 경과기간에 따라 해당 가산세의 일부를 경감함.

※ 출처 : 금융투자협회 기본교재 1권(2025년) p9

03 빈출패턴 3 소득세법상 거주자와 비거주자

출제빈도 ★★★★

소득세법상 거주자에 대한 설명으로 틀린 것은?

① 부부 모두가 거주자이면 금융소득은 부부가 합산하여 종합소득세신고를 하고 이에 대해서 과세한다.
② 국내에서 183일 이상 거주하면서 국내에 거소나 주소를 둔 개인은 거주자이다.
③ 공무원은 국외에 있더라도 거주자로 본다.
④ 내국법인의 국외 사업장에 파견된 직원은 거주자로 본다.

부부가 거주자라 할지라도 금융소득은 부부합산 과세를 하지 않는다(부부별산).

정답 ①

더 알아보기

거주자	비거주자
국내에 주소를 두거나 183일 이상 거소를 둔 개인	거주자가 아닌 개인

1. 거주자와 비거주자의 구분은 원칙적으로 국적과는 관계가 없음.
   - 주소는 생활의 근거가 되는 곳으로, 국내에서 생계를 같이 하는 가족 및 국내에 소재하는 자산의 유무 등 생활관계의 객관적 사실에 따라 판정함.
2. 국내에 주소가 있는 것으로 보는 경우
   - 계속하여 183일 이상 국내에 거주할 것을 필요로 하는 직업을 가진 때
   - 국내에 생계를 같이하는 가족이 있고 그 직업 및 자산상태를 고려하여 계속하여 183일 이상 국내에 거주할 것으로 인정되는 때
3. 국내에 주소가 없는 것으로 보는 경우
   - 국외에 거주 혹은 근무하는 자가 외국국적을 가졌거나, 외국 법령에 의하여 영주권을 얻는 자로서 국내에 생계를 같이하는 가족이 없고, 그 직업과 재산 상태를 고려하여 다시 입국하여 주로 국내에 거주할 것으로 인정되지 않는 때
4. 외국을 항해하는 선박 또는 항공기의 승무원 : 그 승무원과 생계를 같이하는 가족이 거주하는 장소 혹은 그 승무원이 근무기간 외의 기간 중 통상 체재하는 장소로 주소를 판정한다.
5. 거주자로 보는 경우
   - 국외에서 근무하는 공무원
   - 거주자이면서 내국법인의 국외 사업장 혹은 해외 현지법인(내국법인이 직·간접적으로 100% 출자한 경우로 한정)등에 파견된 임원 혹은 직원

빈출패턴 4 배당소득

출제빈도 ★★★

다음 중 배당소득이 아닌 것은?

① 직장공제회 초과반환금
② 법인으로부터 받는 분배금
③ 국내 혹은 국외에서 받은 대통령령으로 정하는 집합투자기구로부터의 이익
④ 출자 공동사업의 손익분배금

직장공제회 초과반환금은 이자소득으로 본다.

정답 ①

더 알아보기

 배당소득의 종류

이익배당	법인으로 보는 단체로부터 받는 배당 또는 분배금
의제배당	투자의 반환으로 인한 의제배당, 잉여금의 자본전입으로 인한 의제배당, 국내 또는 국외에서 받은 대통령령으로 정하는 집합투자기구로부터의 이익, 파생결합증권 또는 파생결합사채로부터의 이익
인정배당	법인세법에 따라 배당으로 처분된 금액, 외국법인으로부터의 배당, 국제조세조정에 관한 법률에 따라 특정 외국법인(법인의 부담세액이 실제 발생소득의 100분의 15 이하인 국가 또는 지역에 본점 또는 주사무소를 둔 외국법인)의 배당 가능한 유보소득 중 내국인이 배당받는 것으로 간주되는 금액, 출자 공동사업자의 손익분배금, 수익분배의 성격이 있는 것, 파생결합상품의 이익

기출 유형

소득세법상 적격집합투자기구의 이익계산에 포함하는 것은?

① 집합투자증권의 실물양도로 인해 발생한 이익
② 증권시장에 상장된 증권을 대상으로 하는 장내파생상품의 매매이익
③ 벤처기업육성에 관한 특별법에 따른 벤처기업 주식의 매매이익
④ 증권시장에 상장된 증권의 매매차익

[해설] 증권 또는 증권을 기초자산으로 하는 장내파생상품의 거래나 평가로 인하여 발생한 손익을 집합투자기구의 이익으로 계산하지 않는다. 벤처기업육성에 관한 특별법에 따른 벤처기업 주식 및 출자지분의 매매에서 발생하는 이익도 집합투자기구의 이익으로 보지 않는다.

[정답] ①

[집합투자기구로부터의 이익으로 보지 않는 것]
① 증권시장에 상장된 증권 및 동 증권을 대상으로 하는 장내파생상품의 거래로 발생한 손익
② '벤처기업육성에 관한 특별조치법'에 따른 벤처기업 주식 및 출자지분의 거래로 발생한 손익
③ ①의 증권을 대상으로 하는 장내파생상품 거래로 발생한 손익

※ 출처 : 금융투자협회 기본교재 1권(2025년) p26

05 빈출패턴 5 양도소득세

출제빈도 ★★★★

양도소득세 과세대상에 해당하지 않는 것은?

① 전세권과 등기된 부동산임차권의 양도로 인한 매매차익
② 고가주택이 아닌 1세대 1주택의 양도로 인하여 발생하는 소득
③ 사업용 고정자산과 함께 양도한 영업권의 매매차익
④ 과점주주의 비상장주식 양도로 인한 매매차익

고가주택이 아닌 1세대 1주택의 양도로 인하여 발생하는 소득은 비과세 양도소득이다.

정답 ②

더 알아보기

비과세 양도소득
1. 1세대 1주택의 양도로 인하여 발생하는 소득(고가주택은 제외)
2. 파산선고에 의한 처분으로 인하여 발생하는 소득
3. 농지의 교환 또는 분합으로 인하여 발생하는 소득

양도소득세 과세대상 자산의 범위
1. 토지와 건물
2. 부동산에 관한 권리
   - 부동산을 취득할 수 있는 권리 : 아파트 당첨권, 토지상환채권, 주택상환채권 등
   - 지상권, 전세권과 등기된 부동산 임차권
3. 주식 및 출자지분
   - 대주주 : 유가증권시장, 코스닥, 코넥스, 비상장법인 모두 과세됨.
   - 그 외 주주
     - 유가증권시장, 코스닥, 코넥스 시장 내 : 양도소득세 과세되지 않음.
     - 비상장법인주식 : 원칙적으로 과세되나 금융투자협회가 행하는 장외매매거래(K-OTC)에 의하여 양도하는 중소기업 및 중견기업 주식, 다자간매매체결회사를 통해서 양도하는 벤처기업 주식에 대해서는 양도소득세 과세하지 않음.

4️⃣ 기타자산
- 특정시설물 이용권
- 영업권(사업용 고정자산과 함께 양도하는 영업권)
- 특정주식(A) : 과점주주가 소유하는 부동산 과다보유 법인의 주식
- 특정주식(B) : 특수업종을 영위하는 부동산 과다보유 법인의 주식(골프장, 스키장등)

5️⃣ 파생상품 : 파생결합증권, 파생상품 중 주가지수 관련 파생상품, 해외시장에서 거래되는 장내 파생상품, 주가지수 관련 장외파생상품, 주식 관련 차액결제거래 등

##

양도세가 부과되지 않는 거래는 어느 것인가?

① 비상장채권 매도로 소득이 발생하는 경우
② 등기된 부동산 임차권 매도를 통해 소득이 발생하는 경우
③ 비상장주식에 대한 대주주의 양도로 인한 소득
④ 상장주식에 대한 대주주의 양도로 인한 소득

[해설] 주식양도차익(주권상장법인 및 코스닥상장법인의 소액주주분)과 채권양도차익은 비열거소득으로 소득세가 과세되지 않는다.

[정답] ①

빈출패턴 6 외국인의 증권세제

출제빈도 ★★★★

비거주자에 대한 과세방법으로 올바르지 않은 것은?

① 비거주자는 원칙적으로 국내 사업장이나 부동산 임대사업소득이 없는 경우는 분리과세한다.
② 비거주자는 원칙적으로 국내 사업장이나 부동산 임대사업소득이 있는 경우는 종합과세한다.
③ 우리나라와 조세조약이 체결된 국가의 비거주자의 이자소득, 배당소득, 사용료소득은 20% 세율과 조세조약상의 제한세율 중 낮은 세율을 적용한다.
④ 비거주자가 장내파생상품을 매매하여 발생한 소득은 국내원천소득이며 과세대상이다.

비거주자의 원천소득은 열거되어 있으며, 장내파생상품을 통한 소득과 위험회피목적거래의 장외파생상품을 통한 소득은 과세대상 원천소득으로 보지 않는다.

정답 ④

더 알아보기

1 비거주자 과세 원칙 : 소득세법 또는 법인세법상의 과세소득 중 국내원천소득만을 과세대상으로 한다.

2 과세방법
- 국내 사업장이나 부동산 임대사업소득이 있는 경우 : 종합과세
- 국내 사업장이나 부동산 임대사업소득이 없는 경우 : 분리과세
- 퇴직소득, 양도소득 : 분류과세
  단, 조세조약에 별도의 규정이 있는 경우에는 조세조약의 내용에 따른다.
  비거주자의 국내 사업장 및 부동산 임대소득유무와 관계없이 장내파생상품의 매매에서 발생한 이익과 장외파생상품이라도 위험회피 목적의 거래에서 발생한 소득은 과세대상 원천소득으로 보지 않는다.

3 원천징수 : 국내원천소득의 지급자는 소득세를 원천징수한다. 단, 원천징수세율이 조세조약상의 제한세율 보다 높은 경우에는 조세조약상의 제한세율을 적용한다.

소득구분	원천징수세율
이자소득, 배당소득, 사용료소득, 기타소득	20%(채권 : 14%)
선박임대소득, 사업소득	2%
인적용역소득	20%
유가증권양도소득	• 원칙 : 양도가액의 10% • 유가증권의 취득가액 및 양도비용이 확인되는 경우 : 양도가액의 10%와 양도차익 20% 중 작은 금액

※ 출처 : 금융투자협회 기본교재 1권(2025년) p49

07 빈출패턴 7 금융소득 종합과세

출제빈도 ★★★★

다음 정보를 이용하여 종합과세 대상금액을 계산하면 얼마인가?

- 2년 만기 채권의 이자와 할인액 1,000만 원
- 해외 집합투자기구로부터 수령한 이익 1,500만 원
- 비실명거래로 인한 이자소득 2,000만 원
- 근로소득 5,000만 원

① 4,000만 원 ② 4,500만 원
③ 6,500만 원 ④ 7,500만 원

비실명거래로 발생한 이자소득은 분리과세한다. 금융소득이 2,500만 원이므로 종합과세한다. 종합과세금액은 2년 만기 채권의 이자와 할인액 1,000만 원, 해외 집합투자기구로부터 수령한 이익 1,500만 원, 근로소득 5,000만 원을 포함하여 총 7,500만 원이다.

정답 ④

더 알아보기

소득세법상 소득의 종류
- 종합소득 : 이자, 배당, 사업, 근로, 연금, 기타소득
- 종합소득 외의 소득 : 양도소득, 퇴직소득

종합소득세 신고납부

소득내역	종합소득세 신고납부 필요성
종합과세대상 금융소득 2,000만 원 초과	종합소득세 신고 및 납부
사업소득, 기타소득(300만 원 초과 시)	금융소득 여부와 관계없이 종합소득세 신고 및 납부
기타소득(300만 원 이하)	기타소득만 300만 원 이하인 경우 종합소득세 신고 납부의무 없음(원천징수로 과세 종결).
근로소득만 있는 경우	종합과세대상 금융소득이 2,000만 원 이하인 경우 종합소득세 신고 납부의무 없음.
다른 소득이 없는 경우	종합과세대상 금융소득이 2,000만 원 이하인 경우 종합소득세 신고 납부의무 없음.

※ 출처 : 금융투자협회 기본교재 1권(2025년) p62

기출 유형

다음 빈칸에 알맞은 것은?

> 종합소득세에 합산되지 않는 소득 중에 기타소득금액은 (   ) 이내이어야 한다. 단 원칙적으로 분류과세되는 소득은 제외한다.

① 100만 원
② 300만 원
③ 500만 원
④ 2,000만 원

[해설] 기타소득이 300만 원 이하인 경우 종합소득세 신고가 필요 없다.

[정답] ②

기출 변형

종합과세신고해야 하는 소득은 어느 것인가? (단, 모든 소득은 원천징수한다)

> ㄱ. 직장공제회 초과반환금 3천만 원
> ㄴ. 연봉 1억 원의 근로소득
> ㄷ. 비영업대금 이자 1천만 원, 퇴직소득 3천만 원
> ㄹ. 이자소득 2천만 원, 배당소득 1천만 원

① ㄱ
② ㄴ
③ ㄷ
④ ㄹ

[해설] 금융소득만 있더라도 총 금액이 2,000만 원을 초과하면 종합소득세신고를 해야 한다. 직장공제회 초과반환금은 무조건 분리과세된다. 근로소득만 있는 경우는 연말정산으로 끝난다. 퇴직소득은 분리과세가 된다. 비영업대금 이자는 2,000만 원 이내이므로 종합과세하지 않는다.

[정답] ④

이것만 공부하면 80점 — 금융상품 8문항

08 빈출패턴 8 개인종합자산관리계좌(ISA, Individual Savings Accounts)
출제빈도 ★★★★

ISA(개인종합자산관리계좌)에 대한 설명으로 올바르지 않은 것은?

① 직전 1개년 동안 금융소득종합과세 대상이 아니면 ISA에 가입할 수 있다.
② 만 19세 이상의 대한민국 거주자는 소득이 없어도 가입할 수 있다.
③ 일반형의 비과세 한도는 200만 원이고, 서민형의 비과세 한도는 400만 원이다.
④ 의무가입기간은 3년이며, 납입금 한도 내에서 횟수 제약 없이 중도인출이 가능하다.

ISA 가입자격은 다음의 두 가지 조건을 동시에 충족해야 한다. 만 19세 이상 또는 직전 연도 근로소득이 있는 만 15~19세 미만의 대한민국 거주자이며, 직전 3개년 중 1회 이상 금융소득종합과세 대상이 아닌 자이어야 한다. ISA관련 2025년에 비과세 한도금액과 납입금액 한도 상향이 논의 중이다. 협회 시험의 모든 채점기준은 협회에서 발간한 기본교재 중심이며 기본교재에는 이러한 상황이 반영되지 않았으므로 수험목적으로는 협회 기본교재 내용으로 학습해야 한다.

정답 ①

더 알아보기

ISA 가입자격
1 만 19세 이상 또는 직전 연도 근로소득이 있는 만 15~19세 미만의 대한민국 거주자
2 직전 3개년 중 1회 이상 금융소득종합과세 대상이 아닌 자

ISA 종류
1 일반형 : 만 19세 이상 혹은 직전 연도 근로소득이 있는 만 15~19세 미만의 대한민국 거주자
2 서민형 : 총급여 5,000만 원 혹은 종합소득 3,800만 원 이하 거주자
3 농어민형 : 종합소득 3,800만 원 이하 농어민

과세방법
1 비과세 한도 : 일반형(200만 원), 서민형(400만 원), 농어민형(400만 원)
2 비과세 한도 초과이익에 대해서는 세율 9.0%로 분리과세함(지방세 포함시 9.9%).
3 의무 납입기간 : 3년, 의무납입기간이 지나면 과세혜택을 받을 수 있음.
4 납입한도 : 연간 2,000만 원이며, 가입기간 동안 최대 1억 원이고, 당해 연도에 납입한도를 채우지 못하는 경우 미불입 한도 내에서 다음 해로 이월 가능함.

ISA 유형

중개형 ISA	신탁형 ISA	일임형 ISA
가입자가 ISA에 담을 금융상품을 직접 선택하고 가입자의 지시에 따라 금융상품을 편입하고 교체함.		금융회사가 투자자의 위험성향, 자금목표를 고려하여 모델포트폴리오를 제시하고 이에 따라 금융회사가 자금을 운용함.
국내상장주식, 펀드, ETF, 리츠, 상장형 수익증권, 파생결합증권, 사채, ETN, RP	펀드, ETF, 리츠, 상장형 수익증권, 파생결합증권, 사채, ETN, RP, 예금	펀드, ETF등

※ 모든 가입자는 중개형, 신탁형, 일임형 중 1인당 1개만 선택할 수 있음(중복가입 불가능).
※ 출처 : 금융투자협회 기본교재 1권(2025년) p100

기출 유형

개인종합자산관리계좌(ISA)에 대한 설명으로 올바른 것은 총 몇 개인가?

- 1인 1계좌만 가능하며 의무납입기간은 3년이다.
- 중개형, 신탁형, 일임형이 있으며 중복해서 가입할 수 있다.
- 직전 3개년 중 1회 이상 금융소득종합과세 대상이 아니어야 가입할 수 있다.
- 만 19세 이상의 근로소득이 있는 자만 가입할 수 있다.

① 1개 ② 2개
③ 3개 ④ 4개

[해설] 중복해서 가입할 수 없으며 만 19세 이상의 대한민국 거주자는 직전 연도 근로소득이 없어도 가입이 가능하며 직전 연도 근로소득이 있으면 만 15세~19세 미만의 대한민국 거주자이어야 가입이 가능하다.

[정답] ②

09 빈출패턴 9 예금자 보호상품

출제빈도 ★★★★

예금자 보호상품은 무엇인가?

① 주택청약부금
② 양도성예금증서
③ 환매수채권
④ MMF

정기적금, 주택청약부금, 상호부금, 재형저축 등 적립식 예금은 예금자 보호가 된다. 추가로 종합금융회사의 발행어음, 표지어음, 종금형 CMA, 은행의 연금신탁, 퇴직신탁도 예금자 보호대상이다.

정답 ①

더 알아보기

 예금자 보호 및 비보호 대상 금융상품

	보호대상	비보호대상
은행	보통예금, 기업자유예금, 별단예금, 당좌예금, 정기예금, 저축예금, 주택청약예금, 표지어음, 외화예금, 정기적금, 주택청약부금, 상호부금, 재형저축, 연금신탁, 퇴직신탁	양도성예금증서, 환매조건부채권, 집합투자상품, 은행발행채권, 주택청약저축, 주택청약종합저축
투자매매업자, 투자중개업자	금융상품 중 매수에 사용되지 않고 고객 계좌에 현금으로 남아 있는 금액, 자기신용대주담보금, 신용거래계좌 설정보증금, 신용공여담보금 등의 현금잔액, 원금보전 되는 금전신탁	금융투자상품, 청약자 예수금, 제세금예수금, 선물·옵션 거래 예수금, 유통금융대주담보금, RP, 증권사 발행채권, CMA, 랩어카운트, ELS, ELW 등
보험회사	개인이 가입한 보험(변액보험 제외), 퇴직보험계약, 원금이 보전되는 금전신탁 등	법인보험계약, 보증보험계약, 재보험계약, 변액보험계약 주계약 등
종합금융회사	발행어음, 표지어음, 종금형 CMA	금융투자상품, RP, 종금사발행채권, 기업어음 등
상호저축은행	보통예금, 저축예금, 정기예금, 정기적금, 신용부금, 표지어음 등	저축은행 발행채권 등

※ 출처 : 금융투자협회 기본교재 1권(2025년) p145

기출 유형

예금자 보호대상이 아닌 것은?

① 외화예금
② 상호부금
③ 투자매매업자의 신용거래계좌 설정보증금
④ 환매조건부채권(RP)

[해설] 환매조건부채권은 예금자 보호대상에 해당하지 않는다. 이외에도 양도성예금증서, 특정금전신탁 등 실적배당형 신탁은행발행채권, 증권사발행채권, 랩어카운트 등은 예금자 보호에 해당하지 않는다.

[정답] ④

더 알아보기

예금자 보호제도

2025년 9월부터 기존 예금자 보호한도 5천만 원에서 1억 원으로 상향되는 것이 시행예정이다. 협회기본교재에도 이러한 내용이 나와 있으나, 2025년에 한해서 해당 문제가 출제되더라도 5천만 원을 기준으로 출제될 것으로 예상된다. 참고로 예금자 보호한도는 현재까지 거의 출제되지 않은 파트이기 때문에 상식차원에서 확인하고 넘어가도 무방하다.

10 빈출패턴 10 신탁상품

출제빈도 ★★★★

특정금전신탁에 대한 설명으로 올바른 것은 총 몇 개인가?

- 신탁자는 신탁재산 운용자를 지정한다.
- 신탁자가 운용방법을 지정한다.
- 다른 신탁상품과 합동으로 운용할 수 없다.

① 0개 ② 1개
③ 2개 ④ 3개

특정금전신탁은 운용방법을 투자자가 지정하는 것이지 해당 신탁재산의 운용자까지 지정하지 않는다.

정답 ③

더 알아보기

신탁상품의 구조

1. 수탁자(신탁회사)는 신탁목적에 따라 수익자를 위해 재산의 권리행사를 행해야 한다. 법률상, 형식상 신탁재산은 수탁자에게 귀속되어 있으나, 경제상, 실질상으로는 수익자에게 귀속되어 있어 이중의 소유권이라고도 한다.
2. 신탁재산은 수탁자로부터 독립되어 있다. 수탁자의 상속재산, 파산재단에 속하지 않으며 신탁재산에 대한 강제집행 및 경매가 불가능하며, 신탁재산은 다른 채무와의 상계도 금지된다. 수탁자가 사망 혹은 사임하더라도 신탁관계는 종료되지 않는다.
3. 위탁자는 수익자가 될 수 있으나(자익신탁), 수탁자는 원칙적으로 위탁자가 될 수 없다(자기계약금지).

금전신탁과 재산신탁

항목	금전신탁	재산신탁
신탁대상재산	금전	금전외의 재산
신탁계약만료시 교부	원금과 수익을 금전으로 교부	만기일 현재 운용하는 재산형태 그대로 교부

금전신탁의 구분

1. 불특정금전신탁 : 위탁자가 신탁재산의 금전 운용방법을 지정하지 않으며, 수탁자가 해당 재산을 자유롭게 운용하여 수익자에게 배당한다.
2. 특정금전신탁 : 위탁자가 신탁재산의 금전 운용방법을 지정하며, 다른 신탁재산과 합동운용할 수 없다.
   ※ 함정 : 운용방법을 지정하는 것이지 운용자를 지정하는 것이 아니다.

신탁의 기타 특징

1. 신탁은 원칙적으로 인수한 재산에 대하여 손실보전, 이익보전을 할 수 없으나 예외적으로 연금, 퇴직금 지급을 목적으로 금융위가 정한 신탁의 경우 손실보전이나 이익보장을 할 수 있다.
2. 재산신탁 : 신탁 인수 시 신탁재산으로 금전을 제외한 유가증권, 금전채권, 부동산등을 수탁하여 신탁계약의 내용에 따라 관리·처분, 운용한 후 신탁계약이 종료후에 해당 신탁재산의 운용 현상 그대로 수익자에게 교부하는 신탁으로 유가증권신탁, 금전채권신탁, 부동산 신탁이 있다.

기출 유형

신탁에 대한 설명 중 올바른 것은 총 몇 개인가?

- 금전신탁에 한해서 위탁자는 자기 자신만을 수익자로 지정해야 한다.
- 신탁재산은 수탁자의 파산재단, 상속재산에 편입되지 않는다.
- 유언을 통해서 위탁자가 신탁을 할 수 있다.

① 0개 ② 1개
③ 2개 ④ 3개

[해설] 수익자는 위탁자 혹은 제3자가 될 수 있다.

[정답] ③

기출 변형

신탁상품에 대한 설명으로 올바르지 않은 것은?

① 신탁은 타인에 의한 재산 관리·처분제도의 하나로서 대리, 후견 등과 유사하다.
② 신탁재산의 명의인은 수탁자이다.
③ 금전신탁은 계약관계상 위탁자와 수익자가 동일해야 한다.
④ 특정금전신탁은 투자자가 신탁재산인 금전의 운용방법 등을 지정하는 신탁이다.

[해설] 금전신탁은 위탁자와 수익자가 다른 사람이어도 괜찮다.

[정답] ③

11 빈출패턴 11 랩어카운트　　　출제빈도 ★★★

랩어카운트에 대한 설명으로 올바른 것은 총 몇 개인가?

- 영업직원과 고객과의 이익상충 문제가 적다.
- 고객은 주가 하락 시 상대적으로 수수료 부담이 감소한다.
- 영업직원은 회사로부터 독립성이 약화될 수 있다.
- 개별 거래 건별로 수수료를 부과한다.

① 1개　　② 2개
③ 3개　　④ 4개

잔고평가금액에 근거하여 일정 비율의 수수료를 부과한다. 이로 인해 영업직원과 고객과의 이익상충 문제가 적게 발생한다. 반면에 주가 하락 시에도 수수료가 부과되기 때문에 고객은 주가 하락 시에 저조한 투자수익률로 인해 상대적으로 수수료 부담이 증가한다.

정답 ②

더 알아보기

랩어카운트의 장점과 단점

구분	장점	단점
증권회사	• 자산기준의 운용수수료 수입이 가능함. • 안정적인 수익기반이 확보됨. • 고객과의 이익상충이 적음. • 영업사원의 독립성 약화	• 영업직원 재교육 등 업무에 대응하기 위한 시스템 구축비용 발생 • 수수료 수입 총액 감소 우려
영업직원	• 고객과의 이익상충 문제해결	• 회사로부터 독립성 약화 • 수입감소 우려
고객	• 이익상충 가능성 적음. • 소액으로 전문가 서비스 가능 • 맞춤형 상품으로 고객니즈 충족	• 주가 하락 시 상대적으로 수수료 부담 증가 • 일괄수수료를 지급하여 불필요한 서비스 대가 지불
투자자문사	• 고객 저변 확대 • 수수료와 무관한 신축적 운용 가능	• 운용보수의 감소 • 시장 상황과 관계없이 수수료 이상의 운용성과 요구가 부담됨.

※ 출처 : 금융투자협회 기본교재 1권(2025년) p237

12 빈출패턴 12 생명보험상품

출제빈도 ★★★

다음 중 생명보험상품에 대한 설명으로 틀린 것은?

① 보험가입자가 납입하는 보험료 총액과 보험회사가 지급하는 보험금 및 경비의 총액이 동일하다.
② 2인 이상을 피보험자로 하는 보험은 연생보험이다.
③ 체증식보험은 시간경과에 따라 보험료가 증가하는 보험이다.
④ 생존보험은 피보험자가 일정기간 생존 시 보험금을 지급하는 보험으로 일정기간 도달 전 사망 시에는 사망자의 몫은 모두 생존자의 몫으로 귀속된다.

체증식보험은 시간경과에 따라 보험금이 증가하는 보험이다. 즉 시간경과에 따라 보험회사에서 보험가입자에게 지급하는 보험금이 증가하는 보험이다.

보충플러스
함정 : 보험료와 보험금은 구분되는 개념이다. 보험료는 보험가입자가 보험회사에 납부하는 금액이고, 보험금은 보험가입자가 보험 사건이 발생했을 때 보험회사로부터 받는 금액이다. 보험료와 보험금을 혼동하지 않아야 한다.

정답 ③

더 알아보기

보험금의 정액 유무에 따른 분류

1. 정액보험 : 보험금은 지급시기와 관계없이 항상 일정액의 보험금이 지급되는 보험
2. 부정액보험 : 보험금의 지급시기가 정해지지 않고, 그 금액도 항상 일정하게 정해지지 않은 보험으로 아래는 부정액보험의 종류이다.
   - 체증식보험 : 기간이 경과함에 따라 보험금이 점점 증가하는 보험
   - 체감식보험 : 기간이 경과함에 따라 보험금이 점점 감소하는 보험
   - 감액보험 : 보장사고가 가입 시부터 일정 기간 내에 발생했을 경우, 보험금을 감액하는 보험
   - 변액보험 : 보험금이 화폐가치에 따라 변동하게 되어, 이를 보완하기 위해 개발되었으며, 운용자금을 주식 등에 투자하여 주가의 변동에 따라 화폐가치 하락에 대처하는 것

13 빈출패턴 13 손해보험상품   출제빈도 ★★★

손해보험에 해당하지 않는 것은?

① 생존보험
② 화재보험
③ 해상보험
④ 운송보험

생존보험은 생명보험이다.

정답 ①

더 알아보기

손해보험	재산에 관한 경제적인 손해를 보상함.
화재보험	화재로 인해 발생한 손해를 보상함.
운송보험	운송 도중에 있는 화물에 발생한 손해를 보상함.
해상보험	선박, 선박에 실은 화물이 입은 손해를 보상함.
책임보험	사고로 인하여 제3자에게 입힌 손해를 보상함.
자동차보험	자동차로 인하여 발생한 손해를 보상함.

14 빈출패턴 14 펀드상품

출제빈도 ★★★★

펀드 설립 시 환매불가능하게 설정하는 펀드는 총 몇 개인가?

- 일반상품펀드
- 부동산펀드
- 혼합자산펀드

① 0개 ② 1개
③ 2개 ④ 3개

보기의 모든 상품은 집합투자기구가 집합투자기구 존속기간에는 환매를 통해서 투자자금 회수가 불가능하다. 일반상품은 상품이 주요 투자대상이기 때문에 시장성이 결여되어 환매금지형 집합투자기구로 설정해야 한다.

정답 ④

더 알아보기

환매금지형 집합투자기구

1. 투자자가 집합투자기구에 투자한 이후 집합투자증권의 환매청구에 의해 투자금을 회수하는 것이 불가능하게 만들어진 집합투자기구이다.
2. 부동산집합투자기구, 특별자산집합투자기구, 혼합자산집합투자기구, 기타(집합투자기구 자산총액의 100분의 20을 초과하여 금융위가 정하여 고시하는 시장성 없는 자산에 투자할 수 있는 집합투자기구)
3. 환매금지형 집합투자기구는 해당 집합투자증권을 최초로 발행한 날부터 90일 이내에 해당 집합투자증권을 증권시장에 상장해야 한다. 즉 환매를 통해서 투자자금을 만기일 전까지는 회수할 수 없으나 주식시장에서 매매를 통해 투자자금을 만기일 전에 회수할 수 있다.

집합투자기구 종류

증권집합투자기구	집합투자재산의 50%를 초과하여 증권에 투자하는 집합투자기구이며 부동산집합투자기구, 특별자산집합투자기구에 해당하지 않는 집합투자기구이어야 한다.
부동산집합투자기구	집합투자재산의 50%를 초과하여 부동산에 투자하는 집합투자기구
특별자산집합투자기구	집합투자재산의 50%를 초과하여 특별자산에 투자하는 집합투자기구이며, 특별자산은 증권과 부동산을 제외한 투자대상자산이다.
단기금융집합투자기구 (MMF)	집합투자재산 전부를 대통령령으로 정하는 단기금융상품에 투자하는 집합투자기구이며 대통령령으로 정하는 방법으로 운용되는 집합투자기구이다.

15 빈출패턴 15 ELW(주식워런트증권)   출제빈도 ★★★★

ELW에 대한 설명으로 올바른 것은 총 몇 개인가?

- 개별기업의 주가 혹은 주가지수를 기초자산으로 한다.
- 기본 거래단위는 10단위이며 단주거래는 불가능하다.
- 가격제한폭이 존재하지 않는다.

① 0개 ② 1개
③ 2개 ④ 3개

모든 보기가 올바른 설명이다.

정답 ④

더 알아보기

주식워런트증권(ELW)

1. 특정 대상물을 사전에 정한 미래의 시기에 미리 정한 가격으로 살 수 있거나 팔 수 있는 권리가 부여된 증권
2. 콜 워런트 : 기초자산을 행사가격으로 구입할 수 있는 권리
3. 풋 워런트 : 기초자산을 행사가격으로 매도할 수 있는 권리

ELW와 주식의 비교

구분	주식	ELW
법적형태	증권(지분증권)	증권(파생결합증권)
거래단위	1주	10주(단주거래 불가능)
가격제한폭	30% 상한과 하한	가격제한폭 없음.
호가주문	시장가/조건부지정가/지정호가등	지정가호가주문만 허용
신용거래	가능	현금거래만 가능
만기여부	만기 없음.	만기 있음.
권리행사	해당사항 없음.	만기일에 행사가치가 있으면 자동 권리행사됨.

※ 출처 : 금융투자협회 기본교재 1권(2025년) p244

ELW 발행조건

1. 기초자산 : 코스피 200 구성종목 중 거래소가 분기별로 발표하는 50종목, 코스닥 150구성종목 중 거래소가 월별로 공표하는 5종목, 코스피 200 주가지수, 코스닥 150 주가지수, 니케이 225, 항셍지수
2. 권리행사방식 : 유럽형(만기에만 권리행사 가능)
   ※ 참고 : 일반적으로 ELW는 상장되어 거래된다.
3. 만기평가가격
   - 주식 : 최종 거래일을 포함한 직전 5거래일종가의 산술평균가격
   - 주가지수 : 최종거래일의 주가지수종가

ELW(주식워런트증권)에 대한 설명으로 올바른 것은 총 몇 개인가?

> • 기초자산으로 주가지수만 가능하다.
> • 지정가 호가방식을 통해 매매한다.
> • 가격의 변동성이 커서 가격제한폭을 두지 않는다.

① 0개 ② 1개
③ 2개 ④ 3개

[해설] 기초자산으로는 주식과 주가지수 모두 가능하다.

[정답] ③

16 빈출패턴 16 부동산 관련 서류   출제빈도 ★★★

부동산 등기사항증명서에 대한 내용으로 올바르지 않은 것은?

① 표제부를 통해 지번, 지목, 면적을 확인할 수 있다.
② 갑(甲)구에는 소유권에 대한 변동사항을 확인할 수 있다.
③ 을(乙)구에는 소유권에 대한 제한물권을 확인할 수 있다.
④ 가등기 관련 사항은 을구에서 확인한다.

갑구에는 소유권에 관한 변동사항을 확인할 수 있기 때문에 최초 소유자, 중간 소유자, 현 소유자, 압류, 가등기, 가처분 등을 확인할 수 있다. 을구에는 근저당, 지상권 등을 확인 할 수 있다.

정답 ④

더 알아보기

 부동산 현황관련 서류

1. 토지이용계획서
   - 국토의 계획 및 이용에 관한 사항
   - 그외 군사시설에 관한 사항, 농지에 관한 사항, 산림에 관한 사항, 자연공원, 수도, 문화재 및 토지거래에 관한 사항 점검
2. 지적공부(토지대장, 임야대장, 지적도, 임야도 등)
   - 주요 점검사항 : 지목, 면적, 소유자, 경계 등
3. 건축물대장
   - 주요 점검사항 : 층수, 면적, 용도
4. 등기사항증명서
   - 표제부 : 지번, 지목, 면적
   - 甲(갑)구 : 소유권에 대한 변동사항(최초소유자, 중간소유자, 현 소유자, 압류, 가등기, 가처분 등)
   - 乙(을)구 : 소유권에 대한 제한물권, 기타권리

17 빈출패턴 17 개발행위의 허가

출제빈도 ★★★

지방자치단체장의 허가가 필요하지 않는 행위는 무엇인가?

① 토석채취
② 농사를 위한 토지의 형질변경
③ 건축물의 건축, 공작물의 설치
④ 자연보호경관지구에 한 달 이상 물건을 적치하는 것

농사를 위한 토지의 형질변경은 예외적으로 지방자치단체장의 허가가 없어도 가능하다.

정답 ②

더 알아보기

개발행위에 허가가 필요한 사항
도시계획사업에 의하지 않고 건축물의 건축, 토지의 형질변경 등 개발행위를 할 경우 지방자치단체장의 허가를 받아야 한다.

허가를 받아야 하는 행위
1. 건축물의 건축 또는 공작물의 설치
2. 토지의 형질변경, 단 경작을 위한 형질변경은 예외사항이다.
3. 토석채취
4. 토지분할, 단, 건축물이 있는 대지는 제외
5. 녹지지역, 관리지역 또는 자연환경보전지역에 물건을 1개월 이상 쌓아놓는 행위

개발행위에 허가를 받지 않는 경우
1. 재해복구 및 재난 수습을 위한 응급조치
2. 건축법에 의한 신고에 의하여 설치할 수 있는 건축물의 증축, 개축, 또는 재축과 이에 필요한 범위 안에서 토지의 형질변경으로 도시계획시설사업이 시행되지 않고 있는 도시계획시설 부지의 경우에 한함.
3. 기타 허가를 받지 않아도 되는 경미한 행위

18 빈출패턴 18 부동산펀드와 부동산투자회사 출제빈도 ★★★★

부동산투자회사에 대한 설명으로 올바른 것은?

① 부동산투자회사는 금융위원회의 영업 인가를 받아 설립한다.
② 자기관리 부동산투자회사는 상근직원을 채용할 수 없다.
③ 부동산투자회사에는 자기관리 부동산투자회사, 위탁관리 부동산투자회사, 기업구조조정 부동산투자회사만 있다.
④ 부동산투자회사를 설립할 때 원칙적으로 현금출자와 현물출자 모두 가능하다.

자기관리 부동산투자회사, 위탁관리 부동산투자회사, 기업구조조정 부동산투자회사만이 있다.
① 부동산투자회사는 국토교통부로부터 인가를 받거나 등록을 해야 설립할 수 있다.
② 자기관리부동산 투자회사만 상근 임직원을 채용할 수 있으며, 다른 형태의 부동산투자회사는 상근 임직원을 채용할 수 없다.
④ 부동산투자회사를 설립할 때는 상법의 예외조항으로 현금출자만 가능하다.

정답 ③

더 알아보기

 부동산펀드와 부동산투자회사(REITs)

구분	부동산펀드(투자신탁)	부동산투자회사(REITs)
근거법	자본시장법	부동산투자회사법
설립	금융감독원 등록	국토교통부 영업인가(발기설립)
법적성격	법인격 없음.	주식회사
최소자본금	제한 없음.	50억 원(자기관리형 : 70억 원)
자산운용	부동산등에 50% 이상 투자	부동산에 70% 이상 투자
자금차입	순자산의 2배 이내(원칙)	자기자본의 2배 이내(원칙), 주총 특별결의시 10배까지 가능
자금대여	순자산의 100% 이내	금지

※ 부동산투자회사의 최소자본금은 설립 후 6개월 이내 갖추어야 할 최소자본금이다. 설립 당시 최소자본금은 3억 원(자기관리형은 5억 원)이상이다.
※ 출처 : 금융투자협회 기본교재 1권(2025년) p434

19 빈출패턴 19 건축법 관련 용어   출제빈도 ★★★

다음 부동산 관련 용어 중 틀린 것은?

① 개축은 기존 건축물의 전부 또는 일부를 철거하고 그 대지 안에 종전과 동일한 규모의 범위 안에서 다시 축조하는 것이다.
② 증축은 기존 건축물이 있는 대지 안에서 건축물의 건축면적, 층수, 연면적 혹은 높이를 증가시키는 것이다.
③ 건폐율은 대지면적에 대한 건축면적의 비율이다.
④ 용적률은 대지면적에 대한 건축물의 지상층과 지하층의 연면적이다.

지하층은 용적률 계산에 포함하지 않는다.

보충플러스
용적률 묻는 문제가 자주 출제되며 오답으로 지하층의 면적을 포함하는 지문이 자주 제시된다.

정답 ④

더 알아보기

건축법 관련 용어

신축	건축물이 없는 대지(기존 건축물이 철거 또는 멸실된 대지 포함)에 새 건축물을 축조하는 것이며, 부속건축물만 있는 대지에 새로이 주된 건축물을 축조하는 것은 신축에 포함한다.
증축	기존 건축물이 있는 대지 안에, 건축물의 건축면적, 연면적, 층수 혹은 높이를 증가시키는 것으로, 기존 건축물이 있는 대지에 담장을 축조하는 것도 증축이며, 동일대지 내의 별동의 건축물의 건축행위, 1개 층의 건물을 나누어 2개 층으로 만드는 것도 연면적이 증가하므로 증축이다.
개축	기존 건축물의 전부 또는 일부를 철거하고 그 대지 안에 종전과 동일한 규모의 범위 안에서 다시 축조하는 것
이전	건축물의 주요 구조부를 해체하지 않고 동일한 대지 안에서 다른 위치로 이전하는 것
건폐율	대지면적에 대한 건축면적(대지에 2 이상의 건축물이 있는 경우에는 이들 건축면적의 합계)의 비율을 의미한다.
용적률	대지면적에 대한 건축물의 지상층 연면적(대지에 2 이상의 건축물이 있는 경우 이들 연면적의 합계)의 비율을 의미하며, 지하층은 포함하지 않는다.

20 빈출패턴 20 부동산투자회사 종류   출제빈도 ★★★

자산운용 전문인력을 포함한 임직원을 상근으로 두고, 자산의 투자·운용을 직접 수행하는 부동산투자회사는 어느 것인가?

① 자기관리 부동산투자회사
② 위탁관리 부동산투자회사
③ 기업구조조정 부동산투자회사
④ 토지전문 부동산투자회사

상근직원을 두는 것은 자기관리 부동산투자회사이다. 현재의 부동산투자회사법에는 토지전문 부동산투자회사는 없다.

정답 ①

더 알아보기

부동산투자회사의 종류

1. 법인격 : 원칙적으로 주식회사로 하며 그 상호에 '부동산투자회사'라는 명칭을 사용한다.
2. 인가 : 부동산투자회사는 국토교통부 장관의 영업인가 혹은 등록을 해야 하며, 부동산 펀드는 금융위원회에 인가를 받아야 한다.
3. 설립방법 : 발기설립으로 하며 현물출자에 의한 설립은 할 수 없다.

부동산투자회사 종류	내용
자기관리 부동산투자회사	자산운용 전문인력을 포함한 상근하는 임직원이 있으며, 자산의 투자·운용을 직접 수행함.
위탁관리 부동산투자회사	자산의 투자·운용을 자산관리회사에 위탁함.
기업구조조정 부동산투자회사	법에서 정하는 기업구조조정 부동산을 투자대상으로 하며, 자산의 투자·운용을 자산관리회사에 위탁함.

대안투자운용 5문항

21 빈출패턴 21 대안투자상품 개요

출제빈도 ★★★★

대안투자상품에 대한 설명으로 올바르지 않은 것은?

① MMF, 사모펀드(PEF), 헤지펀드가 있다.
② 운용관리능력이 중시되어 운용자의 보수가 상대적으로 높다.
③ 공매도 등을 이용하여 투자를 하기 때문에 위험관리가 중요하다.
④ 장외에서 거래되기 때문에 환금성이 떨어진다.

MMF는 전통적인 투자대상으로 대안투자상품이 아니다.

정답 ①

더 알아보기

전통적인 투자상품	대안투자상품
주식, 채권, 뮤추얼펀드, 단기자금시장(MMF)	■ 부동산 : REITs(리츠) ■ 인프라 : 운송, 전기, 기타, 교육, 보건, 주택 등 ■ PEF, 벤처 캐피탈, 메자닌 캐피탈, 성장펀드, 엔젤투자 등 ■ 헤지펀드 : 롱숏 전략, 글로벌 매크로, Event Driven 등

대안투자상품의 특징

1. 전통적인 투자상품과 낮은 상관관계를 갖고 있어 전통투자와 포트폴리오를 구성하면 효율적인 포트폴리오 구성이 가능하다. 단, 최근에는 상관관계가 높아지고 있다는 것에 유의해야 한다.
2. 대부분 대안투자는 장외시장에서 거래되어 자산의 환금성이 낮아서 환매금지기간이 있고 투자기간이 길다.
3. 차입, 공매도, 파생상품의 활용이 높아 위험관리가 중요하다(유동성위험, Mark to market risk, 운용역 위험).
4. 투자자들은 대부분 기관투자가 혹은 거액자산가들로 구성되어 있다.
5. 대부분 새로운 자산과 거래전략으로 과거 성과자료의 이용이 제한적이다.
6. 전통투자에 비해 운용자의 운용 스킬이 중요하여 높은 수준의 보수율을 받으며 성공보수가 함께 징구된다.

22 빈출패턴 22 사모펀드(PEF, Private Equity Fund)구조 출제빈도 ★★★

다음 중 PEF에 대한 설명으로 잘못된 것은?

① 무한책임사원과 유한책임사원간의 파트너십 관계를 통해 PEF가 형성된다.
② 법으로 정한 연고자, 전문가 외에는 50인 이상의 일반투자자에 대하여 사모펀드의 청약을 권유하는 행위는 금지된다.
③ PEF의 등기, 등록사항에서 유한책임사원의 내역은 제외된다.
④ PEF의 사원의 총수는 최대 49인까지이어야 한다.

PEF의 사원 총수는 100인 이하이어야 하기 때문에 최대 100인까지 PEF의 투자자가 될 수 있으며, 100인 이하의 투자자로부터 PEF의 자금모집을 허용하고 있다. 연고자 등을 포함해서 총사원이 100인 이하이어야 한다. 사모와 공모의 기준에 따른 투자자는 단지 일반투자자의 숫자인 50인이며, 이러한 기준과 사모펀드의 사원이 될 수 있는 총 숫자와는 구분해야 한다.

정답 ④

더 알아보기

1. **PEF 설립요건**
   - 신문, 잡지, 방송 등을 통한 광고를 금지하며, 100인 이하의 투자자로부터 자금을 모집해야 한다.
   - 법으로 정한 연고자, 전문가 외에는 50인 이상의 일반투자자에 대하여 사모펀드의 청약을 권유하는 행위는 금지된다.

2. **PEF 정관에 포함될 사항**
   - 목적, 상호, 회사의 소재지, 각 사원의 출자의 목적과 가격 또는 평가의 기준, 사원의 성명, 주민등록번호 및 주소, 무한책임사원 및 유한책임사원의 구분, 정관의 작성연월일

3. **PEF 등기사항**
   - 목적, 상호, 회사의 소재지, 무한책임사원의 상호 또는 명칭, 회사의 해산 사유를 정한 경우 그 내용

4. **금융위원회 등록사항**
   - 등기사항과 함께 업무집행사원에 관한 사항, PEF 운용에 관한 사항, 종합금융투자사업자로부터 전담중개 업무를 제공받는 경우 서비스를 제공하는 종합금융투자사업자에 대한 사항
   - 기타 : 등기·등록사항에서 유한책임사원의 내역을 제외하고 있음.

23

빈출패턴 23 헤지펀드 운용

출제빈도 ★★★★

헤지펀드의 방향성 전략에 대한 설명으로 틀린 것은?

① 글로벌매크로 전략은 전 세계 경제 추세를 예측하여 포트폴리오를 구성하는 Top-Down 전략이다.
② 이머징마켓 헤지펀드 전략은 주로 신흥시장에서 거래되는 모든 증권에 대해서 포지션을 취하는 방향성 전략이며, 이머징마켓 국가는 일반적으로 공매도를 허용하지 않으므로 주로 매수전략을 사용한다.
③ 매도전문펀드는 주식차입을 활용하여 먼저 매도포지션을 취함으로써 주가가 하락할 때 이익을 추구하며, 매도할 주식을 차입하고 차입한 주식을 나중에 시장에서 더 낮은 가격으로 매입하여 주식 대여자에게 반환한다.
④ 방향성 전략에서는 주식의 롱-숏 전략을 활용할 수 없다.

방향성 전략에는 롱-숏 전략이 활용된다.

정답 ④

더 알아보기

방향성 전략

1. **주식의 롱-숏** : 대표적인 차익거래 전략이나 개별주식의 방향성을 기대하며, 롱-숏의 배분 비율을 달리함으로써 방향성 전략으로도 사용될 수 있다.
2. **글로벌 매크로** : 금리, 경제정책, 인플레이션 등과 같은 요인을 고려한 전 세계 경제 추세를 예측하여 포트폴리오를 구성하고 개별 기업의 가치보다는 전체 자산가치의 변화로부터 수익을 추구하는 전략이다.
3. **이머징마켓 헤지펀드** : 주로 신흥시장에서 거래되는 모든 증권에 대해서 포지션을 취한다. 신흥시장의 경우 선진국 시장보다 비효율적이고 유동성이 낮다. 이머징마켓 국가는 대체로 공매도를 허용하지 않으므로 주로 매수전략을 사용하고 시장위험을 헤지할 수 있는 선물시장이 존재하지 않을 경우 주식스왑이나 워런트 같은 장외상품을 이용하기도 한다.
4. **섹터헤지펀드** : 특정 산업분야에 속하는 기업의 증권에 대하여 롱-숏 투자를 전문으로 한다.
5. **매도전문펀드** : 매도 포지션을 취함으로써 주가가 하락할 때 이익을 추구하는데 매도할 주식을 차입하고 차입한 주식을 나중에 시장에서 더 낮은 가격으로 매입하여 주식 대여자에게 반환한다. 주가가 상승하면 손실이 발생하기 때문에 펀드 운용자의 종목 선택 능력과 매매기회 포착이 중요하다.

기출 유형

헤지펀드의 투자방법 중 방향성 투자전략으로 올바르게 짝지어진 것은?

① 선물거래, 이머징마켓 펀드 투자
② 전환사채차익거래, 인수합병거래
③ 스프레드거래, 합병차익거래
④ 글로벌 매크로전략, 주식시장중립전략

[해설] 방향성투자전략은 위험을 적극적으로 취하고 상황에 따라 차입과 공매도를 사용한다. 이는 특정 주가 또는 시장의 방향성에 근거하는 전략으로 시장의 방향성에 따라서 매매 기회를 포착하는 기법이다. 주식의 롱숏, 글로벌 매크로, 이머징마켓 헤지펀드, 선물거래 등이 있다. 특히 주식의 롱숏 전략은 차익거래로 사용할 수도 있으나 주식의 방향성을 보고 사용할 수도 있는 전략이다.

[정답] ①

기출 변형

헤지펀드의 방향성 투자전략으로 묶인 것은 모두 몇 개인가?

| • 주식의 롱숏전략 | • 이머징 마켓헤지펀드 |
| • 선물거래 | • 차익거래전략 |

① 1개
② 2개
③ 3개
④ 4개

[해설] 차익거래전략은 방향성 전략이 아니다.

[정답] ③

빈출패턴 24 CDS(Credit Default Swap), TRS(Total Return Swap), CLN(Credit Linked Note)

출제빈도 ★★★★

신용파생상품과 관련한 내용으로 잘못된 것은?

① CLN은 일반채권에 CDS를 결합한 상품이다.
② TRS에서 총수익매도자는 자산의 신용위험과 시장위험을 총수익매수자에게 전가할 수 있다.
③ CLN발행자는 채권을 발행하여 신용위험을 투자자에게 전가할 수 있다.
④ CDS에서 보장매도자는 보장매수자에게 보장프리미엄을 지불한다.

CDS에서 보장이라는 의미는 보험이라는 용어와 의미상 동일하다. 그러므로 보장매도자는 보험매도자이며, 보장매수자는 보험매수자이고, 보장프리미엄은 보험프리미엄(보험료)이다. CDS에서 보장매도자(보험판매자)는 보장매수자(보험구매자)에게 보장프리미엄(보험료)을 지급받아야 한다. 보장매수자의 신용위험이 발생하면 보장매도자는 그 신용위험에 대하여 보상해준다.

정답 ④

더 알아보기

신용파생상품의 종류

- **CDS(Credit Default Swap)**

준거자산의 신용위험을 분리하여 보장매입자가 보장매도자에게 이전하고 보장매도자는 그 대가로 보장프리미엄을 지급받는 금융상품으로 보장프리미엄과 손실보전금액을 교환하는 계약이다.

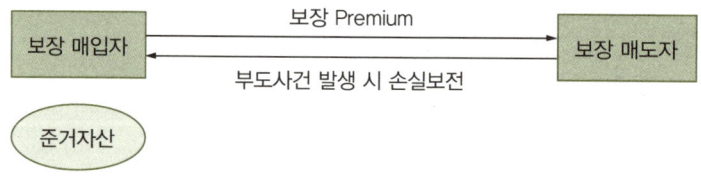

※ 출처 : 금융투자협회 기본교재 2권(2025년) p98

- TRS(Total Return Swap)

 신용위험 뿐만 아니라 시장위험도 거래 상대방에게 전가시키는 신용파생상품이다. 기존자산 보유자는 총수익매도자로서 준거자산의 모든 현금흐름을 총수익 매입자에게 지급하고, 총수익 매입자는 시장 기준금리에 TRS 스프레드를 가산한 금리를 지급하는 계약이다. 총수익 매도자 입장에서는 준거자산에서 대한 신용위험과 시장위험에 대한 노출을 모두 헤지할 수 있다. 일반적으로 TRS계약에 의해 현금흐름과 이에 따른 위험은 총수익 매입자에게 이전되지만 투표권과 같은 경영권은 이전되지 않는다.

※ 출처 : 금융투자협회 기본교재 2권(2025년) p99

- CLN(Credit Linked Note)

 일반채권에 CDS를 결합한 상품으로, 보장매입자는 준거자산의 신용위험을 CLN발행자에게 전가하고 CLN발행자는 이를 다시 채권의 형태로 변형하여 투자자에게 발행함으로써 위험을 투자자에게 전가한다.

기출유형

신용파생상품과 관련한 내용으로 잘못된 것은?

① CLN은 일반채권에 CDS를 결합한 금융상품이다.
② TRS의 총수익매도자는 자산의 신용위험과 시장위험을 총수익매수자에게 전가할 수 있다.
③ CLN발행자는 채권을 발행하여 신용위험을 투자자에게 전가할 수 있다.
④ 합성 CDO는 CDO의 특수한 형태로 보장매입자가 준거자산을 양도하는 것이다.

[해설] 합성 CDO는 보장매입자가 준거자산을 양도하는 것이 아니라, 신용파생상품을 이용하여 자산에 내재된 신용위험을 SPC에 이전하는 유동화 방식이다.

[정답] ④

빈출패턴 25 다양한 CDO(Collateralized Debt Obligation)

출제빈도 ★★★★

다음에 설명하는 CDO에 해당하는 것은?

- 기초자산의 수익률과 유동화증권의 수익률 간의 차이에서 발생하는 차익을 취할 목적으로 발행되는 CDO이다.
- SPC는 신용도가 높은 선순위 CDO 트랜치를 발행함으로써 낮은 이자비용을 발생시키고, 기초자산으로부터 얻는 높은 수익과의 차익을 남긴다.

① Arbitrage CDO　　② Balance Sheet CDO
③ Cash Flow CDO　　④ Synthetic CDO

Arbitrage CDO에 대한 설명이다.

정답 ①

더 알아보기

 CDO 구분

이름	내용
Arbitrage CDO	■ 기초자산의 수익률과 유동화 증권의 수익률 간의 차이에서 발생하는 차익을 취할 목적으로 발행되는 CDO ■ SPC는 신용도가 높은 선순위 CDO 트랜치를 발행함으로써 낮은 이자비용을 발생시키고, 기초자산으로부터 얻는 높은 수익과의 차익을 남긴다.
Balance Sheet CDO	■ 위험전가 목적으로 거래하고, 거래를 통해 대차대조표에서 신용위험 자산이 감소하여 재무비율이 개선되는 효과를 가지고 있음. ■ CDO를 통한 위험 전가의 결과로 자산보유자는 위험관리, 감독규정상의 최저 요구자본 요건 충족 및 대출여력 확충 등과 같은 효과를 얻을 수 있음.
Cash Flow CDO	■ 자산을 양도하여 SPV를 구성하며, SPV에서 발행한 트랜치에 매각 대금으로 자본조달
Synthetic CDO	■ CDS를 활용하여 위험 전가
Static CDO	■ 포트폴리오의 운용 없이 만기까지 보유
Dynamic CDO	■ 지정된 운용자에 의해 자산이 운용되는 CDO
Hybrid CDO	■ Ram-up 기간과 자산으로부터 선지급이 있는 경우 자산을 운용 혹은 대체하는 hybrid 구조

※ 출처 : 금융투자협회 기본교재 2권(2025년) p107

기출 유형

다음에 설명하는 용어를 순서대로 올바르게 표시한 것은?

- 기초자산의 수익률과 유동화증권의 수익률 간의 차이에서 발생하는 차익을 취할 목적으로 발행되는 CDO
- CDO를 통한 위험전가의 결과로 자산보유자는 위험관리, 감독규정상의 최저 요구자본 요건 충족 및 대출여력 확충 등과 같은 효과를 얻을 수 있음.

① Arbitrage CDO, Synthetic CDO
② Arbitrage CDO, Balanced Sheet CDO
③ Static CDO, Hybrid CDO
④ Balance Sheet CDO, Arbitrage CDO

[해설] 첫 번째는 Arbitrage CDO를 의미하고, 두 번째는 Balance Sheet CDO를 의미한다.

[정답] ②

해외증권 투자 5문항

26

빈출패턴 26 국제 주가지수

출제빈도 ★★★

주가지수에 대한 설명으로 올바르지 않은 것은?

① DJIA는 가격가중 주가지수이다.
② Nikkei 225는 시가기준으로 작성한 주가지수이다.
③ 가격가중 주가지수는 각 주식의 가격으로 가중치를 계산하여 지수를 산출한다.
④ 시가기준 주가지수는 시가총액이 큰 종목의 주가 움직임이 잘 반영된다.

Nikkei 225는 가격으로 가중치를 둔 가격가중 주가지수이다.

정답 ②

더 알아보기

- 주가지수 : 시장 전체의 평균적인 성과와 변화를 측정하는데 활용된다.
- 가격가중지수 : 주가지수에 포함된 종목의 가격으로 가중평균하여 산출된 주가지수
- 시가가중지수 : 주가지수에 포함된 종목의 시가총액으로 가중평균하여 산출된 주가지수
- 주요국의 주가지수

주가지수	내용
Nikkei 225(일본)	일본시장의 대표적인 225개의 종목의 가격으로 가중평균한 주가지수
S&P 500(미국)	미국시장의 대표적인 500개의 종목의 시가총액으로 가중평균한 주가지수
KOSPI(한국)	우리나라 유가증권시장의 모든 주식을 시가총액으로 가중평균한 주가지수 (유동주식수로 시가가중한 주가지수)
DJIA(미국)	미국시장의 대표적인 30개의 종목의 가격으로 가중평균한 주가지수

27 빈출패턴 27 복수상장효과 출제빈도 ★★★★

복수상장의 효과와 가장 거리가 먼 것은?

① 해당 기업의 해외인지도가 상승할 수 있다.
② 국내시장과 해외시장에 동시에 상장하므로 상장유지비용이 국내 상장에 비해 저렴하다.
③ 기업의 투명성 제고로 인해 자본조달비용을 절감할 수 있다.
④ 글로벌 고객에 대한 홍보효과가 발생할 수 있다.

동시에 두 곳에 상장하기 때문에 상장유지비용이 증가한다.

정답 ②

더 알아보기

복수상장의 효과

장점	▪ 외국 투자자, 고객들에게 인지도를 높임. ▪ 기업경영의 내용과 기업가치에 대한 정보를 공개하기 때문에 기업의 투명성을 높여서 주가를 올릴 수도 있음. ▪ 상장자격이 까다로운 미국시장에 상장하는 경우에는 상장 그 자체가 기업의 신뢰성을 인정받는 의미로 해석될 수 있음. ▪ 해외시장을 통해 자금을 조달하여 기업의 자본조달 비용을 낮출 수 있음. ▪ 기업의 자금의 이용가능성을 높여줌, 즉 한계자본조달비용을 느리게 상승시키는 효과가 있음.
단점	▪ 해외시장에서 거래가 지속되면 가격결정 리더십을 잃을 수도 있으며, M&A등의 활동도 해외에서 이루어질 수 있기 때문에 원래 속했던 국가의 기업으로서의 성격을 잃어버릴 수도 있음. ▪ 두 곳의 거래소에 상장을 유지하여 상장유지비용이 많이 발생한다.

28 빈출패턴 28 유로채와 외국채   출제빈도 ★★★★

국제채권에 대한 설명으로 틀린 것은?

① 유로채는 주로 무기명식채권으로 발행된다.
② 유로채는 발행당국의 규제가 거의 없는 채권으로 역외채권이라고도 한다.
③ 양키본드는 채권에 표시된 통화의 국외에서 발행한 채권이다.
④ 발행자의 국적과 상관없이 원칙적으로 미국에서 달러로 채권을 발행하기 위해서는 미국 내 관계당국의 신고를 하고 신용평가를 받아야 한다.

양키본드는 외국채로 미국 내에서 미국 달러로 외국인이 발행하는 채권이다. 유로채와 외국채를 구분하는 가장 간단한 방법은 발행국 통화와 발행채권의 통화가 같은지 여부이다. 발행국통화=발행채권 통화 → 외국채, 발행국통화≠발행채권 통화 → 유로채

정답 ③

더 알아보기

국제채권 종류

구분	유로채	외국채
정의	■ 발행국가에서 외국통화로 발행되는 채권 (발행국통화≠발행채권통화)	■ 발행국가에서 발행국의 통화로 비거주자가 발행하는 채권(발행국통화=발행채권통화)
예시	■ 한국에서 발행되는 유로채(김치본드) ■ 홍콩에서 발행되는 유로채(딤섬본드) ■ 일본에서 발행되는 유로채(쇼군본드)	■ 미국에서 발행되는 외국채(양키본드) ■ 일본에서 발행되는 외국채(사무라이본드)
차이	■ 발행 시 규제가 적은 국가를 선택하여 발행하기 때문에 상대적으로 규제를 덜 받는다.	■ 발행 시 해당국의 규제를 받음.
기타	■ 무기명식채권 ■ 1년에 한 번 이자 지급 ■ 보우트딜 형식으로 발행 ■ 딜러자율규제기관 AIBD의 통제를 받음.	■ 대체로 이자를 1년에 두 번 이상 지급 ■ 발행국가의 정부의 통제를 받음.

29 빈출패턴 29 미국 국채투자

출제빈도 ★★★★

다음 괄호에 들어갈 용어의 순서가 올바른 것은?

> 미국 국채 중에 T-Bond는 (　　)로 발행하고 T-Note는 (　　)로 발행한다.

① 이표채, 이표채
② 할인채, 이표채
③ 할인채, 할인채
④ 이표채, 할인채

T-Bond와 T-Note는 이표채로 발행하고 T-Bill은 할인채로 발행한다.

정답 ①

더 알아보기

미국국채의 종류

미국국채	내용
T-Bill (단기)	■ 만기 1년 이하의 미국 재무성이 발행한 채권 ■ 할인식으로 발행함(액면이자 지급 없음) ■ 최저거래단위 : 1만 달러
T-Note (중기)	■ 만기 1년 이상 ~ 10년 이하의 미국 재무성이 발행한 채권 ■ 이표채로 매 6개월마다 액면이자를 지급한다.
T-Bond (장기)	■ 만기 10년을 초과하는 미국 재무성이 발행한 채권 ■ 이표채이며 매 6개월마다 액면이자를 지급한다.

※ 빈출포인트
미국국채는 무위험채권으로 분류된다. 미국 국채에 투자할 경우 경제여건 등을 고려해야 하나 <u>위험자산에 대한 가산금리는 고려하지 않아도 된다.</u>

30 빈출패턴 30 자산배분

출제빈도 ★★★★

해외주식 투자 시 하향식(Top-down) 투자에 대한 설명으로 올바른 것은 총 몇 개인가?

- 산업과 기업을 선정 후에 각 국가의 투자 비중을 결정한다.
- 개별 국가의 거시경제 변수를 분석한 후 국가별 투자 비중을 먼저 결정한다.
- 전 세계의 국가의 통합정도가 낮은 것으로 가정한다.
- 세계경제를 하나의 연결된 대상으로 인식한다.

① 1개 ② 2개
③ 3개 ④ 4개

하향식 투자순서는 국가분석 → 산업분석 → 개별기업 분석의 순서이다. 하향식 투자는 세계경제를 통합되지 않는 개별 국가의 합으로 가정하여 분석한다.
반면에 상향식 투자순서는 개별기업 분석 → 산업분석 → 국가분석이다. 국가별 투자비중은 상향식 투자의사 결정의 결과물이다. 상향식 투자는 세계 경제를 각 국가의 통합된 하나의 경제로 가정한다.

정답 ②

더 알아보기

 하향식 투자와 상향식 투자

하향식 투자 (Top-down approach)	■ 각국의 거시경제 변수를 보고 국가 비중을 우선적으로 결정한다. 투자대상국의 성장률과 물가, 환율 등 거시경제지표의 변화를 예측하고 낙관적으로 전망되는 국가의 투자비중을 높인다. ■ 국가분석이 중요하기 때문에 거시경제 및 국가분석이 연구의 중심이 되고, 국가 비중 결정이 포트폴리오 투자결정의 핵심이 된다. ■ 세계경제를 완전히 통합되지 않고 분리된 각국 경제의 결합체로 보고 있다. ■ 각국에서 산업과 개별 기업별 비중을 결정한다.
상향식 투자 (Bottom-up approach)	■ 주요 산업과 기업을 글로벌 경쟁의 관점에서 분석하고 성장성이 있는 산업 및 각 산업에서 혁신을 선도하는 기업을 선정하여 투자한다. ■ 국가비중은 산업 및 기업선정의 결과로 결정되며, 산업과 기업분석이 연구의 중심이 된다. ■ 각국 경제의 통합이 진전되어 세계 경제를 글로벌화된 산업들의 집합으로 보고 있다.

기출 유형

국제투자와 관련하여 잘못 설명한 것은?

① 하향식 투자를 할 경우 국가비율을 먼저 결정해야 한다.
② 상향식 투자는 각 국가의 통합화 정도가 어느 정도 진전되어 있음을 가정한다.
③ 성장성이 있는 기업을 선정하고 투자하고 그 결과로 국가 투자비율이 결정되는 방법은 상향식 투자방법이다.
④ 기업분석, 산업분석, 국가분석의 순서대로 분석하여 투자하는 방법은 하향식 투자방법이다.

[해설] 상향식 투자방법에 대한 설명이다.

[정답] ④

이것만 공부하면 80점 — 투자분석기법 12문항

31 빈출패턴 31 현금흐름 추정원칙 출제빈도 ★★★

투자안의 가치를 평가할 때 현금흐름 추정원칙으로 올바른 것은?

① 매몰비용과 기회비용은 모두 현금흐름에 반영해야 한다.
② 감가상각비는 현금유출이 아니나, 과세대상 이익에 영향을 미치기 때문에 이러한 효과를 현금흐름에 반영하여 추정해야 한다.
③ 현금흐름은 세전 기준으로 추정해야 한다.
④ 간접효과는 고려하지만 순운전자본의 증가 혹은 감소는 현금흐름에 반영하지 않는다.

기회비용은 현금흐름에 반영해야 하고, 세후기준으로 추정해야 하며 순운전자본 변동도 현금흐름에 반영하여 추정해야 한다.

정답 ②

더 알아보기

현금흐름 추정원칙

- 증분기준으로 추정
- 법인세 지급 후 기준으로 추정(세후기준 추정)
- 감가상각비를 고려하여 추정
- 투자에 의해 발생할 수 있는 간접효과를 고려하여 추정해야 함, 순운전자본의 변동도 고려하여 추정
- 현금유입과 유출시점을 정확하게 구분하여 추정
- 매몰원가는 고려하지 않음.
- 기회비용은 현금흐름에 고려하여 추정

32. 빈출패턴 32 배당모형을 이용한 할인율 계산

출제빈도 ★★★★

다음 정보를 이용하여 주식의 할인율을 계산하면? (단, 근사값으로 선택하시오)

- 올해 1주당순이익(E_0) : 4,000원
- 배당성향 : 30%
- 순이익 증가율 : 4%
- 현재주가 : 10,000원

① 14%   ② 16%
③ 20%   ④ 24%

$$k_e = \frac{d_1}{P_0} + g = \frac{4{,}000원 \times (1+4\%) \times 0.3}{10{,}000원} + 4\% = 16.48\%$$

정답 ②

더 알아보기

주식 할인율을 계산하는 대표적인 방법

문제에서 주어진 데이터를 활용한다.

① 배당평가모형을 활용하는 방법

$$k_e = \frac{d_1}{P_0} + g \text{ (배당수익률 + 배당의 성장률)}$$

② CAPM 이용 방법

$$k_e = R_f + \beta[E(R_M) - R_f]$$

③ APT 이용 방법

$$k_e = \lambda_0 + \beta_1\lambda_1 + \beta_2\lambda_2 + \cdots + \beta_n\lambda_n$$

기출 유형

배당평가모형을 이용하여 주주의 기대수익률을 계산하면 얼마인가? (단, 배당성향, 배당성장률은 미래에도 현재의 상태가 지속적으로 유지될 것으로 가정한다)

- 배당성향 40%
- 배당성장률 5%
- 현재 주당이익(t=0기) 1,000원
- 현재 주가 : 10,000원

① 9.2% ② 11.3%
③ 12.3% ④ 13.3%

[해설] $k_e = \dfrac{d_1}{P_0} + g = \dfrac{420원}{10,000원} + 5\% = 9.2\%$

1기간 후의 배당금 = 1,000원 × (1+5%) × 40% = 420원

[정답] ①

33 빈출패턴 33 재무비율   출제빈도 ★★★★

재무비율에 대한 설명으로 올바르지 않은 것은?

① 고정비용보상비율이 높으면 레버리지를 적절히 활용하고 있다고 해석할 수 있다.
② 매출채권회전율이 급격히 증가하거나 재고자산회전율이 급격히 증가하면 회사의 자금 사정이 악화되었다고 해석할 수 있다.
③ 총자산회전율이 높으면 필요한 자산보다 적거나 자산이 노후화됐다고 추측할 수 있다.
④ 성장률이 하락하는 기업에서는 대체로 배당성향이 증가하는 현상이 관찰된다.

고정비용보상비율 = $\dfrac{\text{고정비용 및 법인세차감전이익}}{\text{고정비용}}$ 으로 이 비율이 높으면 충분히 레버리지를 활용하지 못한다고 판단한다.

정답 ①

더 알아보기

활동성지표
↳ 기업의 자산을 얼마나 잘 활용하는지 그 효율성을 측정하는 지표

비유동자산회전율	• $\dfrac{\text{순매출}}{\text{비유동자산}}$ • 이 수치가 높다면 생산공정이 효율적이라고 해석하지만, 투자가 충분하지 않다는 해석도 가능하다.
재고자산회전율	• $\dfrac{\text{순매출}}{\text{재고자산}}$ 혹은 $\dfrac{\text{매출원가}}{\text{재고자산}}$ • 높은 재고자산회전율은 재고 관리를 효율적으로 한다는 의미도 되지만, 재고자산이 충분하지 못하다는 해석도 가능하다. • 재고자산회전율이 갑자기 낮아지면 매출이 둔화되어 재고자산이 누적되는 것을 의미하며, 반대로 이 수치가 갑자기 증가하면 현금흐름에 어려움을 겪어 저가로 재고를 처분하고 있다는 해석이 되어 부실의 징후로 볼 수도 있다
매출채권회전율	• $\dfrac{\text{순매출}}{\text{매출채권}}$ • 매출채권 회전율이 높으면 효율적인 대금회수 정책을 나타내지만 반대로 너무 낮으면 대금회수 정책이 느슨한 것으로 해석할 수 있다. • 매출채권 회전율이 급격히 상승하는 경우 높은 할인율로 매출채권을 현금화했을 가능성이 있어 부실의 징후로 볼 수도 있다.

투자분석기법

총자산회전율	• $\dfrac{순매출}{총자산}$ • 총자산회전율이 너무 높으면 충분한 자산을 보유하지 않거나, 추가적인 생산시설이 더 필요하다고 해석할 수 있다. • 총자산회전율이 하락추세를 보인다면 매출의 둔화, 경영효율의 하락, 혹은 기계설비가 노후화되고 있다고 추정할 수 있다.

보상비율

↪ 기업이 부담하는 재무적 의무를 잘 이행할 수 있는지 평가하는 지표이다.

배당성향	• $\dfrac{보통주배당금}{보통주 주주들의 이익}$ • 손실이나 적자가 발생하면 배당성향이 낮아진다. • 배당성향이 너무 높으면 기업내부의 추가 투자기회가 없다고 해석할 수도 있다. • 일반적으로 기업의 성장성이 높을 경우에는 배당성향이 낮고, 기업의 성장성이 둔화될 경우에는 배당성향이 높다.
이자보상비율	• $\dfrac{영업이익}{이자비용}$ • 기업의 영업활동을 통해서 채권자에게 지급하는 이자비용을 얼마나 안정적으로 잘 지급하는지 측정하는 지표이다. • 이 비율이 높을수록 채권자의 권리는 잘 보호되고, 주주의 재무적 안정성도 높다고 볼 수 있다. • 기업의 레버리지가 낮은 상황에서 이자보상비율이 너무 낮으면 기업은 레버리지 효과를 최대로 활용하지 않다고 해석될 수도 있다.
고정비용보상비율	• $\dfrac{고정비용\ 및\ 법인세\ 차감\ 전\ 이익}{고정비용}$ • 기업의 재무적 의무를 측정하는 지표이다. • 이 비율이 낮다는 것은 기업이 부채의 레버리지 효과를 충분히 활용하지 못하다는 것을 의미하며, 반대로 너무 낮다면 해당 기업은 공격적인 경영전략을 구사하고 있거나, 기존자산의 수익에서 충분히 수익이 발생하지 못한다는 것을 의미한다. • 이자율이 상승하면 고정비용보상비율은 대체로 하락한다.

안정성지표

↪ 기업의 채무이행능력을 알려준다.

부채-자산비율	• $\dfrac{총부채}{총자산}$ • 이 비율이 50% 미만인 경우 일반적으로 레버리지나 위험 측면에서 균형이 잘 잡힌 것으로 인식된다. • 이 비율이 높을수록 주주의 자본비용도 같이 증가한다.
부채-자기자본비율 (부채비율)	• $\dfrac{총부채}{자기자본}$ • 부채비율이 100% 이상인 것은 일반적으로 높은 부채비율로 인식된다. • 이 비율이 높을수록 주주가 부담하는 위험이 증가한다.

유동성지표

현금비율	· $\dfrac{\text{현금}+\text{시장성유가증권}}{\text{유동부채}}$ · 단기부채를 부담할 수 있는 능력을 본다. 이 비율이 너무 높으면 현금보유가 너무 많아서 장기적인 수익성이 존재하는 고정자산의 투자금액이 낮아서 장기적인 수익성을 훼손할 수 있다고 해석할 수 있다.
유동비율	· $\dfrac{\text{유동자산}}{\text{유동부채}}$ · 단기부채를 상환할 수 있는 능력을 나타낸다. · 유동비율이 너무 낮으면 자금부족의 위험에 처할 가능성이 있다. 그러나 유동비율이 너무 높으면 현금보유가 너무 많아서 장기적인 기업의 수익성이 악화될 수 있다.
당좌비율	· $\dfrac{\text{유동자산}-\text{재고자산}-\text{선급금}}{\text{유동부채}}$ · 단기적인 채무 대응능력을 나타낸다. · 유동비율은 높으나 당좌비율이 낮다는 것은 재고가 상대적으로 많다는 의미로 해석될 수 있으며, 재고가 잘 판매되지 않는다고 해석할 수도 있다.

기출 유형

재무비율에 대한 설명으로 올바르지 않은 것은?

① 유동비율은 높지만 당좌비율이 낮다면 재고자산의 비중이 높다고 해석할 수 있다.
② 고정비용보상비율이 높다는 것은 해당 기업이 레버리지효과를 충분히 활용하고 있다는 의미이다.
③ 매출채권회전율이 갑자기 증가한 것은 기업의 자금이 부족하여 매출채권할인율을 높여 회수를 앞당긴 것으로 기업의 상황이 좋지 않다고 해석할 수 있다.
④ 부채비율(부채/자기자본)이 높을수록 기업의 재무위험이 증가하여 주주의 기대수익률이 증가한다.

[해설] 고정비용보상비율이 높은 것은 레버리지를 충분히 활용하고 있지 않다는 의미이다.

[정답] ②

기출 변형

총자산회전율이 1.5배이고 총자산이 1,000억 원이면 매출액은 얼마인가?

① 1,000억 원 　　② 1,500억 원 　　③ 1,800억 원 　　④ 2,000억 원

[해설] 총자산회전율=매출액/총자산, 매출액은 1,500억 원이 된다.

[정답] ②

기출 변형

재무상태표와 손익계산서의 자료를 모두 이용하여 산출되는 지표는 무엇인가?

① 총자산회전율
② 부채비율
③ 당좌비율
④ 이자보상비율

[해설] 총자산회전율=순매출액/총자산으로 손익계산서의 항목인 순매출액, 재무상태표 항목인 총자산을 이용하여 산출한다. 부채비율과 당좌비율은 재무상태표만의 항목으로 산출이 가능하다. 이자보상비율은 손익계산서 항목만으로 산출이 가능하다.

[정답] ①

기출 변형

재무비율 분석과 관련하여 잘못된 것은?

① 비유동자산회전율이 높다면 투자가 충분하지 않다고 해석할 수도 있다.
② 재고자산회전율이 갑자기 높아졌다면 해당 기업의 경영의 효율성이 높아진 것으로만 해석할 수 있다.
③ 매출채권회전율이 높다는 것은 효율적으로 영업을 한다는 의미이기도 하지만, 매출채권회전율이 급격히 증가하는 것은 부실의 징후로도 볼 수 있다.
④ 총자산회전율이 너무 높다면 충분한 설비를 보유하지 않았다고 해석할 수도 있다.

[해설] 재고자산회전율이 갑자기 높아진 것은 기업의 부실징후로도 해석할 수도 있다.

[정답] ②

기출 변형

총자산회전율이 1.5이고 총자산이 1200억 원이면, 순매출액은 얼마인가?

① 1,200억 원
② 1,500억 원
③ 1,800억 원
④ 2,100억 원

[해설] 총자산회전율=매출액/총자산
1.5=매출액/1,200억 원 → 매출액은 1,800억 원

[정답] ③

34 빈출패턴 34 현금흐름표

출제빈도 ★★★★

현금과 현금흐름에 대한 설명으로 틀린 것은?

① 현금은 현금과 현금성자산을 의미한다.
② 현금은 미래의 배당금 지급여력과 원리금 상환을 분석하는 지표가 될 수 있다.
③ 현금흐름표에서 유형자산을 구입하여 발생하는 현금흐름은 재무활동현금흐름으로 분류한다.
④ 현금흐름표에서 자금을 차입하여 발생하는 현금흐름은 재무활동현금흐름으로 분류한다.

유형자산의 구입 및 처분과 관련된 현금흐름은 투자활동현금흐름으로 분류한다.

정답 ③

더 알아보기

일정 기간 동안 기업의 현금유입과 유출을 나타낸 재무제표

현금흐름표

- 영업활동현금흐름(1)
  - 당기순이익(비현금비용 가산, 비현금수익 차감)
  - +/− 운전자산과 부채의 변동
- 투자활동현금흐름(2)
  - 비유동자산 매입(건물, 구축물등 투자 → 현금유출)
  - 비유동자산 매각(현금유입)
- 재무활동현금흐름(3)
  - 증자, 차입금 증가(현금유입)
  - 유상감자, 차입금 상환, 배당금 지급(현금유출)
- 현금흐름합계(1+2+3)=A
- 기초현금(4)
- 기말현금(A+4)

- 현금의 범위=현금 및 현금성자산
- 현금 : 보유현금과 요구불현금
- 현금성자산 : 큰 거래비용 없이 현금화가 가능하고 가치변동 위험이 낮은 자산
  예 취득 당시 만기 3개월 이내의 채권 등

현금흐름 변동에 영향을 주는 항목

항목	현금흐름 차감항목	현금흐름 가산항목
영업활동현금흐름	■ 비현금수익 : 재고자산평가이익 ■ 운전자산 증가 ■ 매출채권 증가 ■ 재고자산 증가 ■ 매입채무 감소 ■ 당기순손실	■ 비현금비용 : 감가상각비, 재고자산평가손실, 대손상각비 ■ 운전자산 감소 ■ 매출채권 감소 ■ 재고자산 감소 ■ 매입채무 증가 ■ 당기순이익
투자활동현금흐름	■ 자산의 구입 ■ 투자유가증권 구입	■ 자산의 처분 ■ 투자유가증권 처분
재무활동현금흐름	■ 차입금 상환 ■ 자기주식취득 ■ 신주 및 사채의 발행비용	■ 차입금 차입 ■ 유상증자 ■ 자기주식처분

※ 학습 Tip

위의 표의 내용을 모두 암기할 수는 없다. 현금흐름과 관련하여 큰 원칙은 자산이 증가하는 것은 현금의 유출이며, 부채가 증가하는 것은 현금의 유입이다. 자산이 증가한다는 것은 기업이 돈을 주고 그 자산을 구입했다는 의미이기 때문에 현금 유출이다. 부채가 증가한다는 것은 기업이 무언가 차입을 했기 때문에 부채가 증가했고, 그 결과 기업의 현금유입이 발생한다. 이와 동일하게 자산이 감소하는 것은 현금의 유입으로 연결되고, 부채가 감소하는 것은 현금의 유출로 연결된다. 자산의 감소는 자산을 매각한 것으로 이해할 수 있고, 그 결과 현금이 들어왔다. 부채의 감소는 차입금을 상환한 것으로 이해할 수 있고, 그 결과 현금이 유출되었다.

기출 유형

현금흐름표의 영업활동현금흐름에 가산되지 않는 항목은 어느 것인가?

① 감가상각비
② 전기 대비 매입채무증가금액
③ 전기 대비 매출채권증가금액
④ 재고자산평가손실

해설 매출채권이 전기 대비 증가한 것은 자산이 증가한 것이며 이는 현금의 유출이므로 영업활동현금흐름에서 차감해야 한다.

정답 ③

빈출패턴 35 PBR

출제빈도 ★★★★

PBR을 증가시키는 요인에 해당하지 않는 것은? (단, 언급된 변수 외에 다른 변수는 변동하지 않는다고 가정하며, 기업의 순이익이 양수인 것을 가정한다)

① 매출액 순이익률이 증가하였다.
② 총자산회전율이 증가하였다.
③ 부채비율이 감소하였다.
④ 순이익의 성장률이 증가하였다.

PBR=ROE×PER=매출액순이익률×총자산회전율×(1+부채비율)×PER, 부채비율이 감소하면 ROE가 감소하여 PBR은 하락한다.

정답 ③

더 알아보기

$$PBR = \frac{1주당\ 시가}{1주당\ 순장부가치}$$

$$\frac{P}{BV} = ROE \times PER \rightarrow PBR = ROE \times PER$$

- PBR은 ROE와 양의 관계이며, 위험(자본비용)과 음의 관계이다.
- ROE>k이면 PBR은 1보다 크고, g가 클수록 PBR도 증가한다(수익성이 높으니 성장성이 증가할수록 주가도 증가한다).
- ROE<k이면 PBR은 1보다 작고, g가 클수록 PBR도 작아진다(수익성이 낮으므로 g를 올리려면 유보를 해야 하나, 자본비용이 재투자수익률보다 높으니 유보를 할수록 주가는 낮아진다).

현실에서 PBR이 1이 되지 않는 이유

1. 시간성의 차이 : 분모의 자산은 과거 지향적(취득원가), 분자의 주가는 미래 지향적이다.
2. 집합성의 차이 : 주가는 기업의 자산의 집합이고, 분모의 자산의 합은 단순히 자산의 산술적인 합계이다.
3. 자산·부채 인식기준의 차이 : 회계기준에 따라 자산·부채를 인식하기 때문에 시가와 장부가가 다를 수 있다.

36. 빈출패턴 36 EVA모형 출제빈도 ★★★★

영업이익이 250억 원, 영업투하자본이 300억 원이 있다. 자기자본비용은 10%, 타인자본비용은 8%이며, 법인세율은 20%이다. 다음 중 경제적 부가가치(EVA)가 가장 큰 상황으로 올바른 것은?

구분	A	B	C	D
자기자본비중	20%	40%	60%	80%
타인자본비용	80%	60%	40%	20%

① A
② B
③ C
④ D

모든 것이 동일한 상황에서 EVA가 가장 높기 위해서는 WACC가 가장 낮으면 된다. WACC 계산 시 이자비용의 절세효과로 인해 타인자본사용 비중이 가장 높을 때 EVA가 가장 커진다. 계산을 요구하는 문제가 아니라 EVA 개념을 확인하는 문제이다.

구분	A	B	C	D
세후영업이익	200	200	200	200
투하자본	300	300	300	300
WACC	8%×(1−20%)×80% +10%×20%=7.12%	6.4%×60%+10% ×40%=7.84%	6.4%×40%+10% ×60%=8.56%	6.4%×20%+10% ×80%=9.28%
기회비용	21.36	23.56	25.68	27.84
EVA	178.64	176.44	174.32	172.16

정답 ①

더 알아보기

회계적 이익 대신 이익을 창출하는데 소요된 기회비용까지 고려한 경영관리 지표

EVA(Economic Value Added, 경제적 부가가치)

$$EVA = 영업이익 \times (1-t) - 영업투하자본 \times WACC = \left[\frac{세후영업이익}{투하자본} - WACC\right] \times 영업투하자본$$

$$= (ROIC - WACC) \times 영업투하자본$$

단, $WACC = k_d \times (1-t) \times \frac{D}{V} + k_e \times \frac{E}{V}$

- EVA가 양수면 경영자가 투하자본과 비교해서 추가적인 가치를 창출했다고 해석한다.
- 영업이익이 양수라도 투하자본에 대한 기회비용을 회수하지 못하면 기업가치는 감소했다고 해석한다.
- 발생주의 회계이익에 경제적 이익을 반영하도록 수정한 대체적 회계처리 방법을 사용한다.

MVA(Market Value Added, 시장부가가치)

- MVA = 미래 기대되는 EVA의 현재가치 합계(시장이 효율적임을 가정함, 할인율은 WACC)
- MVA가 양수이면 투하자본대비 추가적인 기업가치가 창출된 것으로 보고, 음수이면 기업가치가 감소한 것으로 이해한다.
- MVA는 주식시장에 영향을 받기 때문에 경영관리 측면에서는 단기지표인 EVA가 더 유용한 수단이 된다.

기출 유형

다음 정보를 이용하여 EVA를 계산하면 얼마인가?

- 영업이익(EBIT) : 250억 원, 영업용자산 : 500억 원
- 타인자본에 대한 가중치 : 60%, 자기자본에 대한 가중치 : 40%
- 자기자본의 기회비용 : 16%, 타인자본의 조달비용 : 10%
- 법인세율 : 20%

① 144억 원
② 150억 원
③ 200억 원
④ 250억 원

[해설] EVA = EBIT × (1−t) − I.C × WACC

세후영업이익 = 250억 원 × (1−20%) = 200억 원

$$WACC = k_d \times (1-t) \frac{D}{V} + k_e \times \frac{E}{V} = 10\% \times (1-20\%) \times 60\% + 16\% \times 40\% = 4.8\% + 6.4\% = 11.2\%$$

EVA = 200억 원 − 500억 원 × 11.2% = 144억 원

[정답] ①

37 빈출패턴 37 다우이론

출제빈도 ★★★

전반적으로 경제 여건 및 기업의 이익이 좋아지고, 일반투자자들의 관심이 증가하며 주가가 상승하고 거래량도 증가하는 국면을 마크업 국면이라고 한다. 다우이론상 이 국면에 해당하는 것은 어느 것인가?

① 강세 1국면
② 강세 2국면
③ 약세 1국면
④ 약세 2국면

강세 2국면에 대한 설명이다. 다우이론에 따르면 강세 1국면 → 강세 2국면 → 강세 3국면 → 약세 1국면 → 약세 2국면 → 약세 3국면 → 강세 1국면의 순서로 시장이 변한다.

정답 ②

더 알아보기

찰스 다우가 만든 이론으로 주식시장은 주기적인 추세에 의해 변한다는 이론이다.

다우이론

1 강세시장
   ① 제1국면(매집국면 혹은 축적단계)
      - 강세시장 초기단계
      - 경제, 산업 등의 모든 여건이 회복되지 못하고 미래에 대한 어두운 전망만 예상되고 있음.
      - 대다수의 일반투자자는 보유주식을 매도하고자 하며, 전문투자자는 경기호전을 예상하여 매수를 시작하고 있음.
   ② 제2국면(마크업 국면, 기술적 추세추종단계)
      - 전반적인 경제여건이 호전되어 일반투자자의 주식시장에 대한 관심이 증가하여 주가와 거래량이 증가함.
      - 신고가를 갱신하는 날이 많아지고 미래 경기에 대한 기대감이 주가에 잘 반영됨.
      - 기술적 분석을 이용하여 투자하는 사람이 많은 수익을 얻을 수 있는 단계
   ③ 제3국면(과열국면)
      - 경기가 좋아져서 투자가치가 별로 없는 종목까지 인기가 확산됨.
      - 주식시장에 과열 기미가 보임.
      - 주식투자 경험이 없는 사람이 확신을 갖고 뒤늦게 매수함.

2 약세시장
    ① 제1국면(분산국면)
        ■ 전문투자자는 지나치게 주식시장이 과열된 것을 느끼고 매도를 하여 투자수익을 회수하는 단계
        ■ 약간의 주가 하락이 발생하면 매수 대기세력에 의해 거래량이 증가하지만 상승추세로 진행은 되지 않음.
    ② 제2국면(공황국면)
        ■ 경제전반적인 상황이 악화되며 일반투자자는 주식을 매도하고, 거래량은 감소하고 주가는 수직하락함.
        ■ 공황국면 이후에 긴 회복국면이나 보합상태가 이어짐.
    ③ 제3국면(침체국면)
        ■ 일반투자자의 실망매물이 나타나며 투매현상까지 이어지며 주가는 계속 하락하나, 주가 하락의 낙폭은 줄어듦.
        ■ 경기침체에 대한 정보가 주식시장 전체에 퍼짐.

3 다우이론의 활용 : 그랜빌은 강세시장과 약세시장에서 일반투자자와 전문투자자는 반대의 생각을 한다고 주장하였다.

시장국면	일반투자자	전문투자자(투자전략)
강세 1국면	공포심	확신(−)
강세 2국면	공포심	확신(점차 매도)
강세 3국면	확신	공포심(매도)
약세 1국면	확신	공포심(−)
약세 2국면	확신	공포심(점차 매수)
약세 3국면	공포심	확신(매수)

※ 출처 : 금융투자협회 기본교재 2권(2025년) p306

38 빈출패턴 38 지지선과 저항선 출제빈도 ★★★★

기술적 분석에 대한 설명으로 잘못된 것은?

① 시장의 수요와 공급이 변동하는 근본원인을 알려 준다.
② 장기간에 걸쳐 형성된 추세선은 완만하며 신뢰도가 높다.
③ 저항선은 주가의 고점을 이은 선이다.
④ 추세는 한번 형성되면 상당기간 지속된다고 생각한다.

기술적 분석은 시장의 수요와 공급에 따라 변하는 주가를 알려주나, 그 수요와 공급을 변동하게 하는 근본원인에 대해서 알려주지 못한다.

정답 ①

더 알아보기

지지선과 저항선
1. 저항선 : 주가의 고점과 고점을 수평으로 이은 선
2. 지지선 : 주가의 저점과 저점을 수평으로 이은 선

지지선과 저항선의 특징
1. 현재 주가의 최소·최대 목표치를 설정하는데 유용하다.
2. 저항선이나 지지선의 돌파 시도가 여러 번 있었으나 성공하지 못할 경우 추세전환의 신호로 인식할 수 있다.
3. 장기간에 걸쳐 형성된 것일수록 신뢰도가 높다.
4. 최근에 형성된 것일수록 신뢰도가 높다.
5. 1만 원, 2만 원 같은 정액의 가격대에서 심리적인 지지선이나 저항선으로 작용할 수 있다.

빈출패턴 39 갭(Gap) 출제빈도 ★★★

다우이론의 추세추종국면 또는 주가의 예상목표치의 중간지점에서 주로 발생하는 갭으로 주가가 급상승 혹은 급하락하는 중에 발생한다. 이것은 무엇인가?

① 급진갭
② 섬꼴 모양
③ 소멸갭
④ 보통갭

급진갭에 대한 설명이다.

정답 ①

더 알아보기

보통갭	주가 횡보국면에 자주 나타나는 것으로 다시 채워지는 것이 일반적
돌파갭	장기간의 조정을 마감하고 주가가 중요한 지지선이나 저항선을 돌파할 때 나타나며, 새로운 추세의 시작을 알리는 신호가 됨. 갭이 채워지는 경우가 드묾.
급진갭	주가가 일직선으로 급상승 혹은 급하락 중에 발생하며, 이전 추세가 더욱 가속화되고 있는 것을 확인시켜 주는 갭. 다우 이론의 추세추종국면이나 엘리어트 파동이론의 3번 파동에서 주로 관찰됨. 주가의 예상 목표치의 중간지점에서 주로 발생하기 때문에 향후 주가 움직임을 알 수 있어 중간갭, 측정갭이라고도 함.
소멸갭	주가 상승 마지막에 발생하며, 주가 상승이 멈추고 하락으로 반전되기 직전에 발생하는 갭. 소멸갭 발생은 상승추세가 하락으로 반전된다는 것을 예상할 수 있음.
섬꼴반전	상승 소멸갭에 의해 발생한 상승, 하향 돌파갭에 의해 발생한 하락이 동시에 발생하여 섬모양으로 생성된 것이며, 상승추세가 끝나고 하락추세가 시작되는 반전 신호로 인식됨.

빈출패턴 40 거래량 지표분석

출제빈도 ★★★★

다음 지표에 대한 설명으로 잘못된 것은?

① VR값이 100% 이상이면 강력한 매수신호이다.
② OBV선은 주가가 정체되어 있을 때 거래량 동향에 의하여 주가의 방향을 예측하는데 유용하게 활용되는 지표이다.
③ 소형주식의 거래량이 특히 많을 경우 OBV분석의 유용성이 줄어들 수 있다.
④ 대체로 OBV선이 상승함에도 불구하고 주가가 하락하면 조만간 주가 상승이 예상된다.

VR기준 450% 이상이면 단기 과열신호이고, 70% 이하이면 단기매수 신호이다.

정답 ①

더 알아보기

거래량 지표

1. **OBV(On Balance Volume)** : 주가가 전일에 비해 상승한 날의 거래량 누계에서 하락한 날의 거래량 누계를 차감하여 이를 매일 누적적으로 집계한 것
   ① 작성방법
   - 주가가 전일에 비하여 상승한 날의 거래량은 OBV에 가산
   - 주가가 전일에 비하여 하락한 날의 거래량은 OBV에 차감
   - 주가 변동이 없는 날의 거래량은 무시
   ② 한계점
   - 특정 종목의 자전거래가 발생하는 경우 비정상적인 거래량 급증으로 분석의 유용성이 감소함.
   - 주가지수의 OBV의 경우 저가주들의 대량거래가 시장 전체 거래량을 왜곡할 수 있음. 이런 경우 거래량 대신 거래대금으로 OBV를 산출하여 사용할 수 있음.
   - 기산일을 주가호황시점으로 잡으면 주가가 하락으로 돌아설 때 매매신호가 뒤늦게 발생되어 정확한 분석을 하지 못함.
   - 현실적으로 OBV지표는 매매신호가 늦게 나타나기 때문에 조기신호 지표라기보다는 추세확인으로 그치는 경우가 많음.
   - 거래량 산출 기준일에 따라 과대 혹은 과소평가 될 수 있어 주가와 비교분석하여 사용해야 함. 주가 비교분석 없이 단독 사용시 추세전환을 파악하는 데 어려울 수 있음.

2. **VR(Volume Ratio)** : OBV를 보완한 것으로 거래량의 누적차이 대신 거래량의 비율로 분석한 것. 일반적인 수준에서 VR은 150%이며, 450%를 초과하면 단기적인 과열신호, 70% 이하이면 단기적인 매입시점으로 본다. 시세의 바닥권을 판단하는데 신뢰도가 높은 지표이다.

기출 유형

OBV와 VR에 대한 설명으로 잘못된 것은?

① OBV는 주가가 전일에 비해 상승한 날의 거래량 누계에서 하락한 날의 거래량 누계를 차감하여 산정한다.
② VR이 100%이면 매수신호이다.
③ VR은 일정기간 동안의 주가 상승일의 거래량과 주가 하락일의 거래량의 비율을 백분비로 나타낸 것이다.
④ 저가주들의 대량매매가 발생하면 거래량을 왜곡하여 OBV의 분석의 효과가 떨어질 수 있다.

[해설] VR이 70% 이하이면 단기 매입시점이다. VR기준 보통수준은 150%이며, VR이 450%를 초과하면 단기과열로 주가의 경계 신호가 되고 VR이 70% 이하이면 단기 매입시점으로 본다. VR은 시세의 천장권에서 일률적으로 적용하기 어렵지만 바닥권을 판단하는데 신뢰도가 높은 지표로 알려져 있다.

[정답] ②

41 빈출패턴 41 엘리어트 파동이론

출제빈도 ★★★

엘리어트 파동이론에 대한 설명으로 잘못된 것은?

① 주가는 상승 5파와 하락 3파에 의해 끝없이 순환한다고 가정한다.
② 1번 파동은 추세가 전환되는 시점에서 새로운 추세의 출발점이다.
③ 3번 파동에서 일반적으로 거래량이 최고에 이르며 급진갭이 나타나는 경우도 많다.
④ 4번 파동은 5개의 상승파동 중에 가장 강력한 파동이다.

상승파동 중에 가장 강력하고 가격변동이 활발하게 발생하는 파동은 3번 파동이다.

정답 ④

더 알아보기

엘리어트 파동이론

주가는 상승 5파와 하락 3파에 의해 지속적으로 순환한다. 각 파동은 상승 3파와 하락 2파의 총 5개의 파동으로 구성되어 있다.

1. 상승파동 : 1번, 3번, 5번이며 주가의 방향과 파동의 방향이 같다.
2. 충격파동(조정파동) : 2번, 4번 파동이며, 주가의 진행 방향과 파동의 진행 방향이 반대이다.
3. 하락 3파 : 3개의 파동으로 구성되며, A번, B번, C번 파동이 있다.
4. 상승 5파
   - 1번 파동 : 추세의 시작을 알리는 파동, 출발점의 역할을 한다.
   - 2번 파동 : 1번 파동과 반대방향으로 형성된다.
   - 3번 파동 : 상승파동 중에 가장 강력하고 가격변동도 활발하게 일어나며, 거래량도 최고에 이르게 된다. 갭이 많이 출현한다.
   - 4번 파동 : 3번 파동을 38.2% 되돌리는 경우가 많다
   - 5번 파동 : 추세의 마지막 국면에 발생하며 3번 파동과 비교하여 가격변동이 활발하지 못하다.
5. 하락 3파
   - A파동 : 추세와 반대의 방향으로 새로운 추세가 생긴다.
   - B파동 : 하락 추세에 반발하는 것으로 잠깐의 주가 상승이 발생하여 보유하고 있는 매입포지션을 정리할 마지막 기회이다.
   - C파동 : 거래가 활발하고, 갭이 나타나며, 가격변동폭도 크다. 투매가 나타나며 가격하락폭이 빨라지게 된다.

엘리어트 파동법칙의 절대불가침 법칙

1. 2번 파동의 저점이 1번 파동의 저점보다 반드시 높아야 한다.
2. 3번 파동이 상승 파동 중에 가장 짧은 파동이 될 수 없다.
3. 4번 파동의 저점은 1번 파동의 고점과 겹칠 수 없다.

한계

1. 해석의 여지가 많고 예외가 많아 분석하는 사람에 따라 해석이 달라진다.
2. 파동에 대한 명확한 정의가 없다.

[엘리어트 파동]

42 빈출패턴 42 시장경쟁강도 측정 출제빈도 ★★★★

시장집중도에 대한 설명으로 올바른 것은?

① 개별기업의 시장규모가 동일한 상황에서 시장 내 경쟁기업의 숫자가 증가하면 할수록 HHI지수는 0으로 수렴한다.
② 시장집중율값이 변하더라도 허핀달지수는 일정하다.
③ HHI지수의 역수는 가상적인 동등 규모의 기업체의 시장점유율을 나타낸다.
④ HHI지수값이 1에 가까울수록 시장의 경쟁은 치열하다고 판단한다.

시장 내 경쟁기업의 수가 증가할수록 HHI지수 값은 0으로 수렴한다.

정답 ①

더 알아보기

허쉬만 - 허핀달지수(HHI)

$$HHI = \sum_{i=1}^{N} s_i^2$$

- N : 시장에 있는 전체 기업의 수
- s_i : 기업 i의 시장 점유율(0에서 100 사이의 값)

시장집중률지수(CR$_k$)

1. 시장집중률은 시장에 존재하는 상위 k개 기업의 시장점유율을 측정한다. 시장에 존재하는 모든 기업을 포함하지 않는다.
2. 상위기업간의 인수합병 발생 시 시장집중률지수 값의 변동보다 HHI지수 값의 변동이 이를 더 잘 반영한다.
3. 상위 k개 기업의 설정이 자의적이다.

기출 유형

시장집중도를 나타내는 지표에 대한 설명으로 올바른 것은?

① 시장집중률지수가 같아도 업체별 시장점유율이 같지 않으면 허핀달지수 값이 다르다.
② 시장집중률 계산은 시장에 존재하는 모든 기업의 시장점유율 자료를 통해 계산된다.
③ HHI지수의 값이 0에 가까우면 시장은 특정 업체에 의해서 지배된다고 해석할 수 있다.
④ HHI지수는 시장에 존재하는 상위 k개 업체의 시장점유율을 계산하는 지표이다.

[해설] 시장집중률은 시장에 존재하는 상위 일부 기업의 점유율만을 계산하므로 시장에 있는 모든 업체의 시장점유율을 고려하지 않는다. 상위 기업의 시장집중률이 변동하면 허핀달지수값도 변동한다. HHI지수값이 0에 가까울수록 시장의 경쟁은 치열해지고, 반대로 HHI지수값이 1에 가까울수록 시장은 특정 업체들에게 지배당하고 있다고 해석할 수 있다.

[정답] ①

기출 변형

어떤 산업에 동등한 시장점유율을 가진 10개의 기업이 존재한다. 이 경우 허핀달지수 값은 얼마인가?

① 0.05
② 0.1
③ 0.15
④ 0.2

[해설] 허핀달지수 $= \dfrac{1}{\text{동등한 점유율을 가진 기업 수}} = \dfrac{1}{10} = 0.1$

[정답] ②

리스크관리 8문항

43 빈출패턴 43 델타-노말방식에 따른 채권의 VaR계산 출제빈도 ★★★★

채권의 투자금액은 2,000억 원, 수정듀레이션은 2.5이며, 95% 신뢰구간(Z값은 1.65)이며, 만기수익 증감의 1일 표준편차가 0.8%일 때 이 채권의 VaR는 얼마인가?

① 33억 원 ② 66억 원
③ 330억 원 ④ 660억 원

채권 VaR = 2,000억 원 × 2.5 × 1.65 × 0.8% = 66억 원

※ 주의사항 : 만약 듀레이션(맥콜레이 듀레이션)값이 주어지면 이를 수정듀레이션값으로 변환해서 사용해야 한다.

수정듀레이션 = $\dfrac{듀레이션}{1+만기수익률}$, 만기수익률은 시장이자율과 동의어로 사용된다.

정답 ②

더 알아보기

 채권의 VaR계산

$$채권\ VaR = B \times \sigma\left(\dfrac{\Delta y}{y}\right) \times Z \times D_M$$

- B : 채권투자금액
- y : 만기수익률
- Z : 표준정규분포 값
- D_M : 수정듀레이션
- $\sigma\left(\dfrac{\Delta y}{y}\right)$: 만기수익률 변화의 표준편차

채권 VaR = 채권가치 × 만기수익률 변동의 표준편차 × Z × 수정듀레이션

기출 유형

채권투자금액 100억 원, 채권만기수익률의 증감의 표준편차 1%, 채권의 수정듀레이션은 4일 때 신뢰구간 99%의 1일 VaR의 값과 가장 가까운 것은? (단, Z값은 2.33을 사용하시오)

① 4.66억 원 ② 6.56억 원 ③ 9.32억 원 ④ 10.11억 원

[해설] 채권 VaR = 채권가치 × 만기수익률 변동의 표준편차 × Z × 수정듀레이션
= 100억 원 × 1% × 2.33 × 4 = 9.32억 원

정답 ③

44 빈출패턴 44 포트폴리오 VaR계산   출제빈도 ★★★★

자산 A의 VaR가 5억 원, 자산 B의 VaR가 9억 원이고 두 자산 간 상관계수는 1일 경우 두 자산으로 구성한 포트폴리오의 VaR는 얼마인가?

① 5억 원
② 9억 원
③ 12억 원
④ 14억 원

포트폴리오 $VaR = \sqrt{VaR_1^2 + VaR_2^2 + 2 \times \rho_{12} \times VaR_1 \times VaR_2} = \sqrt{5^2 + 9^2 + 2 \times 1 \times 5 \times 9} = \sqrt{196} = 14$억 원이므로 두 자산의 VaR를 합한 14억 원이 두 자산으로 구성된 포트폴리오의 VaR이다.

정답 ④

더 알아보기

 두 자산으로 구성되어 있는 포트폴리오 VaR

포트폴리오 $VaR = \sqrt{VaR_1^2 + VaR_2^2 + 2 \cdot VaR_1 \times VaR_2 \times \rho_{12}}$

- ρ_{12} : 두 자산간의 수익률의 상관계수

기출 유형

두 자산이 있으며 첫 번째 자산의 VaR는 9억 원이고, 다른 자산의 VaR는 6억 원이며, 두 자산의 상관계수가 -1일 때 두 자산으로 구성된 포트폴리오의 VaR와 가장 가까운 값은?

① 3억 원
② 6억 원
③ 8억 원
④ 9억 원

해설 포트폴리오 $VaR = \sqrt{9^2 + 6^2 + 2 \times 9 \times 6 \times -1} = 3$억 원

정답 ①

45 빈출패턴 45 VaR계산 응용   출제빈도 ★★★★

신뢰수준 99%(Z=2.33)에서 1일짜리 VaR는 4.66억 원이다. 신뢰수준 95%(Z=1.65)에서 4일짜리 VaR를 계산하면 얼마인가? (단, 가장 가까운 값을 선택하시오)

① 3.12억 원   ② 4.66억 원
③ 6.58억 원   ④ 7.76억 원

신뢰수준 99%의 1일 VaR를 신뢰수준 95%이며 4일 VaR로 변환해야 한다. 신뢰수준 95%는 99%보다 Z값이 낮다. 그리고 기간이 4일이다. 1일 VaR $\times \dfrac{1.65}{2.33} \times \sqrt{4일}$ =4.66$\times \dfrac{1.65}{2.33} \times$2=6.6억 원

VaR=투자금액×투자금액 수익률의 표준편차×Z× $\sqrt{N일}$

정답 ③

  알아보기

모든 것이 동일하고 신뢰구간만 변경될 경우

예) 1일 VaR=100억 원, 95% 신뢰수준 Z값은 1.65, 99% 1일 VaR로 변경, 99% 신뢰수준 Z값은 2.33

VaR(99%, 1일)=VaR(95%, 1일)$\times \dfrac{2.33}{1.65}$=100억 원$\times \dfrac{2.33}{1.65}$=141억 원

※ 신뢰구간이 좁혀질 경우 VaR(99%, 1일) → VaR(95%, 1일), $\dfrac{1.65}{2.33}$을 곱한다.

모든 것이 동일하고 계산일수만 변경될 경우

예) 1일 VaR(95%)=100억 원, 9일짜리 1일 VaR(95%)

VaR(95%, 9일)=1일 VaR$\times \sqrt{일수}$ =100억 원$\times \sqrt{9}$ =300억 원

신뢰구간과 VaR 계산일수 모두 변경될 경우

예) 1일 VaR(95%)=100억 원, 신뢰수준(99%) 4일 VaR로 변경

VaR(99%, 4일)=1일 VaR(95%)$\times \dfrac{2.33}{1.65} \times \sqrt{4일}$ =100억 원$\times \dfrac{1.65}{2.33} \times \sqrt{4일}$ =141억 원

📝 기출 유형

95% 신뢰수준에서 1일 VaR는 10억 원일 때 99% 신뢰수준에서 4일 VaR에 가장 가까운 값은 얼마인가? (단, 95% 신뢰수준의 Z값은 1.65이고, 99% 신뢰수준의 Z값은 2.33이다)

① 12억 원
② 16억 원
③ 24억 원
④ 28억 원

[해설] 99% 신뢰수준 하에서 VaR=10억 원×2.33/1.65×$\sqrt{4일}$ =28.2억 원

[정답] ④

📝 기출 변형

신뢰구간 95%의 1일 VaR가 10억 원일 때, 동일한 신뢰구간의 4일 VaR는 얼마인가?

① 10억 원
② 16.5억 원
③ 20억 원
④ 23.3억 원

[해설] 4일 VaR=1일 VaR×$\sqrt{4일}$ =10억 원×2=20억 원

[정답] ③

📝 기출 변형

신뢰수준 99%에서 1일 VaR가 2.33억 원이다. 95% 신뢰수준에서 4일 VaR에 가장 가까운 것은 얼마인가? (단, 99% 신뢰수준에서 Z값은 2.33이고 95% 신뢰수준의 Z값은 1.65이다)

① 2.3억 원
② 3.3억 원
③ 4.2억 원
④ 4.8억 원

[해설] 신뢰수준 4일 VaR=2.33억 원×1.65/2.33×$\sqrt{4일}$ =3.3억 원

[정답] ②

빈출패턴 46 스트레스 검증(테스트) 출제빈도 ★★★★

스트레스 검증에 대한 설명으로 틀린 것은?

① 가치평가 모델이 필요하다.
② 리스크 요인의 과거 확률분포를 모르더라도 사용할 수 있다.
③ 극단적인 상황을 가정하고 분석을 할 수 있다.
④ 포트폴리오 가치에 영향을 미치는 여러 변수가 있을 경우 유용하게 활용할 수 있다.

스트레스 검증(Stress test)은 여러 개의 변수를 동시에 변경하여 해당 결괏값을 확인하는 데는 적절하지 않다.

정답 ④

더 알아보기

스트레스 검증

1. 개념 : 포트폴리오의 주요 변수들에게 큰 변화가 발생했을 때 포트폴리오 가치가 변하는 정도를 측정하는 것으로 시나리오 분석이라고도 한다.
2. 스트레스 검증은 최악의 경우 혹은 극단적인 경우를 전제로 포트폴리오 가치변화를 측정한다.
3. 시나리오를 여러 개 만들어서 각 시나리오별 포트폴리오 가치를 계산하고 각 시나리오의 확률분포를 계산하여 VaR를 측정할 수 있다.
4. 가정하는 시나리오가 주관적이기 때문에 시나리오 설정이 잘못되면 측정된 VaR도 잘못된 정보를 제공하며, 다른 방법에 비해 과학적으로 VaR를 계산하지 못한다.
5. 포트폴리오가 단 한 개의 리스크 요소에 주로 의존하는 경우에는 적절하게 사용할 수 있다(여러 개의 리스크 요소가 있을 경우 유용성이 낮아진다).
6. 다른 VaR 측정법의 보완적인 방법으로 사용하면 유용하다.

기출 유형

스트레스 검증법에 대한 설명으로 가장 올바른 것은 총 몇 개인가?

- 부분가치평가법이다.
- 예외적인 상황을 가정하여 VaR를 계산할 수 있다.
- 과거 자료가 없어도 VaR 계산이 가능하다.

① 0개 ② 1개
③ 2개 ④ 3개

[해설] 스트레스 검증법 혹은 시나리오 분석이라고 불리는 VaR 계산방법은 과거 자료가 없어도 극단적인 상황(시나리오)을 가정하여 포트폴리오 가치변화를 계산할 수 있다.

[정답] ③

빈출패턴 47 VaR의 유용성과 한계

출제빈도 ★★

VaR에 대한 설명으로 올바르지 않은 것은?

① VaR는 회계자료가 제공하지 못한 리스크에 대한 정보를 제공한다.
② VaR는 하나의 수치로 표시되기 때문에 기업의 리스크에 대한 측정이 구체적이며, 다른 회사간 비교를 할 수 있다.
③ 성격이 다른 금융상품간의 포지션 리스크를 동일한 척도로 나타내기 때문에 리스크 비교가 가능하여 각 거래부문의 거래 한도를 설정할 때 총량규제보다 효율적이다.
④ 자산의 보유기간이 다르더라도 VaR의 값은 일정하다.

보유기간이 증가하면 VaR의 값도 증가한다. 보유기간은 VaR를 계산하는 기간이기 때문이다.

정답 ④

더 알아보기

VaR의 유용성

1. 기존 회계정보가 제공하지 못하는 리스크에 대한 정보를 제공한다.
2. 위험을 하나의 숫자로 표시하여 위험에 대한 측정이 구체적이다.
3. 서로 다른 기업 간의 위험을 비교할 수 있다.
4. 한계 VaR(Marginal VaR)를 이용하면 투자 대상 선정 시 투자수익과 부담하는 리스크와의 관계를 고려한 의사결정을 할 수 있다.
5. 기업의 사업부서의 위험한도 관리에 효과적으로 활용될 수 있다.
6. 서로 다른 상품이 하나의 포트폴리오로 운영될 경우 VaR를 통한 위험분산효과를 계산할 수 있다.

VaR의 한계점

① 사용하는 VaR의 모델에 따라 VaR값이 다르게 나타난다.
② 과거 데이터를 활용하여 VaR를 계산할 경우 구조적인 변화가 발생하면 계산된 VaR의 신뢰성이 저해될 수 있다.
③ 보유기간에 따라 VaR의 값이 달라지며, 1일 VaR를 계산하고 단순히 계산된 1일 VaR × $\sqrt{보유기간}$ 을 사용할 경우 그 해석에 유의해야 한다.

VaR 측정하는 주요 방법

항목	델타-노말	역사적 시뮬레이션	몬테카를로	스트레스 검증
가치평가모델	필요 없음.	필요함.	필요함.	필요함.
주요 단점	옵션과 같은 비선형자산의 계산시 오차가 큼.	극단적 사건발생시 왜곡이 큼. 과거 데이터 의존	모델의 정확성에 너무 의존	정상적인 상황에서 사용하기 어려움.

※ 출처 : 금융투자협회 기본교재 2권(2025년) p458

기출 유형

VaR의 한계점에 대한 설명으로 틀린 것은?

① 비선형상품에 대한 VaR의 값은 어떤 모델을 사용했는지에 따라 그 값이 달라진다.
② 기간설정에 따라 VaR의 값이 달라진다.
③ 구조적인 변화가 발생했을 때, 과거의 정보를 이용하여 측정한 VaR의 값은 신뢰성이 떨어질 수 있다.
④ VaR는 기업이 갖는 모든 위험을 계량화하여 측정한다.

[해설] VaR를 통해서 계량화하지 못하는 많은 위험이 존재할 수 있다. 시장위험 외에도 인간의 오작동 혹은 판단 잘못으로 인한 위험, 천재지변과 관련된 위험, 정치적인 위험 등 다양한 위험이 기업에 영향을 주며, VaR는 그 중에서 일부의 위험을 계량화하여 측정한다.

[정답] ④

빈출패턴 48 한계 VaR

출제빈도 ★★★★

기존에 있는 포트폴리오에 새로 자산을 편입할 경우 포트폴리오의 성과를 더 좋게 만드는 자산은 어느 것이며, 이때 한계(Marginal) VaR 값은 얼마인가? (단, 현재 포트폴리오의 VaR는 100억 원이다)

구분	자산 A	자산 B
기대수익률	10%	10%
VaR	50억 원	40억 원
자산 편입 후의 포트폴리오의 VaR	130억 원	135억 원

① A, 30억 원
② A, 50억 원
③ B, 35억 원
④ B, 40억 원

두 자산의 기대수익률은 10%로 동일하다. 그러므로 위험을 줄이는 포트폴리오가 전체적인 성과를 더 높여준다. 자산 A가 편입될 경우 VaR가 130억 원으로 자산 B가 편입될 때보다 더 작다. 추가로 자산 A가 편입될 때 증가되는 VaR 값이 30억 원(130억 원 - 100억 원)이므로 한계 VaR는 30억 원이다.

정답 ①

더 알아보기

한계 VaR(Marginal VaR)

1. 개념 : 기존 포트폴리오에 추가로 포트폴리오를 편입시키거나 제거할 때 변동하는 VaR값
2. 투자대안을 선택할 때 동일한 기대수익률을 갖고 있는 포트폴리오들이 있으면 이 중에서 한계 VaR가 가장 작은 것을 선택하여 기존 포트폴리오에 포함시키면 위험관리가 가능하다.
3. 수익률이 동일하지만 한계 VaR가 다른 것은 기존 포트폴리오와 신규로 편입하려는 포트폴리오간의 상관관계가 다르기 때문이며, 이는 추가로 편입하는 포트폴리오로 인한 분산투자효과가 서로 다르기 때문에 나타나는 현상이다.

빈출패턴 49 몬테카를로 분석법

출제빈도 ★★★★

몬테카를로 분석법에 대한 설명으로 가장 올바른 것은?

① 주가 움직임에 대해서는 일반적으로 기하학적 브라운 운동모형을 가정한다.
② 부분가치평가법을 사용하여 VaR를 계산한다.
③ 과거 데이터를 통해 리스크 요인의 확률분포를 얻어서 VaR를 계산한다.
④ 옵션과 같은 비선형 자산이 포트폴리오에 포함되면 측정된 결과값의 추정오차가 커져서 신뢰성이 낮아진다.

몬테카를로 분석에 있어 주가 움직임에 대한 확률가정으로 기하학적 브라운 운동모형을 가장 많이 사용한다. 완전가치평가모델이며, 과거 데이터가 없어도 리스크 요인에 대한 분포를 가정하면 분석이 가능하다. 옵션과 같은 비선형적인 움직임을 갖는 자산이 포함된 포트폴리오의 VaR도 신뢰성 있게 측정할 수 있다.

정답 ①

더 알아보기

몬테카를로 분석법

1. 개념 : 미래 위험요인의 변동을 몬테카를로 시뮬레이션을 이용하여 계산한 후, 보유하고 있는 포지션의 가치변동의 분포를 통해 VaR를 측정하는 방법이다.
2. 포트폴리오의 VaR를 측정하기 위해 가치평가모델이 필요하기 때문에 완전가치평가법이라고도 한다.
3. 위험요인에 대한 과거 데이터가 없더라도 각 위험요인의 확률과정을 통해 위험요인의 변동을 얻을 수 있다.
4. 위험요인의 변동에 대한 어떠한 가정도 가능하기 때문에 과거 데이터가 없는 경우라도 위험요인의 변동을 계산할 수 있다.
5. 위험요인의 수도 무한히 생성할 수 있기 때문에 측정된 VaR 값의 확률적인 신뢰성이 높아진다.
6. 단점으로는 계산비용이 많이 발생하고, 리스크 요인에 대한 구체적인 확률과정에 의존한다.

빈출패턴 50 부도거리 계산

출제빈도 ★★★★

부도거리를 이용하여 부도율이 가장 낮은 것은 어느 것인가?

구분	A	B	C	D
기대자산가치(억 원)	100	200	300	400
부채금액(억 원)	50	150	200	300
기대자산가치의 표준편차(%)	10	20	30	40

① A
② B
③ C
④ D

부도거리 = $\dfrac{\text{기대자산가치} - \text{부채금액}}{\text{기대자산가치의 표준편차}}$ 이며, A=5, B=2.5, C=3.3, D=2.5이다. 그러므로 부도거리가 가장 큰 자산의 부도율이 가장 낮다.

정답 ①

더 알아보기

- 부도거리(DD) : 기업의 자산가치가 채무불이행점으로부터 떨어진 거리를 표준화하여 계산함.

$$DD = \frac{A-D}{\sigma_A}$$

- A : 자산의 시장가치
- D : 부채가치의 장부가치
- σ_A : 자산가치의 변동성

- 부도거리는 자산가치의 정규분포를 가정한다. 정규분포에서 극단적인 상황이 발생하는 경우는 분포의 양 끝 부분이며, 기댓값(평균값, 현재값)이 분포의 양 끝에 속할 가능성이 부도거리이다.
- 부도거리가 크다는 것은 이러한 극단적인 상황의 발생가능성이 낮다는 의미이며, 부도거리가 작다는 것은 이러한 극단적인 상황의 발생 가능성이 높다는 의미이다.
- 부도거리가 큰 기업의 부도확률은 낮고, 부도거리가 작은 기업의 부도확률은 높다고 해석한다.

기출 유형

1년 후 자산가치가 40억 원으로 기대하고 부채가치가 16억 원이며 자산가치의 표준편차가 4억 원이면 이 기업의 부도거리는 얼마인가? (단, 자산의 가치는 정규분포를 따른다)

① 4
② 6
③ 8
④ 10

[해설] $\dfrac{\text{자산가치} - \text{부채가치}}{\text{표준편차}} = \dfrac{40억 원 - 16억 원}{4억 원} = 6$

[정답] ②

기출 변형

다음 보기에 들어갈 숫자의 순서로 올바른 것은?

> 자산가치가 100억 원이며, 부채가치는 70억 원이고, 자산의 표준편차가 10억 원일 때 부도거리는 ( )이다.

① 1
② 2
③ 3
④ 4

[해설] $\dfrac{\text{자산가치} - \text{부채가치}}{\text{표준편차}} = \dfrac{100억 원 - 70억 원}{10억 원} = 3$

[정답] ③

직무윤리 5문항

빈출패턴 51 영업관리자

출제빈도 ★★★★

영업관리자에 대한 설명으로 가장 올바르지 않은 것은?

① 영업관리자의 업무성과에 따라 보상을 지급하는 것은 허용되지 않는다.
② 해당 영업점에서 1년 이상 근무한 경력이 있으면 영업관리자가 될 수 있다.
③ 준법감시인은 영업관리자에게 1년에 1회 이상 법규 및 윤리관련 교육을 실시해야 한다.
④ 영업관리자는 준법감시 업무로 인해 업무상 불이익을 받으면 안 된다.

영업관리자 업무의 성과에 따라 보상을 지급할 수 있다.

정답 ①

더 알아보기

영업관리자

1. 준법감시인이 영업점에 대한 내부통제를 위하여 권한을 영업관리자에게 위임할 수 있다.
2. 준법감시인은 영업관리자에 대하여 연간 1회 이상 법규 및 윤리 관련 교육을 실시해야 한다.
3. 영업관리자의 임기를 1년 이상으로 해야 한다.
4. 영업관리자가 준법감시업무로 인하여 인사·급여등에서 불이익을 받지 않아야 한다.
5. 영업관리자에게 업무수행 결과에 따라 적절한 보상을 지급할 수 있다.

영업관리자 자격

1. 영업점에서 1년 이상 근무한 경력이 있거나 준법감시, 감사업무를 1년 이상 수행한 경력이 있는 자로서 당해 영업점에 상근하고 있을 것
2. 본인이 수행하는 업무가 과다하거나 수행하는 업무의 성격으로 인하여 준법감시 업무에 곤란을 받지 않을 것
3. 영업점장이 아닌 책임자급일 것, 단 당해 영업점의 직원 수가 적어 영업점장을 제외한 책임자급이 없는 경우에는 그러하지 않는다(책임자급이 아닐 수도 있다는 의미이다).

4 준법감시업무를 효과적으로 수행할 수 있는 충분한 경험과 능력, 윤리성을 갖출 것
5 다음 요건을 모두 충족하는 경우 예외적으로 1명의 영업관리자가 2 이상의 영업점을 묶어 영업관리 업무를 수행할 수 있다.
- 영업규모와 내용, 점포의 지역적 분포가 단일 영업관리자만으로 감시·감독하는데 어려움이 없을 것
- 해당 영업관리자가 대상 영업점 중 1개의 영업점에 상근하고 있을 것
- 해당 영업관리자가 수행할 업무의 양과 질이 감독업무 수행에 지장을 주지 아니할 것

기출 유형

영업관리자에 대한 설명으로 올바른 것은 총 몇 개인가?

- 영업점에서 1년 이상 근무한 경력이 있어야 한다.
- 1명의 영업관리자가 2개 이상의 영업점을 묶어 영업관리자 업무를 수행할 수 있다.
- 지점장이 영업관리자의 역할을 해야 한다.
- 영업관리자의 임기는 최소 1년 이상이어야 한다.

① 1개 ② 2개
③ 3개 ④ 4개

[해설] 지점장은 영업점장이기 때문에 영업관리자가 될 수 없다. 영업점에 직원수가 적어서 영업점장을 제외한 책임자급이 없을 경우 예외적으로 책임자급이 아니더라도 영업관리자가 될 수 있다.

[정답] ③

52

빈출패턴 52 내부통제 위반 시 제재 출제빈도 ★★★★

금융투자회사의 내부통제기준 위반 시 부과하는 조치중 과태료 1억 원 이하의 조치에 해당하는 것은 몇 개인가?

- 준법감시인의 자산운용 겸직
- 내부통제기준을 마련하지 않은 경우
- 준법감시인을 두지 않은 경우
- 이사회 결의를 거치지 않고 준법감시인을 임면한 경우

① 1개 ② 2개
③ 3개 ④ 4개

준법감시인의 자산운용 겸직업무에 대한 과태료는 3천만 원 이하이다.

정답 ③

더 알아보기

 내부통제기준 위반시 과태료 부과

과태료 부과금액	위반사항
1억 원 이하의 과태료	① 내부통제기준을 마련하지 않은 경우 ② 준법감시인을 두지 않은 경우 ③ 사내이사 또는 업무집행자 중에서 준법감시인을 선임하지 않는 경우 ④ 이사회 결의를 거치지 않고 준법감시인을 임면한 경우 ⑤ 금융위원회가 위법·부당한 행위를 한 회사 또는 임직원에게 내리는 제재조치를 이행하지 않은 경우

3천만 원 이하의 과태료	① 준법감시인에게 별도의 보수지급 및 평가기준을 마련·운영하지 않은 경우
	② 준법감시인이 아래의 업무를 겸직한 경우
	  ■ 자산 운용에 관한 업무
	  ■ 해당 금융회사의 본질적 업무 및 그 부수업무
	  ■ 해당 금융회사의 겸영업무
	  ■ 자회사 등의 업무(단, 위험관리업무를 담당하는 경우는 제외)

2천만 원 이하의 과태료	■ 준법감시인의 임면 사실을 금융위원회에 보고하지 않은 경우등

※ 주의사항 : 벌금은 사법적 판단이기 때문에 금융위에서 벌금을 부과할 수 없다.
※ 출처 : 금융투자협회 기본교재 3권(2025년) p128

금융투자업 인가 또는 등록 취소 사유
1. 거짓·부정한 방법으로 인가받거나 등록한 경우
2. 인가 조건을 위반한 경우
3. 업무 정지 기간 중에 업무를 한 경우

기타 제재
1. 기타 : 6개월 이내의 업무의 전부 또는 일부의 정지, 기관경고, 기관주의 등
2. 금융투자업 임직원에 대한 조치권
   - 임원 : 해임요구, 6개월 이내 직무정지, 문책경고, 주의적 경고, 주의 등
   - 직원 : 면직, 6개월 이내의 정직, 감봉, 견책, 경고, 주의 등

청문 및 이의 신청
1. 금융위원회의 처분 또는 조치에 불복하는 자는 해당 처분 또는 조치의 고지를 받은 날로부터 30일 이내에 그 사유를 갖추어 금융위원회에 이의신청을 할 수 있다.
2. 금융위원회는 이의신청에 대해서 60일 이내에 결정을 해야 하며, 부득이한 경우 30일의 범위에서 그 기간을 연장할 수 있다.

기출 유형

금융위원회의 금융투자업자의 3천만 원 이하의 과태료 부과항목은 총 몇 개인가?

- 준법감시인에 대한 별도의 보수지급 및 평가기준을 마련하지 않은 경우
- 준법감시인이 해당 금융회사의 겸영업무를 겸직하는 경우
- 준법감시인 임면사실을 금융위원회에 보고하지 않은 경우
- 사내이사 또는 업무집행책임자 중에서 준법감시인을 선임하지 않은 경우

① 1개　　　　　　② 2개
③ 3개　　　　　　④ 4개

[해설] 준법감시인 임면사실을 금융위원회에 보고하지 않은 경우(2천만 원 이하의 과태료 부과), 사내이사 또는 업무집행책임자 중에서 준법감시인을 선임하지 않은 경우(1억 원 이하의 과태료 부과)

[정답] ②

기출 유형

금융위원회가 금융투자업자 등에게 할 수 있는 제재는 총 몇 개인가?

- 과태료 부과
- 금융투자업 인가 혹은 등록의 취소
- 금융투자업자의 6개월 이내의 업무의 전부 또는 일부 정지
- 금융투자업자 직원에 대한 면직 처분

① 1개 ② 2개
③ 3개 ④ 4개

[해설] 보기의 모든 내용이 해당사항이다.

[정답] ④

기출 변형

금융위원회가 금융투자업자 혹은 금융투자업자의 임직원에게 할 수 있는 조치는 어느 것인가?

① 직원의 1년간 직무정지 ② 벌금 부과
③ 임원의 해임 ④ 직원의 면직

[해설] 직원의 정직은 6개월 이내이며, 벌금은 사법기관이 부과하는 것이며, 임원의 해임에 대한 요구를 할 수 있다. 임원 중에는 주주총회에서 선임된 등기임원도 있다. 등기임원의 임면사항은 주주총회의 의결사항이기 때문에 이러한 것들을 고려하여 금융위는 임원에 대해서는 해당 금융회사에 해임요구를 하는 것이다.

[정답] ④

53 빈출패턴 53 위법계약해지권

출제빈도 ★★★★

다음 빈칸에 들어갈 말을 순서대로 올바르게 짝지은 것은?

> 금융소비자가 적정성 원칙에 위배되는 계약을 체결했고, 나중에 위법계약 사실을 안날로 (　　), 계약체결일로부터 (　　) 이내에 위법계약에 대한 해지 요구가 가능하다.

① 1년, 5년
② 6개월, 3년
③ 1년, 3년
④ 6개월, 5년

금융소비자는 금융상품의 계약 체결일로부터 5년 이내, 위법계약 사실을 안 날로부터 1년 이내인 경우에만 위법계약 해지 요구가 가능하다. 만일 금융소비자가 위법계약 사실을 안날이 계약 체결일로부터 5년이 경과한 이후에는 동 금융상품의 계약 체결에 대한 위법계약 해지를 요구할 수 없다.

※ 시험 Tip
이러한 위법계약 해지를 요구받은 경우, <u>10일 이내에 금융회사는 그 해지요구의 수락여부를 결정해야 한다</u>. 실제 시험에서는 위법계약 해지요구 관련해서 <u>안 날로 1년, 계약체결일로 5년, 요청 후 10일 이내 해지수락결정</u>의 3개의 일자를 번갈아 가며 확인하기 때문에 이 3개의 모든 날짜를 혼동 없이 숙지해야 한다.

정답 ①

더 알아보기

 위법계약해지권

1. 금융소비자는 금융상품의 계약체결과정에서 위법이 있을 경우 계약 체결일로부터 5년 이내, 위법계약 사실을 안 날로부터 1년 이내인 경우에만 위법계약 해지 요구가 가능하다. 만일 금융소비자가 위법계약 사실을 안날이 계약 체결일로부터 5년이 경과한 이후에는 동 금융상품의 계약 체결에 대한 위법계약 해지를 요구할 수 없다.
2. 계약해지요구서를 작성하여 해당 금융회사에 제출해야 하며, 법 위반 사실을 증명할 수 있는 서류를 같이 제출해야 한다.
3. 금융회사는 위법계약 해지 요구가 있는 경우 해당일로부터 10일 이내에 계약 해지 요구의 수락 여부를 결정하여 금융소비자에게 통지해야 한다. 단, 정당한 사유가 있을 경우 해지 요구를 거절할 수 있다.

54 빈출패턴 54 내부통제위원회

출제빈도 ★★★★

내부통제위원회에 대한 설명으로 올바르지 않은 것은?

① 내부통제위원회의 위원장은 대표이사가 맡으며, 최소 분기에 1회 이상 회의를 개최해야 한다.
② 최근 사업연도말 자산총액 5조 원 미만인 금융투자회사는 내부통제위원회를 두지 않을 수 있다.
③ 내부통제위원회의 위원장은 대표이사가 맡으면 준법감시인은 내부통제위원이다.
④ 내부통제위원회 회의 결과는 기록하고 이사회에 보고한다.

내부통제위원회는 최소 반기(6개월)에 1회 이상 회의를 개최한다.

정답 ①

더 알아보기

내부통제위원회의 역할

① 내부통제 점검결과의 공유 및 임직원 평가 반영 등 개선방안 검토
② 금융사고 등 내부통제 취약부분에 대한 점검 및 대응방안 마련
③ 내부통제 관련 주요 사항 협의
④ 임직원의 윤리의식 및 준법의식 제고 노력

내부통제위원회를 두지 않을 수 있는 예외

① 최근 사업연도 말 자산총액이 7천억 원 미만인 상호저축은행
② 최근 사업연도 말 자산총액이 5조 원 미만인 금융투자업자, 종합금융회사, 보험회사, 여신전문금융회사 등

※ 모든 금융기관이 내부통제위원회를 두는 것은 아니다.

빈출패턴 55 내부고발제도

출제빈도 ★★★★

금융투자회사의 내부통제체계에 대한 설명으로 올바르지 않은 것은?

① 금융사고 발생 우려가 높은 업무를 수행하는 임직원에게는 명령휴가제도를 운영해야 한다.
② 내부통제체계에 따라 내부제보자에게 인사상 혹은 금전적 혜택을 주는 것은 허용되지 않는다.
③ 준법서약서를 작성하여 준법감시인에게 제출하여 임직원의 윤리의식을 높일 수 있다.
④ 임직원의 위법, 부당한 행위 등을 회사에 신고하는 내부제보제도를 운영해야 한다.

준법감시인은 내부제보 우수자를 선정하여 인사상 또는 금전적 혜택을 부여하도록 회사에 요청할 수 있으나, 내부제보자가 원하지 않는 경우에는 요청하지 않을 수도 있다.

정답 ②

더 알아보기

 내부제보(고발)제도

1. 임직원의 위법, 부당한 행위 등을 회사에 신고할 수 있는 내부제보제도를 운영해야 한다.
2. 회사에 중대한 영향을 미칠 수 있는 위법, 부당한 행위를 인지하고도 회사에 제보하지 않는 미제보자에 대한 불이익 부과 등에 관한 사항이 반드시 포함되어야 한다(부당행위를 알고도 제보하지 않으면 처벌이 발생함).
3. 내부제보자가 제보행위를 이유로 인사상 불이익을 받는 것으로 인정되는 경우, 준법감시인은 회사에 대해 시정을 요구할 수 있다.
4. 준법감시인은 내부제보 우수자를 선정하여 인사상 또는 금전 혜택을 부여하도록 회사에 요청할 수 있으나, 내부제보자가 원하지 않는 경우에는 이를 요청하지 않을 수 있다(포상 등을 제공하는 주체는 준법감시인이 아니다).

내부통제 관련제도

1. 준법서약 : 금융투자업 종사자는 회사가 정하는 준법서약서를 작성하여 준법감시인에게 제출해야 한다.
2. 윤리강령을 제정·운영해야 하며, 윤리위반 신고처 운영, 위반 시 제재조치 등과 같은 윤리강령의 실효성 확보를 위한 사내 체계를 구축해야 한다.
3. 겸직으로 인해 위험이 발생할 수 있다면, 준법감시인에게 그 사실을 보고해야 하고, 준법감시인은 겸직내용의 시정·겸직 중단 등의 조치를 취할 것을 요구할 수 있다.
4. 명령휴가제도 : 금융사고 발생 우려가 높은 업무를 수행하고 있는 임직원을 대상으로 일정 기간 휴가를 명령하고, 동 기간 중 해당 임직원의 업무수행 적정성을 점검하는 제도

직무윤리 **85**

기출 유형

내부고발제도에 대한 설명으로 올바른 것은 총 몇 개인가?

- 금융투자회사는 내부제보자에 대한 비밀보장을 하며 내부제보에 대한 불이익을 주어서는 안 된다.
- 준법감시인은 내부제보 우수자를 선정하여 인사상 또는 금전적 혜택을 줄 수 있다.
- 위법·부당한 행위를 인지하고도 회사에 제보하지 않는 미제보자라 할지라도 제보하지 않은 것에 대한 불이익은 존재하지 않는다.

① 0개
② 1개
③ 2개
④ 3개

[해설] 준법감시인은 내부제보 우수자에게 인사상·금전적 혜택을 부여하도록 회사에 요청할 수 있으나 자신이 해당 혜택을 내부제보 우수자에게 제공할 수 없다. 위법·부당한 행위를 인지했음에도 불구하고 제보하지 않는 것에 대한 불이익이 존재한다.

[정답] ②

이것만 공부하면 80점 | 자본시장법 11문항

56 빈출패턴 56 건전성 규제 출제빈도 ★★★★

자본시장법상 순자본비율 계산 시 시장위험에 해당하지 않는 것은?

① 주식위험
② 이자율위험
③ 외환위험
④ 신용위험

시장위험은 주식위험액, 금리위험액, 외환위험액, 집합투자증권 등 위험액, 일반상품위험액, 옵션위험액이 있다.

정답 ④

더 알아보기

$$순자본비율 = \frac{영업용순자본 - 총위험액}{필요유지 \; 자기자본}$$

1 영업용순자본

기준일 현재 금융투자업자의 순자산가치로서 순재산액(자산 − 부채)에서 현금화하기 곤란한 자산을 차감하고 보완자본을 가산하여 계산함(금융투자업자의 연결재무제표의 장부가액 기준).

$$영업용순자본 = 자산 - 부채 - 차감항목 + 가산상목$$

- 영업용순자본은 재무상태표상 순재산액(자산 − 부채)에서 출발함.
- 차감항목 : 재무상태표상 자산 중 즉시 현금화하기 곤란한 자산
- 가산항목 : 재무상태표에서 부채로 계상되었으나 실질적인 채무이행 의무가 없거나 실질적으로 자본의 보완적 기능을 하는 항목 등

2 총위험액

금융투자업자가 영업을 영위함에 있어 직면하게 되는 손실을 미리 예측하여 계량화한 것

$$총위험액 = 시장위험액 + 신용위험액 + 운영위험액$$

- 시장위험액 : 주식위험액, 금리위험액, 외환위험액, 집합투자증권 등 위험액, 일반상품위험액, 옵션위험액
- 신용위험액
- 운영위험액 : 운영위험액 + 집합투자재산 위험액

3 필요유지 자기자본

금융투자업자가 영위하는 <u>인가업무 또는 등록업무 단위별로 요구되는 자기자본을 합계한 금액</u>

4. 레버리지 규제
- 당기순손실 등 경영실적이 저조하면서 외부차입비중이 높아 부실우려가 있는 경영부진회사에 대해서 레버리지 비율을 일정 수준 이하로 유지하도록 요구
- 레버리지 비율은 <u>개별 재무상태표상의 자기자본 대비 총자산의 비율로 계산</u>되며 구체적인 산정방식은 금감원장이 정함

기출유형

재무건전성 규제에 대해서 올바른 것은 총 몇 개인가?

- 순자본비율은 영업용순자본을 총자산으로 나눈 값이다.
- 필요유지자기자본은 금융투자업자가 영위하는 인가업무 또는 등록업무 단위별로 요구되는 자기자본 중 가장 큰 금액이다.
- 레버리지비율은 연결재무상태표상의 자기자본 대비 총자산의 비율로 계산하며, 구체적인 방법은 금감원장이 정한다.

① 0개　　② 1개
③ 2개　　④ 3개

[해설]
- 순자본비율=(영업용순자본−총위험액)/필요유지자기자본
- 필요유지자기자본은 등록·인가별로 요구되는 자기자본의 총합계
- 레버리지비율 계산은 개별 재무상태표 기준으로 계산

정답 ①

빈출패턴 57 적기시정조치

출제빈도 ★★★★

경영개선권고에 대한 조치사항에 해당하지 않는 것은?

① 영업점 폐쇄
② 경비절감
③ 부실자산처분
④ 자본금증액 및 특별대손충당금 설정

경영개선권고에 대한 조치로는 인력 및 조직운용개선, 경비절감, 점포관리의 효율화, 부실자산의 처분, 영업용순자본 감소행위의 제한, 신규업무진출제한, 자본금의 증액 혹은 감액, 특별대손충당금의 설정 등의 조치를 권고할 수 있다. 영업점 폐쇄는 경영개선요구 시 취할 수 있는 조치이다.

정답 ①

더 알아보기

경영개선권고	■ 순자본비율이 100% 미만인 경우, 경영실태평가 결과 종합평가등급이 3등급 이상으로서 자본적정성 부문의 평가등급을 4등급 이하로 판정받은 경우, 2년 연속 적자이면서 레버리지 비율이 900%를 초과하는 경우 등에 해당되는 금융투자업자 ■ 권고내용 : 인력 및 조직운용의 개선, 경비절감, 점포관리의 효율화, 부실자산의 처분, 영업용순자본감소행위의 제한, 신규업무 진출의 제한, 자본금의 증액 또는 감액, 특별대손충당금의 설정 등의 조치 ■ 순자본비율이 100%에 미달하게 되는 경우 지체 없이 감독원장에게 보고하고 순자본비율이 100% 이상에 이를 때까지 매달 순자본비율을 다음달 20일까지 감독원장에게 보고해야 함.
경영개선요구	■ 순자본비율이 50% 이하로 판정받은 경우, 경영실태평가 결과 종합평가등급이 4등급 이하로 판정받은 경우, 거액의 금융사고 또는 부실채권발생으로 순자본비율이 50% 이하로 되거나, 경영실태평가 결과 종합평가등급이 4등급 이하가 될 것이 명백한 경우 등이다. ■ 권고내용 : 고위험자산보유제한 및 자산처분, 점포의 폐쇄, 통합 또는 신설제한, 조직의 축소, 자회사의 정리, 임원진 교체요구 등
경영개선명령	■ 순자본비율이 0%(영업용순자본비율의 경우 100%) 미만인 경우 혹은 부실금융기관에 해당하는 경우 다음과 같은 조치를 취할 수 있음. ■ 권고내용 : 주식의 일부 또는 전부소각, 임원의 직무집행 정지 및 관리인 선임·합병·금융지주회사의 자회사로의 편입, 영업의 전부 또는 일부의 양도, 제3자의 당해 금융투자업 인수, 6개월 이내의 영업정지, 계약의 전부 또는 일부의 이전 등의 조치

자본시장법 **89**

기출유형

영업의 전부 혹은 일부의 매각을 조치할 수 있는 상황에 해당하지 않는 것은?

① 경영실태평가 결과 종합평가등급을 4등급 이하로 판정받은 경우
② 부실금융기관에 해당하는 경우
③ 경영개선명령을 받은 경우
④ 영업용 순자본비율이 100% 미만인 경우

해설 경영실태평가의 종합평가등급 4등급은 경영개선권고의 요건이다. 경영개선명령을 받으면 이에 대한 조치로 영업의 전부 또는 일부의 양도를 명령할 수 있다. 경영개선명령은 순자본비율이 0%이거나 영업용순자본비율이 100%인 경우이다.

정답 ①

58 빈출패턴 58 투자중개업자와 투자매매업자 출제빈도 ★★★

금융투자업자의 자기계약과 관련한 내용으로 잘못된 것은?

① 투자중개업자는 금융투자상품에 관한 같은 매매에 있어 자신이 본인이 됨과 동시에 상대방의 투자중개업자가 되어서는 아니 된다.
② 종합금융투자사업자가 금융투자상품의 장외매매가 이루어지도록 한 경우
③ 투자매매업자 또는 투자중개업자가 자기가 판매하는 집합투자증권을 매수하는 것은 허용한다.
④ 투자중개업자가 투자자로부터 다자간매매체결회사에서 매매의 위탁을 받아 다자간매매체결회사를 통해서 매매가 이루어지는 것은 자기계약으로 금지된다.

④는 예외적으로 허용되는 자기계약(거래)이다.

정답 ④

더 알아보기

투자매매업자 및 투자중개업자의 자기계약금지

1. 개요 : 투자매매업자 또는 투자중개업자는 금융투자상품에 관한 같은 매매에 있어서 자신이 본인이 됨과 동시에 상대방의 투자중개업자가 될 수 없다.
2. 자기계약 예외(허용사항)
   - 투자중개업자가 투자자로부터 증권시장, 파생상품시장 또는 다자간매매체결회사에서의 매매의 위탁을 받아 증권시장, 파생상품시장 또는 다자간매매체결회사를 통하여 매매가 이루어지도록 한 경우
   - 투자매매업자 또는 투자중개업자가 자기가 판매하는 집합투자증권을 매수하는 경우
   - 종합금융투자사업자가 금융투자상품의 장외매매가 이루어지도록 한 경우
   - 그 밖에 공정한 가격 형성과 거래의 안정성, 효율성 도모 및 투자자 보호에 우려가 없는 경우로서 금융위원회가 정하여 고시하는 경우

빈출패턴 59 금융투자업자의 경영공시

출제빈도 ★★★

금융투자업자의 의무공시 사항이 아닌 것은?

① 회계기간 변경을 결정한 경우
② 금융사고로 인해 5억 원의 손실이 발생한 경우
③ 상장법인이 아닌 금융투자업자의 경영환경에 중대한 변경을 초래한 사실이 발생한 경우
④ 적기시정조치를 받은 경우

금융사고 등으로 금융투자업자의 직전 분기말 자기자본의 100분의 2에 상당하는 금액을 초과하는 손실이 발생하였거나 손실이 예상되는 경우 경영공시를 해야 한다. 단, 10억 원 이하는 경영공시대상에서 제외된다.

정답 ②

더 알아보기

 경영공시

1. 금융투자업자는 상장법인의 공시의무 사항의 발생, 부실채권 또는 특별손실의 발생, 임직원이 형사처벌을 받은 경우, 그 밖의 아래의 사항에 대해서 금융위에 보고하고, 인터넷 홈페이지등을 이용하여 공시해야 한다.
   - 금융투자업자의 직전 분기말 자기자본의 100분의 10에 상당하는 금액을 초과하는 부실채권이 발생
   - 금융사고 등으로 금융투자업자의 직전 분기말 자기자본의 100분의 2에 상당하는 금액을 초과하는 손실이 발생하였거나 손실이 예상되는 경우, 단, 10억 원 이하는 경영공시대상에서 제외
   - 민사소송의 패소 등의 사유로 금융투자업자의 직전분기말 자기자본의 100분의 1에 상당하는 금액을 초과하는 손실이 발생한 경우, 단, 10억 원 이하는 제외
   - 적기시정조치, 인가 또는 등록의 취소 등의 조치를 받은 경우
   - 회계기간 변경을 결정한 경우
   - 상장법인이 아닌 금융투자업자에게 재무구조·채권채무관계·경영환경·손익구조 등에 중대한 변경을 초래하는 사실이 발생하는 경우

60 빈출패턴 60 투자일임업 금지행위

출제빈도 ★★★★

다음 중 투자일임업자의 금지행위에 대한 설명으로 틀린 것은?

① 정당한 사유 없이 투자자의 운용방법의 변경 또는 계약의 해지요구에 응하지 않는 행위는 금지된다.
② 자기 또는 관계인수인이 발행인 또는 매출인으로부터 직접 증권의 인수를 의뢰받아 인수조건 등을 정하는 업무를 담당한 법인의 특정 증권 등에 대하여 인위적인 시세를 형성하기 위하여 투자일임재산으로 그 특정증권 등을 매매하는 행위는 금지된다.
③ 원칙적으로 투자일임재산을 각각의 투자자별로 운용하지 아니하고 여러 투자자의 자산을 집합하여 운용하는 행위는 금지된다.
④ 투자일임재산으로 투자일임업자 또는 그 이해관계인의 고유재산과 거래하는 행위는 금지되나, 이해관계인이 되기 3개월 이전에 체결한 계약은 거래할 수 있다.

이해관계인이 되기 6개월 이전에 체결한 계약에 따른 경우는 예외적으로 거래할 수 있다.

정답 ④

더 알아보기

투자일임업자의 금지행위

1. 정당한 사유 없이 투자자의 운용방법의 변경 또는 계약의 해지 요구에 응하지 않는 행위
2. 자기 또는 관계인수인이 인수한 증권을 투자일임재산으로 매수하는 행위
   - 단, 투자자 보호 및 건전한 거래질서를 해할 우려가 없는 경우로서 인수일로부터 3개월이 지난 후 매수하는 경우에는 가능, 인수한 상장주권을 증권시장에서 매수하는 경우에는 가능, 국채, 지방채, 통안채, 특수채, 사채권은 가능
   - 단, 사채권의 경우 주권 관련 사채권 및 상각형 조건부 지분증권은 제외된다.
3. 자기 또는 관계인수인이 발행인 또는 매출인으로부터 직접 증권의 인수를 의뢰받아 인수조건 등을 정하는 업무를 담당하는 법인의 증권 등에 대하여 인위적인 시세를 형성하기 위하여 투자일임재산으로 그 특정증권 등을 매매하는 행위
4. 특정 투자자의 이익을 해하면서 자기 또는 제3자의 이익을 도모하는 행위
5. 투자일임재산으로 자기가 운용하는 다른 투자일임재산, 집합투자재산 또는 신탁재산과 거래하는 행위
6. 투자일임재산으로 투자일임업자 또는 그 이해관계인의 고유재산과 거래하는 행위(단, 이해관계인이 되기 6개월 이전에 체결한 계약에 따른 경우, 증권시장 등 불특정 다수인이 참여하는 공개시장을 통한 거래의 경우, 일반적인 거래조건에 비추어 투자일임재산에 유리한 거래의 경우, 환매조건부매매, 투자일임업자 또는 이해관계인의 중개·주선 또는 대리를 통하여 금융위가 고시하는 방법, 투자에 따르는 위험을 회피하기 위하여 투자

일임재산으로 상장지수 집합투자기구의 집합투자증권을 차입하여 매도하는 거래인 경우 등은 예외로 한다)
7 투자자의 동의 없이 투자일임재산으로 투자일임업자 또는 그 이해관계인이 발행한 증권에 투자하는 행위
8 투자일임재산을 각각의 투자자별로 운용하지 않고 여러 투자자의 자산을 집합하여 운용하는 행위
9 투자자로부터 다음 중 어느 하나의 행위를 위임받는 행위
- 투자일임재산을 예탁하는 투자매매업자, 투자중개업자등을 지정하거나 변경하는 행위
- 투자일임재산을 예탁하거나 인출하는 행위
- 투자일임재산에 속하는 증권의 의결권, 그 밖의 권리를 행사하는 행위(단, 투자자 보호에 문제가 없는 주식매수청구권행사, 공개매수에 대한 응모, 유상증자의 청약, 전환사채권의 전환권 행사, 신주인수권부사채의 신주인수권 행사, 교환사채의 교환청구, 파생결합증권의 권리행사는 예외로 한다)

기출 유형

투자일임업자는 자기 또는 관계인이 인수한 증권을 투자일임재산으로 매수할 수 있으나 다음 중 이러한 증권에 해당하지 않는 것은?

① 투자일임업자는 인수일로부터 3개월이 지난 후에는 자기 또는 관계인수인이 인수한 증권을 투자일임재산으로 매수할 수 있다.
② 투자일임업자는 인수한 상장증권을 증권시장에서 투자일임재산으로 매수할 수 있다.
③ 투자일임업자는 국채, 지방채, 통안채를 투자일임재산으로 매수할 수 있다.
④ 투자일임업자는 주식관련 사채권을 투자일임재산으로 매수할 수 있다.

[해설] 주식관련 사채권의 경우는 해당되지 않는다.

[정답] ④

기출 변형

투자일임업자가 투자일임재산으로 자기 또는 관계인수인이 인수한 증권을 매수할 수 있는 경우로 가장 거리가 먼 것은?

① 주권관련 사채권을 매수하는 경우
② 인수일로부터 3개월이 지난 후 매수하는 경우
③ 인수한 상장주권을 증권시장에서 매수하는 경우
④ 국채, 지방채, 통안채, 특수채의 경우

[해설] 주권관련 사채권을 매수하는 것은 할 수 없다.

[정답] ①

61 빈출패턴 61 전매제한 조치   출제빈도 ★★★

전매제한조치 중 보호예수 대상이 된 증권으로 할 수 없는 것은 무엇인가?

① 공개매수에 응하는 경우
② 신주인수권부사채의 행사를 하는 경우
③ 주권병합을 위해 새로운 주권으로 교부받는 경우
④ 전환사채의 전환권을 행사하는 경우

보호예수는 해당 증권을 특정 기간동안 매매하지 못하게 하는 제도이다. 공개매수에 응하는 것은 해당 증권을 매도하는 행위이기 때문에 보호예수기간에 이를 할 수 없다.

정답 ①

더 알아보기

보호예수된 증권의 인출사유

1. 예탁결제원은 전매제한조치를 위해 예탁된 증권에 대해서 아래의 사유가 발생하는 경우 발행인의 신청에 의해 해당 증권의 인출을 허용할 수 있으며, 해당 사유가 종료되는 대로 해당 증권 등을 지체 없이 재예탁 해야 한다.
   - 통일규격증권으로 교환하는 경우
   - 전환권, 신주인수권 등 증권에 부여된 권리행사를 하기 위한 경우
   - 회사의 합병·분할·분할합병, 또는 주식의 포괄적 교환·이전에 따라 다른 증권으로 교환하기 위한 경우
   - 액면 또는 권면의 분할 또는 병합에 따라 새로운 증권으로 교환하기 위한 경우
   - 전환형 조건부자본증권을 주식으로 전환하기 위한 경우
   ※ 실질적인 매도가 아니라 증권에 부여된 권리를 행사하는 경우는 예외적으로 보호예수된 증권을 인출할 수 있다.

62 빈출패턴 62 투자자예탁금   출제빈도 ★★★★

투자매매업자 및 투자중개업자의 투자자예탁금에 대한 설명으로 올바르지 않은 것은?

① 투자매매업자 또는 투자중개업자는 투자자예탁금을 고유재산과 구분하여 증권금융회사에 예치하거나 신탁업자에게 신탁해야 한다.
② 은행, 한국산업은행, 중소기업은행, 보험회사는 투자자 예탁금 신탁과 관련하여 자기계약을 할 수 있다.
③ 금융투자회사의 인가취소가 발생하면 투자자예탁금을 인출하여 투자자에게 우선하여 지급해야 한다.
④ 예치금융투자업자는 투자자예탁금 우선지급 사유발생 시 그 사유 발생일로부터 3개월 이내에 그 사실과 투자자예탁금의 지급시기·지급장소 등을 둘 이상의 일간신문에 공고해야 한다.

투자자예탁금 우선지급사유 발생시, 그 사유 발생일로부터 2개월 이내에 그 사실과 투자자예탁금의 지급등에 관한 사항을 둘 이상의 일간신문에 공고하고, 인터넷 홈페이지등을 이용하여 공시해야 한다.

정답 ④

더 알아보기

투자자예탁금

1. 투자자예탁금은 투자매매업자 또는 투자중개업자의 고유재산과 구분하여 증권금융회사에 예치하거나 신탁회사에 신탁해야 함.
2. 투자자예탁금을 신탁할 수 있는 금융투자업자는 은행, 한국산업은행, 중소기업은행, 보험회사이며, 신탁법 제2조에도 불구하고 이들 기업은 자기계약을 할 수 있음.
3. 원칙적으로 예치기관에 예치되어 있는 투자자예탁금은 상계·압류를 하지 못하고, 예탁금을 양도하거나 담보로 제공할 수 없음.
4. 다음 상황 발생 시 예치기관에 예치 또는 신탁한 투자자예탁금을 인출하여 투자자에게 우선지급해야 함.
    - 인가취소, 해산결의, 파산선고, 투자매매업 또는 투자중개업 전부 양도, 전부 폐지가 승인된 경우 및 전부의 정지명령을 받은 경우 투자자예탁금은 사유 발생일로부터 2개월 이내에 그 사실과 투자자예탁금의 지급시기, 지급장소 등을 둘 이상의 일간신문에 공고하고, 인터넷 홈페이지를 통해 공시해야 함.

기출 유형

투자매매업자의 투자자예탁금과 관련한 내용으로 가장 잘못된 것은?

① 투자자예탁금은 자기재산과 구분하여 관리해야 한다.
② 투자자예탁금으로 원화로 표시된 양도성 예금증서를 담보로 한 대출, 국채증권 매수를 하며 운용할 수 있다.
③ 은행, 보험회사는 투자자예탁금을 자신이 보관할 수 없다.
④ 예치기관에 예치된 투자자예탁금은 상계·압류하지 못한다.

[해설] 은행, 보험회사, 한국산업은행, 중소기업은행은 신탁법 제2조에도 불구하고 자기계약을 할 수 있다. 즉 고객 예탁금을 자신이 보관할 수 있다는 의미이다.

[정답] ③

기출 변형

고객 예탁금을 즉시 돌려주어야 하는 경우에 해당하지 않는 것은?

① 순자본비율이 100% 미만인 경우
② 회사채, 어음이 지급거절당한 경우
③ 영업의 전부가 6개월 이상 영업금지당한 경우
④ 단기적인 유동성 악화로 고객의 예탁금을 지불하지 못할 경우

[해설] 순자본비율이 100% 미만인 경우에는 경영개선 권고사항이다. ②, ③, ④는 긴급조치 상황에 해당된다.

[정답] ①

63 빈출패턴 63 집합투자업자의 자산운용제한

출제빈도 ★★★★

공모집합투자기구의 자산운용에 대한 설명으로 올바르지 않은 것은?

① 집합투자기구의 자산의 전부를 국채, 한국은행통화안정증권, 정부보증채에 투자할 수 있다.
② 집합투자기구의 자산의 30%까지 지방채, 특수채, 파생결합증권에 투자할 수 있다.
③ 국내에 있는 부동산 중 주택법 제2조 제1호에 따른 주택에 해당하지 않는 부동산은 취득 후 1년 이내에 처분할 수 없다.
④ 집합투자기구가 미분양주택을 취득하는 경우에는 1년 이내에 처분해야 한다.

미분양주택을 취득하는 경우 집합투자규약에 정하는 기간 내에 처분할 수 없다. 집합투자규약에서 미분양 주택 취득 후 처분기간을 1년 이내로 정한 경우 예외적으로 1년 이내에 미분양 주택을 처분할 수 있다.

정답 ④

더 알아보기

1 동일종목 증권 투자제한
- 원칙적으로 각 집합투자기구 자산총액의 10%를 초과하여 동일종목의 증권에 투자할 수 없다.
- 예외 사항

100% 투자가능	국채, 한국은행통화안정증권, 정부보증채, 부동산개발회사 발행증권, 주택저당채권담보부채권, 부동산투자목적회사가 발행한 지분증권 등
30% 투자가능	지방채, 특수채, 법률에 의해 직접 설립된 법인이 발행한 어음, 파생결합증권, 금융기관이 발행한 어음 또는 CD, 금융기관이 발행한 채권, 금융기관이 지급보증한 채권(사모제외) 및 어음

2 원칙적으로 동일법인 등이 발행한 지분증권 총수의 20%를 초과하여 투자할 수 없다.

3 부동산 투자제한
- 국내에 있는 부동산 중 주택법 제2조 제1호에 따른 주택과 주택에 해당하지 아니하는 주택 : 취득 후 1년 이내에 처분할 수 없음. 단, 미분양주택의 경우 집합투자규약에서 정하는 기간 이내에 처분할 수 있음.
- 해외에 있는 부동산 : 집합투자규약에서 정하는 기간 이내에 처분할 수 있음.

빈출패턴 64 집합투자증권 환매

출제빈도 ★★★★

집합투자증권 환매에 대한 설명으로 올바른 것은 총 몇 개인가?

- 원칙적으로 환매가격은 환매청구일 후에 산정되는 기준가격으로 환매한다.
- 환매수수료는 환매를 청구하는 투자자가 부담하며, 집합투자업자의 재산으로 귀속된다.
- 거래부진으로 집합투자재산이 처분하기 어려울 경우 환매연기를 할 수 있다.

① 0개   ② 1개
③ 2개   ④ 3개

환매수수료는 환매를 청구하는 투자자가 부담하나, 환매수수료는 집합투자업자의 재산이 아니라 집합투자재산에 귀속된다.

정답 ③

더 알아보기

 집합투자증권의 환매

1. **환매청구 순서**
    - 해당 집합투자증권을 판매한 투자매매 혹은 투자중개업자 → 집합투자업자 → 신탁업자 순으로 환매를 청구한다.

2. **환매방법**
    - 집합투자업자 등은 다른 시행령에서 정하는 경우를 제외하고는 환매청구일로부터 15일 이내에서 집합투자규약에서 정한 환매일에 환매대금을 지급한다.
    - 집합투자업자 또는 투자회사 등은 환매대금을 지급하는 경우 집합투자재산으로 소유 중인 금전 또는 집합투자재산을 처분하여 조성한 금전으로 해야 한다. 단, 투자자 전원의 동의를 얻으면 집합투자재산으로 지급이 가능하다.
    - 집합투자증권을 판매한 투자매매·중개업자, 집합투자업자, 신탁업자는 환매청구를 받은 집합투자증권을 자기의 계산으로 취득하거나 타인에게 취득하게 해서는 안 된다. 단, 원활한 환매를 위해 필요하거나 투자자의 이익을 해할 우려가 없는 경우 예외를 인정한다.

기출 유형

집합투자재산 환매와 관련한 내용으로 가장 올바르지 않은 것은?

① 제일 먼저 해당 집합투자재산을 보관하고 관리하는 신탁업자에게 환매청구를 한다.
② 원칙적으로 환매청구일로부터 15일 이내에서 집합투자규약에서 정한 환매일에 환매대금을 지급한다.
③ 투자자 전원의 동의가 있을 경우 집합투자재산으로 환매대금을 지급할 수 있다.
④ 환매청구를 받은 금융투자업자는 원칙적으로 그 집합투자증권을 자기의 계산으로 취득하거나 타인에게 취득하게 해서는 안 된다.

[해설] 집합투자증권을 판매한 투자매매업자 혹은 투자중개업자에게 가장 먼저 환매청구를 해야 한다.

[정답] ①

65 빈출패턴 65 집합투자기구 증권   출제빈도 ★★★★

지분증권을 발행할 수 있는 주체는 총 몇 개인가?

• 투자합명회사	• 투자유한회사
• 합자조합	• 투자신탁
• 주식회사	

① 2개 ② 3개
③ 4개 ④ 5개

투자합명회사와 투자신탁은 지분증권을 발행할 수 없다. 투자합명회사는 무한책임사원으로만 구성되어 있으며 이들의 지분을 지분증권으로 보지 않는다. 집합투자업자는 수익증권을 발행한다.

정답 ②

더 알아보기

지분증권

1. 법률에 의하여 직접 설립된 법인이 발행한 출자증권, 상법상 합자회사, 유한회사, 유한책임회사, 유한회사, 합자조합, 익명조합의 출자지분, 그 밖에 이와 유사한 것으로서 출자지분 또는 출자지분을 취득할 권리가 표시된 증권
2. 합명회사의 지분, 합자회사의 무한책임사원 지분의 경우 지분증권의 범위에서 제외함.

지분증권발행 가능	지분증권발행 불가능
상법상 합자회사(유한책임사원 지분), 유한책임회사, 유한회사, 합자조합, 익명조합의 출자지분	투자신탁(수익증권), 합명회사

수익증권

1. 금전신탁의 수익증권, 투자신탁의 수익증권, 그 밖에 이와 유사한 것으로 신탁의 수익권이 표시된 것으로 신탁업자와 집합투자업자(투자신탁)는 수익증권을 발행할 수 있다.
2. 신탁업자
   - 신탁업자는 금전신탁에 의한 수익권이 표시된 수익증권을 발행한다.
   - 원칙적으로 무기명식이나 수익자의 청구가 있을 경우에는 기명식으로 할 수 있으며, 기명식 수익증권은 수익자의 청구에 의하여 무기명식으로 할 수 있다.

- 수익증권이 발행된 경우에는 해당 신탁계약에 의한 수익권의 양도 및 행사는 그 수익증권으로 해야 함. 단, 기명식 수익증권의 경우에는 수익증권으로 하지 않을 수 있다.

③ 투자신탁
- 투자신탁을 설정한 집합투자업자는 수익증권 발행가액 전액이 납입된 경우 신탁업자의 확인을 받아 예탁결제원을 명의인으로 하여 수익증권을 발행해야 한다.
- 수익증권은 무액면 기명식으로 발행하며, 투자신탁의 수익권이 균등하게 분할되어 수익증권으로 표시되어야 한다.

빈출패턴 66 집합투자기구 이익분배 출제빈도 ★★★★

집합투자기구 이익분배에 대한 설명으로 올바른 것은?

① 이익금 분배는 금전으로만 가능하다.
② 집합투자기구 중 투자회사는 이익금을 초과분배할 경우 순자산가액에서 최저 순자산금액을 뺀 금액을 초과하여 분배할 수 없다.
③ 이익금 초과분배에 대한 것은 별도의 규정 없이 가능하다.
④ MMF가 아닌 집합투자기구는 이익금 분배를 유보할 수 없다.

이익금 분배는 금전 혹은 새로 발행하는 집합투자증권으로 분배해야 한다. 이익금을 초과분배하기 위해서는 초과분배에 관한 사항을 미리 정해야 하며 예외적으로 이익금 분배 유보가 가능하다.

 ②

 알아보기

 이익금의 분배

1. 이익금 분배 원칙 : 자산운용에 따라 발생한 이익금을 투자자에게 금전 또는 새로 발행하는 집합투자증권으로 분배해야 함.

2. 이익금의 분배유보사항(MMF 제외)
   - 이익금의 분배방법 및 시기는 집합투자규약에서 정하는 바에 따름.
   - 투자회사는 이익금 전액을 새로 발행하는 주식으로 분배하려는 경우에는 정관에서 정하는 바에 따라 발행할 주식의 수, 발행시기 등 주식발행에 필요한 사항에 관하여 이사회 결의를 해야 함.
   - 이익금의 초과분배 : 원칙적으로 초과분배할 수 있음.
   - 투자회사의 경우에는 순자산가액에서 최저 순자산금액을 뺀 금액을 초과하여 분배할 수 없음.
   - 투자신탁 또는 투자익명조합의 집합투자업자와 투자회사 등은 이익금을 초과하여 금전으로 분배하려는 경우 집합투자규약에 그 뜻을 기재하고 이익금의 분배방법 및 시기 등을 미리 정해야 함.

※ 주의사항 : MMF는 이익금 분배를 집합투자기구에 유보할 수 없음.

기출 유형

집합투자자산의 이익금 분배와 관련하여 잘못된 것은?

① MMF의 경우 이익금의 분배를 집합투자기구에 유보할 수 있다.

② 이익금을 초과분배할 필요가 있는 경우 투자회사의 경우에는 순자산액에서 최저 순자산가액을 뺀 금액을 초과하여 분배할 수는 없다.

③ 투자신탁 또는 투자익명조합의 집합투자업자와 투자회사 등은 이익금을 초과하여 금전으로 분배하려는 경우 집합투자규약에 그 뜻을 기재하고 이익금의 분배방법 및 시기 등을 사전에 정해야 한다.

④ 집합투자업자 또는 투자회사 등은 이익금을 투자자에게 금전 혹은 새로 발행하는 집합투자증권으로 분배해야 한다.

[해설] MMF의 경우 이익금 분배유보는 할 수 없다.

[정답] ①

협회규정 3문항

67 빈출패턴 67 재산상 이익의 가치   출제빈도 ★★★★

재산상 이익의 가치 산정방법으로 잘못된 것은?

① 금전으로 제공한 경우 그 금액
② 물품으로 제공한 경우 그 구입비용
③ 접대의 경우에는 금융투자회사의 임직원과 거래상대방이 공동으로 참석한 경우 접대비용 합계액
④ 연수, 기업설명회, 기업탐방, 세미나의 경우 거래상대방에게 직접적으로 제공된 금액

접대에 해당하는 경우에, 금융투자회사 임직원과 거래상대방이 공동으로 참석한 경우에는 해당 비용은 접대 소요경비 중 거래상대방이 점유한 비율에 따라 산정한 금액이 재산상 이익의 제공금액이다.

정답 ③

더 알아보기

재산상 이익의 가치산정

1. 금전의 경우 해당 금액
2. 물품의 경우 구입비용
3. 접대의 경우 해당 접대에 소요된 비용이나, 금융투자회사 임직원과 거래상대방이 공동으로 참석한 경우에는 해당 비용은 전체 소요경비 중 거래상대방이 점유한 비율에 따라 산정된 금액
4. 연수, 기업설명회, 기업탐방, 세미나의 경우 거래상대방에게 직접적으로 제공되었거나 제공받은 비용
5. 기타 위에 해당하지 않으나 재산상 이익인 경우에는 재산상 이익의 구입 또는 제공에 소요된 실제 비용

68 빈출패턴 68 신상품보호

출제빈도 ★★★★

신상품보호와 관련된 설명으로 잘못된 것은?

① 외국에서 팔리는 상품을 국내에 도입한 것은 신상품에 해당하지 않는다.
② 신상품보호는 해당상품을 개발한 회사가 일정기간동안 해당 상품을 독점적으로 판매할 수 있는 권리이다.
③ 금융투자협회는 신상품에 대해서 침해를 받았을 경우 신상품 침해 접수 10일 안에 심의위원회를 소집하고 이에 대해서 심의를 해야 한다.
④ 신상품에 대해서 배타적 사용권을 부여받은 금융투자회사는 배타적 사용권에 대한 직접적인 침해가 발생한 경우 협회 신상품 심의위원회가 정한 서식에 따라 침해배제 신청을 할 수 있다.

배타적 사용권 침해배제 신청 접수일로부터 심의위원회 위원장은 7영업일 이내에 심의위원회를 소집하여 배타적 사용권 침해배제 신청에 대해서 심의해야 한다. 침해배제 신청이 이유가 있다고 결정된 경우 심의위원회는 지체 없이 침해회사에 대해 침해의 정지를 명할 수 있다.

정답 ③

더 알아보기

신상품의 정의
1. 새로운 비즈니스 모델을 적용한 금융투자상품 또는 이에 준하는 서비스(단, 국내외에서 이미 공지되었거나 판매된 적이 없어야 함)
2. 금융공학 등 신금융기법을 이용하여 개발한 금융투자상품 또는 이에 준하는 서비스
3. 기존의 금융투자상품 또는 이에 준하는 서비스와 구별되는 독창성이 있는 금융투자상품 또는 이에 준하는 서비스

배타적 사용권
1. 신상품을 개발한 금융투자회사가 일정기간 동안 독점적으로 신상품을 판매할 수 있는 권리

배타적 사용권 보호
1. 배타적 사용권 침해배제 신청 : 배타적 사용권을 부여받은 금융투자회사는 배타적 사용권에 대한 직접적인 침해가 발생한 경우 협회 신상품 심의위원회가 정한 서식에 따라 침해배제 신청을 할 수 있다.
2. 배타적 사용권 침해배제 신청에 대한 심의 : 심의위원장은 침해배제 신청 접수일로부터 7영업일 이내에 심의위원회를 소집하여 배타적 사용권 침해배제 신청에 대해서 심의해야 한다. 침해배제 신청이 이유가 있다고 결정된 경우 심의위원회는 지체없이 침해회사에 대해 침해의 정지를 명할 수 있다.

기출유형

다음 괄호에 들어갈 말로 올바른 것을 순서대로 짝지은 것은?

- 배타적 사용권에 대해서 직접적인 침해가 발생한 경우 (　　　　)가 정한 서식에 따라 침해배제를 신청할 수 있다
- 침해배제 신청 접수일로부터 (　　　) 이내에 침해배제 신청에 대해서 심의해야 한다.

① 협회 신상품 심의위원회, 7영업일
② 협회 신상품 심의위원회, 10영업일
③ 협회장, 7영업일
④ 협회장, 10영업일

[해설] 협회 신상품 심의위원회에 침해배제 신청을 하고, 7영업일 이내에 심의위원회를 소집하여 배타적 사용권 침해배제 신청에 대하여 심의해야 한다.

※ 주의사항 : 금융투자협회장이 심의하는 것이 아니라 신상품 심의위원회가 심의한다.

[정답] ①

빈출패턴 69 조사분석자료 공표

출제빈도 ★★★★

금융투자회사가 조사분석자료를 공표할 수 있는 경우는 몇 개인가?

- 자신이 발행한 금융투자상품에 대한 조사분석자료
- 자신이 안정조작 또는 시장조성 업무를 수행하고 있는 증권을 발행한 법인
- 자신이 발행주식 총수의 100분의 3의 주식을 소유하고 있는 법인

① 0개 ② 1개
③ 2개 ④ 3개

금융투자회사가 발행주식 총수의 100분의 5 이상의 주식 등을 소유하는 주식은 조사분석자료를 공표할 수 없다. 조사분석자료의 공표 혹은 평가와 관련해서 자본시장법에서도 유사한 개념이 나온다. 자본시장법에서 전제하는 상황은 공모 등을 하려는 법인에 대한 평가업무이며, 협회규정의 조사분석자료 공표는 공모상황이 아닌 경우에 해당한다. 두 파트의 내용이 유사하기 때문에 구분하여 학습할 필요가 있다.

정답 ②

더 알아보기

조사분석대상법인의 제한

1. 자신이 발행한 금융투자상품
2. 자신이 안정조작 또는 시장조성 업무를 수행하고 있는 증권을 발행한 법인
3. 자신이 발행주식 총수의 100분의 5 이상의 주식 등을 보유 또는 소유하고 있는 법인
4. 최근 사업연도 재무제표에 대한 감사인의 감사의견이 부적정 또는 의견거절이거나 한정인 법인, 단 이 경우라도 투자등급 및 목표가격 등을 하향조정하기 위한 경우에는 조사분석자료를 특정인에게 제공할 수 있다.

70 빈출패턴 70 자산집단의 특징 　　　　출제빈도 ★★★★

자산집단의 특성에 대한 것으로 잘못된 것은?

① 자산집단 간에는 상관관계가 높아야 한다.
② 자산집단 간은 서로 그 성격이 구분되어야 한다.
③ 자산집단의 규모가 충분히 커야 한다.
④ 자산집단 내의 종목의 수가 충분히 커야 한다.

상관관계가 낮아야 분산투자 효과가 증가한다.

정답 ①

더 알아보기

 자산집단의 특징

동질성	자산집단 내의 자산들은 상대적으로 동일한 특성을 가져야 한다.
배타성	자산집단이 서로 배타적이어서 겹치는 부분이 없어야 한다.
분산가능성	각 자산집단은 분산투자를 통해서 위험을 줄여서 효율적 포트폴리오를 구성하는데 기여해야 한다. 자산집단 간의 상관계수가 낮아야 한다.
포괄성	자산집단 전체는 투자 가능한 대부분의 자산을 포함해야 한다.
충분성	자산집단 내에서 실제 투자할 대상의 규모와 수가 충분해야 한다.

※ 출처 : 금융투자협회 기본교재 4권(2025년) p24~25

빈출패턴 71 전략적 자산배분 개요

출제빈도 ★★★

전략적 자산배분의 순서로 가장 올바른 것은?

> ㄱ. 자산집단 선택
> ㄴ. 최적자산배분 구성
> ㄷ. 투자자의 투자목적, 투자제약조건 파악
> ㄹ. 자산종류별 기대수익, 위험, 상관관계의 추정

① ㄱ-ㄴ-ㄷ-ㄹ
② ㄴ-ㄱ-ㄷ-ㄹ
③ ㄷ-ㄱ-ㄴ-ㄹ
④ ㄷ-ㄱ-ㄹ-ㄴ

투자자의 투자목적과 투자제약조건을 파악한 후 자산집단을 선택하고, 자산종류별 기대수익, 위험, 상관관계를 추정한 후 최적자산구성을 선택한다.

정답 ④

더 알아보기

 전략적 자산배분 실행과정

1단계	투자자의 투자목적, 투자제약조건을 파악
2단계	자산집단의 선택
3단계	자산종류별 기대수익, 위험, 상관관계의 추정
4단계	최적자산의 구성(효율적인 투자기회 집합을 추출)

※ 전략적 자산배분은 시장이 효율적이라고 가정한다. 반면에 전술적 자산배분은 단기적으로 시장은 비효율적이지만 장기적으로는 시장이 효율적이라고 가정한다.

72 빈출패턴 72 보험자산배분

출제빈도 ★★★★

보험자산배분전략에 대한 설명으로 틀린 것은?

① 포트폴리오의 수익률이 하락할수록 위험자산에 대한 투자비중이 감소한다.
② 옵션을 이용하여 보험자산배분 전략을 구사할 수 있다.
③ 시장가격 변화추세를 반영하여 포트폴리오를 운영한다.
④ 보험자산배분전략을 선호하는 투자자는 위험회피 성향이 큰 투자자이기 때문에, 이러한 금융상품 위주로 운용할 경우 일반적으로 큰 수수료 수입발생이 가능하다.

대체로 위험회피성향이 매우 큰 투자자 집단은 그 규모가 작기 때문에 이러한 금융상품 위주로 운용하게 되면 운용사입장에서 수수료 수입이 크지 않게 된다.

정답 ④

더 알아보기

- 보험자산배분전략 : 옵션모형을 이용한 방법(OBPI)과 고정비율 포트폴리오 보험전략(CPPI)이 있다.
- 투자자가 원하는 특정한 투자성과를 만들어 내기 위해 기금이나 펀드의 자산비율을 동적으로 변동시켜 나가는 전략으로 자산배분을 초단기적으로 변경하며 <u>가능한 미래 예측치를 사용하지 않고 시장 가격의 변화 추세만을 고려하여 운용하는 수동적인 전략이다.</u>
- 일정기간 동안 목표수익률을 반드시 달성해야 하는 특수한 목적을 가진 자금에 적용할 수 있는 전략이다.
- 포트폴리오 보험전략을 원하는 투자자는 <u>극단적으로 위험을 회피하고자 하는 투자자로</u> 주로 보험, 기금, 연금생활자와 같은 투자자이다.
- 위험자산과 무위험자산간의 투자자금을 할당하며, 포트폴리오 가치가 하락함에 따라 무위험자산에 대한 투자 비중을 높이고, 포트폴리오 가치가 상승함에 따라 위험자산에 대한 투자 비중을 높인다. 즉, 가격이 상승할 때는 주식의 비중이 증가하고, 가격이 하락할 때는 주식의 비중을 낮추는 투자 행태를 갖는다.

단점

1. 위험회피도가 높은 일부 투자자를 대상으로 하는 상품이기 때문에 자산운용회사 등의 주력 상품이 되면 수익성이 낮아진다.
2. 목표로 하는 최저수익률 달성을 하기 위해서는 매도·매수가 빈번하여 거래비용 절감을 위해 각종 금융선물을 활용해야 한다.
3. 포트폴리오 보험을 적용할 경우 투자기간 말에 주식시장이 급등하면 주가 상승을 제대로 추적하지 못하고, 주가 상승을 추적하는 능력에 한계가 있어 주가 상승기에는 저조한 성과를 달성하게 된다.

장점

① 최소한 요구하는 목표수익률이 존재할 경우 적용할 수 있는 운용전략이다.
② 투자자가 복잡한 투자수익구조를 원할 경우 이러한 요구를 충족시킬 수 있는 전략으로 활용할 수 있다.

기출유형

방어적 풋의 구성으로 가장 올바른 것은? (단, 모든 옵션은 투자자의 최저 보장가치를 행사가격으로 한다)

① 주식+풋옵션 매도
② 주식+풋옵션 매입
③ 주식+채권
④ 주식+콜옵션 매수

[해설] 방어적 풋=주식+풋옵션 매입이다. 주식+채권의 조합도 넓은 의미에서 포트폴리오 보험의 범주에 들어가지만 이를 방어적 풋이라고 하지는 않는다.

[정답] ②

73

빈출패턴 73 성장투자 스타일   출제빈도 ★★★★

성장투자 스타일에 해당하는 것은 총 몇 개인가?

- 저PER 투자, 고배당수익률 투자, 역행투자의 방식을 취한다.
- EPS 성장률이 높은 주식에 투자한다.
- 예상했던 EPS 증가율이 실현되지 않을 위험이 존재한다.
- 이익의 탄력성에 투자하는 방식이다.

① 1개   ② 2개
③ 3개   ④ 4개

저PER, 고배당률 주식에 투자하는 것은 가치투자 스타일이다. 나머지 보기는 성장투자스타일에 해당한다.

정답 ③

더 알아보기

1. 성장투자 스타일은 기업의 수익성에 높은 관심을 갖는다.
   - 기업의 주당순이익이 증가하고 PER이 낮아지지 않는다면 주가는 최소한 주당순이익의 증가율만큼 상승할 것으로 가정함.
2. 성장 모멘텀 투자 : 성장률이 높은 기업에 대해 시장 PER보다 높은 가격을 지불함.
   - EPS 증가율이 예상대로 실현되지 않을 경우 큰 손실이 발생할 수도 있다.
3. 지속적인 성장성에 투자하는 방식 : 장기간에 걸쳐 성장성이 나타나는 것을 의미하며 높은 PER를 갖는 경우가 있다.
4. 이익탄력성에 투자하는 방식 : 단기간에 높은 이익을 나타내는 것을 의미하며, 높은 성장 잠재력이 있으나 이에 대한 지속성은 떨어진다.

74 빈출패턴 74 고정비율 포트폴리오 보험(CPPI)전략   출제빈도 ★★★★

다음 정보를 이용하여 고정비율 포트폴리오 보험전략의 주식투자금액을 계산하면?

- 총투자원금 110억 원
- 1년 후 보장금액 100억 원
- 연간 무위험이자율 5%, 투자기간 1년, 승수 2

① 15.44억 원   ② 22.33억 원
③ 29.52억 원   ④ 33.54억 원

주식투자금액 = 승수 × (포트폴리오 평가액 − 최저보장수익의 현재가치)
$= 2 \times (110억\ 원 - \frac{100억\ 원}{1+5\%}) = 29.52억\ 원$

쿠션 = 110억 원 − 95.24억 원($= \frac{100억\ 원}{1+5\%}$) = 14.76억 원

익스포져 = 쿠션 × 승수 = 14.76억 원 × 2 = 29.52억 원(주식투자금액)

정답 ③

더 알아보기

고정비율 포트폴리오 보험(CPPI)전략

1. 주식투자금액 = 승수 × (포트폴리오 평가액 − 최저보장수익의 현재가치)
2. 채권투자금액(무위험자산) = 전체포트폴리오 평가액 − 주식투자금액

- 승수 : 양수이며 자금운용자의 경험에 의해 주관적으로 결정한다. 승수가 낮을수록 위험자산에 대한 투자비중이 낮아지며, 승수가 높을수록 위험자산에 대한 투자금액이 증가한다.
- 쿠션 : 자산가치와 만기 최저보장수익의 현재가치의 차이
- 익스포져 : 쿠션×승수, 주식투자금액을 의미한다.

기출 유형

고정자산배분전략(CPPI)의 주식투자비중은 얼마인가?

- 포트폴리오 평가액 : 110억 원
- 원금보장액 : 100억 원
- 무위험수익률 2%, 승수 3배, 투자기간 1년

① 1.97억 원 ② 5.91억 원
③ 35.91억 원 ④ 38.14억 원

[해설] 주식투자비중 = 승수 × (포트폴리오 평가액 − 최저보장수익의 현재가치)

$$= 3 \times (110억\ 원 - \frac{100억\ 원}{1+2\%}) = 35.91억\ 원$$

쿠션 $= 110억\ 원 - \frac{100억\ 원}{1+2\%} = 11.97억\ 원$

익스포져 = 쿠션 × 승수 = 11.97 × 3 = 35.91억 원

[정답] ③

75

빈출패턴 75 가치투자 스타일

출제빈도 ★★★★

가치투자 스타일에 해당하지 않는 것은?

① 이익의 탄력성에 투자한다.
② 진입장벽이 높아서 꾸준히 수익을 내는 주식에 투자한다.
③ 저PER 투자, 역행투자, 고배당수익률을 가진 주식에 투자한다.
④ 기업 수익의 평균회귀를 가정하고 투자한다.

이익의 탄력성에 투자하는 방식은 성장투자 스타일에 해당한다.

[정답] ①

더 알아보기

가치투자 스타일

1. 기업의 미래 성장성보다는 현재 수익이나 자산의 가치 관점에서 상대적으로 저렴한 주식에 투자하는 방법
2. 기업의 수익은 평균으로 회귀하는 경향을 갖는 것으로 가정한다.
3. 투자자가 예상하는 투자기간 내에 저평가가 회복되지 않을 위험이 존재한다.
4. 저PER 투자, 역행투자, 고배당수익률 투자 등이 있다.

기출 유형

가치투자 스타일에 대한 설명으로 올바르지 않은 것은?

① 저PER, 고배당주식, 저PBR을 가진 주식에 투자한다.
② 주가는 평균으로 회귀한다고 가정한다.
③ 지금 이익이 없거나 낮더라도 미래의 성장성을 보고 투자한다.
④ 투자자가 기대하는 기간 동안 주가가 예상한 가격에 도달하지 못할 위험이 있다.

[해설] 성장투자 스타일에 대한 설명이다.

[정답] ③

이것만 공부하면 80점

채권투자운용 6문항

76 빈출패턴 76 이자지급 방식에 따른 분류 출제빈도 ★★★★

성격이 다른 채권은 무엇인가?

① 회사채
② 할인채
③ 복리채
④ 이표채

할인채, 복리채, 이표채는 이자지급방식으로 분류한 채권이고, 회사채는 발행주체에 따른 분류방식의 채권이다.

정답 ①

더 알아보기

이자지급 방법에 따른 분류

1. 이표채 : 이자지급일에 일정한 금액의 이자를 지급하며, 회사채 대부분은 이표채로 발행하고 있으며 국고채는 6개월마다 이자를 지급하고 회사채는 주로 3개월마다 이자를 지급한다.
2. 할인채(무이표채권) : 만기일 전에는 이자를 지급하지 않으며 만기일에 액면가를 지급한다. 대표적으로 통화안정증권이 있다.
3. 복리채 : 이자지급기간동안 이자가 복리로 재투자되어 만기에 원금과 이자를 같이 지급한다. 대표적으로 국민주택채권, 지역개발공채 등이 있다.
4. 단리채 : 이자지급기간동안 이자가 단리로 재투자되어 만기에 원금과 이자를 같이 지급한다.

※ 모든 조건이 동일할 경우 만기현금흐름이 가장 큰 채권은 복리채이다.

기출 유형

만기가 2년이며 액면가는 10,000원, 표면이자율은 3%이며 이자는 후급으로 연말에 지급하는 이표채이다. 만기시점에 유입되는 현금흐름은 얼마인가?

① 10,000원
② 10,300원
③ 10,600원
④ 10,609원

[해설] 현금흐름은 t=1년 말에 액면이자 300원, t=2년 말에 액면이자 300원과 원금 10,000원을 지급하기 때문에 만기 시 투자자에게 유입되는 현금흐름은 10,300원이다. 이표채이고 이자를 후급으로 지불하기 때문에 만기에는 2년차에 해당하는 액면이자와 원금이 지급된다.

[정답] ②

보충 플러스+

만약 해당 문제가 복리채이고, 액면이자율로 재투자된다고 가정하면 만기에 얼마의 현금유입이 발생하는 문제와 혼동하면 안 된다. 만약 액면이자율로 재투자되는 복리채라면 만기에는 $10{,}000원 \times (1+3\%)^2 = 10{,}609$원이 유입된다. 단리채라면 만기에 $10{,}000원 \times (1+3\% \times 2) = 10{,}600$원이 유입된다.

빈출패턴 77 전환사채 출제빈도 ★★★★

주가와 전환가격의 비율을 나타내는 것으로, 현재 주가가 전환가격대비 얼마나 높은지 혹은 낮은지를 알려주는 지표는 무엇인가?

① 패리티
② 전환비율
③ 괴리율
④ 전환프리미엄

패리티 = $\dfrac{\text{현재주가}}{\text{전환가격}}$, 전환프리미엄 = 전환사채의 가치 − 주식으로 전환했을 때의 가치,

괴리율 = $\dfrac{\text{전환사채시장가격} - \text{패리티가격}}{\text{패리티가격}} \times 100$

정답 ①

더 알아보기

전환사채(CB, Convertible Bond)

1. 개념 : 미리 정해진 행사가격으로 사채를 주식으로 전환할 수 있는 권리가 부여된 사채이며, 주식으로 전환되면 부채는 감소하고 자기자본은 증가한다.
2. 장점
    - 일반사채보다 금리가 낮아 낮은 조달비용으로 발행할 수 있음(발행기업).
    - 주식으로 전환시 자기자본이 되어 발행회사의 재무구조를 개선할 수 있음.
    - 투자자 입장에서 채권의 안정성과 주식의 시세차익을 기대할 수 있음.
3. 단점
    - 주식으로 전환되면 경영권에 변동을 줄 수 있음(발행기업).
    - 투자자 입장에서는 일반사채에 비해 낮은 금리를 제공하기 때문에 주식으로 전환하지 못할 경우 투자수익률이 낮아질 수 있음.

전환사채용어

- 전환가격 : 보유채권을 주식 1주로 전환할 때의 금액
- 전환비율 : 전환사채 액면의 몇 %를 주식으로 전환할 수 있는지의 정도
- 패리티 : (주가/전환가격) × 100
- 전환가치 : 전환된 주식의 시장가치, 전환된 주식수 × 1주당 주가

- 괴리＝전환사채시장가격－패리티가격, 괴리값이 양수면 투자자는 채권자로 남아 있는 것이 유리하고, 괴리값이 음수이면 주식으로 전환하는 것이 유리한다. 괴리는 전환 프리미엄이라고도 한다.
- 전환사채가치＝모든 조건이 동일한 일반사채가치＋전환권가치(콜옵션 매수와 성격이 같음)

기출유형

주가를 전환가격으로 나눈 것은?

① 패리티 ② 전환비율
③ 괴리율 ④ 전환가치

[해설] 패리티＝주가/전환가격이다. 전환비율은 전환사채 액면가를 주식으로 전환할 수 있는 비율이다. 전환가치는 전환된 주식수×1주당 주가를 나타낸다.

[정답] ①

기출변형

다음 정보를 이용하여 패리티 값을 구하면?

- 채권 액면가 100,000원, 전환율 100%이며, 전환주식수는 4주
- 채권의 현재가격은 95,000원이며, 주식의 1주당 시장가격은 20,000원

① 80% ② 84%
③ 90% ④ 100%

[해설] 패리티＝주가/전환가격＝20,000원/25,000원＝80%
1주당 주가＝20,000원, 전환가격＝100,000원/4주＝25,000원

[정답] ①

78 빈출패턴 78 수의상환채권과 수의상환청구채권

출제빈도 ★★★★

합성채권에 대한 설명으로 올바른 것은?

① 교환사채의 교환권을 행사하면 자산과 부채가 동시에 감소한다.
② 전환사채의 전환권을 행사해도 사채는 계속 존속한다.
③ 신주인수권부사채의 신주인수권을 행사하면 기존의 사채는 존속하지 않는다.
④ 수의상환채권은 금리가 상승할 경우 상환가능성이 높아진다.

교환사채는 발행자가 보유한 타회사 주식과 교환할 수 있는 권리가 있는 사채이다. 교환사채 교환권을 행사하면 발행자의 자산과 부채(교환사채)가 동시에 감소한다. 전환권을 행사하면 사채가 소멸된다. 신주인수권을 행사하더라도 사채는 남아 있다. 수의상환채권은 수의상환권을 발행자가 보유하기 때문에 금리가 하락하면 수의상환권이 행사될 가능성이 높고, 금리가 상승하면 수의상환권이 행사될 가능성이 낮다.

정답 ①

더 알아보기

수의상환채권(Callable Bond)

- 발행사가 미리 정한 가격에 채권을 상환할 수 있는 권리를 보유한 채권이다.

> 수의상환채권의 가치
> =일반사채의 가치-수의상환권

- 채권을 매입할 수 있는 콜옵션을 발행자가 보유한 것과 같다.

수의상환청구채권(Putable Bond)

- 투자자가 미리 정한 가격에 채권을 발행자에게 매도할 수 있는 권리가 있는 채권이다.

> 수의상환청구채권
> =일반사채의 가치+수의상환청구권(Put option)

- 채권을 매도할 수 있는 풋옵션을 투자자가 보유한 것과 같다.

빈출패턴 79 신주인수권부 사채와 교환사채

출제빈도 ★★★★

다음 채권 중에 올바른 것은 총 몇 개인가?

- 신주인수권부사채는 신주인수권을 행사하면 부채는 감소하다.
- 수의상환채권은 금리가 하락하더라도 채권 가격이 일정 수준 이상으로 상승하지 않는다.
- 전환사채를 주식으로 전환하면 사채는 소멸하지 않고 자본이 증가한다.
- 교환사채의 교환권을 행사하면 자산과 부채가 동시에 감소한다.

① 1개
② 2개
③ 3개
④ 4개

신주인수권을 행사하면 부채는 일정하게 유지되고 자본이 증가한다. 전환권을 행사하면 사채는 소멸하고 자본이 증가한다. 교환사채를 행사하면 발행회사가 보유한 다른 회사의 주식과 사채가 교환되어, 발행회사의 자산과 부채가 같이 감소한다.

정답 ②

더 알아보기

신주인수권부사채(BW, Bond with Warrant)

- **개념**: 정해진 행사가격으로 일정 기간 동안 사채발행기업의 신주를 인수할 수 있는 권리가 부여된 사채로 신주인수권이 행사되면 자본과 자산이 동시에 증가한다. 단 투자자는 주식인수를 위해 추가적인 자금지출이 필요하다.

장점	단점
• 낮은 표면이자율을 지급하기 때문에 자금조달비용 절감 • 신주인수권 행사 시 추가자금 조달 가능 • 투자자 입장에서는 사채의 안정성과 주식의 성장성을 동시에 누릴 수 있음.	• 발행회사는 신주인수권이 행사되더라도 사채가 존속하여 미래에 원리금을 상환해야 함. • 신주인수권 행사시 대주주 지분율이 하락함.

신주인수권부사채의 가치=모든 것이 동일한 일반사채가치+신주인수권가치(콜옵션과 성격이 같음)

교환사채(EB, Exchangeable Bond)

1. 서로 합의된 조건에 따라 발행회사가 보유하고 있는 주식과 사채가 교환될 수 있는 권리가 부여된 사채
2. 교환권이 행사되면 발행회사의 자산과 부채가 동시에 감소한다.
3. 교환권이 행사되더라도 발행회사에 추가적인 자금유입이 발생하지 않고, 발행회사의 자본금 변동은 발생하지 않는다.

빈출패턴 80 말킬의 채권가격정리

출제빈도 ★★★★

다음은 말킬의 채권가격정리이다. 다음 빈칸에 들어갈 말의 순서로 올바른 것은?

- 동일한 수익률 변동에 대해서 잔존만기가 (　　　) 채권가격변동폭은 커진다.
- 동일한 수익률 변동에 대해서 채권의 표면이자율이 (　　　) 채권가격변동폭은 작아진다.

① 짧을수록　　높을수록
② 짧을수록　　낮을수록
③ 길수록　　　높을수록
④ 길수록　　　낮을수록

듀레이션이 클수록 이자율 변동에 대해서 채권가격이 큰 폭으로 변동하고, 듀레이션이 작을수록 이자율 변동에 대해서 채권가격이 작은 폭으로 변동한다. 모든 것이 동일할 경우 잔존만기가 길수록 듀레이션이 커져서, 동일한 이자율 변동에 대한 채권가격변동폭은 증가한다. 표면이자율이 높을수록 듀레이션이 짧아져서 동일한 이자율 변동에 대한 채권가격변동폭은 작아진다.

정답 ③

더 알아보기

말킬의 채권가격정리

1. 채권가격은 수익률과 반대방향으로 움직인다. 즉 수익률이 상승하면 채권가격은 하락하고, 수익률이 하락하면 채권가격은 상승한다(수익률, 시장이자율, 만기수익률은 동의어이다).
2. 채권의 잔존기간(만기)이 길수록 동일한 수익률 변동에 대한 가격변동폭은 커진다.
3. 채권수익률 변동에 의한 채권 가격 변동은 만기가 길수록 증가하나 그 증가율은 체감한다.
4. 만기가 일정할 때 채권수익률 하락으로 인한 채권가격 상승폭은 같은 폭의 채권수익률 상승으로 인한 채권가격 하락폭보다 크다(볼록성 효과).
5. 표면이자율이 높을수록 동일한 크기의 수익률 변동에 대한 가격 변동률이 작아진다. 수익률 변동으로 인한 채권가격 변동은 표면이율이 높을수록 적으며, 이자지급주기가 짧을수록 가격 변동률도 적어진다.

기출 유형

채권가격은 여러 변수에 의해 영향을 받는다. 다음 중 채권가격 움직임에 대해서 잘못 설명한 것은?

① 모든 것이 동일하고 만기만 다른 채권에서 동일한 이자율 변동에 대해서 잔존만기가 길수록 채권가격 변동폭은 커진다.
② 모든 것이 동일하고 표면이자율만 다른 채권에서 표면이자율이 높을수록 이자율 변동에 따른 채권가격 변동폭은 감소한다.
③ 모든 것이 동일할 때 이자지급주기가 짧은 채권이 이자율 변동에 따른 채권가격 변동이 낮다.
④ 모든 것이 동일한 채권에서 이자율 하락으로 인한 채권가격 변동폭이 이자율 상승으로 인한 채권가격 변동폭보다 작다.

해설 채권가격은 이자율에 대해서 볼록한 형태를 갖는다. 동일한 이자율 변동이 발생할 경우 이자율 하락으로 인한 채권가격 변동폭이 이자율 상승으로 인한 채권가격 변동폭보다 크다.

정답 ④

빈출패턴 81 듀레이션(맥콜레이 듀레이션)과 힉스 듀레이션(수정듀레이션)

출제빈도 ★★★★

다음 채권을 듀레이션이 큰 순서대로 올바르게 나열한 것은?

> 가. 표면이율 5%, 잔존기간 6년 (만기수익률은 6%)
> 나. 표면이율 5%, 잔존기간 5년 (만기수익률은 6%)
> 다. 표면이율 5%, 잔존기간 4년 (만기수익률은 6%)
> 라. 표면이율 5%, 잔존기간 3년 (만기수익률은 6%)

① 가-나-다-라 ② 가-나-라-다
③ 나-가-다-라 ④ 다-라-가-나

듀레이션=F(표면이자율(-), 잔존기간(+), 만기수익률(-))이다. 만기수익률, 표면이율이 모두 같으므로 만기가 긴 순서대로 고른다.

정답 ①

더 알아보기

듀레이션(맥콜레이 듀레이션)

1. 채권에 투자한 금액을 회수하는데 소요되는 가중평균회수기간
2. 듀레이션은 채권수익률, 만기, 표면이자율의 함수이다.

   $$D=F[YTM(-), 표면이자율(-), 만기(+)]$$

3. 만기가 길수록 투자금액을 회수할 수 있는 기간이 길어지기 때문에 듀레이션은 길어진다.
4. 표면이자율이 높을수록 만기 이전에 이자금액으로 지급받는 금액이 크기 때문에 듀레이션은 짧아진다.
5. 채권수익률이 높다는 것은 채권가격이 낮다는 의미이다. 채권가격이 낮으므로 투자금액도 적어지기 때문에 채권수익률이 높을수록 듀레이션은 짧아지고, 채권수익률이 낮을수록 듀레이션은 길어진다.

수정듀레이션(힉스 듀레이션)

1. 수정듀레이션=D(맥콜레이 듀레이션)/(1+만기수익률)
2. 주어진 만기수익률에서 채권가격곡선에 대한 접선의 기울기이다.
   - 주어진 만기수익률에서 수익률이 작게 변동할 때 채권가격변동의 근사값을 계산하는 방법이다.
3. 수정듀레이션은 채권 만기에 따른 수익률곡선이 수평이고 수익률곡선이 모든 만기에 수평이동하는 것을 가정한다.
4. 채권가격은 원점에 대해서 볼록하기 때문에 듀레이션에 의해서 추정한 채권가격변동은 항상 실제채권가격 변동보다 과소추정한다.
5. 이자율변동과 채권가격변동은 역의 관계이다.

$$\frac{\Delta P}{P} = -\frac{D}{1+R} \times (\Delta R) = -D_M \times (\Delta R)$$

기출 유형

채권의 수정듀레이션이 2.5이다. 만기수익률이 5%에서 6%로 상승할 경우 힉스 듀레이션에 따른 가격 변동률과 실제 채권가격에 대한 설명으로 올바른 것은?

① 채권가격 2.5% 상승하고 힉스 듀레이션으로 추정한 가격이 실제가격보다 과대평가되어 있다.
② 채권가격 2.5% 하락하고 힉스 듀레이션으로 추정한 가격이 실제가격보다 과소평가되어 있다.
③ 채권가격 2.38% 상승하고 힉스 듀레이션으로 추정한 가격이 실제가격보다 과대평가되어 있다.
④ 채권가격 2.38% 하락하고 힉스 듀레이션으로 추정한 가격이 실제가격보다 과소평가되어 있다.

[해설] 채권가격변동=$-D_M \times \Delta R = -2.5 \times 1\% = -2.5\%$, 즉 채권가격은 하락하며 힉스 듀레이션으로 추정한 채권가격은 실제보다 과소평가되어 있다. 볼록성으로 인해 듀레이션을 이용한 채권가격 추정은 항상 실제채권가격보다 과소평가된다.

[정답] ②

기출 변형

듀레이션에 대한 설명 중에 올바른 것은 총 몇 개인가?

- 복리채의 듀레이션은 잔존만기보다 짧다.
- 만기수익률이 10%인 영구채의 듀레이션은 11년이다.
- 이표채의 표면이자율이 높을수록 듀레이션은 짧아진다.

① 0개 ② 1개
③ 2개 ④ 3개

해설 복리채는 원리금을 만기에 지급하기 때문에 복리채의 듀레이션은 잔존만기와 같다.

영구채의 듀레이션 $= \dfrac{1+\text{YTM}}{\text{YTM}} = \dfrac{1+10\%}{10\%} = 11$년

$D = F[\text{만기}(+),\ \text{표면이자율}(-),\ \text{만기수익률}(-)]$

정답 ③

파생상품전략 6문항

82 빈출패턴 82 선도거래와 선물거래 비교 출제빈도 ★★★★

선도거래와 선물거래의 비교에 대해서 잘못된 것은?

① 선도거래는 선물거래에 비해 상대적으로 유동성이 낮다.
② 선도거래는 선물거래와 비교해서 표준화가 덜 되어 있다.
③ 선도거래는 선물거래와 비교해서 신용위험이 더 높다.
④ 선도거래는 거래소에서 거래를 한다.

거래소에서 거래가 되면 선물거래, 장외(거래소 밖)에서 거래가 되면 선도거래이다.

정답 ④

더 알아보기

선도거래와 선물거래 비교

구분	선물거래	선도거래
거래장소	거래소	거래소 밖
계약조건	표준화	당사자 간 합의
결제방법	청산소를 통해 결제	만기일 당사자 간 정산
증거금	개시, 유지, 추가 증거금	없음.

83 빈출패턴 83 증거금제도

출제빈도 ★★★★

선물거래를 하는 데 있어, 개시증거금이 125원이고, 유지증거금이 55원이고 현재 증거금이 40원이다. 추가로 납부해야 할 증거금은 얼마인가?

① 15원
② 70원
③ 85원
④ 125원

유지증거금 아래로 증거금 수준이 떨어지면 개시증거금 수준으로 증거금을 납부해야 한다. 현재 증거금이 40원이기 때문에 이를 개시증거금 수준인 125원까지 높여야 하기 때문에 85원의 추가증거금을 납부해야 한다.

정답 ③

더 알아보기

증거금제도

1. 개시증거금 : 선물계약을 할 때 전체계약금액의 일부를 납부하는 증거금
2. 유지증거금 : 선물계약이 유효한 기간 동안 유지해야 할 증거금
3. 마진콜 : 증거금이 유지증거금 아래로 내려갈 경우 추가 증거금을 납부하라는 통지
4. 추가증거금 : 유지증거금 밑으로 증거금 수준이 낮아지면 납부해야 할 증거금으로 개시증거금 수준까지 추가증거금을 납부해야 한다.

84 빈출패턴 84 풋-콜 패리티 ★★★★

다음 중 주식 매수와 동일한 효과를 가져 오는 투자는 무엇인가?

① 콜옵션 매도+풋옵션 매도
② 콜옵션 매도+풋옵션 매수
③ 콜옵션 매수+풋옵션 매수
④ 콜옵션 매수+풋옵션 매도

콜옵션 매수와 풋옵션 매도는 주식매수와 동일한 효과를 가져온다. 풋-콜 등가(풋-콜 패리티)를 이용하면 주식, 채권, 콜옵션, 풋옵션을 복제할 수 있다. P+S=C+PV(X)에서 S=C+PV(X)-P로 변형하며, 선택지에는 채권이 없으므로 채권을 제거해도 S=콜옵션 매수+풋옵션 매도로 표현할 수 있다.

정답 ④

더 알아보기

풋-콜 패리티

1. 기초자산은 배당을 지급하지 않는 주식이며, 옵션의 행사가격은 X이다(유로피언옵션 가정).

$$P + S = C + \frac{X}{(1+R_f)}$$

2. 콜옵션과 풋옵션은 모든 것이 동일하며, 단지 콜 혹은 풋이냐의 차이만 있다.

자산복제

1. 풋-콜 패리티를 이용하면 콜옵션, 풋옵션, 주식, 무위험채권을 복제할 수 있다.
    - 옵션에서 앞의 양(+)의 부호는 매수, 음(-)의 부호는 매도를 의미한다.

2. P+S : 주식 1주를 매입하고, 이 주식을 기초자산으로 하는 풋옵션 한 개를 매수한 포지션, C+PV(X) : 콜옵션 1개를 매입하고 만기에 X를 지급하는 채권을 현재가치로 매입한 포지션이다. 즉 풋옵션 1개 매수+주식 1개 매수=콜옵션 1개 매수+액면가 X인 채권 현재가치 매수와 같다.

3. P=C+PV(X)-S → 풋옵션 :「콜옵션 1개 매수+액면가 X채권 현재가치매수+주식 1개 매도」만약 S가 없다면 P=ΔC+αPV(X) → 콜옵션 Δ개와 액면가 X인 채권 α개를 매수하면 된다. 풋-콜 패리티에서 주식이 빠지면 모든 것이 1개인 숫자가 다른 숫자로 바뀐다. 같은 방법으로 풋-콜 패리티를 이용하면 주식, 채권, 콜옵션, 풋옵션 모두를 복제할 수 있다.

4. S=C+PV(X)-P이며, P가 없을 때에는 「콜옵션 일부 매입+행사가격 X인 채권 일부 매입」을 통해서 주식을 복제할 수 있다. 혹은 S=C+PV(X)-P에서 PV(X)가 빠지면 주식 S는 「콜옵션 매입+풋옵션 매도」를 통해서 복제할 수 있다.

기출 유형

콜옵션 매수와 동일한 포지션을 만든 것은 무엇인가?

① 풋옵션 매도+주식 공매도+채권매수
② 풋옵션 매도+주식 공매도+채권발행
③ 풋옵션 매수+주식매수+채권매수
④ 풋옵션 매수+주식매수+채권발행

[해설] $P+S=C+PV(X)$이므로 $C=P+S-PV(X)$, 즉 풋옵션 매수+주식매수+채권매도(채권발행)이다. 채권매도는 채권을 발행한 것과 같은 의미이다.

[정답] ④

85 빈출패턴 85 컨버전 전략과 리버설 전략 출제빈도 ★★★

옵션을 이용한 컨버전 전략을 실행하여 차익거래를 발생시키는 방법으로 가장 올바른 것은?

① 합성선물을 매도하고, 현물을 매도하는, 매수차익거래를 한다.
② 합성선물을 매도하고, 현물을 매수하는, 매수차익거래를 한다.
③ 합성선물을 매수하고, 현물을 매수하는, 매수차익거래를 한다.
④ 합성선물을 매수하고, 현물을 매도하는, 매도차익거래를 한다.

P+S<C+PV(X)일 때 차익거래가 가능하며, 이러한 차익거래를 컨버전 전략이라고 한다. 고평가된 콜옵션 매도+무위험채권 매도와 저평가된 풋옵션 매수+주식 매수를 하면 차익거래 이익이 발생한다. 즉, 풋옵션 매수+콜옵션 매도=합성선물 매도, 주식매수를 하여 현물인 주식을 매수하는 매수차익거래이다. 주식매수를 하려면 돈이 필요하며 이 돈은 무위험채권 매도로 조달한다. 아무런 투자도 위험도 부담하지 않는 차익거래 이익이 발생한다.

정답 ②

더 알아보기

- 컨버전 전략과 리버설 전략은 풋-콜 패리티를 응용한 차익거래전략이다.
- 컨버전 전략 : P+S<C+PV(X)일 때 고평가된 C+PV(X)를 매도하고, 저평가된 P+S를 매수하는 전략이다. 즉, 콜옵션 매도, 액면가 X인 무이표채권 매도(발행, 차입), 풋옵션 매수, 기초자산인 주식을 매수하는 거래이다. 필요한 돈은 채권매도(발행)로 조달하여 Cash on Carry 전략이라고도 한다.
- 리버설 전략 : P+S>C+PV(X)일 때, 고평가된 P+S를 매도하고, 저평가된 C+PV(X)를 매입하는 전략이다.
- 합성선물(매입) : 콜옵션과 풋옵션을 통해 선물을 합성할 수 있으며 이를 합성선물이라고 한다.

기출 유형

다음 빈칸에 들어갈 단어의 순서가 올바른 것은?

풋-콜 등가식에서 P+S<C+PV(X)인 상황에서 차익거래를 할 수 있으며 이러한 차익거래는 (　　)이며, 콜옵션과 채권을 각각 (　　)하고, 주식과 풋옵션을 (　　)한다.

① 컨버전, 매도, 매수
② 컨버전, 매수, 매도
③ 리버설, 매수, 매도
④ 리버설, 매도, 매수

[해설] 풋-콜 등가식에서 P+S<C+PV(X)인 상황은 고평가된 C+PV(X)를 매도하고, 이로 인해 유입된 현금으로 저평가된 P+S를 매수하는 차익거래가 가능하며, 이러한 차익거래를 컨버전 전략이라고 한다. 반대로 P+S>C+PV(X)에서 고평가된 P+S를 매도하여 그 돈으로 저평가된 C+PV(X)를 매입할 수 있으며 이를 리버설 전략이라고 한다.

※ 차익거래 원칙

차익거래는 투자금액 0원, 위험보유 없이 하는 거래이다. 고평가된 것을 공매도하여 현금유입을 발생시키고, 공매도하여 유입된 현금으로 저평가된 것을 매입하면, 투자금액 없이, 위험부담 없이 이익이 발생하고, 이를 차익거래 이익이라고 한다.

[정답] ①

86 빈출패턴 86 블랙–숄즈모형 출제빈도 ★★★

블랙–숄즈모형에서 옵션 가격을 결정하는 변수가 아닌 것은?

① 옵션의 행사가격
② 만기
③ 기초자산의 기대수익률
④ 기초자산가격의 변동성

기초자산가격, 옵션의 행사가격, 무위험이자율, 잔존만기, 기초자산 가격의 변동성이 블랙–숄즈모형에서 옵션가격을 결정하는 변수이다.

정답 ③

더 알아보기

블랙–숄즈모형 주요 가정

- 시장은 완전경쟁시장
- 기초자산은 주식이며 옵션 만기까지 배당을 지급하지 않음.
- 기초자산의 가격의 변동성은 일정하며, 무위험이자율도 일정함.
- 주가수익률은 정규분포를 가정함(주가는 로그정규분포를 가정함).
- 주가는 연속적으로 변동함.
- 유러피안 옵션을 가정함.

블랙–숄즈모형

$$C = S \cdot N(d_1) - X \cdot e^{-rt} \cdot N(d_2)$$

$$d_1 = \frac{\ln\left(\frac{S}{X}\right) + \left(r + \frac{\sigma^2}{2}\right)T}{\sigma\sqrt{T}}$$

$$d_2 = d_1 - \sigma\sqrt{T}$$

- C : 콜옵션의 가격
- X : 행사가격
- t : 만기까지의 기간
- σ^2 : 주식의 가격변동성
- S : 기초자산(주식)의 현재가격
- r : 연속복리의 무위험이자율
- $N(d_1)$: 표준정규분포에서 d_1 이하의 누적확률

87 빈출패턴 87 옵션 민감도

출제빈도 ★★★★

다음 내용을 설명하는 용어의 순서로 가장 올바른 것은?

- 옵션에 영향을 미치는 변수로 옵션가격을 기초자산가격으로 한 번 미분한 값
- 옵션에 영향을 미치는 변수로 옵션가격을 기초자산가격으로 두 번 미분한 값

① 델타, 베가
② 델타, 감마
③ 감마, 델타
④ 델타, 로우

옵션델타=기초자산으로 옵션가격을 1차 미분한 것이며, 감마는 기초자산으로 옵션가격을 2차 미분한 값이다.

정답 ②

더 알아보기

> 배당을 지급하지 않는 유로피언 옵션의 매수포지션을 가정함.

옵션 그리스 문자

[1] **델타(Delta)**: 기초자산가격이 변동할 때 옵션가격이 변동하는 정도이다. 콜옵션의 델타는 양수이고, 풋옵션의 델타는 음수이다. $\Delta p + 1 = \Delta c$로 표현할 수 있다(옵션가격을 기초자산가격으로 한 번 미분한 값).

[2] **감마(Gamma)**: 기초자산가격이 변동할 때 옵션 델타가 변동하는 정도이다. 콜옵션, 풋옵션의 감마는 모두 양수로 같다(옵션가격을 기초자산가격으로 두 번 미분한 값).

[3] **베가(Vega)**: 기초자산가격의 변동성이 변할 때 옵션가격의 변동이며, 콜옵션, 풋옵션 모두 베가는 양수이다.

[4] **로우(Rho)**: 무위험이자율이 변동할 때 옵션가격이 변동하는 정도이다. 콜옵션의 로우는 양수, 풋옵션의 로우는 음수이다.

[5] **쎄타(Theta)**: 만기가 변동할 때 옵션가격이 변동하는 정도이다. 콜옵션의 쎄타는 양수, 풋옵션의 쎄타는 일반적으로 양수이나, 깊은 내가격인 경우 예외적으로 풋옵션의 쎄타는 음수가 되기도 한다. 옵션의 만기는 감소하며, 그에 따른 옵션의 가격도 일반적으로 감소한다. 그러므로 옵션만기의 변화와 옵션가치의 변화는 같은 방향, 즉 양수값을 갖는다.

※ 그러나 협회 기본교재에서 옵션의 만기가 감소할수록 시간가치가 하락한다고 보아 콜옵션과 풋옵션의 쎄타값을 음수로 표현하고 있다. 수험목적으로 쎄타값은 음수로 이해하는 것이 올바르다.

> 유러피안 무배당 주식을 기초자산, 매수포지션을 가정함.

변수변화에 따른 옵션가치 변화

옵션변수	콜옵션	풋옵션
델타	+	-
감마	+	+
쎄타	-	-
베가	+	+
로우	+	-

※ 옵션 매도포지션은 매수포지션과 부호가 반대이다.

옵션 그리스 문자 이해하기

1 델타(옵션가치변동/기초자산가격변동)
- 콜옵션의 내재가치=Max(S_0-X, 0) : 기초자산가격이 상승하면 콜옵션 내재가치가 증가하여 콜옵션가치가 증가한다. 이는 콜옵션의 델타(기초자산 가격변화)는 양수라는 의미이다.
- 풋옵션의 내재가치=Max($X-S_0$, 0) : 기초자산가격이 상승하면 풋옵션 내재가치가 감소한다. 이는 풋옵션의 델타(기초자산가격변동)는 음수라는 의미이다.
- P+S=C+PV(X), 풋-콜 패리티 식을 주식가격 S로 편미분하면

$$\triangle P/\triangle S+\triangle S/\triangle S=\triangle C/\triangle S+\triangle PV(X)/\triangle S \rightarrow 풋옵션델타+1=콜옵션델타+0$$

$\triangle_P+1=\triangle_C$가 도출된다. 콜옵션델타는 양수이므로 풋옵션델타는 음수가 된다.

2 감마(델타변동/기초자산가격변동)
- 감마는 옵션델타에서 1번 더 미분했기 때문에 기초자산가격이 변동할 경우 옵션가격이 변동하는 가속도의 개념이다. 풋옵션, 콜옵션 모두 감마는 양수이다.

3 쎄타(옵션가치변동/옵션만기변동)
- 옵션이 발행되면 시간이 흐름에 따라 잔존만기가 감소한다. 즉 일반적인 상황에서 옵션의 잔존만기는 증가하지 않는다. 옵션의 잔존만기 감소는 대체로 옵션의 시간가치를 감소시킨다. 콜옵션, 풋옵션 모두 쎄타는 관행적으로 음수로 표현한다.
- <u>협회 시험에 한해서 옵션 종류 구분 없이 쎄타는 음수로 받아들이자</u>(단, 매입포지션의 경우).

4 베가(옵션가치변동/기초자산변동성)
- 옵션은 기초자산가격이 상승 혹은 하락과 관계없이 옵션보유자에게 유리하게 한 번만 변동해도 옵션보유자에게 이익이 발생한다. 그러므로 모든 것이 동일할 경우 기초자산의 가격변동성이 큰 옵션의 가치가 그렇지 않은 옵션보다 비싸다. 콜옵션, 풋옵션 모두 옵션의 베가는 양수이다.

5 로우(옵션가치변동/무위험이자율변동)
- 콜옵션의 내재가치=Max(S_0-X, 0) : 콜옵션이 행사되면 만기에 X를 지급한다. 무위험이자율이 증가하면 만기에 지급해야 할 X의 현재가치가 감소하여 콜옵션의 내재가치가 증가한다. 무위험이자율의 상승은 콜옵션 가치를 증가시키며, 무위험이자율의 하락은 콜옵션 가치를 감소시킨다. 무위험이자율의 방향과 콜옵션 가치의 방향이 같으므로 로우는 양수이다.

■ 풋옵션의 내재가치＝Max(X－S_0, 0) : 풋옵션이 행사되면 만기에 X를 지급받는다. 무위험이자율이 증가하면 옵션보유자가 만기에 받을 X의 현재가치가 감소하여 풋옵션의 내재가치가 감소한다. 무위험이자율의 상승은 풋옵션 가치를 감소시키며, 무위험이자율의 하락은 풋옵션 가치를 증가시킨다. 무위험이자율의 방향과 풋옵션의 가치 방향은 반대이므로 로우는 음수이다.

기출 유형

풋옵션 매수와 콜옵션 매수의 방향성이 같은 지표는 몇 개인가?

> 델타(Delta), 로우(Rho), 쎄타(Theta), 베가(Vega), 감마(Gamma)

① 1개 ② 2개 ③ 3개 ④ 4개

[해설] 베가는 변동성이 변할 때 옵션가격의 변동정도이며 매수포지션이기 때문에 두 포지션의 방향성은 같다. 쎄타는 두 옵션 모두 매수포지션일 경우 음수이므로 방향성이 같다. 감마는 모두 매수포지션이기 때문에 양수로 그 방향성이 같다.

[정답] ③

기출 변형

풋옵션 매도와 콜옵션 매수의 부호가 서로 다른 지표는 몇 개인가?

> • 델타(Delta)   • 로우(Rho)   • 쎄타(Theta)
> • 베가(Vega)   • 감마(Gamma)

① 1개 ② 2개 ③ 3개 ④ 4개

[해설] 방향성이 다른 지표는 감마, 베가, 쎄타이다.

구분	콜옵션 매수	풋옵션 매수	풋옵션 매도
주가(델타)	＋	－	＋
주가에 따른 델타변동(감마)	＋	＋	－
주가 변동성(베가)	＋	＋	－
무위험이자율(로우)	＋	－	＋
잔존만기(쎄타)	－	－	＋

[정답] ③

88 빈출패턴 88 기하평균수익률과 내부수익률 계산 출제빈도 ★★★★

다음 내용을 보고 올바른 설명은 무엇인가?

- 1월 1일에 1만 주의 주식을 1주당 1만 원에 구입하였다.
- 다음해 1월 1일에 1만 주를 추가로 1주당 8천 원에 구입하였다.
- 그 다음해 1월 1일에 보유주식 전부를 1주당 1만 원에 매도하였다.

① 기하평균수익률은 음수이다.
② 내부수익률이 기하평균수익률보다 높다.
③ 기하평균수익률이 내부수익률보다 높다.
④ 기하평균수익률과 내부수익률이 같다.

이 문제의 출제 의도는 수익률 계산이 아니라 기하평균수익률과 내부수익률의 개념을 알고 있는지 묻는 문제이다. 내부수익률은 총 투자금액에 대한 수익률이다. 기하평균수익률은 1원 (이 문제에서는 최소단위가 1주이기 때문에 1주를 기준으로 하는 수익률)을 기준으로 하는 수익률이다. 1월 1일에 1주에 10,000원에 구입했고, 최종적으로 1주를 10,000원에 매도하였으므로 기하평균수익률은 0%이다. 반면에 내부수익률은 첫해에 손실이 일부 발생했으나, 이는 실현된 손실이 아니다. 화폐의 시간가치를 무시하면 총 1.8억 원을 투자해서 2억 원의 수익이 발생했다. 내부수익률은 양수의 값을 갖는다.

 ②

더 알아보기

 기하평균수익률(시간가중수익률, 펀드매니저 운용능력 평가수익률)

1 펀드매니저가 통제할 수 없는 투자자금의 유출입에 따른 수익률 왜곡현상을 방지하기 위해 펀드매니저 운용능력을 측정하는데 사용되는 수익률

2 시간가중수익률, 펀드매니저 운용능력 평가수익률이라고도 한다.

3 1일 단위로 세부기간을 구분하여 측정하는 방법을 순수한 시간가중수익률이라고 하고, 'Daily Valuation Method'라고 하며, 이는 자금의 유입과 유출이 발생한 시점을 구분하여 수익률을 측정하여 동일한 시간가중수익률 결과를 얻을 수 있다.

4 기하평균수익률은 투자의 누계수익률이 아니라 각 기간별로 얻은 1원의 연평균 투자수익률의 개념이다.

기하평균수익률과 내부수익률 계산(예제의 정석풀이)

- 첫해 1월 1일 투자금액=1만 원×1만 주=1억 원(펀드금액)
- 다음해 1월 1일 투자금액의 가치=1만 원×8천 원=0.8억 원(펀드매니저 1년간 투자수익률 −20%)
- 다음해 1월 1일 추가로 1만 주×8천 원 투자=0.8억 원(펀드금액=2만 주×0.8만 원=1.6억 원)
- 그 다음해 1월 1일 투자금액의 가치=1만 원×2만 주=2억 원(펀드매니저 1년간 투자수익률=0.4억 원/1.6억 원=25%)

1 기하평균투자수익률= $\sqrt{(1-20\%)\times(1+25\%)} - 1 = 0\%$
   - 요약하면, 1기간 동안 펀드매니저 수익률=(0.8억 원/1억 원)−1=−20%
   - 2기간 동안 펀드매니저 수익률=(2억 원/1.6억 원)−1=25%

2 내부수익률(투자자 수익률)
   - 1기간 초 투자금액 : 1억 원(1만 주×10,000원)
   - 1기간 말 투자금액 : 기존자금 0.8억 원(주가하락반영)+신규자금 0.8억 원=1.6억 원
   - 2기간 후 투자금액 : 2억 원(2만 주×10,000원)

$$-1억\ 원 - \frac{0.8억\ 원}{1+IRR} + \frac{2억\ 원}{(1+IRR)^2} = 0$$, 이를 풀면 약 7%로 계산된다.

※ 내부수익률을 일반계산기로 풀기는 계산과정이 복잡하고 많은 시간이 소요된다. 본 문제는 내부수익률과 기하평균수익률의 개념을 알고 이를 응용하는 문제로 출제된 것이다.

기출 유형

금액가중수익률에 대한 설명으로 올바른 것은 총 몇 개인가?

- 펀드의 현금유출입을 반영한다.
- 투자자 입장에서 펀드수익의 실제평가가 가능하다.
- 펀드운용사의 공정한 성과비교가 가능하다.
- 펀드매니저의 운용능력을 측정하는데 적합하다.

① 1개 ② 2개
③ 3개 ④ 4개

[해설] 금액가중수익률은 투자자 입장에서 자금의 유출과 유입을 반영하여 투자자의 성과평가에 적합한 수익률이다. 펀드운용사간의 공정한 성과비교와 펀드매니저의 펀드 운용능력을 측정하는 데에는 부적합하다.

[정답] ②

89 빈출패턴 89 절대적 위험과 상대적 위험

출제빈도 ★★★★

위험측정치 중에 상대적 위험을 측정하는 지표가 아닌 것은?

① 베타
② 공분산
③ 표준편차
④ 잔차위험

표준편차는 절대위험을 측정한다. 상대적 위험측정지표 : 베타, 공분산, 잔차위험

정답 ③

더 알아보기

위험의 종류
- 절대적 위험 : 자산이 독립적으로 가지는 위험을 측정, 표준편차, 절대 VaR, 하락편차, 반편차, 적자위험
- 상대적 위험 : 특정 대상과 비교하여 측정한 위험, 베타, 잔차위험, 추적오차, 상대 VaR

기출 유형

다른 자산과 비교를 통해서 위험을 측정하는 지표가 아닌 것은?

① 잔차위험
② 공분산
③ 표준편차
④ 상대 VaR

[해설] 잔차위험, 공분산, 상대 VaR는 다른 대상과의 비교를 통해서 위험을 측정하는 상대적인 지표이며, 표준편차는 자산의 절대적인 위험측정지표이다.

정답 ③

빈출패턴 90 샤프비율과 트레이너비율

출제빈도 ★★★★

다음 펀드 중에 샤프비율과 트레이너비율이 가장 큰 펀드는 어느 것인가? (단, 무위험수익률은 3%이고 벤치마크 수익률은 15%이다)

	A펀드	B펀드	C펀드	D펀드
수익률	15%	18%	24%	27%
표준편차	23%	25%	33%	35%
베타	1.5	1.7	1.8	1.9

	샤프비율	트레이너비율
①	A	B
②	B	C
③	A	C
④	D	D

구분	A펀드	B펀드	C펀드	D펀드
샤프비율	(15%−3%)/23% =0.52	(18%−3%)/25% =0.6	(24%−3%)/33% =0.64	(27%−3%)/35% =0.69
트레이너비율	(15%−3%)/1.5 =8	(18%−3%)/1.7 =8.82	(24%−3%)/1.8 =11.67	(27%−3%)/1.9 =12.64

정답 ④

더 알아보기

샤프비율(샤프지수)

- 총위험 1단위에 대한 포트폴리오의 무위험수익률 대비 초과수익률을 계산하며 이 값이 클수록 포트폴리오 운용성과가 좋다고 판단한다.
- 총위험 기준으로 운용성과를 나타내기 때문에 잘 분산되지 않은 포트폴리오 성과평가에 적합하다.

$$\text{Sharpe Ratio} = \frac{R_p - R_f}{\sigma_p}$$

- R_p : 포트폴리오 실현수익률
- R_f : 무위험이자율
- σ_p : 포트폴리오 수익률의 표준편차

트레이너비율(트레이너지수)

- 체계적 위험 1단위에 대한 포트폴리오의 무위험수익률 대비 초과수익률을 계산하며, 이 값이 클수록 포트폴리오 운용성과가 좋다고 판단한다.
- 체계적 위험 기준으로 운용성과를 나타내기 때문에 잘 분산된 포트폴리오 성과평가에 적합하다.

$$T_p = \frac{R_p - R_f}{\beta_p}$$

- R_p : 포트폴리오 실현수익률
- R_f : 무위험이자율
- β_p : 포트폴리오 베타

91 빈출패턴 91 젠센의 알파

출제빈도 ★★★★

다음 정보를 이용하여 젠센의 알파를 올바르게 계산한 것은?

> • 포트폴리오의 베타 : 1, 무위험수익률 3%,
> • 기준지표수익률 5%, 펀드의 실현된 수익률 8%

① 1% ② 3%
③ 5% ④ 8%

젠센의 알파=포트폴리오 수익률−CAPM으로 계산한 포트폴리오 기대수익률=8%−5%=3%, CAPM으로 계산한 포트폴리오 기대수익률=무위험수익률+포트폴리오베타×(기준지표수익률−무위험수익률)=3%+1×(5%−3%)=5%

정답 ②

더 알아보기

> 젠센의 알파=포트폴리오 수익률−CAPM으로 계산한 포트폴리오 요구수익률

1. 젠센의 알파는 펀드매니저의 펀드 운용에 대한 절대적인 초과수익률을 측정한다.
2. 펀드매니저의 젠센의 알파가 지속적으로 양의 수익률을 달성했다면 유능한 펀드매니저라고 볼 수 있고, 반대로 지속적으로 젠센의 알파가 음의 값이 나왔다면 유능한 펀드매니저라고 말할 수 없다.
3. 시장 매매타이밍 능력과 종목선택 능력 없이 증권을 단순 매입 후 보유할 경우 펀드의 수익률이 기준지표의 수익률과 동일하면 젠센의 알파값은 0이 된다.

젠센의 알파 사용시 고려사항

1. 수익률 추정구간 : 월간기간 이상에 대한 수익률을 이용
2. 분석기간 : 최소 30개 이상의 수익률을 대상으로 한다. 월간 수익률을 이용하기 때문에 약 3년간의 관측기간이 필요하다.
3. 무위험수익률 : 미국의 경우 T-Bill의 수익률, 우리나라는 CD수익률 등이 주로 활용됨
4. 기준 포트폴리오 수익률(기준지표수익률) : 운용하는 펀드의 투자 목적에 부합되는 지표의 수익률을 사용한다.

92 빈출패턴 92 유동성함정

출제빈도 ★★★★

유동성함정에 대한 설명으로 틀린 것은?

① 유동성함정인 상태에서는 재정정책의 효과가 통화정책보다 크다.
② 유동성함정인 상태에서는 추가적인 이자율 하락이 어렵다.
③ 유동성함정 구간에서 이자율의 탄력성은 0(Zero)이다.
④ 피구는 유동성함정이 발생하면 물가가 하락하고 자산가치가 상승하여 소비가 증가함에 따라 추가적인 정책개입 없이 유동성함정을 탈출할 수 있다고 주장한다.

이자율탄력성은 무한대의 값을 갖는다. 탄력성을 계산할 경우 간단하게 탄력성의 값을 확인하는 방법으로는 LM곡선이 수직이면 탄력성의 값은 0이고, LM곡선이 수평이면 탄력성의 값은 무한대이다.

정답 ③

더 알아보기

 유동성함정

불경기인 상황에서 시장이자율이 임계이자율 이하로 하락하면, 사람들은 더 이상 이자율이 하락하지 않을 것으로 판단하여 채권보유를 포기하고 모두 화폐로 보유함으로써 화폐수요가 폭발적으로 증가하는 상태

 특징

1. 화폐수요의 폭발적 증가로 인해 화폐수요의 이자율탄력성이 무한대가 됨.
2. LM곡선이 수평이 되어 확대통화정책으로 LM곡선을 우측으로 이동시켜도 국민소득에 효과가 없음.
3. 통화정책은 효과가 없으며 재정정책을 시행하면 구축효과가 발생하지 않아 큰 효과가 있음.
4. 경제가 극심한 불황일 때 발생하며, 확대재정정책(세금을 줄이거나, 정부지출을 늘리는 것)은 이자율을 거의 움직이지 않으면서 국민소득을 증가시킬 수 있음.

93 빈출패턴 93 화폐수요   출제빈도 ★★★★

IS-LM모형에 대한 설명으로 틀린 것은?

① 화폐수요는 GDP와 이자율과 양의 관계에 있다.
② 화폐공급이 증가하면 LM곡선이 우측으로 이동한다.
③ IS곡선은 재화시장의 균형이자율과 국민소득의 결과로 도출된다.
④ LM곡선은 화폐시장의 균형이자율과 국민소득의 결과로 도출된다.

이자율과 화폐수요는 음의 관계에 있다.

정답 ①

더 알아보기

 IS-LM모형

IS-LM 모형은 이자율과 국민소득(Y)과의 관계이며 재화시장(IS곡선)과 화폐시장(LM곡선)의 균형을 통해 도출된다. 독립변수는 이자율 R이며 종속변수는 국민소득 Y이기 때문에 이자율 R 이외의 변수의 움직임은 IS-LM곡선을 이동시키고 이자율의 변동은 IS-LM곡선 상에서 이동한다.

1 IS곡선 도출
- 국민소득은 Y=C(소비)+I(투자)+G(정부지출)이다.
- 투자는 이자율의 함수이다. 즉 이자율이 상승하면 투자는 감소하고, 이자율이 하락하면 투자는 증가한다.

2 화폐수요[$M^d/P=L(Y, R)$]
- 소득의 증가함수 : 소득이 증가하면 화폐보유가 증가하여 화폐수요도 증가한다(거래적, 투기적 화폐수요).
- 이자율의 감소함수 : 이자율이 증가하면 화폐보유의 기회비용이 증가하여 화폐수요가 감소한다.

3 화폐공급(M/P)
- 명목화폐공급(M)은 중앙은행이 결정하는 외생변수이다.
- 실질화폐공급(M/P)은 물가와 역의 관계이다. 물가가 상승하면 실질화폐공급은 감소하고, 물가가 하락하면 실질화폐공급은 증가한다.

94 빈출패턴 94 IS-LM모형

출제빈도 ★★★★

IS-LM모형에서 IS곡선은 우하향하고 LM곡선은 우상향한다고 가정할 경우 변수의 변화에 따른 시장 이자율 변화에 대해서 잘못 설명한 것은?

① 물가가 하락하면 이자율은 하락한다.
② 조세를 감소시키면 이자율은 하락한다.
③ 통화량을 증가시키면 이자율은 하락한다.
④ 정부지출을 감소시키면 이자율은 하락한다.

조세를 감소시키면 IS곡선이 우측으로 평행이동하여 이자율이 상승한다.
물가가 하락하면 LM곡선이 우측으로 평행이동하여 이자율은 하락하며, 통화량이 증가하면 LM곡선이 우측으로 평행이동하여 이자율은 하락한다. 정부지출을 감소시키면 IS곡선이 좌측으로 평행이동하여 이자율이 하락한다.

정답 ②

더 알아보기

IS-LM모형은 이자율과 국민소득간의 관계를 나타낸다.

IS-LM모형

1 IS곡선이 우하향하고 LM곡선이 우상향

- 물가 하락, 통화량 증가는 LM곡선을 우측으로 이동
  → 이자율 하락

※ 주의사항 : IS-LM모형은 이자율(R)과 국민소득(Y)의 관계이다. 그러므로 R이 변동하면 Y가 변동한다. R 외의 다른 변수(정부지출, 세금, 통화량, 물가 등)가 변동하면 곡선 자체가 평행이동한다.

- 조세 감소, 정부지출 증가는 IS곡선을 우측으로 이동
  → 이자율 상승

② IS곡선이 우하향하고 LM곡선이 수직(구축효과 100%발생)
- 물가 하락, 통화량 증가는 LM곡선을 우측으로 이동
  → 이자율 하락
- 조세 감소, 정부지출 증가는 IS곡선을 우측으로 이동
  → 이자율 상승

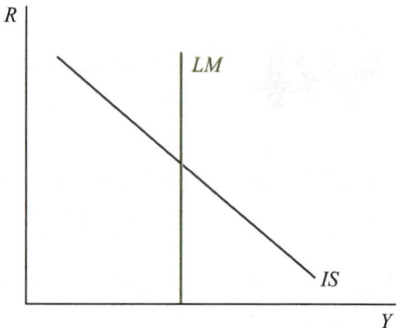

③ IS곡선이 우하향하고 LM곡선이 수평(유동성함정)
- 물가 하락, 통화량 증가는 LM곡선을 우측으로 이동
  → 이자율 불변
- 조세 감소, 정부지출 증가는 IS곡선을 우측으로 이동
  → 이자율 불변

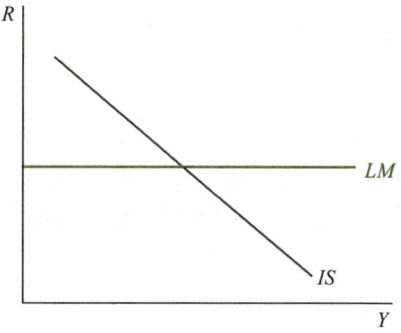

기출 유형

IS-LM곡선에 대한 설명으로 틀린 것은? (단, IS곡선은 우하향을 가정한다)

① 세금을 감소시키면 IS곡선은 우측으로 이동한다.
② LM곡선이 우상향일 때 물가가 상승하면 LM곡선은 좌측으로 이동한다.
③ 국민소득과 LM곡선은 양의 관계, LM곡선과 이자율과는 양의 관계이다
④ LM곡선이 수평이면 구축효과가 발생한다.

[해설] LM곡선이 수평인 상태는 유동성함정이며, 구축효과는 발생하지 않는다. IS-LM모형은 이자율과 국민소득간의 관계를 나타낸다.

[정답] ④

기출 변형

IS-LM모형에 대한 설명이다. 올바르지 않은 것은? (단, IS곡선은 우하향하고, LM곡선은 우상향하는 것을 가정한다)

① 물가가 하락하면 소득이 증가한다.
② IS곡선이 우측으로 평행이동하면 이자율이 상승한다.
③ 명목화폐공급이 감소하면 이자율이 하락한다.
④ 정부지출이 감소하면 이자율이 하락한다.

[해설] 화폐공급의 감소는 LM곡선을 좌측으로 이동시키고 이로 인해 이자율이 상승한다.

[정답] ③

95 빈출패턴 95 국민소득지표   출제빈도 ★★★★

국민소득지표에 대한 설명으로 올바르지 않은 것은?

① 국민총소득(GNI)은 한 나라의 국민이 생산활동에 참여한 대가로 받은 소득의 합계이며, 국내총생산(GDP)에 해외로부터 받은 소득을 차감하고 외국인에게 지급한 소득을 가산한다.
② 실질국내총소득(GDI)은 실질국내총생산(GDP)에 교역조건변화에 따른 실질무역손익을 더한 값이다.
③ 국내에서 1년동안 생산한 최종생산물의 가치를 GDP라고 한다.
④ 명목 국민총소득은 명목국내총생산(GDP)에 국외순수취요소소득을 가산한 값이다.

GDP에 해외로부터 수령한 소득을 가산하고 외국인에게 지급한 소득을 차감한 것이 국민총소득(GNI)이다.

정답 ①

더 알아보기

국민소득지표

1. **국내총생산(GDP)** : 국내생산자가 생산한 부가가치 혹은 최종생산물의 총합계 금액(시장가치 기준)
2. **국민총소득(GNI)** : 한 나라의 국민이 생산활동에 참여한 대가로 받은 소득의 합계
   - 해외로부터 국민이 받은 소득(국외수취 요소소득)은 포함하고 국내총생산 중에서 외국인에게 지급한 소득(국외지급 요소소득)은 제외한다.
   - 국내총생산은 국내에 거주하는 모든 생산자가 생산한 부가가치를 합산한 것으로, 국외거래에 의해 발생하는 생산은 고려하지 않아 GDP와 GNI 사이에는 국외순수취 요소소득만큼 차이가 발생한다.
3. **실질국민총소득(GNI)** : 실질구매력을 반영한 국민총소득

   > 실질 GNI=실질 GDP+실질국외순수취 요소소득+교역조건 변화에 따른 실질 무역손익

4. **교역조건** : 수출가격을 수입가격으로 나눈 것으로 수출입 상품간의 교환비율

실질 국민소득과 명목 국민소득

실질	명목
실질국내총생산(실질 GDP)	명목국내총생산(명목 GDP)
+교역조건 변화에 따른 실질무역손익	
=실질국내총소득(실질 GDI)	+명목국외순수취 요소소득
+실질국외순수취 요소소득	
=실질국민총소득(실질 GNI≠실질 GNP)	=명목국민총소득(GNI=GNP)

※ 출처 : 금융투자협회 기본교재 5권(2025년) p121

이것만 공부하면 80점

분산투자기법 5문항

96 빈출패턴 96 위험자산과 무위험자산으로 구성된 포트폴리오 수익률과 위험
출제빈도 ★★★★

다음 정보를 이용하여 포트폴리오 위험을 올바르게 계산한 것은? (단, 표준편차로 계산하시오)

- 펀드 A의 기대수익률 : 8%
- 펀드 A의 표준편차 : 4%
- 무위험이자율 : 5%
- 총투자자금 중 펀드 A 투자비율 30%, 무위험자산 투자비율 70%

① 0.2%
② 0.3%
③ 0.6%
④ 1.2%

무위험자산이 포함된 포트폴리오 위험 = 위험자산투자비중 × 위험자산위험 = 30% × 4% = 1.2%

정답 ④

더 알아보기

위험자산과 무위험자산으로 구성된 포트폴리오 수익률과 위험

1 포트폴리오 기대수익률은 위험자산과 무위험자산에 투자한 비율로 가중평균하여 계산한다.

$$E(R_P) = wR_f + (1-w)E(R_i)$$

2 포트폴리오의 위험은 위험자산의 표준편차에 위험자산의 투자비율을 곱하여 계산한다(위험자산과 무위험자산의 공분산은 0이기 때문이다).

$$\begin{aligned}\sigma_P^2 &= Var([(1-w)R_f + wR_i]) \\ &= (1-w)^2 Var(R_f) + w^2 Var(R_i) + 2Cov[(1-w)R_f, wR_i] \\ &= w^2 \sigma_i^2 \\ \sigma_P &= w\sigma_i\end{aligned}$$

※ 위험자산과 무위험자산으로 구성된 포트폴리오의 표준편차는 <u>위험자산 투자비율</u> × <u>위험자산 표준편차</u>로 계산할 수 있다.

97 빈출패턴 97 자본시장선(CML)과 변동성보상비율(RVAR) 출제빈도 ★★★★

총자산을 무위험자산에 30%를 투자하고 위험자산 A에 70%를 투자하였다. 자산 A의 수익률이 7%이고 무위험이자율이 4%이고 자산 A의 표준편차가 2%인 경우 포트폴리오의 변동성보상비율은 얼마인가?

① 1.4
② 1.5
③ 1.6
④ 1.7

포트폴리오의 변동성보상비율을 계산해야 하기 때문에 포트폴리오의 무위험자산 대비 초과수익률을 포트폴리오의 표준편차로 나누어 줘야 한다. 즉 포트폴리오의 샤프비율을 계산해야 한다.

- 포트폴리오의 기대수익률 = 30%×4% + 70%×7% = 1.2% + 4.9% = 6.1%
- 포트폴리오 위험 = 70%×2% = 1.4%
- 변동성보상비율 = $\dfrac{\text{포트폴리오 초과수익률}}{\text{포트폴리오 표준편차}} = \dfrac{6.1\% - 4\%}{1.4\%} = 1.5$

※ 시험 Tip

시험문제에서 변동성보상비율을 출제할 때, 단순히 RVAR을 계산하라고 출제되기도 한다. RVAR(Reward to Variability Ratio)는 샤프비율을 의미한다. 샤프비율을 계산할 줄 알아도 RVAR이라는 용어를 모르면 틀릴 수 있기 때문에 RVAR 용어도 같이 학습해야 한다.

정답 ②

더 알아보기

자본시장선(CML, Capital Market Line)

1. 무위험자산이 존재할 때 평균-분산기준에 의해 도출된 효율적자산과 무위험자산을 결합하여 만든 포트폴리오 중에 위험 대비 보상이 가장 큰 점을 연결한 직선
2. 총위험(표준편차)과 효율적 자산의 기대수익률간의 관계를 나타내기 때문에 비효율적인 자산의 기대수익률과 위험의 관계는 알 수 없다.
3. 모든 위험회피형 투자자는 위험자산으로 시장포트폴리오(M)만을 선택한다.
4. 상대적으로 위험회피성향이 높은 투자자는 시장포트폴리오 투자비중이 낮고, 무위험자산의 투자비중이 높으며, 위험회피성향이 낮은 투자자는 시장포트폴리오 투자비중이 높고, 무위험자산의 투자비중이 낮다.
5. CML의 기울기가 위험보상비율(RVAR)이다.

※ 주의사항 : RVAR을 계산하라는 문제는 변동성
보상비율(CML의 기울기)을 계산하라는 문제와
동일하다. RVAR을 하나의 고유명사처럼 알고
있어야 한다.

$$E(R_P) = R_f + \left[\frac{E(R_m) - R_f}{\sigma_m}\right]\sigma_P$$

기출 유형

위험자산 A의 기대수익률은 10%, 표준편차는 5%이다. 무위험자산의 수익률은 4%이다. 자산 A에 80%, 무위험자산에 20%를 투자한 포트폴리오의 RVAR은 얼마인가?

① 0.3
② 0.6
③ 0.9
④ 1.2

[해설] 포트폴리오의 위험=5%×80%=4%, 포트폴리오의 기대수익률=10%×80%+4%×20%=8.8%이므로 RVAR
$=\frac{8.8\% - 4\%}{4\%} = 1.2$

[정답] ④

빈출패턴 98 단일 요인 차익거래모형

출제빈도 ★★★★

단일 요인 차익거래모형이 성립할 때, A 자산의 기대수익률은 10%이고, 무위험이자율은 5%이며, A 자산의 베타는 1.2이다. B 자산의 기대수익률이 8%일 때, 차익거래가 발생하지 않는 B의 베타값과 가장 가까운 값은?

① 0.5
② 0.6
③ 0.7
④ 0.9

단일 요인 차익거래모형은 시장모형과 같은 의미로 사용된다. CAPM의 수식과 자산의 기대수익률을 활용하여 시장포트폴리오 수익률을 계산한다. B 자산의 기대수익과 시장포트폴리오 수익률을 활용하여 B 자산의 베타를 다음과 같이 계산할 수 있다.

- $E(R_A) = R_f + \beta_A[(E(R_M) - R_f)]$ → 10% = 5% + 1.2[(E(R_M) - 5%)] → $E(R_M)$ = 9.17%
- $E(R_B) = R_f + \beta_B[(E(R_M) - R_f)]$ → 8% = 5% + β_B × (9.17% - 5%) → β_B = 0.72

정답 ③

더 알아보기

 시장모형

- $R_i = \alpha_i + \beta_i R_M + \epsilon_i$

- 총위험 = $Var(R_i) = \beta_i^2 \sigma_M^2 + Var(\epsilon_i)$

- R^2(총위험 중 체계적위험의 비율) = $\dfrac{체계적위험}{총위험} = \dfrac{\beta_i^2 \sigma_M^2}{\sigma_i^2} = \rho_{iM}^2$

- 두 자산의 공분산 = $Cov(R_i, R_j) = \beta_i \cdot \beta_j \cdot \sigma_M^2$

- 시장모형도 CAPM으로 불리며, 과거 데이터를 통해서 자산의 수익률과 위험과의 관계를 파악하려는 모형이다.

99 빈출패턴 99 베타계산   출제빈도 ★★★★

다음 정보를 이용하여 B 자산의 베타를 계산하시오. (단, 시장은 균형상태이다)

- A 자산 기대수익률 10%, 베타 1
- B 자산 기대수익률 6%
- 무위험이자율 : 4%

① 1/3   ② 1/2
③ 2/3   ④ 1.0

SML수식을 이용하여 시장포트폴리오 기대수익률을 계산하고 이를 통해 다시 B 자산의 베타를 계산한다.
- $E(R_A) = 4\% + 1 \times [E(R_M) - 4\%] \rightarrow E(R_M) = 10\%$
- $E(R_B) = 4\% + \beta_B(10\% - 4\%) \rightarrow 6\% = 4\% + 6\% \cdot \beta_B \rightarrow \beta_B = \dfrac{1}{3}$

정답 ①

더 알아보기

베타

- 의미 : 시장포트폴리오 수익률이 1% 변동할 때, 개별자산(포트폴리오)의 수익률이 변동하는 정도이다.
- 시장포트폴리오 베타＝1
- 베타가 1보다 크면 시장포트폴리오(시장 전체)의 변동보다 민감한 자산(경기민감주)
- 베타가 1보다 작으면 시장포트폴리오의 변동보다 덜 민감한 자산(경기방어주)
- 베타가 음수이면 시장포트폴리오 수익률과 개별자산의 수익률이 반대로 움직이는 것이며, 베타가 양수이면 시장포트폴리오 수익률과 개별자산의 수익률이 같은 방향으로 움직이는 것이다.

$$E(R_P) = R_f + [E(R_m) - R_f] \cdot \beta_P$$
$$\beta_P = \frac{\sigma_{PM}}{\sigma_M^2} = \frac{\sigma_P \cdot \sigma_M \cdot \rho_{PM}}{\sigma_M^2} = \frac{\sigma_P \cdot \rho_{PM}}{\sigma_M}$$

※ 주의사항 : 시험에서는 공분산, 표준편차, 분산등 다양한 형태의 자료를 제시하고 베타를 계산하라는 문제가 출제되기 때문에 베타의 변형을 꼭 이해해야 한다.

기출 유형

다음 자산 중 시장의 전체적인 주가가 하락할 때 가장 높은 수익률을 기대할 수 있는 자산은 어느 것인가?

구분	A 자산	B 자산	C 자산	D 자산
베타	−1.0	−0.5	0.5	1.0

① A 자산 ② B 자산 ③ C 자산 ④ D 자산

[해설] 베타는 시장포트폴리오(시장 전체의 평균)의 수익률과의 관계를 나타낸다. 베타가 양수라는 것은 시장포트폴리오가 상승할 때 해당 자산의 기대수익률도 상승할 것으로 예상하는 것을 의미하고, 시장포트폴리오가 하락할 때 해당 자산의 기대수익률도 하락할 것으로 예상한다. 베타가 음수라는 것은 시장포트폴리오와 반대의 방향으로 해당 자산이 움직이는 것을 의미한다. 시장 전체적인 주가가 하락할 경우 높은 수익률을 발생시키기 위해서 베타는 음수의 값을 가져야 한다. 베타가 음수인 값 중에 절댓값이 가장 큰 자산이 시장이 전반적으로 하락할 때 가장 큰 수익률을 기대할 수 있는 자산이다. 베타가 0이라는 것은 시장 전체의 주가 움직임과 관련성이 없는 자산이다. 베타가 0인 자산을 무위험자산의 대용치로 사용하며, 이러한 자산을 제로베타 포트폴리오라고 한다.

[정답] ①

기출 변형

시장포트폴리오 수익률이 증가할 때 가장 수익률이 많이 증가할 것으로 예상되는 자산은 어느 것인가? (단, 시장포트폴리오 표준편차는 10%이다)

구분	A 자산	B 자산	C 자산	D 자산
시장포트폴리오와의 상관계수	0.2	0.4	0.6	0.8
자산의 표준편차	5%	5%	6%	6%

① A 자산 ② B 자산 ③ C 자산 ④ D 자산

[해설] $\beta_i = \dfrac{\sigma_{iM}}{\sigma_M^2} = \dfrac{\sigma_i \cdot \sigma_M \cdot \rho_{iM}}{\sigma_M^2} = \dfrac{\sigma_i \cdot \rho_{iM}}{\sigma_M}$

베타=i자산과 M과의 공분산/M의 분산=(i자산의 표준편차×M의 표준편차×i와 M의 상관계수)/M의 분산
=(i자산의 표준편차×i와 M자산의 상관계수)/M의 표준편차

이에 따라 각 자산의 베타를 구하면 다음과 같다. 베타가 가장 큰 자산이다.

A 자산	B 자산	C 자산	D 자산
$\dfrac{0.2 \times 0.05}{0.1} = \dfrac{0.01}{0.1} = 0.1$	$\dfrac{0.4 \times 0.05}{0.1} = \dfrac{0.02}{0.1} = 0.2$	$\dfrac{0.6 \times 0.06}{0.1} = \dfrac{0.036}{0.1} = 0.36$	$\dfrac{0.8 \times 0.06}{0.1} = \dfrac{0.048}{0.1} = 0.48$

[정답] ④

빈출패턴 100 CAPM 응용 : 자산의 과대 혹은 과소평가 판별

출제빈도 ★★★★

두 주식에 대한 설명 중 올바른 것은? (단, 무위험이자율은 2%이며, 시장포트폴리오의 기대수익률은 10%이다)

- A 주식의 시장에서 거래되는 수익률은 7%이고, 베타는 0.5이다.
- B 주식의 시장에서 거래되는 수익률은 8%이며, 베타는 1.0이다.

① A 주식과 B 주식 모두 적정하게 평가되어 있다.
② A 주식은 고평가되어 있고 B 주식은 저평가되어 있다
③ A 주식은 저평가되어 있고 B 주식은 고평가되어 있다
④ A 주식과 B 주식 모두 저평가되어 있다.

A 주식의 기대수익률 = 2% + 0.5 × (10% − 2%) = 6%, 시장에서 7%에 거래되기 때문에 A 주식은 저평가되어 있다. B 주식 기대수익률 = 2% + 1 × (10% − 2%) = 10%이며, B 주식은 고평가되어 있다.

※ 시험 Tip

균형수익률은 CAPM에 의해 도출된 수익률이며, 기대수익률, 자본비용은 모두 균형수익률과 동의어이다. 그러나 시험에서 용어를 불명확하게 제시하기도 한다. CAPM을 응용한 자산의 과대 혹은 과소 관련 문제에서 시험에서 별다른 언급이 없다면 기대수익률은 현재 관찰된 수익률로 보고 CAPM으로 도출된 수익률을 균형수익률로 보아, 자산의 과대 혹은 과소를 결정하면 된다.

정답 ③

더 알아보기

균형수익률 : CAPM에 의해 도출된 수익률

1. 균형수익률보다 높은 자산은 저평가되어 있다. 자산의 기대수익률은 자산의 할인율이다. 현금흐름의 변동 없이 자산의 할인율이 균형할인율보다 높으면 자산은 저평가되어 있으며 반대로 현금흐름의 변동 없이 자산의 할인율이 균형할인율보다 낮으면 자산은 고평가되어 있다.

2. 고평가된 자산은 해당 자산의 공매도가 증가하여 가격이 하락하고, 이 과정에서 자산의 기대수익률이 증가하여 균형으로 회복된다. 저평가된 자산은 해당 자산의 매입 수요가 증가하여 가격이 상승하고, 그 과정에서 자산의 기대수익률이 하락하여 균형으로 회복된다.

분산투자기법

Memo

미래를 창조하기에 꿈만큼 좋은 것은 없다.
오늘의 유토피아가 내일 현실이 될 수 있다.
There is nothing like dream to create the future.
Utopia today, flesh and blood tomorrow.
빅토르 위고 Victor Hugo

Memo

미래를 창조하기에 꿈만큼 좋은 것은 없다.
오늘의 유토피아가 내일 현실이 될 수 있다.
There is nothing like dream to create the future.
Utopia today, flesh and blood tomorrow.
빅토르 위고 Victor Hugo

Memo

미래를 창조하기에 꿈만큼 좋은 것은 없다.
오늘의 유토피아가 내일 현실이 될 수 있다.
There is nothing like dream to create the future.
Utopia today, flesh and blood tomorrow.
빅토르 위고 Victor Hugo

투자자산운용사

이것만
공부하면
80점 합격

기출유형
모의고사
정답과 해설

1회 기출유형모의고사

▶ 문제 2쪽

01	④	02	②	03	④	04	③	05	①	06	③	07	①	08	③	09	④	10	①
11	④	12	②	13	④	14	①	15	③	16	③	17	③	18	②	19	①	20	②
21	④	22	①	23	①	24	①	25	①	26	③	27	①	28	③	29	③	30	①
31	③	32	④	33	①	34	②	35	③	36	④	37	②	38	①	39	①	40	②
41	③	42	④	43	①	44	③	45	②	46	④	47	①	48	④	49	③	50	③
51	②	52	④	53	②	54	②	55	①	56	①	57	③	58	①	59	③	60	①
61	③	62	④	63	③	64	①	65	①	66	③	67	③	68	③	69	①	70	①
71	③	72	①	73	③	74	④	75	③	76	③	77	④	78	①	79	④	80	③
81	③	82	①	83	③	84	①	85	②	86	①	87	④	88	④	89	④	90	②
91	②	92	①	93	①	94	③	95	③	96	④	97	①	98	③	99	①	100	③

세제관련 법규/세무전략   7문제

01
정답 ④

✅ 상속세, 증여세는 정부가 과세표준과 세액을 결정함으로써 납세의무가 확정된다.

상세해설

납세의무 성립시기	• 소득세, 법인세, 부가가치세 : 과세기간이 끝나는 때 • 상속세 : 상속이 개시되는 때 • 증여세 : 증여에 의해 재산을 취득하는 때 • 인지세 : 과세문서를 작성한 때 • 종합부동산세 : 과세기준일 • 원천징수하는 소득세, 법인세 : 소득금액 또는 수입금액을 지급하는 때
납세의무 확정	• 신고확정 : 소득세, 법인세, 부가가치세, 증권거래세, 교육세, 개별소비세 등은 납세의무자가 과세표준과 세액을 정부에 신고함으로써 확정됨. • 부과확정 : 상속세, 증여세 등은 정부가 과세표준과 세액을 결정함으로써 확정됨. • 자동확정 : 인지세, 원천징수하는 소득세 또는 법인세, 납세조합이 징수하는 소득세, 중간예납하는 법인세는 납세의무가 성립하는 때에 특별한 절차 없이 확정됨.

※ 출처 : 금융투자협회 기본교재 1권(2025년) p5~6

02
정답 ②

✅ 소득 발생지에도 불구하고 소득세는 주소지를 납세지로 한다.

상세해설

- **과세소득** : 이자소득, 배당소득, 사업소득, 근로소득, 연금소득, 기타소득, 퇴직소득, 양도소득의 8가지를 열거하고 있으며, 원칙적으로 열거주의에 입각하여 소득을 인식하고 과세하지만, 예외적으로 이자소득, 배당소득은 법령에 열거되지 않은 소득일지라도 유사한 소득에 대해서는 과세할 수 있음(원칙은 소득원천설이나 예외적으로 순자산 증가설도 일부 수용하고 있음).
- **과세원칙**
  ① 종합과세 : 소득을 그 종류와 관계없이 일정한 단위로 합산하여 하는 과세방식. 원칙은 인별(사람별, 개인단위주의)로 종합과세하고 있으며, 부부합산과세는 하지 않는다(부부별산제). 예외적으로 가족 간의 공동사업으로 보아 합산과세할 수 있음.
  ② 과세원칙 예외
    - 분류과세 : 퇴직소득, 양도소득은 다른 소득과 합산하지 않고 별도로 과세함[소득의 형성기간이 장기간이기 때문에 일시에 종합과세하면 고율의 세금이 부과됨(결집효과 방지)].
    - 분리과세 : 소득을 기간별로 합산하지 않고 그 소득이 지급될 때 그 소득세를 원천징수하며 과세를 종결하는 것
  ③ 소득세 신고납세제도
    - 납세의무자의 신고에 의해서 조세채권이 확정됨.
    - 납세의무자는 과세기간의 다음 연도 5월 1일부터 5월 31일까지 과세표준을 확정신고함으로써 소득세 납세의무를 확정함.
  ④ 기타 특징
    - 6 ~ 45%의 초과누진세율을 채택하고 있음.
    - 인적공제제도를 두고 있음.
    - 소득종류별로 차별적인 과세제도를 두고 있음.
    - 소득발생지에도 불구하고 주소지를 납세지로 함.

03   정답 ④

보기의 모든 항목이 이자소득에 해당된다.

상세해설

- **이자소득**
  - 채권, 증권의 이자와 할인액. 단, 채권매매차익은 채권을 중도매각할 때 실현되는 이익 중 발행 당시 시장이자율에 의하여 계산한 부분을 초과한 이익으로서 자본이득으로 보아 과세하지 않음.
  - 국내 또는 국외에서 받는 예금·적금의 이자
  - 상호저축은행법에 의한 신용계 또는 신용부금으로 인한 이익
  - 채권 또는 증권의 환매조건부 매매차익
  - 저축성 보험의 보험차익
  - 직장공제회 초과반환금
  - 비영업대금이익(대금업에 해당하지 않는 금전대여로 인해 받은 이자)
  - 유사 이자소득(파생금융상품의 이자, 각종 공제회의 공제급여의 이자 등)
  - 파생결합상품의 이익

04
정답 ③

✓ 비상장 주식거래라도 증권거래세는 양도소득세 계산 시 필요경비로 인정된다.

상세해설

- 양도소득 : 개인이 해당 과세기간에 일정한 자산을 양도함으로 발생하는 소득이며, 개인이 부동산 매매를 사업목적으로 하는 것은 사업소득이다.
  - 양도는 자산의 유상이전만을 의미하며 무상이전은 제외한다.
  - 자산의 등기·등록을 하지 않더라도 사실상 이전이 있으면 양도로 본다.
  - 양도시기 : 대금을 청산한 날

05
정답 ①

✓ 증여재산 공제 범위는 미성년 자녀의 경우 10년간 2,000만 원, 성인자녀의 경우 10년간 5,000만 원, 혼인 증여재산 공제는 1억 원이다. 이 범위 안에서 증여는 증여세를 내지 않아도 된다.

상세해설

- 증여세 절세전략
  ① 증여세는 증여자별, 수증자별로 과세되기 때문에 한 사람의 수증자에게 같은 금액을 증여하더라도 증여자를 여럿으로 하면 증여세를 줄일 수 있음.
  ② 자녀에게 증여하는 경우 10년 단위로 증여재산 공제를 활용하여 어릴 때부터 증여하는 것이 유리함.
  ③ 증여재산 공제범위내의 증여라 해도 증여세 신고를 하는 것이 미래의 정당한 자금원 확보 측면에서 유리하다. (주택구입 시 자금출처 조사시 증빙)
     - 미성년자녀 : 10년간 2,000만 원
     - 성인자녀 : 10년간 5,000만 원
     - 혼인 증여재산 공제 : 1억 원
  ④ 재산을 분할하여 증여하는 경우 큰 금액이 아닌 경우에는 기대수익률이 높은 자산을 증여하는 것이 바람직하다.
  ⑤ 장기보유하는 자산의 경우 자산가치가 저평가되어 있는 자산을 증여하는 것이 바람직하다.

06
정답 ③

✓ 비거주자의 장외파생상품의 위험회피목적 거래의 소득은 국내원천소득으로 보지 않는다.

| 오답풀이 |
①, ② 비거주자의 장내파생상품을 통한 소득은 과세대상 국내원천소득으로 보지 않는다.
④ 비거주자의 장내파생상품거래이기 때문에 국내원천소득으로 보지 않아 양도소득세를 부과하지 않는다.

상세해설

- 비거주자의 과세대상 소득
  ① 내국법인의 주식 또는 출자지분
     - 특정 주식·특정 시설물 이용권 주식·부동산 과다 주식
     - 5년 내 25% 미만 소유주가 거래소를 통하여 양도하는 주식
  ② 국내 사업장이 있는 비거주자가 주식·출자지분 외의 유가증권을 양도함으로써 생기는 소득 중 이자소득 이외의 소득

③ 국내 사업장이 없는 비거주자가 주식·출자지분 외의 유가증권을 내국법인·거주자·외국법인 국내 사업장에 양도함으로써 생기는 소득 중 이자소득 이외의 금액

- 비거주자의 파생상품 매매소득 과세유무

비거주자	장내파생상품소득	위험회피거래 목적의 장외파생상품 소득
국내사업장 없음	비과세	비과세
국내사업장 있음	비과세	비과세

- 비거주자의 유가증권 양도소득의 원천징수세율
  ① 원칙(취득 혹은 양도가액이 확인되지 않는 경우) : 양도가액의 10%
  ② 취득가액 및 양도비용이 확인되는 경우 : 양도가액의 10%와 양도차익의 20% 중 작은 금액

07 [정답] ①

법원에 납부한 경매보증금 및 경락대금에서 발생하는 이자소득의 원천징수세율은 14%이며, ISA(개인종합자산관리계좌)의 비과세한도를 초과하는 이자와 배당소득의 원천징수세율은 9%이므로 두 세율을 합하면 23%이다.

상세해설

- 무조건 분리과세소득의 원천징수세율

무조건 분리과세소득의 범위	원천징수세율	취지
직장공제회 초과반환금	기본세율	세부담 완화
비실명거래로 인한 이자·배당소득	45%, 90%	중과세
법원에 납부한 경매보증금 및 경락대금에서 발생하는 이자소득	14%	납세편의
1거주자로 보는 단체의 이자·배당소득	14%	
조세특례제한법상 분리과세소득 - 개인종합자산관리계좌의 비과세 한도 초과 이자·배당소득	9%	세부담 완화

※ 출처 : 금융투자협회 기본교재 1권(2025년) p30

- 이자소득을 지급하는 시기까지 지급받는 자의 실질명의가 확인되지 않는 비실명이자소득으로서 금융기관을 통하지 않는 비실명거래는 45%로 분리과세함.
- 금융기관을 통해 지급되는 비실명 이자소득은 90%로 분리과세함.

금융상품 8문제

08 [정답] ③

스톡옵션은 금융투자상품이 아니며 증권의 최대 손실은 원금액이며, 이를 초과할 경우 파생상품으로 분류된다. ELW는 콜과 풋이 존재하기 때문에 양방향 투자가 가능하며, 기초자산가격이 하락하더라도 수익이 발생할 수 있다.

상세해설

- **금융투자상품**
  ① 개념 : 이익을 얻거나 손실을 회피할 목적으로 현재 또는 장래의 특정 시점에 금전, 그 밖의 재산적 가치가 있는 것을 지급하기로 약정함으로써 취득하는 권리로서, 그 권리를 취득하기 위하여 지급하였거나 지급해야 할 금전 등의 총액(판매수수료등은 제외함)이 그 권리로부터 회수하였거나 회수할 수 있는 금전 등의 총액(해지수수료등은 포함함)을 초과하게 될 위험이 있는 상품
  ② 종류 : 증권, 파생상품으로 구분되며, 증권의 최대손실금액은 투자한 원본이며, 투자한 원본보다 손실액이 클 경우에는 파생상품으로 분류함.
  ③ 증권의 종류 : 채무증권, 지분증권, 수익증권, 투자계약증권, 파생결합증권, 증권예탁증권

09 정답 ④

MMF에 투자할 수 있는 자산은 남은 만기가 5년 이내인 국채 혹은 남은 만기가 1년 이내인 지방채증권, 특수채증권, 사채권 및 기업어음증권이며, 환매조건부매수의 경우에는 남은 만기의 제한을 받지 않는다.

상세해설

- **MMF에 투자할 수 있는 자산**

구분	내용
원화 MMF에 투자할 수 있는 자산 (원화로 표시된 자산이어야 함)	• 남은 만기가 6개월 이내인 양도성 예금증서 • 남은 만기가 5년 이내인 국채증권 • 남은 만기가 1년 이내인 지방채증권, 특수채증권, 사채권(사모의 방법으로 발행된 것은 제외), 기업어음증권, 단 환매조건부매수의 경우에는 남은 만기의 제한을 받지 않는다. • 남은 만기가 1년 이내인 어음(기업어음증권 제외) • 금융회사에 대한 30일 이내의 단기대출 • 만기가 6개월 이내인 금융기관 혹은 체신관서에의 예치 • 다른 단기금융집합투자기구의 집합투자증권 • 단기사채 등
외화 MMF에 투자할 수 있는 자산 (외화로 표시된 자산이어야 함)	• 외화표시 단기채권, 어음 등 외화단기금융상품에 투자하며, 외화로 납입과 환매가 발생하며, 원화표시 MMF와 동일한 수준으로 규율한다. • 편입자산의 안정성과 환금성을 고려해 표시화폐는 OECD 가입국, 싱가포르, 중국, 홍콩으로 제한된다.

※ 출처 : 금융투자협회 기본교재 1권(2025년) p200

10 정답 ①

랩어카운트는 잔고평가금액에 근거한 일정 비율의 수수료를 고객에게 부과한다.

상세해설

- **랩어카운트의 장점과 단점**

구분	장점	단점
증권회사	• 자산기준의 운용수수료 부과 가능 • 안정적인 수익 확보 • 이익상충이 적어서 고객신뢰 획득 가능 • 고객과의 관계가 긴밀해지며 장기화됨 • 영업사원의 독립성 약화	• 영업직원의 재교육 등 업무에 대응하기 위한 시스템 구축비용 소요 • 수수료 수입 총액감소 우려

영업직원	• 이익상충문제 해결	• 회사로부터 독립성 약화 • 수입감소 우려
고객	• '소액으로 전문가 서비스 가능 • 맞춤형 상품으로 고객 니즈 충족 • 다양한 서비스 이용 가능	• 주가하락 시 상대적으로 수수료 부담증가 • 일괄 수수료로 인해 불필요한 서비스 대가 지불
투자자문사	• 고객저변 확대 • 수수료와 무관한 신축적 운용 • 사무비용 절감	• 운용보수의 감소 • 시장 상황에 관계없이 수수료 이상의 운용성적 요구 부담

※ 출처 : 금융투자협회 기본교재 1권(2025년) p237

11 정답 ④

외부기관이 보증하는 신용보강은 외부신용보강방법 중의 하나이다.

상세해설

■ 자산유동화증권의 신용보강방법
① 내부신용보강 : 자산의 현금흐름 조정을 통한 신용보강방법
  • 후순위증권 발행 : 지불의 우선순위를 달리 함.
  • 초과스프레드 : 자산의 수익률과 발행증권의 수익률 차이
  • 예치금 : 유동화기업에 현금을 보유함.
② 외부신용보강 : 외부의 신용보강기관에 의한 신용보강방법
  • 보증 및 신용공여 : 신용도 높은 외부기관이 보증 혹은 신용보강을 하여 상환 가능성을 제고시키는 방법

12 정답 ②

역모기지는 집을 담보로 대출받기 때문에, 미래 특정시점의 주택가치에 근거하여 대출금액이 결정되기 때문에 미래 특정시점의 주택가격 전망 혹은 예상금액이 중요한 심사대상이다.

상세해설

■ 역모기지
① 개요 : 본인 명의의 주택에 대해 담보 및 대출계약을 체결한 뒤 일정 금액을 연금의 형태로 수령하는 금융기법이며, 역모기지 계약이 체결이 되면 금융기관은 대출자의 종신시점까지 상환청구권을 행사할 수 없으며, 대출자는 중도상환의무를 부담하지 않고 연금을 수령함.
② 주택은 보유하고 있으나 일정한 소득이 없는 노인들이 보유주택을 담보로 하여 금융기관으로부터 매월 일정 금액을 연금형태로 지급받아 생활비에 사용하는 저소득 노인층을 위한 금융제도
③ 대출자가 사망한 후 해당 주택을 처분하며, 연금수령액이 주택가격을 초과해도 상속인에게 해당 차액이 청구되지 않고, 반대로 주택가격이 처분가액보다 높으면 그 차액을 상속인에게 지급함.
④ 주택소유권을 기초로 대출계약이 성립되기 때문에 대출신청자의 신용상태, 상환능력보다는 미래의 특정 시점의 예상되는 주택가치에 근거하여 대출금액이 결정됨.
⑤ 금융기관의 위험 : 장수위험, 이자율위험, 주택가격평가위험, 비용위험
⑥ 대출자의 위험 : 거래 금융기관의 파산 가능성 및 과세문제

13 정답 ④

✓ ELD의 경우 원칙적으로 원금이 보장되나, 중도상환할 경우 수수료 등으로 원금이 보장되지 않을 수도 있다.

상세해설

■ 주가지수연동형 상품

구분	ELS	ELD	ELF
발행주체	증권사(인가증권사)	은행	자산운용사
투자형태	증권매입(청약)	예금 가입	펀드 매수
수익상환방법	사전에 정해진 조건에 따라 결정 (원금보장형, 원금비보장형)	사전에 정해진 조건에 따라 결정 (원금 100% 보장형 이상만 가능)	운용성과에 따라 실적배당
예금자보호	없음.	보호	없음.

※ 출처 : 금융투자협회 기본교재 1권(2025년) p123

14 정답 ④

✓ 확정기여형제도에서 근로자가 퇴직금 운용주체이므로 적립금의 운용수익에 따라 퇴직금 수준이 달라질 수 있어서 자신의 퇴직금 수준을 사전에 알 수 없다.

상세해설

■ 확정급여형(DB)과 확정기여형(DC) 비교

구분	확정급여형(DB)	확정기여형(DC)
개요	근로자가 수령할 퇴직금 수준이 사전에 확정되어 있는 제도	기업이 부담할 부담금 수준이 사전에 확정되어 있는 제도(연간 임금총액의 1/12 이상)
적립금 운용주체	사용자(기업, 운용손익은 기업에 귀속)	근로자(운용손익은 근로자에게 귀속)
추가납입여부	개인형 IRP를 통해 가능 (연간 1,800만 원 한도)	제도 내에서 혹은 개인형 IRP를 통해 가능 (연간 1,800만 원 한도)
퇴직급여 수준	현행 퇴직일시금과 동일	근로자의 운용실적에 따라 다름.
담보대출 및 중도인출	담보대출 가능(대통령령에서 정한 사유 해당시)	담보대출 및 중도인출 가능(대통령령에서 정한 사유 해당시)
이직 혹은 전직시 처리	개인형 IRP로 이전 통산함.	
연금계리	필요	불필요
적합한 사업장	• 임금상승률이 높은 기업 • 장기근속을 유도하고자 하는 기업 • 연공급 임금체계기업 • 누진제 적용기업 • 경영이 안정적이고 영속적인 기업	• 연봉제, 임금피크제 적용 기업 • 재무구조 변동이 큰 기업 • 근로자가 재테크에 관심이 많은 기업

※ 출처 : 금융투자협회 기본교재 1권(2025년) p323

15 정답 ③

✓ 상호저축은행의 표지어음만 예금자 보호대상이며 나머지는 예금자 보호대상이 아니다.

상세해설

구분	예금자 보호대상	예금자 비보호대상
은행	보통예금, 기업자유예금, 별단예금, 당좌예금 등 요구불예금, 정기예금, 주택청약예금, 표지어음, 외화예금, 정기적금, 주택청약부금, 상호부금, 재형저축	CD, RP, 은행발행채권, 주택청약저축, 주택청약종합저축
투자매매업자, 투자중개업자	자기신용대주담보금, 신용거래계좌 설정 보증금	CMA, 랩어카운트, 청약자 예수금
보험회사	퇴직보험계약, 개인이 가입한 보험계약(단, 변액보험 제외)	법인보험계약, 보증보험계약
종합금융회사	발행어음, 표지어음, 종금형 CMA	종금사발행채권, 기업어음
상호저축은행	보통예금, 저축예금, 신용부금, 표지어음	저축은행 발행채권

※ 출처 : 금융투자협회 기본교재 1권(2025년) p145

부동산관련 상품 5문제

16 정답 ③

✓ 현금흐름을 추정하고 이에 대한 적절한 할인율을 계산하여 NPV를 계산하여 부동산가치를 평가하는 방법은 현금흐름법이다.

상세해설

■ 현금흐름할인법

순현재가치법	현금유입의 현재가치에서 현금유출의 현재가치를 차감한 값으로, NPV≥0이면 투자안을 채택하고, NPV<0이면 투자안을 기각한다. 여러 투자대안이 있을 경우 NPV≥0인 대안 중에 가장 큰 대안부터 순차적으로 투자한다.
내부수익률법	투자안의 현금유입의 현재가치와 현금유출의 현재가치를 일치시키는 할인율이다. 내부수익률(IRR)≥k(요구수익률)이면 투자를 실행하고, IRR<k이면 투자를 기각한다. 여러 투자안이 있을 경우 IRR≥k인 투자안 중에 IRR이 가장 높은 투자안부터 실행한다.
수익성지수법	수익성지수(PI)≥1이면 투자를 실행하고, PI<1이면 투자를 기각한다. 여러 투자안이 있을 경우 PI≥1인 투자안 중에 가장 높은 투자안부터 실행한다. 그러나 투자안의 규모가 다를 경우 수익성지수는 적절한 투자안 결정기준이 될 수 없다.

17 정답 ③

✓ 부채상환비율은 순운용소득/부채상환액으로 원리금 상환능력을 측정하는 보조적인 재무비율이다. 부채상환비율이 클수록 부채의 안정성이 높다는 의미이다.

상세해설

■ 부동산 투자수익률

내부수익률	• 투자대상 부동산의 현금유출의 현재가치와 미래 유입되는 현금흐름의 현재가치가 동일한 할인율 • 현금흐름의(화폐의) 시간적 가치를 고려한다.
Cash on Cash 수익률	• 당기의 순현금흐름을 자기자본으로 나눈 것 • Cash on Cash는 화폐의 시간적 가치를 고려하지 않는다.

18 [정답] ②

✓ 시장접근법은 유사한 부동산과의 비교를 통해 가격을 산정한다. ②는 원가법에 해당한다.

상세해설

■ 부동산의 가치평가방식

가치평가방식	내용
원가방식	원가법 및 적산법 등 비용성의 원리에 의한 평가방식
비교방식	거래사례비교법, 임대사례비교법 등 시장성에 기초한 평가방식 및 공시지가기준법
수익방식	수익환원법 및 수익분석법 등의 수익성의 원리에 기초한 평가방식

① 원가방식(원가법) : 대상물건의 재조달원가에 감가수정을 하여 대상물건의 가액을 산정하는 방식으로 주로 건물 감정평가에 사용된다.
  • 적산가격=토지가치+건물가치(재조달원가-감가수정액)
  • 재조달원가 : 현재 시점의 평가대상 부동산과 동일한 효용을 갖는 부동산을 새로 공급하는데 소요되는 원가
② 비교방식(거래사례비교법) : 평가하려는 대상 부동산과 동일성 혹은 유사성이 있는 부동산의 거래 사례와 비교하여 대상 부동산의 현황에 맞게 사정보정, 시점수정 등을 하여 부동산의 가격을 산정하는 방법
  • 비준가격=사례가격(단가)×사정보정×시점수정×지역요인보정×개별요인보정×면적
  • 거래사례 자료의 선택 시 고려사항 : 위치의 유사성, 물적 유사성, 시점수정의 가능성, 사정보정의 가능성을 고려하여 거래사례를 선택해야 한다.
    비준가격은 거래사례비교법으로 계산한 최종가치가 아니다. 비준가격은 거래사례비교법의 시산가치이며, 이를 고려하여 최종적인 평가가치를 산출한다.
③ 수익방식(수익환원법) : 대상 물건이 미래에 산출할 것으로 기대되는 순수익이나 미래의 현금흐름을 현재가치로 할인하여 대상물건의 가액을 산정하는 방법
  • 수익가격=순수익/환원이율=(총수익-총비용)/환원이율
  • 환원이율 계산하는 방법 : 시장추출법, 요소구성법, 투자결합법

19 [정답] ①

✓ 자산 간의 상관계수값이 1이면 분산투자효과가 없으며, 자산 간의 상관계수값은 1만 아니라면 분산투자효과가 있다. 상관계수값이 가질 수 있는 범위는 +1에서 -1 사이의 값이다($-1 \leq \rho \leq +1$).

상세해설

- 포트폴리오의 수익률과 위험
  - 포트폴리오 : 서로 다른 두 개 이상의 자산의 집합
  - 두 부동산으로 구성된 포트폴리오 수익률과 위험

  $$E(R_P) = w_1 E(R_1) + w_2 E(R_2)$$
  $$\sigma_P^2 = w_1^2 \sigma_1^2 + w_2^2 \sigma_2^2 + 2 \cdot w_1 \cdot w_2 \cdot \sigma_1 \cdot \sigma_2 \cdot \rho_{12}$$

  - 상관계수(ρ_{12})값은 −1에서 1 사이의 값을 가지며, 이 값이 −1에 가까울수록 분산투자효과가 증가한다. 상관계수값이 1이면 분산투자효과는 발생하지 않는다.

  - 포트폴리오에 포함되는 자산의 수가 증가할수록 포트폴리오 총위험 중 비체계적위험은 감소하나, 체계적위험은 감소하지 않는다.

체계적위험	• 분산투자를 통해서도 제거할 수 없는 위험 • 시장 전체의 변동으로 인해 발생하는 위험이고, 피할 수 없는 위험, 분산불가능한 위험이라고도 한다.
비체계적위험	• 분산투자를 통해서 제거할 수 있는 위험 • 부동산의 고유한 특성에 의해 발생하는 위험으로, 분산가능위험, 피할 수 있는 위험이라고도 한다.

20

정답 ②

순위 보전적 효력은 가등기의 효력이다.

상세해설

- 부동산 등기 : 등기관이 부동산 등기법령이 정하는 절차에 따라 등기부에 부동산의 표시 및 부동산에 관한 권리관계를 기재하는 것 혹은 그 기재자체를 말한다.
- 등기의 대상 : 토지, 건물에 대한 소유권, 지상권, 지역권, 전세권, 저당권, 권리질권, 부동산 임차권, 환매권 등이며, 기타 특별법에 의한 입목, 공장재단, 광업재단, 선박 등에 대한 소유권, 저당권 등이 있다.
- 등기의 효력

본등기	물권 변동적 효력, 순위확정적 효력, 형식적 확력, 대항적 효력, 권리존재 추정력, 점유적 효력
가등기	본등기 전에는 청구권 보전 효력을 가지며, 본등기 후에는 순위보전적 효력을 갖는다.

대안투자운용/투자전략 5문제

21 정답 ④
✓ 수익형부동산은 일반적으로 임대수입 등을 통해 현금흐름을 창출한다.

상세해설

■ 부동산투자의 종류
① MBS(주택저당증권) : 주택자금으로 발생하는 채권의 변제를 위해 담보로 확보하는 저당권을 기초자산으로 MBS를 발행한다. MBS는 ABS의 한 종류이다.
② ABS(자산담보부증권) : 보유하고 있는 자산을 담보로 증권을 발행하는 것을 말한다. 자산 자체의 현금흐름에 착안하여 이를 자산의 소유자로부터 분리하여 특수목적회사인 유동화전문회사에 양도하고 유동화 전문회사는 그 자산을 담보로 ABS증권을 발행한다.
③ 부동산투자회사(REITs) : 다수의 투자자로부터 자금을 모아서 이 자금을 부동산 및 관련 사업에 투자한 후 투자자에게 배당을 통해 이익을 분배하는 부동산투자회사이며, '부동산투자회사법'에 근거하여 설립된다. REITs의 주권은 증권시장에 상장되어 유동성이 확보되고 일반투자자들도 소액의 자금으로 부동산 투자가 가능하다.

22 정답 ①
✓ 증자는 투자금을 재투자하는 방법으로 자금회수 방법이 아니다.

상세해설

■ 사모펀드 투자자금 회수 방법

매각	인수기업의 가치를 상승시킨 후 PEF가 보유한 지분을 제3자에게 처분하는 방법이다.
일반기업에 매각	매수자는 PEF가 인수한 기업과 동종기업이거나 동 업종으로 사업을 확장하고자 하는 기업이 일반적이다.
다른 PEF에 매각	타 PEF에 매각하는 것으로 정상적인 매각에 비해 추가적인 할인율이 적용될 가능성이 높고 이를 전문으로 하는 Secondary fund가 조성되기도 한다.
상장	주식시장에 상장하여 일반투자자들에게 주식을 매각하여 투자자금을 회수하는 전략이다.
유상감자 및 배당	Recapitalization은 기업의 자본구조 변경을 의미하나, PEF에서는 PEF가 차입조달자금으로 유상감자 혹은 배당을 통해 투자자금을 회수하는 것을 의미한다. 이 경우 해당 기업의 수명단축, 장기 성장성 저해와 같은 부작용이 발생하기도 한다.
PEF 자체상장	PEF 자체를 주식시장에 상장하여 투자자가 투자자금을 회수하는 방법이다.

23 정답 ①
✓ 캐리 트레이드는 낮은 금리로 자본을 조달하여 높은 금리에 투자하는 전략이다.

상세해설

① Carry Trade(캐리 트레이드) : 낮은 금리로 자본을 조달하여 높은 금리에 투자하는 전략
② TED 스프레드 : 미국 국공채를 매수하고 동일한 만기의 유로 달러 계약을 매도한다. 넓은 의미로 보면 TED 스프레드는 동일 통화의 스왑거래로 헤지된 국공채투자이다. TED 스프레드 거래는 동일 만기의 국공채와 LIBOR 금리 차이로부터 수익을 취하는 전략이다.

③ 무상증자 이벤트 전략 : 무상증자 권리락일에 해당 종목의 주가가 <u>높은 확률로 상승하는 이례적인 현상</u>을 이용하는 전략. 무상증자 비율이 높을수록 권리락일에 착시에 의한 주가 상승이 높은 경향이 있음.
④ 전환증권 차익거래자가 선호하는 전환사채
  - 델타 트레이딩과 감마 트레이딩에서 수익을 얻을 수 있도록 <u>기초자산의 변동성이 크고 볼록성이 큰 전환사채</u>
  - <u>유동성이 높은 전환사채와 기초주식을 쉽게 빌릴 수 있는 전환사채</u>
  - <u>낮은 전환프리미엄을 가진 전환사채</u>
  - <u>배당이 없거나 낮은 배당률을 갖는 기초자산의 전환사채</u>
  - <u>낮은 내재 변동성으로 발행된 전환사채</u>

24

[정답] ①

✓ 대안투자상품은 환매불가능한 펀드로 설정한다. 부동산펀드, 헤지펀드는 대안투자상품이다. 전통적인 투자대상은 대체로 환매가능하게 펀드를 설정하며, 대안투자는 일반적으로 환매불가능한 펀드로 설정한다.

상세해설

■ 전통투자와 대안투자

전통적인 투자	주식, 채권, 뮤추얼펀드, 단기자금시장(MMF)
대안투자	부동산, 인프라, 사모펀드(PEF), Venture Capital, 헤지펀드, 상품펀드, 인프라펀드

■ 대안투자상품의 특징
① 대안투자상품은 전통적인 투자상품과 낮은 상관관계를 갖고 있어 전통적인 투자와 포트폴리오를 구성하면 효율적인 포트폴리오 구성이 가능하다. 위험은 낮아지고, 기대수익률이 높아질 수 있다.
② 대부분 장외시장에서 거래되어 환금성이 낮아서 환매금지기간이 있고 투자기간도 장기이다.
③ 매수뿐만 아니라 차입, 공매도의 사용, 파생상품 활용이 높아 위험관리가 중요하다.
④ 대부분 기관투자자 혹은 거액자산가들로 구성된다.
⑤ 대부분 새로운 자산과 거래전략으로 과거 성과자료의 이용이 제한적이다.
⑥ 전통투자에 비해 운용자의 스킬이 중요하여, 운용자의 보수율이 높은 편이며, 성공보수가 함께 징구되는 경우가 많다.

25

[정답] ①

✓ Arbitrage CDO에 대한 올바른 설명이다.

상세해설

■ 다양한 CDO

CDO 이름	내용
Arbitrage CDO	기초자산의 수익률과 유동화 증권의 수익률 간의 차이에서 발생하는 차익을 취할 목적으로 발행되는 CDO
Balance Sheet CDO	위험 전가 목적으로 거래하고, 거래를 통해 대차대조표에서 신용위험 자산이 감소하여 재무비율이 개선되는 효과를 가져온다.
Cash Flow CDO	자산을 양도하여 SPC를 구성하며, SPC에서 발행한 트랜치에 매각 대금으로 자본을 조달한다.
Synthetic CDO	CDS를 활용하여 위험을 전가한다.

Static CDO	포트폴리오의 운용 없이 만기까지 보유한다.
Dynamic CDO	지정된 운용자에 의해 자산이 운용되는 CDO이다.
Hybrid CDO	Ram-up 기간과 자산으로부터 선지급이 있는 경우 자산을 운용 혹은 대체하는 Hybrid 구조를 갖는다.

※ 출처 : 금융투자협회 기본교재 2권(2025년) p107

해외증권투자운용/투자전략   5문제

26   정답 ③

✓ 양키본드와 사무라이본드는 외국채이다.

상세해설

■ 유로채와 외국채

유로채	자국 내에서 발행되는 타국통화표시채권 예 김치본드(한국), 쇼군본드(일본), 딤섬본드(홍콩)
외국채	자국 내에서 외국인에 의해 발행되는 자국통화표시채권 예 아리랑본드(한국), 양키본드(미국), 팬더본드(중국), 사무라이본드(일본), 불독본드(영국)

※ 유로채와 외국채의 간단한 구분방법 : 유로채는 발행국 통화와 발행한 채권의 통화가 다르며, 외국채는 발행국 통화와 발행한 채권의 통화가 같다. 즉, 한국에서 USD로 발행하면 유로채, 한국에서 KRW으로 발행하면 외국채이다.

27   정답 ①

✓ 내재적 헤지는 별도의 헤지비용이 발생하지 않는다. 스택헤지는 헤지대상 전체의 금액을 일시에 헤지하는 방법이다. ④는 내재적 헤지에 대한 설명이다. 타국통화가 평가절하되면 이를 자국통화로 환전 시 손실이 발생하여 전체적인 투자손실로 이어질 수 있다.

상세해설

■ 환위험 헤지방법

스택헤지	• 환위험에 노출된 모든 금액을 일시에 헤지하는 방법
롤링헤지	• 헤지수단이 헤지대상보다 만기가 짧기 때문에 헤지수단의 만기가 다가오면서 헤지를 지속적으로 갱신하면서 하는 헤지
내재적 헤지	• 투자대상의 가치와 통화가치의 상관관계에 의해 환노출이 낮아지는 헤지 • 별도의 헤지비용이 발생하지 않는다. • 투자대상국의 주가가 상승할 때 투자대상국의 환율이 평가절하되거나, 투자대상국의 주가가 하락할 때 투자대상국의 환율이 평가절상되어 환위험이 자연스럽게 헤지되는 것이 내재적 헤지이다. • 투자대상국의 환율이 평가절하되면 투자자는 손실이 발생할 수도 있다.

28
정답 ③

✓ GDR에 대한 설명이다. EDR은 DR이 미국 이외의 거래소에 상장되어 거래될 때 사용하는 명칭이다.

상세해설

- 원주상장 : 본국의 주식 그대로 해외 거래소에 상장하는 방식이다. 해당 거래소의 외국 주식거래를 위한 별도의 시장에서 본국 통화(상장한 기업의 본국)로 거래가 되어 투자자들에게 환전비용을 최소화할 수 있는 선택을 제공한다. 반면 DR형태는 상장한 국가의 통화로 거래가 된다.
- DR(예탁증서) : 해외 주식이 당해 국가의 은행에 예탁되고, 예탁된 주식을 바탕으로 현지 거래소에서 상장되어 거래된다.

ADR	• 외국주식이 미국의 증권으로 등록되고 미국 증시에 상장되어 거래될 때 사용하는 예탁증서 • 미국에서 거래되기 때문에 미국 증권거래위원회(SEC)에 신고해야 한다. • ADR 보유자는 배당도 미국 달러로 지급받는다.
GDR	• 미국과 미국 이외의 시장에 동시에 상장될 경우의 예탁증서
EDR	• 미국 이외의 거래소에 상장될 경우의 예탁증서

29
정답 ③

✓ DR의 형태로 복수상장할 경우 현지국의 거래통화로 거래되기 위해 원주를 예치하고 이에 대한 예탁증서(DR)로 상장한다. 복수상장을 했기 때문에 상장유지비용이 본국 한 곳에만 상장한 것보다 더 발생한다.

상세해설

- 복수상장의 효과
  - 외화자금 조달
  - 외국 투자자, 고객들에게 기업의 인지도를 높일 수 있음.
  - 기업의 투명성을 높일 수 있음 → 주가를 올릴 수 있음.
  - 미국시장에 상장하는 것은 그 자체가 기업의 신뢰성을 인정받는다는 의미임.
  - 자본비용을 낮출 수 있음.
  - 새로운 자금조달원을 제공하여 한계 자금조달비용이 느리게 상승하도록 하는 효과가 있음.
  - 현지화된 전략을 추구하는 기업에게는 외국기업으로의 이미지를 약화시켜 현지인에게 밀착된 인상을 심어줄 수 있음.
  - 해외시장의 유동성이 클 경우 해외시장이 가격결정 리더십을 가질 수 있음.
  - 원래 속했던 국가의 기업으로서의 성격을 잃어버릴 수도 있음.

30
정답 ①

✓ T-Bill은 만기 1년 이내의 무이표채이며 T-Note는 만기 1년 이상, 10년 이내의 이표채이다.

상세해설

- 미국국채 종류

T-Bill	만기 1년 이내의 채권으로 할인채(무이표채)로 발행된다.
T-Note	만기 1년 이상, 10년 이내의 채권으로 이표채로 발행된다.
T-Bond	만기 10년 이상 미국 국채로 이표채로 발행된다.

투자분석기법

12문제

31

정답 ③

✅ 수익률분포가 정규분포와 비교하여 기울어진 정도는 왜도이고, 수익률분포가 정규분포와 비교하여 뾰족한 정도는 첨도이다. 정규분포는 좌우대칭이기 때문에 왜도가 0이고, 첨도는 3의 값을 갖는다.

상세해설

- 정규분포
  ① 수익률의 분포가 평균을 중심으로 좌우대칭인 분포
  ② 정규분포는 평균과 분산값을 알면 그 분포를 알 수 있고, 이러한 평균과 분산을 모수라고 한다.
  ③ 정규분포는 좌우대칭이기 때문에 왜도값은 0이며, 정규분포의 첨도값은 3이다.
- 왜도(Skewness)
  ① 정규분포와 비교하여 분포가 기울어진 정도를 나타낸다.
  ② 분포의 우측 꼬리가 좌측 꼬리 대비 더 길게 늘어지는 왜도는 양수이다. 왜도가 양수라는 것은 평균과 비교하여 극단적으로 높은 수익률이 발생할 가능성이 높다는 것을 의미한다.
  ③ 반대로 왜도가 음수라면 평균과 비교하여 극단적으로 낮은 수익률이 발생할 가능성이 높다는 것을 의미한다.

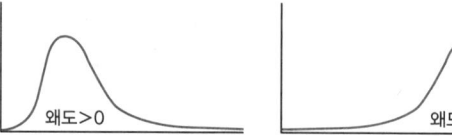

- 첨도(Kurtosis)
  ① 수익률분포 중에 봉우리가 뾰족한 정도를 나타내는 지표이다.
  ② 정규분포의 첨도는 3이고, 이보다 뾰족한 분포의 첨도는 3보다 크며, 완만한 봉우리를 가진 첨도의 값은 3보다 작다.
  ③ 첨도의 값이 클수록 분포의 값이 평균 근처에 몰려 있다는 것을 의미한다.

32

정답 ④

✅ MAO에 대한 설명이다.

상세해설

- 주가지표 : 이동평균선이 모이고, 다시 벌어지는 원리에 의해 착안한 지표
  ① MACD(Moving Average Convergence & Divergence) : 장기지수이동평균-단기지수이동평균, 이 값이 가장 크게 벌어질 때가 매매타이밍
  ② MAO(Moving Average Oscillator) : 단기이동평균값-장기이동평균값, 이 값이 (+)에서 0선을 하향돌파하면 매도, (-)에서 0선을 상향돌파하여 (+)로 전환될 때를 매수시점으로 하여 매매한다.
- 추세반전형 지표 : 주가 변화를 민감하게 파악하여 추세반전을 빨리 알기 위한 목적으로 만든 지표
  ① 스토캐스틱(Stochastics) : 일정 기간의 주가 변동폭 중 오늘의 주가 위치를 나타낸 것
  ② RSI(Relative Strength Index) : 일정 기간 동안 개별종목과 개별업종과의 주가 변화율을 대비한 것으로 RSI값은 최대 100에서 최소 0 사이의 값을 갖는다. RSI값이 100에 접근할수록 절대적인 상승폭이 하락폭보다 매우 컸음을 의미한다.
  ③ ROC(Rate of Change) : 오늘의 주가와 n일전 주가 사이의 차이를 나타내는 지표이다.

33

정답 ①

✓ 전방연쇄효과는 모든 산업의 제품에 대한 최종수요가 1단위 증가할 때 특정 산업에 미치는 영향을 의미한다. 수입유발계수는 특정 산업의 최종수요가 1단위 증가할 때 수입이 증가하는 정도를 나타낸다. 총산출과 총투입은 항상 같다. 총산출=총수요-수입이다. 직관적으로 이해하면 전방연쇄효과는 예를 들어 철강산업에서 생산량이 증가할 때 철강을 수요로 하는 자동차, 기계, 건설산업 등의 생산에 미치는 영향이다. 반면에 후방연쇄효과는 자동차 생산이 증가할 때 철강, 플라스틱, 전자산업과 같은 곳의 생산에 미치는 영향이다.

상세해설

■ 산업연관분석 : 산업간의 관계를 수량적으로 파악하는 분석기법
  ① 소비, 지출, 투자, 수출 등 거시적 지표와 임금, 환율, 원자재 가격 등 가격 변수의 변화가 국민경제에 미치는 영향을 분석할 수 있게 한다.
  ② 전·후방 산업의 수요와 공급의 가격 변화가 개별 산업에 영향을 주는 파급효과도 예측할 수 있게 해준다.

■ 국민소득통계와 산업연관표 비교

국민소득통계	산업연관표
• 국민경제 순환을 나타내는 통계로, 일정 기간(보통 1년) 국민경제 내에서 재화, 서비스의 생산 및 처분과정에서 발생하는 모든 거래를 기록한 종합적인 통계표	• 국민소득통계에서 제외된 중간 생산물의 산업 간 거래도 포함하여 작성 • 산업 상호간에 이루어지는 중간재 거래인 산업 간 순환까지 포함하고 있어, 산업 간의 거래관계까지 분석이 가능하여, 산업분석에서 광범위하게 사용되는 통계표이다.

■ 산업연관표 구조와 주요지표
  ① 구분 : 산업 상호간의 중간재 거래부문, 각 산업부문에서 노동, 자본등 본원적 생산요소 구입부문, 각 산업부문에서 생산물의 최종 소비자에게로 판매부문의 3가지 부문으로 구분하고 기록한다.
  ② 총투입=중간재 투입(원재료 등)+노동이나 자본의 투입(부가가치부문)
  ③ 총수요=중간수요+최종수요
  ④ 총산출=총수요-수입
  ⑤ 총산출=총투입이 항상 성립한다.
  ⑥ 투입계수 : 각 산업의 생산물 1단위 생산에 필요한 중간재와 생산요소의 투입비중을 나타내며, 이를 통해 상품별 생산기술 구조를 파악할 수 있다. 중간투입계수와 부가가치계수가 있다.
  ⑦ 생산유발계수 : 소비, 투자, 수출과 같은 최종수요가 한 단위 증가할 때 각 산업에서 직·간접적으로 유발되는 산출물의 단위를 나타내는 계수이다. 생산유발계수를 역행렬계수라고도 한다.
  ⑧ 후방연쇄효과 : 특정 산업제품에 대한 최종수요 1단위가 증가할 때 모든 산업의 생산에 미치는 영향
  ⑨ 전방연쇄효과 : 모든 산업제품에 대한 최종수요가 각각 1단위씩 증가하는 경우 특정 산업의 생산에 미치는 영향
  ⑩ 수입유발계수 : 어떤 산업의 최종수요 1단위가 증가할 때 각 산업에서 직·간접적으로 유발되는 수입의 단위
  ⑪ 부가가치유발계수 : 어떤 산업의 최종수요 1단위가 증가할 때 각 산업에서 직·간접적으로 유발되는 부가가치 단위
  ⑫ 고용유발계수 : 어떤 산업의 최종수요가 일정 금액(일반적으로 10억 원) 증가할 때 각 산업에서 직·간접적으로 유발되는 고용자수

34

정답 ②

✓ 포터의 다이아몬드 모형은 산업경쟁력 분석에 있어 경쟁우위에 대한 것을 잘 설명한다.

상세해설

- 포터의 다이아몬드 모형
  ① 의의 : 국가의 산업경쟁력은 혁신과 요소 축적 등을 통해 경쟁우위를 확충함으로써 얻을 수 있음.
  ② 직접적 요인 : 요소조건, 기업전략 경쟁여건, 수요조건, 연관산업 및 지원산업
  ③ 간접적 요인 : 우발적 요인, 정부

※ 출처 : 금융투자협회 기본교재 2권(2025년) p408

- 산업경쟁력 분석모형
  ① 산업경쟁력을 분석하기 위해서는 경쟁자산, 시장구조, 산업성과의 3가지 측면에서 평가하고 이들 간의 연관관계 하에서 미래의 성장성과 수익성을 파악해야 한다.
  ② 산업성과 부문에서 얻은 결과가 경쟁자산 축적에 얼마나 많이 기여하는지가 미래의 경쟁력을 결정한다고 주장한다. 즉 산업성과의 재투자를 통해 경쟁자산의 축적이 산업경쟁력 확보에 중요하다.

35   정답 ③

강세 3국면에 관한 내용이다.

상세해설

- 다우 이론에 따른 투자결정과 투자행위

구분	강세			약세		
	제1국면	제2국면	제3국면	제1국면	제2국면	제3국면
대중	공포심	공포심	확신	확신	확신	공포심
전문가	확신 (-)	확신 (점차 매도)	공포심 (매도)	공포심 (-)	공포심 (점차 매수)	확신 (매수)

36   정답 ④

EV/EBITDA에 대한 설명이다.

상세해설

- EBITDA = 영업이익 + 감가상각비, 보통 기업의 영업현금흐름의 대용치로 사용한다.

- EV=주식의 시가총액+차입금-현금 및 유가증권. 기업 전체의 가치로 기업의 자본구조를 고려한 기업가치를 평가한다.
  ※ EV/EBITDA 방식의 키워드는 영업현금흐름, 기업의 자본구조를 고려하는 평가방법이다.

> PER(주가순이익비율)=1주당 주가/1주당 당기순이익

- PBR(주가순자산비율)=1주당 주가/1주당 순자산
- 토빈의 Q=자산의 시가/자산의 대체원가. 자산의 현재가치에 기반을 둔 평가방식이며, PBR의 문제점 중의 하나인 시간성의 차이를 극복한 지표이다. 토빈의 Q>1이면, 투자수익성이 양호하고 경영이 효율적이라고 판단하며, 토빈의 Q<1이면, 적대적 M&A의 대상이 되는 경향이 있다.

37 [정답] ②

✓ VR이 70% 이하이면 단기 매입시점이다. VR 기준 보통수준은 150%이며, VR이 450%를 초과하면 단기과열로 주가의 경계 신호가 되고 VR이 70% 이하이면 단기 매입시점으로 본다. VR은 시세의 천장권에서 일률적으로 적용하기 어렵지만 바닥권을 판단하는데 신뢰도가 높은 지표로 알려져 있다.

상세해설

■ 거래량지표(OBV와 VR)
  • 거래량은 주가와 동행하거나 선행한다는 성질을 이용한 거래량 지표
  ① OBV

구분	내용
작성방법	• 주가가 전일에 비하여 상승한 날의 거래량 누계에서 하락한 날의 거래량 누계를 차감하여 이를 매일 누적적으로 집계, 도표화한 것. 단 변동이 없는 날의 거래량은 무시함.
활용	• OBV의 상승은 매입세력의 집중, 하락은 매입세력의 분산을 나타냄. • OBV선이 상승함에도 주가가 하락하면 조만간 주가 상승이 예상됨. • OBV선이 하락함에도 주가가 상승하면 조만간 주가 하락이 예상됨.
한계점	• 상승일은 거래량이 증가하고 하락일은 거래량이 감소하여 상승과 하락 시 거래량 비율이 달라 오류가 발생할 수 있음. • 특정 종목의 자전거래가 발생하는 경우 비정상적으로 거래량이 급증함. • 저가주들의 대량거래가 시장 전체의 거래량을 왜곡할 수 있음(거래대금을 보조적인 방법으로 사용 가능함). • 기산일을 활황장세에 잡으면 주가가 하락으로 돌아설 때 매매신호가 뒤늦게 발생할 수 있음. • 실제적으로 매매신호가 늦게 나타나기 때문에 조기신호보다는 추세확인에 그치는 경우가 많음. • 누적거래량 산출 기준일의 선정에 따라 과대 혹은 과소평가될 수 있어 주가와 비교 없이 단독으로 추세전환을 파악하는 데는 어려움이 있음.

  ② VR

구분	내용
작성방법	• 거래량의 비율로 분석함. • 일정 기간 동안의 주가 상승일의 거래량과 주가하락일의 거래량의 비율을 백분율로 나눈 값
활용	• 주가상승시 거래량이 많기 때문에 보통수준을 150%로 산정함. • 70% 이하이면 단기 매입신호 • 450%를 초과하면 단기적으로 주가 경계신호로 활용함. • 주가 바닥권을 판단하는데 신뢰도가 높음.

38

정답 ①

✅ PER = $\dfrac{1-b}{k-g} = \dfrac{0.4}{20\% - 12\%} = \dfrac{0.4}{0.08} = 5$배

g = b × ROE = (1 − 배당성향) × ROE = (1 − 0.4) × 20% = 12%

상세해설

- PER의 도출방법

$$P_0 = \dfrac{d_1}{k-g} = \dfrac{EPS_1 \times (1-b)}{k-g} \quad (\text{단, } g = b \times ROE = \text{유보율} \times \text{주주의 재투자수익률})$$

양변을 EPS_1으로 나눠준다.

$$\rightarrow \dfrac{P_0}{EPS_1} = \dfrac{1-b}{k-g}$$

39

정답 ①

✅ EV(주주가치 + 순부채), EV = EBITDA × 비교대상기업 배수 = 50억 원 × 20 = 1,000억 원

주주가치 = EV − 순부채(채권자가치) = 1,000억 원 − 600억 원 = 400억 원

1주당 주가 = 주주가치/총발행주식수 = 400억 원/4백만 주 = 10,000원/주

상세해설

- EV/EBITDA 방법으로 공모가 계산
  - EV = 주주가치 + 순채권자가치 = 주식 시가총액 + (이자지급성부채 − 현금 및 유가증권)
  - EBITDA = 영업이익 + 감가상각비
  - EV = EBITDA × 비교대상기업군의 배수
  - 주주가치 = EV − 순채권자가치
  - 1주당 주가 = 주주가치/공모 후 총발행주식수
- 특징
  ① PER를 사용하지 못하는 기업을 평가할 수 있다(당기순이익 적자기업 등).
  ② 기업 자본구조를 감안한 평가방식이다.
  ③ 시가총액의 경우 분석기준 시점에 따라 변동되기 때문에 추정시점과 실제 상장 시의 시가변동에 대한 차이를 고려해야 한다.

40

정답 ②

✅ 유성형은 주가하락으로 추세전환 신호를 나타내는 캔들이며, 나머지는 주가상승으로 추세전환을 나타내는 신호이다.

상세해설

■ 캔들 종류

구분	상승추세	하락추세
한 개의 캔들	망치형, 상승샅바형, 역전된 망치형	교수형, 하락샅바형, 유성형
두 개의 캔들	상승장악형, 관통형, 상승잉태형	하락장악형, 먹구름형, 하락잉태형
세 개 이상의 캔들	샛별형	석별형, 까마귀형

※ 암기 시 어감상 좋지 않은 것은 하락, 어감이 좋은 것은 상승으로 구분하여 암기하면 수월하게 암기할 수 있다. 교수형, 유성형(떨어짐), 먹구름, 석별(지는별), 까마귀(전통적으로 불길한 새)

41

정답 ③

✅ 산업경쟁력 분석에서는 기업 차원의 접근법보다는 국가 차원의 접근법이 더 중요하다.

상세해설

■ 산업경쟁력 개념
① 산업경쟁력은 한 국가의 특정 산업에서의 경쟁력으로서 해당 산업에서 생산되는 제품들의 경쟁력 또는 그 산업에 속하는 기업들의 경쟁력을 종합적으로 나타낸 것
② 산업경쟁력은 국가의 개념을 포함하고 있으며, 한 국가의 특정 산업이 다른 국가와의 경쟁에서 어느 정도의 성과를 얻을 수 있느냐를 나타낸 것으로, 국가의 전반적인 경쟁력 수준이 중요한 작용을 함.
③ 산업경쟁력 분석은 기업 차원보다는 국가 차원에서 접근해야 함.

■ 국제무역이론
① 전통적 무역이론 : 비교우위론을 기반으로 분석함 → 국가 간 경쟁력을 갖는 산업에 특화하여 이를 서로 교환함으로써 모든 국가의 사회후생을 높일 수 있음.
② 신무역이론 및 전략적 무역정책론
 • 시장의 선점 등 전략적 행동의 결과가 산업경쟁력 확보에 중요함.
 • 동일 산업 내에서의 산업 내 무역이 이루어지는 상황에서 산업경쟁력은 반드시 승자와 패자로만 설명되는 것이 아니며, 여러 국가들이 산업경쟁력의 수준에 따라 시장을 분점할 수 있음.
 • 국가의 전략적 개입이 산업경쟁력 확보에 중요함.

■ 경쟁우위론
① 한 국가의 산업경쟁력은 혁신과 요소 축적 등을 통해 경쟁우위를 확충함으로서 얻을 수 있음.
② 다이아몬드 모형
 • 직접적 요인 : 요소조건, 수요조건, 연관산업 및 지원산업, 기업전략과 경쟁여건의 4가지
 • 간접적 요인 : 정부, 우발적 요인의 2가지

42

정답 ④

✅ 산업정책은 공급지향적 정책이다. 경제학에서 말하는 IS-LM을 통한 AD(총수요)를 증가시키는 것이 아니라 AS(총공급)를 증가시키는 정책이다. 국가별 경제발전의 단계가 유사해도 산업정책의 구체적인 모습은 국가별로 다르며, 동일한 국가에서도 경제발전 단계에 따라 그 정책이 달라진다. 산업정책은 국가가 경제에 개입하는 것이며, 시장실패는 국가의 산업정책에 대한 정당성을 확보하게 해준다. 궁극적으로 산업정책은 한 경제의 잠재적 생산수준 자체를 확충하는 시도이다. 즉 성장의 잠재력을 높이려는 일련의 국가 정책이다.

리스크관리

43 정답 ①

✓ 유동성위험에 대한 설명이다.

상세해설

■ 재무위험

※ 출처: 금융투자협회 기본교재 2권(2025년) p428

시장위험	시장 가격의 변동으로부터 발생하는 위험으로 주식위험, 이자율위험, 환위험, 상품 가격위험 등이 있음.
신용위험	거래상대방이 약속한 금액을 지불하지 못하는 경우에 발생하는 손실에 대한 위험
유동성위험	포지션을 마감하는 데에서 발생하는 비용에 대한 위험으로 기업이 소유하고 있는 자산을 매각하고자 하는 경우 매입자가 없어 매우 불리한 조건으로 자산을 매각해야 하는 위험
운영위험	부적절한 내부시스템, 관리실패, 잘못된 통계, 사기, 인간의 오류 등으로 인해 발생하는 손실에 대한 위험
법적위험	계약을 집행하지 못함으로 인해 발생하는 손실에 대한 위험

44 정답 ②

✓ VaR 계산 시 어떤 모형을 사용하냐에 따라 그 값이 달라진다. 그러므로 역사적 시뮬레이션으로 계산한 VaR값과 델타-노말 방법으로 계산한 값은 다르다.

상세해설

■ VaR 개요
① 정의: 시장이 불리한 방향으로 움직일 경우 보유한 포트폴리오에서 일정 기간 동안에 발생하는 최대 손실 가능액을 주어진 신뢰구간하에서 통계적 방법을 이용하여 추정한 수치
　㉠ 어떤 회사의 1일 VaR가 신뢰구간 95%에서 10억 원이라면, 이는 어떤 회사가 1일 동안 10억 원을 초과하여 손실이 보게 될 확률이 5%라는 것을 의미함.
② VaR 계산에는 신뢰구간과 거래일이 필요하기 때문에 거래일수가 증가하면 VaR의 값도 증가한다.

■ VaR 계산방법

델타-노말방식	역사적 시뮬레이션	몬테카를로 시뮬레이션
• 가치평가모형이 필요없다. • 가격에 영향을 미치는 주요 변수의 확률값이 필요하다.	• 가치평가모형이 필요하다. • 과거 데이터를 이용하기 때문에 과거 확률분포가 필요 없다. • 과거 데이터의 이용기간이 짧은 경우 VaR 계산이 어렵다.	• 가치평가모형이 필요하다. • 다양한 확률분포를 가정하기 때문에 과거 확률분포를 모르더라도 VaR를 계산할 수 있다.

45

정답 ②

✓ 자산의 부도거리가 클수록 기업의 파산가능성이 낮아진다.

구분	A 기업	B 기업	C 기업	D 기업
순자산가치	50억 원	80억 원	30억 원	60억 원
표준편차	20억 원	10억 원	20억 원	30억 원
부도거리	2.5	8.0	1.5	2.0

상세해설

■ KMV의 채무불이행 예측모형(부도거리를 이용한 부도가능성 측정 모형)
  ① 개요 : 기업의 자산가치가 부채의 가치보다 낮을 경우 채무불이행(부도)이 발생한다고 가정함.
  ② 부도거리

$$DD(부도거리) = \frac{A-D}{\sigma_A}$$

• A : 자산(기업)가치, D : 부채가치, σ_A : 자산가치변동의 표준편차

• 부도거리가 클수록 채무불이행 가능성이 낮으며, 부도거리가 작을수록 채무불이행 가능성이 높음.

46

정답 ④

✓ 4일 VaR=1일 VaR×2.33/1.65×$\sqrt{4}$ =4.75×1.4121×2=13.4억 원

47

정답 ①

✓ 몬테카를로 시뮬레이션은 리스크 요인의 확률과정을 가치평가모형에 대입하여 VaR를 계산하며, 완전가치평가 방법이기 때문에 가치평가모형이 필요하다. 원하는 만큼 리스크 요인에 대한 시뮬레이션을 할 수 있다. 몬테카를로 시뮬레이션에서 계산한 VaR와 역사적 시뮬레이션을 통해서 계산한 VaR값은 다르다.

상세해설

■ 몬테카를로 분석법

개요	• 향후 위험요인의 변동을 몬테카를로 시뮬레이션을 이용하여 구한 후, 보유하고 있는 포지션의 가치 변동의 분포로부터 VaR을 측정하는 방법
특징	• 완전가치평가방법으로 가치평가모형이 필요함. • 리스크 요인에 대한 확률과정에 대한 분포는 어느 것이든 가정하여 분석 가능함. • 주가움직임에 대해서는 주로 기하학적 브라운운동을 많이 가정함. • 시뮬레이션을 여러 번 반복하여 결과값의 신뢰성이 높음. • 계산비용이 많이 발생하는 단점이 있음. • 리스크 요인에 대한 구체적인 확률 과정에 그 결과값이 의존하고 있음.

48

정답 ④

✅ 옵션 VaR 계산 시 필요한 자료는 기초자산의 가격, 옵션델타, 기초자산수익률의 변동성(표준편차), 신뢰수준, VaR 계산기간이 필요하다.

상세해설

- 옵션 VaR계산

$$\text{옵션 VaR} = \text{기초자산가격} \times z\text{값(신뢰구간)} \times \text{기초자산수익률의 변동성} \times \text{옵션델타} \times \sqrt{\text{기간}}$$

49

정답 ③

✅ 포트폴리오 $\text{VaR} = \sqrt{5^2 + 12^2 + 2 \times 0 \times 5 \times 12} = 13$억 원

상세해설

- 두 자산으로 구성된 포트폴리오 VaR

$$VaR_P = \sqrt{VaR_1^2 + VaR_2^2 + 2 \cdot \rho_{12} \cdot VaR_1 \cdot VaR_2}$$

- 두 자산의 수익률의 상관계수(ρ_{12})가 −1에 가까울수록 분산투자효과는 증가하고, +1에 가까울수록 분산투자효과는 감소한다. 즉 두 자산수익률의 상관계수가 1이면 분산투자효과는 발생하지 않는다.

※ 참고 : 두 자산으로 구성된 포트폴리오 분산투자효과는 두 자산수익률의 상관계수가 1일 때 VaR와 주어진 상관계수하에서의 VaR의 차이가 포트폴리오 분산투자효과이다.

$$\text{분산투자효과} = \text{상관계수 1일 때 VaR} - \text{주어진 상관계수일 때 VaR}$$

50

정답 ③

✅ 신용손실 표준편차 $= \sqrt{10\% \times (1-10\%)} \times 100$억 원 $\times (1-60\%) = 12$억 원

상세해설

- 부도모형
  - 부도가 발생한 경우에만 신용손실이 발생한 것으로 간주하여 리스크를 측정하는 모형

  $$\text{EL(예상손실, Expected Loss)} = \text{EAD} \times \text{부도율} \times \text{LGD}$$
  - EAD(부도위험에 노출된 자산규모, Exposure At Default)
  - LGD(부도시손실률, Loss Given Default)

- 부도모형으로 측정하는 기대손실의 변동성(표준편차)
  - 가정 : 회수율과 부도위험에 노출된 자산(EAD)의 불확실성이 없으며, 부도율이 베르누이 분포를 함.

  $$\text{기대손실의 표준편차}(\sigma_{EL}) = \sqrt{p(1-p)} \times \text{EAD(부도위험에 노출된 자산)} \times \text{LGD(부도시의 손실률)}$$
  - p : 부도율, 1−p : 부도가 발생되지 않을 확률

※ 출처 : 금융투자협회 기본교재 2권(2025년) p472~473

직무윤리

5문제

51 정답 ②

✓ 고객과의 이해상충 발생 가능성을 낮출 수 없다면, 고객과 해당 매매나 거래 등을 해서는 안 된다.

상세해설

■ 이해상충방지체계
① 이해상충의 관리 : 고객과 거래 시 이해상충이 발생할 가능성을 파악·평가한 결과 이해상충이 발생할 가능성이 있다고 인정되면, 그 사실을 미리 해당 투자자에게 알려야 한다. 내부 절차에 따라 이해상충 발생 가능성을 문제가 없는 수준으로 낮춘 후에 매매·거래 등을 해야 하며, 만약 이해상충 가능성을 낮출 수 없다면 해당 거래는 하지 않아야 한다.
② 정보교류의 차단의무 : 미공개중요정보 등에 대한 회사 내부의 정보교류 차단뿐만이 아니라 계열회사를 포함한 제3자에게 정보를 제공하는 경우 등에 대해 내부통제기준을 마련하여 이해상충이 발생할 수 있는 정보를 적절히 차단해야 한다.
③ 조사분석자료의 작성 대상 및 제공의 제한 : 조사분석 대상법인의 제한을 통해 금융투자업자 자신이 발행하였거나 관련되어 있는 대상에 대한 조사분석자료의 공표와 제공을 원천적으로 금지하고 있음.
④ 자기계약의 금지 : 원칙적으로 투자매매업자 또는 투자중개업자는 금융투자상품에 관한 같은 매매에 있어 자신이 본인이 됨과 동시에 상대방의 투자중개업자가 되어서는 아니 된다.

52 정답 ④

✓ 임직원과 회사의 이익이 충돌할 경우에는 회사의 이익이 우선한다.

상세해설

■ 고객우선의 원칙
① 자신 혹은 자신의 소속회사보다 고객의 이익을 우선해야 한다.
② 모든 고객은 평등하게 대우해야 하기 때문에 타 고객의 손실을 통해 다른 고객에게 이익을 제공할 수 없다.

■ 직무윤리 적용대상
① 금융투자업 종사자 내지 금융투자전문인력의 직무행위 전반에 대해서 적용된다. 이는 회사의 임직원(계약직원 및 임시직원을 포함)에 대해서 적용된다.
② 투자관련 직무에 종사하는 모든 자를 그 적용대상으로 한다.
③ 회사와의 위임계약관계 또는 고용계약관계 및 보수의 유무, 고객과의 법률적인 계약관계 및 보수의 존부를 불문한다(무보수로 일을 해도 적용된다).
④ 잠재적 고객에 대해서도 적용된다.
※ 고객>회사>임직원>나 자신

53 정답 ②

✓ 준법감시인은 이사회 및 대표이사의 지휘를 받아 업무를 수행하며, 임명 시에는 이사회 과반수 의결을 통해 임명하며, 임면일로부터 7영업일 이내에 금융위원회에 보고해야 한다.

상세해설

■ 준법감시인

임면	• 준법감시인은 이사회 및 대표이사의 지휘를 받아 금융투자회사 전반의 내부통제업무를 수행한다. • 준법감시인을 임면하려는 경우 이사회 의결을 거치며, 임명 시에는 과반수 의결, 해임 시에는 이사 총수의 3분의 2 이상의 찬성으로 의결해야 한다. • 사내이사 또는 업무집행자 중에서 준법감시인을 선임해야 한다. • 임기는 2년 이상으로 해야 한다. • 임면 시에는 임면일로부터 7영업일 이내에 금융위원회에 보고해야 한다. • 회사의 재무적 경영성과와 연동하지 않는 별도의 보수지급 및 평가기준을 마련·운영해야 한다.
권한 및 의무	• 내부통제기준 준수 여부에 대한 정기 또는 수시점검 • 업무전반에 대한 접근 및 임직원에 대한 각종 자료나 정보의 제출 요구권 • 이사회, 감사위원회, 기타 주요 회의에 대한 참석 및 의견진술 • 준법감시업무의 전문성 제고를 위한 연수 프로그램의 이수
위임	• 준법감시업무 중 일부를 준법감시업무를 담당하는 임직원에게 위임할 수 있다.

54

정답 ②

✓ 금융기관은 법령 등의 요구 혹은 금융소비자의 동의를 받아 금융소비자의 정보를 제3자에게 제공할 수 있다. 투자성 상품에 대한 원금보장 등을 금융소비자에게 약속할 수 없다. 금융소비자는 열람요구권이 있으나 정당한 사유가 있다면 기업은 해당 자료를 제공하지 않을 수 있다.

상세해설

■ 열람요구
① 금융소비자는 분쟁조정, 소송의 수행 등 권리구제를 위한 목적으로 금융상품판매업자 등이 기록 및 유지, 관리하는 자료의 열람을 요구할 수 있다.
② 금융상품판매업자등은 금융소비자로부터 열람을 요구받았을 때에는 해당 자료의 유형에 따라 요구받은 날부터 6영업일 이내에 해당 자료를 열람할 수 있도록 해야 한다.
③ 해당 기간 내에 열람할 수 없는 정당한 사유가 있을 때에는 금융소비자에게 그 사유를 알리고 열람을 연기할 수 있으며, 그 사유가 소멸하면 지체 없이 열람하게 해야 한다.
④ 열람과 관련된 비용은 실비를 기준으로 수수료 또는 우송료를 금융소비자에게 청구할 수 있다.

■ 열람제한
① 금융상품판매업자등은 금융소비자에게 그 사유를 알리고 열람을 제한하거나 거절할 수 있다.
② 법령에 따라 열람을 제한하거나 거절할 수 있는 경우
- 다른 사람의 생명, 신체를 해칠 우려가 있거나 다른 사람의 재산과 그 밖의 이익을 부당하게 침해할 우려가 있는 경우
- 해당 금융회사의 영업비밀이 현저히 침해될 우려가 있는 경우
- 개인정보의 공개로 인해 사생활의 비밀 또는 자유를 부당하게 침해할 우려가 있는 경우
- 열람하려는 자료가 열람목적과 관련이 없다는 사실이 명백한 경우

55

정답 ①

✓ 준법감시인은 회사에게 내부제보 우수자에 대한 인사상 또는 금전적 혜택부여를 요청할 수 있다. 단, 내부제보 우수자가 원하지 않는 경우에는 이를 요청하지 않을 수 있다.

상세해설

■ 준법감시 관련제도
① 준법서약 : 회사가 정하는 준법서약서를 작성하여 준법감시인에게 제출해야 한다.
② 윤리강령의 제정 및 운영
③ 임직원 겸직에 대한 평가·관리
④ 내부제보(고발)제도
- 임직원이 회사 또는 다른 임직원의 위법·부당한 행위등을 회사에 신고할 수 있는 내부고발제도를 회사는 운영해야 한다.
- 내부제보자에 대한 비밀보장, 불이익금지등과 위법·부당행위를 인지하고도 회사에 제보하지 않는 미제보자에 대한 불이익 부과사항을 반드시 포함해야 한다.
- 내부제보자가 제보행위를 이유로 인사상 불이익을 받은 것으로 인정되는 경우 준법감시인은 회사에 대해 시정을 요구할 수 있으며, 회사는 정당한 사유가 없는 한 이에 응해야 한다.
- 준법감시인(혹은 감사)은 내부제보 우수자를 선정하여 인사상 또는 금전적 혜택을 부여하도록 회사에 요청할 수 있으나, 내부제보자가 원치 않는 경우에는 요청하지 않을 수 있다.
⑤ 명령휴가제도 : 금융사고 발생 우려가 높은 업무를 수행하고 있는 임직원을 대상으로 일정 기간 휴가를 명령하고, 동 기간 중 해당 임직원의 업무수행 적정성을 점검하는 제도
⑥ 직무분리기준 및 신상품 도입 관련 업무절차

자본시장 관련 법규   11문제

56   정답 ①

집합투자기구 평가회사는 집합투자기구를 평가하고 이를 투자자에게 제공하는 업무를 영위하고 있다. 그러나 집합투자업자가 산정한 기준가격의 적정성은 집합투자재산을 보관·관리하고 있는 신탁업자가 그 기준가격의 적정성을 확인한다.

상세해설

■ 신탁업자의 운용행위 감시
① 집합투자업자의 운용지시 혹은 운용행위가 법령, 집합투자규약 또는 투자설명서등을 위반하는지 여부에 대하여 확인하고 위반사항이 있는 경우 그 집합투자업자에 대하여 운용지시 또는 운용행위의 철회·변경 또는 시정을 요구해야 한다.
② 투자설명서가 법령 및 집합투자규약에 부합하는지 여부, 자산운용보고서의 작성이 적정한지 여부, 집합투자재산의 평가가 공정한지 여부, 기준가격 산정이 적정한지 여부등을 확인해야 한다.

57   정답 ③

종합금융회사가 어음관리계좌를 운용하는데 있어서는 집합투자업 적용을 배제한다.

상세해설

■ 금융투자업 적용배제

금융투자업	적용배제 업무
집합투자업	① 다른 법률에 의한 펀드 중 사모펀드 ② 종합금융투자사업자의 종합투자계좌 업무 ③ 종합금융회사 어음관리계좌(CMA) ④ 법인세법에 따른 프로젝트 파이낸싱 법인
투자매매업	① 투자신탁 수익증권, 투자성 있는 예금, 보험 및 특정 파생결합증권을 발행하는 경우를 제외하고 자기가 증권을 발행하는 경우 ② 투자매매업자를 상대방으로 하거나 투자중개업자를 통하여 금융투자상품을 매매하는 경우 ③ 특정 전문투자자 간에 환매조건부 매매를 하는 경우
투자중개업	① 투자권유대행인이 투자권유를 대행하는 경우 ② 거래소가 증권시장 및 파생상품시장을 개설·운영하는 경우 ③ 협회가 장외주식시장(K-OTC)을 개설·운영하는 경우
투자자문업	① 불특정 다수인을 대상으로 발행, 송신되고, 불특정 다수인이 수시로 구입, 수신할 수 있는 간행물, 출판물, 통신물, 방송등을 통하여 조언을 하는 경우(유사투자자문업) ② 역외영업 특례 적용에 해당하는 역외투자자문업

58

정답 ①

✓ 전매제한조치는 전매기간동안 주식 소유권의 사실상 이전을 금지하기 위한 조치이다. 공개매수에 응하는 것은 해당 주식을 매도하기 위한 행위이므로 전매제한조치를 위해 보호예수된 증권의 인출이 허용되지 않는다.

상세해설

■ 전매제한조치 : 다음의 어느 하나에 해당하는 경우에는 전매기준에 해당하지 않는다.
  ① 증권을 발행한 후 지체없이 한국예탁결제원에 전자등록하거나 예탁하고 그 등록일 또는 예탁일로부터 1년간 해당 증권을 인출하거나 매각하지 않기로 하는 내용의 예탁계약을 예탁결제원과 체결한 후 그 예탁계약을 이행하는 경우
  ② 50매 미만으로 발행되는 경우에는 증권의 권면에 발행 후 1년 이내 분할금지특약을 기재하는 경우
  ③ 기업어음 및 파생결합증권이 특정금전신탁에 편입되는 경우 : 발행인이 특정금전신탁의 위탁자를 합산하여 50인 이상이 될 수 없다는 뜻을 인수계약서와 취득계약서에 기재하고, 발행인 또는 기업어음, 파생결합증권을 인수한 금융투자업자가 그러한 발행조건의 이행을 담보할 수 있는 장치를 마련한 경우
  ④ 단기사채로서 만기가 3개월 이내인 경우
  ⑤ 근로복지기준법에 따라 우리사주조합원이 우리사주조합을 통해 취득한 주식을 수탁기관에 예탁하고 그 예탁일로부터 1년간 해당 주식을 인출하거나 매각하지 않기로 하는 내용의 예탁계약을 수탁기관과 체결한 후 그 예탁계약을 이행하는 경우
  ⑥ 국내 환류 가능성이 있는 해외발행증권에 해당되는 경우에는 발행 당시 또는 발행일로부터 1년 이내에 해당 증권을 거주자에게 양도할 수 없다는 뜻을 해당 증권의 권면, 인수계약서, 취득계약서 및 청약권유문서에 기재하고, 발행인 또는 인수한 금융투자업자가 취득자로부터 그러한 발행조건을 확인·서명한 동의서를 징구하고, 해당 동의서를 이행할 수 있는 장치를 강구한 경우

■ 보호예수된 증권의 인출사유
  ① 통일규격증권으로 교환하기 위한 경우
  ② 회사의 합병, 분할, 분할합병, 또는 주식의 포괄적 교환·이전에 따라 다른 증권으로 교환하기 위한 경우
  ③ 전환권, 신주인수권등 증권에 부여된 권리행사를 위한 경우

④ 액면 또는 권면의 분할 또는 병합에 따라 새로운 증권으로 교환하기 위한 경우
⑤ 전환형 조건부자기자본증권을 주식으로 전환하기 위한 경우

※ 출처 : 금융투자협회 기본교재 3권(2025년) p299 ~ 301

59
[정답] ③

✓ 신탁계약이 성립하면 명의상 수탁자의 재산이 되며, 그 자산의 혜택은 수익자가 얻는다.

상세해설

- 신탁계약의 주요 특징

- 위탁자와 수익자는 같을 수도 있고 다를 수도 있음.
- 위탁시 수익자를 지정할 수도 있고, 추후에 지정할 수도 있음.
- 위탁자로부터 독립 : 신탁의 설정으로 수탁자에게 이전된 재산은 수탁자 명의의 재산이 되기 때문에 위탁자로부터 독립되어 위탁자의 채권에 의한 강제집행위험으로부터 자유로울 수 있음.
- 수탁자로부터 독립
  ① 신탁의 설정으로 수탁자에게 이전된 재산은 수탁자 명의의 재산이지만, 수탁자의 고유재산과 구분·관리되고 계산도 독립적으로 이루어짐.
  ② 신탁재산은 수탁자의 채권자에 의한 강제집행으로부터 자유로우며, 수탁자가 도산한 경우에도 도산절차로부터 자유로움.
  ③ 수탁자의 채권자는 신탁재산에 대해 강제집행할 수 없음.
  ④ 신탁재산은 수탁자의 파산재단을 구성하지 않음.
  ⑤ 신탁재산에 속한 채권과 신탁재산에 속하지 않는 채무와는 상계할 수 없음.
  ⑥ 신탁재산은 수탁자의 상속재산에 속하지 않음.
- 신탁재산의 물상대위성 : 신탁재산의 관리, 처분, 운용, 개발, 멸실등 그 밖의 사유로 수탁자가 얻은 재산은 신탁재산에 속하며, 이를 신탁재산의 물상대위라고 함.

60
[정답] ①

✓ 증권분석기관이 해당 법인에 그 자본금의 100분의 3 이상을 출자하고 있는 경우 혹은 그 반대의 경우에는 증권분석기관이 공모를 하려는 법인에 대한 평가를 할 수 없다.

상세해설

- 증권분석기관의 평가 제한 : 증권분석기관이 공모를 하려는 법인과 아래의 어느 하나의 관계가 있을 경우 평가할 수 없음.
  ① 증권분석기관이 해당 법인에 그 자본금의 100분의 3 이상을 출자하고 있는 경우 및 그 반대의 경우

② 증권분석기관에 그 자본금의 100분의 5 이상을 출자하고 있는 주주와 해당 법인에 100분의 5 이상을 출자하고 있는 주주가 동일인이거나 특수관계인인 경우
③ 증권분석기관의 임원이 해당 법인에 그 자본금의 100분의 1 이상을 출자하고 있거나 해당 법인의 임원이 증권분석기관에 100분의 1 이상을 출자하고 있는 경우
④ 증권분석기관 또는 해당 법인의 임원이 해당 법인 또는 증권분석기관의 주요 주주의 특수관계인인 경우
⑤ 동일인이 증권분석기관 및 해당 법인에 대하여 임원의 임면등 법인의 주요 경영사항에 대하여 사실상 영향력을 행사하는 관계가 있는 경우

61
정답 ③

집합투자기구의 비용의 지급을 위해 추가로 집합투자증권을 발행할 수 없다.

상세해설

- 환매금지형 집합투자기구는 원칙적으로 집합투자증권을 추가로 발행할 수 없다. 다만 아래의 경우 예외적으로 추가 발행이 가능하다.
  ① 이익분배금 범위에서 집합투자증권을 추가로 발행하는 경우
  ② 기존투자자 이익을 해할 우려가 없다고 신탁업자의 확인을 받은 경우
  ③ 기존투자자에게 집합투자증권의 보유비율에 따라 추가로 발행되는 집합투자증권의 우선매수기회를 부여하는 경우
  ④ 기존투자자 전원의 동의를 받는 경우

62
정답 ④

일반사무관리회사에서 집합투자증권을 발행한다.

상세해설

- 집합투자기구 관계회사

일반사무관리회사	투자회사 주식의 발행 및 명의개서, 투자회사재산의 계산, 법령 또는 정관에 의한 통지 및 공고, 이사회 및 주주총회의 소집·개최·의사록 작성등에 관한 업무, 기타 투자회사의 사무를 처리하기 위하여 필요한 업무로 금융위로부터 위탁 받은 기준가격 산정업무, 투자회사의 운영에 관한 업무를 함.
집합투자기구 평가회사	집합투자기구를 평가하고 이를 투자자에게 제공하는 업무를 영위하는 회사
채권평가회사	집합투자재산에 속하는 채권등 자산의 가격을 평가하고 이를 집합투자기구에게 제공하는 업무를 영위하는 자
신탁업자	집합투자재산을 보관, 관리하는 업무, 집합투자업자의 운용 위규여부 감시의무, 자산보관 및 관리보고서 작성업무등

63
정답 ③

국내에 있는 부동산 중 주택법 제2조 제1호에 따른 주택에 해당하지 아니하는 부동산은 1년 이내에 처분할 수 없다. 주택인 경우에는 1년 이내에 처분할 수 없으나, 미분양주택을 취득하는 경우에는 집합투자규약에서 정하는 기간 이내에 처분할 수 없다.

상세해설

■ 동일종목 증권투자 제한

원칙	• 각 집합투자기구 자산총액의 10%를 초과하여 동일종목의 증권에 투자하는 행위 금지
예외 100% 투자가능	• 국채, 한국은행통화안정증권, 정부보증채 • 부동산개발회사 발행증권 • 주택저당채권담보부채권 혹은 주택저당채권유동화회사, 한국주택금융공사 또는 금융기관이 보증한 주택저당채권 • 부동산투자목적회사가 발행한 지분증권 • 부동산 및 부동산 관련 자산을 기초로 발행된 ABS로서 그 기초자산의 합계액이 유동화자산 가액의 70% 이상인 ABS
예외 30% 투자가능	• 지방채, 특수채, 법률에 의하여 직접 설립된 법인이 발행한 어음, 파생결합증권 • 금융기관이 발행한 어음 또는 CD, 금융기관이 발행한 채권 • 금융기관에 금전을 대여하거나 예치·예탁하여 취득한 채권 • 금융기관이 지급보증한 채권(사모제외) 및 어음
예외 기타	• 지분증권의 시가총액이 10%를 초과하는 경우 그 시가총액 비중까지 투자가능동일종목의 증권에 ETF 자산총액의 30%까지 투자가능

■ 동일 지분증권 투자 제한
• 전체 집합투자기구에서 동일 법인등이 발행한 지분증권 총수의 20%를 초과하여 투자하는 행위, 각 집합투자기구에서 동일 법인등이 발행한 지분증권 총수의 10%를 초과하여 투자하는 행위 금지

예외 100% 투자가능	• 부동산개발회사 발행 지분증권 • 부동산 투자목적회사 발행 지분증권 • 사회기반시설사업의 시행을 목적으로 하는 법인이 발행한 주식 • 동일법인 등이 발행한 지분증권의 시가총액비중이 100분의 10을 초과하는 경우 그 시가총액비중까지 투자하는 행위

■ 파생상품 투자 제한
① 적격요건을 갖추지 못한 자와 장외파생상품을 매매하는 행위
② 파생상품 위험평가액이 집합투자기구 순자산의 100% 초과하여 투자하는 행위

■ 부동산 투자 제한
① 부동산을 취득 후 주택법 제2조 제1호에 따른 주택을 1년 이내에 처분하는 경우
② 부동산을 취득 후 주택법 제2조 제1호에 따른 주택에 해당하지 아니하는 부동산을 1년 이내에 처분하는 경우
③ 국외부동산의 경우 집합투자규약으로 정하는 기간 이내에 처분하는 경우
※ 국내부동산은 1년 이내에 처분할 수 없음(미분양주택 제외).
※ 출처 : 금융투자협회 기본교재 3권(2025년) p239~242

64

정답 ①

✓ 이의신청 결과에 대해서 다시 이의신청할 수 없다.

상세해설

■ 금융기관 검사 및 제재
① 금감원장은 금융기관의 업무 및 재산상황 또는 특정 부문에 대한 검사를 실시한다.
② 현장검사를 실시하는 경우 검사목적 및 검사기간 등이 포함된 검사사전예고통지서를 당해 금융기관에 검사착수일 1주일 전(종합검사의 경우 1개월 전)까지 통지해야 한다.
단, 검사목적 달성이 어려워질 우려가 있는 경우 사전통지하지 않을 수 있다.

- 사전에 통지할 경우 자료·장부·서류등의 조작·인멸·대주주의 자산은닉 우려등으로 검사목적 달성에 중요한 영향을 미칠 것으로 예상되는 경우
- 검사 사실이 알려질 경우 투자자 및 예금자 등의 심각한 불안 초래등 금융시장에 미치는 악영향이 클 것으로 예상되는 경우
- 긴급한 현안사항 점검등 사전통지를 위한 시간적 여유가 없는 불가피한 경우
- 기타 검사목적 달성이 어려워질 우려가 있는 경우로서 감독원장이 정하는 경우

■ 검사결과의 처리
① 금감원장은 금융기관에 대한 검사결과를 검사서에 의해 당해 금융기관에 통보하고 필요한 조치를 취하거나 당해 금융기관의 장에게 이를 요구할 수 있다.
② 검사결과 조치는 금융위 심의·의결을 거쳐 조치하지만 금감원장 위임사항은 금감원장이 직접 조치할 수 있다.

■ 이의신청
① 제재를 받은 금융기관 또는 그 임직원은 당해 제재처분 또는 조치요구가 위법 또는 부당하다고 인정하는 경우 금융위 혹은 금감원장에게 이의를 신청할 수 있다.
② 이의신청 처리결과에 대해서는 다시 이의신청할 수 없다.

65 [정답] ①

순자본비율이 100% 미만일 경우 경영개선권고에 해당하며, 이는 고객예탁금 즉시 혹은 우선하여 지급하는 상황에 해당하지 않는다.

상세해설

■ 투자자예탁금(고객예탁금)
① 투자매매업자 또는 투자중개업자는 투자자예탁금을 고유재산과 구분하여 증권금융회사에 예치하거나 신탁업자에게 신탁해야 한다.
② 투자자예탁금을 신탁할 수 있는 금융투자업자는 은행, 한국산업은행, 중소기업은행, 보험회사이며, 이들은 신탁업 제2조에도 불구하고 자기계약을 할 수 있다.
③ 투자매매업자 또는 투자중개업자는 투자자예탁금을 예치 또는 신탁하는 경우 그 투자자예탁금이 투자자의 재산이라는 점을 명시해야 한다.
④ 원칙적으로 투자자예탁금은 상계 또는 압류하지 못한다.

■ 투자자예탁금 우선지급 : 다음의 경우 예치기관에 예치 또는 신탁한 투자자예탁금을 인출하여 투자자에게 우선하여 지급해야 한다.
① 인가 취소, 해산결의, 파산선고
② 투자매매업 또는 투자중개업 전부 양도·전부 폐지가 승인된 경우 및 전부의 정지명령을 받은 경우

66 [정답] ④

주택에 해당하지 않는 부동산과 주택에 해당하는 부동산은 원칙적으로 1년 이내에 처분할 수 없다. 국외에 있는 부동산의 경우 집합투자규약으로 정한 기간 내에 처분할 수 없다.

상세해설

■ 자산운용의 제한

동일종목 증권 투자제한	① 각 집합투자기구 자산총액의 10%를 초과하여 동일종목의 증권에 투자할 수 없다. ② 예외 • 국채, 한국은행통화안정증권, 정부보증채, 부동산 개발회사 발행증권, 한국주택금융공사가 보증한 주택저당채권, 부동산투자목적회사가 발행한 지분증권등에는 예외적으로 100% 투자가능 • 지방채, 특수채, 파생결합증권, 금융기관이 발행한 어음 또는 CD등에는 예외적으로 30%까지 투자할 수 있다.
동일지분증권 투자제한	• 동일 법인등이 발행한 지분증권 총수의 20%를 초과하여 투자하는 행위를 할 수 없다.
부동산 투자제한	① 국내에 있는 주택 혹은 주택법 제2조 제1호에 따른 주택에 해당하지 않는 부동산은 1년 이내에 처분할 수 없다. ② 국외부동산 : 집합투자규약으로 정하는 기간 이내에 처분할 수 없다. ※ 주의사항 : 국외부동산은 집합투자규약에서 1년 이내에도 처분할 수 있는 규정이 있으면, 이를 부동산 취득 후 1년 이내에도 처분할 수 있다.

한국금융투자협회규정   3문제

67   정답 ①

✅ 고객에게 금전등의 재산상의 이익을 제공하는 경우에는 매년 보고한다.

상세해설

■ 재산상 이익관련 내부통제
① 기록유지 : 거래상대방에게 재산상 이익을 제공하거나 제공받은 경우 제공목적, 제공내용, 제공일자, 거래상대방, 경제적 가치등을 5년 이상 기록 보관해야 한다.
② 이사회를 통한 내부통제 : 이사회가 정한 금액을 초과하는 재산상 이익을 제공하고자 하는 경우 미리 이사회 의결을 거쳐야 하며, 금융투자회사는 재산상 이익의 제공현황 및 적정성 점검 결과등을 매년 이사회에 보고해야 한다.

■ 재산상 이익 제공 및 수령내역 공시
① 원칙 : 특정한 거래상대방과의 거래를 목적으로 고객의 편익을 제공하거나 제공받는 행위에 대해서 금융투자업자는 이에 대한 공시의무가 있다.
② 공시대상 : 금전, 물품, 편익등을 10억 원(최근 5개 사업연도 합산금액)을 초과하여 특정 투자자 또는 거래상대방에게 제공하거나 혹은 제공받은 경우
③ 공시내용 : 제공기간, 제공받은 자가 속하는 업종, 제공목적, 제공한 경제적 가치의 합계액
④ 공시방법 : 인터넷 홈페이지등에 공시

68   정답 ③

✅ 원칙적으로 기업금융업무부서와 금융투자분석사간의 의견교류는 금지되지만, 준법감시부서의 통제하에서는 예외적으로 허용된다.

상세해설

- 조사분석자료 작성 원칙
  ① 선량한 관리자로서의 주의의무를 다해야 한다.
  ② 조사분석의 대가로 조사분석 대상법인등의 이해관계인으로부터 재산적 이득을 제공받아서는 안 된다.
  ③ 외부로부터 취득한 자료를 이용하는 경우 해당 자료의 신뢰도를 철저히 검증해야 한다.
- 금융투자분석사의 확인
  ① 금융투자회사는 금융투자분석사의 확인 없이 조사분석자료를 공표하거나 제3자에게 제공해서는 안 된다.
  ② 금융투자회사는 해당 금융투자회사의 임직원이 아닌 제3자가 작성한 조사분석자료를 공표하는 경우 해당 제3자의 성명(법인의 경우 법인명)을 조사분석자료에 기재해야 한다.
- 조사분석업무의 독립성
  ① 조사분석업무의 독립적 수행을 위한 내부통제기준 제정 등 필요조치를 해야 한다.
  ② 조사분석자료를 공표하기 전에 조사분석대상법인 및 조사분석자료의 작성, 심의에 관여하지 않은 임직원에게 조사분석자료 또는 그 주된 내용을 제공해서는 안 된다.
  ③ 금융투자분석사의 기업금융업무부서와 의견교류는 원칙적으로 제한하지만 준법감시부서의 통제하에서는 예외적으로 허용하고, 그 회의 내용은 서면으로 기록하고 보관한다.

69   정답 ①

약관을 정하는 기구는 금융감독원이 아니라 금융투자협회이다.

상세해설

- 금융투자회사의 약관운용 개요
  ① 표준약관 : 금융투자협회는 건전한 거래질서를 확립하고 불공정한 내용의 약관이 통용되는 것을 방지하기 위하여 금융투자업 영위와 관련하여 표준이 되는 약관을 정할 수 있다.
  ② 금융투자회사는 업무와 관련하여 협회가 정한 표준약관을 사용하거나, 이를 수정하여 사용할 수 있다. 단, 외국 집합투자증권 매매거래에 관한 표준약관은 표준약관 그대로 사용해야 한다.
  ③ 금융투자회사는 금융투자업 영위와 관련해서 약관을 제정 또는 변경하는 경우, 약관의 제정 또는 변경 후 7일 이내에 협회에 보고해야 한다. 단, 약관변경이 사전신고에 해당하는 경우에는 약관의 제정 또는 변경 시행예정일 10영업일 전까지 협회에 신고해야 한다.
  ④ 협회는 약관을 검토한 결과 약관변경이 필요한 경우 금융투자회사에 변경 필요사유등을 통보한다. 이 통보를 받은 금융투자회사가 약관 내용을 변경하지 않으면 협회는 금융위원회에 보고한다.

주식투자운용/투자전략   6문제

70   정답 ③

수익률 역전그룹에는 장기수익률 역전현상(Winner-Loser효과), 저β효과, 잔차수익률 역전현상, 고유수익률 역전현상이 있으며 저PER효과는 상대적 저가주 효과그룹이다.

상세해설

■ 이상현상을 이용한 종목선정

정보비효율 그룹	수익예상 수정효과, 수익예상 추세효과, 무시된 기업효과, 소형주 효과, 1월 효과
상대적 저가주 효과그룹	저PER효과, 저PBR효과
수익률 역전그룹	장기수익률 역전현상(Winner-Loser효과), 저β효과, 잔차수익률 역전현상, 고유수익률 역전현상

※ 출처 : 금융투자협회 기본교재 4권(2025년) p109~110

71

정답 ③

✓ 이익의 성장률이 높은 산업에 투자하는 것은 성장투자 스타일이다.

상세해설

■ 가치투자 스타일
① 미래성장성 보다는 현재의 수익이나 자산의 가치관점에서 상대적으로 저렴한 주식에 투자하는 운용방식
② 주장근거
  • 기업의 수익은 평균으로 회귀하는 경향이 있어서 낮은 PER는 시간흐름에 따라 높아짐.
  • 투자자들이 성장주의 나쁜 점은 무시하고 좋은 점만 과대평가해서 높은 가격을 지불함.
  • 실증결과 가치투자가 상당히 장기간에 걸쳐 시장대비 높은 수익을 올렸음.
③ 위험
  • 투자자들이 충분히 인정해 주지 않으면 가격이 저렴할 수밖에 없음.
  • 투자기간내에 저평가된 정보가 회복되지 않을 수도 있음.
④ 사례 : 저PER투자, 역행투자, 고배당수익률 투자
⑤ 특징 : 진입장벽이 높고 이익의 변동이 적은 방어주들이 선택되는 경우가 많음.

72

정답 ①

✓ 다중요인모형에서 베타는 체계적 위험을 나타낸다. 이외의 체계적 위험을 나타내는 지표로는 규모, 성장성, 레버리지, 해외시장 노출도, 산업등이 있다.

상세해설

■ 포트폴리오 모형의 종류
① 포트폴리오 모형은 포트폴리오가 가지는 특성을 분석함으로써 투자의사결정에 활용하기 위한 모형이다. 포트폴리오 모형은 리스크모형이라고도 불린다.
② 액티브 운용에서는 초과수익을 내기 위한 위험요소를 선택하기 위해 포트폴리오 모형을 이용하며, 패시브 운용에서는 포트폴리오의 위험요소를 벤치마크의 위험요소와 동일한 수준으로 유지하기 위한 목적으로 이용하기도 한다.

다중요인모형	• 리스크를 베타, 규모, 성장성, 레버리지, 해외시장 노출도, 산업등 여러 체계적 요인으로 구분함. • 이러한 요인 이외의 리스크는 비체계적위험 또는 개별주식 고유위험이라고 함.
2차함수 최적화모형	• 기대수익률과 추정 위험 간의 최적의 균형점을 찾을 수 있도록 함. • 기대수익과 위험의 추정에 오류가 발생할 수 있음. • 투자자의 위험선호도를 반영할 수 있음.
선형계획모형	• 2차함수 최적화모형의 대안으로 제안되기도 함. • 일정한 제약조건을 만족시키는 포트폴리오 중에서 기대수익률을 최대화하는 것을 찾는 방법을 취함.

73

정답 ③

✓ 액티브–핵심조합은 핵심–위성조합이라고도 하며, 패시브펀드와 준액티브펀드를 통해 벤치마크 수익률을 달성하려고 하고, 액티브펀드를 통해 초과수익률을 달성하려고 하는 운용방법이다.

상세해설

■ 혼합전략 운용방법

구분	핵심–위성조합 (액티브–핵심 조합)	액티브–보완조합
운용방법	대부분의 자금을 패시브와 준액티브에 투자하여 벤치마크 수익률을 얻으려고 하고, 나머지 자금을 액티브펀드에 투자하여 초과수익률을 얻으려고 한다.	대부분의 자금을 액티브펀드에 투자하고, 액티브펀드가 커버하지 못한 부분에 패시브펀드로 운용한다.
핵심펀드	패시브와 준액티브펀드	액티브펀드
초과수익률을 얻는 펀드	액티브펀드	액티브펀드

74

정답 ④

✓ 지속가능금융규제(SFDR, Sustainable Finance Disclosure Regulation) 1단계는 특정 기준에 따라 금융기관에게 ESG 정보 공개를 요구하는 규제이지만, 모든 금융기관에게 ESG 정보를 공시하는 것을 의무화한 것은 아니다.

상세해설

■ ESG(Environmental, Social, Governance)
금융기관을 중심으로 발전된 개념으로 기존의 재무정보에 포함되어 있지 않으나 기업의 중장기 지속가능성에 영향을 미칠 수 있는 요인들을 환경, 사회, 지배구조로 나누어 체계화한 기준으로 자본시장에서 기업을 평가하는 새로운 프레임워크로 발전하였다. 이를 반영한 투자를 ESG투자 혹은 책임투자 혹은 지속가능투자라고도 한다.

■ ESG 워싱
ESG 투자를 결정하는 기준이 명확하지 않으며 이를 확인할 수 있는 공시등의 제도적 장치가 미비함에 따라 마케팅 목적 중심의 ESG 워싱이 확대되고 있다. 이에 따라 각국은 기업의 지속가능정보 공시에 대한 규정을 강화하고 금융당국에 의한 ESG 상품의 기준 수립 및 공시제도를 정비하고 있다. 즉 ESG를 하는 척만 하고 ESG를 한다고 주장하는 것이 ESG 워싱이다.

75

정답 ③

✓ ETF는 패시브펀드 중에서 가장 잔차위험이 낮다.

상세해설

■ 수익률과 위험
① 패시브 운용의 수익률과 위험이 액티브 운용보다는 좀 더 집중되어 나타나 있다.
② 변동성 관점에서도 액티브 운용의 위험이 패시브 운용의 위험보다 큰 것과 작은 것이 대등하게 분포되어 있다.
③ 수익률 관점에서 액티브 운용의 수익률이 패시브 운용의 수익률보다 높은 것과 낮은 것이 대등하게 분포되어 있다.

■ 초과수익률과 잔차위험
① 패시브 운용의 잔차위험은 액티브 운용의 잔차위험보다 낮다.
② ETF는 패시브 운용 중에서 가장 낮은 잔차위험을 보여준다.

채권투자운용/투자전략　　　　　　　　　　　　　　　　　　　　　6문제

76　　　　　　　　　　　　　　　　　　　　　　　　　　　　　정답 ③

✓ 할인채는 만기 이전에 현금흐름이 발생하지 않기 때문에 재투자위험에 노출되지 않는다. 다만 이자율 변동에 따른 만기현금흐름의 현재가치 변동에 의한 가격위험에 노출된다. 복리채는 만기에 복리로 재투자한 액면이자와 원금을 같이 지급하기 때문에 만기 이전에 현금흐름이 발생하지 않는다.

상세해설

■ 국채 발행절차
　채권발행계획안 기획재정부에 제출 → 기획재정부 계획안 확정 → 국무회의 심의 및 결정 → 대통령 재가 → 국회 의결 → 채권발행 확정(기획재정부는 채권발행을 담당하고, 원금상환, 이자지급등의 발행 및 관리업무는 한국은행이 대행함)
■ 국채발행방법
　① 경쟁입찰 : 외평채권, 국고채권등의 국채 발행시 주로 사용한다.
　② 첨가소화 : 법령에 의해 첨가소화되는 방법으로 국민주택채권이 해당된다.
　③ 교부발행 : 공공용지 보상채권의 발행방법으로 사용
■ 통화안정증권발행(할인채)
　① 한국은행이 공개시장조작의 일환으로 시중 통화량 조절을 목적으로 발행하는 채권
　② 중앙은행이 발행하기 때문에 국채에 준한다.
　※ 일반적인 재무관리나 회계학의 교재에서 할인채는 액면가보다 낮게 발행된 채권을 의미한다. 그러나 협회 표준교재에서 할인채를 액면이자를 지급하지 않는 채권으로 정의하기 때문에 협회시험에 한해서 할인채는 무이표채를 지칭한다. 일반적으로 할인채의 의미상의 중복을 피하기 위해 재무관리나 회계학 교과서에서 무이표채를 순수할인채라고 표현한다. 협회에서 주관하는 시험목적으로 할인채를 무이표채 혹은 순수할인채로 받아들이고 학습하는 것이 필요하다.

77　　　　　　　　　　　　　　　　　　　　　　　　　　　　　정답 ④

✓ 모두 올바른 설명이다.

상세해설

■ 국채전문딜러(PD, Primary Dealer)
　① 지정 : 자본시장법에 따른 투자매매업 인가를 받아야 하며, 재무건전성 기준에 부합하고, 인력 및 경력, 실적 기준을 충족해야 한다. PD가 되기 위해서는 먼저 PPD(예비 국채딜러)로 지정받아야 한다.
　② 권한 : 국고채 경쟁입찰에 독점적으로 참여할 수 있으며 발행예정물량의 30%까지 인수할 수 있다. 단 PPD의 인수한도는 15%이다.

③ 의무
- 지표종목별로 매월 경쟁입찰 발행물량의 10% 이상을 인수해야 한다.
- 국채전문유통시장에서 각 지표종목에 대하여 매수·매도 호가를 10개 이상씩 제출해야 한다(유동성 공급자의 역할을 해야 한다).
- 매 분기별 자기매매용 국고채 보유 평균잔액 1조 원 이상을 유지해야 한다.
- 은행, 증권사별 평균국고채거래량의 110% 이상을 거래해야 한다.

78

정답 ①

$$\frac{10,000원}{(1+5\%)\left(1+5\% \times \frac{73일}{365일}\right)} = 9,430원$$

상세해설

■ 통화안정증권은 할인채로 발행된다. 즉, 이표를 지급하지 않고 만기에 액면가만 지급한다. 그러나 관행적으로 표면이율이라는 용어를 사용하며, 이는 채권발행시 시장이자율(만기수익률)의 의미로 이해한다.

① 발행시 가격 $= \frac{10,000원}{(1+3\%)^2} = 9,354.5원$

② 매매시 가격
매매 당시의 시장이자율이 5%이다. 그러므로 만기가 1년 73일 남은 할인채의 현재가치가 적정매매가격이다. 관행적 방법은 일할계산하여 복리이자율을 계산하는 방식이다. 관행적 방법이나 일할계산하지 않은 복리방식이나 그 값의 차이가 크지 않으므로 걱정할 것은 없다.

- 만기시 수령하는 금액 : 10,000원
- 매매시 가격 $= \frac{10,000원}{(1+5\%)(1+5\% \times \frac{73일}{365일})} = \frac{10,000원}{(1+5\%)(1+1\%)} = \frac{10,000원}{1.0605} = 9,430원$

79

정답 ④

$\frac{\Delta P}{P} = -D_M \times \Delta R \rightarrow \Delta P = -D_M \times \Delta R \times P = -2.76 \times 1\% \times 10,000원 = -276원$(가격하락), 볼록성 효과로 인해 듀레이션으로 추정한 채권가격은 실제채권가격보다 낮다.

상세해설

■ 듀레이션과 볼록성

볼록성 효과로 금리변동시 듀레이션으로 측정한 채권가격보다 실제채권가격이 항상 크다.
- 볼록성을 고려한 금리변동에 따른 채권가격 변동공식(암기사항)

$$\frac{\Delta P}{P} = -D_M \times \Delta R + \frac{1}{2} \times C \times \Delta R^2, \quad D_M = \frac{D}{1+YTM}$$

80
정답 ③

경상수익률 = $\frac{1년간\ 액면이자금액}{현재\ 채권가격}$ = $\frac{600원}{9,400원}$ = 6.38%

상세해설
- 채권발행가격에 따른 액면이자율과 경상수익률의 관계

액면발행	액면이자율 = 경상수익률
할증발행	액면이자율 > 경상수익률
할인발행(액면가 미만)	액면이자율 < 경상수익률

81
정답 ④

현금흐름일치전략은 채권포트폴리오에서 유입되는 현금흐름이 향후 예상되는 현금유출액보다 크도록 채권포트폴리오를 구성하여 부채 상환을 보장하고, 이자율 변동 위험을 제거하여 자본조달비용을 최소화하는 소극적 채권운용전략이다.

상세해설
- 소극적 채권운용전략 : 시장이 효율적이라고 가정하며, 모든 투자정보는 채권가격에 이미 반영이 되어 있다고 본다. 금리변동에 대한 예측을 하지 않고, 유동성관리등을 통해 위험에 상응하는 기대수익률을 얻으려는 운용전략이다.

만기보유전략	채권을 매입하여 만기까지 보유하는 전략
사다리형 만기전략	총 투자자금을 잔존만기마다 동일한 비율로 투자하여 금리변동에 대한 채권포트폴리오 변동을 유지하며, 유동성을 유지하기 위한 전략
채권면역전략	채권의 듀레이션과 투자기간을 일치시켜 금리변동에 따른 채권가치 변동을 최소화하려는 전략 ① 금리가 상승하면 만기 이전에 수령하는 이자의 재투자수익률이 증가하나, 미래에 수령할 이자등의 현재가치가 하락하여 금리변동의 효과를 상쇄한다. ② 금리가 하락하면 만기 이전에 수령하는 이자의 재투자수익률은 하락하나, 미래에 수령할 이자등의 현재가치가 상승하여 금리변동의 효과를 상쇄한다. ③ 시간, 시장이자율등이 변하면 투자기간과 듀레이션이 일치하지 않기 때문에 주기적으로 듀레이션과 투자기간을 일치시키는 조정작업이 필요하다.
채권인덱싱 전략	채권시장 전체를 나타낼 수 있는 인덱스(지수)를 모방하여 투자하면 채권시장의 평균적인 수익률을 기대할 수 있다.

파생상품투자운용/투자전략

6문제

82

정답 ①

✓ 주가 상승시 가격=120, 주가 하락시 가격=80, 주가 상승시 콜옵션가치=120−100=20, 주가 하락시 콜옵션가치는 0(기초자산가격이 행사가격보다 낮아서 콜옵션 가치는 0이다), 현재 콜옵션가치 $= \dfrac{20 \times 0.75 + 0 \times 0.25}{1+10\%} = 13.6$

상세해설

- 1기간 이항모형
  ① 위험중립확률이 주어진 경우 콜옵션가치

  $$C_0 = \dfrac{C_u \times p + C_d(1-p)}{1+R_f}$$

  ② 위험중립확률이 주어지지 않을 경우 콜옵션가치

  $$C_0 = \dfrac{C_u \times p + C_d(1-p)}{1+R_f}$$

  $$p(\text{주가 상승할 위험중립확률}) = \dfrac{(1+R_f)-d}{u-d}$$

  주어진 예제로 주가가 상승할 위험중립확률을 계산하면 $\dfrac{1+10\%-0.8}{1.2-0.8} = \dfrac{0.3}{0.4} = 0.75$

  ③ 기초자산의 주가를 기준으로 위험중립확률 계산하여 콜옵션가치 계산

  $$\text{현재주가} = \dfrac{\text{1기간 후 주가 상승시 주가} \times p + \text{1기간 후 주가 하락시 주가} \times (1-p)}{1+R_f}$$

  주어진 예제를 이용하여 위험중립확률을 계산하면 다음과 같다.
  $100 = \dfrac{120 \times p + 80 \times (1-p)}{1+10\%}$

  $110 = 120p + 80 - 80p \rightarrow 40p = 30 \rightarrow p = \dfrac{3}{4} = 0.75$

83

정답 ②

✓ 옵션델타 $= \dfrac{\text{옵션가격변동}}{\text{기초자산가격변동}} = \dfrac{2\text{원}}{100\text{원}} = 0.02$이다. 콜옵션은 기초자산가격이 증가할 때 콜옵션의 가격도 증가하므로 옵션델타는 양수이다. 반면에 풋옵션은 기초자산가격이 증가할 때 풋옵션 가격이 하락하므로 풋옵션델타는 음수이다.

상세해설

- 옵션델타(헤지비율)

  $P + S = C + PV(X) \rightarrow$ 양변을 주가 S로 편미분한다.

  $\dfrac{\Delta P}{\Delta S} + 1 = \dfrac{\Delta C}{\Delta S} \rightarrow \Delta_P + 1 = \Delta_C$ (풋옵션델타 $+ 1 =$ 콜옵션델타)

84

정답 ④

✓ 옵션 매수포지션의 감마는 모두 양수이다. 로우는 무위험이자율 변동시 옵션가치의 변동을 나타내는 지표이다. 옵션의 시간가치는 시간이 흐르면서 감소하기 때문에 옵션 매수포지션의 쎄타는 음수이다. 베가는 기초자산가격의 변동성이 변할 때 옵션가치의 변동을 나타내므로 옵션 매수포지션의 베가는 양수이며, 옵션 매도포지션의 베가는 음수이다.

> **상세해설**
>
> ■ 옵션 그리스 문자(옵션 매수포지션, 기초자산은 무배당주식, 유러피안옵션 가정)
>
> | 구분 | 콜옵션 | 풋옵션 |
> |---|---|---|
> | 기초자산가격(델타) | + | − |
> | 감마 | + | + |
> | 만기(쎄타) | − | − |
> | 변동성(베가) | + | + |
> | 무위험이자율(로우) | + | − |
>
> ※ 주의사항
> 일반적으로 재무관리교과서에서 무배당 주식을 기초자산으로 하는 유러피안옵션의 경우 콜옵션의 쎄타는 양수(+)로 표현하고, 풋옵션의 경우 시간가치는 양수(+), 음수(−)가 모두 가능하다. 그러나 협회기본서에는 옵션의 만기가 감소하는 것을 고려하여 시간가치를 음수로 보아 관행적인 표현인 쎄타를 음수(−)로 표시하였다. 풋옵션의 시간가치는 음수(−)와 양수(+) 모두 가능한 것을 구분하지 않고, 음수로 표현하였다. 협회시험의 채점기준은 협회기본서가 기준이기 때문에 수험목적으로는 협회기본서의 내용으로 학습해야 한다.

85

정답 ②

✓ 블랙−숄즈모형에서 옵션가치를 계산하는데 필요한 변수는 기초자산가격, 기초자산가격의 변동성, 무위험이자율, 옵션만기, 행사가격이다. 기초자산가격의 기대수익률은 블랙−숄즈모형을 통해 옵션가치를 계산하는데 필요없는 자료이다.

> **상세해설**
>
> ■ 블랙−숄즈모형의 주요가정
>   ① 무배당주식을 기초자산으로 하는 유러피안옵션을 가정한다.
>   ② 옵션만기동안 무위험이자율과 기초자산가격의 변동성은 일정하다.
>   ③ 기초자산가격은 대수정규분포(혹은 기초자산가격의 수익률은 정규분포)를 한다.
> ■ 옵션가격 계산에 필요한 변수
>   기초자산가격, 기초자산가격의 변동성, 행사가격, 무위험이자율, 옵션만기

86

정답 ①

✓ 이자추출전략은 만기에 필요한 금액의 현재가치만큼 무위험채권을 매입하고, 나머지 자금으로 콜옵션을 매입하여 주가 상승시 콜옵션가치 상승을 얻고, 주가가 하락하더라도 무위험채권을 통해 자산가치 하락을 방어하는 전략이다.

상세해설

■ 포트폴리오 보험

포트폴리오 보험은 주가 하락시 일정 수준의 가치를 유지하고, 주가 상승시 주가 상승에 비례하는 가치를 얻으려는 투자전략이다. 보험처럼 손실의 하방을 한정시키고 이익의 상방을 열어두는 전략이다.

방어적 풋 (Protective Put)	주식을 매입한 상태에서 풋옵션을 매입하는 전략이다. 주가 하락시 풋옵션을 행사하여 주가 하락에 대한 손실을 풋옵션 행사로 인한 이익으로 상쇄한다. 주가 상승시 풋옵션은 행사되지 않더라도 주가가 상승하여 이익을 향유한다.
이자추출전략	채권매수와 채권이자로 콜옵션 매수를 하는 전략이다. 주가 상승시 콜옵션 행사를 통해 이익을 얻고, 주가 하락시 채권으로 포트폴리오의 가치를 보존하는 전략이다.
동적자산배분 전략	주식과 채권을 매입하는 전략이며, 주가 상승시 채권을 매도하고 주식의 편입비중을 높여서 주가 상승이익을 향유하고, 주가 하락시 주식을 매도하고 채권을 매수하여 가치하락을 방어한다. 주가 상승시 주식의 비중이 증가하고, 주가 하락시 주식의 비중이 감소한다. 주가변동에 따라 주기적으로 주식과 채권의 편입비율을 재조정해야 한다.
동적헤징전략 (채권 대신 선물 이용)	선물과 주식을 보유하는 전략이다. 선물을 주식과 반대포지션으로 보유하면 주가 하락시 선물에서 이익이 발생하고, 주가 상승시 선물에서 손실이 발생한다. 단적으로 주가지수에 100% 자금을 투자하고 선물의 보유비율을 변경하면서 적절히 위험관리를 할 수 있다.

87

정답 ②

✓ 균형선물환=1,200원×(1+4%−2%)=1,224원/$, 선물환이 균형가격보다 비싸기 때문에 선물환을 매도하고 현물환을 매입하면 차익거래이익이 발생한다.

상세해설

■ 균형선물환

$$F_0 = S_0\left(\frac{1+R_D}{1+R_F}\right)^T = S_0\left[1+(R_D-R_F)\times\frac{T}{365}\right]$$

- F_0 : 균형선물환, S_0 : 현물환율, R_D : 국내이자율, R_F : 해외이자율, T : 선물환 만기

차익거래의 원칙은 고평가된 것을 매도하고 저평가된 것을 매수하는 것이다.
① 균형선물환율>시장에서 거래되는 선물환율 : 시장에서 거래되는 선물환율이 저평가되어 있으므로 선물환을 매수하고 현물환을 매도한다.
② 균형선물환율<시장에서 거래되는 선물환율 : 시장에서 거래되는 선물환율이 고평가되어 있으므로 선물환을 매도하고 현물환을 매수한다.

투자운용결과분석

4문제

88

정답 ④

✓ 거래의 이행이 확실시 되는 경우에는 체결이 확정되는 날, 즉 체결일 기준으로 회계처리를 한다.

상세해설

■ 성과분석을 위한 회계처리

공정가 평가	• 원칙은 시가를 공정가로 보아 평가하고, 신뢰할 만한 시가가 없는 경우 공정가액으로 평가한다.
발생주의 원칙	• 실제 해당 거래가 발생한 날에 손익을 인식한다. • 원가는 그와 관련된 수익이 인식되는 기간에 비용으로 인식한다.
체결일 기준	• 유가증권은 주문, 체결, 결제의 과정을 거치며, 거래의 결제(대금지급)가 발생하지 않더라도 체결일 기준으로 거래를 인식한다.

89
정답 ④

✅ 보기의 모든 내용이 기준지표에 대한 올바른 설명이다.

상세해설

■ 기준지표의 바람직한 특성

명확성	기준지표를 구성하고 있는 종목명과 비중이 정확하게 표시되어야 하며, 원칙이 있고 객관적인 방법으로 구성되어야 한다.
투자가능성	실행 가능한 투자대안이어야 하며, 적극적인 운용을 하지 않는 경우에도 기준지표의 구성종목을 투자하여 보유할 수 있어야 한다.
측정가능성	일반에게 공개된 정보로부터 계산할 수 있어야 하며, 원하는 기간마다 기준지표 자체의 수익률을 계산할 수 있어야 한다.
적합성	기준지표가 펀드매니저의 운용스타일이나 성향에 적합해야 한다.
투자의견을 반영	펀드매니저가 현재 벤치마크 구성종목에 대한 투자지식을 가져야 한다.
사전적으로 결정	벤치마크는 평가기간이 시작되기 전에 미리 정해져야 한다.

※ 출처 : 금융투자협회 기본교재 4권(2025년) p451

90
정답 ②

✅ 정보비율(월간기준) $= \dfrac{0.5\%}{1.8\%} = 0.278$, 이를 연환산해야 하므로 $0.278 \times \sqrt{12} = 0.96$

상세해설

■ 정보비율

$$\text{정보비율} = \frac{\text{펀드수익률} - \text{기준수익률}}{\text{잔차위험}} = \frac{\text{젠센의 알파}}{\text{회귀모형의 표준오차}}$$

① 잔차위험을 부담하면서 얻게 되는 수익률이며, 비체계적 위험부담에 대한 보상을 측정하는 지표이다.
② 주어진 데이터가 월간 데이터이면 이를 연환산하기 위해서 계산된 값 $\times \sqrt{12}$ 를 해야 한다.

91
정답 ②

✅ 샤프비율 $= \dfrac{\text{연평균수익률} - \text{무위험이자율}}{\text{표준편차}} = \dfrac{6\% - 4\%}{10\%} = 0.2$

거시경제   4문제

92   정답 ①

✓ 화폐수요곡선은 국민소득과 양의 관계이며, 이자율과 음의 관계를 갖는다.

상세해설

- IS-LM모형
  ① 화폐시장의 균형 : 화폐수요곡선은 이자율과 음의 관계, 소득과 양의 관계를 갖는다. 국민소득과 이자율의 균형을 나타낸 곡선이다.
  ② 재화시장의 균형 : 이자율과 국민소득의 조합을 통해 IS곡선이 도출된다.
  ③ IS-LM곡선은 이자율과 국민소득간의 관계를 나타낸다. 이자율이 변동하면, IS 혹은 LM곡선 선상에서 균형이 움직이며, 이자율 외의 다른 변수(외생변수)가 변동하면 IS 혹은 LM곡선 자체의 수평이동이 발생한다.
- 재정정책
  ① 정부지출 증가, 세금 감소 : IS곡선을 우측으로 이동시킨다. LM곡선이 수직이면 이자율 상승으로 인해 민간투자가 감소하는 완전 구축효과가 발생하고, LM곡선이 수평(유동성함정)이면 구축효과는 발생하지 않는다.
  ② 정부지출 감소, 세금 증가는 IS곡선을 좌측으로 이동시킨다.
- 통화정책
  ① 통화량 증가 : LM곡선을 우측으로 이동시킨다. LM곡선이 우상향하면 통화량 증가는 이자율 하락과 국민소득 증가를 가져온다.
  ② 통화량 감소 : LM곡선을 좌측으로 이동시킨다. LM곡선이 우상향하면 통화량 감소는 이자율 상승과 국민소득 하락을 가져온다.
  ※ 주의사항 : LM곡선의 모양(수평, 수직, 우상향)에 따라 IS-LM모형의 결과가 달라지나, 실제 시험에서 LM곡선의 형태에 대해서 언급하지 않는 경우도 있다. 언급하지 않을 경우 우선적으로 LM곡선이 우상향한다고 가정하여 문제를 접근하는 것이 타당하다.

93   정답 ①

✓ 경기확산지수(DI)가 50 이상이면 경기상승국면, 50 이하이면 경기하강국면으로 판단한다.

상세해설

- 경기확산지수(DI)
  ① 경제의 특정 부문에서 발생한 경기동향 요인이 여타 부문으로 확산, 파급되어 가는 과정을 파악하기 위해서 경기변동의 진폭이나 속도는 측정하지 않고 경기변동의 변화 방향과 전환점을 식별하기 위한 경기지표이다.
  ② 경기확산지수(DI)가 50 이상이면 경기상승국면, 50 이하이면 경기하강국면으로 판단한다.
- 기업경기실사지수(BSI)
  ① 기업의 활동 및 경기동향에 대한 기업가의 판단, 전망 및 이에 대비한 설문서를 통해 조사 분석함으로써 전반적인 경기동향을 파악하고자 하는 단기 경기예측수단이다.
  ② 계량경제 모델에 의한 경기분석과 예측을 보완하는 수단으로 활용되고 있다.

$$BSI = (x - y) + 100$$
(x : 경기상승을 예상한 업체수의 비율, y : 경기하락을 예상한 업체수의 비율)

  ③ BSI가 100 이상이면 확장국면, 100 이하이면 수축국면이다.

④ 경기변동의 진폭이나 변화속도는 알 수 없다.
- 경기종합지수(CI)
  ① 경기에 민감한 대응성을 보이는 몇 개의 대표변수를 선정, 이들의 움직임을 종합하여 지수 형태로 나타냄으로써 경기국면 파악 및 경기 수준 측정에 이용하기 위한 종합경기지표
  ② CI가 전월대비 증가율이 양수인 경우 경기상승, 음수인 경우는 경기하강을 나타낸다(음의 성장, 역성장).
  ③ CI의 증감률의 크기는 경기변동의 진폭을 반영하므로 경기국면 변화, 경기변화 속도도 분석 가능하다.
  ④ 선행, 동행, 후행의 지수를 작성한다.

94   정답 ①

✓ BSI가 100보다 크면 경기확장기, 100보다 작으면 경기수축기를 의미한다. CSI(소비자 태도지수)를 통해 경기의 방향은 알 수 있으나 그 폭을 알 수는 없다. 'GDP 디플레이터 = $\frac{\text{명목 GDP}}{\text{실질 GDP}}$'이며 '화폐유통속도 $V = \frac{\text{명목 GDP}}{\text{화폐량}}$'이다.

상세해설

- 물가지수
  ① 소비자물가(CPI) : 가계의 주요한 소비지출품목의 가격변동을 가중평균하여 추계함.
  ② 생산자물가(PPI) : 국내시장에서 거래되는 생산품의 생산자 판매가격을 가중평균하여 추계함.
  ③ GDP 디플레이터 : 명목 GDP와 실질 GDP간의 비율이며 국민경제 전체의 물가압력을 측정하는 지수로 사용됨.

$$\text{GDP 디플레이터} = \frac{\text{명목 GDP}}{\text{실질 GDP}} \times 100$$

※ 시험문제에서 해당 수식을 말로 설명할 때 분자와 분모를 바꿔서 설명하는 문제가 출제되니 주의해야 한다.

95   정답 ③

✓ 통화량을 증가시키면 단기적으로 명목이자율이 하락하며 이를 유동성 효과라고 한다.

상세해설

- 경기변동과 이자율 변동
  ① 경기 확장국면
    • 경기 확장국면 초기에는 투자금액보다 수익이 많아서 유보금액으로 투자를 하여 외부자금 사용이 감소하여 이자율이 하락함.
    • 시간이 흐를수록 투자수요가 기업의 수익보다 더 가파르게 증가하여 외부자금 수요가 증가하여 이자율이 상승함.
  ② 경기 수축국면
    • 경기 수축국면 초기에는 이미 계획된 투자가 진행되고 있어 기업의 자금 창출보다 지출이 크기 때문에 외부자금 수요가 증가하여 이자율이 상승함.
    • 시간이 흐를수록 기업의 투자가 기업의 수익보다 더 가파르게 감소하여 외부자금 수요가 감소하여 이자율이 하락함.

- 통화량과 이자율
  ① 통화량(M)을 증가시키면 단기적으로 명목이자율이 하락함. → 유동성 효과
  ② 이자율 하락은 국민소득을 증가시키고 이는 다시 화폐수요를 증가시켜 명목이자율 상승 → 소득효과
  ③ 통화량의 증가는 기대인플레이션을 상승시키고 물가가 상승하여 명목이자율 상승 → 피셔효과(기대인플레이션 효과)
- 깁슨의 역설
  ① 과거에는 통화량 증가 → 이자율 하락 → 물가 하락으로 이자율과 물가는 음의 관계에 있다고 보았음.
  ② 깁슨의 실증분석을 통해 장기적으로 이자율과 물가는 양의 관계에 있음이 밝혀졌고, 이를 깁슨의 역설이라고 함.

분산투자기법 5문제

96 정답 ④

모든 투자자는 미래의 경제상황 혹은 미래증권 수익률에 대해서 동질적으로 예측한다.

상세해설

- CAPM의 가정
  ① 모든 투자자는 평균과 분산만을 가지고 투자의사결정을 한다.
  ② 모든 투자자는 동일한 단일 투자기간을 갖고 있다.
  ③ 개인투자자는 가격순응자이며, 거래비용과 세금이 존재하지 않는 완전시장이다.
  ④ 투자대상은 공개적으로 거래되는 금융자산에 한정하며 모든 투자자는 무위험수익률(무위험자산이 존재함)로 제약없이 차입과 대출이 가능하다.
  ⑤ 자본시장은 수요와 공급이 일치하는 균형상태이다.
  ⑥ 모든 투자자는 동일한 방법으로 증권을 분석하고 경제 상황에 대한 예측도 동일하다. 즉 미래 증권수익률의 확률분포에 대해서 동질적으로 예측한다.
  ※ 출처 : 금융투자협회 기본교재 5권(2025년) p132

97 정답 ①

두 자산의 상관계수 값이 클수록 분산투자효과가 작다. 즉 두 자산의 수익률의 상관계수가 1일 때 분산투자효과는 발생하지 않고, 두 자산의 수익률의 상관계수가 -1일 때 분산투자효과는 가장 크게 발생한다.

상세해설

- 상관관계
  ① 두 자산의 수익률이 직선의 형태로 같이 움직이는 정도를 나타낸다.
  ② 상관관계가 1이면 분산투자효과는 발생하지 않는다. 상관관계는 상관계수로 측정하고 상관계수값은 -1에서 1 사이의 값을 가지며, 상관계수가 -1에 가까울수록 위험분산효과는 증가한다.

③ 상관계수값이 절댓값 1에 가까울수록 두 변수의 수익률이 직선의 관계에 가깝다는 의미이다. 상관계수는 두 변수의 곡선의 관계를 알려주지 못한다.

$$X와\ Y의\ 상관계수,\ \rho_{XY} = Corr(X, Y) = \frac{Cov(X, Y)}{\sigma_X \sigma_Y}$$

$$-1 \leq \frac{Cov(X, Y)}{\sigma_X \sigma_Y} \leq 1$$

■ 상관계수값에 따른 그래프

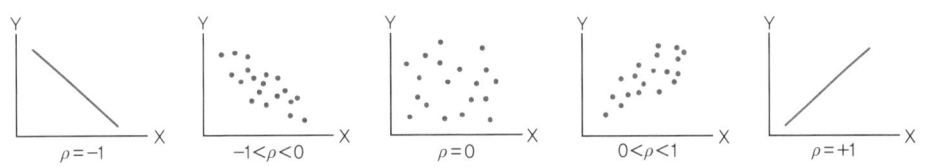

98
[정답] ③

✓ 효율적 투자선에 대한 설명이다.

상세해설

- 자본시장선(CML, Capital Market Line)
  ① 무위험자산이 존재할 때, 평균-분산기준에 의해 도출된 효율적자산과 무위험자산을 결합하여 만든 포트폴리오 중에 위험 대비 보상이 가장 큰 점을 연결한 직선
  ② 총위험(표준편차)과 효율적 자산의 기대수익률간의 관계를 나타내기 때문에 비효율적자산의 기대수익률과 위험의 관계는 알 수 없음.
- 증권시장선(SML, Security Market Line) : 개별주식의 베타와 기대수익률간의 관계를 나타낸 직선
- 효율적 투자선 : 평균-분산 지배원리에 의해 지배당하지 않은 효율적 자산들을 연결한 선
- 증권특성선 : 시장포트폴리오의 수익률과 개별자산의 수익률과의 관계를 나타낸 선

99
[정답] ①

✓ SML수식을 이용하여 주식 A의 요구수익률을 계산한다.
$E(R_A) = R_f + \beta_A[E(R_M) - R_f] = 4\% + 1 \times (6\% - 4\%) = 6\%$

상세해설

$$\beta_i = \frac{\sigma_{iM}}{\sigma_M^2} = \frac{\rho_{iM} \sigma_i \sigma_M}{\sigma_M^2} = \frac{\rho_{iM} \sigma_i}{\sigma_M}$$

주식A의 베타 = $\dfrac{\text{주식A와 시장포트폴리오와의 공분산}}{\text{시장포트폴리오 분산}} = \dfrac{0.16}{0.4^2} = 1$

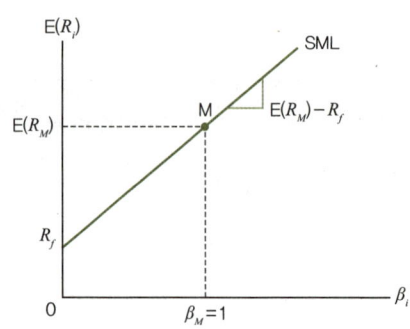

$$E(R_i) = R_f + [E(R_M) - R_f] \cdot \frac{\sigma_{iM}}{\sigma_M^2}$$
$$= R_f + [E(R_M) - R_f] \cdot \beta_i$$

100

정답 ③

✓ A자산의 수익률이 균형이므로 A자산의 수익률을 이용하여 시장포트폴리오 수익률을 계산하고 이를 이용하여 B자산의 베타를 계산한다.

$E(R_A)$ = 무위험수익률 + β_A(시장포트폴리오 수익률 − 무위험수익률)

$7\% = 3\% + 0.5 \times (E(R_M) - 3\%)$ → $E(R_M) = 11\%$

$E(R_B) = 3\% + (11\% - 3\%) \times \beta_B = 8\% = 3\% + 8\% \cdot \beta_B$ → $\beta_B = \dfrac{5\%}{8\%} = 0.625$

2회 기출유형모의고사

▶ 문제 20쪽

01	④	02	①	03	③	04	③	05	④	06	③	07	③	08	③	09	③	10	④
11	②	12	④	13	③	14	④	15	①	16	④	17	③	18	④	19	①	20	④
21	②	22	④	23	②	24	④	25	①	26	②	27	④	28	③	29	③	30	④
31	④	32	②	33	③	34	③	35	③	36	③	37	①	38	②	39	②	40	④
41	③	42	④	43	②	44	④	45	③	46	①	47	③	48	②	49	②	50	①
51	③	52	④	53	①	54	③	55	③	56	④	57	③	58	④	59	③	60	③
61	③	62	④	63	①	64	①	65	③	66	④	67	②	68	①	69	④	70	②
71	①	72	④	73	③	74	③	75	①	76	②	77	②	78	④	79	③	80	①
81	④	82	③	83	③	84	①	85	④	86	④	87	③	88	②	89	③	90	③
91	②	92	③	93	③	94	②	95	④	96	②	97	③	98	③	99	②	100	③

세제관련 법규/세무전략   7문제

01   정답 ④

✓ 납부고지·독촉등을 하는 경우 이미 경과한 시효기간의 효력이 중단된다.

상세해설

- 납세의무의 확정
  ① 신고확정 : 소득세, 법인세, 부가가치세, 증권거래세, 교육세, 개별소비세등은 납세의무자가 과세표준과 세액을 정부에 신고함으로써 확정된다.
  ② 부과확정 : 상속세, 증여세등은 정부가 과세표준과 세액을 결정함으로써 확정된다.
  ③ 자동확정 : 인지세, 원천징수하는 소득세 또는 법인세, 납세조합이 징수하는 소득세, 중간예납하는 법인세는 납세의무가 성립하는 때에 특별한 절차 없이 확정된다.
- 납부의무의 소멸
  ① 납부·충당(국세환급금을 납부할 국세 등과 상계하는 것)되거나 부과가 취소된 때
  ② 국세 부과의 제척기간이 끝난 때
  ③ 국세징수권의 소멸시효가 완성된 때 : 국가가 국세징수권을 행사할 수 있는 때부터 5년간(5억 원 이상의 국세채권은 10년) 행사하지 아니하면 소멸시효가 완성된다. 단, 납부고지·독촉 또는 교부청구·압류의 경우에는 이미 경과한 시효기간의 효력이 중단된다.
- 납부의무의 승계
  ① 합병법인의 승계 : 법인이 합병한 경우 합병법인은 피합병법인에게 부과되거나 납부할 국세 및 강제징수비를 납부할 의무를 진다.
  ② 상속인의 승계 : 상속이 개시된 때에 상속인은 피상속인에게 부과되거나 납부할 국세 및 강제징수비를 상속받은 재산을 한도로 납부할 의무를 진다.

※ 출처 : 금융투자협회 기본교재 1권(2025년) p6 ~ 7

02

정답 ①

✓ 양도소득세 기준금액은 양도가액이며 이는 실지거래가액으로 한다. 실지거래가액을 확인할 수 없을 경우 매매사례가액, 감정가액, 환산가액, 기준시가 순으로 적용하여 양도가액을 추계한다.

상세해설

■ 양도소득 과세표준 계산

총수입금액	양도가액을 의미하며, 원칙은 양도당시의 실지거래 가액 실지거래가액을 확인할 수 없을 경우 매매사례가액 → 감정가액 → 환산가액 → 기준시가 순으로 적용함.
(−) 필요경비	필요경비=취득가액, 자본적 지출액, 기타 필요경비(증권거래세, 신고서 작성비용, 인지대등)
=양도차익	양도자산별로 계산함.
(−) 장기보유특별공제	토지, 건물에만 적용하며 보유기간이 3년 이상인 경우에 해당됨.
=양도소득금액	
(−) 양도소득기본공제	호별로 구분하여 각각 연간 250만 원 공제함. 제1호 : 토지, 건물 및 부동산에 관한 권리, 기타자산(미등기 양도자산은 제외함) 제2호 : 주식 및 출자지분 제3호 : 파생상품등
=양도소득 과세표준	적용세율 • 일반자산 : 소득세법 기본세율 • 미등기 자산 : 70% • 중소기업외의 주식으로 대주주 1년 미만 보유주식 : 30% • 중소기업 발행주식(대주주 아닌 자가 양도) : 10% • 그 밖의 주주 및 파생상품 : 원칙 20%

• 장기보유특별공제 : 토지·건물로서 보유기간이 3년 이상인 경우 자산의 양도차익에서 보유기간에 따라 6∼30%의 특별공제율에 의하여 계산한 금액을 공제한다.
※ 출처 : 금융투자협회 기본교재 1권(2025년) p41 ∼ 42

03

정답 ③

✓ 미성년자는 10년 단위로 증여재산공제가 가능하며, 증여재산 공제범위는 2,000만 원이다.

상세해설

■ 증여재산 공제범위
  • 미성년 자녀 : 10년간 2,000만 원
  • 성인자녀 : 10년간 5,000만 원
  • 혼인재산 공제 : 1억 원
  ※ 미성년 자녀대신 '성인이 아닌 자녀'라는 표현을 사용하여 출제되기도 한다.

04

정답 ③

✓ 양도차익 계산시 차감되는 필요경비는 취득가액, 자본적 지출액, 기타 필요경비(증권거래세, 신고서 작성비용, 인지대등)이다. 단, 취득가액을 확인할 수 없을 경우 매매사례가액, 감정가액, 환산가액을 적용하며, 양도가액을 기준시가에 따라 산정시 취득가액도 기준시가를 적용한다.

상세해설

- 양도소득의 범위
  - 양도소득 : 개인이 해당 과세기간에 일정한 자산을 양도함으로 인하여 발생한 소득
- 과세대상 자산의 범위
  - 토지와 건물, 부동산에 관한 권리(부동산을 취득할 수 있는 권리, 지상권, 전세권과 등기된 부동산임차권)
  - 주식 및 출자지분(신주인수권과 증권예탁증권 포함)
  - 주권상장법인 주식 : 대주주가 양도하는 것과 거래소의 유가증권시장에서 거래에 의하지 않고 양도하는 것
  - 코스닥(코넥스)상장법인 주식 : 대주주가 양도하는 것과 코스닥(코넥스)시장의 거래에 의하지 않고 양도하는 것
  - 비상장법인 주식 : 원칙은 양도소득세가 과세되나, 대주주가 아닌 자가 금융투자협회가 행하는 장외매매거래에 의하여 양도하는 중소기업 및 중견기업의 주식과 다자간 매매체결회사를 통해서 양도하는 벤처기업의 주식에 대해서는 양도소득세를 과세하지 않음.
  - 기타자산 : 특정시설물 이용권, 영업권등
  - 파생상품 : 장내파생상품 중 주가지수 관련 파생상품시장과 해외시장에서 거래되는 장내파생상품, 주가지수관련 장외파생상품, 주식관련 차액결제거래등
- 비과세 양도소득
  - 1세대 1주택의 양도로 인하여 발생하는 소득(고가주택은 제외)
  - 파산선고에 의한 처분으로 인하여 발생하는 소득
  - 농지의 교환 또는 분합으로 인하여 발생하는 소득

05 정답 ④

분할 혹은 분할합병의 경우는 분할등기 또는 분할합병등기일에 배당소득의 총수입금액이 귀속되는 것으로 본다.

상세해설

- 배당소득의 총수입금액 귀속연도

배당소득 범위	총수입금액의 귀속연도(수입시기)
잉여금처분에 의한 배당	당해 법인의 잉여금처분 결의일
무기명주식의 이익이나 배당	실제 지급을 받은 날
감자등의 경우	감자 결의일, 퇴사·탈퇴일
해산의 경우	잔여재산가액 확정일
합병의 경우	합병등기일
분할 또는 분할합병의 경우	분할등기 또는 분할합병등기일
잉여금의 자본전입	자본전입 결의일
인정배당	당해 법인의 당해 사업연도의 결산 확정일
집합투자기구로부터의 이익	① 집합투자기구로부터의 이익을 지급받은 날 ② 원본전입 특약이 있는 경우는 그 특약에 의한 원본 전입일
출자 공동사업자의 배당	해당 공동사업자의 총수입금액과 필요경비가 확정된 날이 속하는 과세기간 종료일
파생결합상품 배당소득	지급을 받은 날

※ 출처 : 금융투자협회 기본교재 1권(2025년) p29

06
정답 ③

✓ 금융소득은 비영업대금 이익과 채권의 할인액이며, 이 금액은 5,000만 원으로 금융소득 종합과세금액 2,000만 원을 초과한다. 홍길동의 소득은 다른 소득과 합산하여 종합과세하지만, 직장공제회 초과반환금은 무조건 분리과세 하여 종합과세소득에 포함되지 않는다. 종합과세소득=근로소득+비영업대금 이익+채권의 할인액=7,500만 원이다.

07
정답 ③

✓ 납부고지 혹은 독촉을 하면 이미 경과한 시효기간의 효력이 중단되며, 이는 납부의무의 소멸이 아니다.

상세해설
■ 납부의무의 소멸
① 납부·충당(국세환급금을 납부할 국세 등과 상계하는 것)되거나 부과가 취소된 때
② 국세 부과의 제척기간이 끝난 때
③ 국세징수권의 소멸시효가 완성된 때 : 국가가 국세징수권을 행사할 수 있는 때부터 5년간(5억 원 이상의 국세채권은 10년) 행사하지 아니하면 소멸시효가 완성된다. 단, 납부고지·독촉 또는 교부청구·압류의 경우에는 이미 경과한 시효기간의 효력이 중단된다.

금융상품
8문제

08
정답 ③

✓ 주택저당증권은 일반적으로 대출만기가 20~30년인 장기금융상품으로 금리 위험과 조기상환 위험에 노출되어 있다.

상세해설
■ 주택저당증권(MBS)의 특성
① 주택저당대출 만기와 대응하므로 통상 장기로 발행함.
② 조기상환에 의해 수익이 변동함.
③ 대상 자산인 주택저당대출의 형식 등에 따라 다양한 상품 구성 가능
④ 매월 대출원리금 상환액에 기초하여 발행증권에 대해 매달 원리금 상환
※ 출처 : 금융투자협회 기본교재 1권(2025년) p292~293

09
정답 ③

✓ 피보험자가 사망할 때까지 종신토록 보장하는 보험은 종신보험이다. 정기보험은 1년, 5년, 10년, 20년등 일정한 기간 동안만 보장하는 생명보험이다.

상세해설

■ 보험료 구성

순보험료(예정위험률, 예정이율)	위험보험료, 저축보험료
부가보험료(예정사업비율)	신계약비, 유지비, 수금비 등

■ 생명보험 분류
① 사망보험 : 피보험자가 사망 또는 제1급 장애 시 약정한 보험금이 지급되는 보험
　종신보험 : 피보험자가 사망할 때까지 종신토록 보장
　정기보험 : 1년, 5년, 20년 등 일정한 기간 동안 보장
② 생존보험 : 피보험자가 일정 기간 생존 시 보험금을 지급하는 보험
③ 양로보험(생사혼합보험) : 피보험자가 일정 기간 동안 사망하거나 중도 또는 만기 생존 시 보험금이 지급되는 보험

■ 보험금 정액 유무에 따라 분류

체증식 보험	기간이 경과함에 따라 보험금이 증가하는 보험
체감식 보험	기간이 경과함에 따라 보험금이 감소하는 보험
감액보험	보장하는 사고가 가입 시부터 일정 기간 내에 발생했을 경우 보험금을 감액하는 보험
변액보험	보험금의 일부를 주식 등에 투자하여 보험금을 마련하는 보험

※ 보험금 대신 보험료로 용어를 변경하여 출제된다. 즉 체증식 혹은 체감식 보험은 보험금(보험료 아님)이 증가 혹은 감소하는 보험이다.

10   정답 ④

✓ 랩어카운트는 자산운용과 관련된 주문집행, 결제 등의 업무를 일괄처리하며, 잔고평가금액에 근거하여 일정 비율의 수수료를 받는 자산종합관리계좌이다.

상세해설

■ 랩어카운트의 장점과 단점

구분	장점	단점
증권회사	• 자산기준의 운용수수료 수입 • 안정적인 수익기반 확보 • 고객과의 이익상충 가능성 적음 • 영업사원의 독립성 약화	• 영업직원 재교육 등 시스템 구축비용 소요 • 수수료 수입총액 감소 우려
영업직원	• 이익상충문제 해결	• 회사로부터 독립성 약화 • 수입감소 우려
고객	• 소액으로 전문가 서비스 가능 • 맞춤형 상품으로 고객 니즈 충족	• 주가하락시 상대적으로 수수료 부담 증가 • 일괄수수료로 불필요한 서비스 대가 지불
투자자문사	• 고객저변의 확대 • 수수료와 무관한 신축적 운용 가능	• 운용보수의 감소 • 시장상황에 관계없이 수수료 이상의 운용성과 요구 부담

※ 출처 : 금융투자협회 기본교재 1권(2025년) p237

11 정답 ②

✅ 일반사무관리회사는 MMF 운용에 해당하는 채권의 등급을 평가할 수 없으므로 일반사무관리회사가 인정하는 상위 2개 신용등급의 채무증권은 MMF 운용기준이 아니다.

상세해설

- 금융위원회가 정하는 MMF 운용규정
  - 자산의 원리금 또는 거래 금액이 환율, 증권의 가치 혹은 증권지수의 변동에 따라 변동하거나 계약 시점에 미리 정한 특정한 신용사건 발생에 따라 확대 또는 축소되도록 설계된 것이나, 원리금 또는 거래금액, 만기 또는 거래 기간등이 확정되지 않은 것에 자산을 운용하면 안 된다.
  - 채무증권에는 취득시점을 기준으로 신용평가업자의 신용등급이 최상위등급 혹은 최상위등급의 차하위등급 이내이어야 하며, 둘 이상의 신용평가업자로부터 신용평가등급을 받은 경우에는 그 중에서 낮은 신용평가등급을 적용한다.
  - 최상위등급 채무증권은 각 집합투자기구 자산총액의 100분의 5, 차하위등급 채무증권은 각 집합투자기구의 자산총액의 100분의 2의 한도를 초과하여 동일인이 발행한 채무증권에 운용해서는 안 된다. 그러나 국채증권, 정부가 원리금의 상환을 보증한 채무증권, 지방채증권, 특수채증권은 예외로 한다.

12 정답 ④

✅ 평가손익이 마이너스라 하더라도(과세기준가격＞기준가격) 실현이익보다 과세표준이익이 더 커서 많은 세액을 부담할 수 있다.

상세해설

- 기준가격
  ① 집합투자증권의 매매 또는 집합투자증권의 추가 발행시에 필요한 추가신탁금의 산정기준이 되는 가격으로, 거래 단위당 순자산가치이며, 실현된 투자성과를 나타내는 척도가 된다.
  ② 통상 1,000좌 단위로 표시하고, 공고일 전일의 대차대조표상에 계상된 자산총액에서 부채총액과 준비금을 공제한 금액을 공고일 전일의 수익증권 총좌수 또는 투자회사의 발행주식 총수로 나누어서 산정한다.
- 과세기준가격
  - 세액산정을 위한 과세표준소득 산출시 기준이 되는 가격
  - 주식, 주가지수선물, 옵션의 평가 및 매매손익은 비과세
  - 채권의 평가 및 매매손익은 과세대상이다.

기준가격＝과세기준가격	주식등 매매, 평가손익이 없는 경우
기준가격＞과세기준가격	주식등 매매, 평가손익이 양수(＋)인 경우
기준가격＜과세기준가격	주식등 매매, 평가손익이 음수(−)인 경우

13 정답 ③

✅ 환매조건부채권은 만기가 지나면 별도의 이자를 지급하지 않는다.

상세해설

- 환매조건부채권
  ① 채권을 일정 기간 후에 일정 가액으로 환매수할 것을 조건으로 매도하는 것, 혹은 채권을 일정 기간 후에 일정가액으로 환매도할 것을 조건으로 매수하는 것

② 매매대상 유가증권 : 국채증권, 지방채증권, 특수채증권, 금융회사등이 원리금 지급보증을 한 보증사채권, 금융투자업 규정에 따른 모집 또는 매출된 채권, 자본시장법의 요건을 충족하는 외국 정부가 발행한 국채증권이다.
③ 매매단위 : 1만 원 이상으로 제한 없음.
④ 약정기간 : 금융투자회사는 1일 이상 가능하며, 은행은 15일 이상으로 하고, 만약 14일 이내에 출금하는 경우 7일까지는 0%, 8일 ~ 14일까지는 보통예금이율이 적용된다.
⑤ 기관간 조건부채권매매와 대고객 조건부채권매매가 있다.

■ 기능과 효과

투자자	고수익성의 확보, 거래의 안정성 및 환금성 보장으로 투자자들에게 우량한 단기자금 운용수단을 제공한다. 즉 투자기간에 맞추어 확정이자를 얻을 수 있다.
증권회사	환매조건부채권매도를 통해서 보유 채권 중 매도가 곤란한 채권을 이용하여 자체 자금조달능력을 향상시킬 수 있다.

※ 출처 : 금융투자협회 기본교재 1권(2025년) p252

14   정답 ④

✓ 도시지역에서 용적률은 상업지역, 주거지역, 공업지역, 녹지지역 순으로 높다. 용적률이 낮은 순서는 녹지지역, 공업지역, 주거지역, 상업지역이다.

※ 우선적으로 용적률이 높은 순서로 암기하는 것이 필요하다. 상업지역, 주거지역, 공업지역, 녹지지역을 기본으로 암기하자.

15   정답 ①

✓ 각 집합투자기구 자산총액의 100분의 20을 초과하여 금융위원회가 정하여 고시하는 시장성 없는 자산에 투자할 수 있는 집합투자기구를 설정 또는 설립하는 경우에는 환매금지형 집합투자기구로 설정 또는 설립해야 한다.

상세해설

■ 환매금지형 집합투자기구
① 투자자가 집합투자기구에 투자한 이후 집합투자증권의 환매청구에 의하여 그 투자자금을 회수하는 것이 불가능하도록 만들어진 집합투자기구이다.
② 환매금지형 집합투자기구는 존속기간을 정한 집합투자기구의 집합투자증권을 최초로 발행한 날부터 90일 이내에 그 집합투자증권을 증권시장에 상장해야 한다.

■ 설정 및 설립
① 집합투자업자는 존속기간을 정한 집합투자기구에 대하여만 집합투자증권의 환매를 청구할 수 없는 집합투자기구를 설정·설립할 수 있다.
② 집합투자업자 등은 집합투자기구를 투자대상 자산의 현금화가 곤란한 사정 등을 고려하여 다음의 경우 환매금지형으로 설정 또는 설립해야 한다.
  • 부동산 집합투자기구
  • 특별자산 집합투자기구
  • 혼합자산 집합투자기구
  • 각 집합투자기구 자산총액의 100분의 20을 초과하여 금융위원회가 정하여 고시하는 시장성 없는 자산에 투자하는 집합투자기구

부동산관련 상품

5문제

16
정답 ④

✅ 하향시장에서는 매수자 중시현상이 커지기 때문에 매수자 중심시장이다.

상세해설

- 부동산 시장의 경기별 유형

경기유형	특징
하향시장	경기수축에 해당하며, 부동산 가격이 하락하며, 거래는 한산하고 금리와 공실률이 높아진다. 과거 사례 가격은 새로운 거래 가격의 상한선이 되며, 매수자 중시현상이 커짐.
회복시장	경기의 회복은 개별 혹은 지역별로 회복되며, 투자 또는 투기심리 작용의 여지가 높고 과거 사례 가격은 새로운 가격의 기준 가격이 되거나 하한선이 됨.
상향시장	부동산 가격이 활발하나 경기가 후퇴할 가능성을 가진다. 매도자 중시현상이 커짐.
후퇴시장	가격 상승이 중단되고 반전하여 경기 후퇴가 시작하여 거래는 한산해지고 금리는 높고 여유자금은 부족해짐.
안정시장	부동산 시장만 지니고 있는 특수한 국면으로 시장이 안정되어 가며, 가격은 가벼운 상승을 유지하나 불황에 강한 부동산등이 주로 거래가 됨.

17
정답 ③

✅ $PI = \dfrac{\text{현금유입의 현재가치}}{\text{현금유출의 현재가치}} = \dfrac{1{,}000억\ 원 + 150억\ 원}{1{,}000억\ 원} = 1.15$

3년 후 매도한 금액의 현재가치 $= \dfrac{1{,}500억\ 원}{1.5} = 1{,}000억\ 원$

상세해설

- 수익성지수(PI)
  ① 부동산 투자로부터 얻어지게 될 미래의 현금흐름의 현재가치를 최초의 부동산 투자액으로 나누어 계산한 값
  ② 투자로부터 얻어지는 편익(미래 현금흐름의 현재가치)을 비용(최초 투자한 금액)으로 나눈 비율. 편익/비용비율이라고도 한다.

  $$PI = \dfrac{\text{미래현금흐름의 현재가치}}{\text{투자금액}}$$

  ③ 수익성 지수가 1보다 크거나 같은 부동산 투자안은 채택되며, 1보다 작은 부동산 투자안은 기각된다.
  ④ 투자의 우선순위를 결정하는 경우에 주로 사용된다.

18
정답 ④

✅ $\dfrac{50억\ 원}{10\%} = 500억\ 원$

상세해설

- 부동산 수익방식(수익환원법)으로 가치평가
  - 부동산의 가치를 해당 부동산이 미래에 창출할 수 있는 현금흐름을 현재가치로 환원하여 계산하는 방법

$$수익가격 = \frac{순수익}{환원이율} = \frac{총수익 - 총비용}{환원이율}$$

  - 자본환원율 : 수익형 부동산의 1년간 순영업이익을 부동산 가격으로 나눈 비율

19   정답 ①

개별적으로 토지매매를 체결하면 토지가격 상승위험이 있어 토지매매는 일괄로 계약한다.

상세해설

- PF사업의 안정성 확보 수단
  - 사업대상 부지 및 공사 중인 건물에 대한 물적 담보 확보 : 저당권 설정 혹은 부동산 담보신탁
  - 시공업체등을 통한 추가 담보 확보
  - 시공사의 책임준공 약정
  - 시공사의 차주에 대한 연대보증 혹은 채무인수
  - 시공사의 책임분양
  - 제3자를 활용한 채권보전장치
  - 주택도시보증공사, 한국주택금융공사, 금융기관등 유동화증권 매입약정등
  ※ 출처 : 금융투자협회 기본교재 1권(2025년) p443

20   정답 ④

수익성지수법에 따르면 수익성지수가 1보다 크거나 같은 부동산에 대한 투자안을 채택한다. 전통적인 감정평가 방법은 감정평가사가 평가하는 방법으로 거래사례비교법, 수익환원법, 원가법을 적용하여 투자대상 부동산의 정상가격을 산출하는 방법이다. 산출된 부동산의 정상가격과 최초의 부동산 투자액을 비교하여 부동산 투자의 실행여부를 결정한다. 정상가격이 최초의 부동산 투자액보다 큰 부동산 투자안은 채택되고, 작은 부동산은 기각된다.

상세해설

- 투자타당성 분석

순현재가치	현금유입의 현재가치에서 현금유출의 현재가치를 차감한 값이며, 순현재가치가 0보다 크거나 같으면 투자안을 채택하고 0보다 작으면 투자안을 기각한다.
내부수익률	투자안의 현금유입의 현재가치와 현금유출의 현재가치를 일치시키는 할인율, 혹은 순현재가치를 0으로 만드는 할인율이다. 내부수익률이 요구수익률보다 크거나 같으면 투자안을 채택하고, 내부수익률이 요구수익률보다 작으면 투자안을 기각한다.
수익성지수	투자로부터 얻게 될 미래 현금흐름의 현재가치를 최초의 부동산 투자액으로 나눈 값으로, 수익성지수가 1보다 크거나 같으면 투자안을 채택하고, 1보다 작으면 투자안을 기각한다.

대안투자운용/투자전략

5문제

21

정답 ②

✓ 대안투자에는 부동산펀드, 인프라펀드, PEF, Venture Capital, 헤지펀드, 상품(Commodity)펀드가 있다. 혼합형펀드, MMF는 전통적투자 자산군에 속한다.

상세해설

- 투자상품분류

전통적인 투자	대안투자
주식, 채권, 뮤추얼펀드, 단기자금시장(MMF 포함)	부동산펀드, 인프라펀드, PEF, Venture Capital, 헤지펀드, 상품(Commodity)펀드

- 대안투자상품의 특징
  ① 전통적인 투자상품과 낮은 상관관계를 갖는다. → 분산투자효과가 크다.
  ② 환금성이 낮고, 환매금지기간이 있으며 투자기간이 길다.
  ③ 차입, 공매도 사용, 파생상품 활용이 높아 위험관리가 중요하다.
  ④ 주로 기관투자자 혹은 거액 자산가들이 투자한다.
  ⑤ 운용자의 스킬이 중요하여 보수율이 높으며 성공보수가 함께 징구된다.

22

정답 ④

✓ 과도한 설비투자가 필요하거나 대규모 운전자본이 필요한 기업은 일반적으로 투자대상으로 적합하지 않다.

상세해설

- PEF투자대상 선정기준

항목	내용
경영진	경영진의 역량이 부족하여 기업가치 감소를 유발하고 있는 기업으로 능력있는 경영진을 구하는 것이 가능한 기업
기업가치요소	업계 Leader가 될 수 있는 요소를 보유한 기업
가격지표	저PER, 저PBR, 저PCR등 가격지표상 저평가된 기업 자산가치가 시장가치보다 큰 기업 현금성 자산이 시장가치보다 높은 기업 내부유보율이 높으나 배당을 최소화하는 기업
자금소요	과도한 설비투자가 필요한 기업은 제외 대규모 운전자본이 필요한 기업은 제외
법적문제	과도한 노동쟁의, 환경 또는 법적 이슈의 전례가 있었던 기업은 제외
투자기간	3~5년 장기투자에 안정적인 기업 증권시장 상황 변화에 따른 변동이 크지 않은 기업

※ 출처 : 금융투자협회 기본교재 2권(2025년) p33

23

정답 ②

✓ Event Driven 전략에 대한 설명이다.

상세해설

■ 헤지펀드 운용전략

차익거래 전략	• 공매도와 차입을 일반적으로 사용하며, 시장의 비효율성을 이용하여 가격 불일치에 기초한 차익거래기회를 통해서 수익을 추구하고, 시장전체에 대한 노출을 회피함으로써 시장 변동성에 중립화하는 투자전략이다. • 대표전략 : 전환사채 차익거래전략, 채권차익거래전략, 주식시장중립형 전략등이 있다.
Event Driven 전략	• 위험을 적극적으로 취하고, 상황에 따라 공매도와 차입을 사용한다. 이 전략은 기업의 합병, 사업개편, 청산 및 파산등 기업상황에 영향이 큰 사건을 예측하고 이에 따라 발생하는 가격 변동을 이용하여 수익을 창출하는 전략이다. • 대표적으로 부실채권투자전략, 위험차익, 합병 차익거래가 있다.
방향성 전략	• 위험을 적극적으로 취하고 상황에 따라 차입과 공매도를 사용한다. 특정 주가 또는 시장의 방향성에 근거하는 전략으로 시장 위험을 헤지한 종목 선택으로 수익을 극대화하기보다 증권이나 시장의 방향성에 따라서 매매 기회를 포착하는 기법이다. • 대표적으로 주식의 롱숏, 글로벌 매크로, 이머징마켓 헤지펀드, 선물거래등이 있다.
펀드오브 헤지펀드 전략	• 자금을 여러 개의 헤지펀드에 배분하여 투자하는 전략으로 분산투자 효과를 높인다. 그러나 여러 펀드에 투자하기 때문에 수수료가 이중으로 부과되는 단점이 있다.

※ 주의사항 : 방향성 전략인 주식의 롱-숏 전략은 때에 따라 롱-숏 차익거래 전략에서도 사용할 수 있어서 주의해야 한다.

24

정답 ③

✓ 합성 CDO는 CDS를 활용하여 위험을 전가하며, 자산의 이전은 발생하지 않는다. 원자산은 원자산 보유자인 은행이 계속 보유하고 있으며, 신용위험만 CDS를 통해 이전된다.

상세해설

■ 파생신용상품 종류
① CDS(Credit Default Swap) : 준거자산의 신용위험을 분리하여 보장매입자가 보장매도자에게 이전하고 보장매도자는 그 대가로 보장 프리미엄을 지급받는 금융상품으로 보장 프리미엄과 손실보전금액을 교환하는 계약이다.
② TRS(Total Return Swap) : 기존 자산 보유자는 총수익매도자로서 준거자산의 모든 현금흐름을 총수익 매입자에게 지급하고 총수익 매입자는 시장 기준금리에 TRS Spread를 가산한 금리를 지급하는 계약이다.
③ CLN(Credit Linked Note) : 일반채권에 CDS를 결합한 상품으로, 보장매입자는 준거자산의 신용위험을 CLN 발행자에게 전가하고 CLN 발행자는 이를 다시 채권의 형태로 변형하여 투자자들에게 발행함으로써 신용위험을 전가하는 방식이다. 최종적으로 신용위험은 CLN 투자자가 부담한다.

25

정답 ①

✓ PF(대출형 펀드)는 수익형 부동산뿐만 아니라 분양형 부동산에도 투자한다. 투자자는 분양을 통해 유입되는 현금흐름을 기초로 투자대금을 회수할 수 있다.

상세해설

- **부동산 펀드의 유형별 특징**
  ① 대출형(PF)펀드 : 프로젝트로부터 미래에 발생하는 현금흐름을 담보로 하여 개발사업에 필요한 자금을 조달하는 금융기법
  ② 실물매입형(Equity) 펀드
   - 투자자의 투자금 및 금융기관의 차입을 통해 실물 부동산을 매입한 후, 운영을 통해 발생하는 임대료, 관리비 및 기타수입등을 운영수익으로 배당함
   - 운영수익과 별도로 수익형 부동산 매각을 통해 매각차익 실현 가능
  ③ 개발형(Equity) 펀드
   - 개발사업 시행주체인 시행사 또는 SPC에 지분 투자를 통하여 발생하는 사업이익 수취
  ④ 개발형(Equity) 또는 대출형(PF)＋실물매입(Equity) 펀드
   - 오피스, 리테일 등 수익형 부동산 개발 관련 자금에 지분 또는 PF투자(개발형 또는 대출형)
   - 추가적으로 부동산 실물 준공 시 매입을 통한 운영수익 및 매각차익 실현(실물매입형)

해외증권투자운용/투자전략   5문제

26   정답 ②

✓ 한국은 MSCI 신흥국지수에 편입되어 있으며, MSCI지수는 유동주식방식으로 산출된다.

상세해설

- **MSCI지수**
  ① MSCI(Morgan Stanley Capital International)지수는 글로벌 펀드의 투자기준이 되는 대표적인 지표로 주로 미국계 펀드의 운용에 주요 기준으로 사용되는 지수이다.
  ② 유동주식방식으로 지수를 산출한다. 계열사간 상호보유지분등 시장에서 유통되기 어려운 주식을 제외한 실제 유동주식을 기준으로 시가비중을 계산하여 산출한다.
  ③ 주가등락과 환율변동에 따라 각 국가별 편입비중도 매일 바뀐다. → 달러로 환산한 주가지수(지수변동은 없더라도 환율이 변동하면 지수에 반영된다)
  ④ 대상 국가가 외국인 투자자의 매매를 제한하는 경우 반영비율이 줄어든다.
  ⑤ 우리나라는 신흥시장지수, 아시아지수, 극동지수에 포함되어 있다. 즉 선진국 지수에는 포함되지 않는다.

27   정답 ④

✓ 미국국채가 무위험채권으로 취급되기 때문에 미국국채에 가산할 가산금리 수준은 미국국채 투자시 고려대상으로 적절하지 않다.

상세해설

- **미국국채 투자시 유의사항**
  Yield curve 분석, 수요와 공급, 달러움직임, 안전자산선호도, 미국 연준의 금리정책, 물가, 실업률, GDP등 경제상황 분석을 고려해야 한다.

※ 함정 : 위험자산에 가산하는 가산금리는 고려대상이 아니다.
- 미국국채(미국 재무부에서 발행)

T-Bill	T-Note	T-Bond
• 만기 1년 이하의 단기채 • 할인채(이자 선지급)	• 만기 1년 이상 ~ 10년 이하 중기채 • 이표채(6개월마다 지급)	• 만기 10년 이상 장기채 • 이표채(6개월마다 지급)

28

주식매매회전율이 낮은 경우는 유통주식수가 적기 때문이라고 볼 수 있다. 대주주의 지분비율이 큰 경우가 대표적인 사례이다.

상세해설

- 국제주식시장
  ① 경제규모에 비해서 주식시장 규모가 큰 국가는 자본시장의 역할이 상대적으로 크거나 효율적인 증권시장을 가져서 국제증권업무를 많이 유치한 국가들인 경우가 많다.
  ② 경제규모에 비해 주식시장 규모가 작은 국가들은 경제 전체에서 차지하는 금융시장의 역할이 상대적으로 작고 금융시장의 발달이 다른 산업에 비해서 상대적으로 낙후된 국가라고 볼 수도 있다.
  ③ 시가총액 대비 회전율이 높다는 것은 단기매매차익을 노리는 투자자의 비중이 높은 것, 혹은 안정적 경영권 확보를 위한 기관투자나 대주주 비중이 상대적으로 낮다는 것을 의미한다.
  ④ 시가총액 대비 회전율이 낮은 것은 장기적 투자수익을 노리거나 안정적 경영권 확보를 위한 기관투자나 대주주의 비중이 상대적으로 높다는 것을 의미한다.

29

직수입상장(기업의 본국에서 거래되는 주식을 그대로 상장하는 것)의 경우 주식거래가 당해 거래소의 통화와 달리 본국의 통화로 표시되기 때문에 별도의 시장에서 거래된다. 즉 원화로 표시된 국내기업이 일본 증시에 직수입 상장되면 엔화가 아닌 원화로 거래된다.

상세해설

- 복수상장 : 본국 거래소와 함께 해외 거래소에 상장하는 것
  - 직수입상장 : 당해 거래소의 본국 통화와는 다른 통화로 표시되기 때문에 해당 거래소의 별도의 시장에서 거래된다.
  - DR형태 상장 : 해외 주식이 당해 국가의 은행에 예탁되고, 예탁된 주식을 바탕으로 현지 거래소에서 가장 거래되기 편리하고 유동성을 높일 수 있는 형태로 전환하여 상장한다. 즉 거래소 국가의 표시통화로 전환하여 매매가 된다.
- DR 종류
  ① ADR : 외국 주식이 미국의 증권으로 등록되고 미국 증시에 상장되어 거래되는 예탁증서
    - Sponsored DR : 해당 기업이 미국 증시에 상장되기 위해 발행 및 상장과 관련된 비용을 부담하여 상장하는 DR
    - Unsponsored DR : 해당 기업이 미국시장의 상장을 원하지 않는 경우라도 미국의 투자자 관심이 높을 때 미국의 증권회사가 비용을 부담하며 상장하는 경우의 DR
  ② GDR : 미국과 미국 이외의 시장에서 동시에 발행되는 예탁증서
  ③ EDR : 미국 이외의 거래소에 상장되는 경우 발행되는 예탁증서

30 정답 ④

하향식 접근방법은 세계경제를 완전히 통합되지 않고 분리된 각국 경제의 결합체로 보고 있다.

상세해설

- 해외포트폴리오 자산배분 방법

하향식 접근방법 (Top-down Approach)	• 국가비중 → 산업비중 → 기업비중 • 거시경제 및 국가분석이 중심이 됨. • 세계경제가 분리된 각국 경제의 결합체로 봄.
상향식 접근방법 (Bottom-up Approach)	• 기업과 산업분석을 통하여 투자를 결정하면 각국의 투자비중이 결정됨. • 산업과 기업을 글로벌 경쟁의 관점에서 분석함. → 산업분석과 기업분석이 중심이 됨. • 세계경제를 통합된 글로벌화된 산업들의 집합으로 봄.

투자분석기법 12문제

31 정답 ④

이동평균선의 기간이 장기일수록 이동평균선의 기울기는 완만하고, 이동평균선의 기간이 단기일수록 이동평균선의 기울기는 가파르다.

상세해설

- 이동평균선의 특징
  ① 대체로 주가가 이동평균선을 돌파하는 시점이 의미있는 매매타이밍이다.
  ② 분석기간이 길수록 이동평균선은 완만해지며, 분석기간이 짧을수록 이동평균선은 가팔라진다.
  ③ 주가가 이동평균선과 괴리가 클 때 주가는 이동평균선으로 회귀한다.
  ④ 주가가 장기 이동평균선을 돌파할 경우 주추세가 반전될 가능성이 크다.
  ⑤ 강세국면에서 주가가 이동평균선 위에서 움직일 경우 상승세가 지속될 가능성이 높다.
  ⑥ 약세국면에서 주가가 이동평균선 아래에서 움직일 경우 하락세가 지속될 가능성이 높다.
  ⑦ 상승하고 있는 이동평균선을 주가가 하향돌파하는 경우 추세는 조만간 하락 반전할 가능성이 높다.
  ⑧ 하락하고 있는 이동평균선을 주가가 상향돌파하는 경우 추세는 조만간 상승 반전할 가능성이 높다.
  ※ 출처 : 금융투자협회 기본교재 2권(2025년) p314

32 정답 ②

국가별로 처한 상황이 다르기 때문에 산업정책은 국가별로 다르며, 동일 국가내에서도 경제성장의 단계에 따라 산업정책의 방향과 수단이 달라진다. 산업정책은 경제의 잠재적인 경제성장률을 높이는 정책이다.

상세해설

- 산업정책
  ① 시장이 효율적으로 작동하지 않을 때 정부가 산업에 직접 개입하여 이를 보전하고 자원배분의 효율성을 높이는 정책

② 산업의 잠재적 공급능력을 증대시키는 정부의 명시적인 정책
③ 거시경제정책의 보조적 수단으로 산업의 효율성 제고와 성장을 촉진시키는 정책
④ 경제성장, 국가경쟁력 강화등을 위해 정부가 산업에 직접 개입하여 특정 산업의 조정·투자등에 개입하는 정책
⑤ 시장의 결함을 해결하기 위해서 정부가 산업에 개입하여 국민경제 후생을 높이는 정책

- 산업정책 특징
  ① 공급지향정책으로 총공급관리에 중점을 둔다(경제학의 IS-LM은 수요관리 정책이다). 총수요정책은 잠재적 생산수준이 주어진 것으로 보고, 이러한 제약조건하에서 수요를 증가시켜 실업해소, 인플레이션 압력을 완화하는 정책이다. 반면에 산업정책은 잠재적인 생산수준을 확대하는 것이다.
  ② 시장이 실패할 경우 자원의 효율적 배분이 이뤄지도록 정부가 개입한다.
  ③ 역사적으로 경제발전이 뒤떨어진 후발국에서 강조되었으며, 성장잠재력이 훼손되는 상황에서도 강조되는 경향이 있다.
  ④ 국가가 처한 경제상황에 따라 산업정책의 모습이 다르고, 같은 국가내에서도 경제발전 단계에 따라 산업정책의 방향과 수단이 달라진다.

33 [정답] ②

$$ROA = \frac{순이익}{총자산} = \frac{순이익}{순매출액} \times \frac{순매출액}{총자산} = \frac{순이익}{순매출액} \times 총자산회전율 = 20\% \times 0.4 = 8\%$$

상세해설

- ROE와 ROA의 관계

$$ROE = \frac{순이익}{자기자본} = \frac{순이익}{순매출액} \times \frac{순매출액}{총자산} \times \frac{총자산}{자기자본}$$
$$= 수익성 \times 효율성 \times 레버리지$$
$$= ROA \times (1 + 부채비율)$$

34 [정답] ③

매출채권증가는 자산이 증가했으므로 현금흐름표상의 차감항목이다. 감가상각비는 현금유출이 없는 비용이며, 유형자산처분손실도 현금유출이 없는 비용이다. 현금유출이 없는 비용은 가산항목이다. 반면에 현금유입이 없는 수익은 차감항목이다. 매입채무는 부채의 증가로 보아 자금이 유입되어 현금흐름표상 가산항목이다.

상세해설

- 현금흐름표 구성

구분	현금흐름표 가산항목	현금흐름표 차감항목
당기순이익 (영업활동)	감가상각비, 대손상각비, 재고자산 평가손실, 유가증권 평가손실, 유가증권 처분손실, 설비자산 처분손실, 매출채권의 감소, 재고자산의 감소, 매입채무의 증가	유가증권의 평가이익, 유가증권 처분이익, 설비자산 처분이익, 매출채권의 증가, 재고자산의 증가, 매입채무의 감소
투자활동	대여금 회수, 유가증권 처분, 설비자산 처분	대여금 대여, 유가증권 매입, 설비자산 취득
재무활동	차입금 차입, 유상증자, 자기주식 처분	차입금 상환, 자기주식의 취득, 신주·사채등의 발행비용

※ 출처 : 금융투자협회 기본교재 2권(2025년) p264

35 정답 ③

✅ 상위기업의 규모가 변할 때 집중률 값이 불변이더라도 HHI의 값은 변동하여 이러한 변화를 반영한다.

상세해설

■ 시장경쟁강도의 측정방법
1. 집중률지수(시장집중률지수) : 산업 내 상위 k개의 기업의 시장집중도를 측정한다.
2. 허핀달지수(HHI지수, 허쉬만-허핀달지수)
   ① 산업 내의 모든 기업의 시장점유율 자료를 사용한다.

   $$HHI = \sum_{i=1}^{n} S_i^2, \; S_i : 시장점유율$$

   ② 시장점유율을 소수점으로 나타내면, 독점기업일 경우 HHI값은 1로 수렴한다. HHI값이 1에 가까울수록 시장집중률이 높으며 0에 가까울수록 시장집중률은 낮다.
   ③ HHI값의 역수는 산업에 존재하는 동등 규모 기업수로 해석될 수 있다. 즉 어떤 산업에서 가상적인 동등 규모의 기업체 수를 나타낸다. 만약 동등규모의 기업체수가 무한히 많다면 HHI값은 0으로 수렴한다.
   ④ 대기업 규모가 변화할 때 시장집중률값이 불변이더라도 HHI값은 변화하여 이러한 분포 변화를 반영한다.

36 정답 ②

✅ 기술적 분석은 시장의 수요와 공급이 변동하는 근본적인 원인에 대해서 알려주지 못한다.

상세해설

■ 기술적 분석의 가정
① 증권의 시장가치는 수요와 공급에 의해서만 결정된다.
② 주가는 지속되는 추세에 따라 상당 기간 동안 움직이는 경향이 있다.
③ 추세의 변화는 수요와 공급의 변동에 의해 발생한다.
④ 수요와 공급의 변동은 그 발생이유에 상관없이 시장의 움직임을 나타내는 도표에 의하여 추적될 수 있으며, 도표에 나타나는 주가 모형은 스스로 반복하는 경향이 있다.

■ 장점과 한계

장점	• 주가에는 계량화하기 어려운 심리적 요인까지 영향을 미치기 때문에 기본적 분석의 한계를 보완할 수 있음. • 기본적 분석방법으로 매매시점을 포착하기 어려우나 기술적 분석은 매매시점을 포착하는데 도움이 됨.
한계	• 과거의 추세나 패턴이 미래에는 반복하지 않을 수도 있음. • 동일한 과거 주가 양상을 놓고 어느 시점이 주가 변화의 시발점인지 해석이 다를 수 있음. • 투자가치를 무시하고 시장의 변동에만 집착하기 때문에 시장이 변화하는 근본 원인을 분석할 수 없음.

※ 출처 : 금융투자협회 기본교재 2권(2025년) p303

37 정답 ①

✅ 스토캐스틱에 대한 설명이다.

상세해설

① 스토캐스틱 : 일정 기간 동안의 주가 변동폭 중 금일 종가의 위치를 백분율로 나타낸 것
② RSI(Relative Strength Index) : 일정 기간 동안 개별 종목과 개별 업종과의 주가 변화율을 대비한 것
  • RSI값이 100에 접근할수록 주가는 더 이상 올라갈 수 없는 수준에 가까워지고, 0에 가까워지면 더 이상 하락할 수 없는 수준까지 내려가고 있는 것
  • 최대 100에서 최소 0 사이의 값을 가지고, 음수의 값을 가질 수 없음.
③ MAO(Moving Average Oscillator) : 단기 이동평균값에서 장기 이동평균값을 뺀 값으로 만든 지표
④ VR(Volume Ratio) : 일정 기간 동안의 주가 상승일의 거래량과 주가 하락일의 거래량의 비율을 백분율로 나타낸 것
  • 일반적인 수준은 150%이며, 450%를 초과하면 단기적으로 주가 과열신호, 70% 이하이면 단기 매입시점으로 본다.
  • 바닥권을 판단하는데 신뢰도가 높은 투자지표

38 [정답] ②

✓ 연기금도 사회적 투자를 실행한다.

39 [정답] ②

✓ EVA = 세후영업이익 − 투하자본 × $WACC$ = 500억 원(1−20%) − 1,000억 원 × 7.6% = 324억 원
$WACC$ = 5% × (1−20%) × 40% + 10% × 60% = 7.6%

상세해설

■ EVA(Economic Value Added, 경제적 부가가치)

$$EVA = \text{세후영업이익} - \text{영업용 투하자본} \times WACC$$
$$= (ROIC - WACC) \times \text{영업용 투하자본}, \text{ 단, } ROIC = \frac{\text{세후영업이익}}{\text{영업용 투하자본}}$$
$$WACC = k_d(1-t) \times \frac{D}{V} + k_e \times \frac{E}{V}$$
$$= \text{세후타인자본비용} \times \text{타인자본비율} + \text{자기자본비용} \times \text{자기자본비율}$$

① EVA가 양수이면 기회비용을 초과하여 경제적 가치를 창출하였다는 것을 의미함.
② 회계이익이 경제적 이익을 반영하도록 수정하는 대체적 회계처리 방법을 사용함.

■ MVA(Market Value Added, 시장부가가치)
① MVA = 미래 EVA의 현재가치의 합
② 기업가치 = 투하자본 + MVA + 비사업자산가치

40 [정답] ④

✓ 토빈의 Q = $\dfrac{\text{자본의 시장가치}}{\text{자산의 대체원가}}$, 대체원가는 장부가가 아니라 자산의 현재가치에 기반을 두고 있다.

상세해설

- 토빈의 Q(Tobin's Q)비율

$$\text{Tobin's Q} = \frac{\text{자본의 시장가치}}{\text{자산의 대체원가}}$$

① 자산의 대체원가를 추정하기 어려운 단점이 있다.
② 대체원가는 장부가가 아니라 자산들의 현재가치에 기반을 두고 있으므로 PBR의 문제점 중의 하나인 시간성의 차이를 극복하는 지표라고 할 수 있다.
③ Q비율이 높을수록 투자수익성이 양호하고 경영이 효율적이다.
④ Q비율이 낮을수록 적대적 M&A의 대상이 되는 경향이 있다.
※ 출처 : 금융투자협회 기본교재 2권(2025년) p270

41 정답 ③

$PER = \dfrac{1-b}{k-g} = \dfrac{1-60\%}{15\%-12\%} = 13.3$배, $g = b \times ROE = 60\% \times 20\% = 12\%$

42 정답 ④

시설자금 증가액은 현금흐름의 차감항목이다.

상세해설

- FCF(잉여현금흐름) = NOPLAT + 감가상각비 − 운전자본증가액 − 시설자금증가액
  - NOPLAT = 영업이익 − 법인세비용 − 법인세 절감효과 + 이연법인세 증가액
  - 운전자본 증가액 = 당해연도 순운전자본(유동자산 − 유동부채) − 전년도 순운전자본(유동자산 − 유동부채)
  - 시설자금증가액 : 당해연도의 순투자액
  - 감가상각비는 비용이 아니기 때문에 현금흐름을 계산하기 위해서는 가산해야 한다.

리스크관리 8문제

43 정답 ②

유동성위험은 포지션을 마감하는데 발생하는 비용에 대한 위험이다. 즉 기업이 소유하고 있는 자산을 매각할 때 매입자가 없어 매우 불리한 조건으로 자산을 매각해야만 할 때 유동성위험에 노출되었다고 말한다.

상세해설

- 재무위험의 종류
  ① 재무위험 : 금융시장에서 손실 가능성과 관련되어 있는 위험

② 시장위험 : 시장가격의 변동으로부터 발생하는 위험
③ 신용위험 : 거래상대방이 약속한 금액을 지불하지 못하는 경우에 발생하는 손실에 대한 위험
④ 유동성위험 : 포지션을 마감하는 데에서 발생하는 비용에 대한 위험
⑤ 운영위험 : 부적절한 내부시스템, 관리 실패, 잘못된 통제, 사기, 인간의 오류등으로 인해 발생하는 손실에 대한 위험
⑥ 법적위험 : 계약을 집행하지 못함으로 인해 발생하는 손실에 대한 위험
※ 출처 : 금융투자협회 기본교재 2권(2025년) p428 ~ 429

44
정답 ③

✓ 몬테카를로 시뮬레이션에 의해 계산한 VaR와 델타-노말분석법에 의해 계산한 VaR의 값은 다르다.

상세해설

- 델타-노말 분석법
  포트폴리오를 리스크 요인별로 나누고 이 요인에 대한 민감도를 이용하여 포지션의 가치변동을 추정하는 방법이 델타-노말분석법 혹은 델타분석법이다.
  ① 리스크요인이 정규분포를 가진다고 가정하여, 리스크 요인과 포트폴리오 변동에 대한 민감도(델타)를 추정하여 리스크 요인변동에 따른 포트폴리오 가치변동을 주어진 신뢰구간에서 추정한다.
  ② 자산의 가치평가 모형을 요구하지 않는다.
  ③ 옵션과 같은 비선형 수익구조를 가진 상품이 포트폴리오에 포함되어 있는 경우, 오차가 커지는 문제가 발생할 수 있다.

45
정답 ③

✓ 신용손실분포는 비대칭적이기 때문에 모수를 통해서 신용리스크 측정이 어렵다. 신용리스크는 백분율(percentile)을 통해서 측정한다.

상세해설

- 신용리스크
  ① 개념 : 신용손실 분포로부터의 예상외 손실
  ② 예상되는 손실은 리스크라고 하지 않으며, 이는 일반적으로 대손충당금등으로 대비한다.
  ③ 리스크는 예상하지 못한 손실이며, 이는 일반적으로 자기자본으로 대비한다.
  ④ 신용리스크 측정치는 신용손실 분포에 의해 결정된다.

- 신용손실분포 특징
  ① 한쪽으로 길면서도 두꺼운 꼬리(fat-tail)를 갖는 비대칭적인(skewed) 분포를 보인다.
  ② 모수적 방법으로 신용리스크 측정이 어렵고 백분율(percentile)방법으로 측정하는 것이 바람직하다.

46　　정답 ①

✓ RAROC=$\frac{수익}{VaR}$이다. 금액 대신 수익률을 대입하면 보기 1번부터 차례대로 1.25, 1.2, 1.17, 1.14이므로 1.25가 가장 크다. 투자금액이 동일하기 때문에 수익률을 VaR로 나눠도 투자성과평가의 순위는 동일하다.

구분	1번	2번	3번	4번
투자수익	5%	6%	7%	8%
VaR	4억 원	5억 원	6억 원	7억 원
RAROC	5/4=1.25	6/5=1.2	7/6=1.17	8/7=1.14

상세해설

- RAROC(Risk Adjusted Return on Capital)
  - RAROC=$\frac{순수익}{VaR}$이며, 이 수치가 클수록 위험대비 성과가 높다고 볼 수 있다.
  ※ 금액이 주어지지 않고 모든 자산의 투자금액이 일정하다고 할 경우 $\frac{수익률}{VaR}$을 통해서 RAROC의 우열을 결정한다.

47　　정답 ③

✓ 앞으로 하루동안 발생할 수 있는 최대손실가능액은 10억 원이고 그 가능성은 99%라는 의미이다. 이는 앞으로 하루동안 최대손실가능액 10억 원을 초과해서 발생할 수 있는 확률은 1%라는 것과 같은 의미이다.

48　　정답 ②

✓ 각 포트폴리오의 VaR값을 구하면 다음과 같다.
㉮ = $\sqrt{7^2+6^2+2\times1\times7\times6}$ =13억 원
㉯ = $\sqrt{4^2+8^2+2\times0.5\times4\times8}$ =10.58억 원
㉰ = $\sqrt{9^2+6^2+2\times0\times9\times6}$ =10.82억 원
㉱ = $\sqrt{3^2+10^2+2\times0.3\times3\times10}$ =11.27억 원

49　　정답 ②

✓ 부도시 예상손실=부도에 노출된 금액×부도율×부도시 손실률=50억 원×5%×(1-40%)=1.5억 원

> **상세해설**

- KMV 부도모형(Default Mode)

$$EL(부도시\ 예상손실) = EAD(부도에\ 노출된\ 금액) \times 부도율 \times LGD(부도시\ 손실률)$$

① 부도가 발생한 경우에만 신용손실이 발생한 것으로 간주하여 리스크를 추정하는 모형
② 신용리스크는 EL(부도시 예상손실)의 불확실성으로 측정되며, 이는 EL의 변동성으로 측정한다.

$$\sigma_{EL} = \sqrt{p(1-p)} \times EAD(부도에\ 노출된\ 금액) \times LGD(부도시\ 손실률),\ 단\ p는\ 부도율$$

- MTM(Marking-to-Market Mode)
① 부도발생뿐 아니라 신용등급의 변화에 따른 손실 리스크까지 신용리스크에 포함시키는 모형이다.
② 부도모형과 달리 한 기간 후의 가치 변화에 대한 분포를 도출한 뒤 예상치 못한 가치 변화를 VaR의 개념으로 추정하며 이를 신용 VaR라고 한다.
③ 대표적인 리스크 측정 모델로는 CreditMetrics 모형이 있다.

50

정답 ①

✓ 위험감소효과가 없을 경우(두 자산의 상관계수가 1일 경우) VaR = $\sqrt{5^2 + 3^2 + 2 \times 1 \times 5 \times 3}$ = 8억 원, 현재 상관계수가 0.5일 경우 VaR = $\sqrt{5^2 + 3^2 + 2 \times 0.5 \times 5 \times 3}$ = 7억 원, 분산투자로 인한 위험감소효과 = 상관계수 1일 때 VaR − 현재 상관계수하에서의 VaR = 8억 원 − 7억 원 = 1억 원

> **상세해설**

- 두 자산으로 구성된 포트폴리오의 VaR

$$VaR_P = \sqrt{VaR_1^2 + VaR_2^2 + 2 \cdot \rho_{12} \cdot VaR_1 \cdot VaR_2}$$

직무윤리

5문제

51

정답 ③

✓ 고객의 수익률 혹은 손실률은 과당매매의 판단기준이 아니다.

> **상세해설**

- 과당매매 : 금융투자회사의 임직원이 자신 혹은 회사의 영업실적을 증대시키기 위해 금융소비자의 투자경험등을 고려하지 않고 지나치게 자주 투자권유를 하여 매매가 발생하는 것으로 고객과 금융투자업자와의 대표적인 이해상충 사례이다.
- 과당매매인지 아닌지 판단기준 : 아래 사항들을 종합적으로 고려하여 판단한다.
  ① 투자자가 부담하는 수수료의 총액
  ② 투자자의 재산상태 및 투자목적에 적합한지 여부
  ③ 투자자의 투자지식이나 경험에 비추어 당해 거래에 수반되는 위험을 잘 이해하고 있는지 여부

④ 개별 매매거래시 권유내용의 타당성 여부
※ 주의사항 : 투자자가 얼마나 많은 수익을 얻었는지는 과당매매 여부 판단시 고려하지 않는다(오답으로 자주 출제됨).
※ 출처 : 금융투자협회 기본교재 3권(2025년) p27

52 정답 ②

✅ 금융위원회의 제재조치요구를 이행하지 않으면 1억 원 이하 과태료 부과대상이다.

상세해설

■ 내부통제기준 위반시 회사에 대한 조치

1억 원 이하 과태료 부과	• 내부통제기준을 마련하지 아니한 경우 • 준법감시인을 두지 아니한 경우 • 사내이사 또는 업무집행책임자 중에서 준법감시인을 선임하지 않은 경우 • 이사회 결의를 거치지 아니하고 준법감시인을 임면한 경우 • 금융위원회가 위법·부당한 행위를 한 회사 또는 임직원에게 내리는 제재조치를 이행하지 않은 경우

3천만 원 이하 과태료 부과	• 준법감시인에 대한 별도의 보수지급 및 평가기준을 마련·운영하지 않은 경우
	• 준법감시인이 아래의 업무를 겸직하거나 이를 겸직하게 한 경우
	  - 자산 운용에 관한 업무
	  - 해당 금융회사의 본질적 및 그 부수업무
	  - 해당 금융회사의 겸영업무
	  - 자회사등의 업무
	  - 그 밖에 이해가 상충할 우려가 있거나 내부통제 및 위험관리업무에 전념하기 어려운 경우로서 대통령령으로 정하는 업무

2천만 원 이하 과태료 부과	• 준법감시인의 임면 사실을 금융위원회에 보고하지 않은 경우

※ 출처 : 금융투자협회 기본교재 3권(2025년) p128

53 정답 ①

✅ 재산상 이익제공 현황 및 적정성 점검 결과를 매년 이사회에 보고해야 한다.

상세해설

■ 재산상 이익제공 보고 및 공시
① 거래상대방에게 제공하거나 거래상대방으로부터 수령한 재산상 이익의 가액이 10억 원을 초과하는 즉시 인터넷 홈페이지를 통해 공시해야 한다. 그 이후에는 10억 원을 초과할 때마다 해당 시점에 즉시 공시해야 한다.
② 자율적으로 정한 일정 금액을 초과하거나 금액과 무관하게 전체 건수에 대해 금융투자회사는 그 제공에 대한 적정성을 평가하고 점검해야 한다. 그 점검결과를 매년 이사회에 보고해야 한다.
③ 이사회가 정한 금액 이상을 초과하여 동일한 거래상대방과 재산상 이익을 제공하거나 수령하려는 경우 이사회의 사전승인을 받아야 한다.
④ 재산상 이익을 제공 및 수령하는 경우 해당 사항을 기록하고 5년 이상의 기간 동안 관리·유지해야 한다. 거래상대방에게 해당 내역의 제공을 요청하려는 경우에는 소속 임직원의 동의를 반드시 받은 후 대표이사 명의의 서면으로 요청해야 한다.

54

정답 ③

✓ 영업관리자에게 영업관리자로서의 업무수행 결과에 따라 적절한 보상을 지급할 수 있다.

상세해설

- 영업관리자의 자격
  ① 영업점에서 1년 이상 근무한 경력이 있거나 준법감시·감사업무를 1년 이상 수행한 경력이 있는자로서 당해 영업점에 상근하고 있을 것
  ② 본인이 수행하는 업무가 과다하거나 수행하는 업무의 성격으로 인하여 준법감시 업무에 곤란을 받지 아니할 것
  ③ 영업점장이 아닌 책임자급일 것. 다만, 당해 영업점의 직원 수가 적어 영업점장을 제외한 책임자급이 없는 경우에는 그러하지 않음.
  ④ 준법감시업무를 효과적으로 수행할 수 있는 충분한 경험과 능력, 윤리성을 갖추고 있을 것
  ⑤ 아래 요건을 모두 충족시 예외적으로 1명의 영업관리자가 2 이상의 영업점을 묶어 영업관리자 업무를 수행할 수 있음.
    - 감독대상 영업직원의 수, 영업규모와 내용 및 점포의 지역적 분포가 단일 영업관리자만으로 감시·감독하는데 특별한 어려움이 없을 것
    - 해당 영업관리자가 대상 영업점 중 1개의 영업점에 상근하고 있을 것
    - 해당 영업관리자가 수행할 업무의 양과 질이 감독업무 수행에 지장을 주지 아니할 것
- 기타
  ① 준법감시인은 영업점별 영업관리자에 대하여 연간 1회 이상 법규 및 윤리 관련 교육을 실시해야 한다.
  ② 회사는 영업점별 영업관리자의 임기를 1년 이상으로 하여야 하고, 영업점별 영업관리자가 준법감시업무로 인하여 인사·급여 등에서 불이익을 받지 아니하도록 해야 한다.
  ③ 영업점별 영업관리자에게 업무수행 결과에 따라 적절한 보상을 지급할 수 있다.

55

정답 ③

✓ 거래상대방만 참석한 여가 및 오락활동등에 수반되는 비용을 제공하는 것은 부당한 재산상의 이익이기 때문에 제공해서는 안 된다.

상세해설

- 금융투자회사 직원이 본인에게 지켜야 할 윤리
  법규준수, 자기혁신, 품위유지, 공정성 및 독립성 유지, 사적이익 추구금지
- 사적이익 추구금지
  ① 부당한 금품 등의 제공 및 수령금지는 원칙적으로 안되나 예외적으로 사용범위가 공연, 운동경기 관람, 도서, 음반구입등 문화활동으로 한정된 상품권 제공은 허용된다.
  ② 직무관련 정보를 이용한 사적거래 제한
  ③ 직위의 사적이용은 금지되나, 경조사 봉투 및 화환등에 회사명, 직위를 기재하는 행위는 허용된다. 직무와 관련하여 회사 명칭이나 직위를 사용하는 것도 허용된다.

자본시장 관련 법규

11문제

56
정답 ④

✓ 투자일임업은 등록대상 금융투자업이다.

인가대상 금융투자업	투자매매업, 투자중개업, 집합투자업, 신탁업
등록대상 금융투자업	투자자문업, 투자일임업, 온라인소액투자중개업, 일반사모집합투자업

※ 대체로 규모가 큰 사업은 인가대상이고 규모가 작은 사업은 등록대상이다.

57
정답 ③

✓ 집합투자재산의 기준가격은 원칙적으로 집합투자업자 혹은 투자회사가 산정하고 이를 매일 공고·게시해야 한다.

상세해설

- 집합투자재산의 평가
  ① 신뢰할 만한 시가가 있는 경우 : 시가로 평가함.
  ② 신뢰할 만한 시가가 없는 경우 : 공정가액으로 평가함. 단, MMF의 경우에는 장부가격으로 평가할 수 있음.
  ③ 집합투자업자는 집합투자재산평가업무를 수행하기 위하여 집합투자재산평가위원회를 구성해야 함.
  ④ 집합투자업자는 평가위원회가 집합투자재산을 평가한 경우 그 평가명세를 신탁업자에게 통보해야 함.
  ⑤ 신탁업자는 집합투자업자의 집합투자재산에 대한 평가가 공정하게 이루어졌는지를 확인해야 함.
- 기준가격
  ① 집합투자업자 또는 투자회사는 집합투자재산의 평가결과에 따라 집합투자증권의 기준가격을 산정해야 함.
  ② 기준가격을 변경하려는 때에는 집합투자업자의 준법감시인과 신탁업자의 확인을 받아야 함.
  ③ 기준가격을 변경한 때에는 금융위에 그 사실을 보고해야 함.
  ④ 산정된 기준가격을 매일 공고·게시해야 함.

58
정답 ④

✓ 총신용규모 한도는 자기자본의 범위 이내이며, 신용공여금액의 100분의 140 이상에 상당하는 담보를 징구해야 한다.

상세해설

- 신용공여 방법
  ① 해당 투자매매업자 또는 투자중개업자에게 증권 매매거래계좌를 개설하고 있는 자에 대하여 증권의 매매를 위한 매수자금을 융자하거나 매도하려는 증권을 대여하는 방법 혹은 전자등록주식 등을 보유하고 있거나 증권을 예탁하고 있는 자에 대하여 그 전자등록증 또는 증권을 담보로 금전을 융자하는 방법
  ② 신용공여약정의 체결
  ③ 신용공여의 회사별 한도 : 총신용공여 규모는 자기자본의 범위 이내로 함.
- 담보의 징구
  ① 청약자금대출 : 청약하여 배정받은 증권을 담보로 징구해야 함.

② 신용거래융자 및 신용거래대주 : 매수한 주권 또는 상장지수집합투자기구의 집합투자증권, 신용거래대주인 경우에는 매도대금을 담보로 징구해야 함.
③ 예탁증권담보융자 : 예탁증권을 담보로 징구하되, 가치산정이 곤란하거나 담보권의 행사를 통한 대출금의 회수가 곤란한 경우 담보로 징구할 수 없음.
④ 담보비율 : 신용공여금액의 100분의 140 이상

- 담보로 제공된 증권의 평가
  ① 청약주식 : 취득가액, 단 당해 주식이 상장된 후에는 당일종가
  ② 상장주권 또는 상장지수집합투자기구의 집합투자증권 : 당일종가
  ③ 상장채권 및 공모 파생결합증권 : 2개 이상의 채권평가회사가 제공하는 가격정보를 기초로 투자매매업자 또는 투자중개업자가 산정한 가격
  ④ 집합투자증권 : 당일에 고시된 기준가격

- 신용거래 제한
  ① 거래소가 투자경고종목, 투자위험종목, 관리종목으로 지정한 증권(신규거래 금지)
  ② 거래소가 매매호가 전 예납조치 또는 결제 전 예납조치를 취한 증권에 대해서는 신규의 신용거래를 할 수 없음.

59

정답 ②

✓ 원칙적으로 집합투자업자가 수익자 총회를 소집한다. 예외적으로 수익증권의 총좌수의 100분의 5 이상을 소유한 수익자가 소집을 요청할 수 있다. 수익자총회일 2주 전에 각 수익자에게 소집통지를 해야 한다.

상세해설

- 수익자총회 결의사항 및 소집권자
  ① 총회는 자본시장법 또는 신탁계약에서 정한 사항에 대해서만 결의 가능
  ② 소집권자(원칙) : 투자신탁을 설정한 집합투자업자
  ③ 소집권자(예외) : 투자신탁재산을 보관·관리하는 신탁업자 또는 발행된 수익증권의 총좌수의 5% 이상을 소유한 수익자

- 수익자총회 소집통지방법
  ① 수익자총회를 정하여 2주 전에 각 수익자에 대하여 서면 또는 전자문서로 통지를 발송하여야 함.
  ② 그 통지가 수익자명부상의 수익자의 주소에 계속 3년간 도달하지 아니한 때에는 집합투자업자는 당해 수익자에게 총회의 소집을 통지하지 않을 수 있음.

60

정답 ③

✓ 원칙적으로 집합투자기구 자산총액의 10%를 초과하여 동일종목의 증권에 투자할 수 없다. 예외적으로 한국은행통화안정증권(100% 투자가능), 특수채(30% 투자가능), 파생결합증권(30% 투자가능)은 자산총액의 10%를 초과하여 투자할 수 있다. 회사채는 10%까지만 투자가능하다.

상세해설

- 동일종목 증권 투자 제한
  ① 원칙 : 각 집합투자기구 자산총액의 10%를 초과하여 동일종목의 증권에 투자하는 행위 금지
  ② 예외
    • 100% 투자가능 : 국채, 한국은행통화안정증권, 정부보증채, 부동산개발회사 발행증권, 부동산투자목적회사가 발행한 지분증권등

- 30% 투자가능 : 지방채, 특수채, 법률에 의해 직접 설립된 법인이 발행한 어음, 파생결합증권, 금융기관이 발행한 어음 또는 CD, 금융기관이 발행한 채권등
- 동일종목의 증권에 ETF자산 총액의 30%까지 투자가능

■ 동일 지분증권 투자 제한
① 원칙 : 동일 법인등이 발행한 지분증권 총수의 20%를 초과하여 투자하는 행위 금지
② 예외
- 100% 투자가능 : 부동산개발회사 발행 지분증권, 부동산투자목적회사 발행 지분증권

■ 부동산 투자제한
① 국내에 있는 부동산 중 주택법 제2조 제1호에 따른 주택 : 취득 후 1년 이내에 처분하지 못함. 단, 미분양주택을 취득하는 경우 집합투자규약에 정하는 기간 내에 처분하지 못함.
② 국내에 있는 부동산 중 주택법 제2조 제1호에 따른 주택에 해당하지 않는 부동산 : 1년 이내에 처분하지 못함.
③ 국외부동산 : 집합투자규약으로 정하는 기간 이내에는 처분하지 못함.

61

[정답] ③

✓ 순자본비율 = $\dfrac{\text{영업용순자본} - \text{총위험액}}{\text{필요유지 자기자본}}$, 필요유지 자기자본은 금융투자업자가 영위하는 인가업무 또는 등록업무 단위별로 요구되는 자기자본을 합한 금액이다.

상세해설

■ 순자본비율
① 순자본비율 50% 이상 ~ 100% 미만 : 경영개선권고
② 순자본비율 0% 이상 ~ 50% 미만 : 경영개선요구
③ 순자본비율 0% 미만 : 경영개선명령

■ 순자본비율 산정 기본원칙
① 순자본비율의 기초가 되는 금융투자업자의 자산, 부채, 자본은 연결 재무제표에 계상된 장부가액을 기준으로 한다.
② 신용위험과 시장위험을 동시에 내포하는 자산에 대하여는 시장위험액과 신용위험액을 모두 산정한다.
③ 영업용순자본 차감항목에 대하여는 원칙적으로 위험액을 산정하지 않는다.
④ 영업용순자본의 차감항목과 위험액 산정대상 자산 사이에 위험회피효과가 있는 경우에는 위험액 산정대상 자산의 위험액을 감액할 수 있다.
⑤ 부외자산과 부외부채에 대해서도 위험액을 산정하는 것을 원칙으로 한다.
⑥ 총위험액 = 시장위험액 + 신용위험액 + 운영위험액
- 시장위험액 = 주식위험액 + 금리위험액 + 외환위험액 + 집합투자증권등 위험액 + 일반상품위험액 + 옵션위험액

※ 출처 : 금융투자협회 기본교재 3권(2025년) p191 ~ 193

62

[정답] ④

✓ 4주가 아니라 6주 이내에 집합투자자총회를 개최해야 한다.

상세해설

■ 환매방법
① 집합투자업자 또는 투자회사등은 시행령으로 정하는 경우를 제외하고는 환매청구일로부터 15일 이내에서 집합투자규약에서 정한 환매일에 환매대금을 지급해야 한다.

② 집합투자업자 또는 투자회사등은 환매대금을 지급하는 경우 집합투자재산으로 소유 중인 금전 또는 집합투자재산을 처분하여 조성한 금전으로 해야 한다. 다만, 투자자 전원의 동의를 얻은 경우에는 집합투자재산으로 지급 가능하다.
③ 집합투자증권을 판매한 투자매매·중개업자, 집합투자업자, 신탁업자는 환매청구를 받은 집합투자증권을 자기의 계산으로 취득하거나 타인에게 취득하게 하여서는 안 된다(원칙).
④ 환매가격 : 원칙적으로 환매청구일 후에 산정되는 기준가격으로 환매한다.
⑤ 환매수수료 : 집합투자증권의 환매를 청구하는 투자자가 부담하며, 집합투자재산에 귀속된다.
⑥ 환매연기시 6주 이내에 집합투자자 총회를 개최하여 환매에 관한 사항을 결의해야 한다.

63

정답 ①

✓ 투자중개업자나 투자매매업자가 투자자의 매매주문을 받아 처리하는 과정에서 투자판단의 전부 또는 일부를 위임받을 필요가 있는 경우 투자일임업 적용을 배제한다.

상세해설

- 투자일임업 주요 적용배제사항 : 투자중개업자나 투자매매업자가 투자자의 매매주문을 받아 처리하는 과정에서 투자판단의 전부 또는 일부를 위임받을 필요가 있는 경우 투자일임업 적용을 배제한다.
- 구체적인 상황
  ① 투자자가 금융투자상품의 매매거래일(하루에 한정함)과 그 매매거래분의 총매매 수량이나 총매매 지정금액을 지정한 경우로서 투자자로부터 그 지정범위에서 금융투자상품의 수량, 가격 및 시기에 대한 투자판단의 일임을 받는 경우
  ② 투자자가 여행, 질병등으로 일시적으로 부재하는 경우 금융투자상품의 가격폭락등 불가피한 사유가 있는 경우, 투자자로부터 약관등에 따라 사전에 금융투자상품의 매도권한을 일임받은 경우
  ③ 투자자가 금융투자상품의 매매, 그 밖의 거래에 따른 결제나 증거금의 추가 예탁 또는 법 제72조에 따른 신용공여와 관련한 담보비율 유지의무나 상환의무를 이행하지 아니한 경우로서 투자자로부터 약관 등에 따라 금융투자상품의 매도권한을 일임받은 경우
  ④ 외국 투자일임업자가 국외에서 국가, 한국은행, 한국투자공사, 법률에 따라 설립된 기금 및 그 기금을 관리·운용하는 법인을 상대로 투자권유 또는 투자광고를 하지 아니하고 그 자를 상대방으로 투자일임업을 하는 경우

64

정답 ①

✓ 간주모집에 대한 설명이다.

상세해설

- 간주모집
청약의 권유를 받는 자의 수가 50인 미만으로서 증권의 모집에 해당되지 않아도, 해당 증권이 발행일부터 1년 이내에 50인 이상의 자에게 양도될 수 있는 경우로서 증권의 종류 및 취득자의 성격 등을 고려하여 금융위가 정하여 고시하는 전매기준에 해당하는 경우에는 모집으로 간주. 단, 금융위가 정하는 전매제한조치를 취한 경우에는 모집에 해당하지 않음.
- 안정조작
모집 또는 매출되는 증권의 발행인 또는 소유자와 인수계약을 체결한 투자매매업자가 일정한 방법에 따라 그 증권의 모집 또는 매출의 청약기간의 종료일 전 20일부터 그 청약기간의 종료일까지의 기간 동안 증권의 가격을 안정시킴으로써 증권의 모집 또는 매출을 원활하도록 하기 위한 매매거래

65

정답 ③

✓ 자집합투자기구와 모집합투자기구의 운용회사는 동일해야 한다.

상세해설

- 모자형 집합투자기구
  ① 다른 집합투자기구(모집합투자기구)가 발행하는 집합투자증권을 취득하는 구조의 집합투자기구를 의미함.
  ② 투자매매업자 또는 투자중개업자는 모집합투자기구의 집합투자증권을 자집합투자기구를 제외한 다른 투자자에게 판매해서는 안 됨.
  ③ 설정요건
     - 자집합투자기구가 모집합투자기구의 집합증권 외의 다른 집합투자증권 취득이 허용 안 됨.
     - 자집합투자기구 외의 자가 모집합투자기구의 집합투자증권을 취득하는 것이 허용 안 됨.
     - 자집합투자기구와 모집합투자기구의 집합투자재산을 운용하는 집합투자업자가 동일해야 함.

66

정답 ④

✓ 집합투자증권에 대한 의결권은 집합투자업자가 행사한다.

상세해설

- 의결권 행사 및 공시
  ① 원칙적으로 투자자의 이익을 보호하기 위해서 집합투자재산에 속하는 주식의 의결권을 충실하게 행사해야 한다.
  ② 집합투자업자는 다음에 해당하는 자가 집합투자재산에 속하는 주식 발행법인을 계열회사로 편입하기 위한 경우 중립투표(shadow voting)를 해야 함.
     - 집합투자업자, 그 특수관계인 및 공동보유자
     - 집합투자업자에 대하여 사실상의 지배력을 행사하는 자로서, 관계 투자매매업자, 투자중개업자 및 그 계열회사, 집합투자업자의 대주주
     - 집합투자재산에 속하는 주식 발행법인이 집합투자업자와 계열회사 혹은 집합투자업자에 대하여 사실상의 지배력을 행사하는 관계에 있는 회사
  ③ 집합투자업자는 제3자와의 계약에 의하여 의결권을 교차하여 행사하는 등 의결권행사 제한규정을 면하기 위한 행위는 금지됨.
  ④ 집합투자업자는 동일종목, 동일법인 발행증권, 계열사 발행증권 투자한도 규정을 위반하여 취득한 주식에 대해서는 의결권을 행사할 수 없음.
  ⑤ 집합투자업자는 의결권 공시대상법인에 대한 의결권 행사 여부 및 그 내용을 기록·유지해야 함.
     - 의결권 공시대상법인 : 각 집합투자기구 자산총액의 5% 이상 또는 100억 원 이상을 소유하는 주식의 발행인
     - 기록·유지방법 : 영업보고서에 기재
  ※ 출처 : 금융투자협회 기본교재 3권(2025년) p252~253

한국금융투자협회규정

3문제

67
정답 ②

✓ 판매회사는 판매회사 변경의 절차를 이행하는 대가로 투자자에게 별도의 비용을 징구할 수 없다.

상세해설

■ 집합투자증권 판매회사 변경
① 제도의 취지 : 판매회사 간 서비스 차별화 등을 통한 공정경쟁을 유도하고 투자자의 판매회사 선택권 확대를 위해 환매수수료 부담없이 판매회사를 변경할 수 있도록 하는 것
② 대상 펀드 범위 : 판매회사가 판매할 수 있는 모든 펀드에 적용함이 원칙이다. 단, 전산상 관리가 곤란하거나 세제상 문제가 있는 일부 펀드의 경우에는 예외적으로 적용대상에서 제외한다.
③ 판매회사의 의무 : 투자자가 판매회사를 변경하고자 하는 경우 변경 판매회사 및 변경 대상 판매회사는 판매회사 변경절차를 이행해야 한다. 단, 이행이 불가능한 경우 그 사유를 설명해야 한다.
④ 변경수수료 금지 : 판매회사는 판매회사 변경의 절차를 이행하는 대가로 투자자에게 별도의 비용을 징구할 수 없다.
⑤ 판매회사 변경 또는 변경에 따른 이동액을 조건으로 하는 재산상 이익의 제공행위는 금지된다.

68
정답 ①

✓ 타 집합투자기구와 비교하는 광고시 기준일로부터 과거 1년, 2년, 3년 수익률과 설정일 또는 설립일로부터 기준일까지의 수익률을 표시해야 한다. 단, 집합투자기구 운용실적 공시는 1개월에 한 번 한다.

상세해설

■ 비교광고시 준수사항
① 비교대상이 동일한 유형의 집합투자일 것
② 협회 등 증권유관기관의 공시자료 또는 집합투자기구평가회사의 평가자료를 사용할 것
③ 기준일로부터 과거 1년, 2년, 3년 수익률과 설정일 또는 설립일로부터 기준일까지의 수익률을 표시하되, 연 단위 비교대상 내의 백분위 순위 또는 서열 순위등을 병기할 것. 이 경우 평가자료에 포함된 전체 비교대상의 수를 근접 기재해야 함.
④ 평가자료의 출처 및 공표일을 표시할 것
■ 의무표시사항
집합투자기구의 유형, 기준일 및 기준일 현재의 순자산총액, 설립일, 수익률 산출기간 및 산출기준, 세전 혹은 세후 여부, 벤치마크 수익률(단, MMF, 부동산 펀드등 벤치마크 선정이 어려운 펀드는 벤치마크 수익률 표시 생략 가능)
※ 출처 : 금융투자협회 기본교재 3권(2025년) p512~513

69
정답 ④

✓ 금융투자회사가 발행주식 총수의 100분의 5 이상의 주식등을 보유 또는 소유하고 있는 법인에 대한 조사분석자료를 공표할 수 없다.

상세해설

■ 조사분석대상법인의 제한
금융투자회사는 다음에 해당하는 기업에 대한 조사분석자료를 공표하거나 특정인에게 제공하여서는 아니 된다.
① 자신이 발행한 금융투자상품
② 자신이 발행한 주식을 기초자산으로 하는 주식선물, 주식옵션 및 주식워런트 증권
③ 자신이 안정조작 또는 시장조성업무를 수행하고 있는 증권을 발행한 법인
④ 자신이 발행주식 총수의 100분의 5 이상의 주식등을 보유 또는 소유하고 있는 법인
⑤ 최근 사업연도 재무제표에 대한 감사의견이 부적정 또는 의견거절이거나 한정인 법인. 단, 투자등급 및 목표가격 등을 하향 조정하기 위한 경우는 가능하다.
※ 출처 : 금융투자협회 기본교재 3권(2025년) p502

주식투자운용/투자전략   6문제

70   정답 ②

✓ 근본적 분석방법(펀더멘탈 분석법)에 대한 설명이다.

상세해설

■ 자산집단의 기대수익률 추정방법
① 추세분석법 : 자산집단에 대한 과거의 장기간 수익률을 분석하여 미래의 수익률로 사용하는 방법이다. 과거 자료의 평균값을 그대로 활용하기보다 추세의 변화를 반영할 수 있는 방법을 적용하는 것이 바람직하다.
② 시나리오분석법 : 여러 가지 경제변수 간의 상관성을 고려하여 시뮬레이션 함으로써 수익률 추정의 합리성을 높이는 방법이다. 시나리오별 발생확률을 주관적으로 결정해야 하는 단점이 있다.
③ 근본적 분석방법(펀더멘탈 분석법) : 과거 시계열 자료를 토대로 각 자산집단별 리스크 프리미엄 구조를 반영하는 방법으로 회귀분석, CAPM, APT등이 있다. 리스크 프리미엄을 더해가는 방식이기 때문에 '벽돌쌓기 방식'이라고도 한다.
④ 시장공통예측치 사용방법 : 시장참여자들 간에 공통적으로 가지고 있는 미래수익률에 대한 추정치를 이용하는 방법이다.

71   정답 ①

✓ 준액티브운용은 추가적인 위험을 많이 발생시키지 않으면서 벤치마크 대비 초과수익을 획득하려는 전략이다. 액티브 운용과 가장 큰 차이는 벤치마크와 괴리될 위험을 적절히 통제하냐 그렇지 않냐이다. 그러므로 액티브운용보다 표준편차가 적어야 한다.

상세해설

■ 준액티브운용(Semi-Active) : 액티브펀드보다 추가적인 위험을 많이 발생시키지 않으면서 벤치마크에 비해 초과수익을 얻으려는 전략으로 인핸스드 인덱스펀드, 계량분석방법이 있으며, 액티브운용과 가장 큰 차이는 벤치마크와 괴리될 위험을 적절히 통제하는데 있음.

① 인핸스드 인덱스펀드(Enhanced index fund) : 인덱스 펀드의 장점을 살리면서 초과수익을 추구함으로써 안정적인 인덱스펀드보다 더 나은 성과를 달성하려는 목적을 가지고 있어서 인덱스+알파펀드라고도 함.
② 계량분석방법 : 과거 자료를 이용한 계량적인 시뮬레이션 분석을 통해 마련된 최적의 운용전략에 따라 운용하는 방식(기술적 분석을 계량적으로 나타냈다고 볼 수도 있음)

72
정답 ④

✓ 포트폴리오 보험전략을 추구하는 투자자는 극단적으로 위험회피성향이 강하며, 이러한 투자자는 많지 않기 때문에 자산운용사의 주력상품이 되는 것은 곤란하다.

상세해설

■ 포트폴리오 보험의 속성
 ① 투자 만기시 최소보장 가치 이하의 투자성과가 발생할 확률은 0이다.
 ② 포트폴리오 가치가 최소 보장 수준 이상일 때, 포트폴리오 가치는 완전히 위험자산에 투자한 경우 획득 가능한 이익의 일정 비율만큼이며 이는 예측이 가능하다.

73
정답 ③

✓ 주식포트폴리오 모형은 패시브운용과 액티브운용 모두에 사용할 수 있다.

상세해설

■ 주식포트폴리오 모형
 ① 다중요인모형 : 주식의 체계적 위험을 베타, 규모, 성장성, 레버리지, 해외시장 노출도, 산업등 여러가지 요인으로 구분하고 이러한 요인을 제외한 리스크는 비체계적위험 혹은 개별주식 고유위험이다.
 ② 2차함수 최적화 모형 : 기대수익률과 위험간의 최적의 균형점을 찾는 모형이다.
 ③ 선형계획모형 : 2차함수 최적화 모형의 대안으로 제시되기도 한다. 일정한 제약조건을 만족시키는 포트폴리오 중에 기대수익률을 최대화하는 방법을 찾는다.
■ 포트폴리오 모형의 활용
 ① 액티브운용에서는 초과수익률을 내기 위한 위험요소를 선택하는데 활용한다.
 ② 패시브운용에서는 포트폴리오 위험요소를 벤치마크의 위험요소와 동일한 수준으로 유지하기 위해 활용한다.
 ③ 성과요인 분석 : 포트폴리오 매니저의 운용성과 판단에 사용한다.

74
정답 ③

✓ 이상현상 중 정보비효율 그룹은 무시된 기업효과, 소형주 효과, 1월 효과이다. 저 PBR효과는 상대적 저가주 효과그룹이다.

상세해설

■ 이상현상분류
예외적인 현상으로 시장이 효율적이라면 발생하지 않을 현상이 실제 주식시장에서 나타나는 현상을 의미한다. 이상현상은 시장이 완전히 효율적이지 않다는 증거로 사용되기도 한다.

정보비효율 그룹	상대적 저가주 효과 그룹	수익률 역전그룹
수익예상 수정 효과 수익예상 추세 효과 무시된 기업 효과 소형주 효과 1월 효과	저 PER 효과 저 PBR 효과	장기수익률 역전현상 저 β 효과 잔차수익률 역전현상 고유수익률 역전현상

※ 출처 : 금융투자협회 기본교재 4권(2025년) p109~110

75 정답 ①

✓ 전략적 자산배분은 장기적인 관점의 투자이며 시장이 효율적이라고 가정하며, 전술적 자산배분은 전략적 자산배분하에 시장상황에 따라 투자비율을 조정해 가는 방법으로 단기적으로 시장이 비효율적이라고 가정한다.

상세해설

- 전략적 자산배분 개요
  ① 투자목적을 달성하기 위해 장기적인 기금의 자산구성을 정하는 의사결정
  ② 전략수립에 사용된 각종 변수들에 대한 가정이 근본적으로 크게 변화되지 않는 것을 가정함.
  ③ 시장이 효율적이라는 것을 전제로 함.
- 전략적 자산배분의 실행 방법
  ① 시장가치접근법 : 각 자산이 시장에서 차지하는 시가총액 비율과 동일하게 포트폴리오를 구성하는 방법
  ② 위험수익 최적화 방법 : 동일한 위험 수준하에서 최대한 보상받을 수 있는 포트폴리오를 구성함. 지배원리에 의하여 포트폴리오를 구성함.
  ③ 투자자별 특수상황을 고려하는 방법
  ④ 다른 유사한 기관투자가의 자산배분을 모방

채권투자운용/투자전략 6문제

76 정답 ②

✓ 수의상환사채는 발행자가 만기 이전에 사전에 정해진 가격으로 상환할 수 있는 권리가 있는 사채로 투자자가 옵션을 보유하지 않고 발행자가 옵션을 보유하고 있다. 수의상환사채는 발행자가 콜옵션을 보유한 것과 같다.

상세해설

- 옵션이 내재된 사채

전환사채	사채에 전환권(콜옵션)이 부여되어 있는 사채. 전환권이 행사되면 부채(전환사채)가 감소하고 자본이 증가한다. 총자산은 변동이 없다.
신주인수권부사채	사채에 신주인수권(콜옵션)이 부여되어 있는 사채. 신주인수권이 행사되더라도 사채는 남아 있으나, 자본이 증가한다. 총자산은 증가한다.
교환사채	사채에 교환권(콜옵션)이 부여되어 있는 사채. 교환권이 행사되면 사채 발행자가 보유한 주식과 사채가 교환된다. 부채와 자산이 동시에 감소하며, 자기자본은 변화가 없다.

수의상환사채	사채에 수의상환권(콜옵션 – 발행자가 보유)이 있는 사채로, 수의상환권이 행사되면 사채는 미리 정한 가격으로 상환된다. 모든 조건이 동일한 일반사채보다 저렴하다.
수의상환청구사채	사채에 수의상환청구권(풋옵션 – 투자자가 보유)이 있는 사채로, 수의상환청구권이 행사되면 사채는 미리 정한 가격으로 투자자가 발행자에게 매각한다. 모든 조건이 동일한 일반사채보다 비싸다.

77 ③

✅ 금리가 오를 때 이자수입이 감소하고 반대로 금리가 하락하면 이자수입이 증가하는 것은 역변동금리채권이다.

상세해설

■ 이자금액 변동에 따른 채권분류
① 변동금리채권 : 일정 기간마다 기준금리+가산금리로 액면이자를 지급한다. 채권의 신용등급의 변동이 없다면 변동금리채권의 가치는 액면가와 같다. 기준이 되는 금리는 주로 LIBOR, prime rate, CD수익률등이 있다. 예를 들면 LIBOR+2%로 LIBOR가 변동하기 때문에 변동금리 채권이 된다. 시장금리가 상승하면 액면이자금액이 같이 증가하며 시장금리가 하락하면 액면이자금액이 같이 감소한다.
② 역변동금리채권 : 시장의 기준이자율과 반대로 이자율이 결정되는 채권이다. 예를 들면 10%-LIBOR가 있다. LIBOR라는 시장이자율이 상승하면 액면이자율이 감소하고, 시장이자율(LIBOR)이 하락하면 액면이자율이 증가하는 채권이다.
③ 고정금리부채권 : 확정된 표면이자를 매 이자지급일에 지급하는 채권이다.

78 정답 ④

✅ 채권가격은 이자율에 대해서 볼록한 성질이 있어서, 채권수익률 하락시 채권가격의 상승폭과 채권수익률 상승시 채권가격 하락폭이 비대칭이며, 채권수익률 하락시 채권가격 상승폭이 더 크다.

상세해설

■ 말킬(Malkiel)의 채권가격정리(일반사채에 적용됨)
① 채권가격은 수익률과 반대방향으로 움직이며, 수익률이 오르면 채권가격은 하락하고, 수익률이 내리면 채권가격은 상승한다.
② 채권의 잔존기간이 길수록 동일한 수익률 변동에 대한 가격 변동폭은 커지며, 수익률이 변동할 때 채권 가격 변동은 만기가 길어질수록 커진다.
③ 채권수익률 변동에 의한 채권가격 변동은 만기가 길어질수록 증가하나, 그 증감률은 체감한다.
④ 만기가 일정할 때 채권수익률 하락으로 인한 가격 상승폭은 같은 폭의 채권수익률 상승으로 인한 가격 하락폭보다 크다.
⑤ 표면이자율이 높을수록 동일한 크기의 수익률 변동에 대한 가격 변동률은 작아진다. 수익률 변동으로 인한 가격 변동은 표면이자율이 높을수록 작아지며, 이자지급주기가 짧아지는 경우에도 가격 변동률은 작아진다.
※ 출처 : 금융투자협회 기본교재 4권(2025년) p186

79 ③

✅ 자산유동화대상의 자산은 자산소유자가 자산유동화회사(특별목적기구, SPC)에 양도해야 한다.

상세해설

- **자산유동화증권(ABS, Asset Backed Securities)**
  ① 개념 : 기업이나 금융기관이 보유하고 있는 자산을 표준화하고 특정 조건별로 모아서 이를 바탕으로 증권을 발행하고, 유동화가 되는 자산에서 발생하는 현금흐름으로 원리금을 상환하는 채권
  ② 신용보강에 따라 발행자의 신용등급보다 더 높은 신용등급으로 유동화증권 발행이 가능하다.
  ③ 유동화증권 발행 과정에서 여러 기관이 참여하기 때문에 발행비용이 일반사채에 비해 높다.
- **유동화 대상 자산의 속성**
  ① 자산의 유동성이 낮다.
  ② 현금흐름의 예측이 가능해야 한다.
  ③ 자산의 동질성이 보장되어야 하며, 자산의 양도가 가능한 것이 좋다.
- **ABS 종류**
  ① Pass-through : 유동화자산을 매각하여 주식의 형태로 발행하는 방법으로 자산이 매각되기 때문에 발행자는 자산의 위험을 자산유동화증권을 투자한 투자자에게 이전가능하다.
  ② Pay-through : 원금 상환가능성에 따라 여러 트랜치를 구성하고 각각의 트랜치 투자자에게 미리 정해진 지급방식에 따라 현금흐름을 배분하는 방법
- **기초자산의 종류** : 다양한 형태의 자산이 가능하며 리스채권, 기업대출, 회사채, 부동산담보채권, 신용카드, 자동차 할부금융, 주택저당채권, 지방정부 세수, 미래 현금흐름, 부실대출, 임대료, 특허권과 같은 무형자산을 기초로 자산유동화증권을 발행할 수 있다.

80   정답 ①

채권은 장외시장의 규모가 장내시장의 규모보다 더 큰 시장이다. 장내거래는 거래소를 통해서 거래하며, 장외거래는 대부분 익일결제를 한다. 채권은 그 규모가 크기 때문에 기관투자자의 비중이 개인투자자의 비중보다 높다.

상세해설

- **채권유통시장의 특징**
  ① 채권유통시장은 장내시장과 장외시장이 있으며 장외시장이 더 발달되어 있어 장외시장 중심으로 유통시장이 형성되어 있다.
  ② 채권유통시장은 대부분 금융기관, 법인과 같은 기관투자자 중심의 시장이며, 주로 상대매매에 의해서 거래가 이루어진다.
- **채권장내거래와 장외거래 비교**

구분	장내거래	장외거래
거래장소	거래소	증권회사 장외시장 브로커 창구 혹은 IDB 회사창구
거래방법	경쟁매매, 전산매매	상대매매
매매수량단위	국고채 : 10억 원 주식관련사채 : 10만 원 소액채권 : 1천 원	제한없음
결제방법	당일결제 및 익일결제	대부분 익일결제(단, RP, MMF편입채권, 소매채권은 당일결제), T+30일

※ 출처 : 금융투자협회 기본교재 4권(2025년) p173

81
정답 ④

✓ 이자율이 하락하면 채권으로부터 미래에 수령할 현금흐름의 현재가치가 증가하는 가격효과가 존재하나, 현금흐름에 대한 재투자수익률이 낮아진다. 면역전략은 가격효과와 재투자수익효과의 크기를 같게 하여 채권의 가치를 보존하는 투자전략이다.

상세해설

- 채권면역전략 : 전통적 면역전략, 자산부채 연계면역전략(순자산가치 면역전략), 상황대응적 면역전략이 있다. 듀레이션을 통해 면역전략을 구사하기 때문에 시간의 흐름, 이자율변화와 같은 외부환경 변화가 발생하면 주기적으로 포트폴리오를 재조정해야 한다(볼록성 효과를 반영하지 못한 면역전략).
  ① 전통적 면역전략 : 금리변화에 따른 채권의 재투자 변동과 가격변동을 일치시켜 채권포트폴리오의 가치변화가 발생하지 않도록 하는 소극적 채권투자전략 중의 하나이다. 목표투자기간과 듀레이션을 일치시켜 금리변동에 따라 채권가치가 변하지 않도록 면역시키는 전략이다.
    - 금리상승시 : 재투자수익은 증가하고 미래 수령할 현금흐름의 현재가치는 감소하여 전체적인 채권포트폴리오의 가치는 변동이 없다.
    - 금리하락시 : 재투자수익은 감소하고 미래 수령할 현금흐름의 현재가치는 증가하여 전체적인 채권포트폴리오의 가치는 변동이 없다.
    - 듀레이션과 목표투자기간에 따른 재투자수익효과와 가격효과

듀레이션>목표투자기간	듀레이션<목표투자기간	듀레이션=목표투자기간
재투자수익효과<가격효과	재투자수익효과>가격효과	재투자효과=가격효과

  ② 자산부채 연계면역전략(순자산가치 면역전략) : 자산과 부채의 듀레이션 갭을 최소화하여 순자산가치 변동성을 최소화하는 방법이다. 자산의 금액듀레이션과 부채의 금액듀레이션을 일치시키면 이자율 변동에 면역효과가 발생한다.
  ③ 상황대응적 면역전략 : 포트폴리오의 최소한의 목표수익률을 설정하고 현재 투자성과가 이러한 목표수익률을 달성하여 초과수익이 존재하면 이러한 초과수익을 이용하여 적극적인 전략을 취하고, 손실이 발생하여 목표로 하는 수익달성이 어려우면 면역전략을 취하는 전략이다. 동적자산배분전략이라고도 한다.

파생상품투자운용/투자전략
6문제

82
정답 ③

✓ 선물거래는 장내거래소에서 거래가 되며, 일일정산과 증거금제도를 통해 거래상대방의 신용위험을 회피할 수 있다. 반면에 선도거래는 거래상대방위험(신용위험)에 대한 안전장치가 없어서 선도거래가 선물거래보다 신용위험이 더 크다.

상세해설

- 선도거래와 선물거래 비교

선도거래	선물거래
• 거래조건이 비표준화되어 있음 • 대체로 만기일에 실물이 인수·인도됨 • 장외거래 위주 • 거래상대방위험이 존재함	• 거래조건이 표준화되어 있음 • 대부분 만기이전에 반대매매로 거래종료됨 • 거래소에서 거래(장내거래) • 일일정산과 증거금제도로 거래상대방위험 거의 없음

83

정답 ③

✓ 내재가치＝Max(기초자산현재가격－행사가격, 0)＝Max[250－245, 0]＝Max(5, 0)＝5원

상세해설

■ 옵션의 가치구성
① 옵션가치＝내재가치＋시간가치
② 내재가치＝Max(행사시 가치, 0), 옵션은 권리이기 때문에 현재시점에서 행사할 경우의 수익과 0 중 큰 가치를 갖는다.
③ 시간가치 : 옵션은 만기가 존재하기 때문에, 현재 시점에서 옵션 행사시 수익이 발생하지 않더라도 만기까지 한 번이라도 투자자에게 유리하게 기초자산 가격이 변동하면 투자자는 수익이 발생할 수 있고, 이러한 가능성의 가치를 시간가치라고 한다. 시간가치는 대체로 0보다 크거나 같다.
※ 주의사항 : 배당을 지급하지 않는 주식을 기초자산으로 하는 유럽형 풋옵션의 경우 깊은 내가격인 경우 시간가치가 음수인 경우도 있으나, 협회 시험문제는 이러한 것들을 단순화하여 출제되기 때문에, 협회시험에 한해서 옵션의 시간가치는 양수이며, 시간이 흐를수록 시간가치는 감소하는 것으로 이해하고 시험문제에 접근해야 한다.

84

정답 ①

✓ 선물거래를 시작할 때 납입하는 증거금은 개시증거금이며, 선물거래 중에 유지해야 하는 증거금은 유지증거금이다. 일일정산후 증거금 수준이 유지증거금 이하로 하락하면 증거금 납입요청(마진콜)을 받고, 이때 증거금은 개시증거금 수준까지 납입해야 한다. 현재 증거금이 70이며, 이는 유지증거금보다 크기 때문에 증거금을 추가납입할 필요는 없다.

상세해설

■ 선물거래의 증거금

85

정답 ④

✓ 풋옵션 매도자(발행자)는 풋옵션 매도시(발행시) 풋옵션 프리미엄을 수령한다. 풋옵션이 행사되지 않아야 풋옵션 발행자는 최대 이익을 얻는다. 풋옵션 발행시 옵션 프리미엄을 수령하기 때문에 만기가치에 옵션 프리미엄 P를 더해준다.
※ 상당히 어려운 유형에 속하며, 과거 이러한 유형으로 풋옵션 매수자의 손익을 묻는 문제가 출제되었기 때문에, 시험이 어렵게 출제되면 반대로 옵션 매도자 관점의 손익을 묻는 문제가 출제될 가능성도 높다. 이러한 문제 유형은 단순 암기보다는 각 수식을 보고 적절한 숫자를 대입하여 정답에 접근하는 방법이 필요하다.

86

정답 ④

✓ 감마는 기초자산의 가격 변화에 따른 델타의 변화이다. 옵션 매수포지션의 감마는 양수이다. 베가는 기초자산의 변동성의 변화에 따른 옵션가치의 변화이다. 변동성이 증가하면 옵션가치가 증가하기 때문에 옵션 매수포지션의 베가는 양수이다. 쎄타는 만기에 따른 옵션가치의 변화이다. 만기가 감소하면 옵션가치도 감소하기 때문에 쎄타의 민감도는 양수이나, 시간가치는 시간이 흐르면서 감소하기 때문에 관행적으로 쎄타의 가치를 음수로 본다. 금융투자협회의 교재에도 이러한 관행적인 표현을 사용하여, 옵션 매수포지션의 경우 쎄타의 민감도를 음수로 본다.

상세해설

■ 옵션 그리스 문자(모든 옵션은 매수포지션을 가정함)

변수	콜옵션	풋옵션
델타(기초자산)	+	−
감마(기초자산의 변화에 따른 델타의 변화)	+	+
베가(기초자산 변동성)	+	+
로우(무위험이자율)	+	−
쎄타(만기)	−	−

※ 쎄타의 경우 협회시험 특성상 주의해야 한다. 옵션의 만기는 시간이 흐를수록 감소하기 때문에 옵션의 시간가치는 음수로 표현해서 협회교재에 쎄타값은 음수로 표현되어 있다. 그러나 옵션의 민감도는 변수의 변화방향과 옵션가치의 변화방향을 의미한다. 만기가 감소하면 대체로 옵션가치는 감소하기 때문에 두 변수가 같은 방향으로 변동하여 민감도는 양수이다. 반면 배당을 지급하지 않는 주식을 기초자산으로 하는 유러피언 옵션의 경우 예외적으로 시간가치가 양수인 구간(깊은 내가격)이 존재하여, 옵션만기와 옵션가치가 반대방향으로 변동하는 경우가 있어서 그 부호가 양(+)일 수도 있다. 이러한 이론적인 내용에도 불구하고 관행적인 표현을 받아들여, 협회 기본교재에서는 옵션 매수의 쎄타를 음수로 표현하고 있으며, 풋옵션의 쎄타도 모두 음수로 표현하고 있다. 시험 채점은 협회교재를 우선적으로 적용하여 채점하기 때문에 학교수업의 재무관리 내용과 다소 다르더라도 수험 목적상 협회교재를 기준으로 학습해야 한다.

87

정답 ③

✓ 방어적 풋은 기초자산을 보유한 상태에서 풋옵션을 매수하여 기초자산가격이 하락하면 풋옵션에서 이익이 발생하여 포트폴리오의 가격하락위험을 제거하고, 기초자산가격이 상승하면 풋옵션의 가치는 0이 되지만, 기초자산가격 상승에서 수익이 발생하는 포지션으로 포트폴리오 가치가 증가하며, 이러한 것을 방어적 풋이라고 한다. 방어적 풋을 구축하기 위해서는 풋옵션을 매입해야 하기 때문에 초기에 풋옵션 매입으로 인한 현금유출이 발생한다. 방어적(보호적) 풋은 보험효과가 크지만, 풋옵션 매입비용(보험료와 같은 개념)이 크다는 단점이 있다. 방어적 풋과 보호적 풋은 동의어로 사용된다.

투자운용결과분석

4문제

88
정답 ②

✓ 투자자수익률은 총투자금액을 기반으로 측정하여 투자자의 성과평가에 활용된다. 내부수익률은 현금유입액의 현재가치와 현금유출액의 현재가치를 일치시키는 수익률이기 때문에 투자자의 성과를 평가하는데 적합하다. 내부수익률은 총액을 기준으로 계산하기 때문에 이를 금액가중수익률이라고도 한다. 반면에 펀드매니저(자산운용사)는 펀드의 투자자금 유입과 유출을 통제하지 못하기 때문에 총액보다는 1원에 대한 수익률 측정이 펀드매니저 성과측정에 적합하다. 기하평균수익률을 이용하여 펀드매니저의 성과를 측정하며, 이는 시간가중수익률이라고 한다. 매일 매일의 펀드잔액을 기준으로 기하평균수익률을 계산한 것을 Daily Valuation Method라고 한다.

투자자 성과평가 수익률	펀드매니저 성과평가 수익률
내부수익률, 금액가중수익률, 투자자 관점 수익률	기하평균수익률, Daily Valuation Method, 시간가중수익률, 펀드매니저 수익률

89
정답 ④

✓ 2023년 통합계정수익률 $= \dfrac{\text{기말금액}}{\text{기초금액}} = \dfrac{1{,}300+1{,}200}{800+1{,}200} - 1 = 25\%$

2024년 통합계정수익률 $= \dfrac{\text{기말금액}}{\text{기초금액}} = \dfrac{1{,}300+1{,}500}{1{,}200+1{,}300} - 1 = 12\%$

2023년부터 2024년까지 통합계정수익률 $=(1+25\%)(1+12\%)-1=40\%$

통합계정수익률은 각 기간별 통합계정의 순자산가중수익률을 계산한 후, 세부기간별 수익률을 기하적으로 연결하는 방법으로 계산한 수익률이다. 문제에서 연평균이 아니라 2023년과 2024년의 기간이라고 했기 때문에 기하평균으로 계산하면 안 된다.

※ 주의사항 : 만약 연평균수익률을 묻는다면 $\sqrt{(1+25\%)(1+12\%)} - 1 = 18.32\%$이다. 질문이 연평균인지 전체 기간에 대한 것인지 확인해야 한다.

90
정답 ③

✓ A펀드와 B펀드의 정보비율은 동일하다.

지표	공식	A펀드	B펀드
샤프비율	(수익률−무위험수익률)/표준편차	(4%−2%)/5%=0.4	(6%−2%)/10%=0.4
트레이너비율	(수익률−무위험수익률)/베타	(4%−2%)/0.5=4	(6%−2%)/1=4
젠센의 알파	수익률−CAPM기대수익률	4%−(2%+0.5×2%)=1%	6%−(2%+1×2%)=2%
정보비율	젠센의 알파/잔차의 표준편차	1%/10%=10	2%/0.2=10

91

정답 ②

✅ 시간가중수익률은 기하평균수익률이다. 기하평균수익률은 1원을 기준으로 계산한 수익률이다. 매매의 최소단위가 1주이기 때문에 1주를 기준으로 기하평균수익률을 계산해도 1원을 기준으로 계산한 것과 동일한 값을 도출한다. 최초 1주를 10,000원에 매입했고, 최종적으로 매도한 가격도 1주당 10,000원이기 때문에 시간가중수익률(기하평균수익률)은 0%이다. 반면에 금액가중수익률(내부수익률)은 총투자금액을 기준으로 수익률을 계산한다. 총투자금액=1만 원×10,000주+7,000원×10,000주=1.7억 원이다. 매도시 모두 10,000원에 매도했으므로 매도시 유입되는 현금흐름은 2억 원(20,000주×10,000원)이다. 단순히 계산해도 1.7억 원 투자해서 2억 원에 매도했으므로 금액가중수익률은 양수이다.

※ 주의사항 : 이러한 문제의 출제의도는 기하평균수익률과 내부수익률을 이해하고 개념적으로 접근하여 문제를 해결하라는 의도이다. 각각의 수익률을 별도로 계산하여 비교하라는 출제의도는 없다. 시험시간은 120분이고, 그동안에 100문제를 풀어야 한다. 평균적으로 한 문제당 1.2분이 주어지는데, 이 문제를 계산문제로 접근하여 풀면 5분 이상 소요될 수 있는 문제이다. 계산문제처럼 보여졌으나 개념문제에 가까운 형태의 문제이다.

상세해설

■ 수익률
  ① 금액가중수익률 : 내부수익률이라고 하며, 총투자금액을 기준으로 계산하는 수익률이다. 즉 현금유출액의 현재가치와 현금유입액의 현재가치를 일치시켜주는 할인율이다. 투자자는 투자금액의 인출과 투입을 결정할 수 있으므로 투자자의 성과를 평가할 때 사용한다.
  ② 시간가중수익률 : 기하평균수익률이라고도 하며, 투자금 1원을 기준으로 계산하는 수익률이다. 펀드매니저는 펀드의 자금 유입과 유출에 대한 통제를 할 수 없기 때문에 펀드매니저의 성과평가에 사용한다. 펀드의 성과를 1일 단위로 구분하여 수익률을 측정한 것을 순수한 시간가중수익률(Daily Valuation Method)이라고도 한다.

■ 수익률 계산 상세풀이
  ① 금액가중수익률은 현금유출의 현재가치=현금유입의 현재가치를 같게 만드는 할인율

$$1억\ 원 + \frac{0.7억\ 원}{1+IRR} = \frac{2억\ 원}{(1+IRR)^2}$$
$$\rightarrow IRR = 10.69\%$$

  ② 기하평균수익률

$$10,000원 \rightarrow 7,000원 : -30\%$$
$$7,000원 \rightarrow 10,000원 = 42.85\%$$
$$\sqrt{(1-30\%)(1+42.85\%)} - 1 = 0\%$$

※ 기간이 2기간을 초과하면 금액가중수익률과 기하평균수익률을 일반 계산기로 계산하기 어렵다. 출제자의 의도는 상세하게 수익률을 계산하기보다, 수익률의 개념을 이해하여 문제를 해결하라는 것이다.

거시경제
4문제

92
정답 ③

✓ 기대이론에 의한 3년 만기 이자율=$[(1+5\%)\times(1+6\%)\times(1+7\%)]^{1/3}-1=$약 6%이며, 유동성 프리미엄이론에 따른 3년 만기 채권이자율 7.5%이므로 이 둘의 차이가 만기 3년의 유동성 프리미엄이다. 즉 1.5%이다.

※ 일반계산기로 세제곱근을 계산하는 것은 어렵다. 약식으로 3년 만기 이자율은 1년 만기 현물이자율, $_1f_2$이자율, $_2f_3$이자율의 평균값으로 계산할 수 있다. $(5\%+6\%+7\%)/3=6\%$, 협회시험의 경우 약식으로 계산해도 정답의 차이를 가져오지 않기 때문에 약식계산을 해도 된다.

상세해설

■ 이자율 기간구조이론
① 불편기대이론
  - 미래의 기대이자율과 선도이자율이 같다
  - 장단기 채권간의 완전한 대체관계를 가정함. 장기채권에 투자할 경우와 단기채권에 투자할 경우 기대수익률이 동일하다.
  - 예시 : 3년 만기 수익률의 경우

  $$(1+_0S_3)^3=(1+_0S_1)(1+_1f_2)(1+_2f_3)$$

② 시장분할이론
  - 만기에 따라 시장이 분할되어 있으며, 각 만기별 자금의 수요와 공급에 의해 이자율이 결정됨.
  - 장단기 채권간의 대체관계가 없다고 가정함.
  - 수익률곡선이 대체로 우상향하는 것을 잘 설명하나 수익률 곡선의 이동은 잘 설명하지 못함.

③ 유동성프리미엄이론
  - 기대이자율에 유동성프리미엄을 가산하여 금리가 결정됨.
  - 장단기 채권간의 불완전한 대체관계를 가정함.
  - 유동성프리미엄은 항상 양의 값을 가지며, 만기가 길어질수록 그 값은 체감적으로 증가함.
  - 우상향하는 수익률곡선에 대해서 잘 설명하고, 수익률곡선의 이동도 잘 설명함.
  - 예시 : 3년 만기 수익률의 경우

  $$(1+_0S_3)^3=(1+_0S_1)(1+_1f_2)(1+_2f_3),\ _1f_2=E(_1S_2)+_1L_2,\ _2f_3=E(_2S_3)+_2L_3$$

④ 특정 시장 선호이론
  - 투자자들은 만기에 따라 자신이 특히 선호하는 시장이 존재함.
  - 장기채권의 금리는 만기까지 예상된 평균단기이자율과 기간프리미엄의 합으로 표현됨.
  - 기간프리미엄은 단기채권을 선호하는 투자자가 장기채권을 구입하게 만드는 프리미엄이며, 이때 단기채권을 선호하는 투자자의 기간프리미엄은 양수임.

93
정답 ③

✓ 유동성함정에서 화폐수요의 이자율탄력성은 무한대이다. 유동성함정에서는 LM곡선이 수평이므로 구축효과가 발생하지 않아서 재정정책이 통화정책보다 더 효과적이다. 화폐수요의 이자율탄력성이 0이 되기 위해서는 LM곡선이 수직이어야 한다.

94

정답 ②

✓ 경상수지 흑자는 국내 통화량 공급을 증가시켜 시장금리를 하락시킨다.
- 경상수지 흑자 → 외화 국내 유입 → 국내 화폐공급 증가 → 시장이자율 하락
- 경상수지 적자 → 외화 국외 유출 → 국내 화폐공급 감소 → 시장이자율 상승

95

정답 ④

✓ $V = \dfrac{\text{명목 GDP}}{\text{통화량}} = \dfrac{2{,}000\text{조 원}}{1{,}000\text{조 원}} = 2$

상세해설

■ 화폐수량방정식

$$MV = PY$$

(M : 통화량, V : 화폐유통속도, P : GDP 디플레이터(물가수준), Y : 실질 GDP)

$$\text{유통속도}(V) = \dfrac{\text{명목 GDP}}{\text{통화량}(M)}$$

명목 GDP = 물가 × 실질 GDP = P × Y

- 화폐수량방정식의 변수들은 시간의 함수이다. 그러므로 화폐수량방정식에 자연로그를 취하고 이를 시간 t로 미분하면 다음과 같이 변화율(증가율)의 형태로 표현할 수 있다.

$$MG + VG = PG + YG$$

(MG : 통화증가율, VG : 유통속도변화율, PG : 물가상승률, YG : 실질 GDP 성장률)

분산투자기법

5문제

96

정답 ②

✓ 분산투자효과가 크기 위해서는 자산간의 상관계수가 낮아야 한다. 자산간의 상관계수가 가장 작은 자산에 투자한다. A와 B의 상관계수는 0이고, A와 C의 상관계수는 -0.2, B와 C의 상관계수는 0.2이므로 A와 C자산에 투자하는 것이 분산투자효과가 가장 크다.

상세해설

- N개의 자산으로 구성된 포트폴리오의 수익률과 위험
  ① 포트폴리오 기대수익률 : 각 자산을 자산의 투자비중으로 가중평균하여 계산한다.

  $$E(R_P) = E(w_1 R_1 + w_2 R_2 + \cdots + w_n R_n)$$
  $$= w_1 E(R_1) + w_2 E(R_2) + \cdots + w_n E(R_n) = \sum_{i=1}^{n} w_i E(R_i)$$
  $$\text{단, } w_1 + w_2 + \cdots + w_n = \sum_{i=1}^{n} w_i = 1$$

  ② 포트폴리오의 분산
   - 개별자산의 분산과 자산간의 공분산의 합으로 결정한다.
   - 자산간의 상관계수가 -1에 가까울수록 분산효과가 증가하여 포트폴리오의 분산은 낮아진다.

  $$\sigma_P^2 = Var(w_1 R_1 + w_2 R_2 + \cdots + w_n R_n) = \sum_{i=1}^{n}\sum_{j=1}^{n} w_i w_j \sigma_{ij} = \sum_{i=1}^{n} w_i^2 \sigma_i^2 + \sum_{i=1}^{n}\sum_{j=1}^{n} w_i w_j \sigma_{ij}$$
  $$(\text{단, } i \neq j)$$

  ③ 분산투자효과 : 포트폴리오에 상관계수가 1이 아닌 자산을 추가할수록 포트폴리오의 총위험이 감소하는 현상

  $$\text{총위험} = \text{체계적위험} + \text{비체계적위험}$$

  ④ 포트폴리오에 포함되는 자산의 숫자가 증가할수록 포트폴리오의 비체계적위험은 0으로 수렴한다.
  ⑤ 분산투자를 통해서도 제거할 수 없는 위험은 체계적위험(공분산위험)이다.

97

정답 ②

$E(R_i) = R_f + \beta_i [E(R_M) - R_f] = 1\% + 5 \times (2\% - 1\%) = 6\%$

$\beta_i = \dfrac{\sigma_{iM}}{\sigma_M^2} = \dfrac{0.8}{0.4^2} = 5$

상세해설

- CAPM을 이용한 기대(균형)수익률 계산

$$E(R_i) = R_f + \beta_i [E(R_m) - R_f]$$
$$\beta_i = \frac{\sigma_{iM}}{\sigma_M^2} = \frac{\sigma_i \cdot \sigma_M \cdot \rho_{iM}}{\sigma_M^2} = \frac{\sigma_i \cdot \rho_{iM}}{\sigma_M}$$

※ CAPM을 이용한 기대수익률 계산시 베타를 계산할 수 있는 다양한 자료가 제시된다. 베타의 수식을 변형할 수 있어야. 제시된 자료를 통해 베타를 계산하여 자산의 기대수익률을 계산할 수 있다.

98   정답 ③

✓ 자본시장선(CML)은 효율적 자산의 기대수익률과 총위험간의 선형의 관계를 나타내고, 증권시장선은 개별증권의 기대수익률과 베타(체계적위험)와의 선형관계를 나타낸다.

상세해설

- 자본시장선과 증권시장선 비교

① CML은 잘 분산된 효율적 포트폴리오의 총위험(표준편차)과 기대수익률간의 관계를 나타내며, SML은 개별자산의 베타와 기대수익률간의 관계를 나타낸다.
② CML은 잘 분산된 자산의 위험과 기대수익률을 계산할 수 있지만, 비체계적위험이 있는 자산의 기대수익률과 위험과의 관계는 계산할 수 없다. 반면에 SML은 비체계적위험이 있는 자산의 위험과 기대수익률의 관계를 알 수 있다.
③ 체계적위험이 같으면 기대수익률도 같다.
④ 시장포트폴리오와 자산간의 상관계수가 1이면 SML과 CML은 일치한다.

$$E(R_P) = R_f + [E(R_m) - R_f] \cdot \beta_P$$
$$\beta_P = \frac{\sigma_{PM}}{\sigma_M^2} = \frac{\sigma_P \cdot \sigma_M \cdot \sigma_{PM}}{\sigma_M^2} = \frac{\sigma_P \cdot \rho_{PM}}{\sigma_M}$$

만일 $\rho_{PM} = 1$이면 SML은 다음과 같이 쓸 수 있다.

$$E(R_P) = R_f + E[(R_M) - R_f)] \cdot \frac{\sigma_P}{\sigma_M} = R_f + \left[\frac{E(R_m) - R_f}{\sigma_M}\right]\beta_P$$

즉 $\rho_{PM} = 1$일 때 SML과 CML은 같다.

99

정답 ②

✓ 자본시장선은 효율적 자산과 무위험자산과의 결합을 통해 위험대비 가장 보상이 높은 선이다. 증권시장선은 개별주식의 수익률과 베타와의 선형적 관계를 나타낸 선이다.

| 오답풀이 |

- 자본시장선은 효율적 자산만을 연결한 선이다. (X)
  → 자본시장선을 구성하기 위해서는 위험자산으로만 구성된 효율적 투자선과 무위험자산이 존재해야 한다. 무위험자산과 효율적 투자선이 접하는 점을 연결한 직선이 자본시장선이기 때문에 자본시장선에 존재하는 모든 자산은 효율적 자산과 무위험자산의 결합이다.
- 자본시장선에서 합리적인 투자자는 자신의 위험에 대한 태도와 관계없이 모두 위험자산으로서 시장포트폴리오만을 선택한다. (O)
  → 자본시장선상에 존재하는 모든 자산은 시장포트폴리오와 무위험자산의 결합으로 구성되어 있다. 보수적인 투자자는 무위험자산에 대한 투자비중이 증가하며, 공격적인 투자자는 위험자산(시장포트폴리오)에 대한 투자비중이 증가한다. 그러므로 자본시장선상에서 모든 투자자는 위험자산으로 시장포트폴리오만을 선택한다.
- 증권시장선은 개별주식의 수익률과 표준편차로 측정한 위험의 관계를 직선으로 나타낸 선이다. (X)
  → 증권시장선은 자산의 수익률과 베타와의 관계를 직선으로 나타낸 선이다. 표준편차는 자산의 총위험을 나타내는 지표이다.
- 모든 투자자는 무위험이자율로 제한없이 차입 혹은 대출이 가능하다. (O)
  → CAPM의 중요한 가정 중의 하나이다.

100

정답 ③

✓ CAPM을 이용하여 각 자산의 균형수익률을 계산할 수 있다.
- $E(R_A) = 1\% + 0.5(8\% - 1\%) = 4.5\%$, A주식은 현재수익률이 균형수익률보다 높으므로 저평가되어 있다.
- $E(R_B) = 1\% + 1.5(8\% - 1\%) = 11.5\%$, B주식은 현재수익률이 균형수익률보다 낮으므로 고평가되어 있다.

상세해설

① SML(증권시장선)보다 높은 영역에서 거래되는 주식은 기대수익률이 균형수익률보다 높으며, 이는 주가가 저평가되었기 때문에 발생한다.
② SML 아래에서 거래되는 주식은 기대수익률이 균형수익률보다 낮으며, 이는 주가가 고평가되었기 때문에 발생한다.

3회 기출유형모의고사

▶ 문제 38쪽

01	④	02	①	03	③	04	④	05	①	06	③	07	④	08	①	09	③	10	④
11	②	12	①	13	①	14	②	15	④	16	①	17	④	18	③	19	④	20	④
21	①	22	④	23	①	24	②	25	②	26	①	27	①	28	②	29	②	30	③
31	①	32	④	33	①	34	②	35	②	36	④	37	③	38	②	39	①	40	②
41	①	42	①	43	①	44	①	45	②	46	①	47	③	48	③	49	①	50	①
51	②	52	④	53	③	54	①	55	④	56	①	57	③	58	①	59	②	60	②
61	③	62	②	63	②	64	④	65	②	66	④	67	③	68	④	69	②	70	④
71	③	72	①	73	②	74	②	75	①	76	①	77	②	78	②	79	③	80	④
81	②	82	①	83	②	84	④	85	①	86	②	87	③	88	②	89	②	90	③
91	②	92	④	93	③	94	②	95	②	96	②	97	④	98	①	99	④	100	②

세제관련 법규/세무전략

7문제

01

정답 ④

✓ 퇴직소득은 분류과세를 하며, 근로소득은 연말정산을 했다면 연말정산으로 과세를 갈음할 수 있어 종합소득세 신고를 하지 않아도 된다. 이자소득과 배당소득은 모두 필요경비가 인정되지 않는다. 만기가 10년 이상인 채권을 만기 전에 매각함으로써 3년 이상을 보유하면 10년 미만으로 보유하게 되더라도 채권의 보유기간 이자는 30%로 분리과세할 수 있다. 다만, 10년 이상의 장기채권이자에 대해서 분리과세를 받고 싶다면 이자를 받을 때 분리과세를 받겠다고 금융기관 창구직원에게 신청해야만 한다. 분리과세 신청을 하지 않으면 일반 원천징수세율(14%)로 원천징수되고 종합과세 대상이다. 비거주자의 금융소득이 국내원천소득이고, 비거주자가 국내사업장이나 부동산 임대사업소득이 있다면 금융소득 크기에 관계없이 종합과세하고, 그렇지 않다면 분리과세한다. 비거주자의 금융소득 종합과세 판단은 국내 사업장이나 부동산임대소득의 여부이다.

상세해설

■ 소득별 종합소득세 신고납부
① 원칙
- 금융소득(이자와 배당소득)이 2,000만 원을 초과하는 경우 다른 소득과 합산하여 종합과세한다.
- 근로소득만 있고, 금융소득이 연간 2,000만 원 이하인 경우에는 종합소득신고를 안해도 된다. 즉 근로소득은 연말정산으로 그 신고를 갈음한다.
② 사업소득 혹은 기타소득(300만 원 초과)이 있는 경우 : 종합소득세 신고납부 필요
③ 다른 소득은 없고 금융소득만 2,000만 원을 초과하는 경우 : 종합소득세 신고납부 필요
④ 다른 소득은 없고 금융소득이 2,000만 원 이하인 경우 : 종합소득세 신고납부 불필요
⑤ 양도소득과 퇴직소득은 분류과세한다(다른 소득과 합산하여 과세하지 않음).
■ 비거주자의 과세방법
- 원칙 : 소득세법상 국내 원천소득에 대해서만 과세하며, 조세조약에 별도의 규정이 있는 경우에는 조세조약의 내용에 따른다.

국내 사업장이나 부동산 임대사업소득이 있는 경우	종합과세
국내 사업장이나 부동산 임대사업소득이 없는 경우	분리과세
퇴직소득 · 양도소득	분류과세

02

정답 ①

✅ 소득발생지와 관계없이 주소지를 납세지로 한다.

상세해설

① 종합과세원칙 : 소득을 그 종류와 관계없이 일정한 기간을 단위로 합산하여 과세하는 방식이며, 인별(人別)로 종합과세한다. 부부별산제를 채택하고 있다(개인단위 과세).
② 종합과세원칙 예외
- 분류과세 : 퇴직소득, 양도소득은 다른 소득과 합산하지 않고 별도로 과세한다.
- 분리과세 : 일정의 소득은 기간별로 합산하지 않고 그 소득이 지급될 때 소득세를 원천징수함으로써 과세를 종결한다.
③ 신고납세주의 : 납세의무자의 신고에 의하여 조세채권이 확정되며, 과세기간의 다음 연도 5월 1일부터 5월 31일까지 과세표준을 확정신고함으로써 소득세 납세의무가 확정된다.

■ 거주자와 비거주자 구분
① 거주자 : 국내에 주소를 두거나 183일 이상 거소를 둔 개인이다. 외국인도 거주자 요건을 충족하면 거주자가 될 수 있다.
② 비거주자 : 거주자가 아닌 개인
③ 외국을 항해하는 선박 또는 항공기의 승무원의 경우 그 승무원과 생계를 같이하는 가족이 거주하는 장소 또는 그 승무원이 근무기간 외의 기간 중 통상 체재하는 장소로 거주자 · 비거주자를 판정한다.
④ 국외에서 근무하는 공무원 또는 거주자나 내국법인의 국외 사업장 또는 해외현지법인(내국법인이 직 · 간접적으로 100% 출자한 경우)등에 파견된 임원 또는 직원은 거주자로 본다.

03

정답 ③

✅ 코넥스시장에서 거래되더라도 증권거래세를 납부해야 한다.

상세해설

■ 증권거래세 과세대상
- 유가증권시장, 코스닥시장, 코넥스시장에 상장된 주권을 매매하는 경우(외국법인이 발행한 주권 포함)
- 2025년 기준 유가증권시장에서 매매하는 증권의 증권거래세율은 0%이다.

■ 증권거래세 납부 예외사항
① 외국 증권시장에 주권을 상장하기 위하여 인수인에게 주권을 양도하는 경우
② 외국 증권시장에 상장된 주권을 매매하는 경우(뉴욕증권거래소, 동경증권거래소, 런던증권거래소 등)

■ 증권거래세 비과세양도
① 국가 또는 지방자치단체가 주권등을 양도하는 경우(단, 국가재정법에 따른 기금이 주권을 양도하는 경우 및 우정사업 총괄기관이 주권을 양도하는 경우는 제외한다)
② 주권을 매출하는 경우(발행매출)
③ 주권을 목적물로 하는 소비대차의 경우

04
정답 ④

☑ 상장된 주식을 기초자산으로 하는 장내파생상품 거래로 인해 발생한 이익은 집합투자기구의 이익으로 보지 않는다.

상세해설

- 집합투자기구로부터의 이익의 계산
  다음에 해당하는 증권 또는 자본시장법에 따른 장내파생상품의 거래나 평가로 인해 발생한 손익은 집합투자기구의 이익에 포함하지 않는다.
  ① 증권시장에 상장된 증권(단, 채권 및 외국법령에 따라 설립된 외국 집합투자기구의 주식 또는 수익증권 제외) 및 동 증권을 대상으로 하는 장내파생상품
  ② 벤처기업육성에 관한 특별조치법에 따른 벤처기업의 주식·출자지분
  ③ ①, ②의 증권을 대상으로 하는 장내파생상품
     - 집합투자증권 및 외국 집합투자증권을 계좌간 이체, 계좌의 명의변경, 집합투자증권의 실물양도의 방법으로 거래하여 발생하는 이익은 집합투자기구로부터의 이익에 해당한다.
  ※ 집합투자기구 이익계산 암기 → '장파벤', 장내주식, 파생상품(장내), 벤처기업의 주식
  ※ 출처 : 금융투자협회 기본교재 1권(2025년) p25 ~ 26

05
정답 ①

☑ 법원에 납부한 경매보증금에서 발생한 이자소득, 비실명거래로 인한 이자소득은 무조건 분리과세한다. 퇴직소득은 다른 소득과 합산하지 않고 분류과세한다. 금융소득이 2천만 원 이하이면서 근로소득만 있는 거주자는 원천징수로서 종합과세를 갈음할 수 있다.

상세해설

- 무조건 분리과세하는 소득

소득범위	원천징수세율
직장공제회 초과반환금	기본세율
비실명거래로 인한 이자·배당소득	45%·90%
법원에 납부한 경매보증금 및 경락대금에서 발생하는 이자소득	14%
1거주자로 보는 단체의 이자소득·배당소득	14%
조세특례제한법상 분리과세소득 - 개인종합자산관리계좌(ISA)의 비과세 한도 초과 이자·배당소득	9%

※ 금융기관을 통하지 않는 비실명거래는 45%로 분리과세하고, 금융기관을 통해 지급되는 이자소득은 90%로 분리과세한다. 비실명거래로 인한 금융소득은 지방세를 포함할 경우 사실상 해당 소득 대부분을 세금으로 원천징수하는 효과가 있다.
※ 출처 : 금융투자협회 기본교재 1권(2025년) p30

- 무조건 금융소득 종합과세
  이자·배당소득이 2천만 원 이하인 경우에도 원천징수대상이 아닌(국외에서 지급받는 금융소득) 이자·배당소득은 종합과세한다.
- 조건부 금융소득 종합과세
  ① 이자·배당소득의 합계금액이 2천만 원 이하인 경우 그 소득액은 종합소득 과세표준에 합산하지 않는다.
  ② 이자·배당소득이 2천만 원을 초과하는 경우에는 금융소득 전액을 종합소득 과세표준에 합산한다.

■ 기타
① 근로소득만 있는 경우 연말정산으로 과세를 종결한다.
② 양도소득과 퇴직소득은 분류과세한다.

06

[정답] ③

✓ 원칙적으로 채권매매차익은 과세하지 않는다.

상세해설

■ 주식 및 출자지분의 과세 여부

구분		과세	적용세율
주권상장법인 주식	유가증권시장 거래주식	대주주	• 비중소기업의 대주주의 주식으로서 1년 미만 보유한 것 : 30% • 중소기업 주식(대주주 아닌 자가 양도하는 경우로 한정) : 10% • 그 이외의 주식 20%(비중소기업의 대주주의 과표 3억 초과분은 25%)
	장외거래주식	모든 주주	
코스닥상장법인 주식	코스닥시장 거래주식	대주주	
	장외거래주식	모든 주주	
비상장법인주식		모든 주주	

※ 출처 : 금융투자협회(2025년) 기본교재 1권, p37
※ 금융투자협회가 운용하는 장외매매거래에서 중소·중견기업주식을 소액주주가 양도하는 경우에는 과세하지 않는다.

07

[정답] ④

✓ 기명채권의 경우는 약정에 의한 이자지급일을 이자소득의 귀속연도로 본다.

상세해설

■ 이자소득의 총수입금액 귀속연도

이자소득 범위	귀속연도(수입시기)
양도 가능한 채권등의 이자와 할인액	• 무기명의 경우 : 그 지급을 받은 날 • 기명의 경우 : 약정에 의한 지급일 • 채권등 보유기간 이자 : 매도일 또는 이자지급일
예금·적금 또는 부금의 이자	• 실제로 이자를 지급받는 날 　- 원본 전입 특약시 : 원본전입일 　- 해약시 : 해약일 　- 계약기간 연장시 : 연장하는 날 • 통지예금의 이자 : 인출일
환매조건부 채권 매매차익	• 약정에 의한 당해 채권의 환매수일·환매도일 • 기일 전에 환매수·환매도 : 그 환매수일·환매도일
저축성 보험의 보험차익	• 보험금·환급금의 지급일 • 기일 전에 해지시 : 해지일
직장공제회 초과반환금	• 지급을 받기로 한 날과 실제 지급받은 날 중 빠른 날

※ 출처 : 금융투자협회 기본교재 (2025년) p27 ~ 28

금융상품

8문제

08
정답 ①

✓ 종류형 집합투자기구에 대한 설명이다.

상세해설

① 종류형 집합투자기구 : 집합투자기구에서 판매보수의 차이로 인하여 기준 가격이 다르거나 판매수수료가 다른 여러 종류의 집합투자기구
② 전환형 집합투자기구 : 다양한 자산과 투자전략을 가진 투자기구를 묶어 하나의 투자기구 세트를 만들고 투자자로 하여금 그 투자기구 세트 내에 속하는 다양한 투자기구 간에 교체투자를 할 수 있는 집합투자기구
③ 모자형 집합투자기구 : 동일한 집합투자업자의 투자기구를 상하구조로 나누어 하위투자기구(子 집합투자기구)의 집합투자증권을 투자자에게 매각하고, 매각된 자금으로 조성된 투자기구의 재산을 다시 상위투자기구(母 집합투자기구)에 투자하는 집합투자기구
④ 상장지수 집합투자기구(ETF) : 개방형 집합투자기구이나 그 집합투자증권이 증권시장에 상장되어 있고, 투자자는 시장에서 보유 증권을 매도하여 투자자금을 회수할 수 있는 집합투자기구

09
정답 ③

✓ ELS는 유가증권시장에 상장되지 않아 유동성이 낮고, 발행 증권사의 신용리스크에 노출되어 있는 단점이 있다.

상세해설

■ 주가연계증권(ELS, Equity Linked Securities)
① 개념 : 일반적으로 주가지수 및 특정 주식의 움직임에 연계하여 사전에 정해진 조건에 따라 조기 및 만기 상환수익률이 결정되는 만기가 있는 증권이다.
② 파생결합증권의 한 종류이며, 장외파생상품 겸영인가를 취득한 증권사만이 발행할 수 있다.
③ 증권사는 자체헤지와 해외 IB등에 수수료등을 지급하고 하는 백투백헤지를 할 수 있다.
④ 공모 혹은 사모로도 발행할 수 있다.
⑤ 원금보장형 혹은 비보장형으로도 발행할 수 있다.
⑥ 만기, 수익구조 등을 다양하게 설계할 수 있는 장점이 있으나, 유가증권시장에 상장되지 않아 유동성이 낮고 발행 증권사의 신용리스크에 노출되는 단점이 있다.

10
정답 ④

✓ 주택저당채권은 저당권과 양도담보로 채권을 발행한다. 기초자산인 주택을 담보로 발행하지 않는다.

상세해설

① 대출형 펀드 : 프로젝트로부터 미래에 발생하는 현금흐름을 담보로 개발사업에 필요한 자금을 대출
② 실물매입형 펀드 : 투자자의 투자금 및 금융기관의 차입을 통해 실물부동산을 매입한 후, 운영을 통해 발생하는 임대료, 관리비 및 기타수입등을 운영수익으로 배당
③ 개발형 투자구조 : 개발사업 시행주체인 시행사 또는 SPC에 지분투자를 해서 발생하는 사업이익 수취
④ 개발형 또는 대출형+실물매입 투자구조 : 오피스, 리테일등 수익형 부동산 개발관련 자금에 지분 또는 PF투자

11

정답 ②

✅ 집합투자기구의 운용보수와 운영비용 충당을 위해 집합투자증권을 추가발행할 수 없다.

상세해설

- 집합투자증권 추가발행 사유
    - 원칙 : 기존 투자자의 이익을 해할 우려가 없는 경우에 예외적으로 집합투자증권을 추가발행할 수 있다.
        ① 환매금지형 집합투자기구로부터 받은 이익분배금의 범위 내에서 그 집합투자증권을 추가로 발행하는 경우
        ② 기존 투자자의 이익을 해칠 염려가 없다고 신탁업자로부터 확인을 받은 경우
        ③ 기존 투자자 전원의 동의를 받은 경우
        ④ 기존 투자자에게 집합투자증권의 보유비율에 따라 추가로 발행되는 집합투자증권의 우선매수기회를 부여하는 경우

12

정답 ①

✅ 환매조건부채권(RP)은 예금자 보호대상 금융상품이 아니다.

상세해설

- 환매조건부채권
    ① 채권을 일정기간 후에 일정가액으로 환매수(매도)할 것을 조건으로 매도(매수)하는 거래
    ② 기능과 효과
        - 투자자는 자기가 원하는 투자기간에 맞추어 확정이자를 얻을 수 있다.
        - 증권회사는 매도가 곤란한 채권을 이용하여 자체 자금조달능력을 향상시킬 수 있다.
        - 매매대상 유가증권 : 대고객 조건부채권매매 대상은 국채증권, 지방채증권, 특수채증권, 금융회사등이 원리금 지급보증을 한 보증사채권등
        ※ 예금자 보호대상 금융상품이 아님.

13

정답 ①

✅ 확정기여형의 경우 퇴직급여 수준을 사전에 알 수 없으며, 확정급여형과 확정기여형은 예외적으로 가입자가 대출을 받기 위해 담보제공이 가능하며, 확정급여형과 확정기여형 모두 개인형퇴직연금(IRP)에 추가가입이 가능하다.

상세해설

- 확정급여형(DB)과 확정기여형(DC)비교

구분	확정급여형	확정기여형
개념	근로자가 수령할 퇴직금 수준이 사전에 확정되어 있는 제도	기업이 부담할 부담금 수준이 사전에 확정되어 있는 제도(연간 임금총액의 1/12 이상)
사용자 부담금	퇴직금 추계액 또는 연금계리방식에 따라 산출된 금액을 사외적립해야 함.	연간 임금총액의 1/12 이상을 당해연도 전액 사외적립해야 함.
적립금 운용주체	사용자(운용손익이 기업에 귀속)	근로자(운용손익이 근로자에 귀속)
추가납입여부	개인형 IRP 통해 가능(연간 1,800만 원 한도)	
담보대출	담보대출 가능	담보대출 및 중도인출 가능

연금계리	필요	불필요
적합한 사업장	• 임금상승률이 높은 기업 • 장기근속을 유도하고자 하는 기업 • 경영이 안정적이고 영속적인 기업	• 연봉제, 임금피크제 적용 기업 • 재무구조 변동이 큰 기업 • 근로자의 재테크 관심이 높은 기업

※ 출처 : 금융투자협회 기본교재 1권(2025년) p323

14
정답 ②

✅ 생존보험은 생명보험이다.

상세해설

■ 보험의 종류

생명보험	• 생명 또는 신체에 관한 보험사고 보장 • 사망보험, 생존보험, 생사혼합보험
손해보험	• 재산에 관한 경제적 손해 보상 • 화재보험, 운송보험, 해상보험(적하보험, 선박보험), 책임보험, 자동차보험
사회보험	• 국민의 최소한의 생활보장을 위한 공적보험 • 산업재해보상보험, 국민건강보험, 국민연금, 고용보험

15
정답 ④

✅ 보기의 모든 사항이 ELW에 대한 올바른 내용이다.

상세해설

■ 주식과 ELW 비교

구분	주식	ELW
법적형태	지분증권	파생결합증권
거래단위	1주	10증권(단주거래 불가능)
호가주문	시장가, 조건부지정가, 지정가호가등	지정가호가만 허용
가격제한폭	30% 상한가 및 하한가	미적용
신용거래	가능	현금거래만 가능
권리행사	해당사항 없음.	만기 행사가치 있는 경우 자동행사
최종거래일	해당사항 없음.	만기일 이전 2영업일
만기여부	해당사항 없음.	만기 있음.

※ 출처 : 금융투자협회 기본교재 1권(2025년) p244

• 콜 ELW, 풋 ELW가 있으며, 매입만 가능함. 옵션의 매수포지션과 그 경제적 실질이 같아서 옵션가치에 영향을 주는 변수와 같은 방향으로 ELW의 가치가 변동함. 즉 기초자산가격이 상승시 혹은 하락시에도 이익을 얻을 수 있다.

부동산관련 상품

16
정답 ①

✓ 지역권은 제한물권 중 용익물권에 속하며, 질권과 유치권은 제한물권 중 담보물권에 속한다. 점유권은 그 자체가 권리이기 때문에 제한물권이 아니다.

상세해설

- 제한물권은 일정한 목적을 위하여 타인의 물건을 제한적(부분적·일시적)으로 지배하는 물권으로 등기능력이 있는 권리이다.
- 민법상 물권

※ 출처 : 금융투자협회 2025년 기본서 1권 p324
※ 주의사항 : 부동산은 저당권을 설정할 수 있으며, 저당권에 대응되는 제한물권은 질권이며 이는 동산이나 재산권에 설정할 수 있다. 즉, 부동산에는 질권을 설정할 수 없다. 일반적으로 부동산의 제한물권 관련 선택지로는 질권이 출제되지 않으나, 41회차에 이러한 문제가 출제되었다. 엄밀한 관점에서 정답은 점유권과 질권이 될 수 있으나, 협회교재의 도표에 질권도 넓은 관점에서 제한물권으로 분류하여 우선적으로 협회교재의 내용을 적용하여 점유권으로 정답을 표시하였다.

17
정답 ④

✓ 모두 올바른 설명이다.

상세해설

- 주택저당증권
  ① 주택저당증권(MBS)은 대출만기가 통상 20~30년인 장기금융상품으로 금리 리스크 및 조기상환 리스크에 노출될 가능성이 크다. 특히 금리하락시 조기상환의 위험이 커진다.
  ② 원리금 균등상환 고정금리부 대출 : 매월 동일한 금액이 상환되어 만기에 완전히 상환이 완료되는 형식으로 시간이 흐를수록 원금잔액이 줄어들고 이에 따라 이자도 줄어들어 매월 상환액 중 이자부분은 점차 감소하고 원금부분은 점차 증가한다.
  ③ 저당대출에서 채무불이행이 발생하면 MBS를 매입한 투자자는 손실이 발생할 수도 있다.

18

정답 ③

✓ 사업수탁방식에 대한 설명이다.

상세해설

■ 개발사업방식유형

자체사업	지주공동사업	투자형부동산 개발사업
지주자력개발	등가교환방식, 합동개발방식(분양형), 사업수탁방식(임대형), 토지신탁방식, 차지개발방식	시설임차조건부 개발분양방식, 시설지분 개발분양방식, 주주모집방식

■ 지주공동사업유형
① 등가교환방식 : 토지소유자와 개발업자가 공동으로 건물 등을 건설하는 방식으로 지주가 토지의 일부 또는 전부를 개발업자에게 제공하는 한편, 개발업자는 토지를 개발하고 건축물을 건설하여 토지평가액과 건설비를 기준으로 양자가 토지와 건축물을 공유 또는 구분소유하는 것
② 합동개발방식 : 지주는 토지를 제공하고, 건설회사등의 개발업자는 건축공사비를 포함한 관련 경비등의 부담을 한다. 사업을 시행하여 분양 또는 임대를 통해 발생한 수익을 개발사업의 각 주체가 투자한 토지가격과 건축공사비등을 금액으로 환산한 투자비율에 따라 수익을 배분하는 방식
③ 사업수탁방식 : 개발업자등이 사업의 기획에서부터 설계, 시공, 임대유치 및 운영관리에 이르는 일체 업무를 수탁받아 건물을 완공한 후 건물을 일괄임대받음으로써 사실상 사업 수지를 보증하는 방식이다. 완성한 건물을 개발업자가 일괄임차하므로 토지소유자는 매월 일정일에 임대수입금의 입금상황을 확인하면 된다. 토지의 최유효활용면에서 장점이 있다.
④ 토지신탁방식 : 토지소유자가 그 보유토지의 유효이용을 도모하기 위하여 부동산 신탁회사에 위탁하고 수탁자인 신탁회사는 필요자금의 조달, 건물의 건설 및 그 분양, 임대를 하고 그 수익의 일부를 신탁배당으로 수익자인 토지소유자에게 반환하는 방식이다.
⑤ 차지개발방식 : 개발업자가 지주로부터 특정 토지에 대한 이용권을 설정받아 그 토지를 개발하고 건축물을 건설하여 그 건축물을 제3자에게 양도 또는 임대하거나 개발업자가 직접 이용하여 지주에게 임차료를 지불하고, 차지권의 기한이 도래했을 때 토지를 무상으로 원래 지주에게 반환하고 건물에 대해서는 일정한 금액으로 지주에게 양도하는 방식이다.

※ 출처 : 금융투자협회 기본교재 1권(2025년) p422 ~ 423

19

정답 ④

✓ 자기관리 부동산투자회사는 상근 임직원을 채용할 수 있지만, 기업구조조정 부동산투자회사와 위탁관리 부동산투자회사는 상근 임직원을 채용할 수 없다.

상세해설

■ 부동산투자회사 설립의 기본원칙
① 발기설립의 방법으로 설립해야 함.
② 현물출자에 의한 설립은 할 수 없음.
③ 자기관리 부동산투자회사는 설립시 자본금 5억 원 이상, 그 외 부동산투자회사(위탁관리 부동산투자회사, 기업구조조정 부동산투자회사)는 설립시 자본금 3억 원 이상이어야 한다.
④ 부동산투사회사의 사업을 영위하기 위해서는 국토교통부장관의 영업인가나 등록을 해야 한다(금융위원회 인가 혹은 등록사항이 아님).

■ 부동산투자회사 운영
① 영업인가 혹은 등록일로부터 6개월이 지나면 자기관리 부동산투자회사는 자본금 70억 원 이상, 위탁관리 부동산투자회사 및 기업구조조정 부동산투자회사의 자본금은 50억 원 이상이 되어야 한다.

② 자기관리 부동산투자회사는 상근 임직원을 채용해야 하며, 위탁관리 부동산투자회사와 기업구조조정 부동산투자회사는 상근 임직원을 채용할 수 없으며, 본점외 지점도 설치할 수 없다.
③ 기업구조조정 부동산투자회사는 부동산을 취득한 후 일정기간 이내에 부동산을 처분해서는 안 된다는 규정을 적용하지 않는다.

20

정답 ④

신탁회사는 담보신탁된 부동산을 직접 공매할 수 있다.

상세해설

■ 저당제도와 담보신탁제도 비교

구분	저당제도	담보신탁제도
담보설정방식	저당권 설정	신탁설정(신탁등기)
담보물 관리	채권기관에서 관리	신탁회사가 직접 관리
소요경비	등록세, 교육세, 채권매입비	등록세, 교육세, 채권매입비 면제, 신탁보수 발생
채권실행방법	법원경매	신탁회사가 직접 공매
채권실행비용 및 소요기간	장기간, 경매비용 과다소요	단시일 내 가능, 비용절감 가능
환가액	저가처분(폐쇄시장에서 경매)	상대적 고가처분(일반공개시장 공매)
신규임대차 및 후순위권리설정	배제불가	배제가능(담보가치 유지에 도움됨)

※ 출처 : 금융투자협회 기본교재 1권(2025년) p444

대안투자운용/투자전략

5문제

21

정답 ①

무한책임사원이 PEF의 업무집행사원이 된다. 유한책임사원은 PEF에 투자자의 역할을 한다.

상세해설

■ PEF 사원
① 원칙 : 1인 이상의 무한책임사원과 1인 이상의 유한책임사원으로 구성된다(합자회사).
② 무한책임사원 : 펀드를 설립하고 투자와 운영을 책임지며, 본인이 출자한 금액을 초과하는 금액까지 책임을 진다.
③ 유한책임사원 : 투자한 금액의 범위 안에서만 책임을 진다. 주로 연기금, 회사연금, 은행, 보험, 재단등이 있다.
■ 무한책임사원에 대한 특례
① 회사가 PEF의 무한책임사원이 될 수 있다.
② 무한책임사원은 노무 또는 신용을 출자할 수 없고, 반드시 금전 또는 시장성 있는 유가증권을 출자해야 한다.
③ 경업금지의무를 배제한다.
④ 임의적 퇴사권을 인정하지 않는다.

22

정답 ④

✓ 합병차익거래는 피인수기업의 주식을 매수하고, 인수기업의 주식을 매도하는 포지션을 취한다. 피인수기업의 주식이 M&A를 통해 얻게 될 이익에 비해 가격이 낮게 거래되는 경향을 갖는다. 이는 합병이 성사되지 않을 위험을 갖고 있기 때문이다.

상세해설

■ 헤지펀드 운용전략

차익거래전략	전환사채 차익거래, 수익률 곡선 차익거래, 이자율 스프레드거래, 현선물간 차익거래, 롱숏전략(주식시장중립형)
Event Driven 전략	부실채권투자, 합병차익거래
방향성 전략	롱숏, 글로벌 매크로, 이머징마켓 헤지펀드, 선물거래
펀드 오브 헤지펀드	다른 헤지펀드에 분산투자하는 전략

23

정답 ①

✓ 이자율 스프레드 차익거래는 차익거래전략이다. 캐리트레이드(Carry trade)는 낮은 금리로 자본을 조달하여 높은 금리에 투자하는 전략이다.

상세해설

■ 헤지펀드 운용전략

차익거래전략	방향성전략	Event Driven 전략
전환사채 차익거래전략, 채권차익거래전략(수익률곡선 차익거래전략, 이자율 스프레드전략, 현-선물 차익거래), 주식시장중립형 전략(롱-숏전략)	주식의 롱-숏전략, 글로벌 매크로, 이머징마켓 헤지펀드, 선물거래	부실채권투자, 합병차익거래

■ 전환증권차익거래
① 개요 : 전환사채를 매수하고 기초자산인 주식을 매도하고, 이자율변동위험과 신용위험등을 헤지하면서 전환사채 이론가와 시장 가격괴리에서 수익률을 추구하는 전략
③ 선호하는 전환사채 특징
  • 기초자산의 변동성이 크고 볼록성이 큰 전환사채
  • 유동성이 높은 전환사채와 기초주식을 쉽게 빌릴 수 있는 전환사채
  • 낮은 Conversion premium을 가진 전환사채
  • 배당이 없거나 낮은 배당률을 갖는 기초자산의 전환사채
  • 낮은 내재변동성으로 발행된 전환사채
■ 무상증자 이벤트 전략
무상증자 권리락일에 해당 종목의 주가가 높은 확률로 상승하는 이례적인 현상을 이용하는 전략이다.

24

정답 ②

✓ 합성 CDO는 보장매입자가 준거자산을 양도하는 것이 아니라 신용파생상품을 이용하여 자산에 내재된 신용위험을 SPC에 이전하는 유동화 방식이다. 합성했기 때문에 준거자산을 실제로 매각하지 않고 양도된 효과를 얻는다.

상세해설

■ CDO 투자
① Equity 트랜치 : 수익은 초기에 한번 받으며(up-front 방식), 만기에 남아있는 담보자산의 원금을 받는다.
② Mezzanine 트랜치 : 두 번째 손실을 입는 트랜치이며 Senior 트랜치와 Equity 트랜치의 중간에 위치한다.
③ Senior 트랜치 : 높은 신용등급의 트랜치로 분산된 포트폴리오에 대한 투자와 구조적인 신용보강을 가지고 있다. 일반적으로 원금손실이 발생하기는 어렵지만 mark-to-market 위험이 있다.
④ Super Senior 트랜치 : Senior 트랜치에 추가적인 손실이 발생하는 경우를 가정한다. 높은 등급의 신용위험과 전통적인 재보험 위험은 상대적으로 낮은 상관관계를 갖고 있어, 재보험사에게 Super Senior 트랜치 투자는 높은 신용등급을 가지고 기존 보유 위험을 헤지할 수 있는 분산투자 도구로 인식된다.

■ TRS 구조
총수익매도자가 보유한 자산의 사실상의 모든 수익을 총수익매입자와 교환하는 거래이다.

※ 출처 : 금융투자협회 기본교재 2권(2025년) p99

25

정답 ②

Balance Sheet CDO에 대한 설명이다.

상세해설

■ CDO 구분

Arbitrage CDO	기초자산의 수익률과 유동화 증권의 수익률 차이에서 발생하는 차익을 취할 목적으로 발행되는 CDO
Balance Sheet CDO	위험 전가 목적으로 거래하고, 거래를 통해 대차대조표에서 신용위험 자산이 감소하여 재무비율이 개선되는 효과를 가지고 있음.
Cash Flow CDO	자산을 양도하여 SPV를 구성하며, SPV에서 발생한 트랜치에 매각 대금으로 자본 조달
Synthetic CDO	CDS를 활용하여 위험 전가
Static CDO	포트폴리오 운용 없이 만기까지 보유
Dynamic CDO	지정된 운용자에 의해 자산이 운용되는 CDO
Hybrid CDO	Ram-up 기간과 자산으로부터 선지급이 있는 경우 자산을 운용 혹은 대체하는 Hybrid Structure

※ 출처 : 금융투자협회 기본교재 2권(2025년) p107

해외증권투자운용 / 투자전략

5문제

26
정답 ③

✓ 본국의 통화가 평가절하되는 것은 투자대상국의 통화가 평가절상된 것과 같은 의미이다. 투자대상국에서 주가차익이 발생하고 이를 다시 본국 통화로 환전할 경우 이익이 추가로 발생하여 투자자는 총이익이 발생한다.

상세해설

- 환위험 헤지방법
  ① 선물환, 통화선물, 통화옵션, 통화스왑과 같은 통화파생상품 이용
  ② 투자대상국의 주식파생상품 혹은 금리파생상품을 이용하여 해당국 통화에 대한 노출을 최소화하면서 투자자산 가격에의 노출은 그대로 유지
  ③ 투자대상증권과 환율 간의 상관관계를 이용한 내재적 헤지
  ④ 통화의 분산
  ⑤ 아무런 헤지도 하지 않음.
- 헤지의 종류

롤링헤지	투자기간을 몇 개의 단기간으로 나누어서 하나의 기간이 만기가 되면 또 다른 헤지를 하는 것. 즉 짧은 헤지기간을 연결해서 전체 투자기간을 헤지하는 것
스택헤지	투자금액 전체를 일시에 헤지하는 장기헤지
내재적 헤지	주가와 통화가치 간의 상관관계에 의해 환노출이 낮아지는 헤지. 별도의 헤지비용 없이 효과적인 환위험 헤지로 이용될 수 있음.

27
정답 ①

✓ 사무라이본드는 외국채이며 일본 내에서 엔화로 비거주자가 발행하는 채권이다. 유로채는 일반적으로 무기명식으로 발행하며, 양키본드는 외국채로 미국 내에서 달러로 비거주자가 발행한다. 달러표시 채권을 미국 내에서 발행하려면 SEC에 신고해야 한다.

상세해설

- 국제채권
  ① 유로채 : 발행국의 통화와 다른 통화로 발행되는 채권(발행국가의 규제가 거의 없는 곳에서 발행함). 역외채권이라고 함.
    - 주로 무기명채권, 이자는 대체로 1년에 한번 지급함, 보우트딜 형식으로 발행, 회색시장 존재, AIBD(유로채 유통시장의 딜러 자율규제기관)
    - 딤섬본드(홍콩에서 외국인이 위안화로 발행함)
  ② 외국채 : 발행국의 통화로 비거주자가 발행하는 채권(발행국가의 규제를 따라야 함)
    - 두 군데 이상의 신용평가기관으로부터 신용등급을 받아야 함.
    - 미국에서 외국채(양키본드) 발행시 SEC에 발행신고를 해야 함.
    - 판다본드(중국 본토에서 외국기업이 위안화로 발행함), 양키본드(미국), 사무라이본드(일본)

28

정답 ②

✓ 유로채는 무기명식, 이자를 1년에 1번 지급하는 형식으로 발행한다. 홍콩에서 외국인이 위안화로 발행하는 유로채는 딤섬본드이다.

상세해설

- 유로채의 특징
  ① 발행국가와 발행통화가 다름 → 발행국의 발행 관련 규제를 최소화할 수 있음.
  ② 주로 무기명채권, 이자는 1년에 한번 지급함.
  ③ 보우트딜에 의해 발행 : 협상에 의한 거래라고도 하며, 증권회사가 인수업무를 따기 위해서 발행총액에 대한 비용을 제시하고 발행되는 채권을 모두 매입하여 재판매하는 방법
  ④ 회색시장 : 인수단이 형성되면 실제 발행되지 않은 증권의 판매가 되는 시장으로, 발행에 대한 시장의 반응을 알아 볼 수 있는 기회가 됨.

29

정답 ②

✓ 개별자산과 시장포트폴리오의 상관관계가 낮을수록 총위험 중 체계적위험의 비중이 감소한다. 국제분산투자를 하면 개별기업의 고유위험(비체계적위험)을 경감할 수 있다.

상세해설

- 국제분산투자효과
  ① 국내 기준 분산불가능한 위험인 체계적위험도 국제분산투자를 하면 추가적인 위험감소효과가 발생할 수 있다. 즉 국내의 체계적위험(경기변동, 금융 및 재정정책등)을 감소시킬 수 있다.
  ② 개별기업의 고유위험은 비체계적 위험이며, 이는 국제분산투자를 하지 않더라도 국내에서 충분히 분산투자를 하면 제거할 수 있다. 즉 국내분산투자로도 제거가 가능하며, 국제분산투자로도 제거가 가능하다.
  ③ 개별증권의 움직임과 전체시장 움직임의 상관관계가 높을수록 개별증권의 체계적위험이 크며, 이는 개별증권의 총위험 중 체계적위험이 차지하는 비중이 높다는 의미이다.
  ④ 국가간의 상관관계가 높을수록 국제분산투자효과는 작아진다. 세계경제의 상호의존성이 높아질수록 국제분산투자효과는 작아진다.
  ※ 체계적위험은 주로 베타로 측정한다.

$$\beta_i = \frac{\sigma_{iM}}{\sigma_M^2} = \frac{\sigma_i \cdot \sigma_M \cdot \rho_{iM}}{\sigma_M^2} = \frac{\sigma_i \cdot \rho_{iM}}{\sigma_M}$$

개별증권을 i라고 하고 전체시장을 M이라고 하면 상관계수(ρ_{iM})가 클수록 베타가 증가한다.

총위험 중 체계적위험이 차지하는 비중 = $\frac{체계적위험}{총위험}$ = $\frac{공분산위험}{분산}$ = $\frac{\sigma_{iM}}{\sigma_i^2}$. 상관계수가 크면 전체 위험 중 체계적위험의 비중이 증가한다. 즉, 상관계수가 작으면 총위험 중 비체계적위험의 비중이 높다.

30

정답 ③

✓ 하향식 접근법(Top-Down approach)은 세계경제를 각국 경제의 결합체로 인식한다. 즉 세계경제를 하나의 통합된 경제로 보지 않는다. 반면에 상향식 접근법은 세계경제를 하나의 통합된 경제로 인식한다.

투자분석기법

12문제

31
정답 ①

✓ 영업레버리지도는 영업이익증가율을 판매량(매출액) 증가율로 나눈 값이다.

상세해설

■ 레버리지
① 영업레버리지는 고정비 사용으로 인한 매출액 변화에 따른 영업이익변화율이다. 영업고정비가 없는 기업은 영업레버리지도가 1이다. 영업고정비가 많을수록 영업레버리지도는 증가한다. DOL(영업레버리지도)=(△EBIT/EBIT)/(△Q/Q) → 공헌이익/영업이익
② 재무레버리지는 재무고정비 사용으로 인한 영업이익 변화에 따른 주당순이익의 변화정도이다. 재무고정비가 없으면 재무레버리지도는 1이다. 재무고정비가 많을수록(타인자본사용이 많을수록) 재무레버리지도는 증가한다. 주당순이익 대신 당기순이익을 사용해도 그 결괏값은 같다. DFL(재무레버리지도)=(△EPS/EPS)/(△EBIT/EBIT) → 영업이익/세전이익
③ 결합레버리지도(DCL)=영업레버리지도×재무레버리지도 → 공헌이익/세전이익
※ 영업고정비, 재무고정비 모두 없으면 결합레버리지도는 1이다. 매출액이 증가할수록 영업레버리지도는 1로 수렴하고, 영업이익이 증가할수록 재무레버리지도는 1로 수렴한다.

32
정답 ④

✓ 주어진 자료를 오름차순으로 정리하면 −15, −8, −7, −5, 3, 3, 5, 6, 12이다. 가장 작은 값은 산술평균으로 −0.6이다.

- 범위 : 가장 큰 값과 가장 작은 값의 차이, −15와 12의 차이이기 때문에 27이다.
- 최빈값 : 2번 이상의 자료 출현한 수 중 그 출현횟수가 가장 많은 값으로 3이다.
- 중앙값 : 자료의 정중앙에 위치한 값으로 3이다.
- 산술평균 : $\dfrac{\text{모든 자료의 합}}{\text{자료의 수}} = \dfrac{-6}{10} = -0.6$

상세해설

■ 통계기초

중심위치	산포경향
산술평균, 최빈값, 중앙값	범위, 평균편차, 분산, 표준편차

① 공분산 : 두 확률변수가 같이 움직이는 정도(선형의 관계를 나타냄)
- 공분산값은 −∞에서 +∞의 값을 갖는다.
- 0보다 크면 양의 관계, 0보다 작으면 음의 관계, 0이면 선형의 관계는 존재하지 않음.
② 상관계수 : 공분산을 각각의 확률변수의 표준편차로 나눈 값
- 상관계수는 −1에서 1 사이의 값을 갖는다.
- 1에 가까울수록 양의 선형의 관계가 강하며, −1에 가까울수록 음의 선형의 관계가 강하며, 0이면 두 변수간의 선형의 관계는 존재하지 않는다.
③ 왜도 : 분포가 한쪽으로 치우친 정도
- 정규분포의 왜도값은 0이다.

- 왜도가 양수일 경우 극단적으로 큰 값이 분포에 포함되어 있음. 빈도<중앙값<평균
- 왜도가 음수일 경우 극단적으로 작은 값이 분포에 포함되어 있음. 빈도>중앙값>평균
④ 첨도 : 분포가 뾰족한 정도
- 정규분포의 첨도는 3이며, 첨도값이 3보다 크면 분포의 모양이 정규분포보다 뾰족한 것을 나타냄. 첨도가 3보다 작으면 분포의 모양이 정규분포보다 뭉뚝한 모양을 나타냄
- 첨도값은 양의 값을 갖는다.

33

정답 ④

모든 기업의 세후영업이익, 영업용투하자본의 값이 같으므로 EVA가 가장 작기 위해서는 WACC(가중평균자본비용)가 가장 큰 기업이어야 한다. 타인자본비용과 주주자본비용이 같으나 타인자본비용은 세후 기준으로 계산하기 때문에 세후타인자본비용이 주주자본비용보다 저렴하다. WACC가 가장 크기 위해서는 자본비용이 더 비싼 자기자본비중이 높아야 한다. 자기자본비중이 가장 높은 D기업의 WACC가 가장 높고, 결과적으로 D기업의 EVA값이 가장 작은 값을 갖는다.

※ 본 문제는 각 기업의 EVA를 계산하기보다, EVA의 개념을 활용하여 푸는 개념문제이다.

상세해설

■ EVA 계산

$$EVA = EBIT(1-t) - 영업용투하자본 \times WACC = 세후영업이익 - 영업용투하자본 \times WACC$$

$$WACC = k_d(1-t) \cdot \frac{D}{V} + k_e \cdot \frac{E}{V}$$

구분	A기업	B기업	C기업	D기업
$k_d(1-t)$	18%	18%	18%	18%
k_e	20%	20%	20%	20%
D/V	70%	60%	40%	30%
E/V	30%	40%	60%	70%
WACC	18.6%	18.8%	19.2%	19.4%
세후영업이익	150억 원	150억 원	150억 원	150억 원
영업용투하자본	300억 원	300억 원	300억 원	300억 원
EVA	94.2억 원	93.6억 원	92.4억 원	91.8억 원

34

정답 ②

$$P_0 = \frac{d_1}{k-g} = \frac{EPS_0(1+g)(1-b)}{k-g} = \frac{2{,}000원 \times (1+4\%) \times (1-40\%)}{20\% - 4\%} = 7{,}800원$$

g = b × ROE = 40% × 10% = 4%

상세해설

■ 고든의 배당성장모형
고든의 배당성장모형은 배당이 일정한 성장률로 영구적으로 성장함을 가정한다.

$$P_0 = \frac{d_1}{k-g}$$

- d_1 : 1기간 후의 1주당 배당금
- k : 주주의 기회비용 혹은 자본비용
- g : 배당의 성장률 혹은 이익의 성장률, $g=b \times ROE$

35

정답 ②

✓ 총자산투자수익률(ROA)＝당기순이익/총자산, 당기순이익은 손익계산서 항목이며, 총자산은 재무상태표 항목이다.

| 오답풀이 |

① 부채비율＝부채/자기자본, 재무상태표의 항목으로만 계산할 수 있다.
③ 이자보상비율＝영업이익/이자비용, 손익계산서의 항목으로만 계산할 수 있다.
④ 매출액영업이익률＝영업이익/매출액, 손익계산서의 항목으로만 계산할 수 있다.

| 상세해설 |

■ ROA와 ROE
- ROE ＝ $\dfrac{\text{당기순이익}}{\text{자기자본}}$ ＝ $\dfrac{\text{당기순이익}}{\text{매출액}} \times \dfrac{\text{매출액}}{\text{총자산}} \times \dfrac{\text{총자산}}{\text{자기자본}}$
- ROA ＝ $\dfrac{\text{당기순이익}}{\text{총자산}}$ ＝ $\dfrac{\text{당기순이익}}{\text{매출액}} \times \dfrac{\text{매출액}}{\text{총자산}}$
- ROE ＝ ROA $\times \dfrac{\text{총자산}}{\text{자기자본}}$ ＝ ROA$\left(1+\dfrac{\text{부채}}{\text{자기자본}}\right)$
- ※ $\dfrac{\text{총자산}}{\text{자기자본}} = \dfrac{\text{자기자본}+\text{부채}}{\text{자기자본}} = \dfrac{\text{자기자본}}{\text{자기자본}} + \dfrac{\text{부채}}{\text{자기자본}} = (1+\text{부채비율})$

36

정답 ④

✓ OBV는 주가가 전일에 비해 상승한 날의 거래량 누계에서 하락한 날의 거래량 누계를 차감하여 이를 매일 누적적으로 집계하여 도표화한 것이다.

| 상세해설 |

■ OBV
① 그랜빌이 만든 거래량 지표로서 거래량은 주가에 선행한다는 전제하에 주가가 전일에 비해 상승한 날의 거래량 누계에서 하락한 날의 거래량 누계를 차감하여 이를 매일 누적적으로 집계·도표화한 것
② 주가가 뚜렷한 등락을 보이지 않고 정체되어 있을 때 거래량 동향에 의하여 향후 주가의 방향을 예측하는데 유용하게 활용되는 기술적 지표의 하나로 시장이 매집단계에 있는지 분산단계에 있는지 알려준다.
③ 작성방법 : 주가가 전일에 비하여 상승한 날의 거래량은 OBV에 가산, 주가가 전일에 비하여 하락한 날의 거래량은 전일의 OBV에서 차감, 변동이 없는 날의 거래량은 무시

■ OBV 분석 기본법칙
① 강세장에서는 OBV선의 고점이 이전의 고점보다 높게 형성되고 약세장에서 OBV선의 저점이 이전의 저점보다 낮게 형성. 이때 전자의 경우 U마크로 표시하고 후자의 경우 D마크로 표시
② OBV선의 상승은 매입세력의 집중을, 하락은 분산을 나타냄

- 한계점
  ① 주가 상승일에는 보편적으로 거래량이 급속히 증가하고 주가 하락일에는 상승 때 보다 거래량이 감소하는등 OBV가 거래량의 누적차수여서 우상향하는 경향이 있다.
  ② 특정 종목에서 자전거래가 발생하는 경우 비정상적 거래량 급증으로 분석의 유용성이 감소할 수 있다.
  ③ 저가주들의 대량거래가 시장 전체의 거래량을 왜곡할 수 있다.
  ④ 주가의 선행성을 나타내려고 했으나 현실적으로 OBV지표는 주가가 전환된 후 주가 방향으로 움직이므로 매매신호가 늦게 나타나기 때문에 조기신호지표라기 보다는 추세확인으로 그치는 경우가 많다.
  ⑤ 누적거래량 산출 기준일 선정에 따라서 과대평가되고 과소평가될 수 있기 때문에 주가와 비교분석 없이 단독적으로 추세전환을 파악하는 데는 어려움이 있다.
※ 출처 : 금융투자협회 기본교재 2권(2025년) p367~369

37

정답 ③

잉여현금흐름(FCF)은 본업활동에서 창출된 현금흐름액 중 사업에 투자하고 남은 것을 차감한 것으로 투하자본에 기여한 자금조달자들이 당해연도 말에 자신의 몫으로 분배받을 수 있는 총자금이다. 미지급금은 부채이며, 부채가 증가한 것은 기업의 현금유입이 증가한 것이다. 나머지 보기는 기업의 현금유입의 감소이다.

상세해설

- 잉여현금흐름(FCF) 계산

  > 총현금흐름 유입액 = NOPLAT + 감가상각비 - 운전자본 순증가액 - 시설자금 증가액

  - NOPLAT = EBIT - 법인세 - 법인세절감효과 + 이연법인세 증가액
  - 운전자본 증가액 = 당해연도 순운전자본(유동자산 - 유동부채) - 전년도 순운전자본(유동자산 - 유동부채)
  - 시설자금 증가액 = 당기 순기계설비 - 전기 순기계설비
  ※ 자산과 부채의 증감에 따른 현금흐름효과
    ① 자산이 증가하는 것은 현금의 유출이며, 부채가 증가하는 것은 현금의 유입이다.
    ② 자산이 감소하는 것은 현금의 유입이며, 부채가 감소하는 것은 현금의 유출이다.
    ㉔ 전년 대비 재고자산 100 증가 → 추가로 재고를 100 구매했기 때문에 현금유출 100, 자산을 매입하여 자산이 증가했으나, 관련 자금(현금)이 유출되었다. 부채도 이와 같은 맥락으로 이해할 수 있다.
  ※ 출처 : 금융투자협회 기본교재 2권(2025년) p277~278

38

정답 ②

자금의 상환 혹은 차입과 관련된 현금흐름은 재무활동현금흐름으로 분류한다.

상세해설

- 현금흐름표
  ① 개념 : 현금흐름표는 일정 기간 동안 현금의 조달과 운용내역을 나타내는 재무제표이며, 영업활동, 투자활동, 재무활동으로 현금흐름을 분류하고 이에 대한 정보를 제공한다.
  ② 현금흐름표의 유용성
    • 분석대상기업의 미래 현금흐름 추정에 도움이 된다.
    • 당기순이익과 영업활동에서 발생한 현금흐름의 차이의 원인 파악이 가능하다.
    • 기업의 부채상환능력 및 배당지급능력을 파악할 수 있다.

- 현금흐름을 부문별로 구분하여 파악하기 때문에 실상 파악 및 중점관리 부문 파악에 도움된다.
③ 현금의 범위는 현금 및 현금성자산이다.
- 현금 : 보유현금과 요구불예금
- 현금성자산 : 유동성이 매우 높은 단기투자자산(예 취득당시 만기 3개월 이내의 금융자산)
■ 현금흐름의 분류
① 영업활동현금흐름 : 직접법과 간접법으로 나타낼 수 있으며, 영업활동(구매활동, 판매활동, 생산활동과 관련)과 관련한 현금흐름
② 투자활동현금흐름 : 현금의 대여와 회수활동, 유가증권, 투자자산, 비유동자산의 취득 및 처분과 관련한 활동
③ 재무활동현금흐름 : 차입금 상환 및 차입, 유상증자등과 관련된 활동

39

정답 ④

약세국면에서 주가가 이동평균선 아래에서 움직이는 것은 주가의 하락세가 지속된다는 신호로 본다.

상세해설

■ 이동평균선
① 개요 : 이동평균선 분석은 추세분석의 중심이 되는 방법이며, 추세를 하나의 대푯값으로 표시하여 시장의 흐름을 파악하는 방법이다.
② 지표 : 단기지표로는 5일, 20일 이동평균선, 중기지표로는 60일 이동평균선, 장기지표로는 120일, 200일 이동평균선을 주로 사용한다.
③ 장점 : 계산하기 편리하고, 이동평균선 계산결과와 모양에 따라 기계적으로 매수·매도 신호를 객관적으로 도출해 낼 수 있음.
④ 단점 : 과거 주가를 평균하여 도출하기 때문에 주가방향을 분석하는데 있어 후행성의 문제가 있음.
■ 이동평균선 특징
① 일반적으로 주가가 이동평균선을 돌파하는 시점이 의미있는 매매타이밍이다.
② 이동평균선을 분석하는 기간이 길수록 이동평균선이 완만해지고, 짧을수록 가팔라진다.
③ 주가가 이동평균선과 괴리가 크면 주가가 이동평균선으로 회귀하는 성향이 있다.
④ 강세국면에서 주가가 이동평균선 위에서 움직이는 경우 주가 상승세가 지속될 가능성이 높다.
⑤ 약세국면에서 주가가 이동평균선 아래에서 움직이는 경우 주가 하락세가 지속될 가능성이 높다.
⑥ 상승하고 있는 이동평균선을 주가가 하향돌파하는 경우 조만간 추세의 하락 반전 가능성이 높다.
⑦ 하락하고 있는 이동평균선을 주가가 상향돌파하는 경우 조만간 추세의 상승 반전 가능성이 높다.
※ 출처 : 금융투자협회 기본교재 2권(2025년) p314

40

정답 ②

포터의 다이아몬드 이론에 따르면 산업의 경쟁력을 결정하는 요인은 4개의 직접적 요인과 정부와 우발적 요인인 2개의 간접적 요인이 있다.

상세해설

■ 포터의 다이아몬드 모형
- 산업의 경쟁력은 혁신과 요소축적 등을 통해 경쟁우위를 확보함으로써 얻을 수 있다.
- 산업경쟁력을 결정하는 요인으로는 요소조건, 기업전략 경쟁여건, 수요조건, 연관산업 및 지원산업의 4가지 직접적인 요인과 정부 및 우발적 요인인 2가지의 간접적인 요인이 있다.

- 산업구조 변화에 대한 경제이론
  ① 전통적 국제무역이론
    - 리카도 비교우위론 : 국가간의 상대적으로 생산비가 낮은 제품에 특화하여 생산하여 이를 수출하는 것이 이득이다. 비교우위가 존재하는 산업이 해당 국가에서 발전한다.
    - 헥셔-올린 모형 : 생산요소의 상대적 부존도에 의해 무역패턴이 발생한다. 노동집약적인 국가는 노동집약적인 산업이 발전하고, 자본집약적인 국가는 자본집약적인 산업이 발전한다.
  ② 현대적 이론
    - 신무역이론 : 전략적 무역정책을 포함하며 시장실패, 불완전경쟁, 규모의 경제를 가정하여 정부개입이 필요함을 강조함
    - 제품수명주기이론 : 신제품 개발의 중요성을 강조한다.
    - 내생적 성장이론 : 인적자본등의 내생적 축적을 통해 경제가 성장한다.

41

정답 ①

✓ ②는 전방연쇄효과이며, 수입유발계수는 어떤 산업의 최종 수요 1단위가 증가할 때 각 산업에서 직·간접적으로 유발되는 수입의 단위이며, 투입계수는 각 산업의 생산물 1단위 생산에 필요한 중간재와 생산요소의 투입비중을 나타내는 단위이다.

상세해설

- 산업연관분석
  ① 산업간의 관계를 수량적으로 파악하는 분석기법
  ② 소비, 지출, 투자, 수출등 거시적 지표와 임금, 환율, 원자재가격등 가격 변수의 변화가 국민경제에 미치는 영향을 분석할 수 있게 한다.
  ③ 전·후방 산업의 수요와 공급의 가격 변화가 개별 산업에 영향을 주는 파급효과도 예측할 수 있게 해준다.
- 국민소득통계와 산업연관표 비교

국민소득통계	국민경제 순환을 나타내는 통계로, 일정기간(보통 1년)국민경제 내에서 재화·서비스의 생산 및 처분과정에서 발생하는 모든 거래를 기록한 종합적인 통계표
산업연관표	• 국민소득통계에서 제외된 중간 생산물의 산업간 거래도 포함하여 작성 • 산업 상호간에 이루어지는 중간재 거래인 산업간 순환까지 포함하고 있어, 산업간의 거래관계까지 분석이 가능하여, 산업분석에서 광범위하게 사용되는 통계표이다.

- 산업연관표 구조와 주요지표
  ① 구분 : 산업 상호간의 중간재 거래부문, 각 산업무문에서 노동, 자본등 본원적 생산요소 구입부문, 각 산업부문에서 생산물의 최종 소비자에게로 판매부문의 3가지 부문으로 구분하고 기록함.
  ② 총투입=중간재 투입(원재료등)+노동이나 자본의 투입(부가가치부문)
  ③ 총수요=중간수요+최종수요
  ④ 총산출=총수요-수입
  ⑤ 총산출=총투입 → 항상 성립함
- 투입계수 : 각 산업의 생산물 1단위 생산에 필요한 중간재와 생산요소의 투입비중을 나타내며, 이를 통해 상품별 생산기술 구조를 파악할 수 있음. 중간투입계수와 부가가치계수가 있음.
  ① 생산유발계수 : 소비, 투자, 수출과 같은 최종수요가 한 단위 증가할 때 각 산업에서 직·간접적으로 유발되는 산출물의 단위를 나타내는 계수이다. 생산유발계수를 역행렬계수라고도 한다.
  ② 후방연쇄효과 : 특정 산업제품에 대한 최종수요 1단위가 증가할 때 모든 산업의 생산에 미치는 영향
  ③ 전방연쇄효과 : 모든 산업제품에 대한 최종수요가 각각 1단위씩 증가하는 경우 특정 산업의 생산에 미치는 영향
  ④ 수입유발계수 : 어떤 산업의 최종수요 1단위가 증가할 때 각 산업에서 직·간접적으로 유발되는 수입의 단위

⑤ 부가가치유발계수 : 어떤 산업의 최종수요 1단위 증가할 때 각 산업에서 직·간접적으로 유발되는 부가가치 단위
⑥ 고용유발계수 : 어떤 산업의 최종수요가 일정금액(일반적으로 10억 원) 증가할 때 각 산업에서 직·간접적으로 유발되는 고용자수

※ 출처 : 금융투자협회 기본교재 2권(2025년) p398∼400

42

[정답] ①

✓ 선형은 주가상승 패턴이며, 헤드 앤 숄더형, 이중 천장형은 주가하락형 패턴이고, 삼각형과 다이아몬드형은 주가지속형 패턴이다.

상세해설

주가상승형 패턴	주가하락형 패턴	지속형	기타
역 헤드 앤 숄더, 이중 바닥형, 선형, 원형 바닥형	헤드 앤 숄더, 이중 천장형, 원형 천장형	삼각형, 깃발형, 패넌트형, 쐐기형, 직사각형, 다이아몬드형	확대형

리스크관리

8문제

43

[정답] ①

✓ 분산투자효과를 계산하기 위해서는 분산투자가 없었을 경우(두 자산의 수익률의 상관계수가 1인 경우 가정)와 현재의 상관계수로 인한 VaR값의 차이를 계산한다.

• 상관계수 1일 때 VaR = $\sqrt{VaR_1^2 + VaR_2^2 + 2\rho VaR_1 \cdot VaR_2} = \sqrt{8^2 + 15^2 + 2 \cdot 1 \cdot 8 \cdot 15}$ = 23억 원

• 상관계수 0일 때 VaR = $\sqrt{8^2 + 15^2}$ = 17억 원

• 분산투자효과 = 23억 원 − 17억 원 = 6억 원

44

[정답] ④

✓ 스트레스 분석법은 포트폴리오가 단 한 개의 리스크 요소에 주로 의존하는 경우에 효과적으로 사용될 수 있다. 포트폴리오 가치가 여러 변수에 의존하게 되면 분석법의 효과성이 낮아진다.

상세해설

■ 스트레스 검증
① 포트폴리오의 주요 변수들에 큰 변화가 발생했을 때 포트폴리오 가치가 얼마나 변할 것인지 측정하는데 이용됨.
② 주로 최악의 상황(극단적인 상황)을 가정하여 분석함.
③ 시나리오 분석이라고도 함.
④ 포트폴리오가 한 개의 리스크 요소에 주로 의존하는 경우에 적절히 사용될 수 있음.

⑤ 가정하는 시나리오가 주관적일 수 있음 → 잘못된 시나리오의 경우 잘못된 정보를 제공함.
⑥ 포트폴리오 리스크의 구성요소간의 상관관계를 제대로 고려하지 못함.
⑦ 완전가치평가법으로 가치평가모형이 필요함.

45

정답 ②

✓ 역사적 시뮬레이션에 의한 VaR는 과거의 사건이 미래에도 발생한다고 가정하기 때문에 확률변수에 대한 모수의 추정이 필요없다.

상세해설

- 역사적 시뮬레이션에 의한 VaR 계산
  ① 개념 : 과거 일정기간 동안의 위험요인의 변동을 향후에 나타날 변동으로 가정하여 현재 보유하고 있는 포지션의 가치 변동분을 측정한 후 그 분포로부터 VaR를 계산하는 방법이다.
  ② 특징 : 완전가치평가 방법으로 측정한다(가치평가 모형이 필요하다).
- 장점과 단점

장점	단점
• 개념의 이해가 쉽고 과거의 가격 데이터만 있으면 상대적으로 쉽게 VaR를 측정할 수 있다. • 분산, 공분산등과 같은 모수에 대한 추정을 요구하지 않고, 수익률의 정규분포와 같은 가정을 하지 않는다. • 옵션과 같은 비선형의 수익구조를 가진 상품이 포함된 경우에도 문제없이 VaR를 계산할 수 있다.	• 한 개의 표본구간만 사용하므로 변동성이 증가한 경우에 측정치가 부정확하다. • 결과의 질이 표본기간의 길이에 지나치게 의존한다. • 상장된지 얼마 안 된 자산과 같이 과거 자료가 존재하지 않는 자산에 대해서는 추정이 어렵고 그 정확도가 떨어진다.

46

정답 ①

✓ VaR = 1,500억 원 × 0.8% × 1.65 × $\dfrac{3}{1+5\%}$ = 59.4억 원

듀레이션이 제시되어 있으므로 수정듀레이션으로 변환하여 사용한다.

상세해설

- 채권포트폴리오 VaR

$$\text{VaR} = \text{채권투자금액} \times \text{채권만기수익률 표준편차} \times \text{신뢰수준} \times \sqrt{\text{기간}} \times \text{수정듀레이션}$$

$$\text{단, 수정듀레이션} = \dfrac{\text{듀레이션}}{1+\text{시장이자율}}$$

47

정답 ③

✓ A자산과 B자산의 기대수익률이 동일하고 A자산의 VaR가 B자산보다 낮으나 기존 포트폴리오에 편입되었을 때 전체 포트폴리오의 VaR는 A자산보다 B자산을 편입했을 때 더 낮아진다. 두 자산을 편입하기 전의 포트폴리오의 VaR는 100억 원이다. A자산을 편입하면 VaR가 160억 원으로 증가하며, B자산을 편입하면 VaR가 150억 원으로 증가한다. A자산의 한계 VaR는 60억 원, B자산의 한계 VaR는 50억 원이다.

> 상세해설

- 한계 VaR(Marginal VaR)
  ① 개념 : 기존 포트폴리오에 자산을 추가했을 때 추가로 변동하는 VaR의 값
  ② 기존 포트폴리오에 추가로 자산을 편입할 경우 기대수익률이 동일하다면 한계 VaR가 작은 자산을 편입하는 것이 우월한 투자대안이다.

48 정답 ③

✓ 옵션의 VaR=100Point×0.6×2%×1.65=1.98Point

> 상세해설

- 옵션 VaR=기초자산가격×기초자산가격의 변동성(표준편차)×z값×옵션델타×$\sqrt{기간}$

49 정답 ③

✓ $\sigma_{EL} = \sqrt{p(1-p)} \times$ EAD(부도에 노출된 자산)×LGD(부도시 손실률)
    $= \sqrt{10\% \times (1-10\%)} \times 100$억 원×40%=12억 원

> 상세해설

- 기대손실=신용위험노출금액×부도율×부도시 손실률

50 정답 ①

✓ 신용손실 분포는 한쪽으로 길면서 두꺼운 꼬리모양을 갖는다.

> 상세해설

- 신용리스크
  ① 거래상대방이 계약상의 의무를 이행하지 않으려고 하거나 이행할 수 없는 리스크
  ② 신용손실 분포로부터 예상외 손실 → 신용리스크
  ③ 예상되는 손실은 대손충당금으로 대비하고, 기대치 못한 손실(위험)은 자기자본으로 대비함.
- 신용손실분포
  ① 정규분포와 비교하여 비대칭성이 강하며 한쪽으로 두꺼우면서 긴 꼬리를 가진 분포 → 평균, 분산으로 추정할 수 없음(모수적 방법으로 추정하기 어려움)
  ② Skew(왜도)의 특성으로 꼬리가 두꺼운(fat-tail) 특성을 가짐. → percentile(백분율)을 통해 측정

직무윤리

5문제

51
정답 ②

✓ 위법계약 사실을 안 날로부터 1년, 금융상품계약 체결일 기준 5년 이내인 경우 위법계약해지 요구가 가능하며, 금융회사는 해지요구를 받은 날부터 10일 이내에 계약해지 요구 수락에 대한 결정을 해야 한다.

상세해설

■ 위법계약 해지권
① 금융상품의 계약 체결에 있어 금융투자업 종사자가 준수해야 할 적합성 원칙, 적정성 원칙, 설명의무, 불공정 영업행위 금지 및 부당권유행위 금지를 위반하여 금융상품의 계약을 체결하면 금융소비자가 계약해지를 요구할 수 있다.
② 계약체결일로부터 5년 이내, 위법계약 사실을 안 날로부터 1년 이내인 경우에 해지요구 가능함.
③ 계약해지요구서를 작성하여 해당 금융회사에 제출하며, 법 위반 사실을 증명할 수 있는 서류를 같이 제출함.
④ 금융회사는 금융소비자의 위법계약 해지 요구가 있으면, 해당일로부터 10일 이내에 계약 해지 요구의 수락여부를 결정해야 한다.
⑤ 계약해지시 발생하는 수수료, 위약금등의 비용을 금융소비자에게 부과할 수 없다.

■ 위법계약해지 요구의 정당한 거절 사유
① 위반사실에 대한 근거를 제시하지 않거나 거짓으로 제시한 경우
② 계약체결 당시에는 위반사항이 없었으나, 계약체결 이후 사정변경에 따라 위반사항을 주장하는 경우
③ 금융소비자 동의를 받아 위반사항을 시정한 경우
④ 계약해지를 요구 받은 날부터 10일 이내에 법 위반 사실이 없음을 확인하는데 필요한 객관적·합리적 근거자료를 제시하는 경우
⑤ 법 위반사실이 있다는 사실을 계약을 체결하기 전에 금융소비자가 알았다고 보는 명백한 사유가 있는 경우

52
정답 ④

✓ 투자자가 통지받기를 원하지 아니하는 경우에는 지점, 그 밖의 영업소에 비치하거나 인터넷 홈페이지에 접속하여 수시로 조회가 가능하게 함으로써 통지를 갈음할 수 있다.

상세해설

■ 매매명세서의 통지
① 투자매매업자 또는 투자중개업자는 금융투자상품의 매매가 체결된 경우에는 그 명세를 투자자에게 통지해야 한다.
② 매매가 체결된 후 지체없이 매매의 유형, 종목, 품목, 수량, 가격, 수수료등 모든 비용, 그 밖의 거래내용을 통지하고, 매매가 체결된 날의 다음 달 20일까지 월간매매내역, 손익내역, 월말 현재 잔액현황, 미결제약정현황등을 통지해야 한다.
③ 투자매매업자 또는 투자중개업자와 투자자간에 미리 합의된 방법으로 통지해야 한다. 단, 투자자가 통지 받기를 원하지 아니하는 경우에는 지점, 그 밖의 영업소에 비치하거나 인터넷 홈페이지에 접속하여 수시로 조회가 가능하게 함으로서 통지를 갈음할 수 있다.
④ 통지수단 : 서면교부, 전화, 전신 혹은 모사전송, 전자우편, 그 밖에 이와 비슷한 전자통신등

53

정답 ③

✓ 내부통제기준을 마련하지 않으면 1억 원 이하의 과태료 부과에 해당한다.

상세해설

- 내부통제 위반자의 범위
  ① 내부통제기준을 직접 위반한 자
  ② 지시·묵인·은폐등에 관여한 자
  ③ 다른 사람의 위반사실을 고의로 보고하지 않은 자(위법 사실을 알면서도 보고하지 않으면 처벌받을 수 있음)
  ④ 기타 내부통제기준의 운영을 저해한 자
- 내부통제기준 위반시 회사에 대한 조치

과태료 금액	위반 사항
1억 원 이하의 과태료 부과	① 내부통제기준을 마련하지 아니한 경우 ② 준법감시인을 두지 아니한 경우 ③ 사내이사 또는 업무집행자 중에서 준법감시인을 선임하지 않는 경우 ④ 이사회 결의를 거치지 않고 준법감시인을 임면한 경우 ⑤ 금융위원회가 위법·부당한 행위를 한 회사 또는 임직원에게 내리는 제재조치를 이행하지 않은 경우
3천만 원 이하의 과태료 부과	① 준법감시인에 대한 별도의 보수지급 및 평가기준을 마련·운영하지 않은 경우 ② 준법감시인이 아래 업무를 겸직하거나 이를 겸직하게 하는 경우 – 자산운용에 관한 업무, 해당 금융회사의 본질적 업무 및 그 부수업무, 해당 금융회사의 겸영업무, 자회사등의 업무(단 위험관리업무는 제외한다), 그 밖에 이해상충할 우려가 있거나 내부통제 및 위험관리업무에 전념하기 어려운 경우등
2천만 원 이하의 과태료 부과	① 준법감시인의 임면 사실을 금융위원회에 보고하지 않은 경우

※ 출처 : 금융투자협회 기본교재 3권(2025년) p128

54

정답 ①

✓ 위험관리지침의 제정 및 개정에 관한 사항은 위험관리총괄책임자의 업무이다.

상세해설

- 금융소비자보호 총괄책임자(COO) : 금융소비자보호 총괄기관의 장으로 금융소비자보호 업무를 총괄하는 임원이며, COO는 대표이사 직속으로 준법감시인에 준하는 독립적 지위를 보장받으며, 적법한 직무수행과 관련하여 부당한 인사상 불이익을 받지 않음
- 주요 직무
  ① 금융소비자보호 총괄기관의 업무 통할
  ② 상품설명서, 금융상품 계약서류등 사전 심의
  ③ 금융소비자보호 관련 제도 기획 및 개선, 기타 필요한 절차 및 기준의 수립
  ④ 금융상품 각 단계별 소비자보호 체계에 관한 관리·감독 및 검토
  ⑤ 민원접수 및 처리에 관한 관리·감독 업무
  ⑥ 금융소비자보호 관련부서 간 업무협조 및 업무조정 등 업무 총괄
  ⑦ 대내외 금융소비자보호 관련 교육 프로그램 개발 및 운영 업무 총괄
  ⑧ 민원발생과 연계한 관련부서·직원 평가 기준의 수립 및 평가 총괄
  ⑨ 대표이사로부터 위임받은 업무등

55 정답 ④

✓ 기업금융부서는 준법감시인의 감독하에 타 부서와 정보교류가 가능하며, 고객의 동의를 받으면 정보 이용목적에 한하여 고객 정보를 외부에 제공할 수 있다. 금융투자업자는 투자성상품에 대한 원금보장이 금지된다.

상세해설

- 적합성 원칙 : 금융투자업 종사자가 금융소비자에게 금융투자상품의 투자권유를 함에 있어 금융소비자의 투자목적, 투자경험, 자금력, 위험에 대한 태도 등에 비추어 가장 적합한 투자권유를 해야 한다.
- 요청하지 않은 투자권유 금지(불초청 투자권유금지)
  ① 투자성 금융상품의 경우 금융소비자로부터 아무런 요청이 없음에도 불구하고 해당 금융소비자의 자택 및 직장 방문, 무작위적인 전화등을 통해 투자권유를 해서는 아니된다.
  ② 투자권유 전에 금융소비자의 개인정보 취득경로, 권유하려는 금융상품의 종류나 내용등을 금융소비자에게 미리 안내하고, 해당 금융소비자가 투자권유를 받을 의사표시를 한 경우에는 투자권유를 할 수 있다.
  ③ 예외사항(투자권유를 할 수 없는 금융투자상품)
    - 일반금융소비자 : 고난도금융투자상품, 고난도투자일임계약, 고난도금전신탁계약, 사모펀드, 장내파생상품, 장외파생상품
    - 전문금융소비자 : 장외파생상품

자본시장 관련 법규 11문제

56 정답 ①

✓ 순자본비율은 $\dfrac{\text{영업용순자본}-\text{총위험액}}{\text{필요유지자기자본}}$ 으로 계산한다.

상세해설

- 순자본비율

$$\text{순자본비율} = \dfrac{\text{영업용순자본}-\text{총위험액}}{\text{필요유지자기자본}}$$

① 순자본비율의 기초가 되는 금융투자업자의 자산, 부채, 자본은 연결재무제표에 계상된 장부가액을 기준으로 계산한다.
② 영업용순자본 : 순재산가액(자산-부채)에서 현금화하기 곤란한 자산을 차감하고 보완자본을 가산하여 계산한다.
③ 총위험액=시장위험액+신용위험액+운영위험액
④ 필요유지자기자본은 금융투자업자가 영위하는 인가업무 또는 등록업무 단위별로 요구되는 자기자본을 합계한 금액
⑤ 영업용순자본은 최소한 일별로 산정해야 하며, 순자본비율과 산출내역은 매월 말 기준으로 1개월 이내에 업무보고서를 통하여 금감원장에게 제출해야 한다. 순자본비율이 100% 미만이 된 경우에는 지체없이 금감원장에게 보고해야 한다.
※ 레버리지비율은 개별 재무상태표상의 자기자본 대비 총자산의 비율로 계산된다.

57

정답 ④

✅ 예외적으로 일반적인 거래조건에 비추어 투자일임재산에 유리한 거래의 경우는 허용된다.

상세해설

- 투자일임업자의 금지행위
    ① 정당한 사유 없이 투자자의 운용방법의 변경 또는 계약의 해지 요구에 응하지 아니하는 행위
    ② 자기 또는 관계인수인이 인수한 증권을 투자일임재산으로 매수하는 행위, 단 투자자 보호 및 건전한 거래질서를 해할 우려가 없는 경우에는 다음의 거래는 예외적으로 허용함.
        • 인수일로부터 3개월이 지난 후 매수하는 경우
        • 인수한 상장주권을 증권시장에서 매수하는 경우
        • 원칙적으로 국채, 지방채, 통안채, 특수채, 사채권은 가능(단, 주권 관련 사채권, 상각형 조건부자본증권은 제외됨)
    ③ 자기 또는 관계인수인이 발행인 또는 매출인으로부터 직접 증권의 인수를 의뢰받아 인수조건 등을 정하는 업무를 담당한 법인의 특정 증권등에 대하여 인위적인 시세를 형성하기 위하여 투자일임재산으로 그 특정 증권등을 매매하는 행위
    ④ 특정 투자자의 이익을 해하면서 자기 또는 제3자의 이익을 도모하는 행위
    ⑤ 투자일임재산으로 자기가 운용하는 다른 투자일임재산, 집합투자재산 또는 신탁재산과 거래하는 행위
    ⑥ 투자일임재산으로 투자일임업자 또는 그 이해관계인의 고유재산과 거래하는 행위, 단, 투자자 보호 및 건전한 거래질서를 해할 우려가 없는 경우에는 다음의 거래는 예외적으로 허용함.
        • 이해관계인이 되기 6개월 이전에 체결한 계약에 따른 거래의 경우
        • 증권시장등 불특정 다수인이 참여하는 공개시장을 통한 거래의 경우
        • 일반적인 거래조건에 비추어 투자일임재산에 유리한 거래의 경우
        • 환매조건부매매등
    ※ 출처 : 금융투자협회 기본교재 3권(2025년) p260~262

58

정답 ①

✅ 차입시 예외적으로 순자산총액의 10%까지 차입할 수 있으며, 대여시 부동산 개발사업을 영위하는 법인에 대하여 집합투자기구 순자산총액의 100%까지 대여할 수 있다. 두 숫자의 합은 110이다.

상세해설

- 금전차입과 대여(공모집합투자기구)
    ① 원칙적으로 집합투자업자는 집합투자재산을 운용함에 있어서 집합투자기구의 계산으로 금전을 차입하지 못한다.
        • 예외 : 대량환매청구 발생, 대량 매수청구발생시 차입 가능
        • 차입한도 : 차입당시 순자산총액의 10%를 초과할 수 없음.
    ② 집합투자업자는 집합투자재산을 운용함에 있어서 집합투자재산으로 금전을 대여(단, 금융기관에 대한 30일 이내의 단기 대출은 제외)하여서는 안 된다.
    ③ 집합투자재산으로 해당 집합투자기구 외의 자를 위한 채무보증ㆍ담보제공 금지
- 금전차입과 대여 특례
    ① 금전차입특례 : 집합투자재산으로 부동산을 취득하는 경우에는 집합투자기구의 계산으로 금전 차입이 예외적으로 허용됨.
        • 차입 상대방 : 은행, 보험회사, 기금, 다른 부동산 집합투자기구등
        • 차입한도 : 부동산 집합투자기구는 순자산의 200%, 기타 집합투자기구는 부동산가액의 70%
        • 차입금 사용용도 : 부동산에 운용하는 방법으로 사용해야 함.

② 금전대여특례 : 부동산 개발사업을 영위하는 법인에 대해 예외적으로 대여가 가능하다.
- 대여상대방 : 부동산 개발사업법인, 부동산 신탁업자, 부동산 투자회사 또는 다른 집합투자기구
- 대여한도 : 집합투자기구 순자산총액의 100%
- 대여방법 : 부동산 담보권 설정, 시공사 지급보증등 대여금 회수를 위한 적절한 수단 확보 필요

※ 출처 : 금융투자협회 기본교재 3권(2025년) p246

59 [정답] ②

✓ 투자매매업자 또는 투자중개업자는 증권금융회사 또는 신탁업자에게 투자자예탁금을 예치 또는 신탁하는 경우에는 그 투자자예탁금이 투자자의 재산이라는 점을 명시하여야 한다. 즉, 투자매매업자 혹은 투자중개업자의 재산이 아니다.

상세해설

■ 투자자예탁금 별도 예치
① 투자매매업자 또는 투자중개업자는 투자자예탁금을 고유재산과 구분하여 증권금융회사에 예치하거나 신탁회사에 신탁해야 한다.
② 투자자예탁금을 신탁할 수 있는 금융투자업자는 은행, 한국산업은행, 중소기업은행, 보험회사이며, 이들은 신탁법 제2조에도 불구하고 자기계약을 할 수 있다.
③ 증권금융회사 혹은 신탁업자에 투자자 예탁금을 예치 또는 신탁하는 경우, 그 투자자예탁금이 투자자의 재산이라는 점을 명시해야 한다.

■ 상계 또는 압류 금지
① 예치기관에 있는 투자자예탁금을 상계·압류하지 못한다.
② 원칙적으로 예치기관에 있는 투자자예탁금을 양도하거나 담보로 제공할 수 없다.

■ 투자자예탁금 우선지급사유
① 인가취소, 해산결의, 파산선고시
② 투자매매업 또는 투자중개업 전부 양도·전부 폐지가 승인된 경우 및 전부의 정지명령을 받은 경우
※ 사유 발생일로부터 2개월 이내에 그 사실과 투자자예탁금의 지급시기, 지급장소를 둘 이상의 일간신문에 공고하고, 인터넷 홈페이지 등을 이용하여 공시해야 함.

60 [정답] ②

✓ 각 집합투자기구 자산총액의 10%를 초과하여 동일종목의 증권에 투자할 수 없다. 예외적으로 국채, 한국은행통화안정증권, 정부보증채, 부동산 개발회사 발행증권, 주택저당채권담보부채권등에는 100%까지 투자가 가능하다. 동일종목 파생결합증권은 집합투자기구 자산총액의 30%까지만 투자 가능하다.

- 동일종목증권 : 발행회사가 동일하고, 종류와 권리가 동일한 증권
  예) 삼성전자 보통주 : 동일종목증권, 삼성전자 우선주 : 또 다른 동일종목증권
- 동일지분증권 : 발행회사가 동일하고, 그 권리와 형식이 유사한 증권
  예) 삼성전자 보통주와 삼성전자 DR은 형태는 다르나 그 권리와 형식이 유사해서 동일지분증권으로 분류함, 반면에 삼성전자 보통주와 삼성전자 DR은 그 형태와 권리가 100% 정확하게 같지 않아서 동일종목증권으로는 볼 수 없음.

상세해설

■ 자산운용제한

동일종목증권 투자제한	• 원칙 : 각 집합투자기구 자산총액의 10%를 초과하여 동일종목증권에 투자하는 행위 금지
	• 예외
	  ① 100% 투자가능 : 국채, 한국은행통화안정증권, 정부보증채, 부동산 개발회사 발행증권, 주택저당채권담보부채권, 부동산 투자목적회사가 발행한 지분증권등
	  ② 30% 투자가능 : 지방채, 특수채, 파생결합증권, 금융기관이 발행한 어음 또는 CD, 금융기관이 발행한 채권등

동일지분증권 투자제한	• 동일 법인등이 발행한 지분증권 총수의 20%를 초과하여 투자하는 행위 금지 • 예외 ① 100% 투자가능 : 부동산 개발회사 발행 지분증권, 부동산 투자목적회사 발행 지분증권등

61 정답 ③

✓ 사채권의 경우 주권관련 사채권 및 상각형 조건부지분증권은 매수할 수 없다.

상세해설

■ 투자일임재산 운용
  ① 원칙 : 자기 또는 관계인수인이 인수한 증권을 투자일임재산으로 매수하는 행위는 할 수 없다.
  ② 예외
   • 인수일로부터 3개월이 지난 후 매수하는 경우
   • 인수한 상장주권을 증권시장에서 매수하는 경우
   • 국채, 지방채, 통안채, 특수채, 사채권, 단 사채권의 경우 주권 관련 사채권 및 상각형 조건부 지분증권은 제외한다.

62 정답 ②

✓ 투자설명서 교부가 면제되기 때문에 투자설명서를 교부할 필요가 없다.

상세해설

■ 투자설명서 교부
  전자문서의 방법으로 투자설명서를 교부하는 경우, 다음의 조건이 모두 충족되어야 한다.
  ① 전자문서의 방법으로 교부하기 위해서는 전자문서로 받을 자가 이에 대해서 동의를 해야 한다.
  ② 전자전달 매체의 종류와 장소를 지정해야 한다.
  ③ 전자문서를 받은 사실이 확인되어야 한다.
  ④ 전자문서의 내용이 서면에 의한 투자설명서의 내용과 동일해야 한다.
■ 투자설명서 교부가 면제되는 자
  ① 전문투자자등 일정한 전문가
  ② 투자설명서 받기를 거부한다는 의미를 서면, 전화, 전신, 모사전송, 전자우편 및 이와 비슷한 전자통신등으로 표시한 자.
  ③ 이미 취득한 것과 같은 집합투자증권을 계속하여 추가로 취득하려는 자. 단, 직전에 교부한 투자설명서의 내용과 같은 경우에만 해당된다.

63
정답 ③

✓ 적기시정조치 4등급 이하로 판정받으면 경영개선요구에 해당된다.

상세해설

■ 적기시정조치

경영개선권고	① 순자본비율이 100% 미만 ② 경영실태평가 결과 종합평가등급이 3등급 이상으로 자본적정성 부문의 평가등급을 4등급 이하로 판정 받은 경우등 ③ 조치 : 인력 및 조직운용의 개선, 경비절감, 점포관리의 효율화, 부실자산의 처분, 신규업무진출의 제한 등
경영개선요구	① 순자본비율이 50% 미만 ② 경영실태평가 결과 종합평가등급이 4등급 이하로 판정받은 경우 등 ③ 조치 : 고위험자산보유제한 및 자산처분, 점포의 폐쇄·통합 또는 신설 제한, 조직의 축소, 자회사의 정리, 임원진 교체 요구, 영업의 일부정지등
경영개선명령	① 순자본비율이 0% 미만 ② 부실금융기관에 해당하는 경우 ③ 조치 : 주식의 일부 또는 전부소각, 임원의 직무집행 정지 및 관리인 선임, 합병, 금융지주회사의 자회 사로의 편입, 영업의 전부 또는 일부의 양도, 6개월 이내의 영업정지등

64
정답 ④

✓ 부동산 집합투자기구가 부동산을 취득하는 경우 순자산의 200%까지 금전을 차입할 수 있다. 공모집합투자기구는 부동산 개발사업을 영위하는 법인에 대해 예외적으로 집합투자기구 순자산총액의 100%까지 대여할 수 있다.

상세해설

■ 금전차입과 대여 특례
① 금전차입특례 : 집합투자재산으로 부동산을 취득하는 경우에는 집합투자기구의 계산으로 금전 차입이 예외적으로 허용됨.
  • 차입 상대방 : 은행, 보험회사, 기금, 다른 부동산 집합투자기구등
  • 차입한도 : 부동산 집합투자기구는 순자산의 200%, 기타 집합투자기구는 부동산가액의 70%
  • 차입금 사용용도 : 부동산에 운용하는 방법으로 사용해야 함.
② 금전대여특례 : 부동산 개발사업을 영위하는 법인에 대해 예외적으로 대여가 가능하다.
  • 대여 상대방 : 부동산 개발사업법인, 부동산 신탁업자, 부동산 투자회사 또는 다른 집합투자기구
  • 대여한도 : 집합투자기구 순자산총액의 100%
  • 대여방법 : 부동산 담보권 설정, 시공사 지급보증등 대여금 회수를 위한 적절한 수단 확보 필요

65
정답 ②

✓ 집합투자증권 발행인은 사업보고서 제출의무가 없다.

상세해설

■ 사업보고서 제출대상
① 주권상장법인

② 다음의 어느 하나에 해당하는 증권을 증권시장에 상장한 발행인
- 주권외 지분증권
- 무보증사채권
- 전환사채권 · 신주인수권부사채권 · 이익참가부사채권 또는 교환사채권
- 신주인수권이 표시된 것
- 증권예탁증권(주권 또는 위의 증권과 관련된 증권예탁증권만 해당됨)
- 파생결합증권

③ 주식회사의 외부감사에 관한 법률에 따른 외부감사대상 법인으로 증권의 소유자수가 500인 이상인 발행인. 단 증권 소유자수가 500인 이상이었다가 500인 미만으로 된 경우에는 300인 미만으로 되지 아니하는 발행인을 포함한다.

66
정답 ④

해당 보기의 모두가 장내파생상품 관련 정보 누설금지의 적용을 받는다.

상세해설

■ 파생상품 관련 정보 누설금지 해당자
① 장내파생상품의 시세에 영향을 미칠 수 있는 정책을 입안 · 수립 또는 집행하는 자
② 장내파생상품의 시세에 영향을 미칠 수 있는 정보를 생성 · 관리하는 자
③ 장내파생상품의 기초자산의 중개 · 유통 또는 검사와 관련된 업무에 종사하는 자

한국금융투자협회규정
3문제

67
정답 ③

핵심설명서 추가교부사항에 ELW 등을 최초로 일반투자자가 매매하는 경우는 해당되지 않는다.

상세해설

■ 투자설명서 : 금융투자회사가 일반투자자를 대상으로 투자권유를 하는 경우 투자설명서를 제공해야 한다. 단, 일반투자자가 이러한 설명서 받기를 거부할 경우에는 제공하지 아니해도 된다.
■ 핵심설명서 교부상황 : 다음 어느 하나에 해당하는 경우 핵심설명서를 추가로 교부하고 그 내용을 충분히 설명해야 한다.
- 일반투자자가 고난도금융투자상품 이외의 공모의 방법으로 발행된 파생결합증권을 매매하는 경우(단, 주식워런트증권-ELW, 상장지수증권-ETN, 금적립계좌등은 제외) 만약, 간이투자설명서를 사용한다면 핵심설명서를 교부하지 않아도 됨
- 일반투자자 혹은 개인전문투자자가 공모 또는 사모의 방법으로 발행된 고난도금융투자상품을 매매하거나 고난도 금전신탁계약, 고난도투자일임계약을 체결하는 경우
- 일반투자자가 신용융자거래 또는 유사해외통화선물거래를 하고자 하는 경우

- 주식워런트증권(ELW), 상장지수증권(ETN), 상장지수집합투자기구 집합투자증권(ETF) 투자자 보호 특례
  ① 별도 거래신청서 작성
     - 금융투자회사는 일반투자자가 최초로, ELW나 ETN을 매매하고자 하는 경우 기존에 위탁매매거래계좌가 있더라도 서명등의 방법으로 매매의사를 별도로 확인해야 한다.
     - 일반투자자가 최초로 변동성지수선물의 가격을 기초로 하는 지수의 변동과 연계한 상장지수증권을 매매하고자 하는 경우에는 가격등락이 크게 발생할 수 있다는 위험등을 고지하고 매매의사를 추가로 확인해야 한다.
  ② 사전교육 실시
     - 금융투자회사는 일반투자자가 ELW, 1배를 초과하는 레버리지 ETN · ETF를 매매하고자 하는 경우 협회가 인정하는 교육을 사전에 이수하도록 하고 그 이수 여부를 확인해야 한다. 단, 법인 · 단체, 외국인, 투자일임계약 등에 따라 거래하려는 개인투자자의 경우 사전교육 대상에서 제외됨.
※ 출처 : 금융투자협회 기본교재 3권(2025년) p488 ~ 489

68 [정답] ④

✓ 기업공개와 관련한 불성실 수요예측등 참여자로 지정되면 위반금액 규모에 따라 최대 24개월까지 수요예측 참여가 제한된다.

상세해설

- 불성실 수요예측등 참여자 관리 : 불성실 수요예측등 참여행위는 다음의 어느 하나에 해당하는 경우이다.
  ① 수요예측등에 참여하여 주식 또는 무보증사채를 배정받은 후 청약을 하지 않거나 청약 후 주금 또는 무보증사채의 납입금을 납입하지 아니한 경우
  ② 기업공개시 수요예측에 참여하여 의무보유를 확약하고 주식을 배정받은 후 의무보유기간 이내에 해당 주식등을 매도하는 행위등
  ③ 수요예측등에 참여하면서 관련 정보를 허위로 작성 · 제출하는 경우
  ④ 대리청약 행위
  ⑤ 수요예측에 참여하여 공모주식을 배정받은 벤처기업투자신탁의 신탁계약이 설정일로부터 1년 이내에 해지되거나, 공모주식 배정일로부터 3개월 이내에 신탁계약이 해지되는 경우
  ⑥ 사모의 방법으로 설정된 벤처기업투자신탁이 수요예측등에 참여하여 공모주식을 배정받은 후 최초 설정일로부터 1년 6개월 이내에 환매되는 경우
  ⑦ 수요예측에 참여하여 공모주식을 배정받은 고위험투자신탁등의 설정일 · 설립일로부터 1년 이내에 해지되거나, 공모주식을 배정받은 날로부터 3개월 이내에 해지되는 경우
- 기타
  ① 불성실 수요예측등 참여자 지정절차 : 협회의 자율규제위원회의 의결을 거쳐 불성실 수요예측등 참여자로 지정
  ② 수요예측등 참여제한 : 기업공개와 관련한 불성실 수요예측등 참여자로 지정된 자에 대해 위반금액 규모에 따라 최대 24개월까지 수요예측 참여가 제한됨. 무보증사채 공모와 관련해서는 1~4개월간 수요예측 참여가 제한됨.
  ③ 제재의 병과 : 자율규제위원회는 제재금 또는 금전의 납부를 부과하는 경우, 불성실 수요예측 참여자로 지정된 자의 고유재산에 한하여 수요예측등 참여제한을 병과할 수 있음.
※ 출처 : 금융투자협회 기본교재 3권(2025년) p571 ~ 572

69 [정답] ③

✓ 투자자에게 원금보장 혹은 수익률보장을 할 수 없다.

> 상세해설

- 펀드 투자광고시 주요 의무표시사항
  ① 금융상품 계약체결 전 금융상품 설명서 및 약관을 읽어볼 것을 권유하는 내용
  ② 금융상품 판매업자 등의 명칭, 금융상품의 내용
  ③ 투자에 따른 위험(원금손실 발생 가능성 및 원금손실에 대한 소비자의 책임)
  ④ 환매수수료 및 환매신청 후 환매금액의 수령이 가능한 구체적인 시기
  ⑤ 증권거래비용이 발생할 수 있다는 사실과 투자자가 직·간접적으로 부담하게 되는 각종 보수 및 수수료
- 투자광고시 주요 금지행위
  ① 투자자들이 손실보전 또는 이익보장으로 오인할 우려가 있는 표시를 하는 행위
  ② 수익률이나 운용실적이 좋은 기간의 수익률이나 운용실적만을 표시하는 행위
  ③ 세전 혹은 세후 여부를 누락하여 표시하는 행위
  ④ 수수료를 일 단위로 표시하여 경제적 부담이 작아보이도록 하는 행위
  ⑤ 비교대상 및 기준을 분명하게 밝히지 않거나 객관적인 근거 없이 다른 금융상품과 비교하는 행위

주식투자운용/투자전략   6문제

70   정답 ②

✓ 전략적 자산배분의 순서는 다음과 같다.
1단계. 투자자의 투자목적 및 투자제약조건의 파악 : 고객 위험성향, 최소요구수익률등 파악
2단계. 자산집단의 선택 : 주식, 채권, 부동산, 상품, 장외상품등 다양한 자산집단 선택
3단계. 자산종류별 기대수익, 위험, 상관관계의 추정 : 미래 수익률, 미래위험 추정
4단계. 최적 자산구성의 선택 : 효율적인 투자기회집합을 추출

71   정답 ③

✓ 포트폴리오의 주식투자금액을 계산하면 다음과 같다.
- 최소보장 금액의 현재가치 = 100억 원/(1+4%) = 96.15억 원
- 쿠션 금액 = 120억 원 - 96.15억 원 = 23.85억 원
- 주식투자금액 = 쿠션 금액 × 승수 = 23.85억 원 × 2 = 47.7억 원

> 상세해설

- CPPI 투자금액 계산 절차
  ① 최소보장금액의 현재가치를 먼저 계산한다.
  ② 쿠션금액을 계산한다. 쿠션 = 포트폴리오 평가액 - 최저보장금액의 현재가치
  ③ 익스포저금액을 계산한다. 익스포저(주식투자금액) = 쿠션 × 승수

- CPPI 전략 특성
  ① 포트폴리오 가치가 사전적으로 정의된 각 시점별 최저 보장가치 이하로 하락하지 않음.
  ② 각 시점별 최저보장가치는 무위험수익률 만큼 매일 증가
  ③ 투자기간이 반드시 사전에 정해질 필요는 없음.
  ④ 계산과정이 간단하여 블랙-숄즈 옵션모형이나 변동성의 추정이 필요하지 않음.

72

정답 ①

✅ 보험자산배분전략으로는 옵션을 이용한 포트폴리오보험(OBPI)과 고정비율 포트폴리오 보험(CPPI)전략이 있다.

| 오답풀이 |
② 승수가 높을수록 위험자산에 대한 투자비중이 증가한다.
③ 투자기간이 반드시 사전에 정해질 필요는 없다.
④ 극단적으로 위험을 회피하는 투자자가 많지 않아 자산운용회사나 수익증권 판매회사의 주력상품이 되면 이러한 금융회사들에게 충분히 수익을 제공하지 못한다.

73

정답 ①

✅ 자산집단은 동질성을 가져야 하며, 이는 자산집단 내의 자산들은 서로 동일한 특성을 가져야 한다는 의미이다.

상세해설

- 자산집단의 기본적 특성
  ① 동질성 : 자산집단 내의 자산들은 동일한 특성을 가져야 한다.
  ② 배타성 : 자산집단간에는 서로 겹치는 부분이 없어야 한다.
  ③ 분산가능성 : 자산집단들은 분산투자를 통해 위험을 줄여서 효율적 포트폴리오를 구성하는데 기여해야 한다.
  ④ 포괄성 : 자산집단은 전체 투자 가능한 대부분의 자산을 포함해야 한다.
  ⑤ 충분성 : 자산집단 내에서 실제 투자할 대상의 규모와 수가 충분해야 한다.

74

정답 ④

✅ 약형의 효율적 시장가설은 과거의 정보가 이미 주가에 반영되어 있기 때문에 기술적 분석을 이용하여 초과이익을 얻을 수 없다고 주장한다. 준강형의 효율적 시장가설이 성립하면 과거 혹은 현재 공개된 어떠한 정보를 이용해도 이익을 얻을 수 없다. 강형의 효율적 시장가설이 성립하면, 공개된 정보뿐만 아니라 공개되지 않은 내부자 정보까지 주가에 반영되어 있어 어떠한 정보를 이용해도 이익을 얻을 수 없다.

※ 효율적 시장가설이 성립하더라도 투자대상 자산의 위험에 상응하는 수익 혹은 이익은 얻을 수 있다. 이러한 이익을 편의에 따라 초과수익 혹은 단순히 이익이라고 표현하기도 한다. 금융투자협회의 교재에도 초과수익과 이익을 혼용하여 사용하였으므로 본 문제의 이익도 초과수익의 개념으로 보는 것이 타당하다.

75

정답 ③

✓ 시장가치접근법은 전략적 자산배분 실행 방법 중 하나이다.

상세해설

- 전략적 자산배분 실행방법
  ① 시장가치 접근법 : 포트폴리오를 구성할 때 각 자산이 시장에서 차지하는 시가총액의 비율과 동일하게 포트폴리오를 구성하는 방법으로 시장포트폴리오를 구성하는 것과 같다.
  ② 위험수익 최적화 방법 : 지배원리에 따른 효율적 자산을 도출하고, 투자자의 무차별곡선과 효율적 자산이 접하는 점에서 효용을 극대화하는 방법이며, 이러한 자산을 최적포트폴리오라고 한다.
  ③ 투자자별 특수상황을 고려하는 방법 : 운용기관의 위험, 최소 요구수익률, 다른 자산들과의 잠재적인 결합등을 고려하여 수립하는 투자전략이다.
  ④ 다른 유사한 기관투자가의 자산배분 모방방법 : 연기금, 보험등 타 기관투자자들이 시장에서 실행하는 자산배분을 모방하여 자산을 구성하는 방법이다.
- 전술적 자산배분 실행도구
  ① 가치평가모형 : 자산의 과소 혹은 과대평가를 판단하기 위해서는 가치평가가 필수적이다.
    - 기본적 분석방법 : 주식의 경우 이익할인, 배당할인, 현금흐름할인 모형등, 채권의 경우 기간구조를 이용한 현금흐름할인모형
    - 요인모형방식 : CAPM, APT, 다변량 회귀분석등을 이용하는 방법
  ② 전술적 자산배분과 기술적 분석
  ③ 포뮬러 플랜 : 자산의 투자비중 혹은 금액을 산정하는 역투자방식
    - 정액법 : 주식과 채권의 편입금액을 정한다. 주가가 상승하면 주식의 편입비율이 상승하고 상대적으로 채권의 편입비율이 하락한다. 원래의 편입비율로 조정하기 위해 주식을 매도하고 채권을 매수한다.
    - 정률법 : 주식과 채권의 편입비중을 정하는 방법이다. 정액법과 같은 방식으로 포트폴리오를 조정하며, 역투자전략 중의 하나이다.

채권투자운용/투자전략

6문제

76

정답 ①

✓ 복리채는 만기에 복리로 재투자한 이자와 액면가를 한꺼번에 지급하므로 듀레이션은 채권의 만기이다. 표면이자율이 클수록 듀레이션은 감소한다. 영구채 듀레이션은 (1+YTM)/YTM=(1+10%)/10%=11년이다.

상세해설

- 듀레이션
  - 듀레이션은 채권의 가중평균 회수기간으로 3개의 변수(만기, 액면이자율, 만기수익률)와 밀접한 관계를 갖는다.

  $$D=F[(만기(+), 액면이자율(-), 만기수익률(-))]$$

  - 모든 것이 동일할 경우 만기가 길수록 듀레이션은 증가한다.
  - 모든 것이 동일할 경우 액면이자율이 높을수록 듀레이션은 감소한다.

- 모든 것이 동일할 경우 만기수익률(채권의 현재가격)이 높을수록(채권의 현재가격이 저렴할수록) 듀레이션은 감소한다.
- ※ 영구채의 듀레이션은 (1+만기수익률)/만기수익률로 표시한다. 실제 문제에서 만기수익률 대신 연이자율 10%라고 표현되기도 한다.

77
정답 ②

✓ 전환가치는 전환된 주식들의 시장가치이다. 전환사채 1좌당 2주의 주식을 받기 때문에 전환가치는 21,000원이다.

※ ④번은 엄밀한 의미에서 전환사채 매입가격을 모르기 때문에 올바르지 않은 답이 될 수도 있으나, 객관식 시험 특성상 가장 틀린 것을 선택해야 한다. 전환사채 매입가격을 모르나, 매입가격이 10,000원이면 ④번은 맞는 보기가 될 수 있다.

상세해설

■ 전환사채 용어
① 전환가격 : 보유채권을 주식 1주로 전환할 때 금액(옵션의 행사가격과 같은 개념)
② 전환비율 : 전환사채 액면의 몇 %를 주식으로 전환할 수 있는지에 대한 비율
③ 패리티=(주가/전환가격)×100%
④ 전환가치 : 전환된 주식들의 시장가치, 전환대상 주식수×1주당 현재시가
⑤ 괴리=전환사채시장가격-패리티 가격, 괴리값이 양수이면 주식으로 전환시 손실이 발생하고, 음수이면 이익이 발생한다.
⑥ 괴리율=[(전환사채의 시장가격-패리티 가격)/패리티 가격]×100

78
정답 ④

✓ 채권가격과 이자율은 역의 관계이다. 시장이자율이 하락할수록 채권가격은 상승하기 때문에 액면이자율이 동일할 때 경상수익률은 하락한다.

상세해설

■ 경상수익률=1년간 액면이자/채권가격
■ 액면이자율이 시장이자율보다 크면 채권은 할증된 가격으로 발행된다.
■ 만기가 길수록 듀레이션이 증가하므로 시장이자율 변동에 대한 채권가격 변동은 증가하며, 그 증가폭은 체감한다.
■ 할인채는 만기이전에 이자를 지급하지 않기 때문에 재투자 위험이 없다. 할인채를 만기까지 보유하면 만기수익률을 달성할 수 있다.

79
정답 ③

✓ 사다리형 만기전략은 소극적 투자전략이며, 나머지는 모두 적극적 투자전략이다.

상세해설

- **소극적 채권운용전략**
  - 가정 : 현재의 채권가격에 모든 정보가 반영되어 있고, 시장이 효율적이라고 가정하여, 미래 금리변동에 대한 예측을 하지 않는다. 투자자의 유동성목적등을 만족시키는 정도의 채권관리를 실행한다.
    ① 만기보유전략 : 채권을 만기까지 보유하는 전략
    ② 사다리형 만기전략 : 채권만기별로 채권 보유량을 동일하게 유지하는 방법
    ③ 채권면역전략 : 투자기간과 듀레이션을 일치시켜 이자율 변동에 따른 채권가치 변동을 최소화하는 전략
    ④ 현금흐름 일치전략 : 현금의 유입시기와 유출시기를 일치시키는 전략
    ⑤ 채권 인덱싱 전략 : 채권지수를 추종하여 시장평균적인 금리위험과 이에 상응하는 수익률을 얻으려는 전략

- **적극적 채권운용전략**
  - 가정 : 채권시장이 비효율적이라고 가정하여 미래 금리예측을 통해 위험을 감수하면서 이에 상응하는 기대수익률을 추구하는 전략이다.
    ① 채권교체전략 : 고평가된 채권은 매도하고 저평가된 채권을 매입하는 전략
    ② 스프레드 운용전략 : 서로 다른 두 종목간의 수익률 격차가 일시적으로 확대·축소되었다가 시간이 경과하면 다시 정상적인 수준으로 돌아오는 것을 활용한 매매전략
    ③ 수익률 곡선타기전략 : 수익률 곡선을 활용하여 만기감소에 따른 채권의 매매차익과 이자수입을 얻으려는 전략으로 롤링효과와 숄더효과가 있다.
    ④ 바벨형(Barbell)형 운용전략 : 단기채권과 장기채권만을 보유하는 채권투자전략
    ⑤ 불릿(Bullet)형 운용전략 : 중기채권만을 보유하는 채권투자전략

80 정답 ④

✓ 듀레이션에 영향을 미치는 변수와 그 효과는 볼록성에서 같은 방향으로 그 영향을 미친다.

상세해설

- **볼록성 특징**
  ① 수익률이 하락할수록 채권의 볼록성은 증가한다.
  ② 일정한 수익률과 만기에서 표면이자율이 낮을수록 채권의 볼록성은 증가한다.
  ③ 채권의 볼록성은 듀레이션이 증가함에 따라 가속도로 증가한다.
  ④ 동일한 듀레이션에서 볼록성이 큰 채권은 볼록성이 작은 채권보다 수익률 상승이나 하락에 관계없이 항상 높은 가격을 갖는다.
  ⑤ 듀레이션이 동일해도 채권 현금흐름의 분산도가 클수록 볼록성이 더 크다.

※ 출처 : 금융투자협회 기본교재 4권(2025년) p206

81

정답 ②

$\dfrac{\triangle P}{P} = -D_M \times (\triangle R) + \dfrac{1}{2} \cdot C \cdot (\triangle R)^2 \to 7.24\% = -3.2 \times -2\% + \dfrac{1}{2} \cdot C \cdot (-2\%)^2$

$\to 0.84\% = 0.02\% \times C \to C = 42$, 단 $D_M = \dfrac{D}{1+YTM} = \dfrac{3.52}{1+10\%} = 3.2$

상세해설

- **볼록성 계산**

  이자율 변동시 채권가격 변동을 듀레이션으로만 측정하면 오차가 발생할 수 있다. 볼록성이 이 오차를 보정해 준다. 볼록성 계산문제가 신유형으로 출제가 되고 있으며, 앞으로도 지속적으로 출제될 가능성이 높기 때문에 다음의 공식을 암기하여 볼록성을 계산할 수 있어야 한다.

  $$\dfrac{\triangle P}{P} = -D_M \times (\triangle R) + \dfrac{1}{2} \cdot C \cdot (\triangle R)^2$$

  ※ 수정듀레이션 대신 듀레이션(맥콜레이 듀레이션)이 주어지면 이를 수정듀레이션으로 변환하여 사용해야 한다 ($D_M = \dfrac{D}{1+YTM}$).

파생상품투자운용/투자전략　　　　6문제

82

정답 ①

문제의 총손익을 계산하면 다음과 같다.

- 행사가격이 200원인 풋옵션은 기초자산가격이 행사가격보다 낮으므로 행사된다. 풋옵션 발행자는 풋옵션 행사로 인한 손실이 5원(195원−200원)이나 풋옵션 발행으로 3원을 받았으므로 행사가격 200원짜리 풋옵션으로 인해 발생하는 총 손실은 2원이다.

- 행사가격 197원짜리 풋옵션은 기초자산이 행사가격보다 저렴하므로 행사가 된다. 풋옵션 매입자는 풋옵션 행사로 2원을 얻지만 풋옵션 매입으로 1원을 지출하였으므로 행사가격 197원짜리 풋옵션으로는 총 1원의 이익이 발생한다.

- 총손익은 −2원+1원=−1원(1원 손실)

83

정답 ③

콜옵션 매수포지션과 풋옵션 매수포지션의 베가의 부호는 양수로 같으며, 콜옵션 매수포지션의 감마는 음수이며, 풋옵션 매수포지션의 로우는 음수이므로 두 값의 부호는 같다. 콜옵션 매도포지션의 델타는 음수이며, 풋옵션 매수포지션의 델타의 부호는 음수이다.

상세해설

- 옵션 그리스 문자(매수포지션을 가정함)

구분	콜옵션	풋옵션
델타(기초자산가격)	+	-
감마(델타의 변화)	+	+
베가(변동성)	+	+
로우(무위험이자율)	+	-
쎄타(잔존만기)	-	-

※ 매도포지션의 경우 주어진 표의 부호의 반대 방향이다.

84

정답 ④

✓ 제로베이시스 헤지는 선물 포지션을 만기시점까지가서 청산할 경우 선물 만기 시점의 베이시스는 0이 되어 베이시스 위험이 사라지는 것을 의미한다.

상세해설

- 베이시스(선물가격 − 현물가격)
  ① 일반적으로 금융자산을 기초자산으로 하는 경우 베이시스는 선물가격 − 현물가격이다.
  ② 베이시스가 확대될 경우 매매거래 : 베이시스가 확대되면 선물가격은 상승, 현물가격은 하락이 예상되므로, 선물은 매입, 현물은 매도를 한다.
  ③ 베이시스가 축소될 경우 매매거래 : 베이시스가 축소가 예상되면 선물가격은 하락이 예상되고, 현물가격은 상승이 예상되어, 선물은 매도, 현물은 매수한다.
  ④ 만기일에는 베이시스가 0으로 수렴한다.

85

정답 ①

✓ 경쟁매매는 장내거래소를 통한 매매이며, 장외거래는 상대매매 혹은 거래상대방의 매매를 연결해 주는 시장조성자를 통해 매매가 발생한다.

86

정답 ②

✓ $P+S=C+PV(X) \rightarrow P=-S+C+PV(X) \rightarrow$ 주식 1주 매도, 콜옵션 1개 매입, 액면가 X인 무위험채권 투자(매수)이다.

상세해설

- 풋−콜 패리티를 이용한 자산 복제

$$P+S=C+PV(X)$$

- 각 자산의 부호는 포지션이다. 양수이면 매입포지션, 음수이면 매도포지션이다. 각 자산의 앞의 숫자는 해당 자산의 포지션의 숫자이다. 1이면 1개, 2이면 2개를 의미한다.
  ① P=C+PV(X)−S, 만약 C가 없다면, P=채권 매입+주식 매도, 단 각 자산의 매매수량은 1개가 아니라 다른 숫자로 변한다.
  ② C=P+S−PV(X), 만약 P가 없다면, C=주식 매입+채권 매도, 단 각 자산의 매매수량은 1개가 아니라 다른 숫자로 변한다.
  ③ S=C+PV(X)−P, 만약 PV(X)가 없다면, S=콜옵션 매입+풋옵션 매도
  ④ PV(X)=P+S−C, 만약 S가 없다면, PV(X)=풋옵션 매입+콜옵션 매도

87 [정답] ③

✓ 콜–불 스프레드는 행사가격이 낮은 콜옵션을 매입하고, 행사가격이 높은 콜옵션을 매도해서 구축할 수 있다. 콜옵션은 모든 조건이 동일할 경우 행사가격이 낮은 콜옵션 가치가 더 높기 때문에 초기에는 비싼(행사가격이 낮은) 콜옵션을 매입하고 저렴한(행사가격이 높은) 콜옵션을 매수하기 때문에 포지션 구축시 현금이 유출된다.

상세해설

투자운용결과분석   4문제

88   정답 ②

✓ 내부수익률은 현금의 유입과 유출에 따라 그 성과가 다르기 때문에 투자자의 성과평가에 적절한 수익률이다. 내부수익률은 금액가중수익률이라고도 한다. 기하평균수익률은 각 운용시점별 기간으로 가중평균하여 시간가중 수익률이라고도 하며, 펀드매니저의 성과평가에 적절하다. 현금 유출과 유입이 발생하는 세부기간을 구분하여 이를 기하평균하여 계산한 수익률이다.

89   정답 ②

✓ 베타와 잔차위험은 상대적 위험을 측정하는 지표이다.

상세해설

■ 위험의 종류

절대적 위험	전체위험	표준편차
	하락위험	절대 VaR, 하락편차, 반편차, 적자위험
상대적 위험	전체위험	베타, 잔차위험, 추적오차
	하락위험	상대 VaR

90   정답 ③

✓ 정보비율이 크다는 것은 펀드운용에 있어 비체계적 위험부담에 대한 수익률이 높다는 의미이다. 즉 펀드매니저의 펀드운용성과가 좋다는 의미이다.

상세해설

■ 성과지표
  ① 샤프비율 : 포트폴리오 초과수익률을 총위험(표준편차)으로 나눈 값으로, 총위험대비 초과수익률을 나타내는 지표이다. 샤프비율이 높을수록 펀드매니저의 운용성과가 우수하다고 판단한다.

$$\frac{R_P - R_f}{\sigma_P}$$

  ② 트레이너비율 : 포트폴리오 초과수익률을 체계적위험(베타)으로 나눈 값으로, 체계적위험대비 초과수익률을 나타내는 지표이다. 트레이너비율이 높을수록 펀드매니저의 운용성과가 우수하다고 판단한다.

$$\frac{R_P - R_f}{\beta_P}$$

  ③ 젠센의 알파 : 포트폴리오 수익률에서 포트폴리오가 부담하는 기회비용(기대수익률)을 차감하여 계산한 값이다. 젠센의 알파가 높을수록 펀드매니저의 운용성과가 우수하다고 판단한다. 젠센의 알파는 펀드운용성과의 절대값을 나타낸다.

$$\alpha_P = R_P - [(R_f + \beta_P(R_M - R_f))]$$

④ 정보비율 : 젠센의 알파를 포트폴리오의 비체계적위험(잔차)으로 나눈 값이다. 정보비율이 높을수록 펀드매니저의 종목선택역량이 높다고 평가한다.

$$정보비율 = \frac{\alpha_P}{sd(\epsilon_P)}$$

단, sd는 표준편차(standard deviation)이다.

91 정답 ②

- 10% − [4% + 0.8(7% − 4%)] = 10% − 6.4% = 3.6%

상세해설

- 젠센의 알파 : α = R_P − CAPM으로 계산한 기대수익률
  = 10% − [(4% + 0.8(7% − 4%))] = 10% − 6.4% = 3.6%
- ※ 단, CAPM으로 계산한 기대수익률 계산시 벤치마크지수가 시장포트폴리오이면 시장포트폴리오 수익률이 주어지며, 시장포트폴리오가 아니면 벤치마크지수 수익률이 주어진다. 넓은 의미에서 시장포트폴리오도 벤치마크이다. 즉, 시장 전체에 투자하는 투자자의 벤치마크 지수는 시장포트폴리오가 될 수 있다. 젠센의 알파 계산시 주어진 자료를 바탕으로 CAPM수식을 유연하게 변형하여 활용하면 된다.

거시경제   4문제

92 정답 ④

- 물가가 하락하면 LM곡선이 우측으로 이동하는 결과를 가져와서 국민소득이 증가한다. 세율을 낮추는 것은 IS곡선의 우측이동이기 때문에 국민소득이 증가한다. 통화량이 증가하면 LM곡선의 우측이동이기 때문에 국민소득이 증가한다. 재정지출 축소는 IS곡선의 왼쪽으로 평행이동이기 때문에 국민소득이 감소한다.

93 정답 ③

- 국민총소득은 국내총생산에서 국외순수취 요소소득을 더해서 산출한다. 외국인에게 지급한 소득은 차감해서 국민총소득을 구성하지 않는다.

상세해설

- 국민소득
  - 명목 GNI = 명목 GDP + 국외순수취 요소소득
  - 실질 GNI = 실질 GDP + 교역조건 변화에 따른 실질 무역손익 + 실질 국외순수취 요소소득
  - 교역조건 = 수출가격/수입가격, 수출입 상품간의 교환비율
  - 교역조건이 불리해지는 경우 : 수입할 수 있는 상품양이 감소하여 실질소득이 감소한다.
  - 교역조건이 유리해지는 경우 : 수입할 수 있는 상품양이 증가하여 실질소득이 증가한다.

- GDP와 GNI의 관계

실질	명목
실질 국내총생산(실질 GDP) +교역조건 변화에 따른 실질 무역손익	명목 국내총생산(명목 GDP)
=실질 국내총소득(실질 GDI) +실질 국외순수취 요소소득	+명목 국외순수취 요소소득
=실질 국민총소득(실질 GNI≠실질 GNP)	=명목 국민총소득(GNI=GNP)

※ 출처 : 금융투자협회 기본교재 5권(2025년) p58

94 정답 ②

✓ 경제활동참가율 = $\dfrac{\text{경제활동인구(취업자+실업자)}}{\text{생산활동가능인구}} \times 100$

상세해설

- 고용
  ① 생산활동가능인구(생산연령인구 혹은 근로연령인구) : 군인과 재소자를 제외한 만 15세 이상 인구
  ② 경제활동인구 : 생산활동가능인구 중에 일할 수 있는 능력과 취업의사를 동시에 갖춘 사람

  경제활동인구=취업자+실업자

  ③ 비경제활동인구 : 생산활동가능인구 중 경제활동에 포함되지 않은 사람. 일할 능력은 있으나 일하고자 하는 의사가 없는 사람(가정주부, 학생, 연로자, 심신장애자, 구직단념자등)

  경제활동참가율 = $\dfrac{\text{경제활동인구(취업자+실업자)}}{\text{생산활동가능인구}} \times 100$

  실업률 = $\dfrac{\text{실업자}}{\text{경제활동인구}} \times 100$

95 정답 ②

✓ 경기순환주기는 경기저점에서 다음 경기저점까지의 기간을 의미한다.

상세해설

- 경기순환
  ① 개념 : 경기순환은 경기 확장국면과 경기 수축국면이 반복되는 현상이다.
  ② 순환주기는 경기저점 → 경기정점 → 경기저점까지의 기간을 의미하며, 순환주기가 일정한 것은 아니다.
  ③ 경기순환의 발생원인은 실물요인과 금융요인으로 구분할 수 있으며, 각 요인에 변화가 발생한 후 이것이 경제 전체로 파급되는 과정에서 경기순환이 발생한다.
  ④ 경기변동요인으로는 계절요인, 불규칙요인, 추세요인, 순환요인으로 구분할 수 있으며, 넓은 의미의 경기순환은 추세요인과 순환요인에 의해서 발생되는 경기변동을 의미한다.
  ⑤ 기준 순환일은 국민경제 전체의 순환변동에서 국면전환이 발생하는 경기 전환점을 말한다.

분산투자기법

5문제

96
정답 ②

✓ A자산의 기대수익률이 균형수익률보다 낮으므로 A자산은 고평가되어 있으며, B자산의 균형수익률은 3%이나 시장에서 관찰되는 기대수익률은 5%이므로 B자산은 저평가되어 있다. 고평가된 자산은 시간이 흐르면서 가격이 하락하고, 저평가된 자산은 시간이 흐르면서 가격이 상승한다.

상세해설

- CAPM에 따른 균형수익률
  - A자산의 균형수익률 = 1% + 2 × (3% − 1%) = 5%
  - B자산의 균형수익률 = 1% + 1 × (3% − 1%) = 3%

97
정답 ④

✓ 두 자산에 50:50으로 투자했기 때문에 A와 B자산으로 구성된 포트폴리오 베타는 각각의 자산의 베타를 각 투자비율로 가중평균하여 계산한다. (2.5+1.5)/2 = 2

98
정답 ①

✓ 포트폴리오 리밸런싱에 대한 설명이다. 업그레이딩은 이전보다 위험에 비해 상대적으로 높은 수익률을 얻거나, 동일한 수익률하에서 낮은 위험을 부담하도록 포트폴리오를 재조정하는 것이다.

99
정답 ④

✓ 위험이 모두 동일하기 때문에 수익률이 가장 높은 자산이 다른 자산을 지배한다. 효율적 자산은 다른 자산에 의해 지배당하지 않는 자산이다.

A자산	20% × −5% + 50% × 3% + 30% × 7% = 2.6%
B자산	20% × −4% + 50% × 4% + 30% × 8% = 3.6%
C자산	20% × −6% + 50% × 5% + 30% × 9% = 4.0%
D자산	20% × −7% + 50% × 8% + 30% × 10% = 5.6%

상세해설

- 지배원리 : 효율적 자산을 선택하는 원리로 위험이 동일할 경우 기대수익률이 높은 자산을 선택하고, 기대수익률이 동일할 경우 위험이 가장 낮은 자산을 선택한다. 지배원리에 의해 선택된 자산은 다른 자산에 지배당하지 않으며, 이러한 자산을 효율적 자산이라고 한다.

100

정답 ②

✓ 제시된 주식형펀드의 변동성보상비율을 계산하면 다음과 같다. 변동성보상비율을 RVAR이라고 한다.
- 포트폴리오 수익률=11%×0.7+3%×0.3=7.7%+0.9%=8.6%
- 포트폴리오 표준편차=위험자산투자비율×위험자산표준편차=4%×0.7=2.8%
- RVAR(변동성보상비율)=$\dfrac{(\text{포트폴리오 수익률}-\text{무위험자산수익률})}{\text{포트폴리오 표준편차}}=\dfrac{8.6\%-3\%}{2.8\%}=2$

상세해설

- 변동성보상비율(RVAR 혹은 샤프비율)

$$RVAR=\dfrac{R_P-R_f}{\sigma_P}$$

① 위험자산과 무위험자산으로 구성된 포트폴리오 기대수익률 : 포트폴리오 기대수익률은 위험자산과 무위험자산의 가중평균으로 계산한다.

$$E(R_P)=w_1E(R_1)+(1-w)R_f$$

② 포트폴리오 위험(표준편차) : 포트폴리오의 위험은 위험자산의 표준편차×위험자산투자비율로 계산한다.

$$\sigma_P=w_1\sigma_1$$

Memo

미래를 창조하기에 꿈만큼 좋은 것은 없다.
오늘의 유토피아가 내일 현실이 될 수 있다.
There is nothing like dream to create the future.
Utopia today, flesh and blood tomorrow.
빅토르 위고 Victor Hugo

Memo

미래를 창조하기에 꿈만큼 좋은 것은 없다.
오늘의 유토피아가 내일 현실이 될 수 있다.
There is nothing like dream to create the future.
Utopia today, flesh and blood tomorrow.
빅토르 위고 Victor Hugo

Memo

미래를 창조하기에 꿈만큼 좋은 것은 없다.
오늘의 유토피아가 내일 현실이 될 수 있다.
There is nothing like dream to create the future.
Utopia today, flesh and blood tomorrow.
빅토르 위고 Victor Hugo

투자자산운용사

이것만
공부하면
80점 합격

기출유형
모의고사
3회분

1회 기출유형모의고사

세제관련 법규 및 세무전략 7문제

01. 납세의무가 확정되는 시기에 대한 설명으로 잘못된 것은?

① 증여세 : 정부가 과세표준과 세액을 결정함으로써 확정됨.
② 인지세 : 납세의무가 성립되는 때에 별도의 절차 없이 확정됨.
③ 소득세 : 납세의무자가 과세표준과 세액을 정부에 신고함으로써 확정됨.
④ 상속세 : 납세의무자가 상속가액과 세액을 세무서에 신고함으로써 확정됨.

02. 소득세에 대한 설명으로 잘못된 것은?

① 원칙적으로 개인단위로 소득세를 과세하기 때문에 부부소득은 합산하지 않고 별도로 과세된다.
② 소득이 발생한 곳을 납세지로 한다.
③ 원칙적으로 납세의무자의 신고에 의하여 조세채권이 확정되는 신고납세제도를 채택하고 있다.
④ 소득세율은 6~45%의 초과누진세율을 채택하고 있으며, 인적공제제도가 있다.

03. 이자소득에 해당하는 것은 몇 개인가?

- 채권의 할인액
- 상호저축은행법에 의한 신용부금으로 인한 이익
- 증권의 환매조건부 매매차익
- 저축성 보험의 보험차익
- 비영업대금의 이익

① 2개　　② 3개
③ 4개　　④ 5개

04. 거주자의 양도소득세 과세에 대한 설명으로 올바른 것은 총 몇 개인가?

- 양도는 등기 혹은 등록의 유무와 관계없이 실질적인 자산의 유상이전이다.
- 파생상품에 투자하여 양도차익이 발생한 경우 양도소득 기본공제로 연 250만 원을 공제한다.
- 비상장주식 거래와 관련한 증권거래세는 필요경비에 해당하지 않는다.

① 0개　　② 1개
③ 2개　　④ 3개

05. 절세전략으로 올바르지 않은 것은?

① 미성년 자녀에게 증여할 경우 증여재산 공제기간 5년을 고려하여 어릴 때부터 증여한다.
② 한 명의 수증자에게 여러 명이 증여를 한다.
③ 증여재산 공제범위라서 증여세를 내지 않더라도 증여세 신고를 하는 것이 미래의 정당한 자금원 확보 측면에서 유리하다.
④ 현재 동일한 금액이라면 미래의 기대수익률이 낮은 자산보다는 미래의 기대수익률이 높은 자산을 증여한다.

06. 비거주자의 파생상품매매와 관련된 설명으로 가장 올바른 것은?

① 국내사업장이 없는 비거주자의 장내파생상품 매매로 인한 양도소득은 과세대상 국내원천소득으로 보아 분류과세한다.
② 국내사업장이 없는 비거주자의 장내파생상품 매매로 인한 양도소득은 과세대상 국내원천소득으로 보아 종합과세한다.
③ 국내사업장이 없는 비거주자가 위험회피 목적으로 장외파생상품을 거래하고 이로 인한 양도소득이 발생했을 때 이는 과세대상 국내원천소득으로 보지 아니한다.
④ 국내사업장이 있는 비거주자가 장내파생상품을 매매했으나 그 취득가액을 알 수 없을 때는 원천징수의무자는 일괄적으로 양도차익에 20%의 세율을 적용하여 양도소득세를 원천징수한다.

07. 다음 보기의 원천징수세율을 모두 합한 값은 얼마인가?

〈보기〉
• 법원에 납부한 경매보증금 및 경락대금에서 발생하는 이자소득
• 개인종합자산관리계좌의 비과세한도 초과 이자·배당소득

① 23%   ② 25%
③ 28%   ④ 30%

금융상품 8문제

08. 금융투자상품에 대한 설명으로 올바른 것은?

① 스톡옵션은 금융투자상품으로 분류한다.
② 금융투자상품 중 증권은 원본을 초과하는 손실가능성이 있다.
③ ELS(주가연계증권)은 파생결합증권으로 분류한다.
④ ELW는 매수만 하기 때문에 기초자산의 가격이 상승해야만 수익이 발생한다.

09. MMF에 편입할 수 있는 자산은 몇 개인가?

• 남은 만기가 6개월 이내인 양도성 예금증서
• 남은 만기가 5년 이내인 국채
• 남은 만기가 1년 이내인 어음
• 다른 단기금융 집합투자기구의 집합투자증권

① 1개   ② 2개
③ 3개   ④ 4개

10. 랩어카운트에 대한 설명으로 올바르지 않은 것은?

① 거래 건별로 증권회사는 수수료를 부과한다.
② 증권회사가 투자자의 투자성향과 투자목적을 분석하고 진단한 후 고객에게 적합한 포트폴리오를 추천하는 종합자산관리계좌이다.
③ 자문형 랩어카운트와 일임형 랩어카운트가 있으며, 자문형 랩어카운트는 고객이 추천종목 등의 자문을 참고하여 고객이 투자하는 것이며, 일임형 랩어카운트는 고객의 투자와 관련한 완전한 일임 및 대리권을 투자자산운용사가 갖는다.
④ 랩어카운트는 영업직원과 고객의 이익상충 문제를 완화시킬 수 있다.

11. 자산유동화증권을 발행할 경우 내부신용보강에 해당하지 않는 것은?

① 후순위증권 발행
② 초과 스프레드
③ 예치금
④ 보증

12. 역모기지 대출상품에 대한 설명으로 틀린 것은?

① 대출금이 집값보다 낮으면 그 차액은 역모기지 차입자의 상속자에게 이전된다.
② 역모기지 대출을 할 경우 차입자의 현재 신용과 미래의 상환능력이 중요한 심사대상이다.
③ 역모기지의 만기는 일반적으로 차입자의 종신시점까지이며, 중도상환을 요구할 수 없다.
④ 역모기지란 본인 명의의 주택에 대해 담보 및 대출계약을 체결한 뒤 일정 금액을 연금의 형태로 수령하는 최신 금융기법 중 하나이다.

13. 다음 보기 중 올바른 것은 몇 개인가?

〈보기〉
- ELF는 자산운용사가 발행하며 중도환매가 가능하다.
- ELS는 증권회사가 발행한다.
- ELD는 중도상환할 경우 원금보전이 되지 않을 수도 있다.

① 0개　　　　② 1개
③ 2개　　　　④ 3개

14. 퇴직연금에 대한 설명으로 가장 올바르지 않은 것은?

① 확정급여형제도에서 적립금의 운용주체는 사용자이다.
② 확정급여형제도에서 적립금 운용결과에 따른 운용이익은 사업자에게 귀속된다.
③ 확정급여형제도에서 근로자는 IRP를 통해 추가적인 퇴직금 적립을 하여 이를 운용할 수 있다.
④ 확정기여형제도에서 근로자는 자신이 퇴직 시 수령할 퇴직금 수준을 사전에 알 수 있다.

15. 예금자 보호대상 상품은 어느 것인가?

① 은행발행채권
② 주택청약저축
③ 상호저축은행의 표지어음
④ 환매조건부채권

부동산관련 상품　　5문제

16. 미래의 현금흐름의 현재가치를 고려하여 NPV(순현재가치)를 이용하여 부동산가치를 평가하는 방법은 무엇인가?

① 원가법　　　　② 간편법
③ 현금흐름법　　④ 비교평가법

17. 부동산투자와 관련한 수익률에 대한 설명으로 올바르지 않은 것은?

① 캐시 온 캐시(Cash on Cash)는 시간가치를 고려하지 않는 투자수익률이다.
② 내부수익률은 투자금액의 현재가치와 투자로 인해 유입되는 미래현금흐름의 현재가치가 일치하는 수익률이다.
③ 부채상환비율은 부채상환액을 순운용소득으로 나눈 값으로 부동산 투자의 원리금 상환능력을 측정하는 보조적인 재무비율이다.
④ 대출비율은 대출잔고를 부동산의 가격으로 나눈 값이다.

18. 부동산 가격의 시장접근법에 대한 설명으로 잘못된 것은?

① 매매사례가격법은 거래된 부동산의 시점보정, 사정보정을 한 사례로 가격을 비교한다.
② 부동산을 건설하는데 필요한 총 원가에서 현재의 해당 부동산의 연수를 조정하여 계산한다.
③ 시장접근법은 유사한 부동산을 기준으로 비교해야 한다.
④ 수익이 발생하지 않는 부동산의 가치도 평가할 수 있다.

19. 부동산 투자 관련 위험에 대한 설명으로 틀린 것은?

① 자산간의 상관계수값이 0이면 분산투자효과는 없다.
② 투자위험은 체계적위험과 비체계적위험으로 구성되어 있다.
③ 포트폴리오에 투자대상부동산의 숫자를 지속적으로 증가시키면 비체계적위험은 0으로 수렴한다.
④ 부동산은 주식 혹은 채권과 같이 투자할 때 포트폴리오 전체적인 위험을 감소시키는 효과가 있다.

20. 부동산의 본등기가 갖는 효력에 해당하지 않는 것은?

① 물권 변동적 효력
② 순위 보전적 효력
③ 권리존재 추정력
④ 점유권 효력

대안투자운용/투자전략 5문제

21. 부동산금융에 대한 설명으로 틀린 것은?

① 주택자금으로부터 발생하는 채권과 채권의 변제를 위해 담보로 확보한 저당권을 기초자산으로 하여 MBS를 발행한다.
② 프로젝트금융(PF)은 사업자와 법적으로 독립된 프로젝트로부터 발생하는 미래 현금흐름을 담보로 하여 자금을 조달한다.
③ 부동산투자회사(REITs)는 소액 자금으로도 부동산 투자가 가능하다.
④ 수익형 부동산금융은 주로 담보대출을 통해 현금흐름을 발생시킨다.

22. 사모펀드가 자금회수(Exit)하는 방법이 아닌 것은?

① 증자
② 배당
③ 다른 PEF에 보유지분 매각
④ 주식시장에 IPO

23. 헤지펀드 투자전략에 대한 내용으로 잘못된 것은?

① 캐리 트레이드는 높은 금리로 자본을 조달하여 낮은 금리에 투자하는 전략이다.
② 전환사채에 투자할 경우 전환권 행사대상이 되는 주식 중 변동성이 큰 주식에 투자한다.
③ 이자수익률 스프레드 곡선을 이용하여 차익거래 전략을 수행한다.
④ 무상증자 이벤트는 시장의 비효율성을 이용한 투자전략이다.

24. 환매불가능한 펀드로 설정하는 것은 어느 것인가?

① 부동산 펀드, 헤지펀드
② 부동산 펀드, 채권펀드
③ 헤지펀드, 주식펀드
④ 헤지펀드, 뮤추얼펀드

25. 기초자산의 수익률과 유동화 증권의 수익률 간의 차이에서 발생하는 차익을 취할 목적으로 발행되는 CDO에 해당하는 것은?

① Arbitrage CDO
② Balance Sheet CDO
③ Cash Flow CDO
④ Hybrid CDO

해외증권투자운용/투자전략   5문제

26. 다음 내용의 괄호에 들어갈 용어가 순서대로 올바르게 짝지어진 것은?

- 양키본드는 미국에서 외국인이 발행하는 달러표시 (   )이다.
- 사무라이본드는 일본에서 외국인이 발행하는 엔화표시 (   )이다.

① 외국채, 유로채   ② 유로채, 유로채
③ 외국채, 외국채   ④ 유로채, 외국채

27. 환위험 헤지에 대한 설명으로 가장 올바른 것은?

① 투자대상국 통화가 평가절하되면 국내 투자자는 손실이 발생할 수 있다.
② 내재적 헤지를 하면 효과적으로 환위험을 헤지할 수 있으나 별도의 헤지비용이 발생한다.
③ 스택헤지는 헤지대상의 만기보다 짧게 헤지하여 지속적으로 헤지를 갱신하는 방법이다.
④ 롤링헤지는 투자대상 증권과 환율간의 상관관계가 낮은 것을 활용하는 헤지이다.

28. 해외주식시장 상장에 대한 설명으로 잘못된 것은?

① ADR은 미국증시에 상장할 때 발행하는 예탁증서이며 발행시 미국증권거래위원회(SEC)에 신고해야 한다.
② ADR에 투자한 투자자는 배당을 미국달러로 받는다.
③ EDR은 미국과 미국 이외의 시장에 동시에 상장할 때 발행하는 예탁증서이다.
④ 원주를 해외증권거래소에 직접상장하여 본국의 통화로 증권 거래를 할 수 있다.

29. DR을 발행하는 기업의 이점에 해당하지 않는 것은?

① 고객과 투자자에게 이미지 제고
② 자본조달비용의 절감
③ 상장유지비용의 절감
④ 투명성 제고

30. 다음 보기는 미국 국채에 대한 설명이다. 올바른 것은 몇 개인가?

〈보기〉
• T-Bill은 만기 1년 이상 10년 미만의 미국 국채이다.
• T-Bill은 이표채의 형태로 발행된다.
• T-Note는 만기 1년 이하의 채권으로 할인채로 발행된다.
• T-Bond는 만기 10년 이상의 채권으로 이표채로 발행된다.

① 1개　　② 2개
③ 3개　　④ 4개

투자분석기법　　12문제

31. 다음에 설명하는 내용을 순서대로 올바르게 나타낸 것은?

• 수익률분포의 기울어진 정도를 나타낸 측정지표
• 수익률분포가 얼마나 뾰족한지 나타낸 측정지표
• 정규분포의 왜도값과 첨도값

① 첨도, 왜도, 0, 4
② 첨도, 왜도, 4, 0
③ 왜도, 첨도, 0, 3
④ 왜도, 첨도, 3, 0

32. 다음 보기에서 설명하는 지표는?

• 주가의 이격도를 나타낸다.
• 주가의 이동평균선은 모이면 다시 멀어지고, 너무 멀어지면 다시 모이는 현상을 이용하여 매매 타이밍을 알려주는 지표이다.

① VR　　② 스토캐스틱
③ RSI　　④ MAO

33. 산업연관표에 대한 설명으로 올바른 것은?

① 투입계수는 중간투입계수와 부가가치계수가 있다.
② 전방연쇄효과는 특정 산업제품에 대한 최종수요가 증가할 때 모든 산업에 미치는 영향이다.
③ 수입유발계수는 수입이 1단위 증가할 때 특정산업의 생산량이 증가하는 정도이다.
④ 총산출액과 총수요는 항상 동일하다.

34. 다음 중 산업경쟁력 분석에 대한 설명으로 올바른 것은 몇 개인가?

• 다이아몬드 모델을 통하여 산업경쟁력을 설명할 수 있다.
• 산업경쟁력의 결정요인은 수요조건, 요소조건, 정부 등의 직접적인 요인과 지원산업, 우발적 요인 등의 간접적인 요인으로 구분한다.
• 산업경쟁력 분석모형에 따르면 경쟁자산의 축적보다는 경쟁자원의 보존량이 산업경쟁력을 결정한다.

① 0개　　② 1개
③ 2개　　④ 3개

35. 다음 보기에 해당하는 것은 다우이론의 어떤 국면인가?

〈보기〉
- 일반투자자는 주가상승에 대한 확신을 갖는다.
- 전문투자자들은 주가하락에 대한 공포심을 갖고 주식을 매도한다.

① 강세 1국면
② 강세 3국면
③ 약세 2국면
④ 약세 3국면

36. 다음 보기에 설명하는 주가지수지표로 가장 올바른 것은?

- 기업의 현금흐름을 기준으로 평가하는 지표
- 기업의 자본구조를 감안한 평가방법

① PER
② PBR
③ 토빈의 Q
④ EV/EBITDA

37. OBV와 VR에 대한 설명으로 잘못된 것은?

① OBV는 주가가 전일에 비해 상승한 날의 거래량 누계에서 하락한 날의 거래량 누계를 차감하여 산출한다.
② VR이 100%이면 매수신호이다.
③ VR은 일정 기간 동안의 주가 상승일의 거래량과 주가 하락일의 거래량의 비율을 백분비로 나타낸 지표이다.
④ 저가주들의 대량매매가 발생하면 거래량을 왜곡하여 OBV의 분석의 효과가 떨어질 수 있다.

38. A 기업 주주의 재투자수익률(ROE)은 20%이며, 주주의 요구수익률은 20%, 배당성향은 40%이다. A 기업의 PER의 값은 얼마인가? (단, PER은 현재주가와 다음기의 한 주당 순이익의 비율로 정의한다)

① 5배
② 8배
③ 10배
④ 12배

39. 상장을 앞둔 A 기업은 공모가격을 EV/EBITDA 방법으로 계산하려고 한다. 다음 정보를 이용하여 1주당 적정주가를 계산하시오.

- EBITDA : 50억 원
- 채권자가치 : 600억 원
- EV/EBITDA 배수 : 20
- 발행주식수 : 400만 주

① 1만 원
② 2만 원
③ 4만 원
④ 5만 원

40. 주가추세 하락반전형 캔들에 해당하는 것은?

① 망치형
② 유성형
③ 관통형
④ 샛별형

41. 산업경쟁력 분석에 대한 설명으로 가장 올바르지 않은 것은?

① 포터(M. Porter)의 산업경쟁력 결정요인에는 요소조건, 수요조건, 연관산업 및 지원산업, 기업전략과 경쟁여건의 4가지 직접적인 요인이 있다.
② 포터(M. Porter)의 산업경쟁력 결정모형에서 정부와 우발적 요인은 간접적 요인으로 분류된다.
③ 산업경쟁력 분석에서는 국가 차원보다는 기업 차원의 접근이 좀 더 중요하다.
④ 신무역이론이 시사하는 바는 시장의 선점과 같은 전략적 행동의 결과가 산업경쟁력 확보에 중요하다는 것이다.

42. 산업정책에 대한 설명으로 가장 올바른 것은?

① 총수요를 증가시키는 정책이다.
② 국가별 경제 발전의 단계가 유사하기 때문에 국가별 산업정책의 구체적인 모습도 유사하다.
③ 시장실패는 국가의 산업정책의 정당성을 반박하는 증거이다.
④ 산업정책은 국민경제의 성장잠재력이 훼손되는 상황에서도 강조되는 경향이 있다.

리스크관리 8문제

43. 다음 보기에서 설명하는 위험은 무엇인가?

〈보기〉
기업이 소유하고 있는 자산을 매각하고자 하는 경우 매입자가 없어 불리한 조건으로 자산을 매각해야 한다.

① 유동성위험 ② 운영위험
③ 신용위험   ④ 법적위험

44. VaR의 한계점에 대한 설명으로 올바르지 않은 것은?

① 일반적으로 과거 데이터의 신뢰성이 높을수록 추정된 VaR의 값의 신뢰성이 증가한다.
② 역사적 시뮬레이션으로 계산한 VaR값과 델타-노말 방법에 의해 계산한 값은 같다.
③ VaR 측정에 필요한 모든 상품의 가격 자료가 이용가능하지 않을 수도 있다.
④ 보유기간 설정에 따라 그 측정치가 달라진다.

45. 부도거리를 이용할 경우 파산가능성이 가장 작은 기업의 순서로 올바른 것은?

구분	A 기업	B 기업	C 기업	D 기업
자산가치	100억 원	120억 원	80억 원	140억 원
부채가치	50억 원	40억 원	50억 원	80억 원
자산가치 변동의 표준편차	20억 원	10억 원	20억 원	30억 원

① A-B-C-D
② B-A-D-C
③ B-A-C-D
④ C-D-A-B

46. 95% 신뢰구간(z=1.65)의 1일 VaR가 4.75억 원이다. 신뢰구간 99%(z=2.33)의 4일 VaR는 얼마인가?

① 4.8억 원
② 8.8억 원
③ 12.4억 원
④ 13.4억 원

47. 몬테카를로 시뮬레이션에 대한 설명으로 올바른 것은?

① 주가움직임에 대한 확률모형으로 기하학적 브라운 운동 모형을 주로 사용한다.
② 동일한 자산에 대해서 몬테카를로 시뮬레이션에서 계산한 VaR와 역사적 시뮬레이션을 사용한 VaR값은 동일하다.
③ 리스크 요인에 대한 시뮬레이션의 횟수가 정해져 있다.
④ 가치평가 모델이 필요없는 부분가치평가법이다.

48. 옵션 VaR계산시 가장 불필요한 자료는 무엇인가?

① 옵션델타
② 기초자산가격
③ 기초자산가격의 변동성
④ 무위험이자율

49. A 자산의 VaR는 5억 원, B 자산의 VaR는 12억 원이다. 두 자산수익률의 상관계수는 0이다. 두 자산에 동일하게 투자한 포트폴리오가 있다면 이 포트폴리오의 VaR는 얼마인가?

① 5억 원
② 12억 원
③ 13억 원
④ 14억 원

50. A 기업의 신용위험에 노출된 자산은 100억 원이며, 부도율은 10%이고, 부도 시 회수율은 60%이다. A 기업의 신용손실의 변동성(표준편차)은 얼마인가? (단, 신용위험에 노출된 자산과 부도 시 회수율의 변동성은 없으며, 부도율은 베르누이 실행을 따른다고 가정한다)

① 6억 원　② 8억 원
③ 12억 원　④ 18억 원

직무윤리 5문제

51. 고객과의 이해상충 발생에 대한 내용으로 가장 올바르지 않은 것은?

① 금융투자업자는 이해상충이 발생할 가능성을 파악·평가한 결과 이해상충이 발생할 가능성이 있다면 이를 투자자에게 알려야 한다.
② 고객과의 이해상충 발생 가능성을 낮추는 것이 곤란할 경우에는 고객의 각서를 받고 해당 매매 혹은 거래를 한다.
③ 원칙적으로 금융투자업자 자신이 발행하였거나 관련되어 있는 대상에 대한 조사분석자료의 공표와 제공을 금지한다.
④ 원칙적으로 투자매매업자 또는 투자중개업자는 금융상품에 관한 같은 매매에서 자신이 본인이 됨과 동시에 상대방의 투자중개업자가 되어서는 안된다.

52. 이해관계가 상충할 경우 가장 올바르지 못한 것은?

① 고객의 이익을 가장 우선에 두어야 한다.
② 고객의 이익과 회사의 이익이 상충할 때는 고객의 이익이 우선한다.
③ 고객의 이익과 임직원의 이익 중에 고객의 이익을 우선한다.
④ 임직원의 이익과 회사의 이익이 상충할 경우에는 임직원의 이익이 우선한다.

53. 「표준내부통제기준」에 따른 준법감시인에 대한 설명으로 가장 올바른 것은?

① 준법감시인은 감사의 지휘를 받아 금융투자회사 전반의 내부통제업무를 수행한다.
② 준법감시인은 회사의 사내이사 또는 업무집행자 중에 선임해야 한다.
③ 준법감시인을 임명할 경우 이사회의 이사 총수의 3분의 2 이상의 찬성으로 의결해야 한다.
④ 준법감시인을 임면한 때에는 임면일로부터 5영업일 이내에 금융위원회에 보고해야 한다.

54. 금융소비자보호법상 올바른 것은?

① 금융소비자의 정보는 어떤 일이 있더라도 제3자에게 제공하지 않는다.
② 투자성 상품에 대한 계약체결을 권유한 후 1개월 후에 동일고객에게 동일 투자상품을 재권유할 수 있다.
③ 투자성 상품을 판매 시 원금보장만 가능한지 기대수익률까지 보장이 가능한지 명확히 표시해야 한다.
④ 금융소비자와 금융투자기업이 소송이 있을 경우 금융소비자가 요청하는 정보는 항상 제공해야 한다.

55. 금융투자업자의 준법감시체제 운영에 대한 설명으로 올바르지 않은 것은?

① 금융투자회사는 내부제보 우수자에게 인사상 또는 금전적 혜택을 부여할 수 없다.
② 금융투자업 종사자는 회사가 정하는 준법서약서를 작성하여 준법감시인에게 제출해야 한다.
③ 금융투자회사는 임직원의 위법·부당한 행위 등을 회사에 신고할 수 있는 내부제보제도를 운영해야 한다.
④ 금융사고 발생 우려가 높은 업무를 수행하는 임직원을 대상으로 명령휴가제도를 운영하여 해당 임직원의 업무수행 적정성을 점검해야 한다.

자본시장 관련 법규 [11문제]

56. 자본시장법상 집합투자업자가 산정한 공모집합투자기구의 기준가격이 적정한지 여부를 확인해야 하는 자로 가장 적절한 것은?

① 신탁업자
② 투자중개업자
③ 일반사무관리회사
④ 집합투자기구평가회사

57. 금융투자업의 적용배제에 대한 설명으로 틀린 것은?

① 투자권유대행인이 투자권유를 대행하는 것은 투자중개업 적용이 배제된다.
② 역외영업 특례 적용에 해당하는 역외 투자자문업은 투자자문업 적용이 배제된다.
③ 종합금융회사가 어음관리계좌(CMA)를 운용하기 위해서는 집합투자업 인가를 받아야 한다.
④ 특정 전문투자자 간에 환매조건부 매매를 하는 경우 투자매매업 적용이 배제된다.

58. 전매제한조치를 위해 보호예수 대상이 된 증권의 인출이 허용되지 않는 것은?

① 공개매수에 응하기 위한 경우
② 전환권, 신주인수권 등 증권에 부여된 권리행사를 하기 위한 경우
③ 주식의 액면 또는 권면의 분할 또는 병합에 따라 새로운 증권으로 교환하기 위한 경우
④ 전환형 조건부자본증권을 주식으로 전환하기 위한 경우

59. 신탁계약과 관련하여 올바르지 않은 것은?

① 위탁자는 자기 외의 자를 수익자로 지정할 수 있다.
② 수탁자는 신탁재산과 자기재산을 분리하여 보관 운영해야 한다.
③ 신탁계약이 성립할 때 신탁자산은 실질적으로 수탁자의 자산으로 이전된다.
④ 신탁재산은 수탁자의 파산재단을 구성할 수 없다.

60. 증권의 발행과 관련하여 증권분석기관의 평가 제한 대상이 아닌 것은?

① 증권분석기관이 해당 법인에 그 자본금의 100분의 1 이상을 출자하고 있는 경우
② 증권분석기관에 그 자본금의 100분의 5 이상을 출자하고 있는 주주와 해당 법인에 100분의 5 이상을 출자하고 있는 주주가 동일인인 경우
③ 증권분석기관이 해당 법인의 주요 주주와 특수관계인인 경우
④ 증권분석기관의 임원이 해당 법인에 그 자본금의 100분의 1 이상을 출자하고 있는 경우

61. 환매금지형 집합투자증권 추가발행과 관련한 내용으로 가장 잘못 설명한 것은?

① 이익분배금의 범위 내에서 집합투자증권을 추가로 발행할 수 있다.
② 기존투자자의 이익을 해할 우려가 없다고 신탁업자의 확인을 받는 경우 추가발행할 수 있다.
③ 집합투자기구의 비용을 지급하기 위한 경우 추가발행할 수 있다.
④ 기존투자자 전원의 동의를 받는 경우 추가발행할 수 있다.

62. 집합투자증권을 발행하는 업무를 하는 곳은?

① 신탁업자
② 투자중개업자
③ 투자매매업자
④ 일반사무관리회사

63. 자본시장법상 공모집합투자기구 집합투자업자의 영업행위규칙에 대한 설명으로 가장 거리가 먼 것은?

① 각 집합투자기구 자산총액의 100분의 100까지 한국은행 통화안정증권에 투자할 수 있다.
② 집합투자재산을 운용함에 있어 일반적인 거래조건에 비추어 집합투자기구에 유리한 거래인 경우 이해관계인과 거래하는 행위를 할 수 있다.
③ 국내에 있는 부동산 중 주택법상 주택에 해당하지 아니하는 부동산을 취득한 경우 원칙적으로 집합투자규약에서 정하는 기간 내에 이를 처분하여서는 아니 된다.
④ 원칙적으로 각 집합투자기구 자산총액의 100분의 50을 초과하여 같은 집합투자업자가 운용하는 집합투자기구의 집합투자증권에 투자하는 행위를 하여서는 아니 된다.

64. 금융기관 검사 및 제재와 관련한 다음 설명 중 올바르지 않은 것은?

① 검사결과에 따른 제재에 이의신청한 경우 이의신청 처리결과에 대해서 한번에 한해 다시 이의제기할 수 있다.
② 원칙적으로 금감원장은 제재에 관한 사항을 심의하기 위하여 제재심의위원회를 설치·운영한다.
③ 금감원장은 현장검사를 실시하는 경우 검사의 사전 통지를 하지 않을 수도 있다.
④ 검사는 서면검사 혹은 현장검사의 방법으로 실시한다.

65. 고객이 예치한 예탁금을 인출하여 고객에게 우선하여 지급하는 경우가 아닌 것은?

① 금융투자업자의 순자본비율이 100% 미만 시
② 금융투자업자의 인가 취소, 해산 결의, 파산선고 시
③ 투자매매업 또는 투자중개업의 전부양도·전부폐지가 승인된 경우
④ 예치기관이 인가취소, 파산등이 발생한 경우

66. 공모집합투자기구의 자산운용에 대한 설명으로 가장 올바르지 않은 것은?

① 집합투자기구 자산 전부를 국채, 한국은행통화안정증권, 정부보증채에 투자할 수 있다.
② 원칙적으로 집합투자기구 자산총액의 10%를 초과하여 동일종목증권에 투자할 수 없다.
③ 원칙적으로 집합투자기구 자산총액의 20%를 초과하여 동일 법인 등이 발행한 지분증권에 투자할 수 없다.
④ 국내에 있는 부동산 중 주택법 제2조 제1호에 따른 주택에 해당하지 아니하는 부동산은 집합투자규약에서 정하는 기간내에 처분할 수 있다.

한국금융투자협회규정   3문제

67. 고객에게 금전을 제공할 경우에 관한 규정으로 올바르지 않은 것은?

① 3년에 한번 이사회에 보고한다.
② 금전지급기록은 5년간 회사 내부에 기록하고 보관한다.
③ 동일고객에게 5년 누계로 10억 원 이상 금전지급 시 즉시 인터넷 홈페이지 등에 공시한다.
④ 이사회가 정한 금액을 초과하는 재산상 이익을 제공하고자 하는 경우에는 미리 이사회 의결을 거쳐야 한다.

68. 조사분석자료 작성 및 공표에 대한 내용으로 잘못 설명한 것은?

① 조사분석자료의 작성, 심사 및 승인 등의 업무를 수행하기 위해서는 협회가 인정하는 금융투자분석사 자격을 취득해야 한다.
② 금융투자회사는 조사분석자료를 공표하기 전에 내부기준에 따른 승인 절차를 거치지 않고는 제3자에게 그 주된 내용을 제공할 수 없다.
③ 기업금융 관련 부서와 조사담당부서의 금융투자분석사와의 의견교류는 항상 금지된다.
④ 임원수의 제한 등으로 겸직이 불가피한 경우를 제외하고는 금융투자회사는 조사분석 담당부서의 임원이 기업금융, 법인영업, 고유계정 운용업무를 겸직하게 하면 안 된다.

69. 금융투자회사의 약관운용에 대한 내용이다. 틀린 것은?

① 금융감독원은 건전한 거래질서를 확립하고 불공정한 내용의 약관이 통용되는 것을 방지하기 위하여 금융투자업 영위와 관련하여 표준이 되는 약관을 정할 수 있다.
② 금융투자회사는 업무와 관련하여 표준약관을 그대로 사용하거나 수정하여 사용하거나 또는 새롭게 만들어서 사용할 수 있다.
③ 원칙적으로 다른 사유가 없으면, 금융투자회사는 금융투자업의 영위와 관련하여 약관을 제정하거나 변경하는 경우에는 약관의 제정 또는 변경 후 7일 이내에 협회에 보고해야 한다.
④ 외국집합투자증권 매매거래에 관한 표준약관은 표준약관 그대로 사용해야 한다.

주식투자운용/투자전략 (6문제)

70. 시장 이상현상을 활용한 주식운용 방법 중에 수익률 역전그룹은 총 몇 개인가?

- 장기수익률 역전현상
- 저β효과
- 저PER효과

① 0개 ② 1개
③ 2개 ④ 3개

71. 다음 설명 중 가치투자 스타일에 해당하지 않는 것은?

① 저PER투자, 역행투자, 고배당수익률 투자방식이 있다.
② 기업의 수익은 평균으로 회귀한다고 가정한다.
③ 이익의 성장률이 높은 산업에 투자하는 경향을 가진다.
④ 투자자가 예상하는 투자기간 내에 저평가된 정도가 회복되지 않을 위험도 있다.

72. 주식포트폴리오 모형에 대한 설명으로 올바르지 않은 것은?

① 다중요인모형에서 베타는 비체계적위험을 나타낸다.
② 다중요인모형은 주식의 리스크를 다양한 공통요인을 통해 평가한다.
③ 2차함수 최적화모형은 기대수익률과 위험 간의 최적 균형점을 찾을 수 있도록 한다.
④ 선형계획모형은 일정한 제약조건을 만족시키는 포트폴리오 중에서 기대수익률을 최대화하는 것을 찾는 방법이다.

73. 대형기금에서 운용하는 혼합전략에 대한 설명으로 올바르지 않은 것은?

① 핵심-위성조합은 패시브펀드와 준액티브펀드가 기금 전체에서 가장 많은 비중을 차지하는 핵심 포트폴리오로서 역할을 하고, 액티브펀드를 통해 초과수익률을 달성하려고 하는 전략이다.
② 액티브-보완조합은 액티브펀드가 초과수익을 달성할 수 있는 분야에 집중적으로 투자하고, 액티브펀드가 담당하지 않는 분야에는 패시브 운용을 하는 방법이다.
③ 액티브-핵심조합은 패시브펀드를 통해 초과수익을 달성하려고 한다.
④ 액티브-보완조합에서 초과수익률 달성 여부에는 액티브펀드의 운용이 중요한 역할을 한다.

74. ESG 투자에 대한 설명으로 틀린 것은?

① ESG는 기존의 재무정보에 포함되어 있지 않으나 기업의 중장기 지속가능성에 영향을 미칠 수 있는 요인들을 환경, 사회, 지배구조로 나누어서 체계화한 기준으로 자본시장에서 기업을 평가하는 새로운 프레임워크이다.
② ESG 요소를 반영한 투자는 책임투자 혹은 지속가능투자로 일컬어지고 있다.
③ ESG 워싱 논란을 방지하기 위해 기업의 정보 공시에 대한 규정을 강화하고, 금융당국에 의한 ESG 상품의 기준 수립 및 공시제도를 정비하고 있다.
④ 유럽에서는 지속가능금융규제(SFDR) 1단계가 시행되면서 모든 금융기관은 모든 금융상품에 대해서 ESG 정보를 공시해야 한다.

75. 주식운용형태별 수익률과 위험에 대한 설명으로 가장 올바르지 않은 것은?

① 변동성 관점에서 액티브 운용펀드의 위험은 패시브 운용펀드의 위험보다 큰 것과 작은 것이 대등하게 분포하고 있다.
② 패시브펀드의 잔차위험은 대체로 액티브펀드의 잔차위험보다 낮다.
③ ETF는 패시브펀드 중에서 가장 높은 잔차위험을 갖고 있다.
④ 패시브펀드는 액티브펀드에 비해 상대적으로 수익률과 위험이 더 집중되어 나타난다.

채권투자운용/투자전략 6문제

76. 채권에 대한 다음 설명 중 잘못된 것은?

① 통화안정채권은 할인채로 발행한다.
② 복리채는 만기 이전에는 현금흐름이 투자자에게 발생하지 않는다.
③ 이자율이 하락하면 할인채는 재투자 위험에 노출된다.
④ 국채는 경쟁입찰, 첨가소화, 교부발행의 방식으로 발행한다.

77. 국채전문딜러에 대한 다음 설명 중 올바른 것은 몇 개인가?

- 국채전문딜러는 국채전문유통시장에서 호가를 제시하여 시장에 유동성을 공급해야 한다.
- 국채전문딜러는 투자매매업 인가를 받아야 한다.
- 국채전문딜러는 국고채 발행물량을 독점적으로 최대 30%까지 인수할 수 있으며, 최소 10% 이상을 인수해야 한다.

① 0개   ② 1개
③ 2개   ④ 3개

78. 통화안정증권의 액면가는 10,000원이며, 만기는 2년이다. 발행 시 표면이율 3%로 발행하였으며, 투자자는 발행 시 이 채권을 매입하였다. 투자자는 잔존만기가 1년 73일 남았을 때 만기수익률 5%로 이 채권을 매도하였다. 이 채권의 매도가격에 가장 가까운 금액은 얼마인가? (단, 관행적 방법으로 계산하시오)

① 9,430원   ② 9,524원
③ 9,671원   ④ 9,901원

79. 다음 보기의 내용을 보고 괄호에 들어갈 내용으로 올바른 것은?

〈보기〉
채권의 현재가격 10,000원, 만기수익률 5%, 수정듀레이션 2.76인 채권

채권 만기수익률이 5%에서 6%로 상승할 때 힉스듀레이션으로 채권가격변동을 계산하면 가격 변동폭은 (   )이고, 실제 채권가격보다 듀레이션으로 계산한 가격은 (   )된다.

① 263원, 과대평가
② 263원, 과소평가
③ 276원, 과대평가
④ 276원, 과소평가

80. 액면가 10,000원, 액면이자율 6%, 만기 3년이며, 이자는 1년에 한번 연말에 지급하는 채권의 현재가격이 9,400원일 때 이 채권의 경상수익률과 가장 가까운 값은?

① 5.42%   ② 6.00%
③ 6.38%   ④ 12.00%

81. 채권펀드운용과 관련하여 적극적 운용전략이 아닌 것은?

① 수익률곡선타기전략
② 스프레드전략
③ 금리예측전략
④ 현금흐름일치전략

파생상품투자운용/투자전략   6문제

82. 현재 주식가격이 100이고 1기간 후 주가는 20% 상승 혹은 20% 하락하는 이항모형을 따른다고 가정한다. 기초자산가격이 상승할 위험중립확률이 75%라고 할 때 행사가격이 100인 콜옵션의 현재가치는? (단, 무위험이자율은 10%이며, 근사값을 계산하시오)

① 13   ② 15
③ 17   ④ 19

83. 주가가 100원에서 200원으로 증가했다. 동시에 이 주식을 기초자산으로 하는 콜옵션의 가치가 8원에서 10원으로 증가하였다면 이 콜옵션의 델타는 얼마인가?

① 0.01   ② 0.02
③ 0.1   ④ 0.2

84. 다음 보기의 내용 중 올바른 것은 몇 개인가?

- 콜옵션 매수포지션과 풋옵션 매수포지션의 감마는 양수이다.
- 로우는 무위험이자율이 변동할 때 옵션가격의 변화정도를 나타낸다.
- 콜옵션 매수포지션의 쎄타와 풋옵션 매도포지션의 베가의 부호는 서로 같다.

① 0개   ② 1개
③ 2개   ④ 3개

85. 블랙-숄즈 옵션모형으로 옵션가치를 계산할 때 필요 없는 자료는 어느 것인가?

① 기초자산가격
② 기초자산가격의 기대수익률
③ 행사가격
④ 기초자산가격의 변동성

86. 옵션투자전략에 대한 설명으로 가장 올바르지 않은 것은?

① 이자추출전략은 채권을 매수하고, 남는 차액으로 콜옵션을 매도하는 전략이다.
② 방어적 풋전략은 기초자산을 매입하고 풋옵션을 매입하는 전략이다.
③ 옵션을 이용한 포트폴리오 보험전략에서 주가가 상승하면 주식의 편입비율이 증가하며, 주가가 하락하면 주식의 편입비율이 감소한다.
④ 주식과 채권을 통해 옵션을 복제할 수 있으며, 주가변동에 따라 주기적으로 주식편입비율을 재조정해야 한다.

87. 현재 원/달러 현물환율은 1,200원/$이다. 원화 이자율은 연 4%이며, 달러 이자율은 연 2%이다. 1년 만기 선물환이 1,230원/$에 거래된다. 다음 중 가장 올바른 것은?

① 선물환 시장은 균형에 있다.
② 현물환을 매입하고 선물환을 매도하면 차익거래 이익이 발생한다.
③ 1년 후 기준의 차익거래이익은 4.6원이다.
④ 현물환을 매도하고 선물환을 매입하면 차익거래 이익이 1년 후 기준으로 6.6원이 발생한다.

90. 다음 정보를 이용하여 연율화한 정보비율과 가장 가까운 값은?

> 기준지수를 KOSPI 200으로 하는 펀드의 젠센의 알파는 0.5%이며, 잔차위험은 1.8%이며, 모든 자료는 월간기준이다.

① 0.27 ② 0.96
③ 1.21 ④ 3.24

투자운용결과분석 (4문제)

88. 펀드의 회계처리와 관련한 내용으로 올바르지 않은 것은?

① 시가로 평가하고, 신뢰할 만한 시가가 없는 경우에는 공정가액으로 평가한다.
② 발생주의에 따라 펀드자산을 회계처리 한다.
③ 수익이 인식되는 시기에 대응하여 비용을 인식한다.
④ 오랜 기간 거래하여 신뢰할 만한 거래상대방과의 매매는 체결이 확실시되는 경우 주문일 기준으로 회계처리를 한다.

91. 보기에서 주어진 펀드의 성과자료를 이용하여 샤프지수를 계산하면 얼마인가?

> 무위험이자율 4%, 벤치마크 수익률 5%, 연평균수익률 6%, 표준편차 10%

① 0.1 ② 0.2
③ 0.4 ④ 0.5

89. 기준지표에 대한 설명으로 올바른 것은 총 몇 개인가?

> • 펀드매니저가 투자 가능한 투자대안이어야 한다.
> • 투자자는 원하는 기간마다 기준지표의 수익률을 계산할 수 있어야 한다.
> • 기준지표는 평가기간이 시작되기 전에 미리 정해져야 한다.

거시경제 (4문제)

92. IS-LM모형에 대한 설명으로 가장 올바르지 않은 것은? (단, LM곡선은 우상향한다)

① 화폐수요곡선은 국민소득과는 양의 관계, 이자율과도 양의 관계에 있다.
② 중앙은행이 양적완화 정책을 실시하면 LM곡선은 우측으로 평행이동한다.
③ 정부가 재정지출을 축소하면 IS곡선은 좌측으로 평행이동한다.
④ LM곡선은 국민소득과 이자율의 균형을 나타낸다.

① 0개 ② 1개
③ 2개 ④ 3개

93. 경제지표에 대한 설명으로 옳지 않은 것은?

① 경기확산지수(DI)가 40이면 경기 상승기를 나타낸다.
② 경기종합지수를 통해 경기의 상승 혹은 하강 국면 파악이 가능하다
③ 경기확산지수(DI)는 경기변동의 진폭이나 속도는 측정하지 않고 경기변동의 변화 방향과 전환점을 식별하기 위한 지표이다.
④ 경기종합지수가 전월 대비 음수이면, 이는 음의 성장이라고 해석할 수 있다.

94. 다음 경제지표에 대한 설명으로 올바른 것은?

① BSI지수가 80이면 경기 수축기이다.
② CSI를 통해 경기의 방향과 폭을 알 수 있다.
③ GDP 디플레이터는 실질GDP를 명목GDP로 나눈 값이다.
④ 화폐유통속도는 화폐량을 명목GDP로 나눈 값이다.

95. 경기변동과 이자율에 대한 설명으로 올바른 것은 몇 개인가?

- 일반적으로 경기확장국면 초기에는 이자율이 하락한다.
- 통화량을 증가시키면 단기적으로 명목이자율이 하락하고 이를 소득효과라고 한다.
- 깁슨의 역설은 이자율과 물가상승률이 장기적으로 정(+)의 관계가 있다는 것이다.
- 통화량 공급으로 인한 기대인플레이션 상승효과를 피셔효과라고 한다.

① 1개 ② 2개
③ 3개 ④ 4개

분산투자기법 5문제

96. CAPM의 가정으로 잘못된 것은?

① 모든 투자자의 투자기간은 동일하다.
② 모든 투자자는 평균-분산기준에 의해 투자자산을 선택한다.
③ 모든 투자자는 무위험이자율로 제약 없이 차입과 대출을 할 수 있다.
④ 모든 투자자는 미래 증권수익률의 확률분포에 대해 이질적으로 예측한다.

97. 두 위험자산에 분산투자했을 때 분산투자효과가 가장 작은 두 자산 간의 상관계수 값은 얼마인가?

① 1.0   ② 0.0
③ -1.0   ④ -0.5

98. 평균-분산 기준에 의해 지배당하지 않는 자산들의 수익률과 위험을 연결한 선은 무엇인가?

① 자본시장선
② 증권시장선
③ 효율적 투자선
④ 증권특성선

99. CAPM을 이용하여 A 주식의 요구수익률을 계산하시오.

- 무위험수익률 4%
- 시장포트폴리오 수익률 6%
- 시장포트폴리오의 표준편차 0.4
- 시장포트폴리오와 A주식과의 공분산 0.16

① 6.0% ② 6.5%
③ 7.0% ④ 8.0%

100. 공통요인이 한 개 있는 단일지표모형에서 차익거래가 발생하지 않기 위해서 자산 B의 베타를 계산한 것 중 올바른 것은? (단, A 자산의 기대수익률은 균형수익률이라고 가정한다)

- 무위험수익률 3%
- A 자산 기대수익률 7%, A 자산의 베타 0.5
- B 자산 기대수익률 8%

① 0.125 ② 0.375
③ 0.625 ④ 0.875

세제관련 법규/세무전략 (7문제)

01. 국세기본법에 대한 설명으로 잘못된 것은?

① 소득세는 납세의무자가 과세표준과 세액을 정부에 신고함으로써 그 납세의무가 확정된다.
② 국세부과제척기간이 경과하면 국세부과권이 소멸하여 납세의무도 소멸한다.
③ 상속인은 상속받은 재산을 한도로 피상속인에게 부과되었거나 납부할 국세 및 강제징수비를 납부할 의무를 진다.
④ 납부고지와 독촉을 하면 국세징수권의 소멸시효의 효력은 중단되지 아니한다.

02. 양도소득세에 대한 설명으로 틀린 것은?

① 부동산 양도에 따른 양도소득세 기준금액은 원칙적으로 기준시가를 적용한다.
② 양도소득세 계산시 비상장 주식 매매에 발생한 증권거래세는 비용으로 반영할 수 있다.
③ 토지 혹은 건물의 보유기간이 3년 이상인 경우 자산의 양도차익에서 보유기간에 따라 특별공제율에 의해 계산한 금액을 장기보유특별공제로 공제받을 수 있다.
④ 출자지분 양도로 인해 양도차익이 발생하면 연 250만 원의 기본공제를 받을 수 있다.

03. 증여세에 대한 내용 중 다음 괄호에 들어갈 내용으로 올바른 것은?

> 미성년자는 증여기간 (　　), 증여금액 (　　) 이내에서는 비과세한다.

① 5년, 2,000만 원
② 5년, 5,000만 원
③ 10년, 2,000만 원
④ 10년, 5,000만 원

04. 양도소득세에 대한 설명으로 올바른 것은 몇 개인가?

> • 시세보다 비싼 가격으로 현물출자하는 경우 양도세 납부의무가 발생한다.
> • 비상장 주식을 매매할 경우 증권거래세는 필요경비로 인정하지 않는다.
> • 파생상품 양도와 관련하여 양도소득 기본공제 250만 원을 공제한다.

① 0개　　② 1개
③ 2개　　④ 3개

05. 배당소득 귀속연도에 대한 설명으로 가장 올바르지 않은 것은?

① 잉여금처분에 의한 배당은 당해 법인의 잉여금처분 결의일
② 해산의 경우에는 잔여재산가액 확정일
③ 잉여금의 자본전입은 자본전입 결의일
④ 분할의 경우는 분할이사회 결의일

06. 다음은 홍길동의 소득이다. 다음 소득 중에 종합소득세신고를 해야 하는 소득은 얼마인가? (단, 모든 소득은 원천징수가 완료되었다고 가정한다)

- 근로소득 : 2,500만 원
- 직장공제회 초과반환금 : 1,000만 원
- 비영업대금 이익 : 2,000만 원
- 채권의 할인액 : 3,000만 원

① 3,500만 원
② 5,500만 원
③ 7,500만 원
④ 8,500만 원

07. 세금의 납부의무가 소멸되는 경우에 해당하는 것은 몇 개인가?

- 국세부과의 제척기간이 만료된 때
- 납부고지 혹은 독촉을 한 때
- 국세가 충당된 때
- 국세징수권의 소멸시효가 완성된 때

① 1개
② 2개
③ 3개
④ 4개

금융상품 8문제

08. 다음 보기 중 주택저당증권에 대한 설명으로 올바른 것은 몇 개인가?

- 통상 단기로 발행한다.
- 이자율 위험과 조기상환위험에 직면한다.
- 저당증권과 담보를 기반으로 발행한다.

① 0개
② 1개
③ 2개
④ 3개

09. 생명보험에 대한 설명 중 올바르지 않은 것은?

① 양로보험은 생사혼합보험이다.
② 보험료는 순보험료와 부가보험료로 구성되어 있다.
③ 피보험자가 사망할 때까지 종신토록 보장하는 보험은 정기보험이다.
④ 체감식 보험은 기간이 경과함에 따라 보험금이 점점 감소하는 보험이다.

10. 랩어카운트에 대한 설명으로 올바르지 않은 것은?

① 영업직원과 이익상충 문제가 적다.
② 자문형 랩어카운트는 투자자문사의 자문을 받아 증권사가 운용한다.
③ 영업직원은 회사로부터 독립성이 약화될 수 있다.
④ 주문집행 건별로 수수료가 부과된다.

11. 금융위원회가 정하는 단기금융집합투자기구(MMF) 운용기준으로 틀린 것은?

① 신용등급이 상위 2개 등급인 채권
② 일반사무관리회사가 인정하는 신용등급 상위 2개 채권
③ 신용평가회사가 인정하는 상위 2개 신용등급 채권
④ 집합투자기구위원회가 인정하는 상위 2개 신용등급 채권

12. 집합투자기구의 기준가격에 대한 설명으로 틀린 것은?

① 기준가격은 집합투자증권의 매매 또는 집합투자증권의 추가 발행시에 필요한 추가 신탁금의 기준이 되는 가격이다.
② 기준가격은 개별 신탁재산의 실질자산가치를 나타내는 것으로 통상 1,000좌 단위로 표시한다.
③ 주식등 매매, 평가손익이 없는 경우 기준가격과 과세기준가격은 동일하다.
④ 주식등 매매, 평가손익이 마이너스인 경우에는 항상 세금을 납부하지 않는다.

13. 환매조건부증권에 대한 설명으로 틀린 것은?

① 금융기관이 보유하고 있는 채권을 일정 기간 경과 후 사전에 정한 일정 가격으로 다시 매수할 것을 조건으로 고객에게 매도하는 것을 환매조건부채권매도라고 한다.
② 국공채를 대상으로 하므로 안전성이 높아서 예금자 보호대상이 아니다.
③ 만기가 지나더라도 별도의 이자를 가산해 준다.
④ 금융회사는 약정기간이 1일 이상 가능하나, 은행의 경우 약정기간은 15일 이상으로 해야 한다. 약정기간이 15일이 안될 경우 일반적으로 낮은 이율이 적용된다.

14. 용적률이 낮은 순서로 올바른 것은?

① 주거지역 → 상업지역 → 녹지지역 → 공업지역
② 상업지역 → 주거지역 → 공업지역 → 녹지지역
③ 주거지역 → 공업지역 → 녹지지역 → 상업지역
④ 녹지지역 → 공업지역 → 주거지역 → 상업지역

15. 다음 괄호에 들어갈 숫자로 가장 올바른 것은?

> 집합투자기구 자산총액의 (　　)%를 초과하여 금융위가 정하는 시장성 없는 자산에 투자할 수 있는 집합투자기구를 설정 혹은 설립하는 경우 환매금지형으로 설정 혹은 설립해야 한다.

① 20　　② 30
③ 40　　④ 50

부동산관련 상품 [5문제]

16. 부동산 시장의 경기별 특징에 대한 설명으로 올바르지 않은 것은?

① 상향시장은 부동산 가격이 활발하나 경기가 후퇴할 가능성을 갖고 있으며, 과거의 사례 가격은 새로운 거래 가격의 하한선이 되며, 부동산 전문가의 활동에 있어서 매도자 중시현상이 커진다.
② 가격은 가벼운 상승을 유지하거나 안정되고 불황에 강한 부동산이 주로 거래되는 국면은 안정시장이다.
③ 경기의 회복은 개별 혹은 지역별로 회복되며, 가격 하락이 중단 혹은 반전하여 가격이 상승하기 시작하고 투기심리의 작용이 높은 시장은 회복시장이다.
④ 하향시장은 경기수축에 해당하며, 금리와 공실률이 높아지며 매도자 중심의 시장이다.

17. 다음 정보를 이용하여 수익성지수(PI)를 올바르게 계산한 것은?

- 3년간 현가계수 : 1.5
- A부동산 매입금액 1,000억 원
- 3년 후 A부동산 매도금액 : 1,500억 원
- A부동산 매입으로 인해 3년동안 발생한 현금흐름의 현재가치 : 150억 원

① 1.05 ② 1.10
③ 1.15 ④ 1.20

18. 연간 순수익이 50억 원이고 자본환원율이 10%라면 수익환원법으로 측정한 부동산의 가치는 얼마인가?

① 5억 원
② 50억 원
③ 100억 원
④ 500억 원

19. PF개발사업의 위험관리 방안에 대한 설명으로 잘못된 것은?

① 토지가격 상승위험을 없애기 위해서 지주와 개별적으로 토지매매계약을 한다.
② 시공사의 책임준공 약정을 통해 PF가 채권보전을 할 수 있다.
③ 사업대상 부지 및 공사 중인 건물에 대한 저당권의 설정 혹은 부동산 담보신탁을 통해 대주의 채권을 보전할 수 있다.
④ 주택도시보증공사를 통해 보증하여 PF대출자의 채권을 보전할 수 있다.

20. 부동산투자 타당성 분석방법에 대한 설명으로 올바르지 않은 것은?

① 순현재가치법은 현금유입의 현재가치에서 현금유출의 현재가치를 뺀 값이고 이 값이 0보다 크거나 같으면 투자안을 채택한다.
② 감정평가에 따르면 정상 가격이 최초의 부동산 투자액보다 큰 부동산투자안을 채택한다.
③ 내부수익률법은 투자안의 현금유입의 현재가치와 현금유출의 현재가치를 일치시키는 할인율로, 내부수익률이 자본비용보다 크거나 같으면 투자안을 채택한다.
④ 수익성지수법은 부동산 투자로부터 얻어지게 될 장래의 현금흐름의 현재가치를 최초의 부동산 투자액으로 나누어서 계산하며, 수익성지수가 0보다 큰 투자안을 채택한다.

대안투자운용/투자전략 5문제

21. 대안투자상품으로 가장 올바른 것은?

① 부동산펀드, 혼합형 펀드
② 부동산펀드, PEF(Private Equity Fund)
③ 단기금융투자펀드(MMF), 헤지펀드
④ 단기금융투자펀드(MMF), 부동산펀드

22. PEF의 투자대상기업으로 적절하지 않은 것은?

① 경영진의 역량이 부족하여 기업가치 감소를 유발하고 있는 기업으로 능력있는 경영진을 구하는 것이 가능한 기업
② 업계 Leader가 될 수 있는 요소를 보유한 기업
③ 자산가치가 시장가치보다 큰 기업
④ 과도한 설비투자가 필요하고 대규모 운전자본이 필요한 기업

23. 다음 보기에 해당하는 전략은 무엇인가?

> 헤지펀드는 위험을 적극적으로 취하고, 상황에 따라 공매도와 차입을 사용한다. 이 전략은 기업의 합병, 사업재편, 청산 및 파산등 기업상황에 영향이 큰 사건을 예측하고 이에 따라 투자하는 전략을 취한다.

① 차익거래전략
② Event Driven 전략
③ 펀드 오브 헤지펀드 전략
④ 글로벌 매크로 전략

24. 신용파생상품에 대한 설명으로 가장 올바르지 않은 것은?

① CLN은 일반채권에 CDS를 결합한 상품이다.
② CLN에서 준거자산에 신용위험이 발생하면 투자자가 이러한 신용위험을 부담한다.
③ 합성 CDO는 준거자산을 SPC에 양도하여 이를 바탕으로 채권을 발행한다.
④ TRS에서 준거자산의 가치가 계약시보다 낮을 경우 총수익매도자는 준거자산의 현금흐름을 총수익 매입자에게 지불하고, 총수익 매입자는 계약한 현금흐름과 준거자산의 현금흐름의 차액을 총수익 매도자에게 지불한다.

25. 부동산 투자에 대한 설명으로 잘못된 것은?

① PF(Project Financing)는 수익형 부동산에만 투자한다.
② 지주수가 많은 토지는 사업부지 전체를 일괄매입하여 토지매입대금 상승위험을 관리할 수 있다.
③ 개발형 펀드는 개발사업의 시행주체인 시행사 또는 SPC에 지분 투자를 통하여 발생하는 사업이익을 수취한다.
④ 부동산 정책 변동 혹은 분양시장이나 임대시장 전반의 침체와 같은 위험은 체계적위험에 속한다.

해외증권투자운용/투자전략 5문제

26. 다음 보기 중 MSCI지수에 대한 설명으로 올바른 것은 몇 개인가?

> - MSCI지수는 달러로 표시한 주가지수이다.
> - MSCI지수는 해당 국가의 주가뿐만 아니라 환율 변동에 의해서도 영향을 받는다.
> - 한국은 MSCI 세계지수(World Index)에 포함되어 있다.
> - MSCI지수는 시가총액 방식으로 산출된다.

① 1개   ② 2개
③ 3개   ④ 4개

27. 미국 국채에 투자할 경우 고려대상으로 가장 적절하지 않은 것은?

① Yield curve 분석
② 미국연방준비기금의 금리정책
③ 미국의 실업률, GDP성장률
④ 무위험채권에 가산할 가산금리 수준

28. 국제투자와 관련된 설명으로 올바르지 않은 것은?

① 헤지펀드는 규모의 경제를 달성할 경우 이득이 발생할 수 있다.
② 어떤 국가의 주식시장의 크기는 시가총액 혹은 거래량으로 파악해 볼 수 있다.
③ 주식매매 회전율이 낮은 시장에서는 대체로 단기매매차익을 노리는 투자자의 비중이 높다.
④ 경제규모대비 주식시장이 큰 국가는 대체로 효율적인 자본시장을 갖고 있다.

29. 해외 주식시장에 대한 설명으로 가장 올바르지 않은 것은?

① 시가총액 대비 거래량이 많은 국가는 단기매매차익을 노리는 투자자의 비중이 큰 시장일 가능성이 높다.
② 본국 거래소와 해외거래소에 상장하는 것을 복수상장이라고 한다.
③ 상장대상 기업의 본국에서 거래되는 주식을 직수입 상장하는 경우에는 거래소의 통화로 매매가 이루어진다.
④ 상장과 관련하여 증권회사가 비용을 부담하면서 DR을 발행하고 상장하는 것은 Unsponsored DR이라고 한다.

30. 해외 투자시 자산배분에 대한 설명으로 가장 올바르지 않은 것은?

① 국가 비중을 결정할 때, 각국의 거시경제 변수를 보고 국가 비중을 결정한 후, 각국의 산업과 개별 기업의 투자비중을 결정하는 접근방식은 하향식(Top-Down Approach) 접근방법이다.
② 기업분석과 산업분석을 통해서 투자대상을 결정한 후에 그 결과물로 각국의 투자비중이 결정되는 방법은 상향식(Bottom-up Approach) 접근방법이다.
③ 하향식(Top-Down Approach) 접근방법에서는 거시경제 및 국가 분석이 중심이 된다.
④ 하향식(Top-Down Approach) 접근방법은 세계경제가 완전히 통합된 글로벌한 산업들의 집합이라는 가정을 하고 있다.

투자분석기법   12문제

31. 이동평균선을 활용한 주가지표에 대한 설명으로 잘못된 것은?

① 이동평균선은 서로 모이면 멀어지고, 서로 멀어지면 더 가까워지는 성질이 있다.
② 골든 크로스는 단기이동평균선이 장기이동평균선을 아래에서 위로 상향돌파할 때 발생한다.
③ 주가가 이동평균선 위에서 움직이고 있으면 주가가 쉽게 하락하지 않을 가능성이 높다.
④ 이동평균선의 기간이 장기일수록 그 기울기는 가파르다.

32. 다음 중 산업정책으로 올바른 것은?

① 총수요를 증가시키는 정책이다.
② 국가별로 처한 상황이 다르기 때문에 구체적인 산업정책도 다르다.
③ 미래 성장잠재력이 훼손되지 않는 상황까지만 펼치는 정책이다.
④ 경제의 현재성장률을 잠재성장률 수준까지 끌어 올리는 정책이다.

33. 다음 정보를 이용하여 ROA(총자산수익률)를 올바르게 계산한 것은?

- 순이익/순매출액 = 20%
- 총자산회전율 0.4

① 4%   ② 8%
③ 10%   ④ 12%

34. 현금흐름표상의 현금흐름 가산항목이 아닌 것은?

① 감가상각비
② 유형자산 처분손실
③ 매출채권 증가
④ 매입채무 증가

35. 허핀달(HHI)지수에 대한 설명으로 올바르지 않은 것은?

① 기업의 시장점유율을 소수점으로 표시할 경우 독점인 산업의 HHI값은 1이다.
② HHI지수의 역수는 해당 산업에서 가질 수 있는 가상적인 동등 규모의 기업체 수를 나타낸다.
③ 상위기업의 규모가 변화할 때 집중률지수가 불변이면 HHI지수의 값도 변하지 않는다.
④ 모든 기업의 시장점유율이 동일할 경우, 기업체의 숫자가 무한히 증가하면 HHI값은 0으로 수렴한다.

36. 기술적 분석에 대한 설명으로 가장 올바르지 않은 것은?

① 증권시장에서 주식의 가치는 수요와 공급에 의해서만 결정된다고 가정한다.
② 시장의 수요와 공급의 변화에 대한 근본적인 원인을 도표를 통해서 알 수 있다고 가정한다.
③ 주가에는 계량화하기 어려운 심리적인 요인도 반영된다.
④ 주가의 매매시점을 파악할 수 있도록 과거의 시세 흐름과 패턴을 파악해서 정형화하고 이를 분석하여 향후 주가를 예측할 수 있다고 가정한다.

37. 일정 기간 동안의 주가의 변동과 비교하여 현재의 주가 수준을 나타내는 지표는 무엇인가?

① 스토캐스틱　② VR
③ RSI　　　　④ MAO

38. 사회적 투자에 대한 설명으로 가장 올바르지 않은 것은?

① 투자 대상에서 담배, 주류와 같은 일부 산업은 배제될 수 있다.
② 연기금 등은 수익성 제고의 이유로 사회적 투자를 실행하지 않는다.
③ 노동자의 권리, 환경보호, 인권에 대한 기여를 하는 기업에 투자한다.
④ 투자대상이 줄어들 수 있으나 다양한 방법을 통해서 이를 보완한다.

39. 주어진 정보를 이용하여 EVA를 계산한 것으로 올바른 것은?

- 영업이익 500억 원, 투하자본 1,000억 원
- 자기자본비율 60%, 타인자본비율 40%, 법인세율 20%
- 타인자본비용 5%, 자기자본비용 10%

① 154억 원　② 324억 원
③ 424억 원　④ 646억 원

40. 토빈의 Q에 대한 설명으로 가장 올바르지 않은 것은?

① 토빈의 Q는 자산의 시장가치를 자산의 대체원가로 나눈 값이다.
② 토빈의 Q비율이 높으면 수익성이 양호하고 경영이 효율적이라고 판단할 수 있다.
③ 토빈의 Q비율이 낮을수록 적대적 M&A의 대상이 되는 경향이 있다.
④ 토빈의 Q비율을 계산할 때 대체원가는 장부가치에 기반을 두고 계산한다.

41. 주어진 정보를 이용하여 PER를 계산하면 얼마인가? (단, PER=P_0/EPS_1으로 가정하고 근사값으로 계산하시오)

- 주주의 자본비용 15%
- 유보율 60%
- 주주의 투자수익률(ROE) 20%

① 8 ② 10
③ 13 ④ 20

42. 잉여현금흐름(FCF)모형에서 잉여현금을 계산할 때 가산항목이 아닌 것은?

① 매출액
② 운전자본의 감소
③ 감가상각비
④ 시설자금 증가액

리스크관리 8문제

43. 재무위험의 하나로 기업이 소유하고 있는 자산을 매각할 경우 매입자가 없어서 불리한 조건으로 자산을 매도할 때 직면하는 위험은 어느 것인가?

① 이자율위험
② 유동성위험
③ 운영위험
④ 신용위험

44. 델타-노말 분석법에 대한 설명으로 올바르지 않은 것은?

① 가치평가모형이 필요없다.
② 옵션과 같은 비선형 수익구조를 가진 상품의 위험 측정시 오차가 크게 발생할 수 있다.
③ 몬테카를로 시뮬레이션으로 계산한 VaR와 그 값이 같다.
④ 리스크 요인과 자산의 가치와의 민감도를 이용하여 포지션의 가치변동을 추정한다.

45. 신용리스크에 대한 설명으로 올바른 것은 총 몇 개인가?

- 한쪽으로 길면서 두꺼운 꼬리(fat tail)를 갖고 있다.
- 신용손실 분포를 통해 신용리스크를 계산할 수 있다.
- 평균과 분산의 모수를 통해 신용리스크를 정확히 측정할 수 있다.

① 0개 ② 1개
③ 2개 ④ 3개

46. 투자금액이 동일한 경우 RAROC 기준으로 가장 높은 성과를 갖는 것은 어느 것인가?

① 수익률 5%, VaR 4억 원
② 수익률 6%, VaR 5억 원
③ 수익률 7%, VaR 6억 원
④ 수익률 8%, VaR 7억 원

47. 다음 보기의 빈칸에 들어갈 말로 가장 올바른 것은?

> 1일 신뢰구간 99%의 VaR가 10억 원이라는 것은 앞으로 하루동안 (   ) 발생할 확률은 (   )임을 의미한다.

① 최소손실 10억 원이, 99%
② 최대손실 10억 원이, 1%
③ 손실이 10억 원을 초과하여, 1%
④ 손실이 10억 원을 초과하여, 99%

48. A주식과 B주식에 대한 정보가 다음과 같을 때, A주식과 B주식을 매입하여 구성한 포트폴리오의 VaR가 큰 순서대로 나열한 것은? (단, VaR는 델타-노말 방법으로 측정한다고 가정하며, 두 자산의 투자비율은 같다)

구분	㉮	㉯	㉰	㉱
A주식 VaR	7억	4억	9억	3억
B주식 VaR	6억	8억	6억	10억
상관계수	1	0.5	0	0.3

① ㉮>㉱>㉯>㉰
② ㉮>㉱>㉰>㉯
③ ㉱>㉮>㉯>㉰
④ ㉱>㉮>㉰>㉯

49. A은행은 다양한 자산을 보유하고 있으며 이 중에서 부도위험에 노출된 자산의 금액은 50억 원이다. 부도확률은 5%이며, 부도시 회수율은 40%이다. 부도율은 베르누이 분포를 따른다고 가정할 경우, 부도로 인한 기대손실은 얼마인가?

① 0.1억 원   ② 1.5억 원
③ 2.5억 원   ④ 19억 원

50. A자산의 VaR는 5억 원이고, B자산의 VaR는 3억 원이다. 두 자산의 상관계수가 0.5이다. 두 자산에 분산투자하면서 발생하는 위험감소효과는 얼마인가? (단, 두 자산의 투자비율은 같다)

① 1억 원   ② 2억 원
③ 3억 원   ④ 4억 원

직무윤리 5문제

51. 과당매매에 대한 판단으로 잘못된 것은?

① 고객의 매매횟수를 고려하여 과당매매인지 아닌지 판단한다.
② 고객의 투자성향을 고려하여 과당매매인지 아닌지 판단한다.
③ 고객이 매매를 통해 얼마나 많은 수익이 발생했는지 고려하여 판단한다.
④ 고객의 수수료 총액을 고려하여 과당매매 여부를 판단한다.

52. 내부통제기준 위반에 대하여 금융투자회사에 최대 1억 원 이하의 과태료 부과에 해당하는 것은 다음 보기 중에 몇 개인가?

> • 준법감시인의 자산운용에 관한 업무를 겸직하게 한 경우
> • 준법감시인에 대한 별도의 보수지급 및 평가기준을 마련·운영하지 아니한 경우
> • 금융투자회사 임직원에 대한 금융위원회의 제재 조치요구를 이행하지 아니한 경우

① 0개 ② 1개
③ 2개 ④ 3개

53. 재산상 이익의 제공 및 수령에 대한 설명으로 틀린 것은?

① 금융투자회사는 재산상 이익제공 현황 및 적정성 점검 결과등을 매 3년에 한번 이사회에 보고해야 한다.
② 금융투자회사는 이사회가 정한 금액을 초과하는 재산상 이익을 제공하고자 하는 경우에는 미리 이사회 의결을 거쳐야 한다.
③ 금융투자회사는 금전, 물품, 편익등을 10억 원을 초과하여 특정 투자자 또는 거래상대방에게 제공하거나 특정 투자자 또는 거래상대방으로부터 제공받은 경우 인터넷 홈페이지등에 공시해야 한다.
④ 금융투자회사가 거래상대방에게 재산상이익을 제공하거나 제공받은 경우 제공목적, 제공내용, 제공일자, 거래상대방, 경제적 가치 등에 대한 내용을 5년 이상 기록·보관해야 한다.

54. 「금융투자회사 표준내부통제기준」상 영업점의 내부통제에 대한 설명으로 가장 거리가 먼 것은?

① 금융투자회사는 영업점별 영업관리자의 임기를 1년 이상으로 하여야 한다.
② 준법감시인은 영업점별 영업관리자에 대하여 연간 1회 이상 법규 및 윤리 관련 교육을 실시하여야 한다.
③ 금융투자회사는 영업점별 영업관리자에게 영업관리자로서의 업무수행 결과에 대한 보상을 별도로 지급하여서는 아니 된다.
④ 금융투자회사는 영업점별 영업관리자가 준법감시 업무로 인하여 불이익을 받지 않도록 해야 한다.

55. 금융투자회사 직원이 지켜야 할 윤리로 올바른 것은 몇 개인가?

> • 고객의 개인정보를 고객 동의 없이 유출하면 안 된다.
> • 고객에게 위임 받은 업무는 처리즉시 고객에게 상세하게 보고해야 한다.
> • 거래상대방만 참석한 여가 및 오락활동 등에 수반되는 비용을 제공한다.

① 0개 ② 1개
③ 2개 ④ 3개

자본시장 관련 법규 [11문제]

56. 다음 중 인가대상 금융투자업이 아닌 것은?

① 신탁업
② 투자중개업
③ 집합투자업
④ 투자일임업

57. 집합투자재산평가에 대한 설명으로 올바르지 않은 것은?

① 집합투자재산은 원칙적으로 시가로 평가하며, 시가가 없는 경우 공정가액으로 평가한다.
② MMF는 장부가격으로 평가할 수 있다.
③ 원칙적으로 신탁업자는 집합투자재산의 기준가격을 산정하고 이를 게시·공고해야 한다.
④ 집합투자업자는 집합투자재산평가업무를 수행하기 위해 집합투자재산평가위원회를 구성해야 한다.

58. 투자매매업자의 신용공여에 대해서 잘못 설명한 것은?

① 청약주식에 대해서는 청약주식을 담보로 징구해야 한다.
② 관리종목으로 지정된 증권에 대해서는 신규대출을 하지 않는다.
③ 신용거래를 하기 위해서는 신용공여약정을 체결해야 한다.
④ 총신용규모 한도는 자기자본의 100분의 140이다.

59. 자본시장법상 공모투자신탁의 수익자총회에 대한 설명으로 가장 적절한 것은?

① 수익자총회는 원칙적으로 신탁업자가 소집한다.
② 자본시장법 또는 신탁계약에서 정한 사항에 대해서만 결의할 수 있다.
③ 발행된 수익증권의 총좌수의 100분의 3 이상을 소유한 수익자는 수익자총회의 소집을 요청할 수 있다.
④ 수익자총회를 소집할 때에는 원칙적으로 수익자총회일의 1주 전에 각 수익자에게 서면 등의 방법으로 통지하여야 한다.

60. 공모집합투자기구 자산총액의 100분의 10을 초과하여 투자할 수 있는 증권은 몇 개인가?

한국은행통화안정증권, 특수채, 파생결합증권, 일반회사채

① 1개   ② 2개
③ 3개   ④ 4개

61. 금융투자업자의 건전성 규제에 대한 설명으로 가장 올바르지 않은 것은?

① 금융투자업자는 원칙적으로 분기별로 가결산을 실시해야 한다.
② 금융투자업자는 자산 및 부채에 대한 건전성을 정상, 요주의, 고정, 회수의무, 추정손실의 5단계로 분류해야 한다.
③ 순자본비율은 총자산에서 부채를 차감한 금액을 영업용순자산으로 나눈 값이다.
④ 총위험액은 시장위험액, 신용위험액, 운영위험액을 합한 금액이다.

62. 자본시장법상 공모집합투자기구 집합투자증권의 환매에 대한 설명으로 가장 거리가 먼 것은?

① 집합투자규약에서 정한 기간 이내에 환매하는 경우 부과하는 환매수수료는 투자자가 부담한다.
② 투자익명조합의 집합투자업자는 집합투자증권을 환매하는 경우 원칙적으로 환매청구일 후에 산정되는 기준가격으로 하여야 한다.
③ 집합투자기구의 투자자 전원의 동의를 얻은 경우 그 집합투자기구에서 소유하고 있는 집합투자재산으로 환매대금을 지급할 수 있다.
④ 집합투자업자는 환매를 연기한 경우 환매를 연기한 날부터 4주 이내에 집합투자자총회를 개최하여 환매에 관한 사항을 결의하여야 한다.

63. 투자일임업에 대한 설명으로 올바르지 않은 것은?

① 투자중개업자가 투자자의 매매주문을 받아 처리하는 과정에서 일부에 대한 위임이 필요한 경우 투자일임업으로 규정한다.
② 고객에게 대가를 받지 않고 고객의 자산 운용에 대한 조언을 하는 것은 투자일임업으로 보지 않는다.
③ 투자일임재산으로 투자일임업자의 고유재산과 거래하는 것은 금지하지만, 거래조건이 투자일임재산에 유리하면 예외적으로 허용된다.
④ 원칙적으로 투자자로부터 금전, 증권, 그 밖의 재산의 보관·예탁을 받는 행위를 할 수 없다.

64. 다음 보기에서 설명하는 내용으로 가장 올바른 것은?

> 청약의 권유를 받은 자의 수가 50인 미만으로서 증권의 모집에 해당되지 아니할 경우에도 해당 증권이 발행일로부터 1년 이내에 50인 이상의 자에게 양도될 수 있는 경우의 모집

① 간주모집   ② 청약권유
③ 소액공모   ④ 안정조작

65. 자집합투자기구와 모집합투자기구에 대한 설명으로 올바르지 않은 것은?

① 자집합투자기구만이 모집합투자기구에 투자할 수 있다.
② 자집합투자기구는 모집합투자기구에만 투자해야 한다.
③ 자집합투자기구와 모집합투자기구의 운용회사가 다를 수 있다.
④ 투자매매업자 혹은 투자중개업자는 모집합투자기구의 집합투자증권을 자집합투자기구가 아닌 다른 투자자에게 판매해서는 안된다.

66. 집합투자업자의 의결권행사에 대한 내용으로 잘못된 것은?

① 집합투자재산에 속하는 주식 발행법인이 계열인 경우에는 원칙적으로 중립투표(shadow voting)를 해야 한다.
② 동일종목, 동일법인 발행증권, 계열사 발행증권 투자한도 규정을 위반하여 취득한 주식에 대해서는 의결권을 행사할 수 없다.
③ 의결권행사 제한규정을 회피하기 위해 제3자와 계약으로 의결권을 교차하여 행사하는 것을 할 수 없다.
④ 집합투자증권에 대한 의결권은 일반사무관리회사의 확인을 받아 신탁업자가 행사한다.

한국금융투자협회규정 3문제

67. 집합투자증권 판매회사 변경과 관련된 내용으로 잘못된 것은?

① 투자자가 판매회사를 변경하고자 하는 경우 변경 판매회사 및 변경 대상 판매회사는 판매회사 변경 절차를 이행해야 한다.
② 판매회사는 판매회사 변경의 절차를 이행하는 대가로 투자자에게 변경 수수료를 청구할 수 있다.
③ 판매회사 변경 또는 변경에 따른 이동액을 조건으로 하는 재산상 이익 제공행위는 부당한 재산상 이익 제공행위로 규정하여, 이익 제공 요건에 판매회사 변경이 수반되는 것은 금지된다.
④ 판매회사 변경효력이 발생하는 날이 집합투자규약에서 정하는 환매수수료 부과 기간 이내라 하더라도 판매회사는 투자자로부터 환매수수료를 징구할 수 없다.

68. 집합투자기구의 투자광고에 대한 설명으로 올바르지 않은 것은?

① 펀드운용실적 비교시 1달 수익률을 사용해야 한다.
② 수익률의 평가자료의 출처와 공표일을 표시해야 한다.
③ 비교대상의 집합투자기구가 동일한 유형의 집합투자기구이어야 한다.
④ MMF나 부동산 펀드의 경우 벤치마크 수익률 제공을 생략할 수 있다.

69. 금융투자회사의 조사분석자료 작성에 대한 다음 설명으로 잘못된 것은?

① 금융투자분석사는 조사분석업무를 수행함에 있어 선량한 관리자로서의 주의의무를 다하여야 한다.
② 자신이 안정조작 업무를 수행하고 있는 증권을 발행한 법인에 대해서 조사분석자료를 공표할 수 없다.
③ 자신이 발행한 금융투자상품에 대한 조사분석자료를 공표할 수 없다.
④ 금융투자회사가 발행주식 총수의 100분의 3 이상의 주식을 소유하고 있는 법인에 대해서 조사분석자료를 공표하면 아니 된다.

주식투자운용/투자전략 (6문제)

70. 시계열 자료를 바탕으로 자산 집단별 위험프리미엄 구조를 반영하여 자산집단의 기대수익률을 계산하는 방법은 어느 것인가?

① 추세분석법
② 펀더멘탈 분석법
③ 시나리오 분석법
④ 시장공통예측치 사용방법

71. 준액티브운용에 대한 설명으로 틀린 것은?

① 액티브운용보다 표준편차가 커야 한다.
② 인핸스드 인덱스운용이 가능하다.
③ 안정적으로 초과수익을 얻고 싶어한다.
④ 계량분석적인 방법을 이용하여 운영할 수 있다.

72. 포트폴리오 보험전략에 대한 설명으로 올바르지 않은 것은?

① 일정 기간 동안 목표수익률을 반드시 달성해야 하는 자금에 적합한 전략이다.
② 포트폴리오 가치가 하락함에 따라 무위험자산에 대한 투자비중이 증가한다.
③ 옵션모형을 이용한 포트폴리오 보험전략에서는 만기에 포트폴리오가 주식 100% 혹은 채권 100%로 구성되는 경우가 발생할 수 있다.
④ 투자자의 위험회피속성으로 인해 자산운용사의 주력상품이 되어야 한다.

73. 주식포트폴리오 모형에 대한 설명으로 틀린 것은?

① 2차함수 최적화 모형은 기대수익률과 추정위험 간의 최적의 균형점을 찾는 모형이다.
② 선형계획모형은 일정한 제약조건을 만족시키는 포트폴리오 중에서 기대수익률을 최대화하는 것을 찾는 모형이다.
③ 주식포트폴리오 모형은 주식리스크 모형이라고도 하며 패시브운용에만 사용한다.
④ 가장 대표적인 주식리스크 모형은 다중요인모형으로 주식 리스크를 베타, 규모, 성장성, 레버리지, 해외시장 노출도, 산업등 여러 가지 체계적인 요인으로 구분한 모형이다.

74. 시장이상현상 중 정보비효율그룹에 해당하는 것은 총 몇 개인가?

- 무시된 기업효과
- 소형주 효과
- 1월 효과
- 저 PBR 효과

① 1개 ② 2개
③ 3개 ④ 4개

75. 주식운용에 대한 설명으로 올바르지 않은 것은?

① 전략적 자산배분은 시장이 비효율적이라고 가정하고, 전술적 자산배분은 시장이 효율적이라고 가정한다.
② 전술적 자산배분은 전략적 자산배분에 의해 결정된 포트폴리오를 단기적으로 변화시키는 것이다.
③ 전술적 자산배분은 본질적으로 역투자전략이다.
④ 최적화 방법을 통해 전략적 자산배분을 할 경우, 해가 불안정하여 입력자료를 약간만 변화시켜도 포트폴리오의 자산구성 비율이 급변하게 된다.

채권투자운용/투자전략　6문제

76. 투자자가 옵션을 보유하지 않은 채권은 어느 것인가?

① 교환사채
② 수의상환사채
③ 수의상환청구사채
④ 신주인수권부사채

77. 다음에서 설명하는 채권은 어느 것인가?

> 기준금리가 오르지만 현금유입이 감소한다.

① 변동금리채권
② 고정금리채권
③ 역변동금리채권
④ 단리채권

78. 말킬의 채권가격정리가 성립할 경우 잘못된 것은?

① 채권의 잔존기간이 길수록 동일한 수익률 변동에 대한 가격 변동폭은 커진다.
② 표면이자율이 높을수록 동일한 크기의 수익률 변동에 대한 가격 변동률은 작아진다.
③ 이자지급횟수가 증가할수록 이자율 변화에 대한 채권가격의 변동폭이 감소한다.
④ 만기가 일정할 때 채권수익률 하락으로 인한 가격 상승폭은 같은 폭의 채권수익률 상승으로 인한 가격 하락폭보다 작다.

79. 자산유동화증권(ABS)에 대한 설명으로 올바르지 않은 것은?

① 자산보유자의 자신의 신용등급보다 높은 신용도로 자금조달이 가능하다.
② 무형자산을 기초자산으로 하는 자산유동화증권도 발행가능하다.
③ 자산의 원래 소유자가 자산유동화증권의 기초가 되는 자산을 양도하지 않고 자산유동화증권 만기까지 보유하고 있다.
④ 자산유동화증권에 적합한 자산은 자산간의 동질성이 높고, 현금흐름의 예측의 안정성이 높은 자산이다.

80. 우리나라의 채권거래에 대한 내용으로 올바른 것은?

① 거래량 측면에서 장외거래가 장내거래보다 더 크다.
② 장내거래는 금융투자협회를 통해 거래한다.
③ 채권거래에 있어 대체로 개인투자자비중이 기관투자자비중보다 높다.
④ 장외매매는 당일결제를 원칙으로 한다.

81. 면역전략에 대한 것으로 올바르지 않은 것은?

① 투자기간과 듀레이션을 일치시킨다.
② 이자율변동등 외부환경이 변동할 경우 채권포트폴리오를 재조정해야 한다.
③ 이자율변동에 대한 채권포트폴리오 가치변동을 헤지하려는 목적으로 개발된 투자전략이다.
④ 이자율이 하락하면 채권가격이 오르고 재투자수익률도 증가하는 것을 이용하여 채권의 가치를 보존하는 투자전략이다.

파생상품투자운용/투자전략 6문제

82. 선도거래와 선물거래를 비교한 내용으로 가장 올바른 것은?

① 선도거래를 하기 위해서는 증거금이 필요하다.
② 선도거래는 거래소를 통해서 거래가 발생한다.
③ 선도거래는 선물거래보다 신용위험이 더 크다.
④ 선도거래는 일반적으로 만기 이전에 자유롭게 반대매매를 통해 거래를 청산할 수 있다.

83. KOSPI 200지수를 기초자산으로 하고 있는 콜옵션의 현재가격은 8원이다. KOSPI 200지수 현재가격은 250Point이며, 행사가격이 245Point이다. KOSPI 200지수를 기초자산으로 하는 콜옵션의 내재가치는 얼마인가?

① 0원   ② 3원
③ 5원   ④ 8원

84. 선물거래의 개시증거금이 80이고, 유지증거금이 60이다. 오늘 거래를 한 후 일일정산하니 증거금이 70이다. 증거금 변동으로 인한 추가 증거금을 얼마 납입해야 하나?

① 0   ② 10
③ 20   ④ 30

85. 풋옵션 매도자의 만기손익으로 올바른 것은? (단, S_T는 기초자산의 만기가격, X는 행사가격, P는 풋옵션 프리미엄이다)

① $Max(X-S_T, 0)-P$
② $Max(S_T-X, 0)+P$
③ $Min(X-S_T, 0)-P$
④ $Min(S_T-X, 0)+P$

86. 다음은 무배당주식을 기초자산으로 한 유러피언 옵션의 민감도에 대한 변수이다. 콜옵션 매수포지션이고 풋옵션도 매수포지션일 때 두 변수의 부호가 같은 것은 몇 개인가?

쎄타, 감마, 베가

① 0개 ② 1개
③ 2개 ④ 3개

87. 방어적 풋에 대한 설명으로 올바른 것은 총 몇 개인가?

- 풋옵션을 매수하고 기초자산을 매수하여 포지션을 구성한다.
- 콜옵션을 매수하고 기초자산을 매도하여 포지션을 구성한다.
- 방어적 풋을 만들기 위해 초기에 현금유출이 발생한다.

① 0개 ② 1개
③ 2개 ④ 3개

투자운용결과분석   4문제

88. 투자자의 수익률의 성과를 측정하는데 가장 적합한 수익률은 총 몇 개인가?

- 내부수익률
- 금액가중수익률
- 시간가중수익률
- Daily Valuation Method
- 기하평균수익률

① 1개 ② 2개
③ 3개 ④ 4개

89. 다음은 A펀드와 B펀드의 2023년과 2024년의 내역이다. A펀드와 B펀드를 포함한 2023년부터 2024년의 통합계정수익률은 얼마인가? (단, 근사값으로 선택하시오)

구분	2023년		2024년	
A펀드	기초금액	기말금액	기초금액	기말금액
	800	1,200	1,200	1,300
B펀드	기초금액	기말금액	기초금액	기말금액
	1,200	1,300	1,300	1,500

① 20% ② 30%
③ 37% ④ 40%

90. 두 개의 펀드에 대한 자료가 아래와 같다. 무위험이자율이 2%일 때, 다음 중 가장 올바르지 않은 것은? (단, 시장포트폴리오 수익률은 4%이다)

구분	A펀드	B펀드
기대수익률	4%	6%
베타	0.5	1.0
표준편차	5%	10%
잔차의 표준편차	10%	20%

① A펀드와 B펀드의 샤프비율은 같다.
② A펀드와 B펀드의 트레이너 비율은 같다.
③ A펀드의 정보비율이 B펀드보다 크다.
④ B펀드의 젠센의 알파가 A펀드보다 크다.

91. 올해 초에 1주당 1만 원에 10,000주를 구입했다. 1년 후 같은 주식을 1주당 7,000원에 10,000주를 추가로 구입했다. 1년이 지난 후 보유하고 있는 모든 주식을 1주당 10,000원에 모두 매도하였다. 투자기간 중에 배당금은 발생하지 않았다. 다음 설명 중 가장 올바른 것은?

① 시간가중수익률은 음수이다.
② 금액가중수익률이 시간가중수익률보다 크다.
③ 금액가중수익률과 시간가중수익률이 같다.
④ 시간가중수익률이 금액가중수익률보다 크다.

거시경제 4문제

92. 유동성프리미엄이론에 따르면 현재, 3년 만기 무이표채의 만기수익률이 7.5%일 때 만기 3년의 유동성프리미엄은 얼마인가? (단, 기대이론에 따르면 1년 만기 현물이자율이 5%이고, 향후 1년간의 선도이자율($_1f_2$)이 6%, 2년 후부터 1년간의 선도이자율($_2f_3$)은 7%이다)

① 0.5%   ② 1.0%
③ 1.5%   ④ 2.0%

93. 유동성함정에 대한 설명으로 잘못된 것은?

① 유동성함정에서는 LM곡선이 수평이다.
② 유동성함정에서는 구축효과가 발생하지 아니한다.
③ 유동성함정에서는 화폐수요의 이자율탄력성의 값이 0(zero)에 수렴한다.
④ 유동성함정에서는 통화정책보다는 재정정책이 더 효과적이다.

94. 다음 보기의 빈칸에 들어갈 말을 순서대로 올바르게 나열한 것은?

경상수지 흑자가 확대되면 통화량은 (　　)하고 이자율은 (　　)한다.

① 증가, 상승
② 증가, 하락
③ 감소, 상승
④ 감소, 하락

95. 다음 정보를 이용하여 경제 전체의 화폐유통속도를 계산하시오.

| • 통화량 : 1,000조 원
• 실질 GDP : 1,600조 원
• 명목 GDP : 2,000조 원 |
|---|

① 0.5   ② 1.0
③ 1.5   ④ 2.0

분산투자기법 5문제

96. 아래 표는 각 주식의 상관계수이다. 분산투자효과가 가장 큰 것은 어느 것인가? (단, 모든 주식의 기대수익률과 표준편차는 동일하다)

구분	A주식	B주식	C주식
A주식	1.0	0.0	−0.2
B주식	0.0	1.0	0.2
C주식	−0.2	0.2	1.0

① A주식에 100% 투자한다.
② A주식에 50%, C주식에 50% 투자한다.
③ A주식에 50%, B주식에 50% 투자한다.
④ B주식에 50%, C주식에 50% 투자한다.

97. 다음 정보를 이용하여 A자산의 기대수익률을 계산하면 얼마인가?

- 무위험이자율 1%
- 시장포트폴리오 기대수익률 2%
- 시장포트폴리오 표준편차 0.4
- 시장포트폴리오와 A자산의 공분산 0.8

① 5%   ② 6%
③ 7%   ④ 8%

98. 다음 설명 중 올바른 것은?

① 자본시장선은 개별증권의 기대수익률과 체계적 위험의 곡선의 관계를 표시한다.
② 자본시장선은 모든 자산의 기대수익률과 체계적 위험의 관계를 나타낸다.
③ 증권시장선은 모든 자산의 기대수익률과 베타와의 선형의 관계를 표시한다.
④ 증권시장선은 효율적 포트폴리오의 기대수익률과 총위험과의 관계를 나타낸다.

99. CAPM에 대한 설명으로 올바른 것은 몇 개인가?

- 자본시장선은 효율적인 위험자산만을 연결한 선이다.
- 자본시장선에서 합리적인 투자자는 자신의 위험에 대한 태도와 관계없이 모두 위험자산으로서 시장포트폴리오만을 선택한다.
- 증권시장선은 개별주식의 수익률과 표준편차로 측정한 위험의 관계를 직선으로 나타낸 선이다.
- 모든 투자자는 무위험이자율로 제한없이 차입 혹은 대출이 가능하다.

① 1개   ② 2개
③ 3개   ④ 4개

100. 다음 두 주식에 대한 설명으로 가장 올바른 것은? (단, 무위험이자율은 1%이며, 시장포트폴리오의 기대수익률은 8%이다)

- A주식의 현재 수익률은 8%이며, 베타는 0.5이다.
- B주식의 현재 수익률은 10%이며, 베타는 1.5이다.

① A주식과 B주식 모두 적정하게 평가되어 있다.
② A주식은 고평가되어 있고, B주식은 저평가되어 있다.
③ A주식은 저평가되어 있고, B주식은 고평가되어 있다.
④ A주식과 B주식 모두 저평가되어 있다.

세제관련 법규/세무전략 〔7문제〕

01. 종합소득세에 대한 설명으로 올바른 것은?

① 근로소득과 퇴직소득만 있는 경우 연말정산을 하더라도 종합소득세 신고를 해야 한다.
② 만기 10년 이상이고 보유기간 3년 이상인 채권은 이자소득의 30%만 별도의 절차 없이 원천징수되어 분리과세된다.
③ 금융소득 종합과세시 이자소득은 필요경비가 인정되지 않으나 배당소득은 필요경비가 인정된다.
④ 국내에 고정사업장이 있거나 부동산 임대사업소득이 있는 경우 당해 비거주자의 금융소득이 국내 원천소득이면 금융소득이 2,000만 원 이하라도 종합과세대상이 된다.

02. 소득세에 대한 설명으로 올바르지 않은 것은?

① 소득세 납부는 소득발생지를 납세지로 한다.
② 외국인도 국내에 주소를 두거나 183일 이상 거소를 두면 거주자로 분류한다.
③ 현행 소득세법은 원칙적으로 소득원천설의 입장을 취하고 있다.
④ 원칙적으로 부부별산제를 적용한다.

03. 증권거래세 납부의무에 대한 설명으로 올바르지 않은 것은?

① 코스닥시장에서 주식을 매매할 때 증권거래세 납부의무가 있다.
② 뉴욕증권거래소에 상장된 증권의 매매는 증권거래세를 부과하지 않는다.
③ 코넥스에서 거래되는 증권은 증권거래세를 납부하지 않는다.
④ 주권을 목적물로 하는 소비대차의 경우 증권거래세 납부의무가 없다.

04. 소득세법상 적격 집합투자기구의 배당소득에 대한 설명으로 올바르지 않은 것은?

① 증권시장에 상장된 증권의 거래에서 발생하는 이익은 집합투자기구이익에 포함하지 않는다.
② 집합투자기구로부터 이익은 배당소득으로 과세하고, 집합투자기구 이외의 신탁의 이익은 재산권에서 발생하는 소득의 내용별로 소득을 구분하여 과세한다.
③ 집합투자증권을 계좌간 이체, 계좌의 명의변경, 집합투자증권의 실물양도의 방법으로 거래하여 발생하는 이익은 집합투자기구의 이익에 해당된다.
④ 상장된 주식을 기초자산으로 하는 장내파생상품 거래로 발생한 이익은 집합투자기구이익에 포함한다.

05. 2025년에 금융소득 종합과세 신고를 해야 하는 거주자는 몇 명인가? (단, 모든 소득에 대한 원천징수를 했다고 가정한다)

A : 법원에 납부한 경매보증금에서 발생한 이자소득이 3,000만 원이 있는 자
B : 비실명거래로 인한 이자소득 2,500만 원과 퇴직소득 5,000만 원이 있는 자
C : 2024년 근로소득 1억 원과 배당소득 1,000만 원이 있는 자

① 0명　　② 1명
③ 2명　　④ 3명

06. 양도소득세를 납부해야 하는 거래는 몇 개인가?

- 한국토지공사채권의 매매로 발생한 소득
- 상장법인 대주주의 유가증권시장에서 보유주식 매도로 인한 소득
- 상장법인 소액주주가 증권시장 밖에서 보유주식 매도로 인한 소득

① 0개 ② 1개
③ 2개 ④ 3개

07. 소득세법상 이자소득의 총수입금액 귀속연도로 올바르지 않은 것은?

① 무기명채권의 경우는 그 이자지급을 받은 날
② 적금의 경우 해약할 경우 해약일
③ 저축성 보험의 보험차익의 경우 보험금의 지급일
④ 기명채권의 경우는 그 이자를 지급 받은 날

금융상품 8문제

08. 다음 보기에서 설명하는 집합투자기구는 무엇인가?

집합투자기구에서 판매보수의 차이로 인하여 기준가격이 다르거나 판매수수료가 다른 여러 종류의 집합투자증권을 발행하여 설립된 집합투자기구

① 종류형 집합투자기구
② 전환형 집합투자기구
③ 모자형 집합투자기구
④ 상장지수 집합투자기구

09. 주가연계증권(ELS)에 대한 설명으로 올바르지 않은 것은?

① 사모로 발행할 수 있다.
② 장외파생상품 겸영인가를 취득한 증권회사만 발행할 수 있다.
③ 발행자 신용위험이 존재하지 않는다.
④ 사전에 정해진 조건에 따라 조기 및 만기 상환수익률이 결정된다.

10. 부동산 펀드에 대한 설명으로 올바르지 않은 것은?

① 프로젝트로부터 미래에 발생할 현금흐름을 담보로 자금을 공여하는 것은 수익형 투자이다.
② 원리금 상환 전 순수익이 1억 원이고 상환원금이 4억 원이면 부채상환비율은 0.25이다.
③ 부동산을 일괄매입해서 지가 상승위험을 낮출 수 있다.
④ 주택저당채권은 기초자산과 저당권을 담보로 채권을 발행한다.

11. 환매금지형 집합투자증권을 추가발행할 수 있는 사유에 해당하지 않는 것은?

① 이익분배금의 범위 내에서 그 집합투자증권을 추가로 발행하는 경우
② 집합투자기구의 운용보수와 운영비용을 충당하기 위한 경우
③ 기존 투자자의 이익을 해칠 염려가 없다고 신탁업자로부터 확인을 받은 경우
④ 기존 투자자 전원의 동의를 받은 경우

12. 환매조건부채권에 대한 설명으로 올바르지 않은 것은?

① 환매조건부채권은 예금자 보호대상 금융상품이다.
② 환매조건부채권 매도는 채권을 일정 기간 후에 일정 가액으로 환매수할 것으로 조건으로 매도하는 것이다.
③ 투자자는 자신이 원하는 투자기간에 맞추어 확정이자를 얻을 수 있다.
④ 환매조건부채권은 기관 간 조건부채권매매와 대고객 조건부채권매매로 구분할 수 있다.

13. 「근로자퇴직급여보장법」에 따른 퇴직연금제도에 대한 설명으로 가장 올바른 것은?

① 확정급여형의 경우 적립금 운용주체는 사용자이다.
② 확정기여형의 경우 근로자는 자신의 퇴직급여 수준을 사전에 알 수 있다.
③ 확정급여형과 확정기여형의 경우 이를 담보로 대출받는 것은 불가능하다.
④ 확정급여형 가입자는 개인형퇴직연금(IRP)의 추가가입이 금지된다.

14. 다음 중 손해보험이 아닌 것은?

① 선박보험
② 생존보험
③ 화재보험
④ 자동차보험

15. 증권시장에 상장된 주식워런트증권(ELW)에 대한 설명으로 올바른 것은 총 몇 개인가?

- 기초자산으로 주가지수 혹은 개별주식이 될 수 있다.
- 지정가호가방식으로 가격이 결정된다.
- 높은 가격변동성을 고려하여 가격제한폭 적용이 배제된다.

① 0개   ② 1개
③ 2개   ④ 3개

부동산관련 상품 5문제

16. 부동산의 제한물권에 해당하지 않는 것은?

① 점유권   ② 지역권
③ 질권   ④ 유치권

17. 다음 보기 중 주택저당증권(MBS)에 대한 설명으로 올바른 보기의 개수는?

- 투자자는 금리하락시 조기상환 위험에 노출될 가능성이 높다.
- 저당대출의 채무불이행이 발생할 경우, 투자자는 투자손실을 볼 가능성이 높다.
- 고정금리부 대출로 원리금 균등상환할 경우 시간이 흐를수록 상환액 중 이자부분은 감소하고 원금부분은 증가한다.

① 0개   ② 1개
③ 2개   ④ 3개

18. 다음 보기에서 설명하는 부동산 개발방식으로 올바른 것은?

〈보기〉
개발업자등이 사업의 기획부터 운영관리에 이르기까지 일체 업무를 수탁받아 건물을 완공한 후 건물을 일괄임대받음으로써 사실상 사업수지를 보증하는 방식

① 등가교환방식
② 합동개발방식
③ 사업수탁방식
④ 차지개발방식

19. 부동산투자회사에 대한 설명으로 가장 올바르지 않은 것은?

① 부동산투자회사는 현물출자에 의해 설립될 수 없다.
② 자기관리 부동산투자회사는 설립시 설립자본금은 5억 원 이상이어야 한다.
③ 부동산투자회사가 투자·운용 업무를 하기 위해서는 국토교통부장관의 영업인가를 받거나 등록을 해야 한다.
④ 자기관리 부동산투자회사, 위탁관리 부동산투자회사, 기업구조조정 부동산투자회사는 해당 분야의 임직원을 채용하여 전문적인 투자시스템을 구축해야 한다.

20. 프로젝트 파이낸싱(PF)의 안정성 확보방안 중 담보신탁제도에 대한 설명으로 올바르지 않은 것은?

① 담보신탁을 하면 후순위 권리설정을 배제할 수 있다.
② 신탁회사가 직접 신탁등기를 통해 담보를 설정한다.
③ 신탁회사가 부동산의 가격변동등을 직접 관리한다.
④ 신탁회사가 해당 부동산을 직접 공매할 수 없다.

대안투자운용/투자전략 5문제

21. 사모펀드에 대한 설명으로 올바르지 않은 것은?

① 사모펀드의 유한책임사원 중에 업무집행사원을 선출한다.
② 사모펀드의 무한책임사원은 자신의 투자액을 초과하는 책임을 부담한다.
③ 사모펀드의 무한책임사원은 PEF재산 운용에 관한 사항을 담당한다.
④ 사모펀드는 투자금 회수(Exit)시 다른 사모펀드에 투자대상 자산을 매각하여 투자금을 회수할 수 있다.

22. 합병차익거래에 대한 설명으로 올바르지 않은 것은?

① 이벤트 투자형(Event Driven) 전략으로 분류된다.
② 합병차익거래를 통해 인수·합병이 완료되면 이와 관련하여 차익거래이익을 창출할 수 있다.
③ 발표되지 않은 추측 정보에 의해 투자하지 않는다.
④ 합병차익거래는 일반적으로 피인수기업의 주식을 매도하고, 인수기업의 주식을 매수하는 포지션을 취한다.

23. 헤지펀드 운용전략에 대한 설명으로 가장 올바르지 않은 것은?

① 이자율 스프레드 차익거래는 방향성 전략이다.
② 전환사채차익거래에서는 기초자산의 변동성이 큰 전환사채가 유리하다.
③ 캐리 트레이드는 낮은 금리로 자본을 조달하여 높은 금리의 채권등에 투자하는 전략이다.
④ 무상증자 이벤트 전략은 권리락일에 해당 종목의 주가가 상승할 가능성이 높은 것을 활용한 전략이다.

24. 신용파생상품에 대한 설명으로 가장 올바르지 않은 것은?

① CDO(Collateralized Debt Obligation)의 Mezzanine 트랜치는 잔여자산에 대한 분배를 받지 않는다.
② 합성 CDO는 준거자산을 양도하여 자산에 내재된 신용위험을 SPC에 이전한다.
③ CLN은 투자자로부터 수령한 대금을 신용등급이 높은 담보자산에 투자하여 이로부터 발생하는 현금흐름을 이용하여 투자자에게 이자와 원금을 상환한다.
④ TRS에서 총수익매입자는 준거자산 현금흐름 수취에 대한 대가로 시장금리에 TRS Spread를 가산한 금리를 총수익매도자에게 지급한다.

25. 다음에 설명하는 CDO는 어느 것인가?

> 위험 전가 목적으로 거래하며, 거래를 통해 대차대조표에서 신용위험 자산이 감소하여 재무비율이 개선되는 효과를 가지고 있다.

① Arbitrage CDO
② Balance Sheet CDO
③ Cash Flow CDO
④ Hybrid CDO

해외증권투자운용/투자전략 5문제

26. 해외투자의 환위험 헤지방법에 대한 설명으로 올바르지 않은 것은?

① 외환선물이나 통화선물을 통해 투자대상의 환율 위험을 헤지할 수 있다.
② 다양한 통화의 투자대상국가에 분산투자를 하면 환율에 대한 위험을 줄일 수 있다.
③ 본국의 환율이 투자대상국과 비교하여 평가절하되면 투자대상국에서 주가차익이 발생하더라도 투자자는 총손실이 발생할 수 있다.
④ 롤링헤지는 헤지대상의 만기보다 헤지기간이 짧아, 헤지기간을 연결해서 투자기간 전체를 헤지하는 것이다.

27. 국제채권시장에 대한 설명으로 올바른 것은?

① 사무라이본드는 일본 내에서 발행하는 외국채이다.
② 유로채는 일반적으로 기명식으로 발행한다.
③ 양키본드는 미국 외에서 발행하는 유로채이다.
④ 달러표시 채권을 외국인이 미국 내에서 발행할 경우 미국증권거래위원회(SEC)에 신고하지 않는다.

28. 다음 보기에 들어갈 말로 올바른 것은?

> • 미국 이외의 국가에서 미국달러로 채권을 발행시 (   )으로 발행
> • 딤섬본드는 홍콩에서 외국인이 채권 발행시 (   )로 발행

① 기명식, 위안화
② 무기명식, 위안화
③ 기명식, 미국달러
④ 무기명식, 미국달러

29. 국제분산투자에 대한 설명으로 올바른 것은 총 몇 개인가?

- 국제분산투자를 통해 국내의 체계적위험의 일부를 경감할 수 있다.
- 개별자산과 시장포트폴리오의 상관관계가 높을수록 개별자산의 총위험 중에서 체계적위험이 차지하는 비중이 감소한다.
- 국제분산투자를 하더라도 개별기업의 고유위험을 경감할 수 없다.

① 0개　　　　　② 1개
③ 2개　　　　　④ 3개

30. 해외투자 포트폴리오 구축에 대한 일반적인 설명으로 올바르지 않은 것은?

① 상향식 접근법의 경우 기업과 산업분석의 결과에 따라 국가별 투자비중을 결정한다.
② 적극적 전략의 경우 시장이 비효율적이고 정보가 자산 가격에 즉시 반영되지 못한다고 가정한다.
③ 하향식 접근법의 경우 세계경제는 완전히 통합된 것을 가정한다.
④ 소극적 전략의 경우 벤치마크 포트폴리오의 구성을 모방함으로써 투자목표 달성가능성을 높일 수 있다.

투자분석기법　　12문제

31. 레버리지에 대한 설명으로 올바르지 않은 것은?

① 영업레버리지도는 판매량 증가율을 영업이익증가율로 나눈 값이다.
② 영업고정비 혹은 이자비용이 있는 기업은 결합레버리지도가 1보다 크다.
③ 영업이익이 같은 기업의 경우 타인자본사용이 많을수록 재무레버리지도는 증가한다.
④ 재무레버리지도는 주당 순이익 증가율을 영업이익 증가율로 나눈 값이다.

32. 다음 자료를 통해 계산한 값 중 가장 작은 값은?

3, -15, 5, -8, -7, 9, -5, 3, 6, 12

① 범위
② 최빈값
③ 중앙값
④ 산술평균

33. 모든 기업의 세후영업이익은 150억 원이며, 영업용투하자본은 300억 원이다. 자기자본과 타인자본비용은 모두 20%이며, 법인세율이 10%일 때, EVA(경제적부가가치)가 가장 작은 기업은 어느 기업인가?

구분	A기업	B기업	C기업	D기업
자기자본비중	30%	40%	60%	70%
타인자본비중	70%	60%	40%	30%

① A기업　　　　② B기업
③ C기업　　　　④ D기업

34. 고든(Gordon)의 배당성장모형을 활용하여 1주당 적정주가를 계산한 값과 가장 가까운 것은?

- 작년 1주당 순이익(EPS_0) 2,000원
- 유보율 40%
- 주주의 기회비용 20%, 타인자본비용 10%
- 법인세율 20%, 주주의 투자수익률(ROE) 10%

① 5,200원
② 7,800원
③ 12,500원
④ 13,000원

35. 재무상태표와 손익계산서의 항목으로 구성된 재무비율은 어느 것인가?

① 부채비율
② 총자산투자수익률
③ 이자보상비율
④ 매출액영업이익률

36. OBV지표에 대한 설명으로 올바르지 않은 것은?

① 주가지수(OBV) 계산시 자전거래 종목이 많은 경우 분석의 유용성이 줄어든다.
② 주가가 전환된 후 주가 방향으로 움직이므로 매매 신호가 늦게 나타나는 문제점이 있다.
③ OBV선이 상승함에도 불구하고 주가가 하락하면 조만간 주가상승이 예상되고, OBV선이 하락함에도 불구하고 주가가 상승하면 조만간 주가 하락이 예상된다.
④ 주가가 전일에 비해 상승한 날의 누계에서 하락한 날의 누계를 나누어서 작성한 도표이다.

37. FCF(잉여현금흐름)를 증가시키는 항목은 어느 것인가?

① 시설자금 증가
② 매출채권 증가
③ 미지급금 증가
④ 재고자산 증가

38. 현금흐름표에 대한 설명으로 올바르지 않은 것은?

① 현금흐름표 분석을 통해 기업의 부채상환능력과 배당지급능력을 파악할 수 있다.
② 자금의 상환과 관련된 현금흐름은 투자활동현금흐름으로 분류한다.
③ 영업활동현금흐름은 직접법 혹은 간접법으로 표시할 수 있다.
④ 일정 기간 동안 현금의 조달과 운용내역을 나타내는 재무제표이다.

39. 이동평균선 추세분석에 대한 설명으로 잘못된 것은?

① 이동평균선은 과거의 주가를 평균하여 계산하기 때문에 미래 주가방향에 있어 후행한다.
② 주가가 이동평균선과 괴리가 클 때 이동평균선은 회귀하는 성향이 있다.
③ 주가가 이동평균선을 위에서 아래로 돌파하면 조만간 추세의 하락 반전 가능성이 있다.
④ 약세국면에서 주가가 이동평균선 아래에서 움직일 경우 주가의 상승 신호로 본다.

40. 산업구조변화 이론에 대한 설명으로 올바르지 않은 것은?

① 헥셔 올린(Heckscher-Ohlin)에 따르면 각 국가의 생산요소의 상대적 부존량의 차이에 따라 산업구조가 결정된다.
② 포터(M. Porter)의 다이아몬드 모형에 따르면 산업의 경쟁력을 결정하는 요인은 4개의 직접적인 요인과 2개의 우발적 요인이 있다.
③ 내생적 성장이론에 따르면 요소부존량보다는 요소창출이 산업구조변화에 더 중요하며, 제품수명주기 이론에 따르면 기술혁신 혹은 신제품 개발이 산업구조변화에 중요한 영향을 준다.
④ 리카도(D. Ricardo)에 따르면 각국은 상대적으로 생산비가 저렴한 산업에 특화하기 때문에 산업구조가 상대적 생산비에 따라 변화한다.

41. 산업연관표에 대한 설명으로 가장 올바른 것은?

① 미래의 특정시점의 산업별 공급과 수요를 예측할 수 있다.
② 후방연쇄효과는 모든 산업제품에 대한 최종수요가 각각 1단위씩 증가할 때 특정 산업의 생산에 미치는 영향이다.
③ 수입유발계수는 어떤 산업에서 수입이 1단위 증가할 경우 각 산업의 최종 수요가 증가하는 정도이다.
④ 투입계수는 어떤 산업의 최종 수요가 1단위 증가할 경우 각 산업에서 직·간접적으로 증가하는 투입액이다.

42. 다음 패턴 중에 주가상승을 예상하는 패턴은 총 몇 개인가?

> 헤드 앤 숄더형, 이중 천장형, 선형, 삼각형, 다이아몬드형

① 1개　② 2개
③ 3개　④ 4개

리스크관리 [8문제]

43. 두 자산이 있다. A자산의 VaR는 8억 원이고 B자산의 VaR은 15억 원이다. 두 자산 수익률의 상관계수가 0일 때, 두 자산으로 포트폴리오를 구성하면 위험감소효과는 얼마인가?

① 6억 원　② 8억 원
③ 12억 원　④ 14억 원

44. 스트레스 검증에 대한 설명으로 틀린 것은?

① 극단적인 상황이 발생할 것을 가정하여 위험을 측정하는 방법이다.
② 시나리오가 주관적이며, 리스크 구성요소간의 상관관계를 고려하지 못한다.
③ 다른 VaR 측정 방법을 대체하기보다는 보완하는 방법으로 사용된다.
④ 자산의 가치에 영향을 주는 여러 변수가 있을 때 적절한 분석방법이다.

45. 역사적 시뮬레이션에 의한 VaR계산에 대한 설명 중 올바르지 않은 것은?

① 옵션과 같은 비선형 수익구조를 가진 상품이 포함되어 있더라도 사용할 수 있다.
② 분산, 공분산 같은 모수를 추정한 후 이를 통해 VaR를 계산한다.
③ 완전가치평가모형이다.
④ 과거 일정 기간 동안의 위험요인의 변동이 향후에도 나타날 것을 가정한다.

46. 채권의 투자금액이 1,500억 원이며, 채권만기 수익률의 표준편차는 0.8%일 때, 신뢰수준 95%(z=1.65)에서 듀레이션이 3일 때, 1일 VaR는 얼마인가? (단, 현재시장이자율은 5%이다)

① 56.6억 원
② 65.4억 원
③ 75.5억 원
④ 86.5억 원

47. 현재 포트폴리오의 VaR는 100억 원이다, 다음의 두 투자대안이 있을 경우 포트폴리오에 편입해야 할 자산과 한계(Marginal) VaR를 고르시오. (단, A자산과 B자산의 투자금액은 동일하다)

구분	투자대안 A	투자대안 B
기대수익률	10%	10%
VaR	90억 원	110억 원
편입 이후의 포트폴리오의 VaR	160억 원	150억 원

	편입자산	한계 VaR
①	A자산	20억 원
②	B자산	40억 원
③	B자산	50억 원
④	B자산	10억 원

48. KOSPI 200을 기초자산으로 하는 콜옵션의 현재가격은 30Point이고 델타는 0.6, 주가지수의 1일 표준편차는 2% 이고 KOSPI 200지수는 현재 100Point이다. 신뢰구간 95%(z=1.65)에서 1일 VaR는 얼마인가?

① 1.24Point
② 1.64Point
③ 1.98Point
④ 2.12Point

49. 다음의 주어진 정보를 이용하여 신용손실의 변동성(표준편차)을 계산하면 얼마인가?

- 부도에 노출된 자산 : 100억 원
- 부도율 : 10%
- 부도시 손실률(LGD) : 40%

① 4억 원   ② 10억 원
③ 12억 원   ④ 40억 원

50. 신용위험에 대한 설명으로 올바르지 않은 것은?

① 신용위험은 예상외 손실로서 그 분포는 한 쪽으로 짧으면서 얇은 꼬리의 모양을 갖는다.
② 신용손실 분포는 비대칭적인 모습을 갖는다.
③ 기대손실은 충당금으로 대비하고, 기대치 못한 손실에서 기대손실의 차이는 자기자본으로 대비한다.
④ 평균과 분산을 이용한 모수적 방법으로 신용위험을 측정하기 보다는 percentile을 통하여 측정하는 것이 바람직하다.

직무윤리

5문제

51. 다음 괄호에 들어갈 숫자로 올바른 것은?

> 금융소비자는 금융상품에 관한 계약을 체결한 경우 위법계약 사실을 안 날로부터 (   ), 금융상품 계약 체결일로부터 (   ) 이내인 경우 위법계약의 해지 요구가 가능하며, 금융회사는 금융소비자의 위법계약 해지요구가 있는 경우 해당일로부터 (   ) 이내에 계약 해지 요구의 수락 여부를 결정하여 금융소비자에게 통지해야 한다.

① 1년, 5년, 7일
② 1년, 5년, 10일
③ 5년, 1년, 7일
④ 5년, 1년, 10일

52. 매매명세의 통지와 관련한 내용으로 올바르지 않은 것은?

① 매매가 체결된 후 지체없이 매매에 대한 거래내용을 통지해야 한다.
② 매매가 체결된 날의 다음 달 20일까지 월간 매매내역·손익내역등을 통지해야 한다.
③ 매매명세의 통지방법은 투자자와 미리 합의된 방법으로 통지해야 한다.
④ 투자자가 통지받기를 원하지 않더라도 매매명세 통지 의무를 다하기 위해 투자매매업자 혹은 투자중개업자는 매매명세서를 투자자에게 통지해야 한다.

53. 금융투자회사에 대한 과태료 부과 중 3천만 원 이하 과태료 부과에 해당하는 것은 모두 몇 개인가?

> • 내부통제기준을 마련하지 아니한 경우
> • 준법감시인에 대한 별도의 보수지급 및 평가기준을 마련·운영하지 않은 경우
> • 준법감시인이 자산 운용에 관한 업무를 겸직하는 경우

① 0개
② 1개
③ 2개
④ 3개

54. 「금융소비자보호 표준내부통제기준」에 따른 금융소비자보호 총괄책임자(COO)의 권한에 대한 설명으로 잘못된 것은?

① 위험관리지침의 제정 및 개정에 관한 사항을 심의·의결한다.
② 금융소비자보호에 관한 경영방향을 수립한다.
③ 금융상품의 개발·판매 및 사후관리에 관한 금융소비자보호 측면에서의 점검 및 조치를 한다.
④ 임직원의 성과보상체계를 금융소비자보호 측면에서 평가한다.

55. 금융투자업자의 금융소비자보호 조치에 대한 설명 중 가장 올바른 것은?

① 금융투자업자의 기업금융부서는 어떠한 일이 있더라도 타 부서와의 정보교류를 할 수 없다.
② 금융투자업자는 어떠한 경우라도 고객의 정보를 외부로 유출할 수 없다.
③ 금융투자업자가 투자성상품의 원금을 보장할 경우, 원금에 대한 보장인지 기대수익률에 대한 보장까지 포함하는 것인지 명확히 명시해야 한다.
④ 금융투자업자는 금융소비자로부터 계약의 체결의 권유를 요청받지 아니하고 방문·전화등 실시간 대화의 방법을 이용하여 투자성 상품을 권유할 수 없다.

자본시장 관련 법규 **11문제**

56. 금융투자업자의 자산건전성에 대한 설명으로 가장 올바르지 않은 것은?

① 순자본비율은 영업용 순자산에서 부채를 차감한 값을 자기자본으로 나눈 값이다.
② 레버리지 비율은 개별 재무상태표상의 자기자본 대비 총자산의 비율로 계산된다.
③ 순자본비율을 계산할 때 금융투자업자의 연결재무제표에 계상된 장부가액을 기준으로 한다.
④ 필요 유지 자기자본은 금융투자업자가 영위하는 인가업무 또는 등록업무 단위별로 요구되는 자기자본을 합계한 금액이다.

57. 자본시장법상 투자일임업자의 불건전 영업행위 금지에 대한 설명으로 가장 거리가 먼 것은?

① 원칙적으로 투자일임재산에 속하는 증권의 의결권의 행사를 투자자로부터 위임받는 행위를 하여서는 아니 된다.
② 정당한 사유 없이 투자자의 운용방법의 변경 또는 계약 해지 요구에 응하지 아니하는 행위를 하여서는 아니 된다.
③ 원칙적으로 투자일임업자는 투자일임재산으로 자기가 운용하는 다른 집합투자재산, 신탁재산과 거래하는 행위를 하여서는 아니 된다.
④ 일반적인 거래조건에 비추어 투자일임재산에 유리한 경우에도 투자일임업자의 고유재산과 거래하는 행위를 하여서는 아니 된다.

58. 자본시장법상 공모집합투자기구의 금전의 차입 및 대여와 관련하여 〈보기〉의 ( ) 안에 들어갈 숫자의 합계로 가장 적절한 것은?

〈보기〉
- 집합투자업자가 집합투자재산을 운용함에 있어서 예외적으로 집합투자기구의 계산으로 금전을 차입하는 경우 그 차입금의 총액은 차입 당시 집합투자기구 자산총액에서 부채총액을 뺀 가액의 100분의 ( )을 초과하여서는 아니된다.
- 집합투자업자는 집합투자재산으로 부동산개발사업을 영위하는 법인에 대하여 금전을 대여하는 경우 그 대여금의 한도는 해당 집합투자기구의 자산총액에서 부채총액을 뺀 가액의 100분의 ( )으로 한다.

① 110 ② 120
③ 170 ④ 210

59. 자본시장법상 투자자예탁금에 대한 설명으로 가장 거리가 먼 것은?

① 예치 금융투자업자는 원칙적으로 투자자예탁금을 양도하거나 담보로 제공하여서는 아니 된다.
② 투자매매업자는 예치기관에 투자자예탁금을 예치하는 경우 그 투자자예탁금이 투자매매업자의 재산이라는 뜻을 명시하지 않아도 된다.
③ 투자자 예탁금은 예치 금융투자업자가 파산선고를 받을 경우 투자자에게 우선하여 지급해야 한다.
④ 예치기관이 인가취소, 파산등이 발생할 경우 투자자 예탁금을 예치 금융투자업자에게 우선하여 지급해야 한다.

60. 자본시장법상 공모증권집합투자기구 집합투자재산의 운용과 관련하여 <보기>의 ( )에 들어갈 내용을 순서대로 적절하게 나열한 것은?

<보기>
집합투자재산으로 동일종목의 증권에 투자하는 경우 원칙적으로 각 집합투자기구 자산총액의 (　　)을 초과하여 투자할 수 없으나, 동일종목의 파생결합 증권에 투자하는 경우에는 각 집합투자기구 자산총액의 (　　)까지 투자할 수 있다.

① 100분의 10, 100분의 20
② 100분의 10, 100분의 30
③ 100분의 20, 100분의 30
④ 100분의 20, 100분의 50

61. 투자일임업자가 자기 또는 관계인수인이 인수한 증권을 투자일임재산으로 매수할 수 없는 경우는 어느 것인가?

① 인수일로부터 3개월이 지난 후 매수하는 경우
② 상장주권을 증권시장에서 매수하는 경우
③ 주권관련 사채권을 매수하는 경우
④ 국채, 지방채, 통안채, 특수채를 매수하는 경우

62. 투자설명서 제도에 대한 내용으로 올바르지 않은 것은?

① 기업경영등 비밀유지와 관련된 사항은 투자설명서에 기재를 생략할 수 있다.
② 투자설명서 받기를 거부한다는 의사를 서면등으로 표시한 투자자일지라도 증권을 청약하기 위해서는 반드시 투자설명서를 교부해야 한다.
③ 전자문서의 방법으로 투자설명서를 교부할 수도 있다.
④ 전문투자자에게는 투자설명서를 교부하지 않을 수 있다.

63. 금융투자업자의 건전성규제와 관련한 내용으로 올바르지 않은 것은?

① 필요유지자기자본은 금융투자업자가 영위하는 인가 혹은 등록업무 단위별 요구되는 최저자기자본을 모두 합한 금액이다.
② 주요 위험 변동 상황을 자회사와 연결하여 종합적으로 인식하고 감시해야 한다.
③ 경영실태평가 결과 종합평가등급이 4등급 이하이면 경영개선명령에 해당한다.
④ 위험관리지침의 제정 및 개정에 관한 사항은 이사회에서 결정한다.

64. 부동산 집합투자기구가 아닌 공모집합투자기구의 차입과 대출에 대한 설명으로 올바르지 않은 것은?

① 집합투자업자는 대량환매 청구 발생시 예외적으로 차입당시 순자산총액의 10%까지 차입할 수 있다.
② 집합투자업자는 집합투자재산으로 금융기관에 대한 30일 이내의 단기대출을 할 수 있다.
③ 부동산을 취득할 경우 부동산가액의 70%까지 차입할 수 있다.
④ 부동산개발사업을 영위하는 법인에 대해서 집합투자기구의 총자산에서 부채를 차감한 금액의 100분의 200까지 대여할 수 있다.

65. 자본시장법상 증권의 발행인이 금융위원회와 거래소에 사업보고서를 제출의무를 갖지 않는 증권은?

① 주권과 관련된 증권예탁증권
② 집합투자증권
③ 신주인수권이 표시된 증권
④ 파생결합증권

66. 다음은 자본시장법상 장내파생상품의 대량보유 보고의무 위반시 제재에 해당한다. 보기의 밑줄 친 자에 해당하는 사람은 총 몇 명인가?

〈보기〉
업무 등과 관련된 미공개 중요정보를 장내파생상품의 매매, 그 밖의 거래에 이용하게 하거나 타인에게 이용하게 하는 행위는 금지되며, <u>이에 해당하는 자</u>가 이를 위반할 경우 1년 이상의 유기징역 또는 그 위반행위로 얻은 이익 또는 회피한 손실액의 3배 이상 5배 이하에 상당하는 벌금에 처한다.

- 장내파생상품의 시세에 영향을 미칠 수 있는 정책을 입안·수립 또는 집행하는 자
- 장내파생상품의 시세에 영향을 미칠 수 있는 정보를 생성·관리하는 자
- 장내파생상품의 기초자산의 중개·유통 또는 검사와 관련된 업무에 종사하는 자

① 0명   ② 1명
③ 2명   ④ 3명

한국금융투자협회규정 3문제

67. 금융투자회사가 금융소비자보호법에 따라 일반투자자를 대상으로 투자권유를 하는 경우 투자설명서에 대한 내용으로 올바르지 않은 것은?

① 금융투자회사는 일반투자자가 신용융자거래를 하고자 하는 경우 핵심설명서를 추가로 교부해야 한다.
② 금융투자회사는 일반투자자가 최초로 상장지수증권(ETN)을 매매하고자 하는 경우 기존의 위탁매매 거래계좌가 있더라도 별도의 방법으로 일반투자자의 매매의사를 확인해야 한다.
③ 금융투자회사는 일반투자자가 주식워런트증권(ELW)을 매매하고자 하는 경우 핵심설명서를 추가로 교부해야 한다.
④ 금융투자회사는 일반투자자가 최초로 1배를 초과하는 레버리지 ETN을 매매하고자 하는 경우 협회가 인정하는 교육을 사전에 이수하도록 해야 한다.

68. 증권인수와 관련한 내용으로 올바르지 않은 것은?

① 자율규제위원회가 제재금을 부과하는 경우, 불성실 수요예측 참여자로 지정된 자의 고유재산에 한하여 수요예측등 참여제한을 병과할 수 있다.
② 사모의 방법으로 설정된 벤처기업투자신탁이 수요예측등에 참여하여 공모주식을 배정받은 후 최초 설정일로부터 1년 6개월 이내에 환매되는 경우 불성실 수요예측 참여행위로 본다.
③ 수요예측에 참여하여 공모주식을 배정받은 고위험고수익투자신탁등의 설정일·설립일로부터 1년 이내에 해지되는 경우 불성실 수요예측 참여행위로 본다.
④ 기업공개와 관련하여 불성실 수요예측 참여자로 지정된 자에 대해서는 위반금액 규모에 따라 최대 36개월까지 수요예측 참여가 제한된다.

69. 공모집합펀드 투자광고에 들어가야 할 항목은 총 몇 개인가?

- 환매수수료와 관련된 사항
- 원금보장 및 그 보장방법
- 조기상환과 관련된 사항

① 0개   ② 1개
③ 2개   ④ 3개

주식투자운용/투자전략 (6문제)

70. 전략적 자산배분 순서로 가장 올바른 것은?

- ㄱ. 투자자의 투자목적 및 제약조건 파악
- ㄴ. 최적 자산구성의 선택
- ㄷ. 자산종류별 기대수익, 위험, 상관관계 추정
- ㄹ. 자산집단의 선택

① ㄱ-ㄴ-ㄷ-ㄹ
② ㄱ-ㄹ-ㄷ-ㄴ
③ ㄴ-ㄱ-ㄷ-ㄹ
④ ㄷ-ㄱ-ㄴ-ㄹ

71. 주식과 채권에 투자하는 포트폴리오와 관련하여 〈보기〉와 같은 조건으로 고정비용 포트폴리오 보험(CPPI) 자산배분전략을 수행할 때, 포트폴리오의 주식투자금액은? (단, 투자기간은 1년이며, 가장 가까운 근사치로 구하시오)

〈보기〉
- 투자승수 : 2
- 무위험수익률 : 연 4%
- 포트폴리오 평가액 : 120억 원
- 만기시점의 최저 보장수익 : 100억 원

① 23.7억 원   ② 30.8억 원
③ 47.7억 원   ④ 49.6억 원

72. 보험자산배분 전략에 대한 설명으로 가장 올바른 것은?

① 주식가격이 하락할수록 무위험자산에 대한 투자비율이 증가한다.
② 승수가 높을수록 무위험자산의 투자비중이 증가한다.
③ 투자기간이 반드시 사전에 정해져야 한다.
④ 일반투자자의 위험회피 속성을 활용하므로 자산운용회사의 주력상품으로 운용이 가능하다.

73. 자산집단의 성격에 대한 설명으로 올바르지 않은 것은?

① 자산집단 내의 자산들은 상대적으로 이질적인 특성을 가져야 한다.
② 각 자산집단은 분산투자를 통해 위험을 줄여서 효율적 포트폴리오를 구성하는데 기여해야 한다.
③ 자산집단들 전체는 투자 가능한 대부분의 자산을 포함해야 한다.
④ 자산집단간에는 서로 겹치는 부분이 없어야 한다.

74. 주식투자운용과 관련하여 올바른 것은 몇 개 인가?

- 효율적 시장가설은 패시브 운용을 지지하는 논거로 이용될 수 있다.
- 약형의 효율적 시장가설이 성립할 경우 기술적 분석을 통해 이익을 얻을 수 없다.
- 준강형의 효율적 시장가설이 성립할 경우 공개된 정보로부터 이익을 얻을 수 없다.
- 강형의 효율적 시장가설의 경우 기업에 대해서 알려졌거나 알 수 있는 정보는 주식 분석에 도움이 되지 않는다.

① 1개   ② 2개
③ 3개   ④ 4개

75. 전술적 자산배분의 도구인 것은 몇 개인가?

> 가치평가법, 포뮬러 플랜, 시장가치접근법

① 0개 ② 1개
③ 2개 ④ 3개

채권투자운용/투자전략 6문제

76. 다음의 내용 중에 올바른 것은 총 몇 개인가?

> - 복리채 듀레이션은 채권만기보다 짧다.
> - 표면이자율이 높을수록 듀레이션은 증가한다.
> - 만기수익률이 10%인 영구채의 듀레이션은 12년이다.

① 0개 ② 1개
③ 2개 ④ 3개

77. 액면가 20,000원, 행사가격 10,000원인 전환사채가 있다. 전환사채의 기초자산이 되는 주식의 주가는 1주당 10,500원이다. 전환비율은 100%를 가정할 경우 다음 중 올바르지 않은 것은?

① 전환사채를 행사하면 전환사채 1좌당 주식 2주를 받는다.
② 전환가치는 10,500원이다.
③ 패리티는 105이다.
④ 지금 전환사채를 전환한 후 주식을 매도하면 5%의 수익이 발생한다.

78. 채권에 대한 설명으로 가장 올바른 것은?

① 시장이자율이 하락할수록 동일한 액면이자율의 채권의 경상수익률은 상승한다.
② 액면이자율이 시장이자율보다 크면 채권은 할인된 가격으로 발행된다.
③ 모든 조건이 동일할 경우, 만기가 길수록 시장이자율 변화에 대한 채권가격의 변동폭이 감소한다.
④ 할인채(무이표채)를 만기까지 보유할 경우 만기수익률을 달성할 수 있다.

79. 다음 보기 중 적극적 채권운용전략에 해당 하는 것은 몇 개인가?

> 수익률곡선타기, 사다리형 만기전략, 이자율 스프레드전략, 채권교체전략

① 1개 ② 2개
③ 3개 ④ 4개

80. 볼록성에 대한 설명으로 올바른 것은 총 몇 개인가?

> - 시장이자율이 하락할수록 채권의 볼록성은 증가한다.
> - 일정한 수익률과 만기에서 표면이자율이 낮을수록 채권의 볼록성은 증가한다.
> - 동일한 듀레이션에서 볼록성이 큰 채권은 볼록성이 작은 채권보다 수익률의 상승이나 하락에 관계없이 항상 높은 가격을 갖는다.
> - 모든 것이 동일할 경우 잔존만기가 긴 채권의 볼록성이 잔존만기가 짧은 채권의 볼록성보다 크다.

① 1개 ② 2개
③ 3개 ④ 4개

81. 액면가 10,000원인 채권이 있다. 이 채권가격은 7.24% 상승하였으며, 이때 시장이자율은 2% 하락하였다. 이 채권의 듀레이션은 3.52이며, 현재 시장이자율은 10%이다. 이 채권의 볼록성은 얼마인가?

① 24　　　　② 42
③ 240　　　④ 420

파생상품투자운용/투자전략 (6문제)

82. 다음 보기의 내용을 보고 손익이 얼마인지 계산하시오. (단, 기초자산의 가격은 195원이다)

- 행사가격 200원의 풋옵션 3원짜리 매도
- 행사가격 197원인 풋옵션 1원짜리 매수

① 손실 1원
② 손실 2원
③ 이익 1원
④ 이익 2원

83. 옵션 민감도에 대한 다음 보기 중 올바른 것의 개수는 몇 개인가?

- 콜옵션 매수포지션에서 쎄타와 로우의 부호는 같다.
- 콜옵션 매수포지션과 풋옵션 매수 포지션의 베가의 부호는 같다.
- 콜옵션 매도포지션의 감마와 풋옵션 매수포지션의 로우의 부호는 같다.
- 콜옵션 매도포지션과 풋옵션 매수 포지션의 델타의 부호는 같다.

① 1개　　　② 2개
③ 3개　　　④ 4개

84. 베이시스 헤지에 대한 설명으로 올바르지 않은 것은?

① 베이시스는 보유비용의 개념이다.
② 베이시스는 선물가격에서 현물가격을 차감한 값이다.
③ 헤지비율은 현물포지션의 크기에 대한 선물포지션의 크기의 비율을 찾는 것이다.
④ 제로베이시스 헤지는 만기시점 이전에 선물을 청산할 경우 달성할 수 있으며, 이때 위험이 사라지는 효과가 생긴다.

85. 장외파생상품에 대한 설명으로 올바르지 않은 것은?

① 경쟁매매를 통해 가격이 결정된다.
② 거래상대방 위험이 있다.
③ 상품설계의 유연성이 높아 맞춤형 거래가 가능하다.
④ 다양한 상품이 거래된다.

86. 풋-콜 패리티를 통해 풋옵션을 복제한 것으로 올바른 것은?

① 주식매도, 콜옵션 매수, 채권매도(차입)
② 주식매도, 콜옵션 매수, 채권매수(투자)
③ 주식매수, 콜옵션 매수, 채권매수(투자)
④ 주식매수, 콜옵션 매도, 채권매도(차입)

87. 옵션의 합성전략에 대한 설명으로 가장 올바르지 않은 것은? (단, 언급한 변수 외의 모든 조건이 동일한 옵션을 가정한다)

① 풋-불 스프레드를 포지션을 구축하면 포지션 구축 초기에 현금유입이 발생한다.
② 스트래들 매입은 행사가격이 같은 콜옵션과 풋옵션을 각각 1개씩 매입하여 구축한다.
③ 콜-불 스프레드는 높은 행사가격의 콜옵션을 매입하고 낮은 행사가격의 콜옵션을 매도해야 한다.
④ 스트랭글 매도는 행사가격이 높은 콜옵션을 매도하고, 행사가격 낮은 풋옵션을 매도하여 구축할 수 있다.

투자운용결과분석 (4문제)

88. 다음 보기 중 내부수익률에 대한 설명으로 올바른 것은 총 몇 개인가?

- 투자자의 투자성과 평가에 적절한 수익률이다.
- 펀드의 현금 유입과 유출 시기에 따라 수익률의 값이 달라질 수 있다.
- 운용기간 동안 각 시점별로 펀드성과와 시장수익률을 비교하기 쉽다.
- 총 투자기간을 세부기간으로 구분하여 세부기간별 수익률을 계산하여 기하학적으로 연결하여 총 수익률을 계산한다.

① 1개　② 2개
③ 3개　④ 4개

89. 상대적 위험을 측정하는 지표는 몇 개인가?

| 표준편차, 하락편차, 베타, 잔차위험 |

① 1개　② 2개
③ 3개　④ 4개

90. 성과평가에 대한 설명으로 잘못된 것은?

① 샤프비율은 실현된 총위험 1단위에 대한 포트폴리오 위험프리미엄 값이다.
② 트레이너비율은 체계적위험 1단위에 대한 포트폴리오 위험프리미엄 값이다.
③ 정보비율이 크다는 것은 펀드매니저가 부담한 위험이 크다는 의미이다.
④ 젠센의 알파는 펀드매니저가 달성한 초과수익을 절댓값으로 나타낸 값이다.

91. 다음 정보를 이용하여 계산한 젠센의 알파는 얼마인가?

- 포트폴리오 수익률 10%
- 벤치마크 수익률 7%
- 포트폴리오 베타 0.8
- 무위험이자율 4%

① 3.0%　② 3.6%
③ 5.0%　④ 6.4%

거시경제 (4문제)

92. IS-LM모형에서 국민소득이 증가하는 경우에 해당하지 않는 것은? (단, IS곡선은 우하향하고, LM곡선은 우상향하는 것을 가정한다)

① 물가수준이 하락한다.
② 세율을 낮춘다.
③ 통화발행을 증가시킨다.
④ 정부의 재정지출을 축소시킨다.

93. 국민소득에 대한 설명으로 가장 올바르지 않은 것은?

① 생산국민소득, 분배국민소득, 지출국민소득은 모두 같은 금액이다.
② 국내총생산은 국내총생산물의 최종가치의 합계 혹은 부가가치의 합계액이다.
③ 국민총소득은 해외로부터 국민이 받은 소득과 국내총생산 중에서 외국인에게 지급한 소득을 모두 더하여 계산한다.
④ 실질국민총소득은 실질국내총생산에 교역조건변화에 따른 실질무역소득을 더하고 실질 국외순수취요소소득을 더해준 값이다.

94. 실업에 대한 설명으로 틀린 것은?

① 군인과 재소자를 제외한 만 15세 이상 인구 중 일할 수 있는 능력과 취업의사를 동시에 갖춘 사람을 경제활동인구라고 한다.
② 경제활동참가율은 취업자대비 경제활동인구이다.
③ 실업자가 경제활동인구에서 차지하는 비율이 실업률이다.
④ 취업자수는 경기종합지수의 후행지표이다.

95. 다음은 경기순환에 대한 설명이다. 가장 올바르지 않은 것은?

① 경기순환은 경기 확장국면과 경기 수축국면이 반복되는 현상이다.
② 순환주기는 경기 저점에서 다음 경기 고점까지의 기간을 의미한다.
③ 기준 순환일은 경기순환의 국면전환이 발생하는 경기 전환점을 의미한다.
④ 경기변동은 계절요인, 불규칙요인, 추세요인, 순환요인등으로 구분할 수 있다.

분산투자기법   5문제

96. 시장에는 A와 B자산이 있으며, 무위험수익률은 1%이고 시장포트폴리오 수익률이 3%이다. CAPM이 성립할 때, A와 B자산의 과대, 과소 여부를 평가한 것으로 가장 올바른 것은?

구분	베타	기대수익률
A자산	2	4%
B자산	1	5%

① A자산은 과소평가 되었으며, B자산은 과대평가 되었다.
② A자산은 향후 주가하락이 예상되고, B자산은 향후 주가상승이 예상된다.
③ 두 자산은 모두 적정하게 평가되었다.
④ 두 자산은 모두 과소평가 되었다.

97. A주식과 B주식에 각각 50%를 투자하여 포트폴리오를 구성할 때, 〈보기〉의 정보를 이용하여 계산한 포트폴리오의 베타는?

- A주식 베타 : 1.5
- B주식 베타 : 2.5
- 무위험수익률 : 연 2%
- 시장포트폴리오 기대수익률 : 연 6%

① 0.5 ② 1.0
③ 1.5 ④ 2.0

98. 다음 보기에 설명하는 내용은 무엇인가?

> 상황변화가 있을 경우 포트폴리오가 갖는 원래의 특성을 그대로 유지하는 전략이다.

① 리밸런싱
② 업그레이딩
③ 자본시장선
④ 효율적 포트폴리오

99. 모든 자산의 위험이 동일하고 자산의 수익률이 다음과 같을 때 효율적인 자산은 어느 것인가?

미래상황	확률	A자산	B자산	C자산	D자산
불황	20%	-5%	-4%	-6%	-7%
정상	50%	3%	4%	5%	8%
호황	30%	7%	8%	9%	10%

① A　　　　② B
③ C　　　　④ D

100. 주식형펀드의 주식의 기대수익률은 11%이며 표준편차는 4%이다. 무위험채권의 기대수익률은 3%이다. 주식형펀드는 주식과 채권을 70:30의 비율로 편입한다. 이 주식형펀드의 RVAR은 얼마인가?

① 1.5　　　　② 2.0
③ 2.5　　　　④ 2.8

투자자산운용사

이것만
공부하면
80점 합격

최근
시험
다시보기
(제42회 2025.07.20.시행)

gosinet
(주)고시넷

투자자산운용사 최근 시험 다시보기

세제관련 법규 및 세무전략 7문제

01. 국세기본법상 국세에 해당하지 않는 것은?

① 부가가치세
② 취득세
③ 개별소비세
④ 농어촌특별세

02. 〈보기〉의 ( ) 안에 들어갈 내용으로 가장 적절한 것은?

〈보기〉
소득 중에 종합소득에 합산하지 않는 소득으로는 양도소득, (　　)이 있으며 이러한 분류소득은 별도로 과세한다.

① 사업소득　　② 퇴직소득
③ 연금소득　　④ 기타소득

03. 소득세법상 거주자에게 지급하는 금융소득 중 원천징수세율이 가장 높은 것은?

① 비실명거래로 인한 이자소득
② 법인세법에 따라 배당으로 처분된 금액
③ 비영업대금의 이자
④ 내국법인으로부터 수령하는 잉여금의 배당

04. 소득세법상 적격집합투자기구의 이익에 대한 설명으로 가장 올바른 것은?

① 집합투자증권 및 외국집합투자증권을 계좌 간 이체, 집합투자증권의 실물양도의 방법으로 거래하여 발생하는 이익은 집합투자기구의 이익에 해당하지 않는다.
② 증권시장에 상장된 증권을 대상으로 하는 장내파생상품의 이익은 집합투자기구로부터의 이익계산에 포함하지 않는다.
③ 집합투자기구로부터의 이익은 배당소득으로 과세하고 각 소득의 내용별로 구분하여 과세한다.
④ 집합투자기구로부터의 이익은 집합투자기구가 이익을 계산한 날에 귀속된다.

05. 소득세법상 〈보기〉의 자산의 양도소득세율의 총합계는 얼마인가?

〈보기〉
• 대주주가 아닌 자가 중소기업 주식을 양도하여 발생한 소득
• 대주주가 1년 미만 보유한 중소기업 외의 주식을 양도하여 발생한 소득
• 국내 주가지수 관련 파생상품을 양도하여 발생한 소득

① 30%　　② 40%
③ 50%　　④ 60%

06. 증권거래세법상 〈보기〉의 거래에서 증권거래세 납부의무를 갖는 주체로 가장 적절한 것은?

〈보기〉
국내 사업장을 가지고 있지 아니한 비거주자가 주권을 금융투자업자를 통하지 않고 거주자에게 양도하였고, 양수한 거주자는 해당 주권을 예탁결제원에 예탁하였다.

① 한국예탁결제원
② 주권을 양도한 비거주자
③ 주권을 양수한 거주자
④ 금융투자업자

07. 「상속세 및 증여세법」상 증여재산공제와 관련하여 〈보기〉의 ( ) 안에 들어갈 내용을 순서대로 적절하게 나열한 것은?

〈보기〉
미성년자에 해당하지 아니하는 자녀가 직계존속으로부터 증여를 받은 경우 (   )을 단위로 하여 (   )까지의 금액을 증여세 과세가액에서 공제한다.

① 5년, 2,000만 원
② 5년, 5,000만 원
③ 10년, 2,000만 원
④ 10년, 5,000만 원

금융상품   8문제

08. 조세특례제한법상 개인종합자산관리계좌(ISA)와 관련하여 〈보기〉에서 적절하게 설명한 것의 개수는?

〈보기〉
• 직전연도에 금융소득을 종합과세신고한 개인은 개인종합자산관리계좌(ISA)에서 제공하는 세제혜택을 받지 못한다.
• 일반형의 비과세 한도는 200만 원이다.
• 의무가입기간 3년이 경과하기 전에 중도해지를 하면 세제혜택을 받지 못할 수 있다.

① 0개   ② 1개
③ 2개   ④ 3개

09. 연금저축에 대한 설명으로 가장 적절한 것은?

① 연간 납입한도는 1,200만 원이다.
② 운용기간 동안 발생한 이자와 배당소득은 분리과세 된다.
③ 연금계좌세액공제를 받은 납입액은 그 금액과 관계없이 동일한 연금소득세율이 적용된다.
④ 해외로 이주하게 되면 연금 외 방법으로 수령하며 종합과세소득에서 제외한다.

10. 〈보기〉 중 예금자 보호대상 금융상품은 총 몇 개인가?

〈보기〉
• 은행이 발행한 표지어음
• 고객이 증권매수에 사용하지 않고 고객계좌에 현금으로 남아 있는 금액
• 투자중개업자가 보관하는 고객의 청약 예수금

① 0개   ② 1개
③ 2개   ④ 3개

11. 생명보험상품에 대한 설명으로 올바른 것은 총 몇 개인가?

〈보기〉
- 체증식 보험은 기간이 경과함에 따라 보험료가 증가하는 보험이다.
- 사망정기보험은 피보험자가 정해진 기간 안에 사망할 때 보장하는 보험이다.
- 감액보험은 보험가입 후 일정기간 내에 보장사고가 발생했을 때 보험금을 감액하는 보험이다.

① 0개　　② 1개
③ 2개　　④ 3개

12. 금융투자상품에 대한 〈보기〉의 설명 중 올바른 것은 총 몇 개인가?

〈보기〉
- 자본시장법상 익명조합은 출자금에 대한 지분증권을 발행할 수 있다.
- 원본을 초과하여 손실 가능성이 있으면 파생상품이다.
- 집합투자업자는 투자신탁의 수익증권을 발행할 수 있다.

① 0개　　② 1개
③ 2개　　④ 3개

13. 자본시장법상 〈보기〉에서 설명하는 금융투자상품으로 가장 적절한 것은?

〈보기〉
기초자산의 가격·이자율·지표·단위 또는 이를 기초로 하는 지수 등의 변동과 연계하여 미리 정해진 방법에 따라 지급금액 또는 회수금액이 결정되는 권리가 표시된 금융상품

① 파생상품　　② 파생결합증권
③ 수익증권　　④ 투자계약증권

14. 주택저당증권(MBS)에 대한 설명으로 가장 거리가 먼 것은?

① 조기상환에 의해 투자자의 수익이 변동할 수 있다.
② 주택저당대출의 형식에 따라 다양한 상품 구성이 가능하다.
③ 주택저당대출의 만기가 길더라도 대체로 단기로 발행된다.
④ 별도의 신용보강 등을 통해 발행하여 높은 신용등급으로 발행할 수 있다.

15. 「근로자퇴직급여 보장법」상 퇴직연금제도에 대한 설명으로 가장 거리가 먼 것은?

① 확정급여형 퇴직연금의 경우 적립금 운용주체는 사용자이다.
② 확정기여형 퇴직연금의 경우 적립금 운용수익은 근로자에게 귀속된다.
③ 확정기여형 퇴직연금의 경우 근로자의 퇴직급여 수준이 사전에 확정되어 있다.
④ 개인형 퇴직연금(IRP)의 경우 사전에 지정한 운용방법에 따라 적립금이 운용될 수 있다.

부동산관련 상품 [5문제]

16. 부동산 투자분석에 대한 설명으로 가장 거리가 먼 것은?

① 대출비율은 저당대출원금을 부동산 가격으로 나눈 값이다.
② 부채상환비율은 상환 원리금을 상환 전의 순수입으로 나눈 값이다.
③ Cash on Cash 수익률은 화폐의 시간가치를 고려하지 아니하는 수익률이다.
④ 자본환원율은 수익형 부동산의 1년간 순영업이익을 부동산 가격으로 나눈 비율이다.

17. 다음 〈보기〉의 정보를 통해 계산한 A부동산 투자의 수익성 지수 값은 얼마인가?

〈보기〉
- 3년 현가계수 $(1+R)^3$: 1.3
- A부동산 매입금액 : 1,000억 원
- 3년 후 A부동산 매각으로 발생하는 현금유입액 : 2,600억 원
- A부동산 보유기간 중에 발생하는 현금흐름의 현재가치 : 150억 원

① 1.25
② 1.50
③ 2.15
④ 2.50

18. 「국토의 계획 및 이용에 관한법률」에 따른 용적률이 큰 순서대로 적절하게 나열한 것은?

① 주거지역 – 상업지역 – 녹지지역
② 녹지지역 – 상업지역 – 주거지역
③ 상업지역 – 주거지역 – 녹지지역
④ 상업지역 – 녹지지역 – 주거지역

19. 부동산투자회사법상 부동산 투자회사(리츠)에 해당하지 않는 것은?

① 개발형 리츠
② 자기관리 리츠
③ 위탁관리 리츠
④ 기업구조조정 리츠

20. 부동산감정평가 방식 중 거래사례비교법에 대한 설명으로 가장 거리가 먼 것은?

① 시점수정, 사정보정을 고려하여 거래사례 대상 부동산을 선택한다.
② 위치의 유사성, 물적 유사성을 고려하여 거래사례가 될 수 있는 부동산을 선택한다.
③ 거래사례비교법에 의하여 최종적으로 산정된 가격을 비준가격이라 한다.
④ 평가대상 부동산의 시장성을 반영하나 수익성을 반영하지 못한다.

대안투자운용/투자전략   5문제

21. 다음 중 대안투자상품만을 적절하게 나열한 것은?

① MMF, 부동산펀드
② MMF, 혼합자산펀드
③ 부동산펀드, 일반상품펀드
④ 부동산펀드, 채권형펀드

22. 사모펀드(private equity fund)에 대한 설명으로 가장 거리가 먼 것은?

① 업무집행사원은 유한책임사원 중에서 선정한다.
② 무한책임사원은 본인이 출자한 금액을 초과하는 금액까지 책임진다.
③ 무한책임사원은 PEF의 설립 및 운용을 담당한다.
④ PEF의 투자회수방법으로 타 사모펀드(PEF)에 매각하여 현금화(exit)할 수도 있다.

23. 전환증권 차익거래전략과 관련하여 〈보기〉에서 전환증권 차익거래자가 선호하는 전환사채의 속성에 해당하는 것의 개수는 모두 몇 개인가?

〈보기〉
- 유동성이 높은 전환사채
- 전환 프리미엄이 높은 전환사채
- 기초자산의 배당률이 높은 전환사채

① 0개　② 1개
③ 2개　④ 3개

24. 헤지펀드 운용전략 중 글로벌 매크로 전략에 대한 설명으로 가장 거리가 먼 것은?

① 유동성이 풍부한 외환, 국채, 원자재 등에 투자를 선호한다.
② 자산운용에 있어 공매도, 레버리지를 적극적으로 사용한다.
③ 투자결정 시 Bottom-up 방식을 사용한다.
④ 증권이나 시장의 방향성에 근거하여 매매기회를 포착하는 방향성 전략에 해당한다.

25. 신용파생상품에 대한 설명으로 가장 거리가 먼 것은?

① CDS(Credit Default Swap)에서 보장매도자는 보장 프리미엄을 보장매수자로부터 수령한다.
② TRS(Total Return Swap)의 만기일에 준거자산의 가치보다 최초 계약일의 준거자산의 가치가 작을 경우 총수익매도자는 그 차이만큼을 총수익 매입자에게 지급해야 한다.
③ CDO의 Equity 트랜치는 초기에 Up-front 방식으로 수익을 한번에 받는다.
④ CDO의 Mezzanine 트랜치는 Senior 트랜치보다 위험과 수익이 낮다.

해외증권투자운용/투자전략　5문제

26. 해외투자 포트폴리오의 구축에 대한 일반적인 설명으로 가장 거리가 먼 것은?

① 상향식 접근방법의 경우 세계경제를 글로벌화된 산업들의 집합으로 본다.
② 하향식 접근방법의 경우 투자대상국의 거시경제 변수를 고려하여 국가 비중을 결정한다.
③ 소극적 전략의 경우 벤치마크 포트폴리오의 구성을 정확히 모방함으로써 거래비용을 낮출 수 있다.
④ 적극적 전략의 경우 시장이 비효율적이고 정보가 자산가격에 즉시 반영되지 못한다고 가정한다.

27. 해외주식발행에 대한 일반적인 설명으로 가장 거리가 먼 것은?

① 본국에서 거래되는 주식을 그대로 해외주식시장에 상장하는 방법도 있다.
② 달러표시로 전환하여 미국과 미국이외의 거래소에 동시에 상장시 발행하는 예탁증서는 EDR이다.
③ 미국에 DR형태로 상장하기 위해서는 미국증권거래위원회에 등록을 해야 한다.
④ 본국거래소의 주식을 해외거래소에 상장할 때 DR 형태로 상장하는 방법도 있다.

28. 해외거래소에 복수상장한 기업에 대한 효과로 가장 거리가 먼 것은?

① 기업의 인지도 제고
② 자본조달비용의 절감
③ 상장유지비용의 절감
④ 자금조달원의 확장

29. 국제채권시장에 대한 설명으로 가장 적절하지 않은 것은?

① 일본에서 외국기업이 엔화로 채권을 발행하면 외국채이다.
② 유로채는 무기명식채권의 형태로 발행되어 별도의 등록절차를 거치지 않는다.
③ 미국에서 달러표시 채권을 발행하기 위해서는 공인된 신용평가기관으로부터 신용등급을 받아야 한다.
④ 딤섬본드는 중국 본토에서 외국인이 위안화로 발행하는 채권이다.

30. 〈보기〉의 ( ) 안에 들어갈 용어와 그 순서로 가장 적절한 것은?

〈보기〉
T-note는 만기 1년 이상 10년 이하의 중기채로 ( )형태로 발행되며, T-bond는 만기 10년 이상 장기채로 ( )형태로 발행된다.

① 할인채, 할인채
② 할인채, 이표채
③ 이표채, 이표채
④ 이표채, 할인채

투자분석기법   12문제

31. 통계자료 분석에 대한 설명으로 가장 거리가 먼 것은?

① 중앙값은 자료의 수 n이 짝수일 때 n/2번째 값과 (n/2)+1번째 값의 평균을 구하여 측정한다.
② 범위는 자료의 산포를 나타내는 지표이다.
③ 상관계수는 두 확률변수의 공분산을 각각의 분산으로 나눈 값이다.
④ 공분산이 0(zero)이면 두 변수간에는 아무런 선형의 상관관계가 없다.

32. 재무비율에 대한 설명으로 가장 적절한 것은?

① 매출채권 회전율이 급격히 상승하는 경우 매출채권에 높은 할인율을 적용하여 현금화 하였을 가능성이 있어 부실의 징후로 해석될 수 있다.
② 총자산회전율이 하락하고 있는 것은 경영의 효율이 하락하고 있거나 기계설비가 노후화되고 있는 경우에 발생할 수 있다.
③ 고정비용보상비율이 낮다는 것은 해당 기업이 부채의 레버리지 효과를 충분히 활용하지 못하고 있는 것을 의미한다.
④ 부채비율이 높을수록 기업의 위험이 증가하여 주주들의 기대수익률이 낮아지게 된다.

33. A기업의 재무정보가 〈보기〉와 같을 때, A기업의 총자산이익률(ROA)은?

〈보기〉
- 매출액순이익률 : 0.1
- 총자산회전율 : 4.0

① 0.4
② 1.0
③ 1.5
④ 2.5

34. 레버리지에 대한 설명으로 가장 거리가 먼 것은?

① 영업레버리지도는 판매량의 변화율을 영업이익의 변화율로 나눈 값이다.
② 재무레버리지도는 주당이익의 변화율을 영업이익의 변화율로 나눈 값이다.
③ 결합레버리지도는 주당 순이익의 변화율을 판매량의 변화율로 나누어 계산한다.
④ 기업의 고정비의 변동이 없다면 영업이익이 증가할수록 재무레버리지도는 1로 수렴한다.

35. 간접법을 이용하여 영업활동으로 인한 현금흐름 계산 시 당기순이익에 가산하는 항목으로 가장 거리가 먼 것은?

① 유가증권 처분손실
② 매출채권의 증가
③ 설비자산 처분손실
④ 재고자산의 감소

36. Tobin's Q에 대한 설명으로 가장 거리가 먼 것은?

① Tobin's Q는 자산의 시장가치를 자산의 대체원가로 나눈 값이다.
② Tobin's Q비율이 높을수록 투자수익성이 양호하고 경영이 효율적임을 나타낸다.
③ Tobin's Q비율이 낮을수록 적대적 M&A의 대상이 되는 경향이 있다.
④ Tobin's Q비율 계산 시 대체원가는 현재가치가 아니라 장부가에 기반을 두고 있다.

37. 〈보기〉에서 설명하는 내용은 다우이론의 어느 국면과 가장 가까운가?

〈보기〉
전반적인 경제 여건 및 기업의 영업수익이 호전됨으로써 일반투자자들의 관심이 고조되어 주가가 상승하고 거래량도 증가하게 되며, 마크업(mark-up)국면이라고도 한다.

① 강세시장의 1국면
② 강세시장의 2국면
③ 약세시장의 1국면
④ 약세시장의 2국면

38. 추세분석과 관련하여 그랜빌(J. E. Granville)의 주가 이동평균선을 이용하는 경우 매입신호로 보는 상황으로 가장 적절한 것은?

① 이동평균선이 상승한 후 하락국면에서 주가가 이동평균선을 하향 돌파하는 경우
② 주가가 이동평균선 아래에서 상승세를 보이다가 이동평균선을 상향 돌파하지 못하고 하락하는 경우
③ 주가가 상승하고 있는 이동평균선을 상향 돌파한 후 급등하는 경우
④ 주가가 하락하고 있는 이동평균선을 하향 돌파한 후 급락하는 경우

39. 주가패턴에 대한 설명으로 가장 거리가 먼 것은?

① 이중천장형은 주가 반전형 패턴이다.
② 원형바닥형은 주가의 상승추세가 완만한 곡선을 그리면서 서서히 하락하는 추세로 전환되는 패턴이다.
③ 확대형은 주가의 등락폭이 좁아지면서 점차 그 등락 폭이 확대되는 형태이다.
④ 다이아몬드형은 확대형과 대칭 삼각형이 서로 합쳐진 모양이다.

40. 산업구조의 변화와 관련하여 헥셔-올린 모형에 대한 설명으로 가장 적절한 것은?

① 경제가 성장하기 위해서는 생산요소의 내생적 축적이 중요하다.
② 생산요소의 절대적 부존도 차이가 각 국가의 무역패턴을 결정한다.
③ 노동이 상대적으로 풍부한 국가는 노동집약적 제품에서 비교우위를 갖는다.
④ 시장실패가 있는 상태에서 국제무역을 통한 국가 간 경쟁이 이루어지면 정부의 전략적 개입이 사회후생을 증대시킬 수 있다.

41. 다음 〈보기〉에서 설명하는 산업의 라이프사이클의 단계로 가장 적절한 것은?

〈보기〉
- 기업들이 업종 다각화를 적극적으로 추진한다.
- 이익률의 하락으로 적자 기업이 다수 발생하기 시작한다.
- 매출액 증가율이 시장 평균보다 낮아지거나 감소하게 된다.

① 도입기 ② 성장기
③ 성숙기 ④ 쇠퇴기

42. 산업 내에 동일한 규모를 갖는 기업이 4개 존재한다. 이 산업의 허핀달지수(HHI)와 가장 가까운 값은? (단, 시장점유율은 소수점으로 계산한다)

① 0.10 ② 0.25
③ 0.45 ④ 0.50

리스크관리 (8문제)

43. 몬테카를로 시뮬레이션에 의한 VaR 계산으로 가장 올바르지 않은 것은?

① 주가 움직임에 대한 확률모형으로 기하학적 브라운 운동을 흔히 가정한다.
② 완전가치평가법에 해당한다.
③ 리스크 요인의 분포가 정규 분포하는 것만을 가정한다.
④ 비선형의 형태를 보이는 자산이 포트폴리오에 포함되어 있어도 신뢰성 있게 VaR를 계산한다.

44. VaR 측정방법 중 스트레스 검증에 대한 설명으로 가장 거리가 먼 것은?

① 포트폴리오가 다수의 리스크 요소에 의존하는 경우 그 유용성이 높아진다.
② 완전가치평가법을 이용하여 VaR을 측정한다.
③ 포트폴리오에 영향을 미치는 주요 변수들에 큰 변화가 발생했을 때를 가정하여 VaR를 계산한다.
④ 과거 데이터가 없는 경우에도 사용할 수 있다.

45. VaR의 유용성에 대한 설명으로 가장 거리가 먼 것은?

① 기존의 회계자료가 제공하지 못한 리스크에 대한 정보를 제공한다.
② 역사적 시뮬레이션 방법과 델타-노말 방법에 의한 VaR 측정치는 모두 동일하다.
③ 과거에 발생하지 않았던 상황이 발생하여 구조적인 변화가 생기면 VaR의 유용성이 떨어진다.
④ VaR를 계산하는 기간에 따라 VaR의 값은 달라진다.

46. 현재 포트폴리오 VaR는 100억 원이다. 다음의 두 자산 중 하나를 포트폴리오에 편입하려고 한다. 어느 자산을 편입하는 것이 포트폴리오 전체적인 측면에서 가장 효율적인지 판단하려고 한다. 편입할 자산과 해당 자산의 한계(Marginal) VaR의 값으로 가장 올바른 것은? (단, 두 자산의 투자금액은 동일하다)

구분	A자산	B자산
기대수익률	12%	12%
VaR	110억 원	90억 원
자산 편입 후 포트폴리오의 VaR	140억 원	160억 원

① A자산, 30억 원 ② A자산, 40억 원
③ B자산, 60억 원 ④ B자산, 70억 원

47. KMV의 부도모형에 대한 설명으로 가장 거리가 먼 것은?

① 기업의 주식가치를 자산가치가 기초자산이고 부채금액이 행사가격인 콜옵션으로 보고 이를 계산한다.
② 미래 자산가치가 부채가치보다 낮아지면 채무불이행이 나타난다고 본다.
③ 부도거리가 표준 정규분포를 따른다고 할 경우, 부도거리가 3이라면 부도거리 3이내에서 채무불이행이 발생할 확률을 계산한다.
④ 특정 기간 내에 기업의 자산가치가 상환해야 할 부채규모 이하로 떨어질 확률을 계산하고, 이 확률과 실제 부도율과의 관계를 파악하여 기대 채무불이행 빈도를 계산한다.

48. 신용손실분포로부터 신용 리스크를 측정하는 모형에 대한 설명으로 가장 거리가 먼 것은?

① 신용손실분포는 정규분포와 비교시 한쪽으로 꼬리가 얇으면서 짧은 모양을 갖는다.
② 평균과 분산의 모수적 추정의 방법으로 신용리스크를 측정하는 것은 바람직하지 않다.
③ 신용 리스크에 따른 손실의 불확실성에 의하여 신용 리스크를 측정할 수 있다.
④ MTM모형은 부도발생뿐만 아니라 신용등급 변화에 따른 손실 리스크도 신용리스크에 포함한다.

49. 부도모형으로 계산한 예상손실과 예상손실의 변동성이 같은 경우 부도율은 얼마인가? (단, 부도율은 베르누이 분포를 하고, 부도율은 양의 값을 갖는다)

① 10%   ② 25%
③ 50%   ④ 60%

50. A자산의 VaR이 8억 원, B자산의 VaR이 15억 원이고 두 자산 수익률 간 상관계수가 '0(zero)'인 경우, 두 자산 A, B를 매입하여 구성한 포트폴리오의 분산효과로 인한 VaR 위험감소 효과는 얼마인가? (단, VaR은 델타-노말 방법으로 측정한다고 가정한다)

① 6.0억 원   ② 7.0억 원
③ 11.5억 원   ④ 12.0억 원

직무윤리 [5문제]

51. 「금융투자회사 표준내부통제기준」상 금융투자회사의 임직원이 일반투자자에게 투자권유를 하는 경우 과당매매의 판단기준으로 가장 거리가 먼 것은?

① 일반투자자가 부담하는 수수료의 총액
② 일반투자자의 재산상태 및 투자목적에 적합한지 여부
③ 일반투자자가 얻은 수익의 크기 혹은 수익률
④ 일반투자자의 투자지식이나 경험에 비추어 해당 거래에 수반되는 위험을 잘 이해하고 있는지 여부

52. 「금융투자회사의 금융소비자보호 표준내부통제기준」상 〈보기〉에서 금융소비자보호 내부통제위원회의 의결사항으로 적절한 것의 개수는?

〈보기〉
- 임직원의 성과보상체계에 대한 금융소비자보호 측면에서의 평가
- 중요 민원·분쟁에 대한 대응 결과
- 금융상품의 개발 관련 정보공시에 관한 사항

① 0개　　② 1개
③ 2개　　④ 3개

53. 일반금융소비자와 전문금융소비자 모두에게 공통으로 적용되는 영업행위 일반원칙으로 가장 적절한 것은?

① 적정성 원칙
② 설명의무
③ 부당권유 행위 금지
④ 적합성 원칙

54. 「금융투자회사 표준내부통제기준」상 금융투자업 종사자가 준수해야 하는 내용에 대한 설명으로 가장 적절한 것은?

① 투자성과를 보장할 경우 원금에 대한 보장인지, 기대수익률에 대한 보장인지 명확하게 구분하여 표시해야 한다.
② 투자권유를 받은 금융소비자가 이를 거절한 후 1개월이 지난 후에 해당 금융상품을 재권유할 수 있다.
③ 어떠한 일이 있더라도 고객 정보를 제3자에게 제공할 수 없다.
④ 특정한 정보가 비밀정보인지 불명확한 경우 그 정보를 이용하기 전에 정보담당 부서장의 사전확인을 받아야 하며, 사전 확인을 받기 전까지 해당 정보는 비밀정보로 관리한다.

55. 「금융투자회사 표준내부통제기준」상 영업관리자에 대한 설명으로 가장 거리가 먼 것은?

① 영업관리자가 되기 위해서는 영업점에서 1년 이상 근무한 경력이 있는 자로서 당해 영업점에 상근하고 있어야 한다.
② 영업관리자는 연 1회 이상 법규 및 윤리관련 교육을 받아야 한다.
③ 영업관리자의 준법감시업무로 인해 인사·급여 등에서 불이익을 받지 않아야 한다.
④ 직무윤리측면에서 영업관리자 업무를 수행하기 때문에 윤리의식을 고취하기 위해 영업관리자는 업무수행에 따른 보상을 받을 수 없다.

자본시장 관련 법규 11문제

56. 자본시장법상 인가대상 금융투자업이 아닌 것은?

① 신탁업　　② 투자일임업
③ 투자중개업　　④ 투자매매업

57. 금융투자업규정상 금융투자업자의 재무건전성 규제에 대한 설명으로 가장 거리가 먼 것은?

① 순자본비율의 기초가 되는 금융투자업자의 자산, 부채, 자본은 연결재무제표에 계상된 장부가액을 기준으로 한다.
② 순자본비율은 총위험액을 필요유지 자기자본으로 나눈 값이다.
③ 필요유지 자기자본은 금융투자업자가 영위하는 인가업무 또는 등록업무 단위별로 요구되는 자기자본을 합계한 금액이다.
④ 레버리지비율은 자기자본에 대한 총자산의 비율을 백분율(%)로 표시한 수치이다.

58. 자본시장법상 투자매매업자의 신용공여에 대한 설명으로 가장 거리가 먼 것은?

① 신용공여한도는 투자매매업자의 총자산의 범위 이내로 한다.
② 한국거래소가 관리종목으로 지정한 증권의 경우에는 신규의 신용거래를 하여서는 아니 된다.
③ 신용공여를 하고자 할 경우에는 투자자와 신용공여에 대한 약정을 체결해야 한다.
④ 청약자금을 대출할 때에는 청약하여 배정받은 증권을 담보로 징구해야 한다.

59. 투자매매업자의 투자자예탁금에 대한 설명으로 가장 거리가 먼 것은?

① 투자자 예탁금은 고유재산과 구분하여 증권금융회사에 예치하거나 신탁회사에 신탁해야 한다.
② 예치금융투자업자인 은행과 보험은 투자자예탁금의 신탁에 있어 자기계약을 할 수 없다.
③ 예치기관이 인가취소, 파산이 발생할 경우 예치 금융투자업자에게 예치 또는 신탁 받은 투자자예탁금을 우선하여 지급해야 한다.
④ 누구든지 예치기관에 예치 또는 신탁한 투자자예탁금을 상계·압류하지 못한다.

60. 자본시장법상 공모집합투자기구의 자산총액의 100분의 30을 동일종목 증권에 투자할 수 있는 금융상품은 모두 몇 개인가?

〈보기〉
• 지방채증권
• 한국은행통화안정증권
• 파생결합증권

① 0개　　② 1개
③ 2개　　④ 3개

61. 자본시장법상 공모집합투자기구의 금전의 차입 및 대여와 관련하여 〈보기〉의 ( ) 안에 들어갈 숫자의 합으로 가장 적절한 것은?

〈보기〉
• 집합투자업자가 집합투자재산을 운용함에 있어서 예외적으로 집합투자기구의 계산으로 금전을 차입하는 경우 그 차입금의 총액은 차입 당시 집합투자기구 자산총액에서 부채총액을 뺀 가액의 100분의 ( )을 초과하여서는 아니 된다.
• 집합투자업자는 부동산집합투자기구의 집합투자재산으로 부동산개발사업을 영위하는 법인에 대하여 금전을 대여하는 경우 그 대여금의 한도는 해당 부동산집합투자기구의 자산총액에서 부채총액을 뺀 가액의 100분의 ( )으로 한다.

① 110　　② 120
③ 170　　④ 210

62. 자본시장법상 공모집합투자기구의 이해관계인과의 거래에 대한 설명으로 가장 거리가 먼 것은?

① 집합투자업자는 이해관계인이 되기 3개월 이전에 체결한 계약에 따른 거래를 할 수 있다.
② 집합투자업자는 이해관계인의 변경시 신탁업자에게 통보해야 한다.
③ 일반적인 거래조건에 비추어 집합투자기구에 유리한 경우 집합투자업자의 계열회사와 거래할 수 있다.
④ 집합투자업자는 집합투자기구의 계산으로 집합투자업자가 발행한 지분증권을 취득할 수 없다.

63. 자본시장법상 투자일임업자가 투자일임재산을 운용하면서 자기 또는 관계인수인이 인수한 증권을 매수할 수 없는 경우는?

① 인수일부터 3개월이 지난 후 매수하는 경우
② 특수채증권을 매수하는 경우
③ 주권 관련 사채권을 매수하는 경우
④ 증권시장에서 매수하는 경우

64. 자본시장법상 집합투자기구에 대한 설명으로 가장 거리가 먼 것은?

① 2인 이상의 투자자로부터 모은 금전 등을 운용하는 행위
② 투자자로부터 일상적인 운용지시를 받지 아니하면서 투자대상 자산의 취득, 처분등을 하는 행위
③ 운용한 투자결과를 그 운용자에게 배분하여 귀속시키는 행위
④ 집합투자기구는 집합투자를 수행하기 위한 기구이며, 자본시장법상 인가대상이다.

65. 자본시장법상 집합투자기구의 이익금 분배에 대한 설명으로 가장 거리가 먼 것은?

① MMF는 집합투자규약이 정하는 바에 따라 이익금의 분배를 집합투자기구에 유보할 수 있다.
② 투자회사는 이익금 전액을 주식을 새로 발행하여 분배하려는 경우 정관에서 정하는 바에 따라 이사회 결의를 거쳐야 한다.
③ 집합투자기구는 발생한 이익금을 투자자에게 새로 발행하는 집합투자증권으로 분배할 수 있다.
④ 투자회사의 경우 원칙적으로 순자산가액에서 최저순자산가액을 뺀 금액을 초과하여 이익금을 분배할 수 없다.

66. 자본시장법상 공공적 법인의 주식 소유제한에 대한 설명으로 가장 거리가 먼 것은?

① 공공적 법인 소유 지분율을 계산할 때에는 의결권 없는 주식은 발행주식 총수에 포함하여 계산한다.
② 특수관계인의 명의로 소유하는 때에는 자기의 계산으로 취득한 것으로 본다.
③ 소유비율 한도를 초과하는 주식을 소유하는 자는 그 초과분에 대하여 의결권을 행사할 수 없다.
④ 금융위원회는 초과하여 소유하는 주식에 대해서 6개월 이내의 기간을 정하여 소유기준에 맞게 시정할 것을 명할 수 있다.

한국금융투자협회규정 (3문제)

67. 한국금융투자협회의 「금융투자전문인력과 자격시험에 관한 규정」상 금융투자전문인력에 대한 설명으로 가장 거리가 먼 것은?

① 파생상품투자권유자문인력은 파생상품 및 파생결합증권에 해당하는 증권에 대하여 투자권유업무를 수행한다.
② 투자권유자문관리인력은 금융투자회사의 지점에 소속된 투자권유자문인력을 관리·감독한다.
③ 투자자산운용사는 신탁재산과 투자일임재산을 운용할 수 없으며, 집합투자재산만을 운용한다.
④ 금융투자분석사는 특정 금융상품의 가치에 대한 주장이나 예측을 담고 있는 자료를 작성하거나 이를 심사·승인하는 인력이다.

68. 한국금융투자협회의 「금융투자회사의 약관운용에 관한 규정」상 약관에 대한 설명으로 가장 거리가 먼 것은?

① 금융투자회사는 '외국집합투자증권 매매거래에 관한 표준약관'을 사용할 경우 표준약관 그대로 사용해야 한다.
② 약관은 그 명칭이나 형태를 불문하고 금융투자업 영위와 관련하여 금융투자회사가 다수의 고객과 계약을 체결하기 위하여 일정한 형식에 의하여 미리 작성한 계약의 내용을 말한다.
③ 금융투자회사는 약관을 제정 또는 변경하려는 경우에 약관의 제정 또는 변경 후 10일 이내에 협회에 보고해야 한다.
④ 금융투자협회는 금융투자회사가 법률의 규정에 의한 고객의 해제권을 제한하거나 행사를 제한하는 내용이 있는지 확인해야 한다.

69. 금융투자회사의 재산상 이익제공에 대한 내용으로 가장 거리가 먼 것은?

① 고객에게 제공한 재산상 이익의 가액이 최근 5개 사업연도 합산한 금액기준 10억 원을 초과하면 해당 내용을 공시해야 한다.
② 투자중개회사가 판매회사의 변경 또는 변경에 따른 이동액을 조건으로 하여 재산상이익을 제공할 수 없다.
③ 금융투자회사는 거래상대방에게 재산상 이익을 제공받은 경우 제공목적, 제공내용 등을 5년 이상 기록·보관해야 한다.
④ 금융투자회사는 재산상 이익의 제공현황 및 적정성 점검결과를 3년마다 이사회에 보고해야 한다.

주식투자운용/투자전략 (6문제)

70. 〈보기〉의 효율적 시장가설에 대한 설명으로 올바른 것은 모두 몇 개인가?

〈보기〉
• 효율적 시장가설은 패시브운용을 반박하는 논거로 주로 사용된다.
• 약형의 효율적 시장가설이 성립하면 기술적 분석을 통해 주가를 분석하는 것은 아무런 가치가 없다.
• 준강형의 효율적 시장가설이 성립하면 공개된 정보를 이용하여 이익을 얻는 것은 불가능하다.

① 0개   ② 1개
③ 2개   ④ 3개

71. 자산배분 전략에 대한 설명으로 가장 거리가 먼 것은?

① 자산배분전략을 통해 체계적인 자산운용전략을 수립하고 투자성과의 관리로 사용할 수 있다.
② 보험자산배분전략에 따르면 위험자산의 가치가 하락할수록 무위험자산의 투자비율이 증가한다.
③ 보험자산배분전략에서는 일반적으로 미래시장상황에 대한 예측을 하지 않는다.
④ 보험자산배분전략에 따르면 현재 자산가치와 만기 최저보장수익의 현재가치 차이가 쿠션이며, 쿠션에 대한 승수가 클수록 투자자의 위험회피성향이 높아진다.

72. 〈보기〉 중 주가가중방식으로 산출하는 주가지수로 적절한 것은 모두 몇 개인가?

〈보기〉
㉠ DJIA
㉡ Nikkei 225
㉢ KOSPI 200

① 0개　　　② 1개
③ 2개　　　④ 3개

73. 〈보기〉 중 성장투자 스타일에 대한 일반적인 설명으로 적절한 것은 모두 몇 개인가?

〈보기〉
• 역행투자, 고배당수익률 투자방식이다.
• 예측했던 EPS증가율이 예상대로 실현되지 않을 위험이 있다.
• 매출증가율이 시장보다 높으며 PER과 PBR이 높은 경향을 보이는 종목에 투자한다.

① 0개　　　② 1개
③ 2개　　　④ 3개

74. 주식 현물을 이용하여 인덱스펀드를 구성하는 최적화 방법에 대한 설명으로 가장 적절한 것은?

① 최적화 방법에 따르면 벤치마크를 구성하는 모든 종목을 벤치마크의 구성비율대로 사서 보유하여 벤치마크를 완벽하게 추종하면, 수익률을 가장 크게 만들 수 있다.
② 최적화법은 주어진 벤치마크에 대비한 잔차 위험이 허용수준 이상의 포트폴리오를 만드는 방법이다.
③ 최적화법으로 구성한 인덱스펀드는 미래의 시장이 과거와 상당히 다르면 실현된 잔차는 추정한 잔차와 크게 다를 수 있다.
④ 최적화법은 벤치마크에 포함된 대형주는 모두 포함하며 중소형주들은 펀드의 성격에 따라 일부 종목만을 포함한다.

75. 주식포트폴리오 모형에 대한 설명으로 적절한 것만을 〈보기〉에서 모두 고른 것은?

〈보기〉
㉠ 2차함수 최적화 모형은 기대수익과 기대위험에 대한 정확한 값을 추정하기 어렵다.
㉡ 포트폴리오 모형은 운용에 관한 의사결정 지원 및 성과요인 분석을 목적으로 한다.
㉢ 선형계획 모형은 일정한 제약조건을 만족시키는 포트폴리오 중에서 기대수익률을 최대화하는 방법이다.

① ㉠, ㉡　　　② ㉠, ㉢
③ ㉡, ㉢　　　④ ㉠, ㉡, ㉢

채권투자운용/투자전략 6문제

76. 채권의 맥컬레이 듀레이션과 관련하여 〈보기〉에서 적절하게 설명한 것의 개수는? (단, 다른 조건은 모두 동일하다고 가정한다)

〈보기〉
- 복리채의 듀레이션은 잔존만기보다 짧다.
- 이표채의 듀레이션은 표면금리가 낮을수록 감소한다.
- 무이표채권(zero coupon bond)의 듀레이션은 잔존만기와 동일하다.
- 수의상환채권의 듀레이션은 일반 채권보다 길다.

① 1개　　② 2개
③ 3개　　④ 4개

77. 국내 채권유통시장에 대한 일반적인 설명으로 가장 적절한 것은?

① 장외거래의 비중이 장내거래보다 크다.
② 장외거래는 거래조건이 표준화되어 있다.
③ 장내거래의 결제방법은 당일결제만 가능하다.
④ 장내거래는 한국금융투자협회를 통하여 이루어진다.

78. 채권수익률에 대한 일반적인 설명으로 가장 적절한 것은? (단, 언급한 모든 변수외의 다른 변수의 변동은 없다고 가정한다)

① 이표채의 경우 만기수익률을 기준으로 이자를 지급한다.
② 이표채의 경우 시장이자율이 높을수록 경상수익률이 낮아진다.
③ 무이표채를 현재의 가격으로 매입하여 만기까지 보유하는 경우 매입 시의 만기수익률을 실현할 수 있다.
④ 이표채의 표면이자율이 만기수익률보다 높은 경우 액면금액보다 낮은 가격으로 발행된다.

79. 말킬(B. G. Malkie)의 채권가격정리에 대한 설명으로 가장 거리가 먼 것은? (단, 다른 조건은 모두 동일하다고 가정한다)

① 채권수익률 변동에 의한 채권가격 변동은 만기가 길어질수록 증가하나 그 증감률은 체감한다.
② 표면이자율이 높을수록 동일한 크기의 채권수익률 변동에 대한 채권가격 변동률은 작아진다.
③ 이자지급주기가 짧을수록 동일한 크기의 채권수익률 변동에 대한 채권가격 변동률은 작아진다.
④ 만기가 일정한 경우 채권수익률 하락으로 인한 채권가격 상승폭은 같은 폭의 채권수익률 상승으로 인한 채권가격 하락폭보다 작다.

80. 채권투자전략 중 소극적 채권운용전략에 해당하지 않는 것은?

① 만기보유전략
② 스프레드 운용전략
③ 채권면역전략
④ 사다리형 만기전략

81. 1년 만기 현물수익률이 연 3.0%, 2년 만기 현물수익률이 연 3.5%일 때, 불편기대가설에 따른 1년 후 1년 만기 내재선도이자율은? (단, 가장 가까운 근사치로 구하시오)

① 2.50% ② 3.25%
③ 4.00% ④ 4.50%

파생상품투자운용/투자전략 6문제

82. 옵션에 대한 설명으로 가장 거리가 먼 것은?

① 미국식 옵션은 만기 이전에 언제든지 권리를 행사할 수 있다.
② 옵션의 내재가치가 '0(zero)'인 경우 옵션프리미엄과 시간가치는 동일하다.
③ 콜옵션의 기초자산의 현재가격이 행사가격보다 큰 경우 내가격 옵션에 해당한다.
④ 수직스프레드는 만기가 서로 다르지만 행사가격 등 모든 것이 동일한 콜옵션 또는 풋옵션을 동일 수량만큼 동시에 매수·매도하는 전략이다.

83. 선물가격과 현물가격의 차이를 나타내는 것으로 가장 적절한 것은?

① 추적오차 ② 레버리지
③ 듀레이션 ④ 베이시스

84. 옵션의 민감도 지표 중 콜옵션과 풋옵션 매수포지션의 값이 모두 양(+)으로 나타나는 것은?

① 로우(Rho)   ② 감마(Gamma)
③ 델타(Delta)   ④ 쎄타(Theta)

85. 만기와 기초자산이 동일한 옵션을 이용하여 〈보기〉와 같은 스프레드전략을 실행할 때, 만기일의 기초자산 가격이 197인 경우 전체 손익은? (단, 거래비용과 세금은 없다고 가정한다)

〈보기〉
- 행사가격이 200이고 프리미엄이 2인 콜옵션 매도
- 행사가격이 195이고 프리미엄이 3인 콜옵션 매수

① 1 손실 ② 1 이익
③ 2 손실 ④ 2 이익

86. 〈보기〉 중 기초자산가격의 변동성이 커질수록 이익이 커지는 포지션은 모두 몇 개인가?

〈보기〉
- 스트래들 매수
- 스트랭글 매수
- 콜옵션 매도

① 0개 ② 1개
③ 2개 ④ 3개

87. 선물거래와 관련하여 〈보기〉의 ( ) 안에 들어갈 내용을 순서대로 적절하게 나열한 것은?

〈보기〉
선물거래에서 선물가격이 현물가격보다 높은 상태를 ( )상태 또는 ( )시장이라고 표현한다.

① 콘탱고, 정상
② 콘탱고, 역조
③ 백워데이션, 정상
④ 백워데이션, 역조

89. 두 포트폴리오를 운영하고 있으며 위험조정 성과에 대한 설명으로 가장 올바른 것은? (단, 무위험이자율은 2%이며, 벤치마크 포트폴리오 수익률은 20%이다)

	A자산	B자산
포트폴리오 수익률	12%	14%
포트폴리오 수익률의 표준편차	10%	12%
포트폴리오 베타	0.5	0.6
포트폴리오 잔차	5%	10%

① A자산의 샤프비율이 B자산보다 크다.
② B자산의 트레이너비율이 A자산보다 크다.
③ B자산의 정보비율이 A자산보다 크다.
④ B자산의 젠센의 알파가 A자산보다 크다.

투자운용결과분석 4문제

88. 주식에 대한 베타계수가 〈보기〉와 같을 때, 시장수익률이 하락하는 경우 투자수익률의 상승폭이 가장 높을 것으로 예상되는 주식은? (단, 다른 조건은 모두 동일하다고 가정한다)

〈보기〉

주식	A	B	C	D
베타계수	−1	−0.5	0.5	1

① A
② B
③ C
④ D

90. 〈보기〉의 투자수익률 계산방법 중 금액가중수익률에 대한 일반적인 설명으로 적절한 것은 모두 몇 개인가?

〈보기〉
• 자금유출입 시기에 의하여 영향을 받는다.
• 투자자의 실제수익을 측정하는데 적합하다.
• 펀드매니저의 운용능력을 측정하는 경우 시간가중수익률에 비하여 유용하다.
• 운용기간 도중 각 시점별로 펀드의 성과와 시장수익률을 비교하기에 편리하다.

① 1개
② 2개
③ 3개
④ 4개

91. 기준지표에 대한 설명으로 가장 거리가 먼 것은?

① 기준지표를 구성하고 있는 종목명과 비중이 객관적인 방법으로 구성되어야 한다.
② 기준지표의 대상은 투자대안이어야 하며, 적극적인 운용을 하지 않는 경우에는 기준지표의 구성 종목에 투자하여 보유할 수 있어야 한다.
③ 원하는 기간마다 기준지표의 수익률을 계산할 수 있어야 한다.
④ 기준지표는 평기기간이 시작된 후에 정해져야 한다.

거시경제 (4문제)

92. 다음 〈보기〉에 주어진 자료를 통해 화폐유통속도를 계산한 값은?

〈보기〉
- 통화량 : 1,000조 원
- 실질 GDP : 2,600조 원
- GDP 디플레이터 : 0.5

① 0.8 ② 1.0
③ 1.3 ④ 1.5

93. 이자율의 기간구조이론 중 유동성 프리미엄이론에 따른 3기간 모형의 이자율이 〈보기〉와 같을 때, 유동성 프리미엄의 값은? (단, 가장 가까운 근사치로 구하시오)

〈보기〉

구분	제1기	제2기	제3기
단기이자율	1%	1.5%	2%
장기이자율	2.5%		

① 0% ② 0.5%
③ 1.0% ④ 1.5%

94. 유동성 함정에 대한 설명으로 가장 거리가 먼 것은?

① 유동성 함정에서는 LM곡선이 수평이다.
② 유동성 함정에서는 구축효과가 발생하지 아니한다.
③ 유동성 함정에서는 통화정책보다는 재정정책이 더 효과적이다.
④ 유동성 함정에서는 화폐수요의 이자율 탄력성의 값이 '0(zero)'에 수렴한다.

95. 합리적 기대학파의 통화량정책 무용성의 정리에 대한 설명으로 가장 거리가 먼 것은?

① 통화정책의 예측 여부에 따라 거시경제의 효과가 상이하다.
② 화폐충격은 자주 사용하더라도 그 효과가 꾸준히 유지될 수 있다.
③ 예상된 화폐공급의 증가는 물가만을 상승시키고 국민소득에 영향을 미칠 수 없다.
④ 통화정책으로 국민소득을 증가시키기 위해서는 예상하지 못한 화폐공급 증가 등의 화폐충격을 사용하여야 한다.

분산투자기법 (5문제)

96. 최소분산포트폴리오를 구성하려고 할 경우 전체 자금 중 A자산의 투자비중은 얼마인가?

〈보기〉

구분	표준편차	상관계수
A자산	0.2	-1.0
B자산	0.3	

① 20%
② 40%
③ 60%
④ 80%

97. CAPM을 이용하여 계산한 〈보기〉의 수익률은?

〈보기〉
- 무위험이자율 2%
- 벤치마크수익률 3%
- A자산과 시장포트폴리오의 공분산 0.36
- 시장포트폴리오 표준편차 0.3

① 3%
② 4%
③ 5%
④ 6%

98. 포트폴리오의 성과평가와 관련하여 〈보기〉에서 설명하는 것으로 가장 적절한 것은?

〈보기〉
- 서로 상이한 시점에서 발생하는 현금흐름의 크기와 화폐의 시간적 가치가 고려된 수익률이다.
- 현금유출액의 현재가치와 현금유입액의 현재가치를 일치시켜주는 할인율이다.

① 내부수익률
② 산술평균수익률
③ 기하평균수익률
④ 단일기간수익률

99. 분산투자효과에 대한 설명으로 가장 거리가 먼 것은?

① 포트폴리오에 서로 다른 자산이 추가될수록 비체계적 위험은 감소한다.
② 포트폴리오에 편입되는 자산의 수가 무한대일 경우 시장위험을 제거할 수 있다.
③ 포트폴리오에 편입되는 자산 간의 상관계수가 0(zero)이라도 분산투자효과는 발생한다.
④ 포트폴리오에 자산을 편입할수록 포트폴리오 위험은 공분산위험과 가까워진다.

100. 주식 A와 주식 B에 각각 50%를 투자하여 포트폴리오를 구성할 때, 〈보기〉의 정보를 이용하여 구한 포트폴리오의 베타는?

〈보기〉
- 주식 A 베타 : 0.5
- 주식 B 베타 : 2.5
- 무위험이자율 : 연 1.5%
- 시장포트폴리오 기대수익률 : 연 5%

① 1.0
② 1.5
③ 2.0
④ 2.5

투자자산운용사

이것만
공부하면
80점 합격

최근
시험
다시보기
정답과 해설

01	②	02	②	03	①	04	②	05	④
06	③	07	④	08	④	09	④	10	③
11	③	12	④	13	②	14	③	15	③
16	②	17	③	18	②	19	①	20	③
21	③	22	①	23	②	24	③	25	④
26	④	27	②	28	②	29	③	30	②
31	③	32	①	33	①	34	①	35	②
36	④	37	②	38	④	39	②	40	③
41	④	42	②	43	②	44	①	45	②
46	②	47	③	48	②	49	③	50	①
51	④	52	④	53	②	54	②	55	④
56	②	57	②	58	②	59	②	60	③
61	①	62	①	63	②	64	③	65	①
66	①	67	③	68	②	69	④	70	③
71	④	72	③	73	③	74	③	75	④
76	①	77	①	78	③	79	③	80	②
81	③	82	④	83	①	84	②	85	②
86	②	87	①	88	①	89	③	90	②
91	④	92	③	93	③	94	④	95	②
96	③	97	④	98	①	99	②	100	②

1과목 금융상품 및 세제

01

| 정답 | ②

| 해설 | 취득세는 지방세이다. 이러한 문제는 빈출주제이며 상대적으로 난이도가 낮기 때문에 난이도 조절목적으로 출제되는 경향이 있다.

개념정리

1 국세와 지방세 분류

국세	소득세, 법인세, 상속세와 증여세, 종합부동산세, 부가가치세, 주세, 인지세, 증권거래세, 개별소비세, 교육세, 농어촌특별세, 교통세, 에너지세, 환경세
지방세	취득세, 등록면허세, 레저세, 지방소비세, 지역자원시설세, 지방교육세, 주민세, 재산세, 자동차세, 지방소득세, 담배소비세

2 직접세, 간접세, 목적세 분류

직접세	소득세, 법인세, 상속세와 증여세, 종합부동산세
간접세	부가가치세, 주세, 인지세, 증권거래세, 개별소비세
목적세	교육세, 농어촌특별세, 교통세, 에너지세, 환경세, 지역자원시설세, 지방교육세

02

| 정답 | ②

| 해설 | 양도소득과 퇴직소득은 그 소득의 형성시기가 장기간이기 때문에 과세부담이 높아지는 것을 방지하기 위해 종합소득에 합산하지 않고 분류과세한다.

개념정리

1 과세방법

종합과세	• 소득의 종류에 관계없이 일정한 기간을 단위로 합산하여 과세하는 방식이며, 현재 소득세법은 종합과세의 방법을 채택하고 있으며, 이는 사람별로 종합과세한다. • 종합과세대상의 금융소득도 인별로 종합과세한다(과거에는 금융소득종합과세를 부부합산하여 과세하였으나, 해당 내용의 위헌판결로 세법이 개정되어 인별 혹은 부부별산제를 채택하여 과세함).
분류과세	• 퇴직소득과 양도소득은 다른 소득과 합산하지 않고 별도로 과세하며, 이러한 과세방식을 분류과세라고 한다. • 장기간에 걸쳐 소득이 형성되었기 때문에 종합과세시 높은 세율이 적용되어 세금 부담이 증가할 수 있으며(결집효과), 이를 고려하여 분류과세한다.
분리과세	• 소득을 기간별로 합산하지 않고 그 소득이 지급될 때 소득세를 원천징수함으로써 과세를 종결하는 방식이 분리과세이다.

03

| 정답 | ①

| 해설 | 비실명거래로 인한 이자소득 중 금융기관을 통하지 않는 비실명거래는 45%의 세율로 과세되고, 금융기관을 통해 지급되는 이자소득은 90%로 과세되어 제시된 보기 중 가장 높은 원천징수세율이 적용된다.

개념정리

1 이자소득의 원천징수세율

직장공제회 초과반환금	기본세율
비실명거래로 인한 이자 및 배당소득	45% 혹은 90%(금융기관 통해서 지급할 경우 90% 적용)
법원에 납부한 경매보증금 및 경락대금에서 발생한 소득	14%
비영업대금의 이익	대금업을 영위하지 않는 자가 금전대여로 인해 받은 이자소득, 25%
이익배당(내국법인에게 받은 잉여금에 대한 배당)	14%
인정배당(법인세법에 따라 처분된 금액)	14%
만기 10년 이상이고, 보유기간 3년 이상인 채권의 이자소득	30%(단, 분리과세신청을 이자를 지급받을 때 금융기관 창구직원에게 해야 함)

04

| 정답 | ②

| 해설 | 상장된 증권, 상장된 증권을 기초자산으로 하는 장내파생상품의 이익, 벤처기업의 주식으로부터 발생한 이익은 집합투자기구의 이익에 포함하지 않는다. 집합투자기구로부터의 이익은 배당소득으로 과세한다. 단, 집합투자기구 이외의 신탁의 이익은 재산권에서 발생하는 소득의 내용별로 소득을 구분하여 과세한다. 집합투자기구로부터의 이익은 집합투자기구로부터 그 이익을 지급받은 날에 해당 소득이 귀속된다.

개념정리

1 집합투자기구로 부터의 이익의 제외대상
- 증권시장에 상장된 증권 및 동 증권과 이를 대상으로 하는 장내파생상품
- 벤처기업육성에 관한 특별조치법에 따른 벤처기업의 주식 혹은 출자지분
- 단, 집합투자증권 및 외국 집합투자증권을 계좌간 이체, 계좌의 명의변경, 집합투자증권의 실물양도의 방법으로 거래하여 발생한 이익은 집합투자기구로부터의 이익에 해당한다.

05

| 정답 | ④

| 해설 |
- 대주주가 아닌 자가 중소기업 주식을 양도할 경우 양도세율 : 10%
- 대주주가 비중소기업의 주식을 1년 미만 보유하면서 발생한 양도차익의 세율 : 30%
- 국내 주가지수 관련 파생상품 양도로 발생한 소득 : 20%
※ 2025년의 국내주가지수 관련 파생상품 양도로 발생한 소득의 세율은 10%이나, 협회 기본교재에는 20%로 기재되어 20%로 보고 정답을 접근했다. 만약 현재 세율 10%를 가정하면 정답은 3번이 될 수 있다. 그러나 협회 문제의 채점은 협회 기본교재가 우선하기 때문에 협회 기본교재에 따라 정답을 4번으로 선택한다.

개념정리

1 양도소득세율

일반자산	기본세율
미등기 자산	70%
중소기업 발행주식(대주주가 아닌 자가 양도하는 경우)	10%
중소기업 외의 주식으로 대주주 1년 미만 보유주식	30%
그 밖의 주주	20%(단, 대주주의 과세표준 3억 원 초과분에 대해서는 25%)
파생상품	20%(탄력세율 10%)

※ 출처 : 금융투자협회 기본교재 1권(2025년) p42

2025년의 국내주가지수 관련 파생상품 양도로 발생한 소득의 세율은 10%이나, 2025년 협회 기본교재에는 20%로 기재되어 있다. 탄력세율 10%는 세금 인하를 할 경우 적용하는 세율이고, 2025년의 탄력세율은 5%이다.

2 주식 및 출자지분 양도소득세율

구분		과세
주권상장법인	유가증권시장 거래주식	대주주 (소액주주는 비과세)
	장외거래주식	모든 주주
코스닥상장법인	코스닥시장 거래주식	대주주 (소액주주는 비과세)
	장외거래주식	모든 주주
비상장법인주식		모든 주주

단, 비상장법인이라도 금융투자협회가 운영하는 장외매매거래(K-OTC)에서 중소·중견기업주식을 소액주주가 양도하는 경우에는 과세에서 제외한다.

06

| 정답 | ③

| 해설 | 국내사업장이 없는 비거주자와의 증권거래시 금융투자업자를 통하지 않고 양도하는 경우에는 해당 주권의 양수인이 증권거래세의 납세의무자이다.

개념정리

증권거래세	주권 또는 지분의 유상 양도에 대해 부과하는 조세
대상 증권	• 상법 또는 특별법에 따라 설립된 법인의 주권 • 외국법인이 발행한 주권으로 자본시장법에 의한 거래소의 유가증권시장이 코스닥시장, 코넥스시장에 상장된 것 • 해외거래소에 상장된 증권을 거래할 때는 증권거래세를 부과하지 않음(뉴욕증권거래소, 전미증권업협회중개시장, 동경증권거래소등)
납세의무자	• 장내 또는 금융투자협회를 통한 장외거래에서 양도되는 주권을 계좌 간 대체로 매매결제하는 경우 해당 대체결제를 하는 회사(예탁결제원) • 자본시장법의 금융투자업자를 통하여 주권 등을 양도하는 경우 해당 금융투자업자 • 위의 두 경우가 아닌 경우 주권 등을 양도하는 경우에는 당해 양도자 • 단, 국내사업장이 없는 비거주자와의 증권거래시 금융투자업자를 통하지 않고 양도하는 경우에는 해당 주권의 양수인이 증권거래세의 납세의무자이다.
비과세 양도	• 국가 또는 지방자치단체가 주권 등을 양도하는 경우 (국가재정법에 따른 기금이 주권을 양도하는 경우와 우정사업 총괄기관이 주권을 양도하는 경우는 제외) • 자본시장법 제119조에 따라 주권을 매출하는 경우(발행매출) • 주권을 목적물로 하는 소비대차의 경우

07

| 정답 | ④

| 해설 | 증여재산 공제범위는 미성년 자녀의 경우 10년간 2,000만 원, 성인자녀의 경우 10년간 5,000만 원, 혼인재산 공제는 1억 원까지 증여받아도 증여세를 납부하지 않는다.

08

| 정답 | ④

| 해설 | 직전 3개년 중 1회 이상 금융소득종합과세 대상이 아니어야 가입할 수 있다. 직전 연도에 종합과세신고한 개인은 직전 3개년 중 1회 이상 금융소득종합과세 대상에 해당되어 ISA 가입을 할 수 없고, 그 결과 ISA에서 제공하는 세제혜택을 받을 수 없다.

개념정리

1 개인종합자산관리계좌(ISA, Individual Savings Account)

가입자격	[2가지 조건을 모두 동시에 충족해야 함] 1 만 19세 이상 또는 직전 연도 근로소득이 있는 만 15세 ~ 19세 미만의 대한민국 거주자 2 직전 3개년 중 1회 이상 금융소득종합과세 대상이 아닌 자
세제혜택	1 비과세 한도 일반형 : 200만 원, 서민형 : 400만 원, 농어민형 : 400만 원 2 비과세한도 초과분 : 9%로 분리과세 3 의무가입기간 : 3년(의무가입기간이 지나야 세제혜택을 받을 수 있음) 4 납입한도 : 연간 2천만 원, 총 납입 한도는 1억 원 이하(당해 연도 미불입 납입한도는 다음해로 이월 가능함)

09

| 정답 | ④

| 해설 | 연금저축의 납입한도는 1,800만 원이다. 운용기간 동안 발생한 이자와 배당소득은 과세가 이연되어 연금을 수령할 때 연금소득세의 형태로 과세된다. 연금계좌세액공제를 받은 납입액은 수령시 연령별 차등하여 세율이 적용된다. 해외 이주의 경우 분리과세를 하여 종합과세소득에서 제외한다.

10

| 정답 | ③

| 해설 | 청약예수금은 예금자 비보호 대상이다. 주식의 청약예수금은 주식을 매입한다고 약속한 것에 대해서 지급한 돈이기 때문에 투자자는 자신의 투자위험을 부담해야 한다. 그러므로 청약자 예수금은 예금자 비보호 대상이다.

개념정리

1 예금자 보호 및 비보호대상 금융상품

	보호대상	비보호대상
은행	보통예금, 기업자유예금, 별단예금, 당좌예금, 정기예금, 저축예금, 주택청약예금, 표지어음, 외화예금, 정기적금, 주택청약부금, 상호부금, 재형저축, 연금신탁, 퇴직신탁	양도성예금증서, 환매조건부채권, 집합투자상품, 은행발행채권, 주택청약저축, 주택청약종합저축
투자매매업자, 투자중개업자	금융상품 중 매수에 사용되지 않고 고객 계좌에 현금으로 남아 있는 금액, 자기신용대주담보금, 신용거래계좌 설정보증금, 신용공여담보금 등의 현금잔액, 원금이 보전되는 금전신탁	금융투자상품, 청약자 예수금, 제세금예수금, 선물·옵션 거래 예수금, 유통금융 대주담보금, RP, 증권사 발행채권, CMA, 랩어카운트, ELS, ELW등
보험회사	개인이 가입한 보험(변액보험제외), 퇴직보험계약, 원금이 보전되는 금전신탁등	법인보험계약, 보증보험계약, 재보험계약, 변액보험계약 주계약등
종합금융회사	발행어음, 표지어음, 종금형 CMA	금융투자상품, RP, 종금사발행채권, 기업어음등
상호저축은행	보통예금, 저축예금, 정기예금, 정기적금, 신용부금, 표지어음 등	저축은행 발행채권 등

※ 출처 : 금융투자협회 기본교재 1권(2025년) p145

11

| 정답 | ③

| 해설 | 체증식보험은 기간이 경과함에 따라 보험금이 점점 증가하는 보험이다. 보험금 대신 보험료라는 용어로 바꾸어서 자주 출제되니 주의해야 한다. 보험금은 보험가입자가 보험사고로 인해 받은 보상금액이고, 보험료는 가입자가 장래에 발생할 수도 있을 미연의 사고에 대비하기 위해 보험회사에 지급하는 금액이다.

개념정리

1 생명보험 : 생명 또는 신체에 관한 보험사고를 보장하는 보험

사망보험	• 피보험자의 사망을 보험사고로 하는 보험 • 정기보험 : 1년, 5년, 10년 등 일정한 기간 동안 사망시 이를 보장하는 보험 • 종신보험 : 피보험자 사망할 때 까지 종신토록 보장하는 보험
생존보험	피보험자가 일정한 연령까지 생존할 것을 보험사고로 하는 보험
생사혼합보험 (양로보험)	피보험자의 만기 전 사망과 만기가 되었을 때 생존을 보험사고로 하는 보험

2 보험금 정액유무에 따른 분류

체증식보험	기간이 경과함에 따라 보험금이 점점 증가하는 보험
체감식보험	보험금이 기간이 경과함에 따라 점점 감소하는 보험
감액보험	보장사고가 가입 시부터 일정기간 내에 발생했을 경우 보험금을 감액하는 보험
변액보험	보험금의 일부를 주식등에 투자하여 주가 변동에 따라 화폐가치 하락에 대처하는 보험. 수령하는 보험금은 투자한 주식등의 가치에 따라 변동됨

3 기타

단생보험	피보험자 수가 1인인 보험
연생보험	2인 이상을 피보험자로 하는 보험
단체취급보험	개인보험과 단체보험의 중간 수준의 보험
단체보험	수십 명 이상의 다수의 사람을 1매의 보험증권으로 하는 보험. 동일한 개인보험과 비교하여 보험료가 저렴함(예정사업비를 개인보험보다 낮게 책정)

12

| 정답 | ④

| 해설 | 보기의 모든 내용이 올바른 설명이다. 최대손실이 투자원본까지인 경우는 증권이고 이를 초과하여 손실이 발생할 수 있는 금융상품은 파생상품으로 분류한다.

 개념정리

1 증권

채무증권	• 국채증권, 지방채증권, 특수채증권, 사채권, 기업어음증권 등으로 지급청구권이 표시된 것을 말함
지분증권	• 주권, 신주인수권이 표시된 것, 법률에 의하여 직접 설립된 법인이 발행한 출자증권, 상법에 따른 합자회사, 유한회사, 익명조합의 출자지분, 민법에 따른 조합의 출자지분, 이와 유사한 것으로 출자지분이 표시된 것
수익증권	• 금전신탁계약에 의한 수익증권, 집합투자업자에 있어서 투자 신탁의 수익증권
투자계약 증권	• 특정 투자자가 그 투자자와 타인 간의 공동사업에 금전등을 투자하고 주로 타인이 수행한 공동사업의 결과에 따른 손익을 귀속 받는 계약상의 권리가 표시된 것
증권예탁 증권	• 채무증권, 지분증권, 수익증권, 투자계약증권, 파생결합증권을 예탁받은 자가 그 증권이 발행된 국가 외의 국가에서 발행한 것으로 그 예탁받은 증권에 관련된 권리가 표시된 것을 말함

13

| 정답 | ②

| 해설 | 파생결합증권에 대한 설명이다. 파생상품은 기초자산의 변화에 따라 발생할 수 있는 손실의 규모가 투자 원본을 초과하는 금융상품이다. 증권과 파생상품의 주요 차이는 투자원본을 초과하여 손실이 발생할 수 있느냐의 유무이다. 증권의 최대손실은 투자자의 투자원본이다. 수익증권은 투자신탁이 집합투자증권을 매입한 투자자에게 발행하는 증권이다. 투자계약증권은 특정 투자자가 그 투자자와 타인간의 공동사업에 금전 등을 투자하고 주로 타인이 수행한 공동사업의 결과에 따른 손익을 귀속 받는 계약상의 권리가 표시된 증권이다.

14

| 정답 | ③

| 해설 | 주택저당대출의 만기가 일반적으로 장기이기 때문에 주택저당증권도 장기로 발행한다.

 개념정리

1 주택저당증권(MBS)

① 주택금융기관이 주택자금을 대출하고 취득한 저당대출채권을 기초로 증권을 발행한 것
② 대출기관이 SPC에 저당대출채권을 양도한 후, SPC를 명의로 MBS를 발행함.
③ 특성
 • 주택저당대출 만기와 대응하여 통상 장기로 발행
 • 조기상환에 의해 투자자의 수익이 변동할 수 있음.
 • 대상자산인 주택저당대출의 형식 등에 따라 다양한 상품의 구성이 가능함.
 • 자산이 담보되어 있고, 별도의 신용보강을 하기 때문에 자신의 신용등급보다 더 높은 신용등급의 채권으로 발행이 가능함.
 • 매월 대출원리금 상환액에 기초하여 발행증권에 대해 매달 원리금을 상환함.

15

| 정답 | ③

| 해설 | 확정기여형의 운용주체는 근로자이기 때문에 근로자의 운용실적에 따라 퇴직금 수준이 변동된다. 사전에 근로자의 퇴직금 수준이 확정되어 있는 것은 확정급여형이다. 확정기여형과 확정급여형 모두 IRP를 통해 추가로 퇴직금을 납입할 수 있다.

📋 **개념정리**

1 확정급여형과 확정기여형

	확정급여형(DB형)	확정기여형(DC형)
개요	• 근로자가 수령할 퇴직금 수준이 사전에 확정되어 있음.	• 기업이 부담할 부담금 수준이 사전에 확정되어 있음.
운용주체	• 사용자 • 운용수익은 기업에 귀속됨.	• 근로자 • 운용수익은 근로자에게 귀속됨.
추가납입	• 개인형 IRP를 통해 연간 1,800만 원 한도로 추가납입 가능	• 제도 내에서 혹은 개인형 IRP를 통해 연간 1,800만 원 한도로 추가납입 가능
담보대출 및 중도인출	• 담보대출 가능	• 담보대출 및 중도인출 가능
적합한 사업장	• 임금상승률이 높은 기업 • 장기근속을 유도하고자 하는 기업 • 연공급 임금체계, 누진제 적용기업 • 경영이 안정적이고 영속적인 기업	• 연봉제, 임금피크제 적용기업 • 재무구조 변동이 큰 기업 • 근로자들이 재테크에 관심이 높은 기업

※ 출처 : 금융투자협회 기본교재 1권(2025년) p323

16

| 정답 | ②

| 해설 | 부채상환비율은 순운용소득을 부채상환액으로 나눈 값이다. 상환원금은 부채상환액이며, 순운용소득은 상환 전의 순수입이다. 분모, 분자를 바꾸어서 자주 출제되는 내용이다.

📋 **개념정리**

1 부동산 투자분석

① 대출비율(LTV, loan to value ratio) : 저당대출원금을 부동산 가격으로 나눈 값이다.

　　대출비율＝대출잔고/부동산가격

② 부채상환비율(DSCR, debt service coverage ratio) : 순운용소득을 부채상환액으로 나눈 값이다.

　　부채상환비율＝순운용소득/부채상환액

③ 내부수익률 : 투자안의 현금유입의 현재가치와 현금유출의 현재가치를 일치시키는 할인율

④ 수익성지수 : 부동산 투자로부터 얻어지게 될 미래의 현금흐름의 현재가치를 부동산 투자액으로 나눈 값이며, 편익/비용비율이라고도 한다.

⑤ 자본환원율 : 수익형 부동산의 1년간 순영업이익을 부동산 가격으로 나눈 비율

⑥ Cash on Cash 수익률 : 해당 기의 순현금흐름을 자기자본으로 나눈 값이며, 화폐의 시간가치를 고려하지 않은 수익률

17

| 정답 | ③

| 해설 | PI＝부동산투자로 유입되는 현금흐름의 현재가치/부동산투자로 유출되는 현금흐름의 현재가치

$$=\frac{\frac{2,600억\ 원}{1.3}+150억\ 원}{1,000억\ 원}=\frac{2,150억\ 원}{1,000억\ 원}=2.15$$

※ 주의사항

자주 출제되는 형태이다. 현가계수는 일반적으로 소수점으로 주어지지만, 이를 소수점으로 변환하기 위해서 3년의 현가계수가 주어졌다. 3년의 현가계수 1.3의 의미는 3년 후 1원의 현재가치는 1/1.3＝0.769라는 의미이며, 다른 한편으로는 현재의 1원이 3년 후 1.3원이라는 의미이다. 3년 후 매각하여 유입되는 현금흐름을 1.3으로 나누어야 현재시점의 가치를 계산할 수 있다.

18

| 정답 | ③

| 해설 | 용적률은 대지 면적에 대한 건축물의 지상층 연면적의 비율이다. 간단하게 건물을 지을 수 있는 가장 높은 고도로 이해하면 된다. 상업지역＞주거지역＞공업지역＞녹지지역의 순서이다.

※ 주의사항

용적률에 대한 문제는 주로 용적률의 정의를 묻고, 용적률의 정의상 용적률은 건축물의 지상층의 연면적 비율이며, 이를 지상층과 지하층의 연면적비율이라고 변경하여 묻는 문제가 주로 출제되었으나, 이러한 문제를 대체하여 2025년부터 용도지역별 용적률의 크기를 묻는 문제가 출제되고 있다.

19

| 정답 | ①

| 해설 | 개발형 리츠는 존재하지 않는다. 부동산 투자회사를 리츠라고 한다. 부동산 투자회사(리츠)는 자기관리 부동산 투자회사, 위탁관리 부동산 투자회사, 기업구조조정 부동산 투자회사만 존재한다.

📋 **개념정리**

1 부동산 투자회사 종류

자기관리 리츠	• 자산운용 전문인력을 포함한 상근 임직원을 두고, 자산의 투자·운용을 직접 수행한다. • 설립시 최소자본금은 5억 원 이상이며, 설립 후 6개월 내 자본금을 70억 원으로 증액해야 한다.
위탁관리 리츠	• 자산의 투자·운용을 자산관리회사에 위탁한다. 상근임직원을 채용할 수 없다. 설립시 최소자본금은 3억 원 이상이며, 설립 후 6개월 내 자본금을 50억 원으로 증액해야 한다.

기업구조 조정 리츠	• 법에서 정하는 기업구조조정 부동산을 투자대상으로 하며, 자산의 투자·운용을 자산관리회사에 위탁한다. 상근임직원을 채용할 수 없다. • 설립시 최소자본금은 3억 원 이상이며, 설립 후 6개월 내 자본금은 50억 원으로 증액해야 한다.

20

| 정답 | ③

| 해설 | 거래사례비교법은 유사한 부동산의 거래사례가격을 기준으로 부동산의 가치를 산출하기 때문에 부동산의 시장성은 반영하나 수익성은 반영하지 못한다. 거래사례비교법으로 산출한 시산가격을 비준가격이라고 한다. 비준가격은 시산가치(대략적으로 계산한 가치)이며, 최종적인 가치를 얻기 위해서는 시산가치를 조정한다. 일반적으로 감정평가시 계산되는 순서는 시산가치 → 평가가치(최종가치)이다. 거래사례비교법으로 시점, 사정, 사례가격, 지역요인등을 보정하여 1차적으로 산출한 가격은 시산가치이며 이를 비준가격이라고 한다. 비준가격은 해당 부동산 감정평가가액의 최종가격은 아니다.

※ 해당 문제는 감정평가 방식에 대한 지엽적이면서 난이도 있는 문제로 신유형으로 분류할 수 있다.

개념정리

1 부동산 감정평가 3방식

원가방식	원가법 및 적산법등의 비용성의 원리에 기초한 감정평가방식
비교방식	거래사례비교법, 임대사례비교법등 시장성의 원리에 기초한 감정평가방식 및 공시지가기준법
수익방식	수익환원법 및 수익분석법 등 수익성의 원리에 기초한 감정평가방식

감정평가법인은 부동산 감정평가 3방식을 이용하여 시산가치를 결정한 후 해당 시산가치를 조정하여 최종적인 평가가치를 얻는다. 거래사례비교법을 통하여 산출한 시산가격을 비준가격이라고 한다. 비준가격은 부동산의 최종적인 가치는 아니다.

2 거래사례비교법
① 동일성 또는 유사성이 있는 부동산의 거래사례와 비교하여 대상 부동산의 현황에 맞게 여러 수정을 가하여 부동산의 가격을 산정하는 방법

> 비준가격 = 사례가격(단가) × 사정보정 × 시점수정 × 지역요인보정 × 개별요인보정 × 면적

② 거래사례를 선택할 때는 위치의 유사성, 물적 유사성, 시점수정의 가능성, 사정보정의 가능성을 고려하여 선택한다.
③ 거래사례비교법은 시장성을 반영한 가치평가법이나 수익성이나 원가성을 반영하지 못한다.

2과목 투자운용 및 전략 II 및 투자분석

21

| 정답 | ③

| 해설 | MMF, 혼합자산펀드, 채권형 펀드는 전통적인 투자대상 자산군이다. 부동산펀드, 일반상품펀드는 대안투자대상 자산군이다.

전통적인 투자	주식(주식형), 채권(채권형), 혼합형, MMF, 뮤추얼펀드등
대안투자	부동산펀드, 원자재를 포함한 일반상품펀드, 사회간접시설(인프라스트럭쳐), 선박, 헤지펀드, PEF, Venture capital등

22

| 정답 | ①

| 해설 | 무한책임사원이 업무집행사원이 될 수 있다. 업무집행사원은 펀드를 설립하고 운영하는 사원이다. PEF에서 유한책임사원은 자금을 공여하는 투자자의 역할을 하고, 자금공여와 펀드운영에 대한 역할은 무한책임사원이 맡는다.

개념정리

1 사모펀드(PEF, private equity fund) 특징
무한책임사원과 유한책임사원으로 구성되어 있는 합자회사 형태로 주로 설립된다.

무한책임 사원	• 펀드를 설립하고 투자와 운영을 책임진다. • 자신이 출자한 금액을 초과하여 책임을 지기도 한다. • 무한책임사원 중에 업무집행사원을 선정한다. • 무한책임사원의 상호, 명칭, 사업자등록번호, 주소는 등기사항이다.
유한책임 사원	• 자신이 투자한 투자금액을 한도로 책임을 진다 (투자자의 역할). • 유한책임사원의 내역은 등기 혹은 등록사항에 해당하지 않는다.

※ 매각(일반기업 혹은 다른 PEF에 매각), 상장, 유상감자 혹은 배당, PEF자체의 상장의 방법으로 투자금액을 회수한다. 증자는 자금 회수방법이 아니라 자금을 투자하는 방법이다. 오답지문으로 자주 언급된다.

23

| 정답 | ②

| 해설 | 전환증권 차익거래에 적절한 전환사채는 유동성이 높은 전환사채, 낮은 전환프리미엄을 갖는 전환사채, 기초자산의 배당금이 없거나 낮은 전환사채이다.

📋 **개념정리**

1 **전환증권 차익거래**
- 전환증권차익거래는 전환사채를 매수하고, 기초자산 주식을 매도하고, 이자율등 다른 위험을 헤지하면서 전환사채의 이론가격과 시장가격의 차이에서 이익을 추구하는 전략이다.

2 **전환증권 차익거래자가 선호하는 전환사채**
- 기초자산의 변동성이 크고 볼록성이 큰 전환사채
- 유동성이 높은 전환사채와 기초자산인 주식을 쉽게 빌릴 수 있는 전환사채
- 낮은 전환프리미엄을 가진 전환사채
- 기초자산의 배당이 없거나 배당률이 낮은 전환사채
- 낮은 내재변동성으로 발행된 전환사채

24

| 정답 | ③

| 해설 | 글로벌 매크로 전략은 세계경제가 분리되어 있는 각국의 경제의 결합체로 가정한다. 이러한 경우 Top-down(하향식 접근법)방식을 통해 투자대상국가를 결정한다. Bottom-up(상향식 접근법)방식은 세계경제를 하나의 통합된 경제로 보기 때문에 글로벌 매크로 전략에서 사용하는 접근방법이 아니다.

📋 **개념정리**

1 **글로벌 매크로 전략**
- 거시경제 분석을 바탕으로 특정 국가나 시장에 제한을 두지 않고 전세계를 대상으로 자산을 운용하는 전략으로, 공매도, 레버리지, 파생상품 등을 활용한 다양한 투자를 제약 없이 실행한다.

2 **주요특징**
- Top-down방식을 사용하여 경제상황을 분석하여 투자 결정한다.
- 거시경제의 불균형을 찾고, 이러한 불균형이 균형으로 회귀한다고 가정한다.
- 여러 금융변수에 대한 계량분석을 통해 변수들의 방향성을 예측하여 투자를 한다.
- 최근에는 기술적 분석을 통한 가격변화, 추세, 패턴에 대한 분석도 추가하여 투자를 실행한다.
- 개별투자자산을 선택하는 경우 유동성이 풍부한 외환, 국채, 원자재 등에 대한 투자를 선호한다.

25

| 정답 | ④

| 해설 | 메자닌(Mezzanine) 트랜치의 위험은 Equity 트랜치와 Senior 트랜치 중간에 위치한다. Senior 트랜치보다 위험과 수익이 높다.

📋 **개념정리**

1 **신용파생상품**
① CDS : 준거자산에서 신용위험이 발생하면 보장매도자가 보장매수자에게 해당 신용위험의 손실을 보전하는 계약이다.
- 보장매도자 : 준거자산에 손실이 발생시 이를 보전해줌. 이에 대한 대가로 보장매수자로부터 보장 프리미엄을 수취한다.
- 보장매수자 : 준거자산에 손실이 발생시 보장매도자가 해당 손실의 차액을 보전해줌. 이에 대한 대가로 보장매도자에게 보장프리미엄을 지급한다.
※ 보장매도자, 보장매수자의 용어가 비슷해서 혼동되기 쉽다. 보장이라는 용어 대신 보험이라는 용어로 대치하여 이해하면 기억하기 용이하다. 보험(보장)매도자는 보험사건 발생시 보험(보장)매수자에게 손실을 보전하고, 보험(보장)매수자는 보험(보장)매도자에게 보험료를 지급한다. 보험료는 보장프리미엄으로 대치하여 이해할 수 있다.

② TRS : CDS는 신용위험만을 전가하지만 TRS는 신용위험뿐만 아니라 시장위험도 거래상대방에게 전가한다. 총수익매도자는 준거자산의 모든 현금흐름을 총수익매입자에게 지급하고, 총수익 매입자는 시장금리에 TRS 스프레드를 가산한 금리를 지급한다.

③ CDO 종류
- Equity 트랜치 : 투자자는 초기에 한번 수익을 받는다. 이러한 수익수령 방식을 Up-front 방식이라고 한다. 만약 만기에 남아 있는 담보자산이 있다면 이를 수령한다. 가장 위험이 큰 트랜치이다.
- Mezzanine 트랜치 : 두 번째로 손실을 입는 트랜치이다. Equity 트랜치와 Senior 트랜치의 중간에 위치하고 있다. 잔여이익에 대한 참여권은 없다.
- Senior 트랜치 : 분산된 포트폴리오에 대한 투자와 구조적인 신용보강을 가지고 있어 신용등급이 높다. 실제 현금손실 발생가능성은 낮으나 Mark-to-market 위험이 있다.
- Super Senior 트랜치 : Senior 트랜치에 손실이 발생함을 가정한다. 별도의 신용평가를 받지 않아 신용등급이 없다. 안전한 투자대상이나 mark-to-market 위험은 갖고 있다. 높은 신용위험과 전통적인 재보험 위험은 상대적으로 낮은 상관관계를 갖고 있어, 재보험사에게 Super Senior 트랜치 투자는 높은 신용등급을 가지고 기존 위험을 헤지할 수 있는 분산투자도구가 될 수 있다.

26

| 정답 | ③

| 해설 | 벤치마크 포트폴리오 구성을 정확히 모방하면, 벤치마크 변동시 수시로 포트폴리오를 재조정해야 하기 때문에 거래비용이 증가한다.

개념정리

1 자산배분 접근법

하향식 접근법	• 거시경제변수(국가비중결정) → 산업결정 → 개별 기업 비중 결정 • 국가분석이 중요함. • 세계경제를 완전히 통합되지 않은 분리된 각국 경제의 결합체로 봄.
상향식 접근법	• 기업과 산업분석(기업 및 산업비중결정) → 그 결과 국가비중 결정 • 기업을 글로벌 경쟁의 관점에서 분석하여 성장성 있는 산업과 기업을 선정하여 투자함. • 각국 경제를 글로벌화된 산업들의 집합으로 보고 있음.

2 투자철학

방어적	• 소극적 투자전략이며, 벤치마크 수익률을 목표로 함. • 벤치마크 구성을 정확히 모방할 경우 거래비용이 높아짐. • 거래비용을 줄일 수 있는 방법이 중요한 과제임 • 거래비용, 세금 등을 고려하면 소극적인 전략으로 벤치마크 지수 수익률보다 높기 어려움.
공격적	• 가격예측을 적극적으로 활용하여 높은 수익률을 얻을 수 있도록 포트폴리오 구성 • 자산배분이 가장 중요한 의사결정 사항

27

| 정답 | ②

| 해설 | ②번은 GDR에 대한 설명이다.

개념정리

1 해외 주식발행

복수 상장	본국 거래소와 해외 거래소에 상장한 것이며, 예탁증서(DR)형태 상장과 직수입상장(본국에서 거래되는 주식그대로 상장)으로 구분됨
DR형태 상장	① 해당 거래소의 통화로 주식이 거래된다. ② 해외 주식이 해당 국가의 은행에 예탁되고, 예탁된 주식을 바탕으로 거래소에서 거래가 된다. ③ ADR : 외국 주식이 미국의 증권으로 등록되고 미국 증시에 상장되어 거래될 때 발행하는 증서(SEC에 등록해야 함) • Sponsored DR : 미국 증시에 상장되기 원하여 발행 및 상장관련 비용을 해당 기업이 부담함 • Unsponsored DR : 해당 기업이 미국 증시에 상장을 원하지 않더라도 미국 투자자들의 관심이 높을 때 미국 증권회사가 비용을 부담하며 DR을 발행하고 상장하는 경우 ④ EDR : DR형태로 미국 이외의 거래소에 상장하는 경우 발행 ⑤ GDR : DR이 미국과 미국 이외의 시장에서 동시에 발행
직수입 상장	해당 거래소의 통화와 본국의 통화와 다른 통화로 거래되기 때문에 별도의 시장에서 거래된다.

28

| 정답 | ③

| 해설 | 본국과 해외에 상장되어 있어 상장유지비용이 두 군데에서 발생하여 한 곳에서만 상장된 경우 보다 비용이 많이 발생한다.

개념정리

1 복수상장효과
- 외국 투자자, 고객들에게 해당 기업의 인지도(홍보효과)를 높일 수 있다.
- 자본비용을 낮출 수 있다(투명성 확대등).
- 자금의 이용가능성이 확대되고, 자본비용이 느리게 상승하는 효과를 기대할 수 있다.
- 상장유지비용이 국내상장만 했을 경우보다 많이 발생한다.

29

| 정답 | ④

| 해설 | 딤섬본드는 홍콩에서 위안화로 발행한 유로채이다. 판다본드는 중국 본토에서 외국인이 위안화로 발행한 외국채이다.

개념정리

1 유로채와 외국채

유로채	• 발행국 통화와 발행대상 채권의 통화가 다르면 유로채이다. • 발행규제가 적은 곳에서 발행되기 때문에, 발행국의 규제를 거의 받지 않음. • 역외채권이라고도 함. • 무기명식 채권으로 발행함. • 채권에서 발생하는 수익에 대한 소득세도 대체로 원천징수하지 않음. • 이자는 대체로 1년에 한번 지급함. • 보우트딜 형식으로 발행 • 회색시장이 존재함. • AIBD의 자율기관의 통제를 받음. • 딤섬본드 : 홍콩에서 위안화로 외국기업이 발행하는 채권
외국채	• 발행하는 곳의 통화와 발행대상 채권의 통화가 같으나 외국인에 의해 발행되면 외국채이다. • 양키본드(미국), 사무라이본드(일본) • 미국 내에서 외국채 발행을 하기 위해서는 미국 증권거래위원회의 규제를 적용받고(SEC 등록), 공인된 신용평가기관으로부터 신용등급을 받아야 함. • 주로 기명식채권으로 발행함. 이자소득에 대한 소득세 부과됨. • 판다본드 : 중국본토에서 외국기업이 위안화로 발행하는 채권

30

|정답| ③

|해설| T-note와 T-bond는 모두 이표채로 발행된다.

📋 **개념정리**

1 미국국채

T-bill	만기 1년 이하 단기채, 이자를 지급하지 않는 할인채로 발행
T-note	만기 1년 이상 10년 이하 중기채, 이자를 지급하는 이표채로 발행, 6개월마다 이표지급
T-bond	만기 10년 이상 장기채, 이자를 지급하는 이표채로 발행, 6개월마다 이표지급

2 미국국채 투자시 고려사항
- 미국국채는 무위험자산으로 인식되기 때문에 위험자산에 대한 가산금리는 고려하지 않음.
- Yield curve분석, 수급, 달러움직임, 안전자산 선호도, 미국 연방준비기금의 금리정책, 물가, GDP, 실업률과 같은 거시경제 변수는 고려하고 투자해야 함.

31

|정답| ③

|해설| 상관계수 $= \dfrac{Cov(X,Y)}{\sigma_X \cdot \sigma_Y}$, 즉 공분산을 각각의 확률변수의 표준편차로 나눈 값이다. $-1 \leq \rho_{XY} \leq 1$, 공분산은 두 확률변수의 편차의 곱의 평균이다. 공분산은 $-\infty$에서 $+\infty$의 값을 가지며, 공분산이 0일 경우 두 변수는 선형의 상관관계가 없다. 공분산을 표준화한 지표가 상관계수이다.

📋 **개념정리**

1 기초통계

중심위치	산술평균	관측치의 총합을 관측치의 수로 나눈 값 $(X_1+X_2+X_3+\cdots+X_n)/n$
	최빈값	빈도수가 가장 높은 관측치
	중앙값	관측치를 크기 순서대로 나열했을 경우 정 가운데에 있는 값. 관찰치가 짝수인 경우 n/2번째 값과 (n/2)+1번째 값의 평균
산포경향	범위	최댓값-최솟값
	평균편차	관찰치들이 평균으로부터 떨어진 거리를 더한 후 이를 관찰치로 나눈값. 즉 관찰치들이 평균으로부터 떨어진 거리들의 평균
	분산 (표준편차)	• 분산 : 평균으로부터 떨어진 거리의 제곱의 평균값 • 표준편차 : 분산의 제곱근 • 평균계산시 모집단일 경우 데이터의 숫자 n으로 나눔. • 표본집단의 경우 데이터의 숫자 n에서 1을 차감한 n-1로 나눔.

32

|정답| ①

|해설| 주요재무비율

활동성 지표	비유동 자산 회전율	순매출/비유동자산 이 값이 높으면 생산공정이 효율적이거나 비유동자산에 충분한 투자를 하지 않는다고 해석할 수 있음.
	재고자산 회전율	순매출/재고자산 혹은 매출원가/재고자산 이 값이 크면 효율적 영업을 하고 있다고 해석할 수 있음. 이 값이 하락추세이면 매출둔화 혹은 재고 누적으로 해석할 수 있음. 갑자기 이 지표가 증가하면 덤핑으로 재고 처분으로 해석할 수 있어 부실의 징후로 판단할 수도 있음.
	매출채권 회전율	순매출/순매출채권 급격히 상승하는 경우 매출채권을 높은 할인율로 현금화하였을 가능성이 있어 부실의 징후로 해석할 수 있음.
	총자산 회전율	순매출/총자산 이 값이 낮으면 매출둔화, 전반적인 비효율이 발생했다고 해석하거나 경영효율하락으로 볼 수 있음.
보상 비율	이자보상 비율	이자 및 법인세차감전이익(영업이익)/이자비용 이 값이 높을수록 채권자가 잘 보호되고 있으며, 주주도 안정적이라고 해석할 수 있음. 이 비율이 너무 높으면 레버리지 효과를 충분히 활용하지 못한다고 해석할 수도 있음.
	고정비용 보상비율	고정비용 및 법인세차감전이익/고정비용 이 비율이 높으면 해당 기업이 부채의 레버리지 효과를 충분히 활용하고 있지 못한 것을 의미
안정성 지표	부채-자기자본 비율	총부채/자기자본 이 비율이 높으면 이익의 변동성이 증가하며 기업의 위험이 커지며, 주주들의 기대수익률도 높아진다. 반대인 경우 주주들의 기대수익률은 낮아진다.
수익성 지표	총자산 이익률	순이익/총자산=(순이익/순매출액)×(순매출액/총자산)
	자기자본 이익률	순이익/자기자본=ROA(1+부채비율)

※ 출처 : 금융투자협회 기본교재 2권(2025년) p234~242

|오답풀이|

② 총자산회전율이 하락하는 것은 경영의 효율성이 낮은 경우에도 발생하지만, 자산의 가치가 너무 큰 경우(신규자산)에도 발생한다. 자산이 노후화되었다면 총자산회전율은 상승할 가능성이 높다.

③ 고정비용보상비율이 낮으면 레버리지 효과를 충분히 활용하고 있다는 의미이다. 즉 고정비용이 충분히 크면 고

정비용보상비율이 낮게 나타날 수 있으며, 이 경우 고정비용은 레버리지 효과의 크기를 나타낸다.
④ 부채비율이 증가하면 기업의 재무위험이 증가하고, 결국 재무위험을 부담하는 주주의 자본비용이 증가하여, 주주의 기대수익률이 증가한다.

33

|정답| ①

|해설| ROA=순이익/총자산=(순이익/매출액)×(매출액/총자산)=매출액 순이익률×총자산회전율=0.1×4=0.4, 총자산이익률이 높으면 기업이 보유하고 있는 자산을 효율적으로 잘 활용하고 있다고 해석할 수 있다.

34

|정답| ①

|해설| 영업레버리지도=($\triangle$EBIT/EBIT)/($\triangle$Q/Q), 영업이익변동률을 판매량의 변동률로 나눈 값이다.

※ 주의사항 : 레버리지도를 말문제로 표현시 분모와 분자를 바꿔서 표현하는 방법으로 오답지문이 출제되기 때문에 지문의 내용을 꼼꼼히 읽고 정답을 선택해야 실수를 줄일 수 있다.

개념정리

1 레버리지 분석

영업 레버리지	• 기업의 영업고정비로 인해 매출액(판매량)이 변동할 때 영업이익이 변동하는 정도를 측정하는 지표 DOL=영업이익 변화율/판매량 변화율 　　　=공헌이익/영업이익=공헌이익/(공헌이익 　　　-영업고정비) • 영업레버리지도가 큰 것은 매출액 변화율(판매량 변화율)에 따른 영업이익 변화율이 크다는 의미 • 영업고정비가 없는 기업의 영업레버리지도는 1이다. • 매출액 혹은 영업이익이 증가할수록 영업레버리지도는 1로 수렴한다.
재무 레버리지	• 기업의 재무고정비로 인해 영업이익이 변동할 때 1주당 순이익이 변동하는 정도를 측정하는 지표 DFL=1주당 순이익 변화율/영업이익 변화율 　　　=영업이익/세전이익=영업이익/(영업이익 　　　-이자비용) • 재무레버리지도가 큰 것은 영업이익 변화율에 따른 1주당 순이익의 변화율이 크다는 의미 • 재무고정비(이자비용)가 없는 기업의 재무레버리지도는 1이다. • 영업이익이 증가할수록 재무레버리지도는 1로 수렴한다.
결합 레버리지	• 기업의 총고정비로 인해 판매량이 변동할 때 1주당 순이익이 변동하는 정도를 측정하는 지표 DCL=1주당 순이익 변화율/판매량 변화율 　　　=공헌이익/세전이익 　　　=DOL×DFL • 결합레버리지도가 큰 것은 판매량 변화율에 따른 1주당 순이익의 변화율이 크다는 의미 • 고정비(영업과 재무고정비)가 없는 기업의 결합레버리지도는 1이다. • 고정비가 존재하는 기업의 결합레버리지도는 항상 1보다 크다. • 매출액(판매량)이 증가할수록 결합레버리지도는 1로 수렴한다.

※ 레버리지도분석은 단기 분석이기 때문에 판매가격 P가 변동이 없음을 가정한다. 판매가격이 고정되어 있으므로 판매량 변화율과 매출액 변화율은 동의어이다.

35

|정답| ②

|해설| 매출채권의 증가는 운전자산의 증가로 현금유출항목이다. 즉 당기순이익에서 차감하는 항목이다. 나머지 항목은 당기순이익 가산항목이다.

개념정리

1 현금흐름표

• 일정 기간 동안 현금의 조달과 운용내역을 나타내는 재무제표
• 직접법과 간접법이 있으며, 간접법은 당기순이익에서 출발하여 특정 항목을 가감하여 영업활동현금흐름을 계산하는 방식이며, 직접법은 현금흐름 원천별로 현금흐름을 추정하는 방식이다. 두 방식의 차이는 영업활동현금흐름을 계산하는 방법이며, 재무활동현금흐름과 투자활동현금흐름의 계산은 두 방식이 동일하다.

2 간접법

영업활동 현금흐름	당기 순이익	가산 항목	① 현금유출이 없는 비용등 • 감가상각비, 대손상각비, 재고자산평가손실, 유가증권평가손실, 유가증권 처분손실, 설비자산처분손실 ② 영업활동으로 인한 자산증가 및 부채감소 • 매출채권증가, 재고자산증가, 매입채무감소
		차감 항목	① 현금유입이 없는 수익등 • 유가증권평가이익, 유가증권 처분이익, 설비자산처분이익 ② 영업활동으로 인한 자산감소 및 부채증가 • 매출채권의 감소, 재고자산의 감소, 매입채무의 증가
투자활동 현금흐름	현금유입		대여금 회수, 유가증권 처분, 설비자산 처분
	현금유출		대여금 대여, 유가증권 매입, 설비자산 취득

재무활동 현금흐름	현금유입	차입금 차입, 유상증자, 자기주식 처분
	현금유출	차입금 상환, 자기주식취득, 신주·사채 발행비용

※ 출처 : 금융투자협회 기본교재 2권(2025년) p264

36

| 정답 | ④

| 해설 | Tobin's Q=자본의 시장가치/자산의 대체원가, 자산의 대체원가는 장부가치가 아니라 자산의 현재가치에 기반을 두고 있다.

개념정리

1 Tobins's Q
- 자산의 대체원가를 추정하기 어려운 단점이 있으나, 대체원가는 장부가가 아니라 자산의 현재가치에 기반을 두고 있어 PBR의 단점인 시간성의 차이를 극복하는 지표이다.
- Q비율이 높을수록 투자수익성이 좋고 경영이 효율적임을 의미한다.
- Q비율이 낮을수록 경영이 비효율적이어서 적대적 M&A의 대상이 되는 경향이 있다.

37

| 정답 | ②

| 해설 | 다우이론의 장기추세 진행과정의 제2국면(마크업 국면)에 해당된다.

개념정리

  장기추세 진행과정

강세 시장	제1국면 (매집국면)	• 경제, 산업, 기업환경 등 모든 여건이 회복하지 못하여 미래에 대한 어두운 전망만 예상 • 대부분 일반투자자는 보유 주식을 매도 • 전문투자자들이 경기 호전을 예측하여 매수하여 전문투자자의 매수세가 쌓임. 축적단계 혹은 매집국면이라고도 함.
	제2국면 (마크업 국면)	• 전반적인 경제 여건 및 기업의 영업이익이 호전 • 일반투자자의 관심이 증가하고 주가상승. 거래량이 증가 • 신고가를 갱신하는 날이 많음. • 기술적 분석을 이용하여 주식투자하는 사람이 가장 많은 수익을 올릴 수 있는 단계임. 기술적 추세추종단계
	제3국면 (과열국면)	• 경제 전체의 각종 통계자료가 호조를 보임 • 투자가치가 미세한 종목까지 인기 확산 • 뉴스등에 주식시장에 대한 내용이 톱뉴스로 부상하며, 과열양상 • 일반투자자 혹은 주식투자 경험이 없는 투자자도 확신을 갖고 적극 매입하는 단계
약세 시장	제1국면 (분산국면)	• 전문투자자가 투자수익을 취한 후 빠져나감. • 분배단계라고도 함. • 주가가 조금만 하락해도 대기매수세에 의해 거래량이 증가하나, 새로운 상승추세로 진행되지 못함.
	제2국면 (공황국면)	• 경제 전반에 대한 통계 자료가 악화됨. • 주가 수직하락하며 거래량 급격히 감소
	제3국면 (침체국면)	• 실망매물이 출현하며 투매현상이 발생함. • 시간지남에 따라 주가낙폭은 감소 • 발생가능한 모든 악재가 전부 시세에 반영될 때 제3국면이 끝남.

※ 출처 : 금융투자협회 기본교재 2권(2025년) p304~306

38

| 정답 | ④

| 해설 | 주가가 하락시 하향돌파 후 급락은 단기적으로 급락을 했기 때문에 반등 가능성이 크므로 단기차익을 위한 매입신호이다.

개념정리

1 그랜빌의 주가·이동평균선

매입 신호	• 이동평균선이 하락한 뒤에 보합이나 상승 국면으로 진입한 상황에서 주가가 이러한 이동평균선을 상향 돌파하는 경우 • 이동평균선이 상승하고 있을 때 주가가 일시적으로 이동평균선 아래로 하락하는 경우(추세상승시의 일시적 하락임) • 주가가 이동평균선 위에서 빠르게 하락하다가 이동평균선 부근에서 지지를 받고 상승하는 경우 • 주가가 하락하고 있는 이동평균선을 하향 돌파한 후 급락시는 이동평균선까지 반등가능성이 크므로 매수시 단기차익이 가능함
매도 신호	• 이동평균선이 상승한 후 평행 또는 하락 국면에서 주가가 이동평균선을 하향 돌파하는 경우 • 이동평균선이 하락하고 있을 때 주가가 일시적으로 이동평균선 위로 상승하는 경우(장기적 하락추세에서 일시적인 주가 상승가능성 높음) • 주가가 이동평균선 아래에서 상승세를 보이다가 이동평균선을 상향 돌파하지 못하고 하락하는 경우 • 주가가 상승하고 있는 이동평균선을 상향 돌파 후 다시 급등시, 이동평균선쪽으로 자율반락 가능성이 있음.

※ 출처 : 금융투자협회 기본교재 2권(2025년) p322~323

39

| 정답 | ②

| 해설 | 원형바닥형은 접시처럼 생겨서 접시형이라고도 한다. 주가가 바닥을 다지면서 점차적으로 상승하는 패턴으로 주가 상승을 나타낸다.

※ 반전형은 상승 → 하락 혹은 하락 → 상승을 나타낸다. 즉 기존의 추세의 반대를 나타내는 패턴이다. 반전형은 상승 혹은 하락을 모두 내포하는 의미이기 때문에 반전형이라는 용어가 보기에 나오면 다른 보기와 같이 비교하여 정답을 찾는 것이 실수를 줄인다.

개념정리

1 주가패턴

반전형	• 하락패턴 : 헤드 앤 숄더, 이중천장형 • 상승패턴 : 역 헤드 앤 숄더, 이중바닥형
기타	• 상승패턴 : 선형, 원형 바닥형 • 하락패턴 : 원형 천장형
확대형	• 좁은 등락폭으로 움직이던 주가가 점점 그 등락폭이 확대되는 형태
지속형	• 삼각형, 깃발형, 패넌트형, 쐐기형, 직사각형, 다이아몬드형

40

| 정답 | ③

| 해설 | 생산요소의 상대적 부존도 차이에 의해서 무역패턴이 정해진다.

| 오답풀이 |
① 내생적 성장이론에 대한 설명이다.
② 생산요소의 상대적 부존도 차이에 의해서 국가의 무역패턴이 결정된다.
④ 신무역이론에 대한 설명이다.

개념정리

1 산업구조 변화에 대한 경제이론

전통적 국제무역 이론	리카도 비교우위론	국가간의 상대적 생산비가 다르기 때문에 상대적으로 생산비가 낮은 제품에 특화하여 무역을 하는 것이 양 국가에 이득이다.
	헥셔-올린 모형	생산요소의 상대적 부존도 차이가 무역패턴을 결정한다. 노동이 상대적으로 풍부한 국가는 노동집약적인 제품에서 비교우위가 발생하고, 자본이 상대적으로 풍부한 국가는 자본집약적인 제품에서 비교우위가 발생한다. 지식이 풍부한 국가는 지식집약적인 산업에서 비교우위가 발생한다.
현대적 이론	제품수명 주기이론	한 국가의 공급능력 변화에서 기술혁신 또는 신제품 개발이 갖는 중요성을 분석하였다.
	신무역이론	규모의 경제, 시장실패로 인해 정부개입이 필요
	내생적 성장이론	경제성장은 인적자본과 같은 요소의 내생적 축적에 의해 발생한다. 동태적 비교우위와 산업구조 변화에서 요소부존보다 요소창출이 더 중요

41

| 정답 | ④

| 해설 | 쇠퇴기에 대한 설명이다.

개념정리

1 라이프사이클 분석

도입기	• 제품이 처음 시장에 도입되는 단계 • 매출증가율이 낮으며, 이익은 적자이다. • 사업여부가 불투명하여 판매능력이 중요한 단계이다.
성장기	• 매출과 이익이 급증하는 단계 • 이익의 증가가 매출액의 증가보다 빨라 수익성이 증가한다. • 성장기 후반에는 시장경쟁이 심화되어 이익률은 정점에 도달 후 하락한다.
성숙기	• 안정적인 시장점유율을 유지하면서 매출은 완만하게 증가한다. • 가격과 판촉경쟁으로 이익률은 하락하며, 기업간 경영능력에 따라 실적차이가 크다. • 제품수명주기를 연장하기 위한 노력으로 R&D비용이 증가한다.
쇠퇴기	• 매출액 증가율이 시장평균보다 낮거나 감소한다. • 적자기업이 다수 발생한다. • 산업 내에서 철수하거나 업종 다각화를 적극적으로 실시한다.

※ 출처 : 금융투자협회 기본교재 2권(2025년) p402 ~ 403

42

| 정답 | ②

| 해설 | 만약 한 시장 내 모든 기업의 시장점유율이 같다면 $n=1/HHI$가 된다. 즉 HHI의 역수의 값은 산업 내 시장규모가 동등한 기업체의 수를 의미한다. 동등한 규모를 갖는 기업이 4개 있으므로 $HHI=1/4=0.25$이다.

43

| 정답 | ③

| 해설 | 리스크 요인에 대해서 정규분포 외 다양한 분포를 가정할 수 있다. 정규분포를 하는 것을 가정할 수도 있고, 다른 분포를 하는 것을 가정할 수도 있다.

개념정리

1 몬테카를로 시뮬레이션
• 향후 위험요인의 변동을 몬테카를로 시뮬레이션을 이용하여 계산하고, 이를 통해 포지션의 가치 변동의 분포로부터 VaR를 측정한다.
• 완전가치평가방법으로 가치평가 모형이 필요하다.
• 확률변수가 과거에 실제 발생하지 않은 수치를 갖더라도 적용이 가능하다.
• 리스크 요인의 분포에 대해서 정규분포 외에 다양한 분

포를 가정하여 분석할 수 있다.
- 주가의 움직임에 대한 확률 모형으로 기하학적 브라운 운동모형이 흔히 사용된다.
- 동일한 대상의 VaR를 몬테카를로 시뮬레이션으로 계산했을 때와 다른 방법으로 계산했을 때의 VaR값은 다르다.
- 신뢰성 있는 VaR값을 얻을 수 있으나 시뮬레이션 비용이 많이 발생하는 단점이 있다.
- 옵션가격결정모형 같은 경우 리스크 요인들이 구체적인 확률 과정에 의존한다.

44

| 정답 | ①

| 해설 | 스트레스 검증법은 포트폴리오의 주요 변수들에 큰 변화가 발생했을 때 포트폴리오의 가치가 얼마나 변할지 측정하는 것으로 시나리오 분석이라고도 한다. 단 한 개의 리스크 요인에 의해 포트폴리오 가치가 변하는 경우에 적절하지만 여러 개의 리스크 요인에 포트폴리오의 VaR가 의존하면 스트레스 검증법은 그 유용성이 낮아진다.

개념정리

1 스트레스 검증
- 시나리오 분석이라고도 하며, 주로 최악의 경우(극단적인 경우)를 가정하여 분석을 한다.
- 과거 데이터가 없어도 사용할 수 있다.
- 시나리오가 주관적이기 때문에 시나리오 설정의 오류가 있다면 VaR의 신뢰성이 낮아진다.
- 포트폴리오 리스크간의 상관관계를 고려하지 못해 리스크 요소가 여러 개인 경우 그 유용성이 낮아진다. 즉 리스크 요소가 한 개인 경우 적절하게 사용될 수 있다.
- 다른 VaR 측정법을 보완하는 방식으로 많이 사용된다.

45

| 정답 | ②

| 해설 | 같은 대상의 VaR를 측정할 때 서로 다른 방법을 사용하여 VaR를 계산하면 그 값이 다르다.

개념정리

1 VaR의 유용성
- 기존의 회계자료가 제공하지 못한 리스크에 대한 정보를 제공한다.
- 하나의 수치로 표현되기 때문에 리스크 측정이 구체적이며, 다른 회사와 리스크를 비교할 수 있다.
- 과거의 데이터에 의해 VaR값이 달라질 수 있기 때문에 구조적인 변화가 발생하면 VaR의 신뢰성이 낮아질 수 있다.
- 어떤 모형을 사용하여 VaR를 계산했느냐에 따라 그 값이 달라진다.
- 기간에 따라 VaR 값이 달라진다. 보유기간을 늘리고 VaR를 비례적으로 늘려서 계산할 경우 그 해석에 조심해야 한다.

46

| 정답 | ②

| 해설 | A자산과 B자산을 단독으로 비교하면 두 자산의 기대수익률은 12%로 동일하며, B자산의 VaR가 A자산보다 적기 때문에 B자산을 선택해야 한다. 그러나 두 자산이 기존 포트폴리오에 편입될 경우 편입된 이후의 VaR는 A자산이 140억 원, B자산이 160억 원이기 때문에 A자산이 B자산과 수익률은 같은데 포트폴리오에 기여하는 VaR가 낮아서 A자산을 선택해야 한다. 한계 VaR=포트폴리오 편입 후 VaR-기존 자산 VaR=140억 원-100억 원=40억 원

47

| 정답 | ③

| 해설 | 부도거리는 부도가 발생할 확률을 의미한다. 즉 자산의 가치가 부채보다 낮아질 가능성이며, 이 값이 3이라면 표준정규분포기준으로 z값이 3보다 큰 경우이다. 부도거리가 3이면, 부도거리 이내에서는 부도 발생이 되지 않고, 부도거리 밖에서 부도가 발생한다는 의미이다.

개념정리

1 KMV 채무불이행 예측모형
- 블랙-숄즈의 옵션가격결정모형을 이용하여 부도 가능성을 측정하려고 한다.
- 자산<부채인 경우 채무불이행(부도)이 발생한다고 가정한다.
- 주주가치는 기초자산이 기업의 자산이고, 부채가치가 행사가격의 콜옵션의 가치와 같다고 가정한다.
- 실증적 채무불이행빈도(EDF, expected default frequencies)를 사용한다.

$$부도거리(DD)=(A-D)/\sigma_A$$

- 부도거리가 3이라면 부도가 발생할 확률은 약 0.25%이다. 즉 부도거리가 클수록 부도 발생가능성이 낮고, 부도거리가 작을수록 부도 발생확률은 높다. 부도거리 밖의 면적이 부도가 발생할 확률이다.

48

| 정답 | ①

| 해설 | 신용손실분포는 비대칭성이 강하며, 정규분포와 비교시 한쪽으로 두꺼우면서 긴 꼬리(fat-tail)를 갖는 분포이다.

📋 개념정리

1 신용리스크와 신용손실분포
- 신용리스크 : 신용손실 분포로부터 예상외 손실. 예상된 손실은 Risk가 아니다. 예상된 손실은 대손충당금으로 대비하고 있어 이를 비용으로 인식하고, 예상하지 못한 손실은 자기자본으로 대비한다.
- 신용 Risk의 측정값은 신용 리스크에 따른 손실의 불확실성이며, 이는 신용손실 분포에 의해 결정된다.
- 신용수익률은 비대칭성이 강하여 평균과 분산의 두 가지 모수로 수익률의 분포를 신뢰성 있게 얻기 어렵다.
- 신용수익률분포는 한쪽으로 두꺼우면서 긴 꼬리를 가진 분포를 한다(비대칭성).

2 부도모형(Default Mode)
- 부도가 발생한 경우에만 신용손실이 발생한 것으로 리스크를 추정하는 모형이다.
- 예상손실=부도에 노출된 자산규모×부도율×부도시손실률
- 예상손실의 표준편차(변동성)= $\sqrt{p(1-p)}$ ×부도에 노출된 자산규모×부도시손실률
- 단, p : 부도율

3 MTM(Marking-to-Market Mode)
- 부도뿐만 아니라 신용등급 변화에 따른 손실리스크도 신용리스크에 포함한 모형이다.
- 신용 VaR를 계산한다.
- 대표적인 리스크 측정모델로 CreditMetrics모형이 있다 (입력변수 : 노출규모, 부도율, 상관계수).

49

| 정답 | ③

| 해설 | 부도율이 50%일 때 부도시 예상손실과 예상손실의 변동성이 같다.

📋 개념정리

기대손실=부도에 노출된 자산금액×p(부도율)×부도시손실률 ·························· ①

기대손실의 변동성= $\sqrt{p(1-p)}$ ×부도에 노출된 자산금액 ×부도시손실률 ·························· ②

①과 ②가 같으므로 두 식을 같다고 놓고 풀이한다.

부도에 노출된 자산금액×p×부도시손실률= $\sqrt{p(1-p)}$ × 부도에 노출된 자산금액×부도시손실률, 공통적으로 있는 변수가 부도에 노출된 자산금액과 부도시손실률이므로 양변을 해당 금액으로 나누어준다.

p= $\sqrt{p(1-p)}$, 양변에 제곱을 한다.

$p^2=p(1-p)=p-p^2$
$2p^2-p=p(2p-1)=0$
$2p=1 \to p=1/2=50\%$

※ 기대손실과 기대손실의 변동성을 연계한 문제로 공식을 단순 암기만 했다면, 정답을 고르기 어려운 문제이다. 신유형에 속하는 문제라고 볼 수 있으며, 신유형으로 출제되면 앞으로 자주 출제될 가능성이 높기 때문에 해당 개념을 이해하고 시험에 대비해야 한다.

50

| 정답 | ①

| 해설 | 분산투자효과는 6억 원이다.

상관계수가 1일 때 VaR-주어진 상관계수에서의 VaR=23억 원-17억 원=6억 원

$$VaR_P = \sqrt{VaR_1^2 + VaR_2^2 + 2 \cdot \rho_{12} \cdot VaR_1 \cdot VaR_2}$$

- 상관계수가 1일 때 VaR= $\sqrt{8^2+15^2+2 \cdot 1 \cdot 8 \cdot 15}$
  = $\sqrt{529}$ =23억 원
- 상관계수가 0일 때 VaR= $\sqrt{8^2+15^2}$
  = $\sqrt{289}$ =17억 원

3과목 직무윤리 및 법규/투자운용 및 전략 I 등

51

| 정답 | ③

| 해설 | 과당매매 판단기준에 있어 금융소비자의 수익의 크기나 수익률의 크기는 고려하지 않는다.

📋 개념정리

1 과당매매
① 금융투자업자의 임직원이 회사 또는 자신의 영업실적을 증대시키기 위해 금융소비자의 투자경험등을 고려하지 않고 지나치게 자주 투자권유를 하여 매매가 발생하는 경우에 발생함
② 판단기준(아래의 내용을 종합적으로 고려하여 판단함)
- 일반투자자가 부담하는 수수료의 총액
- 일반투자자의 재산상태 및 투자목적에 적합한지 여부
- 일반투자자의 투자지식이나 경험에 비추어 당해 거래에 수반되는 위험을 잘 이해하고 있는지 여부
- 개별 매매거래시 권유내용의 타당성 여부

※ 투자자가 거래로 인해 얻은 수익의 크기나 수익률은 과당매매의 판단기준이 아니며, 오답지문으로 자주 출제된다.

52

|정답| ④

|해설| 보기의 모든 항목이 금융소비자보호 내부통제위원회의 의결 사항이다.

개념정리

1 금융소비자보호 내부통제위원회

개요	• 금융투자업자는 내부통제위원회 설치의 예외인 경우를 제외하고 금융소비자보호에 대한 내부통제를 수행하기 위하여 내부통제위원회를 설치해야 한다. • 의장 : 대표이사 • 매 반기(6개월)마다 1회 이상 의무적으로 개최 • 개최결과를 이사회에 보고하고, 최소 5년 이상 관련 기록을 유지
의결 및 심의사항	• 금융소비자보호에 관한 경영방향 • 금융소비자보호 관련 주요 제도 변경사항 • 임직원의 성과보상체계에 대한 금융소비자보호 측면에서의 평가 • 금융상품의 개발, 영업방식 및 관련 정보공시에 관한 사항 • 금융소비자보호 기준의 적정성 및 준수실태에 대한 점검, 조치, 결과 • 금융소비자보호 실태평가의 감독 및 검사 결과의 후속조치에 관한 사항 • 중요 민원, 분쟁에 대한 대응 결과 • 광고물 제작 및 광고물 내부 심의에 대한 내부 규정 • 금융소비자보호 총괄기관과 금융상품 개발, 판매, 사후관리 등 관련부서 간 협의 필요사항

※ 출처 : 금융투자협회 기본교재 3권(2025년) p38

53

|정답| ③

|해설| 부당권유 행위금지는 모든 금융소비자에게 공통으로 적용되는 원칙이다.

개념정리

1 영업행위 일반원칙

적합성 원칙	금융소비자에게 투자권유를 하는 경우, 투자목적, 투자경험, 자금력, 위험에 대한 태도 등을 고려하여 금융소비자에게 가장 적합한 투자권유를 해야 함.
적정성 원칙	금융투자업 종사자가 일반금융소비자에게 금융상품의 계약체결을 권유하지 않고, 해당 일반금융소비자가 스스로 투자성 상품 등에 대해 계약체결을 원하는 경우, 해당 금융투자상품이 금융소비자에게 적합하지 않다고 판단되면 이러한 사실을 금융소비자에게 알리고, 금융소비자보호법에서 정한 서명 등의 방법으로 이러한 사실을 알렸다는 내용을 확인받아야 함.
설명 의무	• 투자설명서 제공, 설명, 계약서류 제공을 해야 함. • 청약철회권 　- 투자성 상품 : 계약체결일로부터 7일 이내 　- 대출성상품등 : 계약체결일로부터 14일 이내 　단, 청약철회기간에 투자 혹은 대출이 되는 경우는 제외함. • 청약철회권 행사시 청약의 철회가 접수된 날부터 3영업일 이내에 받은 금전등을 금융소비자에게 반환해야 함.
부당권유 행위 금지	• 일반금융소비자 및 전문금융소비자에게 모두 적용되는 판매원칙 • 합리적 근거제공, 중요한 사실에 대한 정확한 표시, 투자성과보장 등에 대한 표현의 금지, 허위, 과장, 부실표시 금지, 요청하지 않은 투자권유 금지.

※ 기타 불공정영업행위 금지, 광고관련 금지사항 등이 있다.

54

|정답| ②

|해설| 요청하지 않은 투자권유를 할 수 없다. 투자권유를 받은 투자자가 이를 거부하는 취지의 의사를 표시한 후 1개월이 지난 후에 다시 같은 금융상품을 권유하는 행위는 가능하다. 투자권유를 했으나 투자자가 이를 거부한 경우, 1개월이 지나지 않아도 다른 금융상품에 대한 투자권유행위는 할 수 있다.

|오답풀이|

① 투자성과를 보장하는 표현을 할 수 없다. 투자에 대한 위험과 과실은 투자자(고객) 스스로 부담하는 것으로 이에 대한 보장 등은 할 수 없다.
③ 고객의 동의를 얻은 경우 등은 고객 정보를 제3자에게 제공할 수 있다.
④ 특정한 정보가 비밀정보인지 불명확한 경우 그 정보를 이용하기 전에 준법감시인의 사전확인을 받아야 한다. 준법감시인의 사전 확인을 받기 전까지 해당 정보는 비밀정보로 분류·관리되어야 한다. 정보담당 부서장이 아니라 준법감시인의 확인이 필요하다.

55

|정답| ④

|해설| 영업관리자의 해당 업무 수행결과에 대한 적절한 보상을 지급할 수 있다.

개념정리

1 영업관리자

요건	• 영업점에서 1년 이상 근무한 경력이 있거나 준법감시·감사업무를 1년 이상 수행한 경력이 있는 자로서 해당 영업점에 상근하고 있을 것 • 본인이 수행하는 업무가 과다하거나 수행하는 업무의 성격으로 인하여 준법감시 업무에 곤란을 받지 아니할 것 • 영업점장이 아닌 책임자급일 것. 단, 영업점에 직원수가 적어 영업점장을 제외한 책임자급이 없는 경우에는 그러하지 아니하다. • 준법감시업무를 효과적으로 수행할 수 있는 충분한 경험, 능력, 윤리성을 갖출 것
기타 사항	• 예외적으로 1명의 영업관리자가 2 이상의 영업점을 묶어서 영업관리자 업무를 수행할 수 있다. • 준법감시인은 영업관리자에 대하여 연간 1회 이상 법규 및 윤리관련 교육을 실시해야 한다. • 영업관리자의 임기는 1년 이상이어야 한다. • 영업관리자가 준법감시업무로 인해 인사, 급여 등에서 불이익을 받지 않도록 해야 한다. • 영업관리자에게 업무수행 결과에 따라 적절한 보상을 지급할 수 있다.

56

| 정답 | ②

| 해설 | 투자일임업은 등록대상 금융투자업이다.

인가대상	투자매매업, 투자중개업, 집합투자업, 신탁업
등록대상	투자자문업, 투자일임업, 온라인소액투자중개업, 일반사모집합투자업

※ 대체로 규모가 작은 금융투자업은 등록대상이며, 규모가 큰 금융투자업은 인가대상이다.

57

| 정답 | ②

| 해설 | 순자본비율＝(영업순자본－총위험액)/필요유지자기자본

1 순자본비율

계산공식	순자본비율＝(영업순자본－총위험액)/필요유지자기자본
원칙	• 금융투자업자의 자산, 부채, 자본은 연결 재무제표에 계상된 장부가액을 기준으로 한다. • 부외자산과 부외부채에 대해서도 위험액을 산정하는 것을 원칙으로 한다.

세부계산 항목	• 영업용순자본 : 기준일 현재 금융투자업자의 순자산가치로서 순재산에서 현금화 곤란한 자산을 차감하고 보완자본을 가산하여 계산한다.
	  － 순재산액 : 자산－부채금액
	  － 차감항목 : 재무상태표상 자산 중 즉시 현금화하기 곤란한 자산
	  － 가산항목 : 재무상태표에서 부채로 계상되었으나 실질적인 채무이행 의무가 없거나 실질적으로 자본의 보완기능을 하는 항목
	• 총위험액＝시장위험액＋신용위험액＋운영위험액
	• 필요유지자기자본 : 금융투자업자가 영위하는 인가업무 또는 등록업무 단위별로 요구되는 자기자본을 합계한 금액

레버리지 비율	개별 재무상태표상의 자기자본 대비 총자산의 비율로 계산한다.

58

| 정답 | ①

| 해설 | 신용공여한도는 투자매매업자 또는 투자중개업자의 자기자본 범위 이내로 한다.

개념정리

1 신용공여(투자매매업자 혹은 투자중개업자에 해당함)

개요	• 증권 매매거래계좌를 개설하고 있는 자에 대하여 증권의 매매를 위한 매수자금을 융자하거나 매도하려는 증권을 대여하는 방법 • 신용공여를 하고자 하는 경우에는 투자자와 신용공여에 대한 약정을 체결해야 한다. • 총신용규모 한도는 자기자본의 범위 이내이다.
담보	• 청약자금 대출 : 청약하여 배정받은 증권을 담보로 징구해야 한다. • 신용공여금액의 100분의 140이상에 상당하는 담보를 징구해야 한다.
담보평가	[담보로 제공된 증권의 평가] • 청약주식 : 취득가액으로 하며, 해당 주식이 상장된 경우 당일 종가로 한다. • 상장주권 또는 상장지수집합투자기구의 집합투자증권 : 당일종가 • 상장채권 및 공모파생결합증권 : 2 이상의 채권평가회사가 제공하는 가격정보를 기초로 투자매매업자 또는 투자중개업자가 산정한 가격 • 집합투자증권 : 당일에 고시된 기준가격
신용거래 제한	• 거래소가 투자경고종목, 투자위험종목, 관리종목으로 지정한 경우 신규 신용거래 할 수 없음. • 거래소가 매매호가 전 예납조치 또는 결제 전 예납조치를 취한 증권에 대해서 신규 신용거래를 할 수 없음.

59

| 정답 | ②

| 해설 | 투자자예탁금을 신탁업자에게 신탁할 수 있는 금융투자업자는 은행, 한국산업은행, 중소기업은행, 보험회사이며, 신탁법 제2조에도 불구하고 예외적으로 자기계약을 할 수 있다.

개념정리

1 투자자예탁금(투자매매업자 혹은 투자중개업자)

별도예치	• 고유재산과 구분하여 증권금융회사에 예치하거나 신탁회사에 신탁 • 예치할 경우 그 투자자예탁금이 투자자의 재산이라는 점을 명시
상계·압류금지	• 누구든지 예치기관에 예치 또는 신탁한 투자자예탁금을 상계·압류하지 못한다. • 원칙적으로 예치기관에 예치 또는 신탁한 투자자예탁금을 양도하거나 담보로 제공할 수 없다.
투자자예탁금 우선지급	[예치금융투자업자가 다음의 어느 하나에 해당하는 경우 우선 지급] • 인가취소, 해산결의, 파산선고 • 투자매매업 또는 투자중개업 전부 양도·전부 폐지가 승인된 경우 및 전부의 정지명령을 받은 경우 • 예치기관이 인가취소, 파산 등 예치금융투자업자의 우선지급사유와 동일한 사유에 해당하는 경우

60

|정답| ③

|해설| 지방채증권, 파생결합증권은 동일 종목 증권에 100분에 30을 투자할 수 있다. 주어진 문제가 100분의 30을 투자하는 것이므로 100%까지 투자할 수 있는 한국은행통화안정증권은 해당되지 않는다. 협회 자격시험 문제의 특징 중의 하나가 이러한 문제처럼 표현을 비트는 것들이다. 해당 내용을 아는 수험생일지라도 지문에서 묻는 사항을 정확하게 읽고 정답을 찾아야 사소한 실수를 줄일 수 있다.

개념정리

1 공모집합투자업자 자산운용

동일 종목 증권	원칙	각 집합투자기구 자산총액의 10%를 초과하여 투자할 수 없음.
	100% 투자가능	국채, 한국은행통화안정증권, 정부보증채, 부동산 개발회사 발행증권, 주택저당채권담보부채권, 한국주택금융공사 또는 금융기관이 보증한 주택저당채권, 부동산 투자목적회사가 발행한 지분증권 등
	30% 투자가능	지방채, 특수채, 파생결합증권, 법률에 의하여 직접 설립된 법인이 발행한 어음, 금융기관이 발행한 어음 또는 CD, 금융기관이 발행한 채권, 금융기관이 지급보증한 채권(사모제외) 및 어음 등
동일 지분 증권	원칙	• 전체 집합투자기구에서 동일 법인등이 발행한 지분증권 총수의 20%를 초과하여 투자하는 행위 • 각 집합투자기구에서 동일 법인등이 발행한 지분증권 총수의 10%를 초과하여 투자하는 행위는 금지
	100% 투자가능	부동산 개발회사 발행지분증권, 부동산 투자목적회사 발행 지분증권등

부동산 투자 제한	원칙	• 국내에 있는 부동산 중 주택법 제2조 제1호에 따른 주택 : 1년, 단, 미분양 주택의 경우에는 집합투자규약에서 정하는 기간 • 국내에 있는 부동산 중 주택법 제2조 제1호에 따른 주택이 아닌 부동산 : 1년 • 국외부동산 : 집합투자규약으로 정하는 기간

61

|정답| ①

|해설| 집합투자업자는 원칙적으로 차입 당시 순자산총액의 10%를 초과하여 금전을 차입하지 못한다. 예외적으로 부동산집합투자기구는 부동산 개발사업 등을 영위하는 법인에 대하여 집합투자기구 순자산총액의 100%까지 대여할 수 있다. 10+100=110이다.

개념정리

1 공모집합투자기구의 금전차입 및 대여

금전 차입	원칙	집합투자업자는 집합투자재산을 운용함에 있어서 집합투자기구의 계산으로 금전을 차입하지 못함.
	예외	대량환매청구 발생, 대량 매수청구 발생시
	한도	차입당시 순자산총액의 100분의 10을 초과할 수 없음.
금전 차입 특례	특례	집합투자재산으로 부동산을 취득하는 경우에는 집합투자기구의 계산으로 금전 차입이 예외적으로 허용
	상대방	은행, 보험회사, 기금, 다른 부동산 집합투자기구
	한도	• 부동산 집합투자기구는 순자산의 200% • 기타 집합투자기구는 부동산가액의 70%
금전 대여 특례	특례	부동산 개발사업을 영위하는 법인에 대해 예외적으로 대여 가능
	상대방	부동산 개발사업법인, 부동산 신탁업자, 부동산 투자회사 또는 다른 집합투자기구
	한도	집합투자기구 순자산총액의 100%
	방법	부동산 담보권 설정, 시공사 지급보증등 대여금 회수를 위한 적절한 수단 확보필요

62

|정답| ①

|해설| 이해관계인이 되기 6개월 이전에 체결한 계약에 따른 거래는 예외적으로 허용한다.

개념정리

1 공모집합투자업자의 이해관계인과의 거래 제한

원칙	이해관계인과의 거래는 금지됨.

예외	• 이해관계인이 되기 6개월 이전에 체결한 계약에 따른 거래 • 증권시장등 불특정 다수인이 참여하는 공개시장을 통한 거래 • 일반적인 거래조건에 비추어 집합투자기구에 유리한 거래
기타	• 이해관계인과의 예외 거래시 및 이해관계인의 변경 시 신탁업자에게 통보해야 함. • 집합투자업자는 집합투자재산을 운용함에 있어서 집합투자기구의 계산으로 집합투자업자가 발행한 증권(수익증권은 제외)을 취득하면 안 된다. • 계열회사 발행증권에 취득제한이 있음.

63

| 정답 | ③

| 해설 | 자기 또는 관계인수인이 인수한 증권을 투자일임재산으로 매수하는 행위 중 주권 관련 사채권의 매수는 금지되어 있다.

개념정리

1 투자일임업자의 주요 금지행위
① 정당한 사유 없이 투자자의 운용방법의 변경 또는 계약의 해지 요구에 응하지 아니하는 행위
② 자기 또는 관계인수인이 인수한 증권을 투자일임재산으로 매수하는 행위
③ 예외
- 인수일로부터 3개월이 지난 후 매수하는 경우
- 인수한 상장주권을 증권시장에서 매수하는 경우, 국채, 지방채, 통안채, 특수채, 사채권(단, 사채권의 경우 주권 관련 사채권 및 상각형 조건부 지분증권은 제외됨), 모집의 방법으로 발행되는 채권을 청약을 통하여 발행금액의 30% 이하로 매수해야 함)

64

| 정답 | ③

| 해설 | 운용한 투자결과를 그 운용자(집합투자업자)에게 배분하는 것이 아니라 투자자에게 귀속시켜야 한다.

| 보충플러스 |
집합투자업은 2인 이상의 투자자로부터 모은 금전 등을 투자자등으로부터 일상적인 운용지시를 받지 아니하면서 자산을 취득·처분 그 밖의 방법으로 운용하고 그 결과를 투자자에게 배분하여 귀속시키는 업이다.

65

| 정답 | ①

| 해설 | MMF는 이익금 분배를 유보할 수 없다.

개념정리

1 집합투자업자의 이익금 분배

원칙	집합투자업자 또는 투자회사 등은 집합투자기구의 집합투자재산 운용에 따라 발생한 이익금을 투자자에게 금전 또는 새로 발행하는 집합투자증권으로 분배해야 한다.
예외	• 집합투자규약이 정하는 바에 따라 이익금의 분배를 집합투자기구에 유보할 수 있음. • 이익금의 분배방법 및 시기는 집합투자규약에서 정하는 바에 따름. • 투자회사는 이익금 전액을 새로 발행하는 주식으로 분배할 경우 정관에 정하는 바에 따라 필요한 사항에 대해서 이사회 결의를 거쳐야 함.
초과 분배	• 예외적으로 이익금을 초과하여 분배할 수 있음. • 투자회사의 경우에는 순자산에서 최저 순자산액을 뺀 금액을 초과하여 분배할 수 없음. • 투자신탁 또는 투자익명조합의 집합투자업자와 투자회사등은 이익금을 초과하여 금전으로 분배하려는 경우에는 집합투자규약에 그 뜻을 기재하고 이익금의 분배방법 및 시기등을 정해야 한다.

※ MMF는 이익금 분배를 유보할 수 없음.

66

| 정답 | ①

| 해설 | 공공적 법인이 발행한 주식의 지분비율을 계산할 경우 누구의 명의로 하든지 자기의 계산으로 취득한 주식수를 기준으로 하며, 그 지분비율 계산은 의결권 없는 주식은 발행주식 총수에 포함되지 않는다.

개념정리

1 공공적 법인의 주식 소유제한

공공적 법인	국가기간산업 등 국민경제상 중요한 산업을 영위하는 법인, 다음의 요건을 모두 충족하고 금융위가 국무회의 보고를 거쳐 지정하는 상장법인 • 경영기반이 정착되고 계속적인 발전 가능성이 있는 법인 • 재무구조가 건실하고 높은 수익이 예상되는 법인 • 해당 법인의 주식을 국민이 광범위하게 분산 보유할 수 있을 정도로 자본금 규모가 큰 법인
소유 한도	• 그 주식이 상장된 당시에 발행주식 총수의 100분의 10 이상을 소유한 주주는 그 소유비율 • 위의 경우를 제외한 경우 발행주식 총수의 100분의 3 이내에서 정관이 정하는 비율
예외	소유비율 한도에 관하여 금융위의 승인을 받은 경우, 그 소유비율 한도까지 공공적 법인이 발행한 주식을 소유할 수 있다.
제재	• 소유기준을 초과하여 소유한 자는 그 초과분에 대하여 의결권을 행사할 수 없다. • 금융위는 그 기준을 초과하여 주식을 소유하고 있는 자에게 6개월 이내의 기간을 정하여 그 소유기준을 충족하도록 시정할 것을 명할 수 있다.

67

| 정답 | ③

| 해설 | 투자자산운용사(투자운용인력)는 집합투자재산, 신탁재산 또는 투자일임재산을 운용하는 업무를 수행하는 인력이다.

개념정리

1 금융투자전문인력

투자권유자문인력	펀드투자권유자문인력	집합투자기구의 집합투자증권에 대하여 투자권유를 하거나 투자자문 업무를 수행
	증권투자권유자문인력	집합투자증권, 파생결합증권을 제외한 증권에 대하여 투자권유 또는 투자자문 업무를 수행하고 MMF형 CMA에 대하여 투자권유를 할 수 있음
	파생상품투자권유자문인력	파생상품 및 파생결합증권에 해당하는 증권, 고난도금융투자상품에 대하여 투자권유 또는 투자자문 업무를 수행하거나, 파생상품등에 투자하는 특정금전신탁 계약등의 체결을 권유하는 업무를 수행
투자상담관리인력 (투자권유자문인력)		금융투자회사 지점 또는 영업소등에서 해당 지점 또는 영업소 등에 소속된 투자권유자문인력 및 투자권유대행인의 업무에 대한 관리·감독 업무를 수행하는 인력
투자자산운용사 (투자운용인력)		집합투자재산, 신탁재산 또는 투자일임재산을 운용하는 업무를 수행하는 인력이다.
금융투자분석사 (조사분석인력)		투재매매업 또는 투자중개업을 인가받은 회사에서 특정 금융투자상품의 가치에 대한 주장이나 예측을 담고 있는 자료를 작성하거나 이를 심사·승인하는 업무를 수행하는 인력
위험관리전문인력		금융투자회사의 위험관리조직에서 재무위험 등을 일정한 방법에 의해 측정, 평가 등을 하여 통합하고 관리하는 업무를 수행하는 인력

68

| 정답 | ③

| 해설 | 약관을 제정 또는 변경하는 경우에는 약관의 제정 또는 변경 후 7일 이내에 협회에 보고해야 한다.

개념정리

1 표준약관 및 수정약관
- 금융투자회사는 협회가 정한 표준약관을 사용하거나, 이를 수정하여 사용할 수 있다. 단, '외국집합투자증권 매매거래에 관한 표준약관'은 표준약관 그대로 사용해야 한다.

2 개별약관
- 금융투자업자가 약관을 제정 또는 변경하려는 경우에는 약관의 제정 또는 변경 후 7일 이내에 협회에 보고해야 한다. 단, 사전신고에 해당하는 경우에는 약관의 제정 또는 변경 시행예정일 10영업일 전까지 협회에 신고해야 한다.

3 약관검토(협회는 다음의 내용을 검토해야 함)
- 법 등 관계법령에 위반되는 내용
- 금융투자회사의 고의 또는 중대한 과실로 인한 법률상의 책임을 배제하는 내용
- 상당한 이유 없이 금융투자회사의 손해배상범위를 제한하거나 금융투자회사가 부담하여야 할 위험을 고객에게 이전시키는 내용
- 고객에 대하여 부당하게 과중한 손해배상의무를 부담시키는 내용
- 법률의 규정에 의한 고객의 해제권 또는 해지권을 상당한 이유 없이 제한하거나 그 행사를 제한하는 내용
- 금융투자회사에게 법률에서 정하고 있지 아니하는 해제권·해지권을 부여하거나 법률의 규정에 의한 해제권·해지권의 행사요건을 완화하여 고객에 대하여 부당하게 불이익을 줄 우려가 있는 내용
- 법률의 규정에 의한 고객의 항변권, 상계권등의 권리를 상당한 이유 없이 배제 또는 제한하는 내용
- 고객에게 부여된 기한의 이익을 상당한 이유 없이 박탈하는 내용
- 고객이 계약의 거래형태 등 제반사항에 비추어 예상 또는 이해하기 어려운 내용등

69

| 정답 | ④

| 해설 | 금융투자회사는 재산상 이익의 제공현황 및 적정성 점검 결과 등을 매년 이사회에 보고해야 한다.

개념정리

1 재산상 이익의 제공 및 수령

재산상 이익으로 보지 않는 것	• 금융투자상품에 대한 가치분석, 매매정보 또는 주문의 집행등을 위하여 자체적으로 개발한 소프트웨어 및 해당 소프트웨어의 활용에 불가피한 컴퓨터등 전산기기 • 금융투자회사가 자체적으로 작성한 조사분석자료 • 경제적 가치가 3만 원 이하의 물품, 식사, 신유형 상품권, 거래실적에 연동되어 거래상대방에게 차별없이 지급되는 포인트 및 마일리지(2025년 해당 금액은 5만 원으로 상향 변경되었으나 협회 표준교재에는 변경이 반영되지 않았으며, 해당 연도 시험은 해당 연도 협회 표준교재를 기준으로 채점되기 때문에 2026년 협회 표준교재 발간 전까지는 3만 원으로 정답을 접근해야 한다) • 20만 원 이하의 경조비 및 조화, 화환 • 국내에서 불특정 다수를 대상으로 하여 개최되는 세미나 또는 설명회로서 1인당 재산상 이익의 제공금액을 산정하기 곤란한 경우 그 비용. 이 경우 대표이사 또는 준법감시인은 그 비용의 적정성 등을 사전에 확인해야 함.

재산상 이익의 가치산정	• 금전의 경우 해당 금액 • 물품의 경우 구입비용 • 접대의 경우 접대에 소요된 비용, 단 금융투자회사 임직원과 거래상대방이 공동으로 참석한 경우 해당 비용은 전체 비용 중 거래상대방이 점유한 비율에 따라 산정된 금액 • 연수, 기업설명회, 기업탐방, 세미나의 경우 거래상대방에게 직접적으로 제공되었거나 제공받은 비용	
공시	공시대상	금전, 물품, 편익 등을 최근 5개 사업연도를 합산하여 10억 원을 초과하여 특정 투자자 또는 거래상대방에게 제공하거나 특정 투자자 또는 거래상대방으로부터 제공받은 경우
	공시내용	제공기간, 제공 받은 자가 속하는 업종, 제공목적, 제공한 경제적 가치의 합계액
	공시방법	인터넷 홈페이지 등에 공시
기타	• 파생상품과 관련하여 추첨 기타 우연성을 이용하는 방법 또는 특정행위의 우열이나 정오의 방법으로 선정된 동일 일반투자자에게 1회당 제공할 수 있는 재산상 이익은 300만 원을 초과할 수 없음. • 유사해외통화선물 및 주식워런트증권과 관련해서는 추첨 등의 방법으로 선정된 일반투자자에게는 재산상 이익을 제공할 수 없음.	

70

| 정답 | ③

| 해설 | 효율적 시장가설은 액티브운용을 반박하는 논거로 활용되고 있으며, 이는 패시브운용을 지지하는 논거로 활용된다.

※ 주의사항

과거에는 효율적 시장가설은 액티브운용을 반박하는 논거로 주로 사용된다라고 출제되었으나, 액티브 대신 패시브로 바꾸어서 수험생의 오답을 유도하여 출제되었다. 일반적인 재무관리 교재에서는 이익과 초과이익을 구분하여 사용하나, 협회시험의 효율적 시장가설 부분에 한해서 이익과 초과이익을 동의어로 사용하는 경향이 있다. 엄밀한 의미(재무관리에서 사용하는 의미)

> 이익 : 투자로 인해 얻을 수 있는 수익 혹은 수익률. 무위험자산이건 위험자산이건 자산이 부담하는 위험에 상응하는 이익을 얻을 수 있음.
> 초과이익 : 기회비용을 차감하여 얻을 수 있는 수익 혹은 수익률. 젠센의 알파와 유사한 개념이다. 자산이 갖는 위험보다 더 높은 수익을 얻음.

만약, 같은 문제의 보기에 초과이익과 이익이 동시에 사용된다면, 초과이익과 이익의 개념을 구분하여 정답에 접근하고, 초과이익 혹은 이익만 단독으로 사용된다면 이익도 초과이익의 동의어로 접근하여 정답을 선택한다. 2025년 협회에서 발간한 기본교재에 효율적 시장가설을 설명할 때는 주로 이익으로 그 용어를 설명하고 있다.

개념정리

1 효율적 시장가설

주식시장은 정보에 대해서 그 정보의 가치를 즉각 주가에 반영한다는 개념이며, 크게 3가지의 효율적 시장으로 구분된다.

약형의 효율적 시장가설	• 과거의 모든 정보는 이미 주가에 반영되어 있어 과거 정보를 이용하여 주식투자를 하더라도 이익(초과이익)을 낼 수 없음. • 과거 주가의 움직임은 미래 주가의 움직임의 방향이나 크기에 대한 어떠한 정보도 제공하지 않음. • 기술적 분석은 아무런 가치가 없음.
준강형의 효율적 시장가설	• 과거의 모든 정보와 공개된 모든 정보가 이미 주가에 반영되어 있어 공개된 정보를 이용하여 주식투자를 하더라도 이익(초과이익)을 낼 수 없음. • 공개된 정보는 종목을 선정하는데 아무런 도움이 되지 않음.
강형의 효율적 시장가설	• 과거정보, 공개된 정보, 미공개 내부정보까지 이미 주가에 반영되어 있어 어떠한 정보를 이용하여 주식투자를 하더라도 이익(초과이익)을 낼 수 없음. • 기업에 대해 알려졌거나 알 수 있는 정보는 주식 분석에 도움이 되지 않음.

71

| 정답 | ④

| 해설 | 쿠션=현재자산가치-만기 최저보장수익의 현재가치이며, 쿠션에 배수를 곱하는 수를 승수라 한다. 익스포저(주식투자금액)=쿠션×승수이다. 승수가 클수록 투자자의 위험회피성향이 낮아진다. 위험회피도가 높은 투자자의 승수는 낮고, 상대적으로 위험회피도가 낮은 투자자의 승수는 높다.

개념정리

1 보험자산배분

- 투자자가 원하는 특정한 투자성과를 만들어 내기 위해 기금이나 펀드의 자산 구성비율을 동적으로 변동시켜 나가는 전략이다.
- 자산배분을 초단기적으로 변경하는 전략이다.
- 미래 예측치를 사용하지 않고 시장 가격의 변화 추세만을 반영하여 운영하는 수동적인 전략이다.
- 극단적으로 위험을 회피하는 전략이다.
- 포트폴리오 가치가 하락함에 따라 무위험자산에 대한 투자비중이 높아지고, 포트폴리오 가치가 상승함에 따라 위험자산에 대한 투자비중이 상승한다.

72

|정답| ③

|해설| 주가가중방식(가격가중방식)으로 만들어진 지수는 DJIA와 Nikkei 225지수이다. KOSPI 200지수는 유동시가가중방식으로 구성되어 있다.

개념정리

1 주가지수
① 주식시장 전체의 전반적인 주가수준을 나타내기 위해 만든 하나의 값
② 주식포트폴리오의 성과평가를 위한 벤치마크로 사용. 자산집단의 성과를 측정하는데 사용, 운용자가 투자대상으로 정한 범위에 대한 정보를 제공하기도 함.

주가가중 지수	• 절대적인 주당 가격이 가중치로 적용됨. • DJIA(다우존스 산업평균), Nikkei 225
시가가중 지수	• 시가총액이 가중치로 적용됨. • 주식분할·병합시 별도 조정이 필요 없으나 새로운 종목 상장, 유상증자시에는 조정이 필요함. • 유동주식(정부보유지분등을 제외한 실제 거래가 가능한 주식)을 기반으로 한 시가총액기준으로 작성한 시가가중지수를 유동시가가중지수라고 함 : KOSPI, KOSPI 200

73

|정답| ③

|해설| 역행투자, 고배당수익률 투자방식은 가치투자방식이다. 역행투자는 주가가 상승하면 매도하고, 주가가 하락하면 매수하는 것으로 주가 방향과 반대의 투자를 하는 것이다. 성장투자 스타일은 상승하는 주식을 매수하고, 하락하는 주식을 매도하여 주가의 방향과 대체로 같은 방향으로 투자를 한다.

개념정리

가치투자 스타일	• 상대적으로 저평가된 주식에 투자함. • 기업 수익은 평균으로 회귀하는 경향을 가짐(낮은 PER는 다시 평균으로 회귀할 것이라고 가정함) • 투자자들이 충분히 인정해 주지 않으면 저렴할 수 있다는 경제적 원칙을 이해하지 못할 위험 존재 • 투자자가 예상하는 기간 내에 저평가가 해소되지 않을 위험 존재 • 저 PER, 역행투자, 고배당수익률 투자방식

성장투자
스타일
	• 기업의 수익성에 관심이 많으며, 기업의 주당순이익이 미래에 증가하는 동안 PER가 낮아지지 않는 다면 주가는 최소한 EPS 증가율만큼 상승할 것으로 가정함.
	• 성장률이 높은 기업에 대해서 시장 PER보다 높은 가격을 지불하여, 높은 PER와 높은 PBR을 보인다.
	• 투자위험
	  - 예상했던 EPS증가율이 예상대로 실현되지 않는 것 → EPS도 하락하고 PER도 하락하여 손실이 확대됨.
	  - 기업이익이 예상보다 높은지 낮은지가 주가에 큰 영향을 미침.
	• 지속적인 성장성에 투자하는 방식 : 장기간에 걸쳐 성장성이 나타나는 것
	• 이익의 탄력성에 투자하는 방식 : 단기간에 높은 이익을 나타내는 것

74

|정답| ③

|해설| 인덱스펀드는 시장의 전체적인 흐름을 따라가는 펀드이기 때문에 미래의 시장이 과거의 시장과 많이 다르다면 실현된 잔차(편차)는 인덱스 펀드를 구성할 때 예상한 잔차와 많이 다를 수 있으며, 이러한 위험을 model risk라고 한다.

개념정리

1 인덱스펀드 구성방법
인덱스 성과를 얻기 위한 방식으로 현물로 인덱스 구성, 인덱스 선물 매입, 인덱스 스왑 매입방법 등이 있음

완전 복제법	• 벤치마크를 구성하는 모든 종목을 벤치마크의 구성비율대로 사서 보유하는 것으로 벤치마크를 거의 완벽하게 추종할 수 있음. • 포트폴리오 조정으로 발생하는 거래비용, 운용관리보수등으로 인해 벤치마크보다 수익률이 낮게 나타남.
표본 추출법	• 벤치마크에 포함된 대형주는 모두 포함하며, 중소형주들은 펀드의 성격이 벤치마크와 유사하게 되도록 일부만 포함하는 방식 • 벤치마크의 핵심적인 특징을 유지하면서 관리비용과 거래비용을 낮추어 벤치마크와 유사한 수익률을 얻을 수 있음.
최적화법	• 포트폴리오 모형을 이용하여 주어진 벤치마크에 대비한 잔차위험이 허용 수준 이하인 포트폴리오를 구성하는 방식 • 완전복제법, 표본추출법과 비교하여 적은 종목만을 선택하여 벤치마크를 모방할 수 있으며 예상되는 잔차가 충분히 낮은 인덱스를 만들 수 있다. 예를 들어 인덱스펀드의 베타가 1이면, 소수의 주식으로 베타 1인 포트폴리오를 만드는 것 • 모형에 사용되는 정보가 과거정보이기 때문에 사용된 모형이 주식의 속성을 정확하게 반영하기 어려울 수 있으며, 미래 시장이 과거와 상당히 다르면 실현된 잔차는 인덱스펀드를 구성할 때 추정한 잔차와 다를 수 있음. 이러한 위험을 model risk라고 함.

75

|정답| ④

|해설| 보기의 모든 내용이 주식포트폴리오 모형에 대한 올바른 설명이다.

📋 개념정리

1 주식포트폴리오 모형

포트폴리오가 가지는 특성을 분석하여 투자의사결정에 활용하는 모형으로 리스크 모형이라고도 함.

다중요인 모형	주식 리스크를 베타, 규모, 성장성, 레버리지, 해외시장 노출도, 산업등 여러 가지 체계적 요인으로 구분한 모형
2차함수 최적화 모형	• 기대수익률과 추정위험 간의 최적의 균형점을 찾을 수 있도록 함. • 기대수익률과 위험추정시 오류가 발생할 수 있음. • 기대수익과 위험에 대한 정확한 값을 찾을 수 없어 주어진 제약조건에서 최적화하는 기법을 사용하는 것이 일반적임.
선형계획 모형	• 2차함수 최적화 모형의 대안으로 제시 • 일정한 제약조건을 만족시키는 포트폴리오 중에 기대수익률을 최대화하는 것을 찾는 방법 • 제약조건으로는 규모, 산업별 분산정도, 배당수익률, 거래비용, 유동성 등이 포함 • 투자자와 펀드매니저가 직관적으로 이해할 수 있음. • 사전에 측정하지 못한 위험요소에 대해서도 통제하여 큰 위험이 발생할 가능성을 낮추어 줌.

2 주식포트폴리오 모형 활용

① 운용의사결정 지원
  • 액티브 운용을 지원하여 투자의사결정에 활용함.
  • 패시브 운용에서는 벤치마크가 갖고 있는 위험요인의 크기에 맞추기 위해 활용함.

② 성과요인 분석
  • 각 위험요소로부터 나타난 수익률의 정도를 측정할 수 있음.
  • 액티브운용과 패시브 운용의 성과요인 분석에 활용됨.

76

| 정답 | ①

| 해설 | 무이표채권은 만기이전에 현금흐름의 유입이 발생하지 않아 듀레이션은 잔존만기와 동일하다.

| 오답풀이 |

• 복리채는 만기에 원금과 이자(만기이전에 발생한 이자의 재투자수익포함)를 한꺼번에 지급하기 때문에 복리채의 듀레이션은 채권의 잔존만기와 동일하다. 즉 만기이전에 투자자에게 유입되는 현금흐름이 없어서 듀레이션이 잔존만기와 같다.
• 표면금리가 낮을 경우 만기이전에 투자자에게 유입되는 현금흐름이 감소하여 투자자의 원금 회수기간이 증가하여 듀레이션은 증가한다.
• 무이표채권도 복리채처럼 만기이전에 현금흐름의 유입이 발생하지 않아 듀레이션은 잔존만기와 동일하다.
• 수의상환채권은 만기이전에 발행자가 사전에 정한 가격으로 채권을 회수할 수 있는 권리가 부여된 채권이다. 수의상환권을 행사하면 투자자는 만기이전에 정해진 금액을 지급받기 때문에 듀레이션은 짧아진다. 단, 만기이전에 투자자가 상환을 받는 것이 투자자의 수익측면에서 불리하다. 투자자는 정해진 기간동안 예상된 수익률을 기대하며 채권에 투자했으나, 만기이전에 발행자가 상환을 하면 투자자가 초기에 해당 채권에 투자했을 때 기대할 수 있는 수익률을 달성하지 못할 수 있다. 수의상환채권은 금리가 하락시(채권가격 상승시) 행사되므로 투자자에게는 대체로 불리하다. 수의상환청구채권과 혼동하지 않아야 하며, 수의상환청구채권은 수의상환권(조기상환권)을 투자자가 보유한 것이다. 시장금리 상승시(채권가격 하락시) 투자자가 해당 채권을 발행자에게 상환을 요구하므로 대체로 수의상환청구채권은 투자자에게 유리한 채권이다.

📋 개념정리

1 듀레이션 결정요인, 단 언급된 변수 외에 다른 변수는 변동이 없다고 가정

• 듀레이션은 채권에 투자한 원금의 가중평균회수기간이다. 수험목적으로 단순히 투자원금의 회수기간이라고 이해하고 접근해도 정답을 고르는데 무리는 없다.

표면이자율	• 표면이자율과 듀레이션은 역의 관계에 있음. • 표면이자율이 높을수록 듀레이션은 감소함.
만기	• 만기와 듀레이션은 정의 관계에 있음. • 만기가 증가할수록 듀레이션도 증가함.
수익률 (시장이자율, 만기수익률)	• 듀레이션과 시장수익률은 역의 관계에 있음. • 시장수익률이 높다는 것은 채권가격이 낮다는 의미이기 때문에, 적은 투자원금이 지출되어 해당 금액의 회수기간이 빨라짐. • 반대로 시장수익률이 낮다는 것은 채권가격이 높다는 의미이기 때문에, 많은 투자원금이 지출되어 해당 금액의 회수기간이 길어짐.

77

| 정답 | ①

| 해설 | 채권은 표준화하기 어렵기 때문에 장외시장의 비중이 장내시장보다 크다.

📋 개념정리

1 채권 유통시장

① 발행된 채권이 거래되는 시장
② 주식과 달리 채권은 표준화되어 있지 않아 장외시장의 비중이 장내시장보다 크다.
③ 기관투자자 중심의 시장

장내시장	• 한국거래소에 상장된 채권이 거래된다. • 상장되어 있는 종목이 한정적, 거래조건이 규격화되어 있음. • 경쟁매매, 전산매매 • 당일결제 및 익일결제
장외시장	• 증권회사 장외시장 브로커 창구 • 상대매매 • 제한 없이 다양한 조건으로 모든 채권거래가 가능 • T+30일 혹은 대부분 익일결제(단, RP매매, MMF편입채권, 소매채권은 당일결제)

78

| 정답 | ③

| 해설 | 만기수익률의 달성조건은 채권을 만기까지 보유하고 만기이전에 유입된 현금을 채권 매입시의 만기수익률로 재투자 할 경우 달성된다. 만기수익률은 시장이자율이라고도 하며, 시장이자율은 시간의 흐름에 따라 변동하기 때문에 이표채의 경우 단순히 만기까지 보유한다고 만기수익률이 달성되지 않는다. 그러나 무이표채처럼 만기이전에 현금유입이 없는 채권은 만기까지 보유할 경우 만기수익률을 달성할 수 있다.

※ 주의사항
  모든 채권이 만기까지 보유한다고 만기 수익률을 달성하는 것이 아니다. 이표채의 경우 만기까지 보유하고 만기이전에 발생하는 모든 현금흐름을 만기수익률로 재투자 할 수 있다는 조건이 있어야 만기수익률을 달성할 수 있다. 암묵적인 가정으로 채권발행자의 채무불이행 위험이 없고, 신용등급의 변화도 없다고 가정한다. 채권의 가격에 영향을 미치는 변수는 다양하게 존재하기 때문에 일반적으로 시험문제에서 그러한 모든 변수를 고려하여 정답 접근을 요구하지 않는다. 그럼에도 불구하고, 문제의 전제조건과 제시문을 명확하게 확인한 후에 정답을 접근해야 오류와 실수를 최소화할 수 있다.

| 오답풀이 |

① 이표채는 액면이자율(표면이자율)을 기준으로 이자를 지급한다.
② 경상수익률=1년간 받을 액면이자금액/P_0(현재채권가치), 시장이자율이 상승하면 현재 채권가치가 하락하기 때문에 경상수익률은 상승한다.
④ 액면이자율이 만기수익률(수익률, 시장이자율)보다 높으면 액면가 보다 높은 가격으로 발행되고 이를 할증발행한다고 표현한다. 시장이자율은 수익률, 만기수익률의 동의어로 사용된다.

액면이자율>시장이자율	채권가격이 액면가보다 높다
액면이자율=시장이자율	채권가격과 액면가가 동일
액면이자율<시장이자율	채권가격이 액면가보다 낮다

79

| 정답 | ④

| 해설 | 채권가격은 원점에 대해서 볼록하기 때문에 같은 폭의 채권수익률 하락시 가격 변동폭은 같은 폭의 채권수익률 상승시 가격 변동폭보다 더 크다.

개념정리

1 말킬의 채권가격 정리
  ① 채권가격은 수익률과 반대방향으로 움직인다.
  ② 채권의 잔존기간이 길수록 동일한 수익률 변동에 대한 가격 변동폭은 커진다.
  ③ 채권수익률 변동에 의한 채권가격 변동은 만기가 길어질수록 증가하나, 그 증감률은 체감한다.
  ④ 만기가 일정할 때 채권수익률 하락으로 인한 가격 상승폭은 같은 폭의 채권수익률 상승으로 인한 가격 하락폭보다 크다. 이를 볼록성효과라고 한다.
  ⑤ 표면이자율이 높을수록 동일한 크기의 수익률 변동에 대한 가격 변동률은 작아진다.
  ⑥ 수익률 변동으로 인한 가격의 변동은 표면이율이 높을수록 적어지며, 이자지급주기가 짧을수록 가격 변동률은 적어진다.

2 볼록성효과

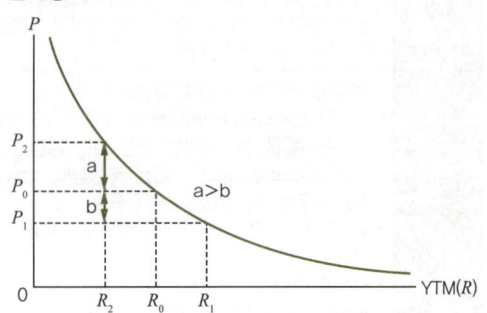

동일한 이자율 변동시 이자율 하락시의 가격 변동폭(a)이 이자율 상승시의 가격 변동폭(b)보다 크다.

80

| 정답 | ②

| 해설 | 스프레드 운용전략은 적극적 운용전략이다.

개념정리

1 채권운용전략

적극적 운용전략	• 시장이 비효율적이라고 가정하며, 미래 금리예측을 할 수 있어서 수익성 위주의 투자를 한다. • 채권교체전략, 금리예측전략, 수익률 곡선타기전략, 스프레드 운용전략, 수익률 곡선전략 등이 있다.
소극적 운용전략	• 현재의 채권가격에 모든 정보가 이미 반영되어 있다고 가정한다. 채권시장이 효율적이라고 가정하며, 미래 금리변동을 예측하지 않고, 안정성, 유동성등을 추구하는 채권운영을 한다. • 만기보유전략, 인덱스펀드 전략, 면역전략, 현금흐름일치전략, 상황적 면역전략, 사다리형 만기전략 등이 있다.

81

| 정답 | ③

| 해설 | 이자율기간구조이론은 선도이자율의 모양 혹은 형태에 대해서 설명하려는 이론이다. 불편기대이론은 선도이자율은 현재의 기대를 반영한다는 이론이다.

$(1+_0S_2)^2=(1+_0S_1)(1+_1f_2)$ → $_1f_2=(1+_0S_2)^2/(1+_0S_1)-1=(1+3.5\%)^2/(1+3\%)-1=4\%$

> ※ 약식계산방법
> 2년 만기현물이자율=(1년 만기 현물이자율+1년간 선도이자율)/2
> $3.5\% = (3\% + {}_1f_2)/2 \rightarrow {}_1f_2 = 4\%$

이론적인 방법으로 정확하게 계산한 선도이자율과 약식으로 계산한 선도이자율의 차이가 크지 않다. 협회시험에서 주어진 보기의 값의 차이를 의미 있는 수준으로 크게 제시하기 때문에 약식으로 계산한 값으로 정답을 선택해도 무리가 없다.

82

| 정답 | ④

| 해설 | 수직스프레드는 모든 것이 동일하지만 행사가격만 다른 같은 종류의 콜옵션 혹은 풋옵션을 동시에 매수·매도하는 전략이다. 수직 강세스프레드의 경우 콜옵션으로만 구성할 수 있으며, 행사가격이 낮은 콜옵션을 매입하고, 행사가격이 높은 콜옵션을 매도한다. 동일한 수직 강세스프레드를 풋옵션만으로도 구성할 수 있으며, 행사가격이 낮은 풋옵션을 매입하고 행사가격이 높은 풋옵션을 매도한다.

| 오답풀이 |

① 옵션은 유러피안(유럽식)과 미국식(아메리칸)으로 구분되며, 유러피안 옵션은 만기일에만 그 권리를 행사할 수 있는 옵션이며, 미국식 옵션은 만기일 이전이라도 그 권리를 행사할 수 있는 옵션이다. 옵션의 권리를 행사한다는 의미는, 옵션보유자가 옵션발행자를 찾아가서 옵션의 권리를 행사한다는 의미이다. 유러피안 옵션의 경우 옵션보유자가 이익일 경우, 이러한 이익을 실현하기 위해서는 옵션 유통시장에 해당 옵션을 매도하면서 이익을 실현할 수 있다.

② 옵션의 가치=내재가치+시간가치, 내재가치가 0인 경우 옵션프리미엄(가치)은 시간가치로만 구성되어 있다.

③ 콜옵션의 경우 내가격 옵션은 내재가치가 양수인 옵션이며, 등가격 옵션은 기초자산의 가격과 행사가격이 같은 옵션이며, 외가격 옵션은 행사가격>기초자산가격인 옵션이다. 등가격, 외가격 옵션은 모두 시간가치로만 구성되어 있으며, 내가격 옵션은 시간가치와 내재가치로 구성되어 있다.

[콜옵션 가격범위]

만약, 삼성전자를 기초자산으로 하는 콜옵션의 행사가격이 10만 원인 경우 외가격, 등가격, 내가격을 확인할 수 있다.

83

| 정답 | ④

| 해설 | 베이시스는 선물가격과 현물가격의 차이를 의미한다. 선물만기전에는 베이시스는 양수와 음수를 모두 갖을 수 있으나, 선물만기일에는 베이시스가 0이된다. 선물 만기라는 것은 해당 선물의 거래가 발생하는 일자이며, 이는 곧 해당 선물이 현물이기 때문에 선물가격과 현물가격의 차이인 베이시스는 0으로 수렴한다.

개념정리

- 추적오차 : 인덱스펀드를 구성할 경우 벤치마크 지수와 인덱스펀드의 차이를 지칭하는 용어이며, 추적오차가 적을수록 인덱스펀드가 실제 벤치마크를 잘 추종한다고 본다.
- 레버리지 : 넓은 의미로는 기업에서 고정비(영업고정비와 재무고정비를 모두 포괄함)를 사용하여 손익이 변동하는 것을 말한다. 좁은 의미로는 재무고정비를 지칭하며, 타인자본사용으로 인한 이자비용의 존재로 인해 주주가 부담하는 추가적인 위험이 증가하는 것을 말한다.
- 듀레이션 : 맥콜레이 듀레이션을 지칭하며, 채권투자금액의 시간가중평균회수기간을 말한다.

84

| 정답 | ②

| 해설 | 콜옵션과 풋옵션 매수포지션의 경우 감마는 양수이다. 감마는 기초자산가격이 변동할 경우 옵션 델타가 변동하는 것을 측정하며, 이는 기초자산가격 변동에 대한 옵션가격이 변동하는 가속도에 해당하는 의미이다. 델타는 기초자산변동에 대한 옵션가격이 변동하는 속도의 개념이다.

개념정리

1. 옵션민감도 지표(Greek letter), 모든 옵션은 매수포지션을 가정하며, 배당을 지급하지 않는 주식을 기초자산으로 하는 유러피안 옵션을 가정한다.

	콜옵션	풋옵션
델타(기초자산가격 변동)	+	−
감마(기초자산가격변동시 델타 변동)	+	+
로우(무위험이자율 변동)	+	−
베가(기초자산가격 변동성)	+	+
쎄타(옵션만기 변동)	−	−

※ 본 시험목적이 아닌 다른 목적으로 재무관리를 공부한 수험생은 쎄타에 대한 이의를 제기할 수 있고, 저자 역시 그러한 이의가 합당하다고 생각하나, 협회시험의 가이드라인은 협회에서 발간한 기본교재를 중심으로 시험문제의 출

제와 채점이 이루어지기 때문에, 수험 목적으로 쎄타는 음수라고 보고 정답을 접근해야 한다.

85

| 정답 | ②

| 해설 | 행사가격이 200원인 콜옵션은 외가격으로 옵션행사가 되지 않아 콜옵션 매도자는 옵션 프리미엄 2원을 수취하여 2원의 이익이 발생한다. 행사가격이 195원인 콜옵션은 내가격 상태로 콜옵션이 행사되어 옵션 매수자는 옵션 행사로 2원의 수익이 발생하나, 해당 옵션을 3원에 매입하였기 때문에 1원의 손실이 발생한다. 모든 손익을 통산하면 총 1원의 이익이 발생한다.

※ 이해의 편의를 위해 '원'이라는 단위를 붙여 해설하였다. 이러한 문제는 2025년 들어 자주 출제되는 유형으로 신유형으로 분류되는 문제이다. 앞으로도 이러한 유형의 문제가 종종 출제될 것으로 예상되기 때문에, 해당 문제를 이해하고 정답을 골라야 한다. 단순 암기로는 풀기 어려운 문제이다.

86

| 정답 | ③

| 해설 | 옵션의 가치에 영향을 미치는 변수는 다양하나, 가장 중요한 하나의 변수를 꼽으라면 기초자산가격의 변동성이다. 옵션을 매수했다는 것은 기초자산의 변동성에 투자를 한 것이다. 즉 기초자산의 가격 변동성이 클 것으로 예상했다고 단순히 표현할 수 있다. 기초자산가격의 변동성이 클 때 이익이 발생하는 포지션은 옵션의 매수포지션이고 이에 해당하는 것은 스트래들 매수, 스트랭글 매수이다. 콜옵션 매도는 옵션을 발행하기 때문에 기초자산의 변동성이 낮을 것에 투자한 혹은 베팅한 포지션이다.

📋 개념정리

언급한 변수 외의 모든 조건이 동일한 옵션을 가정한다.

1 스트래들 매수 : 행사가격이 동일한 콜옵션 1개와 풋옵션 1개를 각각 매수한 포지션이다. 매도포지션은 동일한 행사가격의 콜옵션 1개와 풋옵션 1개를 각각 매도(발행)한 포지션이다. 스트래들 매수는 모든 옵션을 매입했기 때문에 상대적으로 초기 매입 포지션 구축시 비용이 많이 발생한다.

2 스트랭글 매수 : 행사가격이 큰 콜옵션 1개를 매입하고, 행사가격이 작은 풋옵션 1개를 매입한 포지션이다. 스트래들보다 포지션 구축시 비용이 적게 소요된다. 행사가격이 높은 콜옵션은 행사가격이 낮은 콜옵션 보다 저렴하고, 행사가격이 낮은 풋옵션은 행사가격이 높은 풋옵션보다 저렴하다. 스트랭글 매도는 행사가격이 큰 콜옵션 1개를 매도하고, 행사가격이 작은 풋옵션 1개를 매도한 포지션이다. 스트랭글 매도포지션은 포지션 구축시 현금이 유입된다.

87

| 정답 | ①

| 해설 | 선물가격 > 현물가격인 상태를 지칭하는 용어로는 콘탱고, 정상시장이 있다. 반대의 경우에는 백워데이션, 역조시장이 있다.

📋 개념정리

1 선물가격과 현물가격간의 관계에 따른 용어(현재의 선물시장의 상태를 나타내는 용어임)

선물가격 > 현물가격	콘탱고시장(상태), 정상시장
선물가격 < 현물가격	백워데이션 상태(시장), 역조시장

88

| 정답 | ①

| 해설 | 베타의 의미는 시장수익률(시장포트폴리오 수익률)이 변동할 때 개별 주식의 수익률의 변동을 의미한다. 만약 어떤 주식의 베타가 1.5라면 이는 평균적으로 시장수익률이 1% 상승할 때, 해당종목의 주가는 1.5% 상승하고, 시장수익률이 1% 하락할 때, 해당 종목의 주가는 1.5% 하락한다는 의미이다. 베타 부호가 양수이면 시장수익률과 개별 주식의 수익률이 같은 방향으로 움직이며, 반대이면 서로 반대의 방향으로 움직인다. 시장수익률이 하락하기 때문에 반대방향으로 움직이는 베타가 음수인 종목이 주식수익률에서 유리하며, 그중 음수의 값이 가장 큰 A가 가장 높은 수익률이 될 것으로 예상한다.

※ 주의사항

기대수익률과 실현수익률의 용어 차이를 구분해야 한다.
- 기대수익률 : 현재 투자할 경우 투자기간동안 예상한 수익률이며, CAPM등 다양한 재무이론에서는 위험과 기대수익률간의 관계를 도출하려고 한다.
- 실현수익률 : 실제로 투자를 하고 기간이 경과했을 때 얻은 수익률이다. 예를들어 주식에 대한 일반적인 연평균 기대수익률을 15%라고 한다. 그러면 매년 누구나 15%의 수익률을 실현하는가? 그렇지 않다. 어떤 경우는 100% 수익률이 발생할 수도 있고, 어떤 경우는 -50% 수익률이 발생할 수 있다. 실현수익률들의 장기간의 평균값이 기대수익률과 유사한 개념이라고 봐도 좋다. 비유하자면 시험 보기 전에 예상하는 점수는 기대수익률이고, 시험 보고 나서 실제 얻은 점수는 실현수익률의 개념이다.

89

| 정답 | ④

| 해설 | 두 자산의 샤프비율, 트레이너비율, 정보비율, 젠센의 알파를 계산하면 ④번이 정답이다.

	A자산	B자산
샤프비율	(12%-2%)/10%=1	(14%-2%)/12%=1
트레이너 비율	(12%-2%)/0.5=20	(14%-2%)/0.6=20
젠센의 알파	12%-[2%+0.5(20%-2%)]=1%	14%-[2%+0.6(20%-2%)]=1.2%
정보비율	1%/5%=0.2	1.2%/10%=0.12

90

| 정답 | ②

| 해설 | 금액가중수익률은 내부수익률이며, 이는 투자자의 성과평가하는데 유용한 수익률이다. 내부수익률은 현금의 유출액(투자금액)의 현재가치와 현금의 유입액(투자성과)의 현재가치를 일치시키는 할인율(수익률)이다. 자금의 유출 혹은 유입시기가 다를 경우 수익률이 변동될 수 있다. 운용기간 중에 특정시기의 수익률을 측정하기는 곤란하다.

개념정리

1 투자수익률

금액가중 수익률	· 현금유입액의 현재가치와 현금유출액의 현재가치를 일치시키는 수익률 · 투자자가 얻은 수익성을 측정하기 위해 사용함. · 펀드매니저의 성과를 평가하는데 적절하지 않음. · 현금유입과 유출시기에 따라 수익률이 달라짐. · 투자자관점수익률, 내부수익률과 동의어로 사용함.
시간가중 수익률	· 펀드매니저의 운용능력을 측정하는데 사용함. · 총투자기간을 세부기간으로 구분하여 세부기간별로 수익률을 계산한 후, 각 세부기간별 수익률을 기하적으로 연결하여 총수익률을 계산함. · 1일 단위로 구분하여 계산한 순수한 시간가중수익률 계산방법을 Daily Valuation Method라고 함. · 운용기간 도중의 특정 시점별로 수익률을 계산할 수 있어서 시장수익률과 비교하기가 용이함. · 기하평균수익률, 펀드매니저관점수익률과 동의어로 사용함.

91

| 정답 | ④

| 해설 | 기준지표(벤치마크)는 평가기간이 시작되기 전에 미리 정해져야 한다.

개념정리

1 기준지표 특성

명확성	종목명과 비중이 정확하게 표시되어야 하며, 원칙이 있고 객관적인 방법으로 구성되어야 한다.
투자가능성	실행가능한 투자대안이어야 하며, 적극적인 운용을 하지 않는 경우에 기준지표의 구성종목에 투자하여 보유할 수 있어야 한다.
측정가능성	일반에게 공개된 정보로부터 계산할 수 있어야 하며, 원하는 기간마다 기준지표 자체의 수익률을 계산할 수 있어야 한다.
적합성	기준지표가 펀드매니저의 운용 스타일이나 성향에 적합해야 한다.
투자의견 반영	펀드매니저가 현재 벤치마크 구성종목에 대한 투자지식을 가져야 한다.

※ 출처 : 금융투자협회 기본교재 4권(2025년) p451

92

|정답| ③

|해설| V=PY/M=명목 GDP/통화량
= 1,300조 원/1,000조 원=1.3
GDP 디플레이터=명목 GDP/실질 GDP=0.5
명목 GDP=0.5×실질 GDP=0.5×2,600조 원=1,300조 원

개념정리

1 화폐유통속도

$$M \cdot V = P \cdot Y$$

- M : 통화량
- V : 화폐유통속도
- P : 물가수준
- Y : 실질 GDP

$$V = P \cdot Y/M = 명목\ GDP/통화량$$

- GDP 디플레이터는 물가지수로 명목 GDP에서 실질 GDP를 나눈 값이다.
- GDP 디플레이터=명목 GDP/실질 GDP → 명목 GDP =GDP 디플레이터×실질 GDP

2 화폐유통속도의 변화율(성장률)

$$MG + VG = PG + YG$$

- MG : 통화량 증가율
- VG : 유통속도 변화율
- PG : GDP 디플레이터 상승률(물가상승률)
- YG : 실질 GDP 성장률

※ 화폐유통속도를 계산하는 문제는 보통 M, P, Y값을 주고 계산하는 단순한 문제이었으나, P 대신 GDP 디플레이터 자료를 제시하여 문제의 난이도를 높였다. 앞으로 지속적으로 문제의 난이도는 증가할 것으로 예상한다.

93

|정답| ③

|해설| 3년 만기 현물이자율=(1년 만기 현물이자율+1년부터 2년의 1년간 기대이자율+2년부터 3년의 1년간 기대이자율)/3+유동성 프리미엄

2.5%=(1%+1.5%+2%)/3+유동성 프리미엄 → 유동성프리미엄=2.5%-1.5%=1%

|보충플러스|

- 유동성 프리미엄 이론은 채권 수익률의 기간구조를 설명하는 여러 이론중 하나이다. 불편기대이론에 추가로 유동성 프리미엄을 가산하여 미래의 선도이자율의 움직임을 설명하려는 이론이다.
- 유동성 프리미엄을 계산하는 방법은 복잡하나 협회교재는 약식으로 계산하는 방법을 채택하여 시험에 출제하고 있다.

개념정리

1 협회기준 유동성 프리미엄 계산방법
3년 만기 현물이자율=(1년 만기 현물이자율+1년 후부터 1년간 기대이자율+2년 후부터 1년간 기대이자율)/3+3년간 유동성 프리미엄

※ 참고 사항
유동성 프리미엄이론에 따른 유동성 프리미엄의 정식 계산방법은 다음과 같다.

$$(1+{}_0S_t)^t$$
$$= (1+{}_0S_1)(1+{}_1f_2)(1+{}_2f_3)\cdots(1+{}_{t-1}f_t)$$
$$= (1+{}_0S_1)(1+E({}_1R_2)+{}_1L_2)(1+E({}_2R_3)+{}_2L_3)\cdots$$
$$(1+E({}_{t-1}R_t)+{}_{t-1}L_t)$$

(${}_{t-1}L_t$: $t-1$에서 t기간동안의 유동성 프리미엄)

94

|정답| ④

|해설| 유동성 함정 구간에서는 LM곡선이 수평이기 때문에 그 기울기 값은 무한대의 값을 갖는다. LM곡선이 수평이기 때문에 화폐수요의 이자율 탄력성은 무한대의 값을 갖는다. LM곡선이 수직인 경우 화폐수요의 이자율 탄력성은 0의 값으로 수렴한다.

개념정리

1 유동성 함정
케인즈가 주장한 것으로 이자율이 임계이자율 이하로 하락하면 더 이상 이자율이 하락하지 않을 것으로 판단하여 경제주체는 채권보유를 포기하고 모두 화폐를 보유한다. 그 결과 화폐수요가 폭발적으로 증가한다. 이러한 상태를 유동성 함정이라고 한다.

2 특징

- 유동성 함정 구간에서 LM곡선은 수평이며, 화폐수요의 이자율 탄력성은 무한대가 된다.
- 확대통화정책의 효과가 없다. 통화공급을 해도 이자율은 하락하지 않는다.
- 구축효과가 발생하지 않아, 재정정책의 효과가 극대화된다. 즉 정부지출 증가로 이자율은 변동이 없으며 국민소득을 증가시킬 수 있다.
- 대체로 경제가 극심한 불황 상태에 있을 때 발생한다.

95

| 정답 | ②

| 해설 | 합리적 기대학파에 의해서 제기된 이론이며 정부의 통화정책이 예측된 것인지 혹은 예측되지 않은 것인지에 따라 거시정책의 효과가 상이하다. 만약 합리적인 경제주체들이 화폐공급의 변동을 예측할 수 있다면 국민소득, 고용 등 실물변수는 경제정책에 영향을 받지 않으며, 이를 정책 무용성의 정리라고 한다.

- 예상된 화폐공급증가 : 물가만을 상승시키며, 국민소득에는 영향을 미칠 수 없음
- 예상하지 못한 화폐공급증가 : 국민소득에 영향을 미칠 수 있음
- 화폐충격(예상하지 못한 화폐공급증가)을 통해 국민소득을 증가시킬 수 있으나, 이러한 정책을 자주 사용할 경우 정부의 정책은 국민소득을 증가시키지 못하고 물가만 상승시킨다.

96

| 정답 | ③

| 해설 | $w_A = \dfrac{\sigma_B^2 - \sigma_{AB}}{\sigma_A^2 + \sigma_B^2 - 2\sigma_{AB}}$

$= \dfrac{(0.3)^2 + 0.06}{(0.2)^2 + (0.3)^2 + 2 \cdot 0.06}$

$= \dfrac{0.15}{0.25} = 0.6$

A자산에 60%를 투자하고 B자산에 40%를 투자한다.

$\sigma_{AB} = \sigma_A \cdot \sigma_B \cdot \rho_{AB} = 0.2 \times 0.3 \times -1 = -0.06$

※ 주의사항

최소분산포트폴리오 계산공식을 이용하여 계산하면 된다. 자주 출제되는 문제유형이며, 물어보는 자산의 투자비율을 정확히 확인해야 한다. 간혹 A자산 대신 B자산의 투자비율을 묻는 경우가 있으므로 문제를 꼼꼼하게 읽어야 한다.

97

| 정답 | ④

| 해설 | $E(R_i) = R_f + \beta_i[E(R_M) - R_f] = 2\% + 4(3\% - 2\%) = 6\%$,

시장포트폴리오라는 용어와 벤치마크 수익률은 동의어로 종종 사용되고 있다. 주어진 문제에서 시장포트폴리오 대신 벤치마크 수익률이 있으므로 이를 시장포트폴리오라 보고 공식에 대입하여 계산한다.

$\beta_i = \dfrac{0.36}{(0.3)^2} = 4$

개념정리

1 CAPM을 이용한 기대수익률

$$E(R_i) = R_f + \beta_i[E(R_M) - R_f]$$

$$\beta_i = \dfrac{\sigma_{iM}}{\sigma_M^2} = \dfrac{\sigma_i \cdot \sigma_M \cdot \rho_{iM}}{\sigma_M^2} = \dfrac{\sigma_i \cdot \rho_{iM}}{\sigma_M}$$

- 자산의 기대수익률은 무위험자산+베타×시장위험프리미엄이다. 시장포트폴리오 수익률-무위험자산수익률을 시장위험프리미엄이라고도 하기 때문에 해당 용어도 별도로 숙지하고 있어야 한다. CAPM의 공식은 단순하나, 베타계산시 여러 자료를 제시할 수 있기 때문에 베타를 다양하게 표현하는 방법에 익숙해야 한다.

$$\text{베타} = \dfrac{\text{자산 i와 M과의 공분산}}{\text{M의 분산}}$$

- 시장포트폴리오는 완전히 분산된 포트폴리오이기 때문에 비체계적 위험이 없으며 체계적 위험만 존재한다. 개별자산이 부담하는 체계적 위험은 개별자산 i와 시장포트폴리오의 공분산이다. 그러므로 베타는 개별자산의 체계적 위험을 시장포트폴리오의 체계적 위험으로 나눈 값으로 표현이 가능하다.
- 모든 변수가 변동이 없을 때 개별자산 i와 시장포트폴리오 M의 수익률의 상관계수가 증가할수록 개별자산 i의 총위험 중에 체계적 위험이 차지하는 비중이 증가한다.

98

| 정답 | ①

| 해설 | 내부수익률에 대한 설명이다. 내부수익률은 금액가중수익률, 투자자관점의 수익률이라고 표현한다.

개념정리

1 투자수익률

금액가중 수익률	• 현금유입액의 현재가치와 현금유출액의 현재가치를 일치시키는 수익률 • 투자자가 얻은 수익성을 측정하기 위해 사용함 • 펀드매니저의 성과를 평가하는데 적절하지 않음 • 현금유입과 유출시기에 따라 수익률이 달라짐 • 투자자관점 수익률, 내부수익률과 동의어로 사용함
시간가중 수익률	• 펀드매니저의 운용능력을 측정하는데 사용함 • 총투자기간을 세부기간으로 구분하여 세부기간별로 수익률을 계산한 후, 각 세부기간별 수익률을 기하적으로 연결하여 총수익률을 계산함 • 1일 단위로 구분하여 계산한 순수한 시간가중수익률 계산방법을 Daily Valuation Method라고 함 • 운용기간 도중의 특정 시점별로 수익률을 계산할 수 있어서 시장수익률과 비교하기가 용이함 • 기하평균수익률, 펀드매니저 관점수익률과 동의어로 사용함

산술평균 수익률	• 모든 기간의 수익률을 단순 합산하여 기간의 총 수로 나눈 수익률이다. • 모든 기간의 수익률이 0%가 아니면 항상 산술평균수익률로 계산한 값은 기하평균수익률로 계산한 값보다 크게 계산된다.
단일기간 수익률	• 단일기간 수익률=총투자수익/기초 투자액 =[배당 또는 이자+시세차익(차손)]/기초 투자액

99

| 정답 | ②

| 해설 | 편입되는 자산이 무한대로 증가할 경우, 비체계적 위험을 완전히 제거할 수 있으나, 체계적 위험은 제거할 수 없다. 시장위험은 체계적 위험의 동의어이다.

| 오답풀이 |

① 포트폴리오에 서로 다른 자산이 추가될수록 분산투자효과가 증가하여 비체계적 위험은 감소한다.

③ 상관계수의 값은 −1에서 1 사이의 값을 가지며, 자산간의 상관계수가 1일 때에는 분산효과가 존재하지 않으며, 자산간의 상관계수값이 낮을수록 위험감소효과가 크게 증가한다. 자산간의 상관계수가 0일 경우에도 위험감소효과가 존재한다.

④ 공분산위험은 체계적 위험, 시장위험과 동의어이다. 즉 분산투자를 하더라도 제거할 수 없는 위험이며, 포트폴리오에 자산을 추가할수록 포트폴리오 위험은 공분산위험으로 수렴한다.

개념정리

포트폴리오의 위험은 분산위험과 공분산위험으로 구분된다.

$$\sigma_p^2 = \sum_{i=1}^{n}(\frac{1}{n})^2\sigma_i^2 + \sum_{i=1}^{n}\sum_{j=1}^{n}(\frac{1}{n})(\frac{1}{n})\sigma_{ij}$$

$$= \frac{1}{n}\sum_{i=1}^{n}\frac{\sigma_i^2}{n} + \frac{n-1}{n}\sum_{i=1}^{n}\sum_{j=1}^{n}\frac{\sigma_{ij}}{n(n-1)}$$

$$\sigma_p^2 = \frac{1}{n}\cdot\overline{\sigma_i^2} + (1-\frac{1}{n})\cdot\overline{\sigma_{ij}}$$

포트폴리오에 포함된 자산 n의 숫자가 무한대가 되면 분산위험은 0으로 수렴하고 공분산위험만이 남는다.

$$\lim_{n\to\infty}\sigma_p^2 = \lim_{n\to\infty}(\frac{1}{n}\cdot\overline{\sigma_i^2}+(1-\frac{1}{n})\overline{\sigma_{ij}}) = \overline{\sigma_{ij}}$$

비체계적 위험	기업고유위험, 분산가능위험, 개별기업위험, 분산위험
체계적 위험	공분산위험, 시장위험, 분산불가능위험

100

| 정답 | ②

| 해설 | 포트폴리오의 베타는 각 자산의 투자 비중으로 가중평균한 값이다. 포트폴리오 베타=(0.5+2.5)/2=1.5이다. 나머지 자료들은 수험생의 오답을 유도하기 위해 제시된 정보들이다. 유사한 문제가 이전에도 출제되었으며, 개념만 알면 쉽기 때문에 난이도 조절용으로 종종 출제될 가능성이 있다.

$$\beta_p = \omega_1\beta_1 + \omega_1\beta_1 + \cdots + \omega_n\beta_n = \sum_{i=1}^{n}\omega_i\beta_i$$

$$\beta_p = \frac{\sigma_{PM}}{\sigma_M^2} = \frac{Cov(R_P, R_M)}{Var(R_M)}$$

Memo

미래를 창조하기에 꿈만큼 좋은 것은 없다.
오늘의 유토피아가 내일 현실이 될 수 있다.

**There is nothing like dream to create the future.
Utopia today, flesh and blood tomorrow.**
빅토르 위고 Victor Hugo

Memo

미래를 창조하기에 꿈만큼 좋은 것은 없다.
오늘의 유토피아가 내일 현실이 될 수 있다.
There is nothing like dream to create the future.
Utopia today, flesh and blood tomorrow.
빅토르 위고 Victor Hugo

투자자산운용사

이것만
공부하면
80점 합격

빈출 개념
OX
+
계산 패턴
46유형

1과목 금융상품 및 세제

01 세제관련 법규/세무전략

01 비실명거래로 인한 이자소득은 항상 종합과세한다. O X

02 증여세를 적게 부담하는 방법 중의 하나는 고평가된 자산부터 증여하는 것이다. O X

03 소득세 납부를 하는 곳은 소득발생지 기준이다. O X

04 퇴직소득은 타 소득과 합산하여 종합소득세 과세대상인 소득이다. O X

05 뉴욕증권거래소에 상장된 주권을 뉴욕증권거래소에서 매매할 경우 증권거래세는 부과되지 않는다. O X

06 코넥스시장에 상장된 증권을 매매할 경우에는 증권거래세가 부과되지 않는다. O X

07 비상장된 채권을 양도할 경우에는 양도소득세가 부과되지 않는다. O X

08 등기된 부동산임차권의 매매, 비상장주식의 대주주의 매매차익, 상장주식의 대주주의 매매차익은 양도소득세 부과대상이다. O X

09 증여세는 지방세로 분류된다. O X

10 취득세, 재산세, 농어촌특별세는 지방세이다. O X

11 소득세, 법인세, 부가가치세, 상속증여세, 양도소득세, 주민세는 국세로 분류된다. O X

12 세법에 규정하는 기한이 공휴일, 토요일, 근로자의 날에 해당하는 때에는 그 전날을 기한으로 한다. O X

정답 세제관련 법규/세무전략

01 X ⋯ 무조건 분리과세한다.
02 X ⋯ 저평가된 자산부터 증여한다.
03 X ⋯ 주소지를 기준으로 소득세를 납부한다.
04 X ⋯ 타 소득과 합산하지 않는다.
05 O
06 X ⋯ 0.1%의 증권거래세가 부과된다.
07 O
08 O
09 X ⋯ 국세로 분류된다.
10 X ⋯ 취득세, 재산세는 지방세이며, 농어촌특별세는 국세이다.
11 X ⋯ 소득세, 법인세, 부가가치세, 상속증여세, 양도소득세는 국세이며, 주민세는 지방세이다.
12 X ⋯ 그 다음 날을 기한으로 한다.

13 우편으로 서류를 제출 할 때는 서류가 도착한 날에 신고된 것으로 본다. ☐O ☐X

14 과세기관의 편의에 따라 정보통신망을 이용한 송달을 항상 할 수 있다. ☐O ☐X

15 송달장소가 국외에 있고 송달이 곤란한 경우 해당 내용을 공고한 날부터 (   )이 경과하면 서류가 송달된 것으로 본다.

16 상속세의 납부의무의 성립은 상속이 개시되는 때이다. ☐O ☐X

17 소득세, 법인세, 부가가치세의 납세의무의 성립은 과세표준과 세액을 신고한 때에 성립된다. ☐O ☐X

18 상속세, 증여세는 해당 소득을 상속받거나 증여받은 자가 신고함으로써 납세의무가 확정된다. ☐O ☐X

19 국세부과의 제척기간이 끝나거나, 납부, 충당 혹은 부과가 취소되거나, 국세징수권의 소멸시효가 완성되면 국세 납부의무가 소멸된다. ☐O ☐X

20 부정행위로 상속·증여세를 포탈한 경우 상속인의 명의이전 없이 재산가액 50억 원 초과분을 취득하는 경우 국세부과의 제척기간은 (   )이다.

21 사기 등 부정행위로 국세를 포탈 또는 환급받은 경우 국세부과의 제척기간은 (   )이다.

22 사업의 양수·양도와 관련하여 양도일 이전에 양도인의 납세의무가 확정된 경우 그 사업에 관한 국세 등의 2차 납세의무자는 사업 양도인이다. ☐O ☐X

23 (   )는(은) 과세표준신고서를 법정 신고 기간까지 제출한 자가 과세표준 및 세액을 미달하게 신고하는 경우에 할 수 있다.

24 (   )는(은) 과세표준신고서를 법정 신고 기한 내에 제출한 자가 과세표준 및 세액을 과다하게 신고하는 경우에 할 수 있다.

세제관련 법규/세무전략 정답

13 X → 통신날짜 도장이 찍힌 날에 신고된 것으로 본다.
14 X → 납세자의 동의를 얻어야 가능하다.
15 14일
16 O
17 X → 과세기간이 끝나는 때 납세의무가 성립되며, 과세표준과 세액을 신고한 때에는 납세의무가 확정된다.
18 X → 과세관청이 부과하는 것으로 납세의무가 확정된다.
19 O
20 안 날로부터 1년
21 10년
22 X → 사업의 양수인이 2차 납세의무자이다.
23 수정신고
24 경정청구

25 세법에 따른 처분으로 위법 또는 부당한 처분을 받거나 필요한 처분을 받지 못해서 권리 또는 이익에 침해를 당한 경우 해당 처분청에 재고를 요구하는 것은 (   )이고 (   )는 국세청, 감사원에 (   )는 조세심판원에 제기하는 불복이다.

26 이의신청, 심사청구, 심판청구는 처분청의 처분을 안 날부터 (   ) 이내에 제기해야 한다.

27 심사청구, 심판청구 절차는 취소소송의 전제 요건이 되어 있어 본 절차를 거치지 않고는 취소소송을 제기할 수 없다. ☐ O ☐ X

28 퇴직소득, 양도소득은 분리과세한다. ☐ O ☐ X

29 우리나라 소득세는 원칙적으로 열거한 소득만을 과세대상으로 한다. ☐ O ☐ X

30 우리나라 소득세는 부부합산제가 원칙이다. ☐ O ☐ X

31 거주자란 국내에 주소를 두거나 180일 이상 거소를 둔 개인을 말한다. ☐ O ☐ X

32 국외에서 근무하는 공무원, 거주자나 내국법인의 국외 사업장 또는 해외 현지법인 등에 파견된 임원 또는 직원은 비거주자로 본다. ☐ O ☐ X

33 소득세를 원천징수하는 경우 그 징수일이 속하는 달의 다음 달 5일까지 납부해야 한다. ☐ O ☐ X

34 원칙적으로 저축성 보험의 보험차익은 이자소득이지만, 계약기간이 10년 이상, 납입보험료가 1억 원 이하인 계약의 보험차익은 비과세한다. ☐ O ☐ X

35 이자소득으로는 직장공제회 초과반환금, 비영업대금의 이익, 채권·증권의 이자와 할인액, 파생결합상품의 이익 등이 있다. ☐ O ☐ X

36 국외에서 받은 집합투자기구로부터의 이익은 배당소득으로 비과세한다. ☐ O ☐ X

37 이자소득에 대해서는 필요경비가 인정되지 않으나, 배당소득에 대해서는 필요경비가 인정된다. ☐ O ☐ X

정답 세제관련 법규/세무전략

25 이의신청, 심사청구, 심판청구
26 90일
27 O
28 X ···▶ 분류과세한다. 분리과세는 소득 지급시 소득세를 원천징수하여 과세를 종결하는 방법이다.
29 O
30 X ···▶ 부부별산제이다.
31 X ···▶ 183일 이상이다.
32 X ···▶ 해외 현지법인은 내국법인이 직·간접적으로 100% 출자한 경우로 한정한다.
33 X ···▶ 다음 달 10일까지 정부에 납부해야 한다.
34 O
35 O
36 X ···▶ 국내 또는 국외에서 받은 집합투자기구로부터의 이익은 배당소득으로 과세한다.
37 X ···▶ 금융소득(이자·배당소득)은 필요경비가 인정되지 않는다.

38 집합투자기구로부터의 이익을 지급받는 날 혹은 원본전입 특약이 있는 경우 그 특약에 의한 원본전입일이 배당소득의 귀속시기이다. ☐ O ☐ X

39 직장공제회 초과반환금, 법원에 납부한 경매보증금 및 경락대금에서 발생한 이자소득, 비실명거래로 인한 이자와 배당소득은 분리과세한다. ☐ O ☐ X

40 2천만 원 이상의 이자와 배당소득이 있는 경우 종합과세신고대상이다. ☐ O ☐ X

41 장내파생상품 중 주가지수 관련 파생상품과 해외시장에서 거래되는 장내파생상품, 주가지수 관련 장외파생상품, 주식 관련 차액결제거래 등에서 발생한 소득은 양도소득세로 분류한다. ☐ O ☐ X

42 1세대 1주택 중에 고가 주택을 제외한 양도, 파산선고에 의한 처분으로 발생하는 소득, 농지의 교환 또는 분합으로 발생하는 양도소득은 비과세한다. ☐ O ☐ X

43 자산의 양도가액은 양도 당시의 감정가액이다. ☐ O ☐ X

44 양도 차액계산 시 증권거래세는 필요경비로 인정되지 않는다. ☐ O ☐ X

45 토지, 건물로서 보유기간이 (   ) 이상인 경우 양도차익에 따라 특별공제율에 의하여 계산한 금액을 공제한다.

46 주식 및 출자지분은 양도소득 기본공제 (   )을 공제한다.

47 납부독촉을 하더라도 이미 지나간 소멸시효의 효력을 중단하지 못한다. ☐ O ☐ X

48 장내 또는 금융투자협회를 통한 장외거래에서 양도되는 주권을 계좌 간 대체로 매매결제하는 경우에는 해당 대체결제를 하는 회사, 즉 예탁결제원이 증권거래세의 납부의무자이다. ☐ O ☐ X

49 국내 사업장을 갖고 있지 않은 비거주자가 주권 등을 금융투자업자를 통하지 않고 양도하는 경우 증권거래세 납부의무자는 당해 주권의 양도인이다. ☐ O ☐ X

50 국가 혹은 지방자치단체가 주권을 양도하는 경우 원칙적으로 증권거래세를 부과한다. ☐ O ☐ X

세제관련 법규/세무전략 정답

38	O	
39	O	
40	X	···▶ 2천만 원을 초과하는 이자와 배당소득의 경우 종합과세신고대상이다.
41	O	
42	O	
43	X	···▶ 양도 당시의 실지거래가액이다.
44	X	···▶ 취득가액, 자본적 지출액, 증권거래세, 인지대 등은 필요경비로 인정된다.
45	3년	
46	250만 원	
47	X	···▶ 이미 지나간 소멸시효의 효력이 중단된다.
48	O	
49	X	···▶ 주권의 양수인이 납세의무자이다.
50	X	···▶ 증권거래세 면제대상이다.

51 비거주자에게 원천징수를 하는 경우 원천징수세율이 조세조약상의 제한세율보다 높은 경우 원천징수세율을 적용한다. [O X]

52 미성년자에게 증여하는 경우 (   ) 동안 (   ) 이내에서는 증여세가 부과되지 않는다.

53 미성년이 아닌 자녀에게 증여하는 경우 10년 동안 (   ) 이내의 증여는 증여세가 부과되지 않는다.

54 부가가치세, 주세, 인지세, 종합부동산세는 간접세이다. [O X]

55 거주자와 비거주자는 국적을 기준으로 구분한다. [O X]

56 벤처기업육성에 관한 특별조치법에 따른 벤처기업의 출자지분의 거래로 발생한 손익은 집합투자기구의 이익에 포함한다. [O X]

57 분할 또는 분할합병의 경우 이사회 결의일에 배당소득이 지급된 것으로 본다. [O X]

58 만기 10년 이상이고 보유기간이 3년 이상인 채권은 별도의 절차 없이 이자소득의 30%를 세금으로 부담하고 종합과세대상에서 제외한다. [O X]

59 기타소득이 (   ) 이하의 경우는 분리과세로 납세의무를 종결짓는다.

60 소득세법상 거주자가 사망하더라도 과세기간은 1월 1일부터 12월 31일까지이다. [O X]

정답 | 세제관련 법규/세무전략

51 X ⋯ 조세조약상의 제한세율을 적용한다.
52 10년, 2,000만 원
53 5,000만 원
54 X ⋯ 부가가치세, 주세, 인지세는 간접세이며, 종합부동산세는 직접세이다.
55 X ⋯ 국내에 주소를 두거나 183일 이상 거소를 둔 개인은 거주자이며, 거주자가 아닌 개인은 비거주자이다.
56 X ⋯ 집합투자기구 이익에 포함하지 않는다.
57 X ⋯ 분할등기 또는 분할합병등기일이 배당소득의 귀속시기이다.
58 X ⋯ 이자를 받을 때 분리과세를 받겠다고 금융기관 창구직원에게 신청해야 한다.
59 300만 원
60 X ⋯ 거주자 사망 시 과세기간은 1월 1일부터 사망한 날까지이다.

02 금융상품

01 ELW는 파생상품으로 분류된다. ☐O ☐X

02 역모기지 상품 실행 시 중요한 고려사항은 대출자의 미래 소득의 현금흐름이다. ☐O ☐X

03 리츠는 부동산 사업에 투자하기 때문에 소액투자가 어렵다. ☐O ☐X

04 기업은 ABS를 발행해서 유동성을 높일 수 있다. ☐O ☐X

05 모든 은행은 ELS를 발행할 수 있다. ☐O ☐X

06 체증식 보험은 기간 흐름에 따라 보험료가 증가하는 보험이다. ☐O ☐X

07 ABS를 발행할 때 자산보유자가 해당 자산을 양도하지 않고 자신이 자산을 보유한다. ☐O ☐X

08 MBS는 대체로 단기투자 상품이다. ☐O ☐X

09 DC형은 미래에 받을 수 있는 퇴직금 수준이 확정되어 있다. ☐O ☐X

10 DB형은 연금계리가 필요하며, 근로자가 퇴직연금을 운용한다. ☐O ☐X

11 랩어카운트는 거래 건별로 수수료를 부과한다. ☐O ☐X

12 원본에 대해서 초과손실 가능성이 존재하면 파생결합증권으로 분류한다. ☐O ☐X

13 개인종합자산관리계좌(ISA)의 일반형의 비과세한도는 (   )이고, 서민형의 비과세한도는 (   )이다.

14 개인종합자산관리계좌(ISA)의 의무가입 기간은 (   )이다.

금융상품 정답

01 X … 파생결합증권으로 분류된다.
02 X … 주택을 담보로 했기 때문에 대출자의 미래 소득의 현금흐름이 중요 고려대상이 아니다.
03 X … 주식처럼 거래될 수 있기 때문에 소액투자가 가능하다.
04 O
05 X … ELS는 장외파생상품 겸영업무 인가를 획득한 증권사가 발행한다(투자매매업 인가 증권회사).
06 X … 보험료가 아니라 보험금이 증가한다.
07 X … 해당 자산을 특수목적회사(SPC)에 양도한다.
08 X … 투자기간이 장기인 상품이다.
09 X … 퇴직금 운용성과에 따라 미래 퇴직금 수준이 달라진다.
10 X … DB형은 연금계리가 필요하지만, 퇴직연금 운용은 사용자가 한다.
11 X … 자산총액 기준으로 수수료를 부과한다.
12 X … 원본에 대해서 초과손실 가능성이 있으면 파생상품으로 분류한다.
13 200만 원, 400만 원
14 3년

15 ISA에 가입하기 위해서는 만 19세 이상의 대한민국 거주자만 가능하다. □ O X

16 ISA에 가입하기 위해서는 직전 연도에만 금융소득종합과세 대상이 아니어야 한다. □ O X

17 ISA의 총 납입한도는 1억 원이며, 연간 기준으로는 2천만 원이고, 당해 연도 미불입한 것은 다음 해로 납입을 이월할 수 없다. □ O X

18 (　　　) ISA와 (　　　) ISA는 투자자가 직접 상품을 선택한다.

19 개인투자용 국채는 만기가 (　　) 이상인 국채를 그 발행일부터 만기까지 보유하는 경우, 매입액 (　　)까지 이자소득 14%를 분리과세한다.

20 개인투자용 국채의 매입은 전용계좌를 통해야 하며 1명당 1개만 가입가능하다. □ O X

21 보통예금, 당좌예금, 가계당좌예금은 저축성 예금이다. □ O X

22 (　　　)는(은) 정기적금과 성격이 비슷하나, 일정기간을 정해 부금을 납부를 하면 일정금액을 대출받을 수 있는 권리가 발생한다.

23 저축성 예금의 하나의 종류로 (　　　)는(은) 시장실세금리가 적용되고 입출금이 자유로운 단기금융상품으로, 목돈을 1개월 이내의 초단기로 운용할 때 유리하다.

24 주택청약종합저축은 예금자보호법에 의해서 보호된다. □ O X

25 ELD에 투자하면 항상 원금이 보장된다. □ O X

26 양도성예금증서는 대체로 무기명식으로 발행되며 이자는 이표 방식으로 계산된다. □ O X

27 표지어음의 만기는 원어음의 만기를 초과할 수 있다. □ O X

28 신탁상품에서 위탁자는 본인만을 수익자로 지정해야 한다. □ O X

정답　금융상품

15　X　⋯ 만 15~19세 미만이라도 직전연도 근로소득이 있으면 가입이 가능하다.
16　X　⋯ 직전 3개년 중 1회 이상 금융소득종합과세 대상이 아니어야 한다.
17　X　⋯ 당해 연도 미불입 납입한도는 다음 해로 이월이 가능하다.
18　중개형, 신탁형
19　10년, 2억 원
20　O
21　X　⋯ 보통예금, 당좌예금, 가계당좌예금은 요구불예금이다.
22　상호부금
23　MMDA(시장금리부 수시입출금식 예금)
24　X　⋯ 예금자보호법에 의해 보호되지 않는다.
25　X　⋯ 만기 이전에 중도해지하면 원금보장이 안될 수도 있다.
26　X　⋯ 이자는 할인방식으로 계산한다.
27　X　⋯ 표지어음의 최장 만기는 원어음의 만기이다.
28　X　⋯ 제3자를 수익자로 지정할 수 있다.

29 신탁상품에서 위탁자는 수익자가 될 수 있으나 수탁자는 원칙적으로 수익자 혹은 위탁자의 지위를 동시에 겸할 수 없다. ☐ O ☐ X

30 (　　　)는(은) 신탁 시 신탁재산으로 금전을 수탁하고 수탁 받은 금전을 수탁자가 운용하여 신탁해지 시 원본과 수익을 금전의 형태로 수익자에게 교부하는 신탁이다.

31 특정금전신탁은 위탁자가 신탁재산인 금전의 운용방법을 지정하며, 다른 신탁상품과 합동으로 운용할 수 없다. ☐ O ☐ X

32 특정금전신탁은 위탁자가 자신의 신탁재산의 운용자를 지정하는 신탁이다. ☐ O ☐ X

33 연금저축신탁은 가입기간이 (　　　) 이상이고 55세 이후 연금 수령이 가능하다.

34 연금저축의 세액공제한도는 연간 600만 원+ISA만기 전환금액의 10%(연간 최대 300만 원)이다. ☐ O ☐ X

35 환매조건부채권(RP)은 예금자 보호대상 금융상품이다. ☐ O ☐ X

36 종합금융회사의 발행어음, 표지어음, 종금형 CMA는 예금자 보호대상 금융상품이 아니다. ☐ O ☐ X

37 생명보험 가입자가 납입하는 보험료 총액이 보험회사가 지급하는 보험금과 경비의 총액보다 크다. ☐ O ☐ X

38 생명보험료에는 보험회사의 목표이윤이 포함되어 있다. ☐ O ☐ X

39 피보험자의 사망을 보험사고로 하는 보험계약은 (　　　)이고 피보험자가 일정한 연령까지 생존할 것을 보험사고로 하는 보험계약은 (　　　)이다.

40 정기보험은 피보험자가 사망할 때까지 보장하는 보험이다. ☐ O ☐ X

41 화재보험, 운송보험, 해상보험, 책임보험, 자동차보험은 생명보험으로 분류된다. ☐ O ☐ X

금융상품 　정답

29 O
30 금전신탁
31 O
32 X … 운용방법을 지정하는 것이며 운용자를 지정하지 않는다.
33 5년
34 O
35 X … 예금자 보호대상이 아니다.
36 X … 종합금융회사의 발행어음, 표지어음, 종금형 CMA는 예금자 보호대상 상품이다.
37 X … 수지상등의 원칙으로 납입보험료 총액과 지급하는 보험금과 경비의 총액이 같다.
38 X … 목표이윤은 포함되어 있지 않다.
39 사망보험, 생존보험
40 X … 종신보험은 피보험자가 사망할 때까지 보장하는 보험이다.
41 X … 손해보험으로 분류한다.

42 보험료는 순보험료와 부가보험료의 합계이며, 순보험료에는 위험보험료, 저축보험료로 구성 되며, 부가보험료에는 신계약비, 유지비, 수금비 등으로 구성된다. □ O X

43 예정위험률과 예정이율로 결정되는 보험료는 부가보험료이다. □ O X

44 2인 이상을 피보험자로 하는 보험은 (   )이다.

45 종신보험은 사망보험으로 분류한다. □ O X

46 생존보험은 손해보험으로 분류된다. □ O X

47 (   )는(은) 항해와 관련한 우연한 사고로 보험의 목적물에 입은 재산상의 손해를 보상하는 보험이다.

48 부동산집합투자기구는 집합투자재산의 (   )을(를) 초과하여 부동산에 투자하는 집합투자기구를 말한다.

49 (   )는 집합투자재산을 운용함에 있어서 증권 집합투자기구, 부동산 집합투자기구, 특별자산 집합투자기구의 규정의 제한을 받지 아니하는 집합투자기구이다.

50 외화 MMF에 포함될 수 있는 금융상품의 표시화폐는 OECD 가입국, 싱가포르, 홍콩, 중국으로 제한된다. □ O X

51 남은 만기가 5년 이내인 국채증권, 남은 만기가 1년 이내인 지방채증권, 특수채증권 등은 MMF의 투자대상 자산으로 편입할 수 있다. □ O X

52 개인 MMF에 편입되는 금융자산의 가중평균만기는 (   )일 이내이다.

53 하나의 MMF에 원화와 외화 단기금융상품을 함께 투자할 수 있다. □ O X

54 집합투자기구에서 판매보수의 차이로 인하여 기준 가격이 다르거나 판매수수료가 다른 여러 종류의 집합투자증권을 발행하는 집합투자기구는 전환형 집합투자기구이다. □ O X

정답 금융상품

42 O
43 X …▶ 순보험료는 예정위험률과 예정이율로 결정된다.
44 연생보험
45 O
46 X …▶ 생명보험으로 분류된다.
47 해상보험
48 50%
49 혼합자산집합투자기구
50 O
51 O
52 75
53 X …▶ 원화 MMF는 원화만, 외화 MMF는 외화 표시된 자산에만 투자할 수 있다.
54 X …▶ 종류형 집합투자기구이다.

55 각 집합투자기구 자산총액의 (　　)을(를) 초과하여 금융위원회가 정하여 고시하는 시장성 없는 자산에 투자할 수 있는 집합투자기구를 설정 또는 설립하는 경우에는 환매금지형 집합투자기구로 설정 또는 설립해야 한다.

56 모자형 집합투자기구에서 자집합투자기구와 모집합투자기구의 집합투자재산을 운용하는 집합투자업자는 서로 다를 수 있다. [O X]

57 신탁업자는 투자회사의 위탁을 받아 투자회사의 주식의 발행 및 명의개서, 이사회 및 주주총회소집 등의 업무를 한다. [O X]

58 투자자가 집합투자증권의 환매를 요청할 때에는 신탁업자 → 집합투자업자 → 판매회사의 순서로 환매를 요청한다. [O X]

59 투자자 2/3의 동의가 있는 경우 환매대금을 집합투자재산으로 지급이 가능하다. [O X]

60 집합투자증권 환매수수료는 환매청구를 하는 투자자가 부담하여 그 금액은 집합투자운용회사에 귀속된다. [O X]

61 집합투자업자가 환매를 연기할 경우 연기할 날부터 4주 이내에 집합투자자총회에서 집합투자증권의 환매에 관한 사항을 결의해야 한다. [O X]

62 집합투자재산 평가 시 신뢰할 만한 시가가 없는 경우 장부가액으로 평가한다. [O X]

63 단기금융집합투자기구는 집합투자재산을 장부가액으로 평가할 수 있다. [O X]

64 집합투자증권의 기준가격은 통상 (　　)좌 단위로 표시한다.

65 주식 등의 매매·평가손익이 없는 경우는 집합투자재산의 기준가격과 과세기준가격이 같다. [O X]

66 주식 등의 매매·평가손익이 양수인 경우는 기준가격>과세기준가격이며 주식 등의 매매·평가손익이 음수인 경우는 기준가격<과세기준가격이 성립한다. [O X]

금융상품 정답

55 100분의 20
56 X … 자집합투자기구와 모집합투자기구를 운용하는 집합투자업자는 동일해야 한다.
57 X … 일반사무관리회사의 업무이다.
58 X … 환매요청 순서는 판매회사, 집합투자업자, 신탁업자 순이다.
59 X … 투자자 전원의 동의가 있어야 환매대금을 집합투자재산으로 지급할 수 있다.
60 X … 환매수수료는 집합투자재산에 귀속된다(집합투자재산 운용회사와 집합투자재산은 다른 개념이다).
61 X … 6주 이내에 집합투자자총회에서 환매에 관한 사항을 결의해야 한다.
62 X … 신뢰할 만한 시가가 없는 경우 공정가액으로 평가한다.
63 O
64 1,000
65 O
66 O

67 집합투자업자가 기준가격을 변경하려는 때에는 집합투자업자의 (　　)과 (　　)의 확인을 받아야 한다.

68 집합투자업자가 기준가격을 변경한 때에는 한국금융투자협회에 그 사실을 보고해야 한다. [O/X]

69 ELF 중 만기까지 미리 정해놓은 수익률에 도달하면 만기수익률이 결정되는 유형은 (　　)이다.

70 ELF 중 만기 시점까지 주가지수가 미리 정해 놓은 수준 도달 시 수익률이 뛰어 오르는 형태는 (　　)이다.

71 랩어카운트는 고객과의 이익 상충 가능성이 기존의 운용수수료 부과방식보다 적다. [O/X]

72 랩어카운트는 투자자문사 입장에서 기존의 운용수수료 부과방식보다 운용보수가 감소될 가능성이 있다. [O/X]

73 ELS는 항상 유가증권시장에 상장된다. [O/X]

74 ELS는 원금비보장형만으로 발행된다. [O/X]

75 기초자산의 변동성이 증가하면 풋 ELW의 가치는 감소한다. [O/X]

76 ELS상품 중에 기초자산의 가격이 배리어를 터치하게 되면 기존의 수익이 사라지고 사전에 정한 리베이트만을 투자자에게 지급하는 방식은 (　　)이다.

77 ELW는 지정가호가 주문과 시장가 주문만 존재한다. [O/X]

78 ELW는 가격제한폭이 적용된다. [O/X]

79 자산유동화증권의 신용등급은 원래의 자산을 보유한 보유자의 신용등급보다 높을 수 없다. [O/X]

80 자산유동화증권의 지분이전방식(Pass-through securities)은 주식의 형태로 증권이 발행되며, 자산이 매각되는 형태이기 때문에 유동화자산에 대한 모든 위험과 수익이 투자자에게 전가된다. [O/X]

정답　금융상품

67　준법감시인, 신탁업자
68　X　···▶ 금융위원회에 보고해야 한다.
69　Knock-out형
70　Digital형
71　O
72　O
73　X　···▶ ELS는 유가증권시장에 상장되지 않아 유동성이 낮다.
74　X　···▶ ELS는 원금보장형과 원금비보장형이 있다.
75　X　···▶ 풋 ELW의 가치는 증가한다.
76　Knock-out형
77　X　···▶ ELW는 지정가호가 주문만 허용한다.
78　X　···▶ 높은 가격변동성으로 가격제한폭이 적용되지 않는다.
79　X　···▶ 신용보강으로 자산의 원보유자보다 더 높은 신용등급으로 발행할 수 있다.
80　O

81. 자산유동화증권의 신용보강방법 중에 후순위 증권발행, 자산의 수익률과 발행증권의 수익률 차이에 따른 초과 스프레드, 예치금과 같은 방식을 외부적 신용보강방식이라고 한다. ☐ O X

82. 자산유동화증권의 외부신용보강 방법으로는 보증, 외부기관의 신용공여 등이 있다. ☐ O X

83. 무형자산은 자산유동화증권의 기초자산이 될 수 없다. ☐ O X

84. 주택저당증권(MBS) 투자자는 조기상환위험, 채무불이행 위험이 있다. ☐ O X

85. 주택담보대출의 원리금 균등상환 고정금리부 대출은 시간이 흐를수록 매월 상환금액 중 원금의 비율이 감소하고, 이자의 비율은 증가한다. ☐ O X

86. (   )는(은) 본인 명의의 주택에 대해 담보 및 대출계약을 체결한 뒤 일정 금액을 연금의 형태로 수령하는 최신 금융기법 중 하나이다.

87. 금융기관입장에서 역모기지 위험은 장수위험, 이자율위험, 일반주택 가격평가위험 등이 있다. ☐ O X

88. 확정급여형 퇴직연금 가입자는 추가 납입이 불가능하다. ☐ O X

89. 임금상승률이 높은 기업, 장기근속을 유도하고자 하는 기업, 연공급 임금체계를 갖는 기업은 확정급여형 퇴직연금이 확정기여형보다 대체로 근로자에게 유리하다. ☐ O X

90. 확정급여형 퇴직연금은 담보대출이 불가능하다. ☐ O X

91. 상시근로자 (   ) 미만을 사용하는 특례 사업장에서 근로자 대표의 동의를 얻어 가입자의 개인퇴직계좌를 설정하는 기업형 IRP도 있다.

92. 확정급여형, 확정기여형 퇴직연금 가입자는 개인형 IRP를 통해서 연간 1,800만 원 한도로 추가 납입이 가능하다. ☐ O X

금융상품 정답

81 X ⋯ 내부적 신용보강방식이다.
82 O
83 X ⋯ 무형자산, 부실대출, 임대료 등은 자산유동화증권의 기초자산이 될 수 있다.
84 O
85 X ⋯ 시간이 흐를수록 매월 상환하는 금액 중 원금의 비율이 증가하고, 이자의 비율이 감소한다.
86 역모기지
87 O
88 X ⋯ 개인형 IRP를 통해 가능하다.
89 O
90 X ⋯ 확정급여형, 확정기여형 모두 담보대출이 가능하다.
91 10인
92 O

03 부동산관련 상품

01 소유권은 부동산물권 중 제한물권에 속한다. ☐ O ☐ X

02 지상권, 지역권, 전세권은 제한물권이다. ☐ O ☐ X

03 점유권과 소유권은 부동산의 제한물권이 아니며, 지상권, 지역권, 전세권, 유치권, 저당권, 질권은 제한물권이다. ☐ O ☐ X

04 주거지역의 용적률 한도가 가장 높다. ☐ O ☐ X

05 용적률 계산시 지하층의 면적은 포함한다. ☐ O ☐ X

06 부동산의 자연적 특징으로는 부동성, 영속성, 부증성, 개별성이 있다. ☐ O ☐ X

07 부동산 시장의 특징은 국지성, 비공개성, 비표준화, 시장의 비조직성, 수요공급의 비조절성이 있다. ☐ O ☐ X

08 (   )는(은) 부동산 시장만이 지니고 있는 특수한 국면으로, 가격은 가벼운 상승을 유지하거나 안정되고 불황에 강한 부동산이 주로 거래대상이 된다.

09 (   )는(은) 대출 잔고를 부동산의 가격으로 나눈 값이다.

10 (   )는(은) 순운용소득에서 부채상환액을 나눈 값으로 이 숫자가 클수록 원리금 상환의 안정성이 높다고 해석할 수 있다.

11 (   )는(은) 투자안의 현금유입의 현재가치와 현금유출의 현재가치를 일치시키는 할인율이다.

12 수익성지수가 0보다 큰 부동산 투자안은 투자를 채택한다. ☐ O ☐ X

정답 부동산관련 상품

01 X ⋯ 제한물권에 해당되지 않는다. 소유권은 그 자체로 권리이다.
02 O
03 O
04 X ⋯ 상업지역의 용적률이 가장 높다.
05 X ⋯ 지하층의 면적은 포함하지 않는다.
06 O
07 O
08 안정시장
09 대출비율
10 부채상환비율(DSCR)
11 내부수익률
12 X ⋯ 수익성지수가 1보다 크거나 같을 때 해당 투자안을 채택한다.

13 토지이용계획확인서를 통해 토지의 도로에의 저촉여부, 토지의 형태나 도로의 너비 등을 확인할 수 있다. ☐ O ☐ X

14 등기사항증명서의 을구를 통해 소유권에 대한 변동사항을 알 수 있다. ☐ O ☐ X

15 지적공부를 통해 제한물권을 확인할 수 있다. ☐ O ☐ X

16 부동산 시장이 불황일 때에는 매도인 중심의 시장이 된다. ☐ O ☐ X

17 전통적인 자산에 부동산상품을 추가하면 체계적 위험이 감소한다. ☐ O ☐ X

18 전통적인 자산에 부동산상품을 추가하면 비체계적 위험이 감소한다. ☐ O ☐ X

19 (   )는(은) 물을 상시적으로 이용하지 않고 곡물, 원예작물, 약초 등의 식물을 주로 재배하는 토지이다.

20 (   )는(은) 용수 또는 배수를 위하여 일정한 형태를 갖춘 인공적인 수로, 둑 및 그 부속시설물의 부지와 자연의 유수가 있을 것으로 예상되는 소규모 수로부지이다.

21 (   )는(은) 갈대밭, 시외에 물건을 쌓아두는 곳, 돌을 두는 곳, 변전소, 송신소, 자동차운전학원 및 폐차장 등 자동차와 관련된 독립적인 시설물을 갖춘 부지, 도축장 등이며 다른 지목에 속하지 않는 토지이다.

22 수산지역은 토지 용도지역 중의 하나이다. ☐ O ☐ X

23 토지 용도지역은 도시지역, 관리지역, 농림지역, 자연환경보전지역으로 구분한다. ☐ O ☐ X

24 전국에 있는 모든 토지는 중복되지 않게 그 용도지역으로 지정되기 때문에 용도지역으로 지정되지 않은 토지는 존재하지 않는다. ☐ O ☐ X

25 인구와 산업이 밀집되어 있거나 밀집이 예상되어 체계적인 개발, 정비, 관리, 보전 등이 필요한 지역은 (   )이다.

부동산관련 상품 정답

13 O
14 X ⋯▶ 갑구를 통해 확인이 가능하다.
15 X ⋯▶ 등기사항 증명서의 을구를 통해 확인이 가능하다.
16 X ⋯▶ 매수인 중심의 시장이 된다.
17 X ⋯▶ 체계적 위험은 감소하지 않고, 비체계적 위험이 감소한다.
18 O
19 전
20 구거
21 잡종지
22 X ⋯▶ 토지 용도지역은 도시지역, 관리지역, 농림지역, 자연환경보전지역으로 구분된다.
23 O
24 X ⋯▶ 용도지역으로 지정이 없는 토지는 있을 수 있다.
25 도시지역

26. 개발제한구역에서 토지의 형질변경, 물건을 쌓아놓는 행위는 금지되며, 이런 행위를 하기 위해서는 시장, 군수 또는 구청장의 허가를 받거나 신고를 해야 한다. ☐ O ☐ X

27. 도시계획사업에 의하지 않는 토지의 형질변경은 특별시장, 광역시장, 군수의 허가를 받아야 하나, 경작을 위한 형질변경은 예외사항으로 허가 없이 가능하다. ☐ O ☐ X

28. 녹지지역 또는 자연환경보전지역에 물건을 ( ) 이상 쌓아 놓는 행위는 특별시장·광역시장·시장 또는 군수의 허가를 받아야 한다.

29. ( )는(은) 기존 건축물의 전부 또는 일부를 철거하고 그 대지 안에 종전과 동일한 규모의 범위 안에서 다시 축조하는 것이다.

30. ( )는(은) 건축물이 천재지변, 기타 재해에 의하여 건축물의 전부 또는 일부가 멸실된 경우에 그 대지 안에 종전과 동일한 규모의 범위 안에서 다시 축조하는 것이다.

31. 등가교환방식, 합동개발방식, 사업수탁방식, 토지신탁방식, 차지개발방식은 지주공동사업의 유형이다. ☐ O ☐ X

32. 부동산 펀드는 자본시장법에 의한 법률에 의해 설립되고 부동산투자회사(REITs)는 ( )의 인가 혹은 등록을 통해 설립된다.

33. 부동산 투자회사는 영업인가·등록일로부터 6개월이 지나면 자기관리 부동산투자회사의 자본금은 최소 ( ), 위탁관리 부동산투자회사 및 기업구조조정 부동산투자회사는 ( ) 이상이 되어야 한다.

34. ( )는(은) 미래에 발생하는 현금흐름을 담보로 하여 개발사업에 필요한 자금을 조달하는 금융기법이다.

35. ( )는(은) 채권기관에서 담보물을 관리하고 채권실행은 법원 경매를 통해서 집행한다.

36. ( )는(은) 신탁등기를 통해 설정하고 신탁회사가 직접 관리하며, 채권실행 비용 및 소요기간이 저당제도보다 절감되고 시간이 단축된다.

정답 | 부동산관련 상품

26. O
27. O
28. 1개월
29. 개축
30. 재축
31. O
32. 국토교통부
33. 70억 원, 50억 원
34. PF(Project Financing)
35. 저당권
36. 담보신탁제도

37 저당제도에서 신규임대차, 후순위 권리설정은 배제가 불가하나, 담보신탁제도에서는 배제가 가능하다. [O X]

38 부동산 가치평가와 관련하여 유사한 부동산의 거래 사례가격을 비교하고, 사정, 시점, 지역요인, 개별요인, 면적 등을 보정하여 평가하는 가치평가 방법은 (   )이다.

39 수익형 부동산의 연간 순영업소득이 100억 원이고 자본환원율이 5%이면 이 부동산의 가치는 (   )이다.

40 (   ) 수익률은 해당 기의 순현금흐름을 자기자본으로 나눈 것을 의미하며, 화폐의 시간적 가치를 고려하지 않는다.

41 부동산투자회사(REITs)에는 자기관리부동산투자회사, 위탁관리부동산투자회사 기업구조조정 부동산투자회사의 3가지만 있다. [O X]

42 자산운용에 관한 전문인력을 상근 임직원으로 두고 자산의 투자, 운용을 직접 수행하는 부동산투자회사는 (   )이다.

43 부동산투자회사는 설립 시 주식회사로 설립하고, 발기설립으로 설립해야 한다. [O X]

44 부동산투자회사는 현물출자에 의해 설립할 수 있다. [O X]

부동산관련 상품 정답

37 O
38 거래사례비교법
39 2,000억 원 ⋯ 100억 원/5%＝2,000억 원
40 Cash on Cash
41 O
42 자기관리부동산투자회사이며 위탁관리부동산투자회사와 기업구조조정 부동산투자회사는 상근 임직원을 둘 수 없다.
43 O
44 X ⋯ 현금출자만 가능하다.

2과목 투자운용 및 전략 II 및 투자분석

01 대안투자운용/투자전략

01 대안투자상품으로는 인프라스트럭처 펀드, 헤지펀드, 부동산투자, 뮤추얼펀드가 있다. ☐O ☐X

02 대안투자상품은 운용자의 운용능력이 중요하여 상대적으로 운용보수가 높으며 환금성이 낮고 대부분 장외시장에서 거래된다. ☐O ☐X

03 대안투자상품은 대체로 전통적인 투자상품과 높은 상관관계를 갖고 있어 두 자산을 결합하여 포트폴리오를 구성하면 분산투자 효과가 높다. ☐O ☐X

04 부동산 개발사업 관련하여 지주수가 많은 토지는 개별 소유주와 건별로 계약하면 토지 매입대금 상승위험을 관리할 수 있다. ☐O ☐X

05 사모펀드(PEF)는 투자회수(Exit)를 할 때 타 사모펀드에게 매각을 할 수 없다. ☐O ☐X

06 사모펀드(PEF)는 일반적으로 합명회사의 형태로 설립된다. ☐O ☐X

07 사모펀드의 유한책임사원은 본인이 출한 금액의 범위 안에서만 책임을 지며, 펀드를 설립하고 운영하는 책임도 같이 부담한다. ☐O ☐X

08 사모펀드의 유한책임사원의 상호는 등기사항이다. ☐O ☐X

09 일반회사는 사모펀드의 무한책임사원이 될 수 없다. ☐O ☐X

10 사모펀드는 증자의 방법으로 투자자금을 Exit한다. ☐O ☐X

11 리츠(REITs)는 부동산투자회사법에 근거하여 설립된 회사이다. ☐O ☐X

정답 대안투자운용/투자전략

01 X ⋯ 뮤추얼펀드는 전통적인 투자상품이다.
02 O
03 X ⋯ 전통적인 상품과 상관관계가 낮다.
04 X ⋯ 사업부지 전체 지주와 일괄계약 및 동시 자금을 집행해야 토지 매입대금 상승 위험을 축소할 수 있다.
05 X ⋯ 타 사모펀드에게 매각할 수 있다.
06 X ⋯ 사모펀드는 합자회사의 형태로 설립된다. 합명회사는 무한책임사원으로만 구성된 회사이다.
07 X ⋯ 무한책임사원은 펀드를 설립하고 운영의 책임을 지는 사원이다.
08 X ⋯ 등기 혹은 등록사항으로 유한책임사원의 내역을 제외한다.
09 X ⋯ 상법 규정의 예외로 일반회사도 사모펀드의 무한책임사원이 될 수 있다.
10 X ⋯ 증자는 Exit의 방법이 아니다.
11 O

12 리츠(REITs)의 지분은 증권시장에 상장되어 유동성이 확보되면 일반투자자들도 소액의 자금으로 부동산 투자가 가능하다. ☐ O ☐ X

13 부동산 투자에 있어 NOI와 차입상환액과의 비율을 부채부담능력비율이라고 한다. ☐ O ☐ X

14 PF(프로젝트금융)은 대표적으로 주택자금대출의 하나의 형태이다. ☐ O ☐ X

15 부동산 개발에 있어 분양수익금은 시행사가 관리한다. ☐ O ☐ X

16 부동산 펀드의 원리금 상환위험을 완화하기 위해서는 부동산에 대한 담보신탁, 시행사 대표이사 개인에 대한 연대보증 등을 취한다. ☐ O ☐ X

17 PEF의 무한책임사원은 펀드운용에 대한 책임을 갖고, 유한책임사원은 펀드에 대한 투자책임을 갖는다. ☐ O ☐ X

18 사모펀드는 신문, 잡지, 방송 등을 통한 광고를 통해 투자자를 모집할 수 있다. ☐ O ☐ X

19 헤지펀드 운용에 있어 차익거래전략은 방향성전략으로 분류된다. ☐ O ☐ X

20 헤지펀드 운용에 있어 차익거래이익을 통하여 수익을 추구하고 위험에 대한 노출을 회피하여 시장변동성에 중립화하는 투자전략은 차익거래전략이다. ☐ O ☐ X

21 헤지펀드 운용에 있어 부실채권투자, 위험차익, 합병차익거래는 Event Driven 전략의 하나이다. ☐ O ☐ X

22 헤지펀드 운용에 있어 글로벌 매크로, 이머징 마켓 헤지펀드, 주식의 롱숏, 선물거래는 방향성 전략의 하나이다. ☐ O ☐ X

23 다른 헤지펀드에 투자하는 투자전략은 펀드 오브 헤지펀드 전략이다. ☐ O ☐ X

대안투자운용/투자전략 　정답

12　O
13　O
14　X　⋯ PF는 부동산투자사업에 대한 대출이다.
15　X　⋯ 분양수익금은 에스크로우 계좌에서 관리하다.
16　O
17　O
18　X　⋯ 투자자 모집 광고를 할 수 없다.
19　X　⋯ 방향성거래가 아닌 차익거래전략이다.
20　O
21　O
22　O
23　O

24 헤지펀드 운용자는 대체로 운용 중인 자산의 2%를 운용보수로 받고, 실현된 수익의 약 20%의 운용보수를 받는다. [O X]

25 (　　) 전략은 거시경제 분석을 바탕으로 전 세계를 대상으로 운용하는 방법이다.

26 글로벌 매크로 전략은 전형적인 (　　) 방식을 사용하여 투자한다.

27 (　　)는(은) 낮은 금리로 자본을 조달하여 높은 금리에 투자하는 전략이다.

28 무상증자 이벤트 전략은 권리락일에 해당 종목의 주가가 높은 확률로 하락하는 이례적인 현상을 이용하는 전략이다. [O X]

29 CDS거래에서 보장매입자는 보장 프리미엄을 수령 받고, 보장매도자는 부도사건 발생 시 손실을 보장받는다. [O X]

30 총수익매도자와 총수익매입자의 신용위험을 포함한 모든 위험과 수익을 거래하는 것은 (　　)이다.

31 CLN(Credit Linked Notes)는 일반채권에 CDS를 결합한 상품이다. [O X]

32 합성 CDO는 보장매입자가 준거자산을 양도하는 방식으로 구성된다. [O X]

33 기초자산의 수익률과 유동화증권의 수익률 간의 차이에서 발생하는 차익을 취할 목적으로 발행하는 CDO는 (　　)이다.

34 위험 전가 목적으로 거래하고, 거래를 통해 재무비율이 개선되는 효과를 갖는 것은 (　　)이다.

35 합성 CDO를 구성하는데 있어 준거자산 양도는 발생하지 않는다. [O X]

36 CDO 중에서 Equity 트랜치 투자는 초기에 Up-front를 한 번 받으며 만기에 남아 있는 담보자산의 원금을 받는다. [O X]

정답 | 대안투자운용/투자전략

24 O
25 글로벌 매크로
26 Top-down(하향식 투자접근방법)
27 Carry trade(캐리 트레이드)
28 X → 권리락일에 해당 종목의 주가가 높은 확률로 상승하는 것을 이용한다.
29 X → 보장매입자는 보장 프리미엄을 지급한다. 보장 매도자는 부도사건 발생 시 손실을 보장매입자에게 보장한다.
30 TRS
31 O
32 X → 준거자산을 양도하지 않고 합성하여 신용위험을 이전한다.
33 Arbitrage CDO
34 Balance Sheet CDO
35 O
36 O

37 메자닌 트랜치는 잔여이익에 대한 청구권이 존재한다. ☐ O ☐ X

38 Senior 트랜치는 실제 현금손실 발생가능성은 낮으나 (　　　) 위험이 있다.

39 Super Senior 트랜치에 대해서 신용평가기관에서는 신용평가를 하지 않는다. ☐ O ☐ X

대안투자운용/투자전략 　정답

37	X ⋯ 잔여이익에 대한 청구권은 Equity 트랜치에게 있다.
38	Mark-to-market
39	O

02 해외증권투자운용/투자전략

01 T-Note는 중기채이면서 이표채이다. ☐ O ☐ X

02 T-Bill은 할인채이면서 단기채이다. ☐ O ☐ X

03 국제분산투자를 해도 국내에서만 투자할 때보다 체계적 위험의 수준을 낮출 수 없다. ☐ O ☐ X

04 국가간 자산 수익률의 상관관계가 높을수록 국제분산투자효과는 증가한다. ☐ O ☐ X

05 상관계수값이 작을수록 전체 위험 중에 체계적 위험의 비중이 높아진다. ☐ O ☐ X

06 MSCI지수는 달러기준으로 작성한 지수이기 때문에 주가와 환율변동의 효과가 지수에 반영된다. ☐ O ☐ X

07 MSCI지수는 시가가중방식으로 구성한 지수이다. ☐ O ☐ X

08 딤섬본드는 유로채로 중국에서 위안화로 발행되는 채권이다. ☐ O ☐ X

09 FTSE 100지수는 런던거래소에 상장된 대표적인 100종목으로 구성된 지수이다. ☐ O ☐ X

10 우리나라는 현재기준으로 MSCI World Index에 포함되어 있다. ☐ O ☐ X

11 ADR 형태로 상장하면 미국 SEC에 등록해야 한다. ☐ O ☐ X

12 (　　)은 미국과 미국 외 국가에 동시 상장할 때 발행하는 예탁증서이다.

13 해외증시 상장시 홍보효과 증가, 해외자금조달비용 감소, 상장유지비용 감소의 효과가 있다. ☐ O ☐ X

14 내재적 헤지를 하면 비용이 추가로 발생한다. ☐ O ☐ X

정답 해외증권투자운용/투자전략

01 O
02 O
03 X ⋯ 국제분산투자는 국내투자보다 체계적 위험을 더 낮출 수 있다.
04 X ⋯ 상관관계가 낮을수록 국제분산투자효과가 커진다.
05 X ⋯ 상관계수가 클수록 전체위험 중에 체계적 위험의 비중이 증가한다.
06 O
07 X ⋯ 유동주식방식으로 구성한 지수이다.
08 X ⋯ 홍콩에서 위안화로 발행하는 유로채이다.
09 O
10 X ⋯ MSCI 신흥국지수에 포함되어 있다.
11 O
12 GDR
13 X ⋯ 상장유지비용이 증가한다(본국과 해외에서 이중의 상장유지비용이 발생함).
14 X ⋯ 추가적인 비용발생이 없다.

15 투자대상의 주가변화가 없더라도 투자대상국의 통화가치가 평가절하되면 투자자의 투자수익률은 증가한다. ☐ O ☐ X

16 유로채는 역내에서 발행하는 채권이다. ☐ O ☐ X

17 주식의 매매회전율이 높은 국가는 단기매매투자자의 비율이 높다고 해석할 수 있다. ☐ O ☐ X

18 보유하고 있는 해외자산과 환율이 반대의 방향으로 움직이면서 저절로 헤지가 되는 것은 (　　　)이다.

19 양키본드는 유로채이다. ☐ O ☐ X

20 미국 이외의 거래소에 상장하여 발행하는 주식예탁증서는 (　　　)이다.

21 국제분산투자를 하는 하향식 투자방식은 각 국가가 서로 분리되어 있다는 가정이 전제되어 있다. ☐ O ☐ X

22 미국국채 투자할 때 위험자산의 위험프리미엄 수준은 중요한 고려사항이다. ☐ O ☐ X

23 홍콩에서 위안화로 발행하는 채권은 판다본드이다. ☐ O ☐ X

24 짧은 헤지 기간을 연결해서 전체 투자기간을 헤지하는 것을 내재적 헤지라고 한다. ☐ O ☐ X

25 유로채는 대체로 기명식으로 발행된다. ☐ O ☐ X

해외증권투자운용/투자전략 정답

15 X ⋯ 투자대상국 통화의 가치가 하락하므로 이를 투자자의 통화로 환전 시 손실이 발생할 수 있다.
16 X ⋯ 역외발행하는 채권이다.
17 O
18 내재적 헤지
19 X ⋯ 외국채이다.
20 EDR
21 O
22 X ⋯ 미국 국채가 안전자산이므로 위험프리미엄은 고려하지 않는다.
23 X ⋯ 딤섬본드이다. 판다본드는 중국 본토에서 외국인이 위안화로 발행하는 채권이다.
24 X ⋯ 롤링헤지에 대한 설명이다.
25 X ⋯ 유로채는 대체로 무기명식으로 발행된다.

03 투자분석기법

01 매출채권회전율은 활동성 지표이다. ☐O ☐X

02 GARCH는 기대수익률을 계산하는 방법이다. ☐O ☐X

03 허핀달지수가 0.1이면 산업 내 동등한 규모의 기업체가 존재할 때 (   )개의 동등한 시장점유율을 갖는 가상의 기업체가 시장에 있다고 해석할 수 있다.

04 헤드 앤드 숄더는 반전형 패턴이다. ☐O ☐X

05 1주당 순이익이 1,000원, 현재 주가가 5,000원이면 PER는 (   )이다.

06 재무레버리지도는 영업이익의 변화율을 1주당 순이익의 변화율로 나눈 값이다. ☐O ☐X

07 영업레버리지도가 2, 재무레버리지도가 2인 기업의 결합레버리지도는 (   )이다.

08 EBITDA가 10억 원이고 주주의 시가총액이 100억 원, 순채권자가치가 50억 원이면 EV/EBITDA는 (   )이다.

09 장기이동평균선이 단기이동평균선을 아래에서 위로 뚫는 것은 골든크로스이다. ☐O ☐X

10 세후영업이익 500억 원, 투자자본 1,000억 원, 가중평균자본비용이 20%라면 EVA는 (   )이다.

11 총자산회전율이 1.5이고 총자산이 1,200억 원이면 순매출액은 (   )이다.

12 기업이 부담하는 총고정비용이 크면 클수록 결합레버리지도는 증가한다. ☐O ☐X

13 총자산회전율은 재무상태표와 손익계산서를 모두 사용하여 계산한 지표이다. ☐O ☐X

14 깃발형 패턴은 반전형 패턴이다. ☐O ☐X

정답 투자분석기법

01 O
02 X ⋯▶ GARCH 방법은 변동성을 계산하는 방법이다.
03 10개 ⋯▶ 허핀달지수의 역수가 산업 내 가상의 동등규모 기업체의 수이다. 1/0.1=10개
04 O
05 5 ⋯▶ PER=현재주가/1주당 순이익=5,000원/1,000원=5배
06 X ⋯▶ 재무레버리지도는 1주당 순이익의 변화율을 영업이익의 변화율로 나눈 값이다.
07 4 ⋯▶ DCL=DOL×DFL=2×2=4
08 15배 ⋯▶ EV=주주시가총액+순채권자가치=100억 원+50억 원=150억 원, EV/EBITDA=150억 원/10억 원=15배
09 X ⋯▶ 단기이동평균선이 장기이동평균선을 아래에서 위로 뚫는 것이 골든크로스이다.
10 300억 원 ⋯▶ EVA=세후영업이익-투하자본×WACC=500억 원-1,000억 원×20%=300억 원
11 1,800억 원 ⋯▶ 총자산회전율=매출액/총자산 → 매출액=총자산×총자산회전율=1,200억 원×1.5=1,800억 원
12 O
13 O ⋯▶ 총자산회전율=총자산/매출액, 총자산은 재무상태표 항목, 매출액은 손익계산서 항목이다.
14 X ⋯▶ 지속형 패턴이다.

15 시장점유율이 동일한 20개의 기업이 있을 경우 허핀달지수의 값은 (   )이다.

16 1주당 배당금이 매년 1,000원씩 영구적으로 발생하며, 자기자본비용이 10%이면 1주당 적정주가는 (   )이다.

17 전기 대비 매출채권증가는 현금흐름을 증가시킨다. ☐O ☐X

18 고정비용보상비율이 낮으면 레버리지효과를 충분히 이용하지 못한다는 의미로 해석할 수 있다. ☐O ☐X

19 갑자기 매출채권회전율이 증가하면 기업의 부실위험이 있다는 징후로 해석할 수도 있다. ☐O ☐X

20 추세선은 짧을수록 신뢰수준이 높다. ☐O ☐X

21 ESG는 (   ), (   ), (   )의 약자이다.

22 자료의 출현빈도가 가장 높은 것을 나타내는 것은 (   )이다.

23 자료의 중심경향을 나타내는 지표는 평균, 중앙값, 최빈값, 표준편차등이 있다. ☐O ☐X

24 총자산회전율이 낮다는 것은 자산이 노후화되었다는 의미로 해석할 수도 있다. ☐O ☐X

25 매출액 순이익률이 20%이며, 총자산회전율이 2회이면 총자산투자수익률(ROA)은 (   )이다.

26 현금흐름 추정을 통해 가치평가할 때 세전기준으로 현금흐름을 추정해야 한다. ☐O ☐X

27 현금흐름 추정을 통해 가치평가할 때 매몰비용과 기회비용 모두 현금흐름 추정에 반영해야 한다. ☐O ☐X

28 쐐기형, 깃발형, 패넌트형은 주가반전형 패턴이다. ☐O ☐X

투자분석기법 정답

15 0.05 ⋯ 동등 기업체 수의 역수는 허핀달지수이다. 1/20=0.05
16 10,000원 ⋯ 적정주가=1,000/10%=10,000원
17 X ⋯ 매출채권은 자산이므로 자산이 증가한 것은 현금흐름이 감소한 것이다.
18 X ⋯ 고정비를 많이 사용하므로 레버리지효과를 충분히 이용하고 있다.
19 O
20 X ⋯ 추세선이 길수록 신뢰수준이 높다.
21 Environmental, Social, Governance(오답으로 Government가 출제됨)
22 최빈값
23 X ⋯ 표준편차는 자료의 산포의 정도를 나타내는 지표이다.
24 O
25 40% ⋯ ROA=순이익/총자산=(순이익/매출액)×(매출액/총자산)=20%×2=40%
26 X ⋯ 세후기준으로 추정한다.
27 X ⋯ 기회비용은 할인율에 반영하고, 매몰비용은 반영하지 않는다.
28 X ⋯ 지속형 패턴이다.

29 일정 기간 주가의 변동 중에 현재의 주가수준을 나타내는 지표는 (　　　)이다.

30 모든 것이 동일할 때 배당성장률이 높은 기업의 주가가 그렇지 않은 기업의 주가보다 높다. [O X]

31 산포경향을 나타내는 지표에는 범위, 평균편차, 분산, 표준편차가 있다. [O X]

32 배당성향 40%, 이익의 성장률 5%, 자기자본비용 10%일 때 PER(P/EPS_1)값은 (　　)이다.

33 PER를 연평균 EPS성장률로 나눈 것은 PEGR이다. [O X]

34 ROE > 주주자본비용이면, PBR은 1보다 크다. [O X]

35 PBR×ROE=PER로 나타낼 수 있다. [O X]

36 EV/EBITDA는 PER의 한계점을 보완하고, 자본구조를 감안한 평가방식이다. [O X]

37 영업이익이 흑자이면 항상 EVA는 양수이다. [O X]

38 EVA는 회계이익에 경제적 이익을 반영하도록 수정하는 대체적 회계처리 방법을 사용한다. [O X]

39 미래 EVA의 현재가치 합계는 MVA이다. [O X]

40 세후타인자본비용 10%, 자기자본비용 20%이며, 부채비율이 50%이면 WACC는 (　　)이다.

41 자본의 시장가치를 자산의 대체원가로 나눈 것은 (　　)이다.

42 토빈의 Q는 자본의 시장가치를 자산의 장부가로 나눈 값이다. [O X]

43 정규분포의 왜도는 0이고, 첨도는 3이다. [O X]

정답 투자분석기법

29 스토캐스틱
30 O
31 O
32 8배 ⋯ PER=(1−b)/(k−g)=40%/(10%−5%)=8배
33 O
34 O ⋯ ROE(주주투자수익률)가 주주자본비용보다 크므로 순주주가치는 양수이기 때문에 PBR은 1보다 크다.
35 X ⋯ PBR=ROE×PER이다.
36 O
37 X ⋯ 영업이익이 흑자라도 EVA는 음수일 수 있다.
38 O
39 O
40 16.7% ⋯ WACC=세후타인자본비용×부채가중치+자기자본비용×자기자본 가중치=10%×1/3+20%×2/3=16.7%, 부채비율=부채/주주자본=1/2, 전체 기업가치가 3일 때, 부채가중치는 1/3, 주주자본가중치는 2/3이다.
41 토빈의 Q
42 X ⋯ 자본의 시장가치를 자본의 대체원가로 나눈 값이다.
43 O

44 왜도는 분포가 한쪽으로 치우친 정도를 나타내면, 첨도는 분포가 중심값을 중심으로 뾰족한 정도를 나타낸다. ☐ O ☐ X

45 기술적 분석은 가격의 흐름을 잘 파악한다면 미래 주가를 예측할 수 있다고 가정한다. ☐ O ☐ X

46 기술적 분석에 따르면 증권의 시장가치는 수요와 공급에 의해서만 결정된다. ☐ O ☐ X

47 다우이론에 따르면 강세시장 2국면으로 전반적인 경제 여건 및 기업의 영업수익이 호전되어 주가가 상승하고 거래가 증가하는 시기는 (   )이다.

48 기술적 분석을 통해서 시장의 근본적인 수요와 공급의 원인을 알 수 있다. ☐ O ☐ X

49 주가의 고점을 이은 선을 저항선이라고 하며, 주가의 저점을 연결한 선을 지지선이라고 한다. ☐ O ☐ X

50 지지선과 저항선은 장기간에 형성된 것일수록 신뢰도가 높고, 최근에 형성된 것일수록 신뢰도가 높다. ☐ O ☐ X

51 주가가 이동평균선과 괴리가 지나치게 클 때 이동평균선은 서로 멀어지는 성질이 있다. ☐ O ☐ X

52 역배열을 보여주는 종목은 전형적인 상승종목이다. ☐ O ☐ X

53 다우이론의 추세추종국면이나 엘리어트 파동이론의 3번 파동에서 주로 발생하는 갭은 (   )이다.

54 주가가 장기간 상승세를 유지하다가 하락세로 반전되면서 섬 모양으로 나타나는 것은 섬꼴반전이다. ☐ O ☐ X

55 이중천장형은 하락패턴이고, 이중바닥형은 상승패턴이다. ☐ O ☐ X

56 선형, 원형바닥형은 주가 하락패턴이다. ☐ O ☐ X

57 주가 패턴의 하나로 확대형과 대칭삼각형이 합쳐진 모양은 (   )이다.

투자분석기법 정답

44 O
45 O
46 O
47 제2국면 혹은 마크업 국면
48 X … 시장이 움직이는 근본적인 원인을 알 수 없다.
49 O
50 O
51 X … 이격도가 클 때 이동평균선은 서로 회귀하는(모이는) 성질이 있다.
52 X … 전형적인 하락종목이다.
53 급진갭
54 O
55 O
56 X … 주가 상승패턴이다.
57 다이아몬드형

58 주가 하락 캔들은 교수형, 유성형, 먹구름형이 있다. ⬜ O ⬜ X

59 석별형과 까마귀형은 주가 상승을 나타내는 캔들이다. ⬜ O ⬜ X

60 삼산은 주가 하락을 나타내고, 삼천은 주가 상승을 나타내는 사케다 전법 중의 하나이다. ⬜ O ⬜ X

61 MAO는 단기이동평균값에서 장기이동평균값을 차감한 것이다. ⬜ O ⬜ X

62 RSI값은 0에서 100 사이의 값을 가지며 100보다 크거나 음수값을 가질 수 없다. ⬜ O ⬜ X

63 누적거래량 지표가 OBV이고 이를 보완한 거래량 지표가 VR이다. ⬜ O ⬜ X

64 VR값이 70% 이하이면 단기적인 매도시점이다. ⬜ O ⬜ X

65 엘리어트 파동이론에 따르면 상승파동 중에 3번 파동이 가장 강력하고 가격변동도 활발하게 일어난다. ⬜ O ⬜ X

66 (　　　　)에 따르면 노동이 풍부한 국가는 노동집약적인 산업이 발달하였고, 자본이 상대적으로 풍부한 국가는 자본집약적인 산업이 발달하였다.

67 (　　　)에 따르면 국가간 비교우위를 통해서 상대적으로 비교우위에 있는 제품이나 서비스에 특화하고, 이로 인해 해당산업이 타 산업보다 더 발전한다.

68 (　　　　)는(은) 한 국가의 공급능력 변화에서 기술혁신 또는 신제품 개발의 중요성을 분석하였다.

69 산업정책은 총수요를 확대시키거나 제한하는 정책이다. ⬜ O ⬜ X

70 경제발전의 단계에 따라 산업정책의 방향과 수단은 달라진다. ⬜ O ⬜ X

71 산업정책은 성장잠재력이 훼손되는 상황에서는 강조되지 않는 경향이 있다. ⬜ O ⬜ X

정답　투자분석기법

- **58** O
- **59** X ···▶ 주가 하락을 나타내는 캔들이다.
- **60** O
- **61** O
- **62** O
- **63** O
- **64** X ···▶ 단기적인 매수시점이다.
- **65** O
- **66** 헥셔올린모형
- **67** 리카르도
- **68** 제품수명주기이론
- **69** X ···▶ 총공급을 확대시키거나 제한하는 정책이다.
- **70** O
- **71** X ···▶ 성장잠재력이 훼손되더라도 강조되는 경향이 있다.

72 (　　　)의 법칙에 따르면 경제발전에 따라 공업부문 내에서 생산재산업에 대한 비중이 점차 증가한다.

73 경제발전에 따라 산업구조가 1차 산업에서 2차 산업으로 그리고 3차 산업중심으로 변하며, 이를 (　　　) 법칙이라고 한다.

74 산업연관표는 국민소득 통계에서 제외된 중간생산물의 산업 간 거래도 포괄한다. ☐ O ☐ X

75 산업연관표의 총산출액과 총투입액은 항상 일치한다. ☐ O ☐ X

76 산업연관표의 총투입액과 최종수요액은 항상 일치한다. ☐ O ☐ X

77 (　　　)는(은) 각 산업 생산물 1단위 생산에 필요한 중간재와 생산요소의 투입비중을 나타내므로 이를 통해 산업별 또는 상품별 생산기술 구조를 파악할 수 있다.

78 (　　　)는(은) 소비, 투자, 수출과 같은 최종 수요가 한 단위 증가할 때 각 산업에서 직·간접적으로 유발되는 산출물의 단위를 나타내는 계수이다.

79 생산유발계수는 역행렬계수 혹은 레온티에프 계수라고도 한다. ☐ O ☐ X

80 후방연쇄효과는 특정 산업제품에 대한 최종수요 1단위가 증가가 모든 산업의 생산에 미치는 영향을 의미한다. ☐ O ☐ X

81 전방연쇄효과는 모든 산업제품에 대한 최종수요가 각각 1단위씩 증가하는 경우 특정 산업의 생산에 미치는 영향을 의미한다. ☐ O ☐ X

82 산업연관분석표를 이용하여 미래 특정연도에 대한 경제 전체의 공급과 수요를 산업별로 세분하여 예측할 수 있다. ☐ O ☐ X

83 (　　　)에는 수요 감소 등으로 매출액 증가율이 시장평균보다 낮거나 감소하게 된다. 이익률이 하락하여 적자기업이 다수 발생한다.

투자분석기법 정답

72	Hoffman
73	Petty
74	O
75	O
76	X ⋯ 두 값은 일치하지 않는다.
77	투입계수
78	생산유발계수
79	O
80	O
81	O
82	O
83	쇠퇴기

84 (　　　)에는 산업 내 기업들이 안정적인 시장점유율을 유지하면서 매출은 완만하게 증가한다. 제품수명주기를 연장하기 위해 새로운 제품을 개발하기 위한 연구개발비 지출 증가가 필요하다.

85 산업경쟁력분석 모형에서 경쟁자산으로는 기술력, 인적자본, 물적자본, 인프라, 수요조건, 국가경쟁력 등이 있다. ☐O ☐X

86 상위 몇 개의 기업만으로 해당 산업의 집중도를 파악하는 지표는 집중률지표이다. ☐O ☐X

87 허핀달 지수는 산업에 존재하는 모든 기업을 고려하여 시장집중도를 파악한다. ☐O ☐X

88 집중률지표에 속한 대기업의 규모가 변할 때 집중률 지표에 변화가 없더라도 HHI지표는 이러한 변화도 반영한다. ☐O ☐X

89 시장에 무한히 많은 기업이 있고 그 규모가 모두 동일하다면 HHI값은 0으로 수렴한다. ☐O ☐X

90 차입금의 차입은 현금흐름이 증가한 것이며 이는 투자활동으로 인한 현금흐름으로 분류된다. ☐O ☐X

91 잉여현금흐름(FCF)을 계산할 때 자본적 지출의 발생은 현금흐름의 증가요인이다. ☐O ☐X

92 포터의 다이아몬드 모형에서 정부와 수요조건은 우발적 요인이다. ☐O ☐X

정답　투자분석기법

84	성숙기
85	O
86	O
87	O
88	O
89	O
90	X ⋯▶ 차입금의 증가는 현금유입이며, 재무활동현금흐름으로 분류된다.
91	X ⋯▶ 자본적 지출은 FCF의 차감요인으로 현금흐름의 감소요인이다.
92	X ⋯▶ 우발적 요인과 정부는 간접적 요인이며, 기업전략 경쟁여건, 수요조건, 요소조건, 연관산업 및 지원산업은 직접적인 요인이다.

04 리스크관리

01 (　　　)는(은) 닉 리슨의 파생금융상품의 불법거래에 따른 손실로 파산한 사건이며 여러 문제가 있었지만 그 중에서 내부관리통제와 감독당국의 적절한 감독 미흡으로 발생하였다.

02 (　　　)에는 이자율위험, 환위험, 주식위험, 상품가격위험이 있다.

03 거래상대방이 약속한 금액을 지불하지 못하는 경우에 발생하는 위험은 운영위험이다.　O X

04 포지션을 마감하는 데 발생하는 비용에 대한 위험으로 기업이 소유하고 있는 자산을 매각하고자 하는 경우 매입자가 없어 불리한 조건으로 자산을 매각할 때 노출되는 위험은 유동성위험이다.　O X

05 신뢰구간 95%에서 1일 VaR의 의미는 (　　) 동안에 10억 원을 초과하여 손실을 보게 될 확률이 (　　)임을 의미한다.

06 스트레스 검증법은 부분가치평가법이다.　O X

07 역사적 시뮬레이션법은 부분가치평가법이다.　O X

08 델타-노말 분석법은 가치평가모델이 필요하다.　O X

09 두 개의 자산으로 구성되어 있는 포트폴리오에서 1번 자산의 VaR는 10억 원, 2번 자산의 VaR는 20억 원이고 두 자산의 상관계수가 0이면 두 자산으로 구성된 포트폴리오 VaR는 약 (　　　)이다.

10 동일한 대상으로 VaR를 계산할 때 델타 노말방법으로 계산한 값과 몬테카를로 시뮬레이션으로 계산한 값은 같다.　O X

11 99% 신뢰수준에서 1일 VaR가 10억 원인 것은, 앞으로 1일 동안 최대손실이 10억 원을 초과할 가능성이 (　　)인 것과 같은 의미이다.

12 신뢰구간 95%의 1일 VaR가 1억 원이다. 신뢰구간 95%의 10일 VaR는 약 (　　　)이다.

리스크관리 정답

01 베어링은행 파산사건
02 시장위험
03 X ⋯ 신용위험이다.
04 O
05 1일, 5%
06 X ⋯ 완전가치평가법으로 가치평가 모형이 필요하다.
07 X ⋯ 완전가치평가법이다.
08 X ⋯ 가치평가모델이 필요 없는 부분가치평가법이다.
09 22.36억 원 ⋯ $VaR = \sqrt{10^2 + 20^2 + 2 \times 0 \times 10 \times 20} = 22.36$억 원
10 X ⋯ 두 값은 다르다.
11 1%
12 3.16억 원 ⋯ $VaR = 1$억 원 $\times \sqrt{10일} = 3.16$억 원

13 신뢰구간 95%의 1일 VaR가 1억 원이면, 신뢰구간 99%의 1일 VaR는 약 (   )이다. 단 95% 신뢰구간의 Z값은 1.65, 99% 신뢰구간 Z값은 2.33이다.

14 자산가치 100억 원, 부채가치 70억 원, 자산가치의 표준편차 10억 원일 경우 부도거리는 (   )이다.

15 델타-노말 분석법을 사용할 경우 옵션이 포함되어 있는 포트폴리오의 VaR도 정확하게 계산할 수 있다. O X

16 기존 포트폴리오의 VaR가 100억 원이다. A자산의 VaR가 50억 원이고, A자산을 기존 포트폴리오에 편입하게 되면 새로운 포트폴리오의 VaR는 130억 원이 된다면 한계 VaR는 (   )이다.

17 스트레스 검증법을 이용하여 VaR를 계산할 때는 과거 자료가 없어도 계산이 가능하다. O X

18 역사적 시뮬레이션으로 VaR를 계산할 경우 분산, 공분산과 같은 모수에 대한 추정이 필요하다. O X

19 여러 개의 리스크 요인이 있을 경우 스트레스 검증방법은 적절한 VaR 측정방법이다. O X

20 델타-노말 방법을 사용할 경우 기초자산가격의 값이 필요하다. O X

21 채권의 현재가치가 100억 원, 만기수익률의 증감의 1일 기준 표준편차가 1%이고, 수정듀레이션이 3년이면, 95% 신뢰수준에서 1일 VaR는 (   )이다. 단, Z값은 1.65이다.

22 코스피 200옵션이 200포인트, 주가지수 1일 기준 표준편차가 1%이고, 옵션 델타가 0.5일 경우 99% 신뢰수준의 1일 VaR는 (   )이다. 단, Z값은 2.33이다.

23 표본의 길이가 지나치게 짧으면 역사적 시뮬레이션을 이용한 VaR값의 추정의 정확도가 낮아진다. O X

24 몬테카를로 시뮬레이션에서 주가움직임에 대한 확률모형에서 브라운 운동모형이 가장 흔히 사용된다. O X

정답 리스크관리

13 1.41억 원 … VaR=1억 원×2.33/1.65=1.41억 원
14 3 … 부도거리=(자산가치-부채가치)/자산가치 표준편차=(100억 원-70억 원)/10억 원=3
15 X … 옵션의 가격은 곡선의 형태이기 때문에 델타-노말 분석법으로 정확하게 계산할 수 없다.
16 30억 원 … 한계 VaR=자산 편입 후 포트폴리오 VaR-자산 편입 전 포트폴리오 VaR=130억 원-100억 원=30억 원
17 O
18 X … 과거 자료를 그대로 사용하기 때문에 모수에 대한 추정이 필요하지 않다.
19 X … 한 개의 리스크 요소에 의해 VaR가 결정될 때 스트레스 검증방법의 분석법이 적절하다.
20 O
21 4.95억 원 … VaR=100억 원×1%×3×1.65=4.95억 원
22 2.33포인트 … VaR=200×1%×0.5×2.33=2.33포인트
23 O
24 O

25 델타-노말 분석법으로 VaR를 계산할 경우 무위험이자율의 값이 필요하다. ☐O ☐X

26 델타-노말 분석법으로 동일 자산의 같은 기간의 VaR를 추정하면 그 값은 몬테카를로 시뮬레이션으로 추정한 VaR값과 같다. ☐O ☐X

27 투자금액 100억 원, 투자수익률 1%인 자산의 VaR가 2억 원인 경우 RAROC는 (   )이다.

28 KMV 채무불이행 예측모형에서 실제로는 이론적 EDF 대신 실증적 EDF를 사용한다. ☐O ☐X

29 신용리스크는 신용손실분포로부터 예상되는 손실로 정의한다. ☐O ☐X

30 신용손실분포는 비대칭성이 강하고 한쪽으로 두꺼우면서 긴 꼬리를 가진 분포를 한다. ☐O ☐X

31 부도모형을 통해서 기대손실을 추정할 경우 추정대상의 신용등급자료가 필요하다. ☐O ☐X

32 Default Mode(부도모형)을 이용하면, 은행이 100억 원을 대출하고 있고, 부도율은 10%이고, 부도 시 회수율이 80%인 경우 기대손실값은 (   )이다.

33 부도율이 20%, 위험에 노출된 자산이 100억 원, 부도 시 회수율이 70%일 경우 기대손실의 표준편차는 약 (   )이다.

34 신용손실분포를 추정할 때는 모수적인 방법을 사용하지 않는다. ☐O ☐X

35 MTM모형에서는 부도발생뿐 아니라 신용등급의 변화에 따른 손실리스크도 신용리스크에 포함한다. ☐O ☐X

리스크관리 정답

25 X ⋯ 무위험이자율 값이 필요 없다.
26 X ⋯ 두 값은 다르다.
27 50% ⋯ RAROC=투자수익/VaR=1억 원/2억 원=50%
28 O
29 X ⋯ 예상된 손실은 리스크가 아니다. 예상하지 못한 손실이 리스크이다.
30 O
31 X ⋯ 신용등급자료는 필요 없다. MTM모형으로 추정 시 신용등급자료가 필요하다.
32 2억 원 ⋯ 기대손실=100억 원×10%×(1-80%)=2억 원
33 12억 원 ⋯ 기대손실의 표준편차=$\sqrt{20\%(1-20\%)}$×100억 원×30%=12억 원
34 O
35 O

3과목 직무윤리 및 법규 / 투자운용 및 전략 I 등

01 직무윤리

01 과당매매 여부를 판단하는 기준은 금융소비자의 투자수익의 크기이다. ☐ O ☐ X

02 금융투자업 종사자는 세미나 등 대외활동에서 자신의 의견이 회사와 다를 경우 자신의 의견을 말할 수 없다. ☐ O ☐ X

03 임직원과 회사의 이해가 상충할 경우 임직원의 이해가 회사의 이해보다 앞서야 한다. ☐ O ☐ X

04 준법감시인의 성과보수는 금융투자업자의 경영성과와 연동하여 보수를 책정하고 지급해야 한다. ☐ O ☐ X

05 금융투자업 종사자가 내부의 부정행위를 알면서 신고하지 않더라도 이에 대한 불이익은 존재하지 않는다. ☐ O ☐ X

06 내부통제위원회의 위원장은 준법감시인이 맡는다. ☐ O ☐ X

07 준법감시인이 자산운용업무를 겸직하면 1억 원의 과태료 부과 사유에 해당한다. ☐ O ☐ X

08 준법감시인은 내부고발 우수사원에 대한 보상을 제공할 수 있다. ☐ O ☐ X

09 고객과 소송 중에 고객이 필요한 자료를 요청하는 경우 항상 고객의 요청에 응해야 한다. ☐ O ☐ X

10 직무윤리는 무보수로 일하는 금융투자업자의 직원이나 잠재적인 고객에게는 적용되지 않는다. ☐ O ☐ X

11 금융투자업자의 금융소비자 보호 관련 최고 의사결정기구는 (   )이다.

정답 직무윤리

01 X → 투자자가 부담하는 수수료총액, 투자목적에 부합한 지 여부 등이며, 투자수익의 크기는 과당매매를 판단하는 기준이 아니다.
02 X → 사견임을 명백히 밝힌 후 자신의 의견을 말할 수 있다.
03 X → 회사의 이해가 임직원의 이해보다 우선한다.
04 X → 준법감시인은 기업성과와 연동되지 않는 별도의 성과체계가 있어야 한다.
05 X → 알면서 신고하지 않으면 불이익이 발생할 수 있다.
06 X → 대표이사가 내부통제위원회 위원장이다.
07 X → 3천만 원 이하의 과태료 부과사항이다.
08 X → 대표이사에게 해당 직원의 보상을 요구할 수 있으며, 준법감시인이 직접 보상을 제공할 수 없다.
09 X → 무조건 자료를 제공할 의무는 없다.
10 X → 무보수라 할지라도, 잠재적인 고객에게도 적용된다.
11 이사회

12 대표이사는 금융소비자 보호관련해서 내부통제기준 위반 방지를 위한 예방대책 마련, 내부통제기준 준수 여부에 대한 점검 등을 하며, 준법감시인과 금융소비자보호 총괄책임자의 업무 분장 및 조정을 한다. ☐ O ☐ X

13 금융소비자보호 내부통제위원회는 매 (   ) 1회 이상 의무적으로 개최해야 하며, 그 결과를 이사회에 보고하고, 최소 (   ) 이상 관련 기록을 유지해야 한다.

14 금융소비자보호 총괄기관은 대표이사 직속기관으로 두어야 한다. ☐ O ☐ X

15 금융소비자보호 총괄책임자(COO)는 대표이사 직속으로 준법감시인에 준하는 독립적 지위를 보장받는다. ☐ O ☐ X

16 금융소비자보호 총괄책임자(COO)는 기업의 위험관리정책에 대한 계획을 수립하고 관리한다. ☐ O ☐ X

17 (   )는(은) 금융상품을 잠재투자자에게 권유할 때 투자자의 투자성향 등을 고려하여 투자자에게 적합한 금융상품을 권유해야 하는 원칙이다.

18 적합성 원칙은 전문금융소비자에게도 적용된다. ☐ O ☐ X

19 고객에게 투자권유가 없더라도 고객과 면담 등을 통해 고객에게 해당 금융상품이 적합한지 그렇지 않은지 알려야 하는 것은 적정성 원칙이다. ☐ O ☐ X

20 투자성 상품의 경우 계약서류를 제공받은 날로부터 (   ) 이내에 금융소비자는 청약을 철회할 수 있으며 대출성 상품의 경우에는 (   ) 이내에 그 청약을 철회할 수 있다.

21 부당권유행위 금지는 일반금융소비자에게만 적용되는 원칙이다. ☐ O ☐ X

22 금융소비자가 자신의 금융거래 등 관련 자료에 대해서 열람요구서를 금융회사에 제출하여 자료열람을 요구할 경우 이를 요구받은 날로부터 (   ) 이내에 해당 자료를 열람할 수 있게 해야 한다.

23 금융투자업자와 금융소비자간의 2,000만 원 이내의 소액분쟁이 발생할 경우 금융투자업자는 조정안을 제시받기 전까지 소를 제기할 수 없다. ☐ O ☐ X

직무윤리 정답

12 O
13 반기, 5년
14 O
15 O
16 X ⋯ 금융소비자보호 총괄책임자는 위험관리정책 수립과 관리를 담당하지 않는다.
17 적합성 원칙
18 X ⋯ 일반금융소비자에게 적용된다.
19 O
20 7일, 14일
21 X ⋯ 전문금융소비자에게도 적용되는 원칙이다.
22 6영업일
23 O

24 금융투자회사는 거래상대방에게 문화상품권을 제공해서는 안 된다. ☐ O ☐ X

25 금융투자회사는 거래상대방만 참석한 여가 및 오락활동 등에 수반되는 비용을 제공하면 안 된다. ☐ O ☐ X

26 금융투자회사가 거래상대방에게 제공하거나 거래상대방으로부터 수령한 재산상 이익의 가액이 (   )을(를) 초과하는 경우 즉시 (   )을(를) 통해 공시해야 한다.

27 금융투자회사가 거래상대방에게 제공한 재산상의 이익이 내부적으로 정한 금액을 초과하거나 금액과 무관하게 전체 건수에 대해 그 제공에 대한 적정성을 평가하고 점검해야 한다. ☐ O ☐ X

28 금융투자회사의 임직원은 직위의 사적인 이용이 원칙적으로 금지되며, 경조사 봉투, 화환 등에 직위를 기재하는 행위도 할 수 없다. ☐ O ☐ X

29 금융투자회사의 임직원은 회사의 허가가 있으면 대외활동을 할 수 있다. ☐ O ☐ X

30 금융투자회사의 임직원이 대외활동을 통해서 받은 금전적인 보상이 있다면 이를 회사에 신고해야 한다. ☐ O ☐ X

31 준법감시인의 임명은 이사회의 의결을 통해 임명하고, 해임은 이사 전원의 결의가 필요하다. ☐ O ☐ X

32 준법감시인의 임기는 대체로 1년 이상으로 할 것을 요구한다. ☐ O ☐ X

33 준법감시인은 자신의 업무를 타인에게 위임할 수 없다. ☐ O ☐ X

34 최근 사업연도 말 현재 자산총액이 5조 원 미만인 금융투자업자 또는 자본시장법에 따른 종합금융회사는 내부통제위원회를 두지 않을 수 있다. ☐ O ☐ X

35 (   )는(은) 금융사고 발생 우려가 높은 업무를 수행하고 있는 임직원을 대상으로 일정 기간 휴가를 명령하고 동 기간 중 해당 임직원의 업무수행 적정성을 점검하는 제도이다.

정답 직무윤리

24 X …문화상품권은 제공할 수 있다.
25 O
26 10억 원, 인터넷 홈페이지
27 O
28 X …경조사 봉투, 화환 등에 직위를 기재하는 행위는 허용된다.
29 O
30 O
31 X …해임 시 이사 총수의 3분의 2 이상의 찬성으로 의결한다.
32 X …임기는 2년 이상으로 해야 한다.
33 X …자산의 일부 업무를 준법감시 담당 직원에게 위임할 수 있다.
34 O
35 명령휴가제도

36 영업관리자는 영업점에서 (　) 이상 근무한 경력이 있거나 준법감시, 감사업무를 (　) 이상 수행한 경력이 있는 자로서 당해 영업점에 상근하고 있어야 한다.

37 영업점 관리와 관련하여 예외적으로 1명의 영업관리자가 2 이상의 영업점을 묶어서 영업관리자 업무를 수행할 수 있다.　O　X

38 회사가 특정 금융소비자를 위하여 전용공간을 제공하는 경우 당해 공간은 직원과 분리되어야 하며, 영업점장 및 영업관리자의 통제가 용이한 장소에 있어야 한다.　O　X

39 사이버룸인 경우 사이버룸임을 명기하고 외부에서 내부를 볼 수 없는 폐쇄형으로 설치해야 한다.　O　X

40 금융위원회는 준법감시인을 두지 않거나 내부통제기준을 마련하지 않은 경우 (　) 이하의 과태료를 부과할 수 있다.

41 준법감시인 임면 사실을 금융위원회에 보고하지 않는 경우에는 (　) 이하의 과태료 부과대상이다.

42 직무윤리 위반 시 금융위원회는 금융투자업자에게 6개월 이내의 업무의 전부 혹은 일부의 정지를 명할 수 있다.　O　X

43 금융위원회는 직무윤리 위반 시 금융투자업자의 임원을 해임할 수 있고, 직원에 대해서는 6개월 이내의 직무정지등의 조치를 취할 수 있다.　O　X

44 금융위원회는 직무윤리 위반 시 금융투자업자의 직원에 대해서 해임할 수 없다.　O　X

직무윤리　정답

36　1년, 1년
37　O
38　O
39　X ⋯ 외부에서 내부를 볼 수 있게 만들어야 한다.
40　1억 원
41　2,000만 원
42　O
43　X ⋯ 임원에 대해서는 해임을 요구할 수 있다. 임원의 해임 자체는 금융위원회에서 할 수 없다.
44　X ⋯ 면직, 6개월 이내의 정직, 감봉, 견책, 경고, 주의 등의 조치를 취할 수 있다.

02 자본시장 관련 법규

01 집합투자증권의 환매는 신탁업자에게 가장 먼저 요구해야 한다. ⬜ O X

02 신탁업, 투자매매업, 투자중개업, 집합투자업은 등록대상 금융투자업이다. ⬜ O X

03 투자일임업, 투자자문업은 인가대상 금융투자업이다. ⬜ O X

04 은행, 보험회사는 투자자예탁금의 신탁과 관련하여 자기계약이 가능하다. ⬜ O X

05 증권을 발행할 경우 투자설명서 수령을 거부하는 잠재적인 투자자에게도 투자설명서를 교부해야 청약의 승낙을 받을 수 있다. ⬜ O X

06 금융감독원의 검사에 대한 처분에 대한 이의가 있을 경우 이의신청은 (　　　)에 한해서 가능하다.

07 환매금지형 집합투자증권의 내부 운용 비용을 충당하기 위해 수익증권의 추가적인 발행이 가능하다. ⬜ O X

08 투자중개업자의 고객에 대한 신용공여액은 자기자산총액까지 가능하다. ⬜ O X

09 투자중개업자 혹은 투자매매업자가 고객에게 신용공여를 할 경우 상호간의 신용공여에 대한 별도의 약정이 있어야 한다. ⬜ O X

10 집합투자업자는 고객의 재산을 고객별로 운용해야 한다. ⬜ O X

11 (　　　)는(은) 2인 이상의 투자자로부터 자금을 모아 통상적인 운용지시를 받지 않고 고객자산을 운용하여 그 수익을 고객에게 돌려주는 업이다.

12 신탁에 있어 위탁자와 수익자는 항상 같아야 한다. ⬜ O X

13 (　　　)는(은) 고객의 투자의사를 묻지 않고 금융투자업자가 고객의 증권을 매매하는 것이다.

정답 자본시장 관련 법규

01　X　⋯ 집합투자증권을 판매한 투자매매업자에게 가장 먼저 요구한다.
02　X　⋯ 인가대상 금융투자업이다.
03　X　⋯ 등록대상 금융투자업이다.
04　O
05　X　⋯ 거부하는 자에게는 투자설명서를 교부하지 않아도 된다.
06　한 번
07　X　⋯ 추가발행이 금지된다.
08　X　⋯ 자기자본금액이 신용공여액 한도이다.
09　O
10　X　⋯ 고객의 재산을 모아서 함께 운용해야 한다.
11　집합투자업
12　X　⋯ 같을 수도 있고 다를 수도 있다.
13　임의매매

14 증권발행에 있어 증권신고서 제출은 대표 주관회사가 한다. ☐O ☐X

15 증권신고서는 수리 후 일정 기간이 경과해야 효력이 발생한다. ☐O ☐X

16 원화표시 양도성 예금증서는 금융투자상품이다. ☐O ☐X

17 MMF의 이익금은 원칙적으로 유보가 가능하기 때문에 이익의 일부만 배당할 수 있다. ☐O ☐X

18 기업의 자금조달을 위해 증권을 모집하고 발행하는 것은 증권발행회사가 한다. ☐O ☐X

19 투자신탁은 투자의 소유권에 대한 지분증권을 발행할 수 있다. ☐O ☐X

20 기업공개매수와 관련하여 허가권자, 기업공개매수자의 주요 주주, 기업공개매수자의 계열사와 그 임원은 내부자에 해당한다. ☐O ☐X

21 투자신탁의 수익증권은 원칙적으로 무액면, 무기명식으로 발행한다. ☐O ☐X

22 집합투자기구가 보유한 주식의 의결권은 원칙적으로 해당 집합투자기구가 행사해야 한다. ☐O ☐X

23 회계기간의 변경, 경영환경에 영향을 미치는 중요한 변동, 채권채무관계에 영향을 미치는 중요한 변동 등이 발생한 경우 경영공시를 해야 한다. ☐O ☐X

24 종합금융회사의 어음관리계좌(CMA) 업무는 집합투자업으로 보지 않는다. ☐O ☐X

25 금융위원회에는 위원장, 부위원장, 상임위원 2인, 비상임위원 5인으로 구성된다. ☐O ☐X

26 증권선물위원회는 자본시장의 불공정거래 조사, 기업회계기준 및 회계감리에 대한 업무 등을 한다. ☐O ☐X

27 금융감독원은 무자본 특수법인으로 정부, 한국은행, 예금보험공사 등의 출연금, 금융회사가 지급하는 감독분담금, 기타수입으로 경비를 충당한다. ☐O ☐X

자본시장 관련 법규 정답

14 X ⋯ 발행회사가 한다.
15 O
16 X ⋯ 금융투자상품이 아니다.
17 X ⋯ 이익금의 유보가 불가능하다.
18 O
19 X ⋯ 지분증권을 발행할 수 없으며 투자수익증권을 발행한다.
20 O
21 X ⋯ 투자신탁의 수익증권은 원칙적으로 무액면 기명식으로 발행한다.
22 O
23 O
24 O
25 O
26 O
27 O

28 비조치의견서의 내용과 다른 법적 조치를 취할 수 없다. O X

29 원화표시 CD, 관리형신탁의 수익권, 주식매수선택권은 금융투자상품이다. O X

30 상법상 합자회사, 유한책임회사, 유한회사는 출자증권으로 수익증권을 발행한다. O X

31 (   )는(은) 누구의 명의로 하든지 자기의 계산으로 금융투자상품의 매매, 증권의 발행, 인수 또는 그 청약의 권유, 청약, 청약의 승낙을 영업으로 한다.

32 한국은행이 공개시장조작을 하는 경우 투자매매업 적용을 배제한다. O X

33 협회가 장외 주식중개시장을 개설, 운영하는 경우, 거래소가 증권시장 및 파생상품시장을 개설, 운영하는 경우, 투자권유대행인이 투자권유를 대행하는 경우 투자중개업 적용을 배제한다. O X

34 대가 없이 다른 영업에 부수하여 금융투자상품의 가치나 금융투자상품에 대한 투자판단에 관한 자문에 응하는 경우에는 투자자문업의 적용을 받는다. O X

35 국가, 한국은행, 금융기관, 외국정부, 외국중앙은행, 국제기구는 절대적 전문투자자이다. O X

36 주권상장법인은 상대적 전문투자자이다. O X

37 투자자문업, 투자일임업, 온라인소액투자중개업, 일반사모집합투자업은 등록대상 금융투자업이다. O X

38 금융투자업자의 자산건전성 규제는 별도의 규정이 있는 것을 제외하고 종속회사와 연결되지 아니한 금융투자업자의 재무제표를 대상으로 한다. O X

39 회수의문분류 대상자산은 충당금을 (   ) 적립한다.

40 금융투자업자의 자산 및 부채에 대한 건전성은 정상, 요주의, 고정, 회수의문의 4단계로 분류한다. O X

정답 자본시장 관련 법규

28 X …… 다른 내용의 법적 조치를 취할 수 있다.
29 X …… 금융투자상품으로 분류하지 않는다.
30 X …… 지분증권을 발행한다.
31 투자매매업
32 O
33 O
34 X …… 투자자문업 적용을 배제한다.
35 O
36 O
37 O
38 O
39 75%
40 X …… 정상, 요주의, 고정, 회수의문, 추정손실의 5단계로 분류한다.

41 순자본비율이 0% 미만이면 경영개선요구 대상이다. □ O □ X

42 순자본비율의 기초가 되는 금융투자업자의 자산, 부채, 자본은 연결재무제표에 계상된 시가를 기준으로 한다. □ O □ X

43 건전성기준과 관련하여 총위험액=시장위험액+신용위험액+운영위험액을 기준으로 한다. □ O □ X

44 시장위험과 신용위험을 동시에 내포하는 자산에 대해서는 신용위험액 혹은 시장위험액 둘 중 하나만의 위험액만을 산정한다. □ O □ X

45 위험액을 산정할 때 부외자산과 부외부채는 산정하지 않는다. □ O □ X

46 자산건전성 규제에 있어 필요 유지 자기자본은 금융투자업자가 영위하는 인가업무 또는 등록 업무 단위별로 요구되는 자기자본 중 가장 큰 금액이다. □ O □ X

47 금융투자업자는 최소한 (　　　)(으)로 순자본비율을 산정해야 한다.

48 순자본비율은 영업용순자본을 영업용 부채로 나눈 금액이다. □ O □ X

49 순자본비율이 (　　) 미만이 된 경우에는 지체 없이 금감원장에게 보고해야 한다.

50 경영실태평가는 총 5단계의 등급으로 구분된다. □ O □ X

51 순자본비율 100% 미만인 경우 경영개선권고 조치가 내려진다. □ O □ X

52 경비절감, 점포관리의 효율화는 경영개선요구에 해당하는 조치이다. □ O □ X

53 발행한 어음 또는 수표가 부도되거나 은행과의 거래가 정지 또는 금지되는 경우, 투자자예탁금 등의 일부 또는 전부의 반환명령 혹은 지급정지를 할 수 있다. □ O □ X

자본시장 관련 법규 　정답

41	X	… 경영개선 명령에 해당한다.
42	X	… 장부가를 기준으로 한다.
43	O	
44	X	… 신용위험액과 시장위험액 모두를 산정한다.
45	X	… 부외자산과 부외부채에 대해서도 위험액을 산정한다.
46	X	… 인가 혹은 등록 업무 단위별로 요구되는 자기자본을 모두 합계한 금액이다.
47	일별	
48	X	… 순자본비율=(영업용순자본－총위험액)/필요유지 자기자본
49	100%	
50	O	
51	O	
52	X	… 경영개선권고에 해당하는 조치이다.
53	O	

54 금융사고 등으로 금융투자업자의 직전 분기 말 자기자본의 100분의 2에 상당하는 금액을 초과하는 손실이 발생하였거나 손실이 예상되는 경우 경영공시를 해야 하나, 5억 원 이하인 경우는 예외로 한다. ☐ O ☐ X

55 대주주와의 신용공여는 원칙적으로 불가능하나, 임원에 대한 제한적 신용공여 등은 예외적으로 가능하다. ☐ O ☐ X

56 대주주 및 대주주의 특수관계인에 대하여 예외적으로 신용공여를 하는 경우 재적이사의 과반수 찬성의 이사회 결의를 거쳐야 한다. ☐ O ☐ X

57 금융투자업자는 업무 관련 자료를 종류별로 일정한 기간 동안 기록, 유지해야 하며, 영업과 재무 관련 자료는 10년 이상, 내부통제 관련 자료는 5년 이상 유지해야 한다. ☐ O ☐ X

58 외국금융투자업자의 지점, 영업소는 영업기금과 부채액의 합계액에 상당하는 자산을 국내에 두어야 하며, 해당 지점, 영업소가 청산, 파산하는 경우 국내 자산은 국내채무에 우선 변제한다. ☐ O ☐ X

59 원칙적으로 투자매매업자 혹은 투자중개업자는 금융상품에 관한 같은 매매에 있어서 자신이 본인이 됨과 동시에 상대방의 투자중개업자가 될 수 없다. ☐ O ☐ X

60 다자간매매체결회사를 통해 거래를 하더라도 투자매매업자 혹은 투자중개업자는 자기계약을 할 수 없다. ☐ O ☐ X

61 투자매매업자 혹은 투자중개업자가 고객에게 신용을 공여할 때 신용공여액의 (   ) 이상에 상당하는 담보를 징구해야 한다.

62 담보로 제공된 증권 중 청약증권은 취득가액으로 평가하고, 집합투자증권은 당일에 고시된 기준가격으로 평가한다. ☐ O ☐ X

63 투자자예치금은 투자자에게 우선적으로 지급해야 한다. ☐ O ☐ X

64 종합금융투자사업자는 상법에 따른 주식회사, 증권에 관한 인수업을 영위하고 3조 원 이상의 자기자본을 갖추어야 한다. ☐ O ☐ X

정답 자본시장 관련 법규

54 X ⋯ 10억 원 이하인 경우는 예외로 하여 경영공시를 하지 않을 수 있다.
55 O
56 X ⋯ 전원 찬성이 필요하다.
57 O
58 O
59 O
60 X ⋯ 예외적으로 다자간매매체결회사를 통해서 거래하는 경우는 자기계약을 허용한다.
61 100분의 140
62 O
63 O
64 O

65 공모집합투자기구는 자산총액의 10%를 초과하여 동일 종목의 증권에 투자할 수 없으나, 예외적으로 국채, 한국은행통화안정증권, 정부 보증채에는 30%까지 투자할 수 있다. [O X]

66 공모집합투자기구는 예외적으로 자산총액의 (   )까지 지방채, 특수채, 파생결합증권에 투자할 수 있다.

67 공모집합투자기구가 부동산을 취득할 경우 국내에 있는 부동산 중 주택법 제2조 제1항에 따른 주택은 집합투자규약이 정하는 기간 내에는 처분할 수 없다. [O X]

68 공모집합투자기구가 국내의 미분양주택을 취득하는 경우에는 1년을 초과하는 기간 이후에 해당 주택을 처분해야 한다. [O X]

69 공모집합투자업자는 집합투자기구의 계산으로 금전 차입을 할 수 없으나, 대량 환매청구 발생, 대량 매수청구 발생시 예외적으로 차입 당시 순자산 총액의 10%를 초과하지 않는 범위 내에서 차입할 수 있다. [O X]

70 집합투자재산으로 부동산을 취득하는 경우 부동산집합투자기구는 순자산의 (   )%, 기타 집합투자기구는 부동산가액의 (   )%까지 예외적으로 금전을 차입할 수 있다.

71 부동산 개발사업을 영위하는 법인에 대해서 집합투자기구는 집합투자기구 순자산총액의 (   )%까지 금전을 대여할 수 있다.

72 공모집합투자업자는 이해관계인이 되기 (   )이전에 체결한 계약에 따른 거래를 할 수 있다.

73 집합투자업자는 이해관계인과의 거래에서 일반적인 거래조건에 비추어 집합투자기구에게 유리한 거래를 할 수 있다. [O X]

74 공모 집합투자기구는 운용실적에 연동하여 미리 정해진 산정방식에 따른 보수를 받는 것이 원칙적으로 금지되나, 성과보수의 상한을 정하거나 객관적인 지표 등이 있으면 예외적으로 성과보수를 받을 수 있다. [O X]

75 집합투자업자는 신탁업자의 확인을 받아 3개월에 1회 이상 투자자에게 자산운용보고서를 제공해야 한다. [O X]

자본시장 관련 법규 | 정답

65 X ⋯ 100%까지 투자할 수 있다.
66 30%
67 X ⋯ 1년 이내에 처분할 수 없다. 국외 부동산의 경우는 집합투자규약이 정하는 기간 내에 처분할 수 없다.
68 X ⋯ 집합투자규약에서 정하는 기간 이내에 처분할 수 없다. 즉 1년 이내라도 집합투자규약에 따라 처분이 가능하다.
69 O
70 200, 70
71 100
72 6개월
73 O
74 O
75 O

76 집합투자재산의 투자운용인력 변경, 환매연기, 집합투자자총회의 결의 내용 등은 수시공시사항에 해당한다. [O X]

77 투자자문업자 혹은 투자일임업자는 원칙적으로 투자자에게 금전, 증권등 재산을 대여할 수 있다. [O X]

78 투자일임업자는 자기 또는 관계인수인이 인수한 증권을 투자일임재산으로 인수일로부터 3개월이 지난 후에는 매수가 가능하다. [O X]

79 투자일임업자는 원칙적으로 투자일임재산을 예탁하거나 인출하는 행위를 일임받을 수 없다. [O X]

80 투자일임업자는 3개월 마다 1회 이상 투자일임계약을 체결한 일반투자자에게 투자일임보고서를 교부해야 한다. [O X]

81 역외투자자문업자 또는 역외투자일임업자는 그 계약에 있어 국내법이 적용되고 그와 관련한 소송은 국내 법원이 관할한다는 내용을 그 계약서에 포함해야 한다. [O X]

82 역외투자일임업자는 개인을 대상으로 투자일임업을 영위할 수 있다. [O X]

83 투자일임업자의 건전한 질서를 해할 우려가 없는 경우 이해관계자와의 거래라 할지라도 투자일임재산에 유리하게 운용하는 경우에도 거래를 할 수 없다. [O X]

84 투자일임업자는 자기 또는 관계인수인이 인수한 증권을 투자일임재산으로 매수할 수 없으며, 이러한 자산에는 국채, 지방채, 통안채, 특수채가 포함된다. [O X]

85 신탁의 설정방법은 위탁자와 수탁자간의 신탁계약, 위탁자의 유언, 신탁선언에 의한 경우가 있다. [O X]

86 연금이나 퇴직금을 지급할 목적으로 하는 신탁은 손실의 보전이나 이익의 보장이 예외적으로 가능하다. [O X]

87 신탁재산으로 그 신탁업자가 운용하는 다른 신탁재산, 집합투자재산 또는 투자일임재산과 거래를 할 수 없다. [O X]

정답 | 자본시장 관련 법규

76 O
77 X ···› 금전, 증권등의 재산 대여는 금지된다.
78 O
79 O
80 O
81 O
82 X ···› 지정된 기관투자자들에게만 투자일임업을 영위할 수 있다.
83 X ···› 투자일임재산에 유리한 거래는 예외적으로 허용된다.
84 X ···› 국채, 지방채, 통안채, 특수채, 사채권(주식 관련 및 상각형 조건부 자본증권제외)은 예외적으로 투자일임재산으로 매수할 수 있다.
85 O
86 O
87 O

88 청약의 권유를 받는 자의 수가 50인 미만이더라도 발행일로부터 1년 이내에 50인 이상의 자에게 양도될 수 있는 경우는 ( )이다.

89 투자설명서의 효력 발생 전 이름은 ( )이다.

90 증권발행인은 증권신고를 철회하고자 하는 경우 매수의 청약일 전일까지 철회신고서를 금융위에 제출할 수 있다. O X

91 증권 발행 후 50매 미만으로 발행되는 경우에는 증권의 권면에 발행 후 1년 이내 분할금지 특약을 기재하면 전매에 해당하지 않는다. O X

92 단기사채로서 만기가 ( ) 이내인 경우에는 전매로 보지 않는다.

93 공개매수에 응하기 위하여 보호예수된 증권을 인출할 수 있다. O X

94 증권분석기관이 공모를 하려는 법인에 그 자본금의 100분의 ( ) 이상을 출자하고 있는 경우 혹은 그 반대의 경우는 증권분석기관이 공모 법인에 대한 평가를 할 수 없다.

95 증권분석기관이 공모를 하려는 법인에 대하여 증권분석기관의 임원이 해당 법인에 그 자본금의 100분의 ( ) 이상을 출자하고 있거나 해당 법인의 임원이 증권분석기관에 100분의 ( ) 이상을 출자하는 경우 평가할 수 없다.

96 기업이 발행한 어음 또는 수표가 부도되거나 은행과의 당좌거래가 정지 또는 금지된 때에는 그 다음날까지 금융위에 주요사항 보고서를 제출해야 한다. O X

97 투자신탁의 수익증권을 발행한 집합투자업자는 사업보고서를 제출해야 한다. O X

98 조회공시와 관련하여 요구 시점이 오전일 때에는 당일 오후까지, 오후인 때에는 다음날 오전까지 답변해야 한다. O X

99 공개매수는 장내에서 주식이 매매가 이루어지는 거래이다. O X

100 공개매수기간은 공개매수신고서의 제출일로부터 ( ) 이상 ( ) 이내이어야 한다.

자본시장 관련 법규 정답

88 간주모집
89 예비투자설명서
90 O
91 O
92 3개월
93 X … 보호예수된 증권의 인출사유가 될 수 없다.
94 3
95 1, 1
96 O
97 X … 수익증권을 발행한 집합투자업자는 사업보고서 제출의무가 없다.
98 O
99 X … 장외에서 매매가 이루어진다.
100 20일, 60일

101 공개매수에 응모한 주주가 공개매수기간 내에 그 응모를 철회하면 그에 따른 손해배상책임이 발생한다. [O｜X]

102 대항공개매수가 있는 경우 즉시 공개매수를 철회해야 한다. [O｜X]

103 의결권 대리행사 권유와 관련하여 해당 상장주권의 발행인과 그 임원외의 자가 10인 미만의 상대방에게 주식의 의결권 대리행사의 권유를 하는 것은 의결권 대리행사의 권유로 보지 않는다. [O｜X]

104 투자신탁이나 투자회사 등은 집합투자재산의 보관·관리업무를 신탁업자에게 위탁해야 한다. [O｜X]

105 수익자총회 소집은 수익자총회일 (   ) 전에 각 수익자에게 서면 또는 전자문서로 통지를 발송해야 한다.

106 수익자총회는 원칙적으로 신탁회사가 소집한다. [O｜X]

107 수익증권의 총좌수의 3% 이상을 소유한 수익자는 예외적으로 수익자총회를 소집할 수 있다. [O｜X]

108 환매금지형 집합투자기구는 환금성을 보장하는 별도의 장치가 없으면 집합투자증권 발행일로부터 (   ) 이내에 집합투자증권을 증권시장에 상장해야 한다.

109 집합투자기구에서 판매보수의 차이로 인하여 기준가격이 다르거나, 판매수수료가 다른 여러 종류의 집합투자증권을 발행하는 집합투자기구는 (   )이다.

110 모집합투자기구와 자집합투자기구의 재산을 운용하는 집합투자업자는 서로 달라야 한다. [O｜X]

111 전환형 집합투자기구에서 전환을 청구한 투자자에게는 환매수수료를 부과할 수 없다. [O｜X]

112 집합투자재산이 처분이 불가능하거나 투자자간의 형평을 저해할 경우에는 환매를 연기할 수 있다. [O｜X]

113 집합투자재산은 장부가로 평가하는 것을 원칙으로 하며 신뢰할 만한 장부가가 없는 경우에는 공정가액으로 평가한다. [O｜X]

정답 자본시장 관련 법규

101 X … 응모철회에 따른 손해배상책임은 발생하지 않는다.
102 X … 대항공개매수가 있을 경우 공개매수를 철회할 수 있으나 즉시 철회할 필요는 없다.
103 O
104 O
105 2주
106 X … 원칙적으로 집합투자업자가 소집한다.
107 X … 수익증권의 총좌수의 5% 이상을 소유한 수익자이다.
108 90일
109 종류형 집합투자기구
110 X … 집합투자업자가 동일해야 한다.
111 O
112 O
113 X … 평가의 원칙은 시가이며 시가가 없는 경우 공정가액으로 평가한다.

114 집합투자업자 또는 투자회사 등은 집합투자기구의 집합투자재산 운용에 따라 발생한 이익금을 투자자에게 원칙적으로 금전 또는 새로 발행하는 집합투자증권으로 분배해야 한다. ☐ O ☐ X

115 (   )는(은) 집합투자기구의 명의개서 대행, 법령 또는 정관에 의한 통지 및 공고, 그 밖에 투자회사 사무를 처리하는 업무를 한다.

116 MMF(단기금융집합투자기구)에서 운용할 수 있는 채무증권은 취득시점을 기준으로 신용평가 등급이 최상위 등급 혹은 최상위 등급의 차하위 등급 이내이어야 한다. ☐ O ☐ X

117 환매조건부매매와 관련하여 일반투자자에게는 환매조건부매수 업무를 영위할 수 있다. ☐ O ☐ X

118 각 집합투자기구 자산총액의 100분의 (   )를(을) 초과하여 금융위가 정하여 고시하는 시장성 없는 자산에 투자할 수 있는 집합투자기구를 설정하는 경우 환매금지형 집합투자기구로 설정해야 한다.

119 내부자의 단기매매차익 반환제도는 미공개 중요정보 이용 여부와 관계없이 특정 증권 등의 단기매매에 따른 이익을 회사에 반환하도록 하는 제도이다. ☐ O ☐ X

120 (   ) 이내에 특정 증권을 매도 또는 매수한 경우 이익이 발생하면 단기매매차익 반환제도에 따라 그 이익금을 해당 회사에 반환해야 한다.

121 (   )는(은) 자기가 매도하는 것과 같은 시기에 그와 같은 가격 또는 약정수치로 타인이 그 증권 또는 장내파생상품을 매수할 것을 사전에 그 자와 서로 짠 후 매도하는 행위이다.

122 금감원장은 현장검사를 실시하는 경우 검사 목적, 검사 기간 등이 포함된 검사사전예고통지서를 당해 금융기관에 검사착수일 (   ) 전까지 통지한다.

123 금감원장은 제재에 관한 사항을 심의하기 위해 원칙적으로 제재심의위원회를 설치·운영해야 한다. ☐ O ☐ X

124 민사소송에서 패소확정되거나 소송물 가액이 최직근 분기말 현재 자기자본의 100분의 1 또는 100억 원을 초과하는 민사소송에 피소가 되면 해당 금융기관은 이를 금감원장에게 보고해야 한다. ☐ O ☐ X

125 금융위는 자본시장법에 따라 금융기관에게 벌금을 부과할 수 있다. ☐ O ☐ X

자본시장 관련 법규 정답

- **114** O
- **115** 일반사무관리회사
- **116** O
- **117** X ⋯ 일반투자자에게는 환매조건부매도 업무만 가능하다.
- **118** 20
- **119** O
- **120** 6개월
- **121** 통정매매
- **122** 1주일
- **123** O
- **124** O
- **125** X ⋯ 과태료, 과징금 부과가 가능하며, 벌금은 법원의 판단이 필요하다.

03 한국금융투자협회규정

01 일반투자자가 신용융자거래를 하는 경우 금융투자회사는 핵심설명서를 교부하지 않아도 된다. [O | X]

02 금융투자회사는 일반투자자가 최초로 주식워런트증권을 매매하고자 하는 경우 기존에 위탁매매거래계좌가 있다면 별도의 절차 없이 매매를 개시하도록 한다. [O | X]

03 집합투자증권 판매 시 다른 금융투자상품과 연계하여 판매하는 경우 판매회사 임직원은 누구나 해당 상품에 대한 투자권유와 판매를 할 수 있다. [O | X]

04 신상품 배타적 사용권 침해 신고를 받은 경우 신청접수일로부터 7일 이내에 심의위원회를 소집하여 배타적 사용권 침해배제 신청에 대하여 심의해야 한다. [O | X]

05 신상품 배타적 사용권 침해 심의위원회를 금융투자협회장이 소집한다. [O | X]

06 신상품은 국내외에서 이미 공지되었거나 판매된 적이 없어야 한다. [O | X]

07 장내파생상품시장에서 거래 희망자의 사전지식 등 전문성 정도를 감안하여 (　　　)이 인정하는 파생상품 업무경험이 1년 이상이고 파생상품 관련 자격시험에 합격한 사실이 있는 자에 대해서 사전의무교육 및 모의거래 이수를 면제한다.

08 투자권유대행인은 금융투자회사로부터 위탁받은 업무 범위 내에서만 투자권유가 가능하며 금융투자회사를 통하여 협회에 등록신청을 해야 한다. [O | X]

09 투자권유대행인은 협회가 실시하는 보수교육을 매년 (　　) 이상 이수해야 한다. 단, 투자권유대행인으로 협회에 등록된 해당 연도는 보수교육을 면제한다.

10 금융투자회사 및 조사분석 담당자는 조사분석 대상법인 등 외부로부터 취득한 자료를 인용할 수 없다. [O | X]

11 금융투자회사는 해당 금융투자회사의 임직원이 아닌 제3자가 작성한 조사분석 자료를 공표할 수 없다. [O | X]

정답 한국금융투자협회규정

01 X → 신용융자거래 또는 유사해외통화선물거래를 할 경우 핵심설명서를 교부해야 한다.
02 X → 별도의 거래신청서를 작성하여 매매의사를 별도로 확인해야 한다.
03 X → 투자권유자문인력으로 협회에 등록되어 있는 자가 투자권유를 해야 한다.
04 X → 7영업일 이내에 해야 한다.
05 X → 심의위원회의장이 소집한다.
06 O
07 자율규제위원회 위원장
08 O
09 1회
10 X → 인용할 수 있으며 그 내용을 철저히 검증하고, 출처를 표시해야 한다.
11 X → 공표 가능하며, 그 출처를 표시하고 그 내용을 검증해야 한다.

12 원칙적으로 조사분석 담당임원의 고유계정 운용업무 겸직은 금지된다. `O X`

13 금융투자회사는 자신이 발행주식 총수의 100분의 3 이상의 주식 등을 보유하거나 소유하는 법인에 대해서는 조사분석자료를 공표할 수 없다. `O X`

14 원칙적으로 금융투자업자가 아닌 자는 투자광고를 하지 못하며 금융투자업자는 투자광고를 시행하기 전에 준법감시인의 사전확인을 받고 협회의 심사를 받아야 한다. `O X`

15 투자광고는 투자에 따른 위험, 금융상품 판매업자 등의 명칭을 의무적으로 표시해야 한다. `O X`

16 투자광고는 바탕색과 구별되는 색상으로 선명하게 표시해야 한다. `O X`

17 투자광고는 A4용지 기준 (   ) 이상의 활자체로 표시해야 한다. 단, 신문에 전면으로 게재하는 광고물의 경우 (   ) 이상의 활자체로 표시해야 한다.

18 인터넷 배너를 이용한 투자광고의 경우 위험고지내용이 (   ) 이상 보일 수 있도록 해야 하며, 파생상품 등 위험성이 큰 거래에 관한 내용이 포함될 경우 위험고지내용이 (   ) 이상 보일 수 있도록 해야 한다.

19 투자광고에 손실보전인지 이익보장인지 명확히 구분해야 한다. `O X`

20 수익률이 좋은 기간의 운용실적만 표시하거나, 세전, 세후 여부를 누락하거나, 수수료를 일 단위로 표시하는 등의 행위를 해서는 안 된다. `O X`

21 불확실한 사항에 대해 단정적 판단을 제공하거나 확실하다고 오인하게 할 소지가 있는 내용을 알리는 행위를 해서는 안 된다. `O X`

22 집합투자기구의 운용실적은 기준일로부터 1개월 이상 수익률을 사용해야 하며, 과거 6개월 및 1년 수익률을 함께 표시해야 한다. `O X`

한국금융투자협회규정 정답

12 O
13 X → 100분의 5 이상의 주식을 소유하는 법인이다.
  ※ 공모시 해당 기업의 평가와 구분해야 한다. 공모시 증권분석기관이 그 자본금의 100분의 3 이상 출자하는 경우에는 증권분석기관이 해당 법인을 평가할 수 없다.
14 O
15 O
16 O
17 9포인트, 10포인트
18 3초, 5초
19 X → 손실보전 혹은 이익보장을 할 수 없다.
20 O
21 O
22 O

23 MMF 운용실적을 표시하는 경우 다른 금융투자회사가 판매하는 MMF와 운용실적의 비교광고를 할 수 있다. O X

24 경제적 가치가 (   ) 이하의 물품, 식사, 신유형 상품권, 거래실적에 연동되어 거래상대방에게 차별없이 지급되는 포인트 및 마일리지는 재산상 이익으로 보지 않는다.

25 재산상 이익의 가치 산정시 금전의 경우 해당 금액, 물품의 경우 구입비용, 접대의 경우 해당 접대에 소요된 비용으로 하나, 금융투자회사 임직원과 거래 상대방이 공동으로 참석한 경우 해당 비용은 전체 소요경비 중 거래상대방이 점유한 비율에 따라 산정된 금액이다. O X

26 (   )을(를) 초과하는 금전, 물품, 편익 등을 특정 투자자 또는 거래상대방에게 제공하거나 특정 투자 또는 거래상대방으로부터 제공받은 경우 인터넷 홈페이지에 이를 공시해야 한다.

27 재산상 이익의 제공과 관련된 내용은 (   ) 이상 기록하고 보관해야 한다.

28 이사회가 정한 금액을 초과하는 재산상 이익을 제공하고자 하는 경우 제공 이후 사후에 이사회 의결을 거쳐야 한다. O X

29 거래상대방만 참석한 여가 및 오락활동 등에 수반되는 비용을 제공할 수 있다. O X

30 투자자가 집합투자증권 판매회사를 변경하는 경우 판매회사는 판매회사 변경의 절차를 이행하는 대가로 투자자로부터 별도의 비용을 징구할 수 있다. O X

31 (   )는(은) 집합투자재산, 신탁재산 또는 투자일임재산을 운용하는 업무를 수행하는 인력이다.

32 해외에서는 출시되었으나 아직 국내에서 출시되지 않은 상품은 신상품으로 분류한다. O X

33 증권운용전문인력은 해외자원개발 투자운용업무를 수행할 수 있다. O X

정답 | 한국금융투자협회규정

- 23 X → MMF는 타 MMF와 비교하여 광고할 수 없다.
- 24 3만 원 → 2025년 금융투자협회 규정은 3만 원 → 5만 원으로 변경되었으나, 2025년 협회 기본교재에는 3만 원으로 표시되어 있다. 협회의 채점기준은 협회기본서 기준이기 때문에 수험 목적으로는 3만 원으로 암기해야 한다. 협회 규정이 변경되었기 때문에 2025년에는 해당 문제를 회피하여 출제될 것으로 예상한다.
- 25 O
- 26 10억 원
- 27 5년
- 28 X → 사전에 이사회 의결을 거쳐야 한다.
- 29 X → 거래상대방만 참석한 경우 해당 비용을 제공할 수 없다.
- 30 X → 별도의 비용을 청구할 수 없다.
- 31 투자자산운용사 혹은 투자운용인력
- 32 X → 신상품이 되기 위해서는 국내외에서 이미 공지되었거나 판매된 적이 없어야 한다.
- 33 O

34 대표주관계약을 체결하고, 주식인수의뢰서 사본, 대표주관계약서 및 발행회사의 사업자등록증 사본을 계약 체결일로부터 7일 이내에 협회에 신고해야 한다. O X

35 금융투자회사는 상장예비심사를 거래소에 신청할 날로부터 3개월 전에 대표주관계약 또는 주관계약을 체결해야 한다. O X

36 대표주관회사가 발행회사와 초과배정옵션에 대한 계약을 체결하는 경우 초과배정수량은 공모주식 수량의 (   ) 이내에서 대표주관회사와 발행회사가 결정한다.

37 기업공개와 관련하여 불성실 수요예측 참여자로 지정된 자에 대하여 최대 36개월까지 수요예측 참여가 제한된다. O X

38 금융투자회사는 업무와 관련하여 협회가 정한 표준약관을 수정하여 사용할 수 있다. O X

39 금융투자회사는 금융투자업 영위와 관련하여 약관을 제정 혹은 변경하는 경우에는 약관의 제정 또는 변경 후 (   ) 이내에 협회에 보고해야 한다. 단, 약관변경이 사전신고에 해당하는 경우에는 약관의 제정 또는 변경의 시행예정일 (   )까지 협회에 신고해야 한다.

한국금융투자협회규정 정답

34 X ⋯ 5영업일 이내에 신고해야 한다.
35 X ⋯ 2개월 전에 체결해야 한다.
36 15%
37 X ⋯ 최대 24개월까지 수요예측 참여가 제한된다.
38 O
39 7일, 10영업일

04 주식투자운용/투자전략

01 효율적 시장가설은 액티브운용을 반대하는 논거로 이용되기도 한다. [O X]

02 강형의 효율적 시장가설에 따르면 투자자는 어떠한 정보를 이용하더라도 위험 대비 초과수익률을 얻을 수 없다. [O X]

03 약형의 효율적 시장가설이 성립하면 기술적 분석을 통해 초과수익을 얻을 수 있다. [O X]

04 주어진 위험수준에서 가장 높은 기대수익률을 달성할 수 있는 투자대상을 (   )라고 한다.

05 전략적 자산배분은 시장이 비효율적이라고 가정하여 자산을 배분한다. [O X]

06 주식시장의 하락이 예상될 경우 포트폴리오 베타를 음수로 조정하면 기대수익률이 양수이다. [O X]

07 전략적 자산배분의 순서는 투자자의 투자목적 및 투자제약조건 파악 → 자산집단선택 → 자산종류별 기대수익, 위험, 상관관계 추정 → 최적자산배분구성의 순서이다. [O X]

08 자산배분 전략에 있어서 의사결정이 되는 자산집단은 동질성, 배타성, 분산가능성, 포괄성, 충분성의 조건을 갖춰야 한다. [O X]

09 (   )는(은) 자산집단 내의 자산들은 상대적으로 동일한 특성을 가져야 한다는 원리이다.

10 자산간에 서로 겹치는 부분이 없는 것은 자산집단의 (   )이다.

11 자산집단의 기대수익률을 추정하는 방법은 추세분석법, 시나리오분석법, 근본적 분석방법, 시장공통예측치 사용방법이 있다. [O X]

12 CAPM, APT, 회귀분석 등을 사용하여 자산집단의 기대수익률을 추정하는 방법은 추세분석법이다. [O X]

정답 주식투자운용/투자전략

01 O
02 O
03 X ⋯ 과거 정보가 이미 주가에 반영되어 초과수익을 얻을 수 없다.
04 효율적 포트폴리오
05 X ⋯ 시장이 효율적이라고 가정하여 전략적 자산배분을 실행한다.
06 O
07 O
08 O
09 동질성
10 배타성
11 O
12 X ⋯ 근본적 분석방법이다.

13　자산집단의 기대수익률을 추정하는 방법으로 GARCH가 있다.　　　　　　　　　　O X

14　GARCH 방법으로 자산집단의 위험을 측정할 수 있다.　　　　　　　　　　　　O X

15　자산간의 상관관계가 높을수록 분산투자에 유리하다.　　　　　　　　　　　　O X

16　ESG의 약자의 의미는 Environmental, Social, Government이다.　　　　　　　　O X

17　ESG 투자는 국제적으로 표준화되어 있는 투자방법이 존재한다.　　　　　　　O X

18　연기금은 수익성 제고로 인해 사회적 투자를 하지 않는다.　　　　　　　　　O X

19　전술적 자산배분은 역투자전략이라고도 한다.　　　　　　　　　　　　　　　O X

20　전술적 자산배분은 시장과잉반응을 활용하는 전략이다.　　　　　　　　　　　O X

21　효율적 포트폴리오를 수익률과 위험의 공간에서 연속선으로 연결한 것을 지배원리라고 한다.　O X

22　전략적 자산배분도구에는 시장가치접근법, 위험수익 최적화방법, 투자자별 특수상황을 고려하는 방법, 포뮬러 플랜이 있다.　O X

23　평균반전이란 자산집단의 가격이 단기적으로 내재가치에서 벗어나지만 장기적으로 내재가치로 향해 돌아온다는 것을 의미하며 이는 전술적 자산배분의 주요 가정이다.　O X

24　전략적 자산배분은 시장이 비효율적임을 가정하고, 전술적 자산배분은 시장이 효율적임을 가정한다.　O X

주식투자운용/투자전략 정답

13　X　⋯ GARCH는 분산을 측정하는 방법이다.
14　O
15　X　⋯ 상관관계가 낮을수록 분산투자효과가 크다.
16　X　⋯ ESG의 G는 Governance이다.
17　X　⋯ 아직 국제적으로 표준화된 투자방법은 없다.
18　X　⋯ 연기금은 사회적 투자를 한다.
19　O
20　O
21　X　⋯ 효율적 투자기회선에 대한 설명이다.
22　X　⋯ 포뮬러 플랜은 전술적 자산배분도구이다.
23　O
24　X　⋯ 전략적 자산배분은 장기적으로 시장이 효율적임을 가정하고, 전술적 자산배분은 단기적으로 시장이 비효율적임을 가정한다.

25 가치평가모형은 전략적 자산배분의 실행 도구이다. ☐ O ☐ X

26 포트폴리오 보험전략을 원하는 투자자는 극단적으로 위험을 회피하는 투자자이다. ☐ O ☐ X

27 포트폴리오 보험전략은 자산운용회사의 주력상품이 되어야 한다. ☐ O ☐ X

28 CPPI에 따르면 포트폴리오의 수익률이 높을수록 위험자산에 대한 투자비중이 증가한다. ☐ O ☐ X

29 인덱스펀드 투자는 대표적인 액티브운용형태이다. ☐ O ☐ X

30 KOSPI 200, KOPSI는 유동시가중 주가지수이다. ☐ O ☐ X

31 NIKKEI 225와 DJIA는 시가가중 주가지수이다. ☐ O ☐ X

32 인덱스펀드의 구성방법에는 완전복제법, 표본추출법, 최적화법의 3가지 유형이 있다. ☐ O ☐ X

33 (   )는(은) 벤치마크에 포함된 대형주는 모두 포함하되 중소형주들은 펀드의 성격이 벤치마크와 유사하게 되도록 일부 종목만 포함하는 방식이다.

34 저PER투자, 역행투자, 고배당수익률 투자방식은 성장투자 스타일이다. ☐ O ☐ X

35 시장 모멘텀 투자의 위험은 예측했던 EPS증가율이 예상대로 실현되지 않는 것이다. ☐ O ☐ X

36 종목 선정보다는 섹터, 산업, 테마의 선정을 중시하는 투자방법은 (   )이다.

37 Top-Down 방식의 투자순서는 경제분석, 산업분석, 개별종목 선정의 순서로 진행된다. ☐ O ☐ X

38 저 베타 효과는 수익률 역전그룹에 속한다. ☐ O ☐ X

정답 | 주식투자운용/투자전략

25 X ⋯▶ 전술적 자산배분의 실행도구이다.
26 O
27 X ⋯▶ 위험회피도가 높은 일부 투자자만을 대상으로 하기 때문에 자산운용회사의 주력상품이 되어서는 곤란하다.
28 O
29 X ⋯▶ 패시브 운용방법이다.
30 O
31 X ⋯▶ 주식가격 가중지수이다.
32 O
33 표본추출법
34 X ⋯▶ 해당 투자방법은 모두 가치투자 스타일이다.
35 O
36 하향식 방법
37 O
38 O

39 주식포트폴리오 모형에는 다중요인모형, 2차함수 최적화모형, 선형계획모형이 있다. ☐O ☒X

40 표준편차는 상대적 위험을 측정하는 지표이다. ☐O ☒X

41 벤치마크를 구성하는 모든 종목을 벤치마크의 구성비율대로 사서 보유하는 방법은 (   )이다.

42 잔차위험이 큰 순서는 패시브운용, 준액티브운용, 액티브운용의 순서이다. ☐O ☒X

43 준액티브 운용의 한 방법으로 과거 자료를 이용한 계량적인 시뮬레이션 분석을 통해 마련된 최적의 운용 전략에 따라 운용하는 방식은 (   )이다.

44 주식 포트폴리오 모형의 다중요인모형에서 베타와 규모는 비체계적 위험으로 분류한다. ☐O ☒X

주식투자운용/투자전략 정답

39 O
40 X ⋯ 절대적 위험을 측정하는 지표이다.
41 완전복제법
42 X ⋯ 액티브운용, 준액티브운용, 패시브운용 순서로 잔차위험이 크다.
43 계량분석방법
44 X ⋯ 체계적 요인(위험)이다.

05 채권투자운용/투자전략

01 미국 국채에 투자할 경우에는 위험에 따른 가산금리를 고려해야 한다. ☐ O ☐ X

02 채권의 매매거래는 주로 장내에서 이루어진다. ☐ O ☐ X

03 모든 것이 동일하고 일정한 경우, 만기가 길수록 듀레이션은 길어지고, 액면이자율이 높을수록 듀레이션은 짧아지고, 만기수익률이 높을수록 듀레이션은 짧아진다. ☐ O ☐ X

04 모든 조건이 동일할 경우 만기일의 현금흐름은 이표채가 복리채보다 더 크다. ☐ O ☐ X

05 듀레이션이 길수록 채권투자의 원금 회수기간이 짧아진다. ☐ O ☐ X

06 액면이자율 10%, 시장이자율 8%인 경우 모든 것이 동일할 때 경상수익률이 액면이자율보다 낮다. ☐ O ☐ X

07 시장이자율이 상승하면 채권가격은 상승한다. ☐ O ☐ X

08 말킬의 채권가격정리에 따르면 이자율 변동에 따라 잔존만기가 (   ) 채권가격의 변동폭이 크고, 표면이자율이 (   ) 이자율변동에 따른 채권가격변동의 폭이 감소한다.

09 옵션의 성격이 없는 채권의 경우 동일한 폭의 금리가 상승할 경우 채권가격의 변동폭이 동일한 폭의 금리가 하락할 경우 채권가격의 변동폭보다 크다. ☐ O ☐ X

10 할인채의 듀레이션과 만기는 다르다. ☐ O ☐ X

11 금리가 하락할 경우 수의상환채권의 가격은 지속적으로 상승한다. ☐ O ☐ X

12 수의상환사채의 가치는 모든 것이 동일한 일반사채의 가치에 수의상환권을 차감한 가치이다. ☐ O ☐ X

정답 채권투자운용/투자전략

01 X ⋯ 가산금리는 위험채권에 투자할 때 고려한다.
02 X ⋯ 주로 장외에서 거래된다.
03 O
04 X ⋯ 복리채는 원리금을 만기일에 재투자수익까지 포함해서 지급해서 이표채보다 만기일 현금흐름이 더 크다.
05 X ⋯ 회수기간이 길어진다.
06 X ⋯ 시장이자율이 액면이자율보다 낮으므로 채권은 액면가보다 저렴하다. 경상수익률이 액면이자율보다 높다.
07 X ⋯ 채권가격은 하락한다.
08 길수록, 높을수록
09 X ⋯ 볼록성효과로 금리 하락 시 채권가격의 변동폭이 금리 상승 시 채권가격의 변동폭보다 크다.
10 X ⋯ 할인채는 액면이자를 지급하지 않아 듀레이션과 채권만기가 같다.
11 X ⋯ 수의상환가격까지만 상승한다.
12 O

13 전환사채의 전환권을 행사하면 자산과 부채가 동시에 감소한다. ☐O ☐X

14 교환사채가 행사되면 자산과 부채가 동시에 감소한다. ☐O ☐X

15 신주인수권부사채 보유자는 신주인수권을 행사하더라도 추가적으로 자금 지출이 발생하지 않는다. ☐O ☐X

16 수의상환청구사채는 풋옵션을 투자자가 보유하고 있어서 수의상환청구권이 없는 일반사채보다 그 가치가 더 높다. ☐O ☐X

17 이자율 변동위험을 헤지하기 위해서는 채권의 듀레이션과 투자기간을 일치시킨다. ☐O ☐X

18 적극적인 채권운용전략으로는 금리예측전략, 현금흐름일치전략, 수익률곡선타기전략 등이 있다. ☐O ☐X

19 채권을 발행할 수 있는 주체는 국가, 지방정부, 상법상의 주식회사와 유한회사이다. ☐O ☐X

20 유로채는 발행국의 통화와 발행하는 채권의 통화가 같다. ☐O ☐X

21 양키본드, 팬더본드, 사무라이본드, 불독본드는 유로채이다. ☐O ☐X

22 김치본드, 쇼군본드, 딤섬본드는 외국채이다. ☐O ☐X

23 만기에 따라 시장이 구분되어 있으며 각각의 만기시장의 수요와 공급에 따라 금리가 결정되는 이론은 (　　　)이다.

24 듀레이션이 4이고, 만기수익률이 5%인 채권에서 이자율 1% 상승 시 채권가격은 약 3.81% (　　　)한다.

25 듀레이션이 10이고 만기수익률이 10%인 경우 수정듀레이션은 약 (　　　)이다.

채권투자운용/투자전략 정답

13 X ⋯ 부채가 감소하고 자본이 증가한다. 자산의 변동은 발생하지 않는다.
14 O
15 X ⋯ 신주인수권 행사시 추가적인 자금지출이 발생한다.
16 O
17 O
18 X ⋯ 현금흐름일치전략은 소극적 채권운용전략이다.
19 X ⋯ 유한회사는 채권을 발행할 수 없다.
20 X ⋯ 발행국의 통화와 발행하는 채권의 통화가 다르다.
21 X ⋯ 외국채이다.
22 X ⋯ 유로채이다.
23 시장분할가설
24 하락 ⋯ 시장 이자율이 상승했으므로 채권가격은 하락한다.
25 9.1 ⋯ 수정듀레이션 = 10/(1+10%) = 9.1

26 통화안정채권은 이표채이다. ☐ O ☐ X

27 T-Bill은 (　　)이고 T-Note와 T-Bond는 (　　)이다.

28 T-Bill은 만기 1년 이내의 미국 국채이고, T-Note는 만기 1년 ~ 10년 이내의 미국 국채이고, T-bond는 만기 10년이 넘는 미국 국채이다. ☐ O ☐ X

29 영구채의 듀레이션은 무한대이다. ☐ O ☐ X

30 액면가 100만원, 표면이자율 5%, 만기수익률 10%인 영구채의 듀레이션은 (　　)이다.

31 모든 것이 동일한 경우 볼록성이 큰 채권가격이 볼록성이 작은 채권가격보다 (　　).

32 볼록성 효과를 고려하지 않고 듀레이션만으로 이자율변동에 따른 채권가격 변동을 추정하면 듀레이션으로 추정한 채권가격은 항상 실제 채권가격보다 (　　)하게 추정한다.

33 듀레이션의 기하학적 의미는 주어진 만기수익률에서 채권가격곡선에 접하는 접선의 기울기이다. ☐ O ☐ X

34 채권교체전략은 적극적 채권매매방법 중의 하나이다. ☐ O ☐ X

35 국민주택채권, 지역개발공채는 복리채이다. ☐ O ☐ X

36 딤섬본드는 유로채로 중국 본토에서 발행되는 채권이다. ☐ O ☐ X

37 기준금리가 상승하면 현금흐름이 감소하는 채권은 (　　)이다.

38 액면금액 100,000원, 전환가격 20,000원인 전환사채가 모두 주식으로 전환되면 총 5주를 받는다. ☐ O ☐ X

정답 채권투자운용/투자전략

26 X ⋯ 할인채(무이표채)이다.
27 할인채(무이표채), 이표채
28 O
29 X ⋯ (1+만기수익률)/만기수익률이 듀레이션이다.
30 11 ⋯ 듀레이션 = (1+10%)/10% = 11
31 높다
32 과소
33 O
34 O
35 O
36 X ⋯ 홍콩에서 위안화로 발행되는 유로채이다.
37 역변동금리채권
38 O ⋯ 100,000원/20,000원 = 5주

39 주가를 전환가격으로 나눈 값에 100%를 곱한 것은 (　　)이다.

40 유동화증권을 발행할 때 무형자산은 그 기초자산이 될 수 없다. ☐ O ☐ X

41 주택저당채권은 일반적으로 만기가 장기이다. ☐ O ☐ X

42 주택저당채권(MBS)은 대출채권과 저당권을 근거로 채권을 발행한다. ☐ O ☐ X

43 채권직접발행 시 내정수익률보다 가장 낮은 수익률을 제시한 입찰자부터 순서대로 낙찰하여 발행하는 방법은 (　　)이다.

44 채권발행 시 내정수익률보다 낮은 수익률로 응찰한 응찰자에게 낙찰된 수익률 중 가장 높은 수익률로 발행하는 방법은 (　　)이다.

45 2년 만기 현물이자율이 10%이고, 1년 만기 현물이자율이 5%이면, 1년 후부터 2년까지 1년 동안의 내재 선도이자율은 약 (　　)이다.

46 국채발행 시 경쟁입찰로 발행하는 채권은 외평채권, 국고채권이 있다. ☐ O ☐ X

47 국민주택채권은 첨가소화의 방식으로 발행되며, 첨가소화는 자동차 등을 매입할 때 의무적으로 매입하는 채권이다. ☐ O ☐ X

48 PD는 지표종목별로 매월 경쟁입찰 발행물량의 (　　) 이상을 인수해야 하며, 국채전문유통시장에서 의무적으로 호가를 제시해야 한다. 국고채 경쟁입찰에 독점적으로 참여할 수 있으며 최대 발행물량의 (　　)까지 독점적으로 인수할 수 있다.

49 전환사채의 액면가격이 10,000원이고 전환가격은 5,000원이다. 1주당 주식의 가격이 6,000원이면 전환사채 패리티는 (　　)이다.

50 만기수익률이 증가하면 채권가격은 (　　)한다.

채권투자운용/투자전략 정답

39 패리티
40 X ⋯ 무형자산도 유동화증권 발행의 자산이 될 수 있다.
41 O
42 O
43 Conventional or American Auction
44 Dutch Auction
45 15% ⋯ 선도이자율 $= (1+10\%)^2/(1+5\%) - 1 = 15.23\%$
46 O
47 O
48 10%, 30%
49 120% ⋯ 패리티 $= \dfrac{6{,}000원}{5{,}000원} = 120\%$
50 하락

51 힉스듀레이션은 수정듀레이션과 같다. ☐ O ☐ X

52 모든 조건이 변함이 없을 때, 만기가 증가할수록 채권의 볼록성은 작아진다. ☐ O ☐ X

53 모든 조건이 변함이 없을 때, 표면이자율이 높은 채권의 볼록성은 그렇지 않은 채권의 볼록성보다 크다. ☐ O ☐ X

54 약정수익률과 무위험수익률의 차이는 수익률 스프레드이다. ☐ O ☐ X

55 소극적 채권운용전략에는 만기보유전략, 면역전략, 현금흐름일치전략, 인덱스펀드 전략 등이 있다. ☐ O ☐ X

56 수익률곡선타기전략이 효과가 있기 위해서는 수익률곡선은 우상향해야 하며, 수익률곡선의 상승 평행이동이 발생하지 않아야 한다. ☐ O ☐ X

57 수익률곡선타기전략에서 특정 만기에서 수익률이 급격히 하락하는 구간이 발생하고 이로 인한 효과를 (   )라고 한다.

정답 채권투자운용/투자전략

51 O
52 X … 듀레이션에 영향을 미치는 변수는 볼록성에도 듀레이션과 동일한 방향으로 영향을 미친다.
53 X … 표면이자율이 높을수록 볼록성은 작아진다.
54 O
55 O
56 O
57 숄더효과

06 파생상품투자운용/투자전략

01 기초자산의 변동성이 크게 증가할 것으로 예상될 경우 스트래들을 (　　)하면 수익이 발생할 수 있다.

02 잔존만기가 가까워지면 옵션 매수자의 시간가치는 일반적으로 증가한다.　　O X

03 보호적 풋은 주식을 매도하고 해당 주식을 기초자산으로 하는 풋옵션을 매수한 것이다.　　O X

04 콜옵션의 시장가격이 1,000원이고, 행사가격이 10,000원, 기초자산의 주가가 8,000원이라면 콜옵션의 시간가치는 (　　)이고, 내재가치는 (　　)이다.

05 풋옵션을 매수한 경우 기초자산가격이 하락하면 수익이 발생한다.　　O X

06 원달러 환율이 현재 1,200원이고 한국의 1년 만기 무위험이자율이 2%, 미국의 1년 만기 무위험이자율이 1%라면 만기 3개월의 균형선물가격은 약 (　　)이다.

07 콜옵션의 시장가격이 10원이고, 기초자산가격이 1,000원, 행사가격이 994원인 경우 콜옵션의 내재가치는 (　　)이고, 시간가치는 (　　)이다.

08 풋옵션 매수와 콜옵션 매수의 감마의 부호는 서로 다르다.　　O X

09 기초자산가격이 100원에서 110원으로 변할 때 콜옵션가격 변화가 3원이면 콜옵션 델타는 (　　)이다.

10 주가가 상승할 위험중립확률이 60%이고, 주가가 상승하면 1,200원이고 하락하면 800원이다. 현재 주가는 1,000원이다. 1년 만기 무위험이자율은 10%이다. 이 주식을 기초자산으로 하는 만기 1년의 콜옵션의 이론 가치는 약 (　　)이다. 단, 콜옵션의 행사가격은 1,000원이다.

11 옵션델타의 변화속도를 나타내는 지표는 옵션(　　)이다.

파생상품투자운용/투자전략 정답

01　매수
02　X　⋯ 매수자의 시간가치는 대체로 감소한다.
03　X　⋯ 보호적 풋=주식매수+풋옵션 매수
04　1,000원, 0원　⋯ 내재가치=Max(기초자산시장 가격−행사가격, 0)=(8,000원−10,000원, 0)=0원, 옵션가치=내재가치+시간가치 → 1,000원=0+시간가치
05　O
06　1,303원　⋯ F_0=1,200원 [1+(2%−1%)×3/12]=1,303.25원
07　6원, 4원　⋯ 내재가치=1,000원−994원=6원, 시간가치=10원−6원=4원
08　X　⋯ 매수포지션일 때 콜옵션과 풋옵션의 감마는 양수이다.
09　0.3　⋯ 옵션델타=옵션가치변동/기초자산가격변동=3원/10원=0.3
10　109원　⋯ 콜옵션가치=(200원×60%+0원×40%)/(1+10%)=109원
11　감마

12 무위험이자율이 변동할 경우 옵션의 가치변동을 나타내는 지표는 (   )이고, 옵션의 만기변화에 따른 옵션가치 변화를 나타내는 지표는 (   )이고, 기초자산의 변동성이 변할 때 옵션가치의 변화를 나타내는 지표는 (   )이다.

13 선도거래는 표준화된 기초자산을 장내에서 거래하는 상품이다. [O|X]

14 풋옵션 델타-1=콜옵션 델타가 성립한다. [O|X]

15 유로피안 옵션은 만기일에만 그 권리를 행사할 수 있고, 아메리칸 옵션은 만기일 이전이라도 옵션 보유자가 그 권리를 언제든지 행사할 수 있다. [O|X]

16 선물가격이 현물가격보다 높은 시장상황은 (   )이다.

17 블랙-숄즈모형으로 배당을 지급하지 않는 주식을 기초자산으로 하는 옵션가치를 평가할 때 필요한 자료는 기초자산가격의 변동성, 행사가격, 무위험이자율, 기초자산의 베타, 옵션만기, 기초자산의 가격이다. [O|X]

18 선물거래와 관련하여 개시증거금이 115이고, 유지증거금이 65이다. 현재 증거금이 50이라면 추가로 납부해야 하는 증거금은 (   )이다.

19 풋옵션 매수를 하면 감마는 음수이다. [O|X]

20 동일한 옵션인데 만기만 서로 다른 옵션 두 개를 하나는 매도하고 다른 하나는 매수하는 전략은 (   ) 전략이다.

21 행사가격이 높은 콜옵션을 매도하고, 행사가격이 낮은 콜옵션을 매수하는 전략은 콜-불 스프레드 전략이다. [O|X]

22 차액결제선물환(NDF)은 만기에 기초자산의 실물인수도가 발생한다. [O|X]

23 해저들이 매도우위인 경우 현물의 기댓값이 선물의 현재가격보다 높은 시장을 노말백워데이션 혹은 백워데이션이라고 한다. [O|X]

정답 파생상품투자운용/투자전략

12 로우, 쎄타, 베가
13 X ⋯ 선도거래는 비표준화된 자산을 장외에서 거래한다.
14 X ⋯ 풋옵션델타+1=콜옵션 델타이다.
15 O
16 콘탱고
17 X ⋯ 기초자산의 베타는 필요 없는 정보이다.
18 65 ⋯ 증거금이 유지증거금 이하로 하락할 경우 추가증거금은 개시증거금 수준까지 예치해야 한다. 115-50=65
19 X ⋯ 감마는 양수이다.
20 수평스프레드
21 O
22 X ⋯ 차액을 현금으로 정산한다.
23 O

24. 선물의 실제가격이 선물 균형가격보다 비싸면 선물을 매도하고 시장에서 자금을 차입하여 그 돈으로 현물을 매수하는 차익거래를 할 수 있다. ☐ O ☒ X

25. 주가지수 현물가격이 100, 만기 1년인 무위험이자율 10%, 1년 동안 기대되는 배당수익률 5%이면 만기 6개월의 균형선물가격은 (   )이다.

26. 현물과 선물의 가격차이는 베이시스라 하고, 만기일에 되면 베이시스는 0으로 수렴한다. ☐ O ☒ X

27. 주식포트폴리오가 100억 원, 주식포트폴리오의 베타가 1.5, 선물 1계약금액이 10억 원인 경우 선물 (   )계약을 (   )하면 주가변동에 따른 주식포트폴리오 가치변동을 헤지할 수 있다.

28. 옵션 매수를 가정할 경우 등가격 옵션에서 시간가치가 가장 작다. ☐ O ☒ X

29. 만기 1년의 풋옵션의 가격이 100원, 콜옵션의 가격이 120원, 기초자산의 가격이 1,000원이면 행사가격 은 (   )이다. 단, 1년간 무위험이자율은 0%를 가정한다.

30. P+S<C+PV(X)인 경우 콜옵션을 매도하고, 채권을 매도하고, 풋옵션을 매수하고 주식을 매수하는 (   )거래를 통해 차익거래이익을 얻을 수 있다.

31. 블랙-숄즈모형에서 기초자산의 수익률은 정규분포를 가정한다. ☐ O ☒ X

파생상품투자운용/투자전략 정답

24	O
25	102.5 ⋯ 균형선물가격=100×[(1+(10%-5%)×1/2)]=102.5
26	O
27	15, 매도 ⋯ 선물계약수=(100억 원×1.5)/10억 원=15계약
28	X ⋯ 등가격 옵션의 시간가치가 가장 크다.
29	980원 ⋯ 100원+1,000원=120원+X/(1+0%), X=980원(풋-콜 패리티를 이용한다)
30	컨버전
31	O

07 투자운용결과분석

01 포트폴리오의 무위험자산 수익률 대비 초과수익률을 포트폴리오의 베타로 나눈 것은 샤프비율이다. ☐ O ☐ X

02 GIPS에 따르면 펀드 수익자 정보를 공개한다. ☐ O ☐ X

03 벤치마크는 사전에 정해져야 하며 실제로 투자할 수 있는 자산으로 구성되어야 한다. ☐ O ☐ X

04 자산 A의 기대수익률이 6%, 표준편차 2%, 무위험수익률 5%이며, 자산 A의 투자비중이 60%이고, 무위험자산의 투자비중이 40%일 때 포트폴리오의 위험보상비율(RVAR)은 (   )이다.

05 내부수익률을 금액가중수익률이라고 하고, 기하평균수익률은 투자자의 성과를 평가하는데 사용한다. ☐ O ☐ X

06 금액가중수익률로는 투자자의 성과평가가 적합하고 시간가중평균수익률로는 펀드매니저의 성과평가가 적합하다. ☐ O ☐ X

07 펀드 회계처리는 발생주의 회계를 따르며 주문일을 기준으로 회계처리한다. ☐ O ☐ X

08 펀드 회계처리와 관련하여 기준가격이 없을 경우 일반사무관리회사가 평가한 가격을 기준가격으로 사용한다. ☐ O ☐ X

09 벤치마크는 사후적으로 설정해야 한다. ☐ O ☐ X

10 포트폴리오 수익률이 10%이며, CAPM에 의해 계산된 기대수익률이 8%인 경우 젠센의 알파는 (   )이다.

11 GIPS에 따르면 펀드 회계처리는 결제일을 기준으로 성과를 계산한다. ☐ O ☐ X

12 베타, 공분산은 절대적 위험을 측정하는 지표이다. ☐ O ☐ X

정답 투자운용결과분석

01 X … 트레이너비율에 대한 설명이다.
02 X … 펀드 수익자 정보공개를 요구하지 않는다.
03 O
04 0.5 … 포트폴리오 기대수익률=6%×60%+5%×40%=5.6%, 표준편차=2%×60%=1.2, RVAR=(5.6%−5%)/1.2=0.5
05 X … 기하평균수익률은 펀드매니저의 성과를 평가하는데 사용한다.
06 O
07 X … 체결일 기준으로 회계처리한다.
08 X … 집합투자평가위원회에서 평가한다(혹은 신탁업자가 그 평가의 적정성을 검토한다).
09 X … 사전적으로 설정해야 한다.
10 2% … 젠센의 알파=10%−8%=2%
11 X … 매매체결일을 기준으로 성과를 계산한다.
12 X … 상대적 위험을 측정한 지표이다.

13 GIPS에서 기간이 1년 미만인 수익률은 연율로 표기해야 한다고 규정한다. ☐ O ☐ X

14 절대적 위험을 측정하는 지표로는 절대 VaR, 하락편차, 반편차, 적자위험, 표준편차가 있다. ☐ O ☐ X

15 성과를 측정하는 시점에서 운용되고 있는 펀드만을 대상으로 성과를 측정할 때 생길 수 있는 오류는 대표펀드의 오류이다. ☐ O ☐ X

16 평균과 비교하여 상당히 높은 수익률이 발생할 확률이 높을 경우 왜도는 음의 값을 갖는다. ☐ O ☐ X

17 정규분포보다 완만한 봉우리를 가지는 분포의 첨도는 4보다 크다. ☐ O ☐ X

18 상대적 위험을 측정하는 지표로는 베타, 잔차위험, 추적오차, 상대 VaR가 있다. ☐ O ☐ X

19 샤프비율은 위험 지표로 체계적 위험을 사용하고, 트레이너 비율은 위험지표로 총위험을 사용한다. ☐ O ☐ X

20 소티노 비율은 펀드의 수익률에서 최소 수용가능수익률을 차감한 값을 하락편차로 나눈 값이다. ☐ O ☐ X

21 펀드의 초과수익률이 10%이며 VaR가 4억 원이면 RAROC는 (   )이다.

22 트레이너-마주이 모형을 통해서 펀드매니저의 종목선택 능력과 마켓타이밍 능력의 보유를 확인할 수 있다. ☐ O ☐ X

23 저PER주에 투자하는 것은 가치투자 스타일이다. ☐ O ☐ X

24 고배당수익률, 과거 PER에 비해 낮은 PER, 저PBR에 투자하는 것은 성장주투자 스타일이다. ☐ O ☐ X

25 회귀모형의 표준오차를 젠센의 알파 값으로 나눈 것은 정보비율이다. ☐ O ☐ X

투자운용결과분석 정답

13 X …▶ 연율로 환산하지 않는다.
14 O
15 X …▶ 생존계정 편의의 문제가 발생한다.
16 X …▶ 왜도는 양의 값을 갖는다.
17 X …▶ 정규분포의 첨도는 3이며, 정규분포보다 완만한 봉우리를 가진 분포의 첨도 값은 3보다 작다.
18 O
19 X …▶ 샤프비율은 총위험, 트레이너 비율은 체계적 위험인 베타를 사용한다.
20 O
21 2.5 …▶ RAROC = 10%/4억 원 = 2.5
22 O
23 O
24 X …▶ 가치주투자 스타일이다.
25 X …▶ 정보비율 = 젠센의 알파/회귀모형의 표준오차

08 거시경제

01 재화시장의 균형을 이루는 이자율과 국민소득의 조합이 LM곡선이다. ☐ O ☐ X

02 LM곡선이 수직일 경우 정부지출을 증가시키면 국민소득은 증가한다. ☐ O ☐ X

03 LM곡선이 수평일 경우 정부지출 증가는 구축효과를 발생시킨다. ☐ O ☐ X

04 LM곡선이 수직일 경우 정부지출 증가는 완전구축효과로 인해 국민소득은 증가하지 않는다. ☐ O ☐ X

05 LM곡선이 우상향하는 경우 IS곡선의 오른쪽 수평이동은 이자율 (   ), 균형국민소득 (   )효과를 가져 온다.

06 IS-LM모형에서 투자와 이자율간에는 정(+)의 관계가 존재한다. ☐ O ☐ X

07 유동성함정 구간에서는 통화정책을 통해 경기부양을 하는 것의 효과가 크다. ☐ O ☐ X

08 불경기일 경우 물가 하락으로 인해 자산가치가 증가하고 이로 인해 소득이 증가하는 것은 (   )효과 이며, 이에 따르면 정부의 인위적인 시장 개입이 없더라도 다시 경기가 회복한다.

09 AD-AS모형에서 AD곡선은 우하향, AS곡선은 우상향일 경우 물가가 하락하면 국민소득이 증가한다. ☐ O ☐ X

10 합리적 기대학파는 일시적인 세금 감소가 항상소득에는 영향이 없어 정책효과가 없다는 (   )를 주장한다.

11 합리적 기대학파는 정부의 다양한 정책이 효과가 없다는 정책무용성 정리를 주장한다. ☐ O ☐ X

12 현대적 대부 자금설은 고전학파와 케인즈학파의 이자율에 대한 견해를 종합하여 이자율 수준 의 결정을 설명하려고 한다. ☐ O ☐ X

정답 거시경제

01 X ···› IS곡선에 대한 설명이다.
02 X ···› IS곡선이 우측으로 평행이동해도 LM곡선이 수직이므로 국민소득 변동은 없다.
03 X ···› LM곡선이 수평일 경우는 유동성함정이므로 구축효과는 발생하지 않는다.
04 O
05 상승, 상승
06 X ···› 투자와 이자율은 역의 관계에 있다.
07 X ···› 유동성함정은 LM곡선이 수평이므로 통화정책으로 경기부양을 할 수 없다.
08 피구
09 O
10 리카르도 불변정리
11 O
12 O

13 불편기대이론에 따르면 장기채권과 단기채권은 불완전한 대체관계가 존재한다. ☐ O ☐ X

14 불편기대이론에 따라 이자율곡선이 우하향하면 유동성 프리미엄 이론에 따른 이자율곡선은 항상 우하향한다. ☐ O ☐ X

15 시장분할이론에 따르면 장기와 단기의 채권은 대체관계가 없다. ☐ O ☐ X

16 유동성 프리미엄 이론에 따르면 장기채권과 단기채권은 불완전 대체관계에 있다. ☐ O ☐ X

17 경기확장 국면 초기에는 이자율이 상승한다. ☐ O ☐ X

18 통화량이 증가하여 단기적으로 이자율이 상승하는 것을 유동성효과라고 한다. ☐ O ☐ X

19 통화량 증가로 국민소득이 증가하고 화폐수요가 증가하여 명목이자율을 상승시키는 것을 피셔효과라고 한다. ☐ O ☐ X

20 이자율과 물가상승률은 장기적으로 정(+)의 관계에 있으며, 이를 피구효과라고 한다. ☐ O ☐ X

21 경상수지가 흑자이면 이자율이 상승한다. ☐ O ☐ X

22 실질GDP+교역조건 변화에 따른 실질무역손익+실질 국외순수취요소소득=실질GNI의 관계가 성립한다. ☐ O ☐ X

23 실질GDI에 실질 국외순수취요소소득을 더하면 실질국민총소득(실질 GNI)이 도출된다. ☐ O ☐ X

24 취업자 20명, 실업자 5명, 생산활동가능인구 40명이면 경제활동참가율은 (   )이고, 실업률은 (   )이다.

25 경기선행지수에는 경제심리지수, 기계류내수출하지수, 건설수주액, 코스피, 장단기 금리차, 수출입물가비율이 있다. ☐ O ☐ X

거시경제 정답

13 X …› 완전한 대체관계가 존재한다.
14 X …› 우상향, 우하향, 수평 모두 가능하다.
15 O
16 O
17 X …› 이자율이 하락하고, 시간이 지나면서 이자율이 상승한다.
18 X …› 단기적으로 이자율이 하락한다.
19 X …› 피셔효과는 기대인플레이션율이 상승하여 명목이자율이 상승하는 효과이다. 보기의 내용은 소득효과이다.
20 X …› 깁슨의 역설이다.
21 X …› 경상수지 흑자 → 외화 국내유입 → 국내 화폐공급 증가 → 이자율 하락
22 O
23 O
24 62.5%, 20% …› 경제활동참가율=경제활동인구(취업자+실업자)/생산활동가능인구=25명/40명=62.5%, 실업률=실업자/경제활동인구=5명/25명=20%
25 O

26 취업자수는 경기동행지수이다. ☐ O ☐ X

27 광공업생산지수, 서비스업생산지수, 내수출하지수, 수입액은 경기동행지수이다. ☐ O ☐ X

28 GNI(국민총소득) 계산 시 외국인의 소득이 포함된다. ☐ O ☐ X

29 GDP 디플레이터, 소비자물가지수, 생산자물가지수는 대표적인 물가지수이다. ☐ O ☐ X

30 GDP 디플레이터는 명목GDP와 실질GDP간의 비율이며, 국민경제 전체의 물가압력을 측정하는 지수로 사용된다. ☐ O ☐ X

31 명목GDP가 100조 원, 통화량이 10조 원이며 화폐유통속도는 (   )이다.

32 통화량 증가율이 5%, 화폐유통속도 증가율이 2%, 물가상승률이 3%이면, 실질GDP 성장률은 (   )이다.

33 경기확산지수(DI)는 경기변동의 진폭이나 속도는 측정하지 않고 경기변동의 방향과 전환점을 식별하기 위한 경기지표이다. ☐ O ☐ X

34 경기종합지수(CI)는 전월 대비 증가율이 플러스(+)인 경우에는 경기 상승, 마이너스(-) 인 경우에는 경기 하강을 나타낸다. ☐ O ☐ X

35 경기종합지수(CI)는 경기변동의 진폭을 반영하여 경기 국면의 변화와 변화속도 동시에 분석이 가능하다. ☐ O ☐ X

36 경기순환주기는 경기저점에서 다음 경기정점까지이다. ☐ O ☐ X

37 총 200군데의 기업체에서 장래 경기가 증가를 예상한 업체가 150업체이고 50업체는 장래 경기의 하락을 예상했다면 BSI값은 (   )이다.

정답 거시경제

26	X	⋯ 경기후행지수이다.
27	O	
28	X	⋯ 외국인의 소득이 제외된다.
29	O	
30	O	
31	10	⋯ V=PY/M=100조 원/10조 원=10
32	4%	⋯ MG+VG=PG+YG → 5%+2%=3%+YG → YG=4%
33	O	
34	O	
35	O	
36	X	⋯ 경기저점에서 다음 경기저점까지가 경기순환주기이다.
37	150	⋯ BSI=(150-50)/200×100+100=150

38 BSI지수가 100보다 크면 경기확장 국면이고 100 이하이면 경기수축 국면이다. O X

39 BSI지수는 경기변화의 속도도 파악할 수 있다. O X

40 경기확산지수(DI)가 40% 이상이면 경기상승 국면이다. O X

거시경제 정답

38 O
39 X ⋯ 경기변화 속도를 파악할 수 없다.
40 X ⋯ 경기하강 국면이다.

09 분산투자기법

01 자산집단간의 상관계수가 높을수록 분산투자효과가 증가한다. [O X]

02 포트폴리오에 지속적으로 증권의 항목 수를 증가시키면 위험을 완전히 제거할 수 있다. [O X]

03 CAPM이 성립할 때, 무위험이자율이 5%, 시장포트폴리오 수익률이 10%이고, 위험자산 A의 베타가 1이면 위험자산 A의 기대수익률은 (   )이다.

04 투자자의 현금유출금액의 현재가치와 미래 현금유입금액의 현재가치를 일치시키는 수익률은 (   )이다.

05 포트폴리오에 무한히 분산투자를 하면 시장위험을 제거할 수 있다. [O X]

06 위험자산을 선택할 때 위험이 동일하면 수익률이 (   ) 자산을 선택하고, 수익률이 동일하면 위험이 (   ) 자산을 선택한다. 이러한 자산선택의 원리는 (   )이다.

07 CAPM에서는 차입이자율과 대출이자율이 같아야 한다. [O X]

08 A 자산의 표준편차는 0.2, B 자산의 표준편차는 0.3이고 두 자산의 상관계수가 −1일 때 최소분산포트폴리오를 구성하기 위해서는 A 자산의 투자비중은 (   )이어야 한다.

09 A 자산의 베타가 1.5이며, 시장에서 25%의 수익률로 거래가 된다. 시장위험프리미엄은 10%이며, 무위험이자율이 5%이면 A 자산은 (   )평가되었다.

10 A 자산의 시장포트폴리오와의 공분산은 0.2, 시장포트폴리오의 분산이 0.4일 경우 A 자산의 베타는 (   )이다.

11 베타와 개별자산의 기대수익률의 선형관계를 나타낸 식은 (   )이다.

정답 분산투자기법

01 X ⋯ 상관계수가 낮을수록 분산투자효과가 증가한다.

02 X ⋯ 비체계적 위험은 제거하나, 체계적 위험은 제거할 수 없다.

03 10% ⋯ 기대수익률=5%+1(10%−5%)=10%

04 내부수익률

05 X ⋯ 시장위험은 체계적 위험이기 때문에 제거할 수 없다.

06 높은, 낮은, 지배원리

07 O

08 60% ⋯ $w_A = \dfrac{\sigma_B^2 - \sigma_{AB}}{\sigma_A^2 + \sigma_B^2 - 2\sigma_{AB}} = \dfrac{0.3^2 + 0.3 \times 0.2}{0.2^2 + 0.3^2 + 2 \times 0.2 \times 0.3} = \dfrac{0.15}{0.25} = 60\%$

09 과대 ⋯ A 자산 균형수익률=5%+1.5×10%=30%, 기대수익률이 균형수익률보다 높으므로 과대평가되었다.

10 0.5 ⋯ $\beta_A = \dfrac{\sigma_{AM}}{\sigma_M^2} = \dfrac{\sigma_A \cdot \sigma_M \cdot \rho_{AM}}{\sigma_M^2} = \dfrac{\sigma_A \cdot \rho_{AM}}{\sigma_M} = \dfrac{0.2}{0.4} = 0.5$

11 증권시장선 or SML

12 증권시장선은 개별자산의 기대수익률과 총위험과의 선형관계를 나타낸 식이다. ☐ O ☐ X

13 A 자산의 시장수익률은 5%이며, CAPM에 의해 계산된 균형수익률이 8%이면 A 자산의 가격은 상승할 것이다. ☐ O ☐ X

14 모든 투자자가 미래에 대해서 서로 다른 예측을 할 경우 CAPM은 성립한다. ☐ O ☐ X

15 내부수익률은 투자만기 전에 발생하는 현금흐름을 자본비용으로 재투자하는 것을 가정한다. ☐ O ☐ X

16 무위험자산의 수익률은 5%이고, 위험자산 A의 수익률은 10%이며, A의 표준편차가 10%이다. 전체 투자금액을 무위험자산과 위험자산 A에 동일하게 투자하면, 이 포트폴리오의 표준편차는 (   )이다.

17 증권시장선(SML)은 자산의 체계적 위험과 기대수익률간의 선형관계를 나타낸다. ☐ O ☐ X

18 자본시장선(CML)상에 존재하는 모든 자산은 체계적 위험만 존재하는 자산이다. ☐ O ☐ X

19 개별자산과 시장포트폴리오의 상관계수가 -1이면, 자본시장선(CML)과 증권시장선(SML)이 같다. ☐ O ☐ X

20 완전분산투자된 포트폴리오가 부담하는 위험은 분산위험이다. ☐ O ☐ X

21 위험회피형 투자자의 위험회피 성향이 높아지면 위험자산에 대한 투자비율을 증가한다. ☐ O ☐ X

22 서로 다른 두 자산으로 포트폴리오를 구성할 때 분산투자효과가 극대화 되는 상관계수값은 0이다. ☐ O ☐ X

23 CAPM이 성립할 때 위험자산 A의 기대수익률이 15%이며, 무위험자산의 기대수익률이 3%이고 시장포트폴리오의 기대수익률이 8%이면, A 자산의 베타는 (   )이다.

24 두 위험자산의 상관계수값이 1이면 분산투자효과는 아주 적게 발생한다. ☐ O ☐ X

분산투자기법 정답

12 X ⋯ 베타와 개별자산의 수익률의 선형관계이다.
13 X ⋯ A 자산은 고평가되어 있어 가격이 하락할 것이다.
14 X ⋯ 동질적으로 예측해야 CAPM이 성립한다.
15 X ⋯ 내부수익률로 재투자하는 것을 가정한다.
16 5% ⋯ 표준편차=10%×50%=5%
17 O
18 O
19 X ⋯ 상관계수가 1일 때 CML과 SML이 같다.
20 X ⋯ 공분산위험을 부담한다.
21 X ⋯ 위험자산의 투자비율을 줄인다.
22 X ⋯ 상관계수가 -1일 때 분산효과가 극대화된다.
23 2.4 ⋯ 15%=3%+β(8%-3%) → β=2.4
24 X ⋯ 분산투자효과는 발생하지 않는다.

25 CAPM모형에 따르면 투자자는 평균-분산 지배원리에 의해 자산을 선택한다. O X

26 SML에서 시장포트폴리오는 체계적 위험 1단위당 가장 높은 초과수익률을 제공하는 포트폴리오이다. O X

27 시장포트폴리오에는 약간의 비체계적 위험이 존재한다. O X

28 두 자산의 공분산이 0.01이고, A자산의 표준편차가 0.1, B자산의 표준편차가 0.2일 경우 A 자산과 B 자산의 상관계수값은 (   )이다.

29 공매도가 불가능한 경우 두 자산으로 구성된 포트폴리오를 통해 표준편차를 0으로 만드는 최소분산 포트폴리오를 구성할 수 없다. O X

30 체계적위험은 분산투자를 통해서도 회피할 수 없는 위험으로 시장위험, 분산불가능위험, 기업고유위험이라고도 한다. O X

31 비체계적 위험은 분산투자를 통해 제거할 수 있는 위험으로 기업고유위험, 분산가능위험이라고도 한다. O X

32 위험회피형 투자자의 무차별곡선의 기울기가 가파를수록 위험회피정도가 높다. O X

33 위험회피형 투자자의 무차별곡선의 기울기가 완만하다는 것은 상대적으로 위험 1단위에 대한 보상을 적게 요구한다는 것과 같은 의미이다. O X

34 평균-분산 지배원리에 의해 다른 자산에 의해 지배당하지 않는 자산을 비효율적 자산이라고 한다. O X

35 평균-분산 지배원리에 의해 다른 자산에 의해 지배당하지 않고 투자자의 위험을 고려한 무차별 곡선과 접하는 자산을 효율적 투자자산이라고 한다. O X

36 평균-분산 지배원리에 의해 지배당하지 않는 자산을 연결한 선을 (   )이라고 한다.

정답 분산투자기법

25 O
26 O
27 X ⋯ 시장포트폴리오에는 체계적 위험만 존재한다.
28 0.5 ⋯ $\sigma_{AB} = \sigma_A \cdot \sigma_B \cdot \rho_{AB}$ → $0.01 = 0.1 \times 0.2 \times \rho_{AB}$ → $\rho_{AB} = 0.5$
29 X ⋯ 두 자산의 상관계수가 -1이면 가능하다.
30 X ⋯ 체계적위험이라고 한다.
31 O
32 O
33 O
34 X ⋯ 효율적 자산이다.
35 X ⋯ 최적투자자산이라고 한다.
36 효율적 투자기회선

37 자산 A의 수익률이 10%이고, 무위험자산의 수익률이 5%이며, 자산 A의 표준편차가 10%인 경우 변동성보상비율(RVAR)은 (　　)이다.

38 자본시장선(CML)상에 위치한 자산들의 RVAR(변동성보상비율)의 값은 모두 다르다. ☐ O ☐ X

39 시장포트폴리오는 시장에 존재하는 모든 위험자산을 각각의 자산의 시가비중대로 투자하여 구성한 포트폴리오이다. ☐ O ☐ X

40 CAPM에서 모든 투자자는 무위험자산과 시장포트폴리오만을 투자대상으로 고려한다. ☐ O ☐ X

41 증권특성선(SCL)은 시장포트폴리오의 수익률과 개별자산의 수익률의 관계를 나타낸다. ☐ O ☐ X

42 증권특성선(SCL)에서 개별자산과 시장포트폴리오의 상관계수가 0.8이면 R^2는 (　　)이다.

43 개별자산 A의 표준편차가 0.1, 시장포트폴리오 표준편차가 0.2이며, 개별자산 A와 시장포트폴리오간의 상관계수가 0.8이면 개별자산 A의 베타는 (　　)이다.

44 n개의 위험자산이 있을 경우, SCL(증권시장선)을 통해 포트폴리오의 위험과 수익률을 계산하기 위해 필요한 총 데이터는 3n+2개이다. ☐ O ☐ X

45 다요인모형은 개별자산의 수익률에 영향을 미치는 공통요인이 2개 이상임을 가정한다. ☐ O ☐ X

46 소극적 투자전략은 증권시장이 효율적인 것을 전제로 한다. ☐ O ☐ X

47 단순매입, 보유전략, 지수펀드전략, 평균투자전략은 적극적 투자전략이다. ☐ O ☐ X

48 적극적 투자전략은 증권시장이 효율적임을 전제한다. ☐ O ☐ X

49 포뮬러 플랜 중 투자자금의 비율을 정해시켜놓고 자산간의 투자금액 비율을 일치시키는 투자방법은 불변금액법이다. ☐ O ☐ X

분산투자기법 정답

37 0.5 ⋯ RVAR=(10%−5%)/10%=0.5
38 X ⋯ 자본시장선의 기울기가 RVAR이므로 모두 같다.
39 O
40 O
41 O
42 0.64 ⋯ $R^2 = 상관계수^2 = 0.8^2 = 0.64$
43 0.4 ⋯ $\beta = \dfrac{\sigma_{AM}}{\sigma_M^2} = \dfrac{\sigma_A \cdot \sigma_M \cdot \rho_{AM}}{\sigma_M^2} = \dfrac{\sigma_A \cdot \rho_{AM}}{\sigma_M} = \dfrac{0.1 \times 0.8}{0.2} = 0.4$
44 O
45 O
46 O
47 X ⋯ 소극적 투자전략이다.
48 X ⋯ 증권시장이 효율적이지 않다고 가정한다.
49 X ⋯ 불변비율법이다.

50 미래 강세장이 예상될 때 초과수익을 얻기 위해서는 베타값이 낮게 포트폴리오를 조정해야 한다. ☐ O ☐ X

51 상황변화가 있을 경우 포트폴리오가 갖는 원래의 특성을 최초의 특성으로 유지하는 것은 포트폴리오 업그레이딩이다. ☐ O ☐ X

52 새로운 상황 전개 시 기존 포트폴리오의 기대수익을 더 높이고 위험을 더 낮추는 방법으로 포트폴리오를 수정하는 것은 포트폴리오 업그레이딩이다. ☐ O ☐ X

53 산술평균수익률은 항상 기하평균수익률보다 높다. ☐ O ☐ X

54 샤프지수는 RVAR을 나타내며 포트폴리오의 초과수익률을 포트폴리오의 베타로 나눈 값이다. ☐ O ☐ X

55 트레이너지수는 체계적 위험 1단위에 대한 포트폴리오의 초과수익률을 나타낸다. ☐ O ☐ X

56 젠센지수는 포트폴리오의 초과수익률을 절댓값으로 보여주는 지표이다. ☐ O ☐ X

57 평가비율은 젠센의 알파를 포트폴리오의 비체계적위험으로 나눈 값이다. ☐ O ☐ X

정답 | 분산투자기법

50 X ⋯ 베타값을 높게 조정해야 한다.
51 X ⋯ 포트폴리오 리밸런싱이다.
52 O
53 X ⋯ 수익률이 0%일 때 두 값은 같다.
54 X ⋯ 초과수익률을 표준편차로 나눈 값이다.
55 O
56 O
57 O

투자자산운용사

자주 출제되는 계산 패턴 46유형

자주 출제되는 계산 패턴

부동산 관련 상품 | 총 5문제 중 1문제 정도가 계산문제로 출제된다. | 패턴 1

 패턴 1 | 부동산 투자수익성 계산하기

다음 정보를 이용하여 수익성지수(PI)를 올바르게 계산한 것은? [40회 기출]

- 3년간 현가계수 : 1.5
- A부동산 매입금액 1,000억 원
- 3년 후 A부동산 매도금액 : 1,500억 원
- A부동산 매입으로 인해 3년동안 발생한 현금흐름의 현재가치 : 150억 원

① 1.0
② 1.105
③ 1.15
④ 1.20

PI=현금유입의 현재가치/현금유출의 현재가치=(1,000억 원+150억 원)/1,000억 원=1.15
3년 후 매도한 금액의 현재가치=1,500억 원/1.5=1,000억 원
이전에 출제되지 않은 유형의 문제이나, 수익성지수의 개념을 정확히 알고 있으면 해결되는 문제이다.
수익성지수(PI)=미래현금유입액의 현재가치/현금유출액의 현재가치=$(NPV+I_0)/I_0$, 이 비율이 1보다 크면 투자의 타당성이 존재한다.
※ 주의 : 일반적으로 현가계수는 1보다 작다. 1보다 큰 현가계수가 주어진 것은 해당 현가계수로 미래현금흐름을 나누라는 의미이다.

정답 ③

예제

부동산의 자본환원율은 5%이고 매년 수익금액은 50억 원이면 이 부동산의 가격은? [37회 기출]

① 10억 원
② 50억 원
③ 100억 원
④ 1,000억 원

| 정답 | ④
| 해설 | 자본환원율=순수익금액/부동산가액 → 5%=50억 원/부동산가액 → 부동산가액=1,000억 원

[부동산 수익률 평가하는 지표]
- 내부수익률은 투자안의 현금유입의 현재가치와 현금유출의 현재가치를 일치시키는 할인율이다.
- Cash on Cash수익률은 화폐의 시간가치를 고려하지 않은 수익률이다.
- 자본환원율은 1년간 순수익을 부동산 가격으로 나눈 비율이다.

투자분석기법

총 12문제 중 3문제 수준이 출제된다.   패턴 2 ~ 패턴 8

02 | 패턴 2 | 상대가치평가방법으로 주가계산

A 기업의 배당성향은 30%이고, 자기자본수익률(ROE)은 10%이고 자기자본비용이 10%일 때, A 기업의 PER는 얼마인가? (단, PER는 현재주가와 내년도의 1주당 순이익을 대응시킨다) [38회 기출]

① 5배   ② 10배
③ 12배   ④ 15배

PER=P_0/EPS_1=(1−b)/(k−g)=30%/(10%−7%)=10배
g=b×ROE=70%×10%=7%

정답 ②

패턴플러스

- 항상성장배당모형을 통해 이론적인 PER 도출방법(PER=P_0/EPS_1으로 가정함)

  - $P_0 = \dfrac{d_1}{(k-g)} = \dfrac{EPS_1(1-b)}{k-g}$

  - 양변을 EPS_1으로 나누면 $\dfrac{P_0}{EPS_1} = \dfrac{1-b}{k-g}$ (단, g=유보율×자기자본투자수익률=b×ROE)

- PBR(주가순자산비율)=ROE×PER
  - 기업의 PBR이 1이 되지 않는 이유는 <u>자산의 시간성 차이</u> 때문이다.

- 토빈의 Q=자산의 시가/대체원가
  - PBR이 갖는 한계인 자산의 <u>시간성 차이를 극복한 지표</u>이다.
  - 토빈의 Q가 1보다 크면 기업경영을 효율적으로 잘 한 것으로 해석할 수 있다.
  - 토빈의 Q가 1보다 작으면 기업경영의 효율이 낮은 것으로 해석할 수 있으며, <u>적대적 M&A에 노출될 수 있</u>다.
  - <u>자산의 현재가치(시가) 개념</u>을 도입한 지표이다.

> **예제**
>
> 증자를 고려하고 있는 A 기업의 정보가 다음과 같을 때, 공모 후 A 기업의 1주당 적정주가는 얼마인가? (단, 발행주식수와 유통주식수는 동일하다) [38회 기출]
>
> - EBITDA : 60억 원
> - 비교기업의 EV/EBITDA : 20
> - 채권자가치 : 400억 원
> - 발행주식수 : 200만 주
>
> ① 2만 원   ② 4만 원
> ③ 6만 원   ④ 8만 원
>
> |정답| ②
>
> |해설| EV=EBITDA×20=60억 원×20=1,200억 원, 주주가치=EV-순채권자가치=1,200억 원-400억 원=800억 원, 1주당 적정주가=800억 원/200만 주=40,000원
>
> |보충플러스|
> - EV(enterprise value)=주주가치+채권자가치-현금과 유가증권=주주가치+순채권자가치
> - EV는 주주와 채권자의 가치를 의미하며, EBITDA=영업이익+감가상각비이며, 이는 영업 현금흐름의 대용치로 사용하기도 한다.
> - 주주와 채권자가치 전체를 평가하기 때문에 기업의 <u>자본구조를 고려하여 평가하는</u> 방법이다. 특히 장치산업처럼 감가상각비가 많은 기업의 평가에 유용하다.
> - ※ 주의 : 순채권자가치=차입금-현금 및 현금등물, 문제에서 차입금 또는 채권자가치가 주어졌고, 현금 혹은 현금등물의 가치가 별도로 주어졌다면, 채권자가치 대신 순채권자가치를 사용해야 한다. 만약 주어진 예제에서 현금이 100억 원 있다면, 주주가치=1,200억 원-(400억 원-100억 원)=900억 원이고 1주당 주가는 45,000원이다.

03 패턴 3 | ROE와 ROA 계산하기

A 기업의 ROE가 ROA의 5배이며, 총자산은 300억 원이라면, A 기업의 부채금액은 얼마인가?

[38회 기출]

① 60억 원
② 120억 원
③ 200억 원
④ 240억 원

ROE=ROA(1+부채비율) → 5ROA=ROA(1+부채/자기자본) → 부채/자기자본=4
기업전체 자산=부채+자기자본, 전체 자산 중에 부채가 4, 자기자본이 1이다. 즉 부채는 전체 자산 중에 4/(1+4)=80%를 차지한다. 부채금액=총자산×80%=300억 원×80%=240억 원

정답 ④

패턴플러스

- $ROE = \dfrac{순이익}{자기자본} = \dfrac{순이익}{순매출액} \times \dfrac{순매출액}{총자산} \times \dfrac{총자산}{자기자본}$

  = 매출액 순이익률 × 총자산회전율 × 레버리지

  = 수익성 × 효율성 × 레버리지

  단, 레버리지 = $\dfrac{총자산}{자기자본} = \dfrac{자기자본+부채}{부채} = \dfrac{1+자기자본}{부채} = 1+부채비율$

- $ROA = \dfrac{순이익}{총자산} = \dfrac{순이익}{순매출액} \times \dfrac{순매출액}{총자산}$

  = 매출액 순이익률 × 총자산회전율

  = 수익성 × 효율성

- $ROE = \dfrac{순이익}{순매출액} \times \dfrac{순매출액}{총자산} \times \dfrac{총자산}{자기자본}$

  = ROA × (1+부채비율)

04 패턴 4 | 중심위치 값 계산하기

다음의 자료를 이용하여 계산한 값 중 가장 작은 것은? [39회 기출]

> −7%, 5%, 3%, 15%, −15%, 7%, 7%, −5%, 10%

① 범위
② 최빈값
③ 산술평균
④ 중앙값

범위 : 가장 큰 값−가장 작은 값=15%−(−15%)=30%
최빈값 : 2개 이상의 같은 값 중에 빈도가 가장 많은 값 : 7%
산술평균 : (−7%+5%+3%+15%−15%+7%+7%−5%+10%)/9=2.22%
중앙값 : 일정한 순서(내림 혹은 오름차순)로 나열 후 가장 중앙에 있는 값 : 5%
−15%, −7%, −5%, 3%, 5%, 7%, 7%, 10%, 15%

정답 ③

패턴플러스

[중심위치]

자료가 어떤 값을 중심으로 분포하는지 나타내는 지표로 산술평균, 최빈값, 중앙값이 있음

- 산술평균=$(X_1+X_2+\cdots+X_N)/N$, 단 N=자료의 수
- 최빈값 : 빈도수가 가장 높은 관찰치 (최소 2개 이상의 빈도수를 가져야 함)
- 중앙값 : 데이터를 순서대로 나열했을 경우 그 가운데 값, 데이터가 짝수인 경우는 중심의 위치에서 큰값과 작은값을 더해서 2로 나눈다.
  예 2, 4, 5, 7 → 중앙값=(4+5)/2=4.5

[산포위치]

자료가 중심위치로부터 어느 정도 흩어져 있는지 나타내는 지표로 범위, 평균편차, 분산, 표준편차등이 있음

- 범위 : 최대값−최소값
- 평균편차 : 평균과 자료의 편차의 절대값의 합을 데이터의 수로 나눈 값
- 분산(모집단)=평균과 관측치의 차이의 제곱을 관측치의 숫자로 나눈 값
- 분산(표준편차)=평균과 관측치의 차이의 제곱을 관측치의 숫자 n−1(자유도)로 나눈 값
- 표준편차 : 계산된 분산에 제곱근을 적용한 값

05 패턴 5 | 배당모형으로 주가 및 할인율 계산하기

다음 정보를 이용하여 계산한 주식의 할인율은? (단, 근사치로 계산하시오) [37회 기출]

- 올해 1주당 순이익(E_0) : 4,000원
- 배당성향 : 40%
- 순이익증가율 : 4%
- 현재주가 : 10,000원

① 10% ② 20%
③ 25% ④ 40%

$$P_0 = \frac{d_1}{k-g} \rightarrow k = \frac{d_1}{P_0} + g = \frac{[4{,}000원(1+4\%) \times 40\%]}{10{,}000원} + 4\% = 20.64\%$$

정답 ②

패턴플러스

[항상성장배당모형]

- 배당이 매년 g%로 성장한다고 가정한다.
- 주주의 가치 = 주주가 미래에 얻게 될 배당금액의 현재가치의 합

$$P_0 = \frac{d_1}{(1+k)^1} + \frac{d_1(1+g)}{(1+k)^2} + \frac{d_1(1+g)^2}{(1+k)^3} + \frac{d_1(1+g)^3}{(1+k)^4} + \cdots$$

- 공비가 1/(1+k)인 무한등비수열이므로, 무한등비수열의 합의 공식으로 이를 계산하면

$$P_0 = \frac{d_1}{k-g}$$

- d_1 : 1기간 후의 배당금(내년의 배당금)
- k : 주주의 자본비용(CAPM으로도 계산할 수 있음)
- g : 이익의 성장률 혹은 배당의 성장률(g = b × ROE = 유보율 × 주주의 투자수익률)
  매년 배당성향(배당금/당기순이익)이 동일하다면 이익의 성장률이 곧 배당의 성장률이 된다.

- 배당의 성장률이 0%이면 $P_0 = \frac{d_1}{k}$

06 | 패턴 6 | EVA 계산하기

다음 정보를 이용하여 계산한 EVA(Economic Value Added)는 얼마인가? (단, 법인세율은 20%이다)

[40회 기출]

- 영업이익 : 300억 원
- 타인자본비율 : 60%
- 자기자본비율 : 40%
- 투하자본 : 500억 원
- 타인자본비용 : 20%
- 자기자본의 기회비용 : 5%

① 150억 원
② 182억 원
③ 194억 원
④ 240억 원

EVA = EBIT(1−t) − I · C × WACC = 300(1−20%) + 500 × 11.6% = 182억 원

$WACC = k_d(1-t) \times \dfrac{D}{V} + k_e \times \dfrac{E}{V} = 20\%(1-20\%) \times 60\% + 5\% \times 40\% = 11.6\%$

정답 ②

패턴플러스

[EVA와 MVA]

EVA와 MVA모두 기업의 채권자와 주주 관점에서 가치평가하는 방법이다. 수익이 발생하면 정부의 세금, 채권자의 이자비용, 주주의 배당금을 지불한다. 가치평가의 관점(기업의 주인)이 주주와 채권자이므로 정부의 몫(법인세)을 제외한 이익과 주주와 채권자의 세후 가중평균자본비용(WACC)을 기반으로 주주와 채권자의 투하자본에 대한 기회비용을 차감하여 EVA를 계산한다. 투하자본은 영업이익을 창출하기 위해 사용된 자본이기 때문에 영업용자산이라고도 한다.

- EVA = 영업이익(1−t) − 투하자본 × WACC
  - 영업이익 혹은 당기순이익이 흑자라도 투하자본에 대한 기회비용을 고려하면 EVA는 음의 값을 가질 수 있다.
  - MVA는 미래 EVA의 현재가치 합이다. 만약 매년 EVA가 동일하게 영구적으로 발생한다면
    $MVA = \dfrac{EVA}{WACC}$ 로 계산한다.
  - 기업가치 = 기업의 장부가치 + MVA + 비영업용자산의 시가

07 패턴 7 | 레버리지 계산하기

다음 중 결합레버리지도가 가장 큰 것은 어느 것인가? (단, 기업의 규모, 이익은 동일하다고 가정한다)

[37회 기출]

	영업고정비	재무고정비
①	200	100
②	150	150
③	300	50
④	200	200

고정비 총합계가 가장 큰 기업의 결합레버리지도가 가장 크다.

정답 ④

패턴플러스

[레버리지]

레버리지는 기업의 고정비 사용으로 인해 매출액 변동에 따른 이익의 변동폭의 변화를 의미한다. 고정비는 매출액 혹은 판매량 변동과 무관하게 일정하게 발생하는 비용이다. 대표적인 고정비는 감가상각비와 이자비용이 있다. 기업의 고정비는 사업을 하기 위한 영업고정비, 타인자본 조달로 인한 재무고정비(이자비용)가 존재한다.

■ 영업레버리지 : 영업이익변화율을 매출액변화율(판매량변화율)로 나눈 값

$$\text{DOL(Degree of Operational leverage)} = \frac{\frac{\triangle \text{영업이익}}{\text{영업이익}}}{\frac{\triangle Q}{Q}} = \frac{\text{공헌이익}}{\text{공헌이익} - \text{고정비}}$$

$$= \frac{\text{공헌이익}}{\text{영업이익}}$$

- 단기에는 가격 P가 고정되어 있어서 <u>판매량의 변화율이 곧 매출액의 변화율과 같다.</u>
- 영업고정비가 없으면 DOL은 1이다.
- 매출액이 무한히 증가하면 DOL은 1로 수렴한다.
- 매출액이 고정된 상황에서 고정비가 클수록 DOL은 증가한다(단, 공헌이익, 영업이익은 양수를 가정함).

■ 재무레버리지 : 1주당 순이익변화율(당기순이익변화율)을 영업이익 변화율로 나눈 값

$$\text{DFL(Degree of Financial leverage)} = \frac{\frac{\triangle EPS}{EPS}}{\frac{\triangle \text{영업이익}}{\text{영업이익}}} = \frac{\text{영업이익}}{\text{영업이익} - \text{이자비용}}$$

$$= \frac{\text{영업이익}}{\text{세전이익}}$$

- 재무고정비가 없으면 DFL은 1이다.
- 영업이익이 무한히 증가하면 DFL은 1로 수렴한다.
- 영업이익이 고정된 상황에서 <u>재무고정비(이자비용, 타인자본사용정도)가 클수록 DFL은 증가한다.</u>

- 결합레버리지 : 1주당 순이익변화율을 매출액변화율(판매량변화율)로 나눈 값

$$\text{DCL(Degree of Combined leverage)} = \frac{\frac{\triangle EPS}{EPS}}{\frac{\triangle Q}{Q}} = \frac{\text{공헌이익}}{\text{세전이익}}$$

- 고정비가 없으면 DCL은 1이다.
- $\text{DCL} = \text{DOL} \times \text{DFL} = \frac{\text{공헌이익}}{\text{영업이익}} \times \frac{\text{영업이익}}{\text{세전이익}} = \frac{\text{공헌이익}}{\text{세전이익}}$

- 기업의 매출액등 모든 것이 동일한 상황에서 <u>고정비금액이 큰 기업의 레버리지가 더 크다.</u>

08 패턴 8 | 시장경쟁강도 계산하기(시장집중률지수와 HHI지수)

다음 중 시장집중도에 대한 설명으로 올바른 것은? [32회 기출]

① 개별기업의 경쟁률이 동일한 상황에서 시장 내 경쟁기업의 숫자가 증가하면 할수록 HHI지수는 1로 수렴한다.
② 시장집중도가 변하더라도 허핀달지수는 일정하다.
③ HHI지수의 역수는 가상적인 동등 규모의 기업체의 시장점유율을 나타낸다.
④ HHI지수값이 1에 가까울수록 시장의 경쟁은 치열하다고 판단한다.

시장경쟁강도는 시장내의 얼마나 많은 경쟁자가 어느 정도의 시장점유율을 갖고 경쟁을 하는 것을 나타내며, 이를 측정하는 지표로는 시장집중도와 허핀달지수(HHI, Herfindahl-Hirschman Index)가 있다.

정답 ③

패턴플러스

[시장집중도]
- 시장집중률 : CR_K, 시장내 상위 K개 기업의 시장점유율
- 시장내의 일부의 기업만을 고려하여 시장의 집중도를 계산한다. 나머지 기업들의 영향을 알 수 없다.
- 시장집중도를 결정하는 기업의 숫자인 k개의 선정이 자의적이다.

[허핀달지수]

$$HHI = \sum_{t=i}^{n} S_i^2, \quad S_i : i\text{기업의 시장점유율}, \quad n : \text{산업에 존재하는 기업의 숫자}$$

- 시장내에 존재하는 모든 기업의 시장점유율을 통해 시장의 경쟁강도를 알 수 있다.
- 시장점유율을 백분율로 표시하면 소수점으로 나타낸다. 만약 독점시장이라면 HHI값은 1이며, 산업의 집중도가 낮을수록 HHI값은 0으로 수렴한다.
- 만약 모든 기업의 시장점유율이 같다면, 1/HHI=n이 된다. 즉 HHI의 역수인 n은 시장에 존재하는 기업의 숫자다.
- HHI의 역수는 산업내 동등 규모 기업의 수로 해석될 수 있다. 만약 HHI가 0.2라면 가상적인 동등한 규모를 갖는 기업이 산업에 1/0.2=5개가 있는 것으로 해석할 수 있다.

예제

어떤 산업에 동등한 시장점유율을 가진 10개의 기업이 존재한다. 이 경우 허핀달지수 값은 얼마인가? [33회 기출]

① 0.05   ② 0.1   ③ 0.15   ④ 0.2

| 정답 | ②
| 해설 | 1/HHI=N → HHI=1/N=1/10개=0.1

리스크관리 총 8문제 중 계산문제는 2~4문제가 출제된다.   패턴 9 ~ 패턴 14

패턴 9 | 자산의 VaR 계산

투자자가 주식에 500억 원을 투자하고 있다. 주식의 수익률은 정규분포를 한다. 1일 수익률의 표준편차가 5%라면, 95%(z=1.65) 신뢰수준에서 1일 VaR는 얼마인가?

1일 VaR = 500억 원 × 1.65 × 5% = 41.25억 원

정답 41.25억 원

패턴플러스

[VaR]
- 개념
  - 시장이 불리한 방향으로 움직일 경우 보유한 포트폴리오에서 일정기간 동안에 발생하는 최대 손실 가능액을 주어진 신뢰구간 하에서 통계적 방법을 이용하여 추정한 값
- 측정하는 방법
  - 부분가치평가법 : 델타분석법(델타-노말법)
  - 완전가치평가법 : 역사적 시뮬레이션법, 스트레스 검증법, 몬테카를로법(가치평가모형 필요)
- 확률분포로 이해하는 VaR
  주어진 신뢰구간에서 발생할 수 있는 최대의 손실금액

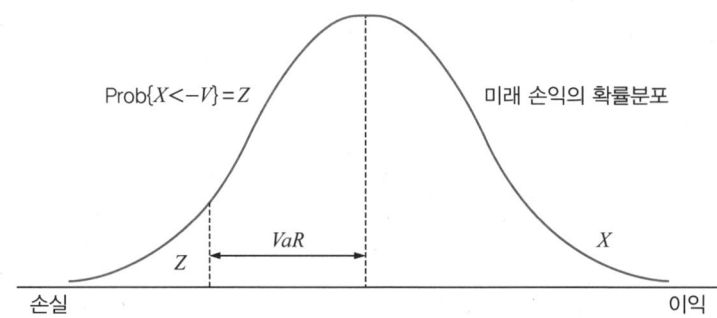

09-2 패턴 9 | 자산의 VaR 계산

채권의 투자금액은 2,000억 원, 수정듀레이션은 2.5이며, 95% 신뢰구간(1.65)이며, 만기수익률 변동의 1일 표준편차가 0.8%일 때 이 채권의 VaR는 얼마인가?   [38회 기출]

① 33억 원
② 66억 원
③ 330억 원
④ 660억 원

채권 VaR = 투자금액 × 수정듀레이션 × 만기수익률 변동의 1일 표준편차 × 신뢰수준
= 2,000억 원 × 2.5 × 0.8% × 1.65 = 66억 원

만약 맥콜레이 듀레이션이 주어지면 이를 수정듀레이션으로 변환해서 계산해야 한다.

수정듀레이션 = $\dfrac{맥콜레이\ 듀레이션}{1+만기수익률}$ = $\dfrac{D}{1+YTM}$

정답 ②

패턴플러스

[델타-노말 사례]

- 델타-노말을 이용한 주식의 VaR $\quad S \cdot \sigma(\triangle S/S) \cdot z$

- 델타-노말을 이용한 채권의 VaR $\quad B \cdot \sigma(\triangle y/y) \cdot y \cdot z \cdot D$

- 델타-노말을 이용한 옵션의 VaR $\quad S \cdot \sigma(\triangle S/S) \cdot z \cdot f'$

예제

모든 것이 위 예제와 동일하며 듀레이션이 3, 현재 만기수익률 10%일 경우 채권 VaR는?

|정답| 72억 원

|해설| 1일 VaR = 2,000억 원 × $\dfrac{3}{1+10\%}$ × 0.8% × 1.65 = 72억 원

수정듀레이션 = $\dfrac{3}{1+10\%}$

패턴 9 | 자산의 VaR 계산

주가지수 옵션 가격이 20Point이고 KOSPI 200이 200Point이다. 주가지수 1일 수익률의 표준편차가 3%, 옵션델타값이 0.6일 때 95% 신뢰수준에서 주가지수 옵션의 1일 VaR는 얼마인가? (단, Z값은 1.65이다) [37회 기출]

① 0.59Point
② 1.25Point
③ 2.48Point
④ 5.94Point

1일 VaR＝주가지수 금액×신뢰구간 z값×옵션의 델타×주가지수 수익률 1일 표준편차
＝200×1.65×0.6×3%＝5.94point

정답 ④

패턴플러스

옵션가격에 영향을 미치는 변수는 주가(델타) 외에도 무위험이자율, 주가의 변동성, 만기등 다양한 변수가 있다. 델타-노말 방식의 옵션 VaR는 주가만을 고려하기 때문에 정확한 옵션의 VaR를 계산하기는 어렵다. 즉 선형적인 측면에서 VaR를 계산하기 때문에 <u>비선형적인 성격을 갖는 옵션의 VaR 계산에 한계가</u> 있다. 이를 보완하기 위해 감마를 고려한 옵션 VaR를 사용할 수 있다.

패턴 9 | 자산의 VaR 계산

95% 신뢰수준에서 1일 VaR는 10억 원일 때 99% 신뢰수준에서 4일 VaR에 가장 가까운 값은 얼마인가? (단, 95% 신뢰수준의 Z값은 1.65이고, 99% 신뢰수준의 Z값은 2.33이다) [33회 기출]

① 12억 원
② 16억 원
③ 24억 원
④ 28억 원

$$1일\ VaR(95\%) \times \sqrt{일수} \times \frac{99\%\ 신뢰수준\ Z-값}{95\%\ 신뢰수준\ Z-값} = 4일\ VaR(99\%)$$

$$10억\ 원 \times \sqrt{4} \times \frac{2.33}{1.65} = 28.24억\ 원$$

정답 ④

🔎 패턴플러스

- 1일 VaR를 n일 VaR로 확장하는 경우 (신뢰수준이 동일함을 가정) = 1일 VaR × $\sqrt{n}$
- 1일 VaR의 95% 신뢰수준을 99%로 변경하는 경우(기간은 동일함을 가정) = 1일 VaR × 2.33/1.65
- 1일 VaR 99% 신뢰수준을 95%로 변경하는 경우(기간은 동일함을 가정) = 1일 VaR × 1.65/2.33
- 1일 95% 신뢰구간을 n일 99% 신뢰구간 VaR로 변경하는 경우 = 1일 VaR × $\sqrt{n}$ × 2.33/1.65

10 | 패턴 10 | 한계 VaR 계산하기

기존에 있는 포트폴리오에 다음의 자산을 추가로 편입할 경우 포트폴리오의 성과를 더 좋게 만드는 자산과 그 한계(marginal) VaR값을 바르게 연결한 것은? (단, 현재 포트폴리오의 VaR는 100억 원이다)

[38회 기출]

구분	A자산	B자산
기대수익률	10%	10%
VaR	50억 원	40억 원
편입 후의 포트폴리오의 VaR	130억 원	135억 원

① A, 30억 원
② A, 50억 원
③ B, 35억 원
④ B, 40억 원

한계 VaR=자산을 추가했을 경우 총 VaR-(기존 포트폴리오 VaR+추가되는 자산의 VaR), 기존 포트폴리오에 자산이 추가되면서 증분기준으로 증가하는 VaR의 값이 한계 VaR이다. A의 한계 VaR는 30억 원, B의 한계 VaR는 35억 원이다.

정답 ①

패턴플러스

A자산과 B자산의 기대수익률은 동일하며, A자산의 VaR가 B자산보다 크기 때문에 지배원리에 따르면 B자산을 선택해야 한다. 그러나 포트폴리오 관점의 의사결정은 한계 VaR의 관점의 의사결정과 같은 효과를 주기 때문에 한계 VaR측면에서는 A자산을 포함해야 한다.

- A자산 포함시 한계 VaR=130억 원(자산편입 후 포트폴리오 VaR)-100억 원(기존포트폴리오 VaR)=30억 원
- B자산 포함시 한계 VaR=135억 원(자산편입 후 포트폴리오 VaR)-100억 원(기존포트폴리오 VaR)=35억 원

11 패턴 11 | RAROC 계산하기

투자금액이 동일한 경우 RAROC 기준으로 가장 높은 성과를 갖는 것은 어느 것인가? [37회 기출]

① 수익률 5%, VaR 4억 원
② 수익률 6%, VaR 5억 원
③ 수익률 7%, VaR 6억 원
④ 수익률 8%, VaR 7억 원

RAROC는 투자순수익/VaR, VaR 1단위에 대한 투자순수익을 측정하는 지표로 이 값이 높을수록 위험대비 투자수익이 높다고 평가한다. ①, ②, ③, ④는 투자금액이 동일하기 때문에 투자수익률과 VaR의 비율을 통해 RAROC를 계산한다.

① $\dfrac{5\%}{4} = 1.25$

② $\dfrac{6\%}{5} = 1.2$

③ $\dfrac{7\%}{6} = 1.17$

④ $\dfrac{8\%}{7} = 1.14$

만약 자산별로 투자금액이 다르다면 각각의 자산의 RAROC를 계산하여 투자성과를 평가해야 한다.

정답 ①

패턴플러스

[RAPM(Risk Adjusted Performance Measurement)에 이용]

- 자산운용성과 측정시 위험대비 수익률을 측정하는데 활용될 수 있다.
- RAROC = 순수익/VaR

패턴 12 | 포트폴리오 VaR

두 자산이 있다. A자산의 VaR는 8억 원이고 B자산의 VaR은 15억 원이다. 두 자산 수익률의 상관계수가 0일 때, 두 자산으로 포트폴리오를 구성하면 위험감소효과는 얼마인가? [40회 기출]

① 6억 원
② 8억 원
③ 12억 원
④ 14억 원

분산투자효과를 계산하기 위해서는 분산투자가 없었을 경우(두 자산의 수익률의 상관계수가 1인 경우 가정)와 현재의 상관계수로 인한 VaR값의 차이를 계산한다.

- 상관계수 1일 때 VaR = $\sqrt{VaR_1^2 + VaR_2^2 + 2\rho VaR_1 \cdot VaR_2} = \sqrt{8^2 + 15^2 + 2 \cdot 1 \cdot 8 \cdot 15}$ =23억 원
- 상관계수 0일 때 VaR = $\sqrt{8^2 + 15^2}$ =17억 원
- 분산투자효과=23억 원-17억 원=6억 원

포트폴리오 VaR는 공식으로 접근하면 쉽게 풀릴 수 있다. 포트폴리오 분산투자효과를 VaR로 측정한 것은 과거에 출제되지 않은 형태이며, 앞으로 자주 출제될 것으로 예상한다.

정답 ①

패턴플러스

- 포트폴리오 VaR계산 $VaR = \sqrt{VaR_1^2 + VaR_2^2 + 2\rho_{12} VaR_1 VaR_2}$

[VaR의 유용성]

- 정보로서의 가치
  - VaR은 리스크에 대한 공용 언어로 인식이 되며, 기존의 회계자료가 제공하지 못한 리스크에 대한 정보를 제공하여 그 유용성이 높다.
  - VaR은 수치로 표시되기 때문에 리스크에 대한 측정이 구체적이며, 다른 회사와의 비교가 가능하다.
- 거래 관련 의사결정의 효율성 제고
  - 제한된 투자자원을 어떻게 효율적으로 배분할 것인가를 결정하는데 유용하다.
  - 한계 VaR(Marginal VaR) : 특정 자산을 기존 포트폴리오에 편입시키거나 제거시킬 때 추가적으로 증가 혹은 감소하는 VaR를 의미한다.
  - 투자대안을 선택할 때 위험관리차원에서는 한계 VaR(Marginal VaR)을 비교하여 이 값이 작은 투자대안을 선택한다.
- 한도관리
  - 각 거래부문 혹은 딜러별로 거래한도를 설정할 때 총량규제보다 효율적이다.
  - 딜러의 자산운용을 극대화시키는데 효율적이다.
  - 거래한도 설정시 자산간 분산투자 효과를 고려하여 거래규모를 더 늘릴 수 있다.

13 | 패턴 13 | 부도거리 계산하기

부도거리를 기준으로 다음 중 부도율이 가장 낮은 것은? [37회 기출]

구분	A	B	C	D
기대자산가치(억 원)	100	200	300	400
부채금액(억 원)	50	150	200	300
자산가치의 표준편차(%)	10	20	30	40

① A
② B
③ C
④ D

부도거리가 가장 큰 기업의 부도가능성이 가장 낮다. A기업의 부도거리가 가장 크다.
① A : (100−50)/10 = 5
② B : (200−150)/20 = 2.5
③ C : (300−200)/30 = 3.3
④ D : (400−300)/40 = 2.5

정답 ①

패턴플러스

[KMV의 EDF모형]

- KMV의 채무불이행 예측모형을 근간으로 하고 있다.
- 부도를 순자산(자산−부채)이 음수일 때 발생한다고 가정한다. 블랙−숄즈모형을 활용하여 채무불이행 가능성을 평가하고, 그 측정수단이 부도거리이다. 블랙−숄즈모형을 응용하였기에 블랙−숄즈모형의 가정이 KMV 채무불이행모형에도 그대로 적용된다.

$$부도거리(DD) = \frac{자산(기업)가치 - 부채가치}{자산가치의\ 표준편차}$$

- DD(부도거리)값이 클수록 부도 발생가능성이 낮으며, DD값이 작을수록 부도 발생가능성이 높다. 즉 DD값이 클수록 정규분포의 양 극단에 위치하기 때문에 부도의 발생확률이 낮은 것과 같다.

- 채무불이행 빈도를 사용할 경우 실증적 EDF(Expected Default Frequencies)를 사용한다.
- 주가를 이용하여 부도가능성을 평가하는 장점이 있으나, 주가에는 잡음이 많기 때문에 주가정보를 이용한 부도예측이 기존 재무정보를 이용한 부도예측보다 우월한 정보를 제공하는지는 확실하게 알 수 없다.

14 | 패턴 14 | 부도시 기대손실과 신용표준편차 계산하기

A 은행이 보유하고 있는 자산 중에 부도에 노출된 금액이 50억 원이다. 부도확률은 10%이고, 부도시 회수율은 40%이다. 부도율은 베르누이 분포를 따른다고 할 때, 부도로 인한 기대손실은 얼마인가?

[33회 기출]

① 3.0억 원 ② 5.0억 원
③ 7.5억 원 ④ 10억 원

부도발생으로 인한 손실예상액 = 부도에 노출된 자산금액 × 부도가능성 × 부도시 손실률
= 50억 원 × 10% × 60% = 3억 원

정답 ①

패턴플러스

[부도모형, Default Mode]

- 부도모형은 신용손실이 발생한 것만을 위험으로 본다. 신용등급의 하락등은 위험으로보지 않는다.
- 신용손실분포는 정규분포와 비교하여 한쪽으로 치우치고(왜도값이 큼), 두껍고 긴 꼬리를 갖는 분포를 한다. 모수적 방법보다는 백분율(percentile)을 통해서 측정하는 것이 바람직하다.
- 부도시 예상손실액은 그 개념을 이해를 한 후 공식을 통해 접근하여 문제를 해결한다.

$$EL(예상손실액) = EAD(부도에 노출된 금액) \times 부도율 \times LGD(부도시 손실률)$$

- 예상되는 손실은 위험이라고 볼 수 없어, 대손충당금을 통해서 대비하고, 예상하지 못한 손실은 위험으로 볼 수 있어 자기자본으로 대비한다.
- 부도시 예상손실액의 표준편차 (베르누이 분포를 함, 부도 혹은 부도가 아님)

$$\sigma_{EL} = \sqrt{p(1-p)} \times EAD \times LGD, \text{ 단 } p는 부도율$$

예제

A기업의 신용위험에 노출된 자산은 100억 원이며, 부도율은 10%이고, 부도시 회수율은 60%이다. A기업의 신용손실의 변동성(표준편차)은 얼마인가? (단, 신용위험에 노출된 자산과 부도시 회수율의 변동성은 없으며, 부도율은 베르누이 실행을 따른다고 가정한다)

[41회 기출]

① 6억 원 ② 8억 원
③ 12억 원 ④ 18억 원

|정답| ③

|해설| 표준편차 = $\sqrt{10\%(1-10\%)} \times 100$억 원 × (1-60%) = 12억 원

주식평가 6문제 중 약 1문제가 계산문제로 출제된다.   패턴 15

15 | 패턴 15 | 고정비율 포트폴리오(CPPI) 위험자산 투자금액 계산

다음 정보를 이용하여 고정비율 포트폴리오 보험전략의 주식투자금액을 계산하시오. [37회 기출]

- 총 투자원금 110억 원
- 1년 후 보장금액 100억 원
- 연간 무위험이자율 5%, 투자기간 1년, 승수 2

① 15.44억 원   ② 22.33억 원
③ 29.52억 원   ④ 33.54억 원

- 보장원금의 현재가치＝100억 원/(1＋5%)＝95.238억 원
- 쿠션＝포트폴리오 평가액－보장해야 할 최저가치의 현재가치
- 현재 위험자산 투자가능금액(쿠션)＝현재자산금액－보장원금의 현재가치＝110억 원－95.238억 원＝14.762억 원
- 미래에 확실하게 보장해야 할 금액이 있다면, 그 금액의 현재가치를 무위험자산에 지금 투자한다.
- 무위험자산 투자금액＝보장원금의 현재가치인 95.238억 원
- 실제 위험자산투자금액(익스포져)＝위험자산 투자가능금액(쿠션)×승수＝14.762억 원×2＝29.524억 원
  만약 투자기간이 2년이라면 보장금액의 현재가치＝100억 원/(1＋5%)^2＝90.7억 원
- 쿠션＝110억 원－90.7억 원＝19.3억 원
- 익스포져(위험자산투자금액)＝19.3억 원×2(승수)＝38.6억 원
  투자자의 성향, 시장상황에 따라 승수를 조정하여 위험자산 투자금액의 총액을 조정한다.

정답 ③

패턴플러스

[고정비율 포트폴리오 보험전략(CPPI, constant proportion portfolio insurance)]

- CPPI 전략의 투자공식
  - 주식투자금액＝승수×(포트폴리오 평가액－최저 보장수익의 현재가치)
  - 무위험자산 투자금액＝전체포트폴리오 평가액－주식투자금액
  - 승수는 양수이며, 자금운용자의 경험에 의해 주관적으로 정해진다.
  - 승수가 낮을수록 위험자산에 대한 투자비중이 낮아지며, 승수가 높을수록 위험자산 투자비중이 높아짐.
  - 자산가치와 만기 최저보장수익의 현재가치의 차이를 쿠션이라고 함.
  - 익스포져 : 쿠션×승수(주식투자금액)

- CPPI전략 특성
  - 포트폴리오 가치는 사전적으로 정의된 각 시점별 최저 보장가치 이하로 하락하지 않음.
  - 각 시점별 최저 보장가치는 무위험수익률만큼 매일 증가
  - 계산과정은 간단하여, 블랙－숄즈 모형이나 변동성의 추정이 필요하지 않음.
  - 투자기간이 반드시 사전에 정해질 필요 없음.

채권평가   6문제 중에 2~3문제가 계산문제로 출제된다.   패턴 16~패턴 22

16   패턴 16 | 경상수익률 계산

액면가 10,000원, 액면이자율 6%이고, 현재 채권가격이 9,500원인 채권이 있다. 이자는 1년에 한번 후급으로 지급한다. 이 채권의 경상수익률은 얼마인가? 단, 근사값으로 계산하시오. [40회 기출]

① 5%
② 6%
③ 7%
④ 8%

경상수익률 = $\dfrac{1년간\ 액면이자금액}{현재채권가격}$ = $\dfrac{600원}{9,500원}$ = 약 6.31%

정답 ②

🔍 패턴플러스

경상수익률이 말문제로 나올 경우 유의해야 한다. 액면가, 액면이자율이 동일한 채권을 기준으로 시장이자율과 액면이자율(표면이자율)의 관계에 따라 액면이자율과 경상수익률의 관계는 변동한다.

시장금리	경상수익률과 액면이자율 관계
액면이자율=시장이자율(만기수익률)	경상수익률=액면이자율
액면이자율<시장이자율(만기수익률)	경상수익률>액면이자율
액면이자율>시장이자율(만기수익률)	경상수익률<액면이자율

액면이자율<시장이자율 : 시장이자율이 액면이자율보다 높기 때문에 채권은 액면가 대비 할인하여 발행한다. 그러므로 경상수익률이 액면이자율보다 높다.

17 | 패턴 17 | 만기이전 채권매매시 적정가격 계산

액면가 10,000원, 만기 2년인 할인채를 만기수익률 10%로 매도하였다. 매도시점의 잔존만기는 91일이다. 1년을 365일로 계산할 경우 이 채권의 매도가격은 얼마인가? (단, 관행적인 방법을 사용하시오)

[38회 기출]

① 9,511원　　　　　　　　　　② 9,757원
③ 9,857원　　　　　　　　　　④ 9,900원

매도가격 = 미래현금흐름의 현재가격 = $\dfrac{10,000원}{1+10\% \times \dfrac{91일}{365일}}$ = 9,757원

정답 ②

🔍 패턴플러스

- 매매수익률 = (매도가격 − 매입가격)/매입가격
  - 매입가격은 채권 발행시 가격으로 보아도 무방하다.
  - 발행가격(매입가격) = 미래채권현금흐름의 현재가격 = $10,000원/(1+10\%)^2$ = 8,264.5원
  - 매도가격 = 미래현금흐름의 현재가격 = $10,000원/(1+10\% \times 91일/365일)$ = 9,757원

- 만약 채권매매수익률을 계산하라고 한다면, 다음과 같이 접근할 수 있다.
  매매수익률 = (매도가격 − 매입가격)/매입가격
  매매수익률 = (9,757원 − 8,264.5원)/8,264.5원 = 18.05%

※ 관행적인 채권가격평가 방법은 연단위는 복리로 계산하고, 연단위 미만의 기간은 단리로 계산하는 방법이다.

예제

액면가 10,000원, 할인채이며, 만기가 1.5년 남아 있다. 시장이자율이 10%이며 이 채권의 적정가격을 관행적인 방법으로 계산하시오. (단, 1년을 360일로, 잔여일수는 180일로 가정한다)

| 정답 | 이론적인 방법 = $\dfrac{10,000원}{(1+10\%)^{1.5}}$ = 8,668원

관행적인 방법 = $\dfrac{10,000원}{(1+10\%)(1+10\% \times \dfrac{180일}{360일})}$ = $\dfrac{10,000원}{(1+10\%)(1+5\%)}$ = 8,658원

| 해설 | ※ 계산기의 복리계산 한계로 협회시험에서는 일반적으로 관행적인 방법으로 채권의 현재가치를 계산하도록 요구한다.

패턴 18 | 선도 이자율 계산

다음은 서로 다른 만기를 가진 순수할인채에 대한 정보이다. 불편기대이론이 성립한다는 가정하에 1년 후부터 1년간의 선도이자율($_1f_2$)은 약 몇 %인가? [33회 기출]

만기	액면가격	시장가격
1년	10,000원	9,400원
2년	10,000원	8,700원

① 7.01% ② 7.45%
③ 8.05% ④ 8.57%

- 1년 만기 현물이자율 $= \dfrac{10,000원}{9,400원} - 1 = 6.38\%$
- 2년 만기 현물이자율 $= \sqrt{\dfrac{10,000원}{8,700원}} - 1 = 7.21\%$ (연평균이자율의 개념)
- 선도이자율($_1f_2$) $= \dfrac{(1+7.21\%)^2}{1+6.38\%} - 1 = 8.05\%$

정답 ③

패턴플러스

[현물이자율과 선도이자율의 관계]

2년 만기 현물이자율(연평균이자율의 개념) : $_0S_2$

1년 만기 현물이자율 : $_0S_1$

1년 후부터 1년간의 선도이자율 : $_1f_2$

$$(1+{_0S_2})^2 = (1+{_0S_1})(1+{_1f_2}) \rightarrow {_1f_2} = \dfrac{(1+{_0S_2})^2}{(1+{_0S_1})} - 1$$

- 2년 만기 현물이자율은 1년 만기 현물이자율과 1년 만기 선도이자율의 평균값으로 근사치를 구할 수 있다.
- 패턴 18의 2년 만기 현물이자율 $= \dfrac{1년 만기 현물이자율 + 1년 동안의 선도이자율}{2}$

$7.21\% = \dfrac{6.38\% + X}{2} \rightarrow X = 8.04\%$

- 근사치를 통해서 계산해도 거의 정답과 유사하기 때문에, 시간이 부족한 수험생이 사용해 볼 수 있다.

19 | 패턴 19 | 채권의 만기시점에 유입되는 현금흐름계산

만기가 2년이며 액면가는 10,000원, 표면이자율은 3%이며 이자는 후급으로 연말에 지급하는 이표채이다. 만기시점에 유입되는 현금흐름은 얼마인가? [37회 기출]

① 10,000원 ② 10,300원
③ 10,600원 ④ 10,609원

이표채이므로 만기에 액면가 10,000원과 2년차의 액면이자 300원이 유입되어 총 10,300원이 유입된다.

정답 ②

패턴플러스

■ 주어진 예제를 복리채, 할인채, 단리채로 구분하여 변형했을 경우 만기유입금액

- 복리채, 액면이자율로 액면이자가 재투자가 되어 만기에 원금과 이자, 이자의 재투자금액이 유입된다.
  $10,000원(1+3\%)^2 = 10,609원$

- 단리채, 액면이자율이 단리로 투자되어(재투자되지 않음), 만기에 원금과 이자가 유입된다.
  $10,000원(1+3\% \times 2) = 10,600원$

- 할인채, 이표의 지급이 없기 때문에 만기에는 원금 10,000원만 유입된다.

- 복리채, 단리채, 할인채는 만기 이전에 현금지급이 없으므로 이 채권의 듀레이션은 모두 만기와 같다. 잔존만기가 존재하는 이표채의 듀레이션은 만기보다 짧다.

패턴 20 | 듀레이션을 통한 채권가격 추정

다음 보기를 보고 괄호에 들어갈 내용으로 올바른 것은? [40회 기출]

〈보기〉
채권의 현재가격 10,000원, 만기수익률 5%, 수정듀레이션 2.76인 채권

채권 만기수익률이 5%에서 6%로 상승하였다. 힉스듀레이션으로 채권가격변동을 계산해보니 가격 변동폭은 (　　)이고, 실제 채권가격보다 (　　)한다.

① 263원, 과대평가　　　② 263원, 과소평가
③ 276원, 과대평가　　　④ 276원, 과소평가

$\frac{\Delta P}{P} = -D_M \times \Delta R \rightarrow \Delta P = -D_M \times \Delta R \times P = -2.76 \times 1\% \times 10,000원 = -276원$(가격하락), 볼록성효과로 인해 시장이자율 변동시 듀레이션으로 측정한 채권가격은 실제채권가격을 항상 과소추정한다. 신유형으로 볼록성계산문제, 개념문제가 자주 출제되고 있다. 금리변동에 따른 채권변화를 볼록성과 듀레이션 관점에서 이해기반으로 학습한다면, 계산문제 뿐만 아니라 어떠한 형태의 말문제도 대비할 수 있다.

정답 ④

패턴플러스

[듀레이션과 볼록성]

볼록성 효과로 금리변화시 듀레이션으로 측정한 채권가격보다 실제 채권가격은 항상 크다.

- 맥콜레이 듀레이션 = 미래 현금흐름을 시간으로 가중평균한 원금회수기간
  - 수정듀레이션 = 맥콜레이 듀레이션/(1+만기수익률)
  - 힉스듀레이션과 수정듀레이션은 동의어이다. <u>듀레이션을 이용한 채권가격변동 추정시 수정듀레이션을 사용한다.</u>

21 패턴 21 | 볼록성 계산

만기수익률 1% 상승시 채권가격은 3.14% 하락했다면 볼록성은 얼마인가? (단, 수정듀레이션은 3.22이다)

① 12
② 16
③ 20
④ 32

$$\frac{\triangle P}{P} = -D_M \cdot (\triangle R) + \frac{1}{2} \cdot C \cdot (\triangle R)^2 \rightarrow -3.14\% = -3.22 \cdot 1\% + \frac{1}{2} \cdot C \cdot 1\%^2$$

C = 16

정답 ②

패턴플러스

$$\frac{\triangle P}{P} = -D_M \cdot (\triangle R) + \frac{1}{2} \cdot C \cdot (\triangle R)^2 = -\frac{D}{1+\text{만기수익률}} \cdot (\triangle R) + \frac{1}{2} \cdot C \cdot (\triangle R)^2$$

C를 볼록성이라고 하며, 볼록성 효과는 $\frac{1}{2} \cdot C \cdot (\triangle R)^2$를 모두 통칭한다(단, C>0이다).

$$\frac{dP}{P} = \underbrace{-D_m \times dR}_{\text{① 수정듀레이션 변동}} + \underbrace{\frac{1}{2} \times C \times (dR)^2}_{\text{② 볼록성 고려한 값}}$$

볼록성 효과에 해당하는 부분은 양수이기 때문에 듀레이션에서 측정한 채권가격에 더 해주는 효과가 있어, 듀레이션으로 측정한 채권가격은 항상 실제 채권가격보다 과소하게 추정한다.

다만, 수의상환사채는 금리가 하락할 경우 음의 볼록성이 발생할 수 있고, 수의상환청구사채는 금리가 상승할 경우 볼록성이 강해지는 효과가 발생한다.

[수의상환사채]

[수의상환청구권부사채]

패턴 22 | 전환사채 패리티, 전환가격, 수익계산

액면가 20,000원, 행사가격 10,000원인 전환사채가 있다. 전환사채의 기초자산이 되는 주가는 1주당 10,500원이다. 전환비율 100%를 가정할 경우 다음 중 올바르지 않은 것은? [40회 기출]

① 전환사채를 행사하면 전환사채 1좌당 주식 2주를 받는다.
② 전환가치는 10,500원이다.
③ 패리티는 105이다.
④ 지금 전환사채를 전환한 후 주식을 매도하면 5%의 수익이 발생한다.

전환가치는 전환된 주식들의 시장가치이다. 전환사채 1좌당 2주의 주식을 받기 때문에 전환가치는 21,000원이다.

정답 ②

패턴플러스

[전환사채 용어]
- 전환가격 : 보유채권을 주식 1주로 전환할 때 금액(옵션의 행사가격과 같은 개념)
- 전환비율 : 전환사채 액면의 몇 %를 주식으로 전환할 수 있는지에 대한 비율
- 패리티 = (주가/전환가격) × 100%
- 전환가치 : 전환된 주식들의 시장가치, 전환대상 주식수 × 1주당 현재시가
- 괴리 = 전환사채시장가격 − 패리티 가격, 괴리값이 음수이면 주식으로 전환시 이익이 발생한다.
- 괴리율 = [(전환사채의 시장가격 − 패리티 가격)/패리티 가격] × 100

✓ Tip
④는 전환사채 매입가격을 모르기 때문에 올바른 문장이 될 수도 있고 틀린 문장이 될 수도 있다. 전환사채 액면가액이 20,000원이지만 실제 매입가액은 이보다 더 클 수도 있으며, 더 작을 수도 있다. 즉 매입가격 20,000원일 경우 주식전환 후 매도하면 5% 수익이 발생한다. 해당 문제에서는 암묵적으로 액면가액과 실제매입가액을 같다고 가정하였다.

- 전환사채의 가치 = 일반사채의 가치 + 전환권의 가치
- 일반사채의 가치 = 전환권만 없으며 모든 조건이 전환사채와 동일한 사채의 가치
- 전환권 : 채권을 포기하고 주식으로 전환할 수 있는 권리이며, 이는 주식을 매입할 수 있는 콜옵션과 같은 성격이다. 전환권의 가치는 콜옵션의 가치와 동일한 방법으로 계산한다.
- 콜옵션에 영향을 주는 변수의 움직임이 전환권 가치에도 같은 방향으로 영향을 준다.

파생상품
6문제 중 계산문제는 약 2문제 수준에서 출제됨

패턴 23 ~ 패턴 31

23 패턴 23 | 옵션포지션에 따른 수익계산

주가지수를 기초자산으로 하는 행사가격이 100인 콜옵션과 풋옵션을 동시에 매수하였다. 콜옵션 프리미엄은 3, 풋옵션 프리미엄은 1일 때, 해당 전략으로 수익이 발생하기 위한 주가지수가격 P의 범위는?

[37회 기출]

① $96<P<104$
② $99<P<101$
③ $101<P<104$
④ $P<96$, $P>104$

옵션에서 수익 = 만기가치 - 옵션투자금액

이러한 유형의 문제는 포지션을 구축하는데 발생하는 비용을 먼저 계산한다. 두 옵션을 매수했기 때문에 옵션프리미엄(옵션가격)을 지불해야 한다. 총 지불한 가격은 4이다.

행사가격이 같은 콜옵션과 풋옵션의 매수는 스트래들 매수이다.

스트래들은 주가가 큰 폭의 상승 혹은 큰폭의 하락이 발생하면 이익이 생긴다. 행사가격 100 기준으로 투자원금이 4이기 때문에 만기 주가가 96 미만, 104 초과가 되면 수익이 발생한다. 만기 주가가 96이거나 104이면 수익은 0이고, 만기주가가 96 초과, 104 미만이면 손실이 발생한다.

※ 이러한 유형의 문제는 포지션이 스트래들 매입인지 혹은 매도인지, 콜-불 스프레드인지, 풋-불 스프레드인지, 스트랭글인지 먼저 확인 후 그림을 그린 후에 접근하면 실수하지 않고 정답을 맞출 수 있다. 이러한 유사한 문제는 계속 출제되고 있다.

정답 ④

패턴 24 | 옵션의 시간가치와 내재가치

주가지수를 기초자산으로 하는 콜옵션의 행사가격이 200이고, 콜옵션프리미엄은 10이다. 현재 주가지수 가격이 207이면, 이 콜옵션의 내재가치와 시간가치는 각각 얼마인가? [38회 기출]

① 내재가치 7, 시간가치 3
② 내재가치 3, 시간가치 7
③ 내재가치 5, 시간가치 5
④ 내재가치 4, 시간가치 6

내재가치=207-200=7, 시간가치=10-7=3

정답 ①

패턴플러스

- 옵션의 가치=시간가치+내재가치
- 콜옵션을 기준으로 계산하면 내재가치=Max(S_0-X, 0), 내재가치는 0보다 작을 수 없다. Max(207-200, 0)=7
- 옵션프리미엄 10=7(내재가치)+시간가치 → 시간가치=3

[유러피언 콜옵션 매수포지션의 가치]

- 시간가치는 옵션의 만기가 존재하기 때문에 만기까지 투자자에게 기초자산이 유리하게 움직일 가능성에 대한 가치이다. 배당을 주지 않는 주식을 기초자산으로 하는 콜옵션의 시간가치는 ≥0이다. 만기일에는 옵션의 시간가치는 0이 된다.
- 배당을 지급하지 않는 유러피안 풋옵션의 시간가치는 깊은 내가격에서 음수가 될 수 있다. 예를 들어 만기 1년, 행사가격 100원, 현재주가 100원인 상태에서 현재 주식을 기초자산으로 하는 풋옵션이 존재한다고 가정하자. 갑자기 전산시스템 마비로 회사의 업무가 마비되어 주가가 0원으로 폭락하였다. 풋옵션 매수자가 이를 지금행사한다면 100원을 얻지만, 만기까지 1년이 남았다. 앞으로 1년 이내에 회사의 전산시스템이 정상화되면 주가는 상승할 것이다. 주가는 더 이상 하락할 수 없지만, 행사시까지 만기가 남았기 때문에 이러한 경우 배당을 지급하지 않는 유러피언 풋옵션의 시간가치는 음수가 될 수 있다.

※ 협회시험에서 풋옵션의 시간가치 ≥0을 가정하여 출제된다. 일반적인 재무관리의 내용과 협회의 시험방식의 내용이 다른 부분들이 있으나, 다르더라도 협회시험에서는 협회의 기준이 우선하기 때문에 협회의 기준에 따라 학습하는 것이 시험이라는 측면에서는 권장한다. <u>옵션 매수포지션시 옵션 쎄타는 콜옵션, 풋옵션 모두 음수로 보고 문제를 푼다.</u>

25 | 패턴 25 | 옵션 민감도(Greek Letter)

다음 중 풋옵션 매도와 콜옵션 매수의 경우 방향성이 다른 지표는 몇 개인가? [41회 기출]

> 델타(Delta), 로우(Rho), 쎄타(Theta), 베가(Vega), 감마(Gamma)

① 1개
② 2개
③ 3개
④ 4개

방향성이 다른 지표는 쎄타, 감마, 베가이다.

구분	콜옵션 매수	풋옵션 매수	풋옵션 매도
주가(델타)	+	−	+
주가에 따른 델타변동(감마)	+	+	−
주가 변동성(베가)	+	+	−
무위험이자율(로우)	+	−	+
잔존만기(쎄타)	−	−	+

※ 주의사항

만약 옵션의 만기가 증가하면 콜옵션, 풋옵션은 대체로 그 가격이 상승하고, 옵션 잔존만기가 감소하면 대체로 콜옵션과 풋옵션의 가치는 하락한다. 그러므로 잔존만기의 변동방향과 옵션가치의 변동방향은 역의 관계를 갖는다. 일반적인 재무관리 교과서에서는 이러한 관계를 반영하여 쎄타값을 양수로 가정한다. 그러나 옵션은 일단 발행되면 잔존만기가 증가하는 일은 없으나 지속적으로 감소한다. 이는 시간이 흐를수록 옵션의 시간가치가 감소한다는 의미이다. <u>협회시험은 이러한 옵션의 시간가치감소 현상을 반영하여 관행적인 표현을 사용하여, 쎄타를 음수로 표현하였다.</u> 배당을 지급하지 않는 주식을 기초자산으로 하는 유러피언 풋옵션도 시간가치의 양수 영역 혹은 음수 영역을 세분화하지 않고 잔존만기 감소에 따라 옵션의 시간가치가 하락한다고 단순하게 가정하였다. <u>협회시험의 채점기준은 협회에서 발간한 기본교재이기 때문에 콜옵션, 풋옵션 매수포지션의 경우 쎄타는 모두 음수로 보고 정답을 찾아야 한다.</u> 콜옵션, 풋옵션의 매도포지션의 쎄타는 양수로 본다.

정답 ③

26 | 패턴 26 | 이항모형을 통한 옵션가치 계산

현재주가가 100원이다. 주가는 1기간 후에 20% 상승 혹은 20% 하락만 한다. 1년 만기 무위험이자율은 10%이다. 행사가격 100원, 만기 1년 유러피안 콜옵션의 적정가치는 얼마인가? (단, 배당은 지급하지 않는다)

1기간 이항모형은 주가가 상승 혹은 하락하는 경우에 적용된다.

옵션의 현재가치 = $\dfrac{p \cdot 주가상승시\ 옵션가치 + (1-p) \cdot 주가\ 하락시\ 옵션가치}{1 + 무위험이자율}$

p : 주가가 상승할 위험중립확률, 1-p : 주가가 하락할 위험중립확률

$p = \dfrac{(1+R_f) - d}{u - d}$ d : 1+주가하락시 주가 수익률, u : 1+주가상승시 주가수익률

주가가 상승하면 20%의 수익이 발생하므로 u=1+20%=1.2 , d=1-20%=0.8

$p = \dfrac{(1+10\%) - 0.8}{1.2 - 0.8} = \dfrac{0.3}{0.4} = 0.75$

$C_0 = \dfrac{C_u \cdot p + C_d \cdot (1-p)}{1 + R_f}$, 1년 후의 내재가치이므로 이를 현재가치로 변환한다.

주가상승시 콜옵션 내재가치는 20원 (120원-100원), 하락시는 0원이기 때문에 주가하락시 콜옵션은 행사되지 않아 내재가치는 0원이 된다.

$C_0 = \dfrac{20원 \times 0.75 + 0 \times 0.25}{1.1} = 13.64원$

※ 이외에도 헤지포트폴리오를 구성하여 계산하는 방법, 복제포트폴리오를 이용하여 계산하는 방법이 있으나, 현재까지 위험중립주가 상승확률이 주어지는 경우가 많았기 때문에 위험중립확률을 이용하여 계산하는 방법이 유효하고, 다른 방법에 비해서 직관적이고, 계산과정이 단순하기 때문에 위험중립확률을 사용한 계산법을 숙지하는 것을 권장한다.

[기초자산가격을 이용한 주가 상승할 위험중립확률]

현재주가 = $\dfrac{주가상승시\ 가격 \times p + 주가\ 하락시\ 가격 \times (1-p)}{1 + 무위험이자율}$

$100원 = \dfrac{120원 \cdot p + 80원(1-p)}{1 + 10\%}$, $p = 0.75$

정답 13.64원

27 패턴 27 | 풋-콜 패리티

다음 중 풋-콜 패리티를 통해 풋옵션을 복제한 것으로 올바른 것은? [40회 기출]

① 주식매도, 콜옵션 매수, 채권매도(차입)
② 주식매도, 콜옵션 매수, 채권매수(투자)
③ 주식매수, 콜옵션 매수, 채권매수(투자)
④ 주식매수, 콜옵션 매도, 채권매도(차입)

P+S=C+PV(X) → P=-S+C+PV(X) → 주식 1주 매도, 콜옵션 1개 매입+액면가 X인 무위험채권 투자(매수)이다.

정답 ②

🔍 패턴플러스

- 풋-콜 패리티의 전제는 기초자산은 배당을 지급하지 않는 주식, 채권은 액면가가 행사가격(X)인 할인채(무이표채), 콜옵션과 풋옵션의 모든 조건은 동일하며, 단지 콜 혹은 풋이라는 차이만 존재하는 것을 가정한다. 이러한 가정하에서 각 자산을 1개씩 구입하면 등식을 만들 수 있고, 이 등식을 풋-콜 패리티라고 한다.

※ 파생상품에서 숫자나 문자앞의 부호는 포지션을 의미하기 때문에 양수면 매수, 음수면 매도로 이해해야 한다. 일반적인 가치평가에서 부호가 양수면 현금유입, 음수면 현금유출이나 파생상품(옵션-선물파트)에서는 부호는 포지션으로 이해할 수 있다.

- P+S=C+PV(X), 현재 시점에서 주식, 풋옵션, 콜옵션, 할인채의 관계를 나타낸 등식이다.

  풋옵션 1개 매수+주식 1개 매수=콜옵션 1개 매수+액면가 X인 할인채 현재가격으로 1개 매수

  풋-콜 패리티를 통해서 다양한 자산을 복제할 수 있다.

- 콜옵션 매수를 복제=P+S-PV(X)=풋옵션 매입+주식매입+채권매도(발행)
- 채권복제=P+S-C=풋옵션 매입+주식매입-콜옵션 매도(발행)
- 주식복제=C+PV(X)-P=콜옵션 매입+할인채 매입(투자)+풋옵션 발행(매도)
  ※ 등호를 넘어갈 때에는 부호가 바뀐다.

패턴 28 | 선물거래 증거금

선물거래의 개시증거금이 80이고, 유지증거금이 60이다. 오늘 거래를 한 후 일일정산하니 증거금 70이다. 증거금 변동으로 인한 추가 증거금을 얼마 납입해야 하나? [40회 기출]

① 0
② 10
③ 20
④ 30

선물계약을 시작할 때 납입하는 증거금은 개시증거금이며, 선물계약매매 중에 유지해야 하는 증거금은 유지증거금이다. 일일정산후 증거금 수준이 유지증거금이하로 하락하면 증거금 납입요청(마진콜)을 받고, 이때 증거금은 개시증거금 수준까지 납입해야 한다. 현재 증거금이 70이며, 이는 유지증거금보다 크기 때문에 증거금을 추가납입할 필요는 없다.

정답 ①

패턴플러스

[선물거래의 증거금]

- 증거금 수준이 개시증거금 보다 많으면 개시증거금을 초과하는 금액을 인출할 수 있다.
  예) 개시증거금 100원, 유지증거금 60원, 현재 증거금 110원 → 10원 인출가능

- 증거금이 유지증거금보다 적으면 개시증거금 수준까지 증거금을 추가납부해야 한다.
  예) 개시증거금 100원, 유지증거금 60원, 현재 증거금 40원 → 증거금 60원 추가납부

29 | 패턴 29 | 선물스프레드 변동에 따른 매매전략

현재 KOSPI200 지수선물의 9월물 가격은 250pt이고 12월물 가격은 254pt이다. 두 선물의 스프레드가 줄어들 것으로 예상한다. 수익을 얻기 위한 거래전략은 무엇인가? [41회 기출]

① 9월물 매도, 12월물 매수
② 9월물 매수, 12월물 매도
③ 9월물 매도, 12월물 매도
④ 9월물 매수, 12월물 매수

만기가 긴 선물의 가격이 만기가 짧은 선물가격보다 비싸다. 스프레드가 줄어든다는 것은 두 선물의 가격차이가 좁혀진다는 의미이다. 이는 9월물 가격은 상승이 예상되고 12월물 가격은 하락이 예상된다. 수익을 얻기 위해서는 가격 상승이 예상되는 9월 선물을 매수하고, 가격하락이 예상되는 12월물 선물을 매도해야 한다.

정답 ②

패턴플러스

■ 스프레드 변동에 대한 선물 매매전략

스프레드는 두 선물의 가격차이다. A - B도 스프레드이며, 이를 포지션으로 인식하면 A는 매입포지션, B는 매도포지션이다. 일반적으로 동일한 선물의 경우 만기가 긴 선물이 만기가 짧은 선물보다 가격이 비싸다.

- 스프레드 확대시 매매전략 : 12월물 선물의 가격이 상승하고, 9월물 선물가격이 하락해야 스프레드는 확대된다. 가격 상승이 예상되는 12월물을 매입하고, 가격 하락이 예상되는 9월물을 매도하여 수익을 얻을 수 있다.
- 스프레드 축소시 매매전략 : 12월물 선물의 가격 하락이 예상되고, 9월물 선물의 가격 상승이 예상된다. 그러므로 가격 하락이 예상된 12월물을 매도하고, 가격 상승이 예상되는 9월물을 매수한다. 주어진 문제에서 스프레드가 축소될 것으로 예상한다면, 정답은 9월물 매수, 12월물 매도이다. 스프레드 매매전략은 단순암기보다, 그 원리를 이해하면 쉽게 정답을 고를 수 있는 문제유형이다.

패턴 30 | 균형선물가격 결정

현재 원달러 환율은 1,300원이다. 미국의 국내이자율은 3%, 한국의 국내이자율은 2%이다. 이자율평가모형(Interest Rate Parity)이 성립할 경우 4개월 후 예상되는 원달러 환율은 얼마인가?

[33회 기출]

① 1,296원 ② 1,312원
③ 1,347원 ④ 1,350원

$$F_0 = 1,300원\left[1+(2\%-3\%)\times\frac{4}{12}\right]=1,295.7원$$

정답 ①

패턴플러스

$$F = S_0\left[\frac{1+R_D}{1+R_F}\right]^T$$

R_D : 국내 무위험이자율, R_F : 해외 무위험이자율, S_0 : 현물가격, T : 선물만기

일반적으로 장내에서 거래되는 통화선물의 만기는 1년 이내이기 때문에 이를 계산하기 쉽게 변형해서 사용한다.

$$F = S_0\left[1+(R_D-R_F)\cdot\frac{T}{365일}\right] = 1,300원\left[1+(2\%-3\%)\times\frac{4개월}{12개월}\right] = 1,296원$$

예제

동일한 예제에서 선물의 만기가 95일이면 균형선물환은 얼마인가?

| 정답 | 1,296.7원

| 해설 | $F = 1,300원[(1+(2\%-3\%)\cdot\frac{95}{365})] = 1,296.7원$

※ 만기가 1년인지 혹은 1년이 아닌지 주의해서 접근해야 한다.

좀 더 어렵게 출제되면 선물가격이 균형에서 벗어났을 경우 차익거래방법이 출제될 수 있다.

차익거래의 원칙은 고평가된 것은 매도하고, 저평가 된 것은 매수한다.

1년 만기 통화선물의 현재가격이 1,300원이라면, 이는 균형선물가격 1,296원보다 고평가되어 있다. 차익거래를 하기 위해서는 현재시점에 선물매도, 현물매수, 현물매수 할 자금 차입이 이루어져야 한다.

반면에 1년 만기 통화선물의 현재가격이 1,250원이라면 이는 균형선물가격 1,296원보다 저평가되어 있다. 선물매수, 현물매도가 필요하다. 현물매도(공매도)로 인해 발생한 현금을 예금해야 한다.

31 패턴 31 | 콜옵션의 델타 계산

기초자산가격이 100pt에서 102pt로 상승할 때, 콜옵션가격이 6.0pt에서 6.4pt로 상승하는 경우 콜옵션의 델타는?

[39회 기출]

① 0.1 ② 0.2
③ 0.6 ④ 1.0

콜옵션의 델타 $= \dfrac{\triangle C}{\triangle S} = \dfrac{6.4 - 6}{102 - 100} = \dfrac{0.4}{2} = 0.2$

콜옵션의 델타는 이론적으로 $0 \leq \triangle_C \leq 1$의 값을 갖는다.

정답 ②

패턴플러스

$P + S = C + PV(X)$, 주가로 양변을 편미분한다.

$\triangle P/\triangle S + 1 = \triangle C/\triangle S + 0 \rightarrow \triangle_P + 1 = \triangle_C$

풋옵션의 델타는 음수의 값을 갖는다.

〈매수포지션 기준〉

	콜옵션	풋옵션
델타(주가)	+	−
감마	+	+
쎄타(만기)	−	−
베가(변동성)	+	+
로우(무위험이자율)	+	−

※ 쎄타는 만기변화시 옵션가치의 변화이다. 일반적으로 만기가 감소하며, 이때 옵션가치는 감소한다. 만기변화시 옵션가치는 같은 방향으로 움직인다. 옵션의 잔존만기가 감소하면 콜옵션의 가치는 감소한다. 잔존만기의 방향과 콜옵션의 방향이 같다. 즉 이런 경우 민감도는 양수(+)이다. 풋옵션의 잔존만기가 감소하면 대체로 풋옵션의 가치도 하락한다. 잔존만기의 방향과 풋옵션의 가치 방향이 같다. 이 경우도 민감도는 양수(+)이다. 그러나 협회 기본교재에서는 옵션이 일단 발행되면 시간이 흐름에 따라 잔존만기가 감소하기 때문에 <u>시간 흐름에 따라 옵션의 시간가치가 감소하는 것으로 이해하여, 관행적으로 옵션의 쎄타를 음수로 표현한다. 일반적인 재무관리 교과서에서 옵션 쎄타는 양수로 표현하는 것과 다르다. 협회 시험의 모든 문제의 채점 원칙은 협회 기본교재 기준이기 때문에 협회 시험의 특수성을 고려하여, 쎄타를 음수로 생각하고 문제를 풀어야 한다.</u>

성과평가 | 4문제 중 계산문제 약 2문제

패턴 32 ~ 패턴 34

32 | 패턴 32 | 젠센의 알파, 샤프비율, 트레이너비율, 정보비율 계산

두 개의 펀드에 대한 자료가 아래와 같다. 무위험이자율이 2%일 때, 다음 중 가장 올바르지 않은 것은? (단, 시장포트폴리오 수익률은 4%라고 가정한다) [40회 기출]

	기대수익률	베타	표준편차	잔차의 표준편차
A펀드	4%	0.5	5%	10%
B펀드	6%	1.0	10%	20%

① A펀드의 B펀드의 샤프비율은 같다.
② A펀드와 B펀드의 트레이너비율은 같다.
③ A펀드의 정보비율이 B펀드보다 크다.
④ B펀드의 젠센의 알파가 A펀드보다 크다.

A펀드와 B펀드의 정보비율은 동일하다.

지표	공식	A펀드	B펀드
샤프비율	(수익률−무위험수익률)/표준편차	(4%−2%)/5%=0.4	(6%−2%)/10%=0.4
트레이너비율	(수익률−무위험수익률)/베타	(4%−2%)/0.5=4	(6%−2%)/1=4
젠센의 알파	수익률−CAPM기대수익률	4%−(2%+0.5×2%)=1%	6%−(2%+1×2%)=2%
정보비율	젠센의 알파/잔차의 표준편차	1%/10%=10	2%/20%=10

정답 ③

패턴플러스

※ 투자성과이기 때문에 자산의 수익률은 실현된 수익률을 기준으로 계산해야 하지만, 문제에서는 실현된 수익률 대신 기대수익률이 주어질 수 있다. 기대수익률 혹은 실현수익률과 관계 없이 수험 목적으로는 주어진 수익률을 대입하여 계산한다. 시장포트폴리오 대신 벤치마크수익률이 주어질 수 있다. 시장포트폴리오도 여러 벤치마크 중의 하나이기 때문에 벤치마크수익률이 주어지면 시장포트폴리오수익률 대신 사용하여 계산한다.

- 시장이 균형일 경우 샤프비율(샤프지수)은 자본시장선(CML)의 기울기와 같다.

$$E(R_P) = R_f + \left(\frac{E(R_M) - R_f}{\sigma_M}\right)\sigma_P, \text{ 기울기에 해당하는 수식이 } \frac{E(R_M) - R_f}{\sigma_M}$$

- 시장이 균형일 경우 트레이너비율(트레이너지수)은 증권시장선(SML)의 기울기와 같다.

$$E(R_i) = R_f + \beta_i[E(R_M) - R_f], \text{ 기울기에 해당하는 수식이 } \frac{E(R_M) - R_f}{\beta_M}, \beta_M = 1$$

- 젠센의 알파는 초과수익률의 절대값으로 계산한다.
  포트폴리오 수익률−포트폴리오 기회비용(CAPM으로 계산한 균형수익률)

- 정보비율은 초과수익률을 얻기 위해 부담하는 잔차위험(비체계적위험)의 비율로 계산한다. 정보비율이 양수라는 의미는 펀드매니저의 종목선택능력이 있다는 의미이다.

$$IR(\text{정보비율}) = \alpha/\text{잔차의 표준편차}$$

예제

다음 정보를 이용하여 연율화된 정보비율과 가장 가까운 값은? [38회 기출]

> 기준지수를 KOSPI 200으로 하는 펀드의 젠센의 알파는 0.5%이며, 잔차위험은 1.8%이며, 모든 자료는 월간기준이다.

① 0.27
② 0.96
③ 1.21
④ 3.24

|정답| ②

|해설| 월간정보비율=0.5%/1.8%=0.2777, 연율화된 정보비율=$0.277 \times \sqrt{12}$=0.96
보기와의 차이는 소수점으로 생긴 단수차이로 볼 수 있다.
정보비율시 주어진 표준편차 자료가 월간기준이고 이를 연율화하여 사용할 경우에는
연율화된 정보비율=월간 정보비율$\times \sqrt{12}$

■ 표준편차의 연율화
- 수익률의 월간 표준편차=$\sigma_{1개월}$ → 수익률의 월간 분산=$\sigma^2_{1개월}$
- 수익률의 연간기준 분산=월간 기준분산×12개월=12개월×$\sigma^2_{1개월}$
- 수익률의 연간기준 표준편차=$\sqrt{연간기준\ 분산}=\sqrt{12개월 \times \sigma^2_{1개월}}=\sqrt{12} \cdot \sigma_{1개월}$

패턴 33 | 컴포지트(통합계정)수익률 계산

다음은 A펀드와 B펀드의 2023년과 2024년의 내역이다. A펀드와 B펀드를 포함한 2023년부터 2024년의 통합계정수익률은 얼마인가? (단, 근사값으로 선택하시오) [40회 기출]

	A펀드				B펀드			
2023년	기초금액	800	기말금액	1,200	기초금액	1,200	기말금액	1,300
2024년	기초금액	1,200	기말금액	1,300	기초금액	1,300	기말금액	1,500

① 20%
② 30%
③ 37%
④ 40%

2023년 통합계정수익률 $= \dfrac{기말금액}{기초금액} - 1 = \dfrac{1,300+1,200}{800+1,200} - 1 = 25\%$

2024년 통합계정수익률 $= \dfrac{기말금액}{기초금액} - 1 = \dfrac{1,300+1,500}{1,200+1,300} - 1 = 12\%$

2023년부터 2024년까지 통합계정수익률 $= \dfrac{1+25\%}{1+12\%} - 1 = 40\%$

정답 ④

패턴플러스

통합계정수익률은 각 기간별 통합계정의 순자산가중수익률을 계산한 후, 세부기간별 수익률을 기하학적으로 연결하는 방법으로 계산한 수익률이다. 문제에서 연평균이 아니라 2023년과 2024년의 전체기간이기 때문에 연평균기준 기하평균으로 계산하면 안된다.

만약 통합계정 연평균수익률을 계산하라고 한다면 기하평균으로 계산한 연평균수익률을 계산해야 한다. 즉, 다음과 같이 계산하면 연평균기준이 된다.

$\sqrt{(1+25\%)(1+12\%)} - 1 = 18.32\%$로 계산된다.

※ 협회기본서(2025년 4권, p437)의 예제도 특정 기간의 수익률이 아니라 전체기간의 수익률로 계산한 예제를 사용하였다. 난이도가 높은 문제이기 때문에 난이도 조절용으로 앞으로 출제 빈도가 증가할 가능성이 높은 문제이다.

34 | 패턴 34 | 시간가중수익률 계산

다음 내용에 관하여 올바른 설명은 무엇인가? [38회 기출]

- 1/1일에 1만 주의 주식을 1주당 1만 원에 구입하였다.
- 다음해 1/1일에 1만 주를 추가로 1주당 8천 원에 구입하였다.
- 그 다음해에 1월 1일에 보유주식 전부를 1주당 1만 원에 매도하였다.

① 기하평균수익률은 음수이다.　　② 내부수익률이 기하평균수익률보다 높다.
③ 기하평균수익률이 내부수익률보다 높다.　　④ 기하평균수익률과 내부수익률이 같다.

기하평균수익률 0%, 내부수익률 7%

- 주어진 문제의 출제의도는 구체적인 수익률 값을 계산하라는 것이 아니며, 기하평균수익률과 내부수익률의 차이를 이용하여 정답을 고르라는 문제이다. 기하평균수익률은 1원 혹은 투자 1단위에 해당하는 수익률이다. t=0기에 1주를 1만 원에 매입했고, 중간에 주가 변화가 있었으나 최종적으로 t=2기에 1주를 1만 원에 매도했다. 결국 1만 원에 매입해서 1만 원에 매도했으므로 기하평균수익률은 0%이다.
- 내부수익률은 총액을 기준으로 계산한 수익률이다. 화폐의 시가가치를 무시하면 t=0기와 t=1에 투자한 총금액은 1.8억 원이며, 이를 t=2기에 전량 2억 원에 매도했다. 1.8억 원에 매입해서 2억 원에 매도했으므로 총액기준수익률(내부수익률)은 양수이다.

일자	가격	총수량	총금액
1/1일 (t=0)	10,000원	10,000주	1억 원
1/1일 (t=1)	8,000원	20,000주	1.6억 원
1/1일 (t=2)	10,000원	0주	0원

- 1/1일에 1억 원을 투자했으며 1년 후 주가는 10,000원에서 8,000원으로 하락하였다. 추가로 자금을 투자했기 때문에 자금 유입 전의 수익률을 계산한다.

$$t=1기\ 수익률 = \frac{0.8억\ 원 - 1억\ 원}{1억\ 원} = \frac{8,000원 - 10,000원}{10,000원} = -20\%$$

$$t=2기\ 수익률 = \frac{2억\ 원 - 1.6억\ 원}{1.6억\ 원} = \frac{10,000원 - 8,000원}{8,000원} = 25\%$$

- 펀드매니저의 시간가중수익률 $= \sqrt{(1-20\%)(1+25\%)} - 1 = 0\%$

- 내부수익률은 현금유입의 현재가치가 같아야 한다.
  - t=0기에 1억 원 투자(현금유출) → 현재시점이므로 1억 원 자체가 현재가치
  - t=1기에 0.8억 원 (10,000주 추가구입, 1주당 8,000원, 현금유출)
  - t=2기에 2억 원 (20,000주, 1주당 10,000원에 매각, 현금유입)

$$+1 + \frac{0.8}{(1+IRR)} = \frac{2}{(1+IRR)^2} \rightarrow 약\ 7\%로\ 계산된다.$$

- **내부수익률의 동의어** : 금액가중평균수익률, 현금흐름가중평균수익률, 투자자 관점의 수익률
- **기하평균수익률 동의어** : 시간가중수익률, 펀드매니저 관점의 수익률

 정답 ②

경제 4문제 중 1문제 정도가 계산문제로 출제됨   패턴 35 ~ 패턴 37

35 | 패턴 35 | 실업률 계산문제

한 경제에 취업자가 15명, 실업자가 5명이 있으며, 비경제활동인구가 5명이 있다. 이 경제의 경제활동참여율과 실업률을 올바르게 계산한 것은? (단, 모든 인구는 만 15세 이상이다) [33회 기출]

	경제활동참여율	실업률
①	20%	10%
②	40%	20%
③	60%	25%
④	80%	25%

경제활동참여율 = [(취업자+실업자)/생산활동가능인구]×100 = 20명/25명 = 80%
실업률 = (실업자/경제활동인구)×100 = 5명/20명 = 25%
생산활동가능인구 = 경제활동인구+비경제활동인구
             = (실업자+취업자)+비경제활동인구 = 15명+5명+5명 = 25명

정답 ④

패턴플러스

- 생산활동가능인구 : 총인구 중 만 15세 이상 인구, 단 군인과 재소자를 제외함
  생산활동가능인구는 생산연령인구 혹은 근로연령인구라도 함
  생산활동가능인구 = 경제활동인구+비경제활동인구

- 경제활동인구 : 생산활동가능인구 중 일할 능력과 취업의사를 동시에 갖춘 인구
  경제활동인구 = 취업자+실업자

- 비경제활동인구 = 일할 능력은 있으나 일하려는 의사가 없는 인구
  예) 가정주부, 학생, 연로자, 심신장애자, 구직단념자등

- 경제활동참가율 = [경제활동인구(취업자+실업자)/생산활동가능인구]×100
- 실업률 = (실업자/경제활동인구)×100

36 | 패턴 36 | 화폐유통속도 문제

다음 정보를 이용하여 계산한 경제 전체의 화폐유통속도는? [33회 기출]

- 통화량 : 1,000조 원
- 실질GDP : 1,600조 원
- 명목GDP : 2,000조 원

① 0.5 ② 1.0
③ 1.5 ④ 2.0

$$V = \frac{2{,}000조\ 원}{1{,}000조\ 원} = 2$$

화폐수량방정식을 통해서 화폐 유통속도를 계산할 수 있다.

$$M \cdot V = P \cdot Y \rightarrow V = \frac{P \cdot Y}{M} = \frac{명목국민소득}{통화량} = \frac{명목GDP}{통화량}$$

정답 ④

패턴플러스

경제학에서 다른 언급이 없으면 국민소득(Y)은 실질국민소득을 의미한다. 명목국민소득은 실질국민소득(Y)에 물가(P)를 곱하면 도출된다. 국민소득을 측정하는 지표로 GDP가 있기 때문에 명목GDP를 명목국민소득의 동의어로 사용한다.

※ 말문제로 나올 경우 '통화유통속도는 화폐량을 명목GDP로 나눈다'처럼 분자, 분모를 바꿔서 문제가 출제되니 유의해야 한다.

[응용]

화폐수량방정식의 변수들은 시간 t에 따라 변하기 때문에 시간 t의 함수라고도 한다.
$M(t) \cdot V(t) = P(t) \cdot Y(t)$, 양변에 자연로그를 적용한다.
$\ln[M(t) \cdot V(t)] = \ln[P(t) \cdot Y(t)] \rightarrow \ln M(t) + \ln V(t) = \ln P(t) + \ln Y(t)$, 이를 시간 t로 미분한다.
$\triangle M/M + \triangle V/V = \triangle P/P + \triangle Y/Y$, $\triangle M/M$은 통화량의 변화율이다. 그러므로 미분을 통해 각 변수를 변화량으로 전환시켰다. 변화량은 다른 의미로 성장률로 해석한다.
통화성장률 + 유통속도성장률 = 물가성장률 + 실질GDP성장률

예제

통화성장률이 5%, 화폐유통속도성장률이 2%, 실질GDP성장률이 3%이면 물가상승률은 얼마인가?

| 정답 | 4%

| 해설 | 5% + 2% = 물가상승률 + 3% → 물가상승률 = 4%

37 | 패턴 37 | BSI 계산문제

200군데의 업체로부터 향후 경제전망에 대한 의견을 조사하였다. 앞으로 경제가 좋아질 것으로 응답한 업체는 120군데였으며, 경제에 대한 비관적인 전망을 한 업체는 80곳 이었다. 기업경기실사지수(BSI)는 얼마인가?

좋아질 것으로 응답한 업체의 비율 = $\frac{120}{200}$ = 60%, 안좋아질 것으로 응답한 업체의 비율 = $\frac{80}{200}$ = 40%

정답 (60−40)+100=120

패턴플러스

[BSI비율 추가학습]

$$BSI = (x-y) \times 100 + 100$$

x : 경제가 좋아질 것으로 예상하는 업체의 비율, y : 경제가 안좋아질 것으로 예상한 업체의 비율

- BSI비율은 100을 기준으로 100보다 그 지수가 크면 경기확장국면, 100 이하이면 수축국면으로 판단한다.
- 향후 경기동향에 대한 기업가의 판단이기 때문에 단기적인 경기예측수단이다.
- 경기지표 및 계량경제모델에 의한 경기분석과 예측을 보완하는 수단으로 활용되고 있다.
- 설문조사에 의한 경기예측이기 때문에 정성적인 예측이다.
- 경기변화의 속도와 그 폭은 측정할 수 없다.

분산투자 — 5문제 중 계산문제는 2~3문제 출제됨 (패턴 38 ~ 패턴 45)

38 | 패턴 38 | 지배원리

최적투자결정방법 중 지배원리에 따라 증권을 선택할 때 효율적인 자산은? [39회 기출]

	기대수익률	표준편차
①	5%	6%
②	5%	3%
③	2%	6%
④	2%	3%

투자자의 자산선택은 지배원리에 의해 결정한다.

<u>지배원리</u> : 기대수익률이 동일한 자산 중에서는 위험(표준편차 혹은 분산)이 낮은 자산을 선택하고, 위험이 동일한 자산 중에서는 기대수익률이 높은 자산을 선택한다.

<u>효율적인 자산</u> : 지배원리에 의해 다른 자산에 지배당하지 않는 자산

정답 ②

패턴플러스

[지배원리에 의해 선택되는 자산]

지배원리에 의해 A, B, C자산이 선택된다. A, B, C자산간에는 서로 지배관계가 존재하지 않는다.

패턴 39 | 포트폴리오 기대수익률

A자산에 40%, B자산에 60%를 투자한 포트폴리오가 있다. 다음 정보를 이용하여 포트폴리오 기대수익률을 계산하시오.

[40회 변형]

경제상황	확률	A자산 기대수익률	B자산 기대수익률
호황	30%	10%	15%
보통	45%	5%	8%
불황	25%	-2%	-4%

① 5.12% ② 5.45%
③ 6.16% ④ 6.56%

[포트폴리오 기대수익률 계산]
확률로 가중평균하여 A자산의 기대수익률을 계산하고, 같은 방법으로 B자산의 기대수익률을 계산한다. 각 자산의 투자비율로 가중평균하여 두 자산으로 구성된 포트폴리오의 기대수익률을 계산한다.

$E(R_A)$ A자산의 기대수익률 = $(p_{호황} \times 10\%) + (p_{보통} \times 5\%) + (p_{불황} \times -2\%)$
 = $(30\% \times 10\%) + (45\% \times 5\%) + (25\% \times -2\%) = 4.75\%$

$E(R_B)$ B자산의 기대수익률 = $(p_{호황} \times 15\%) + (p_{보통} \times 8\%) + (p_{불황} \times -4\%)$
 = $(30\% \times 15\%) + (45\% \times 8\%) + (25\% \times -4\%) = 7.1\%$

$E(R_P)$ 포트폴리오 기대수익률 = $w_A \times E(R_A) + w_B \times E(R_B)$
 = $(40\% \times 4.75\%) + (60\% \times 7.1\%) = 6.16\%$

정답 ③

패턴플러스

※ 두 자산의 투자비율의 합은 항상 1이다. 만약 문제에서 금액으로 자산비중이 주어지면 금액을 기준으로 투자비율을 계산한다.

예 A자산에 투자한 금액 400억 원, B자산에 투자한 금액 200억 원일 경우
A자산 투자가중치 = A자산 투자금액/총투자금액 = 400억 원/(400억 원 + 200억 원) = 2/3
B자산 투자가중치 = 1 - 2/3 = 1/3

40 패턴 40 | 최소분산 포트폴리오

최소분산 포트폴리오를 구성하기 위한 A자산의 투자비율은 얼마인가? (단, 근사값으로 계산하시오)

	표준편차	상관계수
A자산	20%	0.5
B자산	10%	

① 20% ② 30%
③ 0%   ④ 80%

$$\omega_A = \frac{\sigma_B^2 - \sigma_{AB}}{\sigma_A^2 + \sigma_B^2 - 2\sigma_{AB}} = \frac{0.1^2 - 0.2 \cdot 0.1 \cdot 0.5}{0.2^2 + 0.1^2 - 2 \cdot 0.2 \cdot 0.1 \cdot 0.5} = 0$$

$$\sigma_{AB} = \sigma_A \cdot \sigma_B \cdot \rho_{AB}$$

정답 ③

패턴플러스

※ 문제에서 B자산의 투자비율을 묻는다면 A자산의 투자비율을 계산한 후 $1-w_A=1-0=1$로 계산한다.

최소분산 포트폴리오는 두 자산으로 포트폴리오를 구성할 경우 분산이 최소화되는 포트폴리오를 의미한다.

두 자산의 투자비율의 조합을 통해서 최소분산 포트폴리오(MVP, Minimum Variance Portfolio)를 구성할 수 있다.

$$\omega_1 = \frac{\sigma_2^2 - \sigma_{12}}{\sigma_1^2 + \sigma_2^2 - 2\sigma_{12}}, \quad \omega_2 = 1 - \omega_1 \text{ (두 자산의 투자비율은 항상 1이다. } \omega_1 + \omega_2 = 1\text{)}$$

패턴 41 | CAPM을 활용한 자산의 고평가 혹은 저평가 판단

시장에는 A와 B자산이 있으며, 무위험수익률은 1%이고 시장포트폴리오 수익률이 3%이다. CAPM이 성립할 때, A와 B자산의 과대, 과소 여부를 평가한 것으로 가장 올바른 것은? [39회 기출]

	베타	기대수익률
A자산	2	4%
B자산	1	5%

① A자산은 과소평가 되었으며, B자산은 과대평가되었다.
② A자산은 과대평가 되었으며, B자산은 과소평가되었다.
③ 두 자산은 모두 적정하게 평가되었다.
④ 두 자산은 모두 과소평가되었다.

- CAPM에 따른 균형수익률 $E(R_i) = R_f + \beta_i[(E(R_M) - R_f)]$
- A자산의 균형수익률 = 1% + 2 × (3% − 1%) = 5%
- B자산의 균형수익률 = 1% + 1 × (3% − 1%) = 3%
- A자산의 기대수익률이 균형수익률보다 높으므로 A자산은 고평가되어 있으며, B자산의 균형수익률은 3%이나 시장에서 관찰되는 기대수익률은 5%이므로 B자산은 저평가되어 있다.

정답 ②

패턴플러스

※ 이론적인 수익률은 CAPM 공식에 의해 도출된 수익률로 균형수익률 혹은 기대수익률이라는 용어로 사용된다. 시장에서 관찰되는 개별자산의 수익률은 관찰된 수익률 혹은 기대수익률이라는 용어로 사용된다. 용어에 혼동이 있을 수 있으나, CAPM 공식으로 도출된 수익률을 기준으로 이보다 높은 수익률이면 저평가된 자산, 이보다 낮은 수익률이면 고평가된 자산이다.

[저평가, 고평가 판단]

- A자산의 기대수익률(시장에서 관찰되는 혹은 거래되는 수익률)이 균형수익률(CAPM에 의해 계산된 수익률)보다 낮기 때문에 A자산은 고평가되어 매도가 증가하기 때문에 가격이 하락 → 기대수익률 상승 예상
- B자산의 기대수익률(시장에서 관찰되는 혹은 거래되는 수익률)이 균형수익률(CAPM에 의해 계산된 수익률)보다 높기 때문에 B자산은 저평가되어 매수가 증가하기 때문에 가격이 상승 → 기대수익률 하락 예상

42 | 패턴 42 | CAPM을 이용한 요구수익률 계산

CAPM을 이용하여 계산한 다음 A주식의 요구수익률은? [38회 기출]

- 무위험수익률 4%
- 시장포트폴리오 수익률 6%
- 시장포트폴리오 수익률의 표준편차 0.4
- 시장포트폴리오 수익률과 A주식 수익률과의 공분산 0.16

① 6% ② 6.5%
③ 7.0% ④ 8.0%

CAPM으로 개별자산의 수익률 계산

$$E(R_i) = R_f + \beta_i [(E(R_M) - R_f)] = 4\% + \frac{0.16}{0.4^2} \times (6\% - 4\%) = 6\%$$

$$\beta_i = \frac{\sigma_{iM}}{\sigma_M^2} = \frac{\sigma_i \cdot \sigma_M \cdot \rho_{iM}}{\sigma_M^2} = \frac{\sigma_i \cdot \rho_{iM}}{\sigma_M}$$

$$= \frac{\text{개별자산 i와 시장포트폴리오 공분산}}{\text{시장포트폴리오 분산}} = \frac{0.16}{0.4^2} = 1$$

정답 ①

패턴플러스

※ 풀이의 핵심은 β를 계산하는 방법이다. β를 변형하여 주어진 자료를 대입하면 된다.

1 시장포트폴리오 분산과 시장포트폴리오와 개별자산 A의 공분산이 주어진 경우

  예) A의 공분산은 0.4이고, 시장포트폴리오의 분산은 0.2

  $$\beta_i = \frac{\sigma_{iM}}{\sigma_M^2} = \frac{0.4}{0.2} = 2$$

2 시장포트폴리오 표준편차와 시장포트폴리오와 개별자산 A의 공분산이 주어진 경우

  예) A와 시장포트폴리오 공분산은 0.4이고, 시장포트폴리오의 표준편차는 0.2

  $$\beta_i = \frac{\sigma_{iM}}{\sigma_M^2} = \frac{0.4}{0.2^2} = 10$$

3 시장포트폴리오 표준편차, A자산의 표준편차, A와 시장포트폴리오의 상관계수가 주어진 경우

  예) A의 표준편차 0.4, 시장포트폴리오의 표준편차는 0.2, A와 시장포트폴리오 상관계수는 0.2

  $$\beta_i = \frac{\sigma_i \cdot \rho_{iM}}{\sigma_M} = \frac{0.4 \cdot 0.2}{0.2} = 0.4$$

※ β를 변형하는 방법을 숙지하면 어떤 데이터가 주어지더라도 문제해결이 가능하다.

패턴 43 | 변동성보상비율

총자산을 무위험자산에 30%를 투자하고 위험자산 A에 70%를 투자하였다. 자산 A의 수익률이 7%이고 무위험이자율이 4%이고 자산 A의 표준편차가 2%인 경우 포트폴리오의 변동성보상비율은 얼마인가?

[33회 기출]

① 1.4
② 1.5
③ 1.6
④ 1.7

$$RVAR = \frac{6.1\% - 4\%}{1.4\%} = 1.5$$

RVAR은 샤프비율과 같은 의미이다.

정답 ②

패턴플러스

[변동성보상비율(RVAR, Reward to Volatility Ratio)]

- 변동성보상비율은 샤프비율과 같은 개념이다.

$$A의\ RVAR = \frac{A자산의\ 수익률 - 무위험이자율}{A자산의\ 표준편차} = \frac{R_A - R_f}{\sigma_A}$$

$$포트폴리오의\ RVAR = \frac{포트폴리오\ 수익률 - 무위험이자율}{포트폴리오의\ 표준편차} = \frac{R_P - R_f}{\sigma_P}$$

- 위험자산과 무위험자산으로 결합한 포트폴리오의 표준편차 $= w_A \cdot \sigma_A$

  무위험자산의 표준편차는 0이기 때문에 무위험자산과 위험자산을 결합한 포트폴리오의 표준편차는 위험자산의 투자비율×위험자산의 표준편차이다.

위의 문제를 다시 풀면

위험자산의 투자비율 70%, A의 표준편차가 2% → 포트폴리오의 표준편차 70%×2%=1.4%

포트폴리오 기대수익률=30%×4%+70%×7%=6.1%

RVAR=(6.1%-4%)/1.4%=1.5

※ 간혹 문제에서 A자산의 기대수익률이 주어지는 경우도 있다. 기대수익률이 주어져도 수익률 대신 기대수익률을 대입하여 RVAR을 계산하면 된다. 포트폴리오의 RVAR는 모든 수익률과 표준편차를 포트폴리오 기준으로 통일시켜야 한다. 개별자산의 RVAR(개별자산의 샤프비율)은 모든 수익률과 표준편차를 개별자산 기준으로 통일시켜야 한다.

44 패턴 44 | 분산-공분산 행렬에서 분산투자효과 파악

아래 표는 각 주식의 상관계수이다. 분산투자효과가 가장 큰 것은 어느 것인가? (단, 모든 주식의 기대수익률과 표준편차는 동일하다)

[33회 기출]

	A 주식	B 주식	C 주식
A 주식	1.0	0.5	−0.3
B 주식	0.5	1.0	0.2
C 주식	−0.3	0.2	1.0

① C 주식에 100% 투자한다.
② A 주식에 50%, C 주식에 50% 투자한다.
③ A 주식에 50%, B 주식에 50% 투자한다.
④ B 주식에 50%, C 주식에 50% 투자한다.

분산투자가 극대화 되는 것은 자산간의 상관계수가 가장 낮을 때이다. 자산간의 상관계수는 최소 −1에서 최대 1사이의 값을 갖는다. A주식과 B주식의 상관계수는 −0.3으로 다른 어떤 자산보다 낮다. 대각선에 위치한 값은 자기자신과의 상관계수이기 때문에 모두 1이 된다.

$$-1 \leq \rho_{AB} \leq 1$$

- 상관계수는 단위가 없으며, 1에 가까울수록 양의 상관정도가 크며, −1에 가까울수록 음의 상관정도가 크다.
- 상관계수가 1이라는 것은 자산간의 분산투자효과가 전혀 없다는 의미이다.
- 상관계수가 −1이라는 것은 자산간의 분산투자효과가 최대화된다는 의미이다. 상관계수 값이 낮을수록 분산투자효과는 증가한다.

※ 개념을 숫자화하여 출제되는 유형으로 개념을 이해하면 계산 없이 정답을 알 수 있는 문제이다.

정답 ②

패턴 45 | APT모형의 균형

다음 정보를 이용하여 독립변수가 한 개 있는 단일지표모형에서 차익거래가 발생하지 않기 위해서 B자산의 베타를 계산한 것으로 올바른 것은? (단, A자산의 기대수익률은 균형수익률이라고 가정한다)

[33회 기출]

- 무위험수익률 3%
- A자산 기대수익률 7%, A자산의 베타 0.5
- B자산 기대수익률 8%

① 0.125
② 0.375
③ 0.625
④ 0.875

차익거래가 발생하지 않는 것은 두 자산의 균형수익률이 동일하다는 의미이다. 단일지표모형이라는 것은 공통요인이 1개만 있다는 의미이다. 공통요인이 시장포트폴리오라고 가정하면 CAPM이 되며, 시장포트폴리오 외의 공통요인을 가정하면 APT 혹은 공통요인모형이라고 한다.

문제에서 공통요인의 기대수익률이 주어져 있지 않으므로 A자산의 기대수익률 정보를 이용하여 공통요인의 기대수익률을 계산한다.

A자산의 기대수익률(균형)=무위험이자율+베타×(공통요인기대수익률−무위험이자율)
7%=3%+0.5+(공통요인기대수익률−3%) → 공통요인기대수익률=11%
B자산의 균형수익률(기대)=무위험이자율+베타×(공통요인기대수익률−무위험이자율)
8%=3%+β_B(11%−3%) → β_B=0.625

※ 난이도가 있는 문제이나, 그 의도와 CAPM의 개념, 균형의 개념을 이해하면 해결할 수 있는 문제이다.

정답 ③

46 패턴 46 | 부도모형(신유형)

부도모형으로 계산한 예상손실과 예상손실의 변동성이 같은 경우 부도율은 얼마인가?(단, 부도율은 베르누이 분포를 하고, 부도율은 양의 값을 갖는다) [42회 기출]

① 10%   ② 25%
③ 50%   ④ 60%

부도율이 50%일 때 부도시 예상손실과 예상손실의 변동성이 같다.

정답 ③

패턴플러스

기대손실 = 부도에 노출된 자산금액 × p(부도율) × 부도시손실률 ·················· ①

기대손실의 변동성 = $\sqrt{p(1-p)}$ × 부도에 노출된 자산금액 × 부도시손실률 ·················· ②

①과 ②가 같으므로 두 식을 같다고 놓고 풀이한다.

부도에 노출된 자산금액 × p × 부도시손실률 = $\sqrt{p(1-p)}$ × 부도에 노출된 자산금액 × 부도시손실률, 공통적으로 있는 변수가 부도에 노출된 자산금액과 부도시 손실율이므로 양변에 해당금액으로 나누어준다.

p = $\sqrt{p(1-p)}$, 양변에 제곱을 한다.

$p^2 = p(1-p) = p - p^2$

$2p^2 - p = p(2p-1) = 0$

$2p - 1 = 0 \rightarrow p = \frac{1}{2} = 50\%$

※ 기대손실과 기대손실의 변동성을 연계한 문제로 공식의 단순 암기만 했다면, 정답을 고르기 어려운 문제이다. 신유형에 속하는 문제라고 볼 수 있으며, 신유형으로 출제되면 앞으로 자주 출제될 가능성이 높기 때문에 해당 개념을 이해하고 시험에 대비해야 한다.

Memo

미래를 창조하기에 꿈만큼 좋은 것은 없다.
오늘의 유토피아가 내일 현실이 될 수 있다.
There is nothing like dream to create the future.
Utopia today, flesh and blood tomorrow.
빅토르 위고 Victor Hugo